# Comment sont-ils devenus résistants ?

Robert Gildea

# Comment sont-ils devenus résistants ?

Une nouvelle histoire de la Résistance
(1940-1945)

*Traduit de l'anglais (Royaume-Uni)*
*par Marie-Anne de Béru*

*Les Arènes*

Ouvrage publié sous la direction de Patrice Ladrange.
Toutes les cartes sont de Donatien Cassan Blanc.

Titre original : *Fighters in Shadows. A New History of the French Resistance*
First published in 2015 by Faber & Faber Ltd Bloomsbury House,
74-77 Great Russell Street, London WC1B3DA
ISBN original : 9780571280346

ISBN 978-2-7578-7023-5
(ISBN, 978-2-35204-598-4, 1^re publication en langue française)

© Éditions des Arènes, Paris, 2017,
pour la traduction en langue française

La France occupée (1940-1944)

**Légende :**

◆ Camps d'internement

Territoire français occupé par l'Allemagne en juin 1940

La France de Vichy (occupée par l'Allemagne en novembre 1942)

Territoire occupé par l'Italie jusqu'en 1943

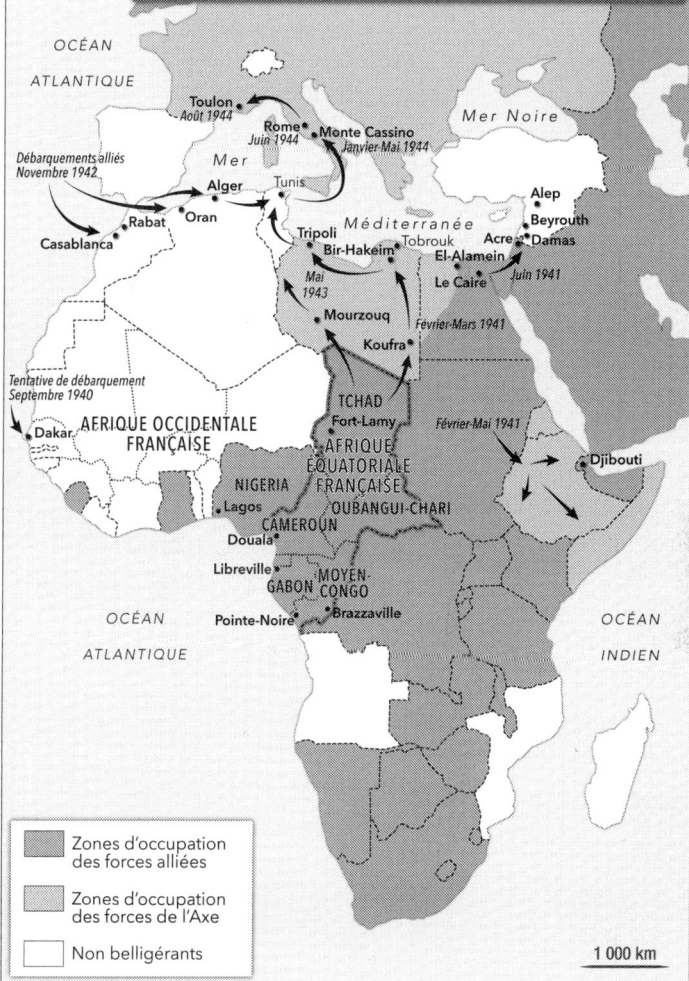

L'Empire français en Afrique et au Proche-Orient (1940-1944)

OCÉAN ATLANTIQUE

Mer Noire

Toulon
Août 1944

Rome
Juin 1944

Monte Cassino
Janvier-Mai 1944

Débarquements alliés
Novembre 1942

Mer

Alep

Alger
Tunis

Beyrouth

Rabat
Oran

Acre
Damas

Méditerranée

Casablanca

Tripoli
Bir-Hakeim

Tobrouk

El-Alamein
Le Caire

Juin 1941

Mai
1943

Mourzouq

Février-Mars 1941

Koufra

Tentative de débarquement
Septembre 1940

Dakar

AFRIQUE OCCIDENTALE
FRANÇAISE

TCHAD
Fort-Lamy

Février-Mai 1941

Djibouti

AFRIQUE
ÉQUATORIALE
FRANÇAISE

NIGERIA
Lagos

OUBANGUI-CHARI

CAMEROUN
Douala

Libreville
GABON

MOYEN-
CONGO

OCÉAN
ATLANTIQUE

Pointe-Noire
Brazzaville

OCÉAN
INDIEN

Zones d'occupation
des forces alliées

Zones d'occupation
des forces de l'Axe

Non belligérants

1 000 km

# À la mémoire de la Résistance

Il incombe à chaque président de la République d'embrasser l'histoire de la Résistance française et d'en faire rayonner les leçons. Ces leçons sont à la fois patriotiques et humaines. Elles sont celles du citoyen français et du citoyen du monde. Elles puisent dans le contexte spécifique de la Seconde Guerre mondiale mais elles dépassent aussi l'histoire pour devenir universelles.

Le 16 mai 2007, au premier jour de son mandat à la présidence de la République, Nicolas Sarkozy se rend en pèlerinage au bois de Boulogne, en hommage aux trente-cinq résistants exécutés par les Allemands dans les tout derniers jours de la libération de Paris en août 1944 :

« Les résistants sont jeunes. Ils vont mourir. Mais ce qu'ils incarnent est invincible. Ils ont dit "non", "non" à la fatalité, "non" à la soumission, "non" au déshonneur, "non" à ce qui rabaisse la personne humaine, et ce "non" continuera d'être entendu bien après leur mort parce que ce "non" c'est le cri éternel que la liberté humaine oppose à tout ce qui menace de l'asservir.

Ce cri, nous l'entendons encore[1]. »

Dans son discours, Sarkozy proclamait que ceux qui étaient morts pour la France n'étaient pas de simples patriotes qui avaient donné leur vie pour libérer leur pays. Ils étaient des martyrs de l'humanité, morts pour défendre les valeurs universelles et éternelles de la liberté et de la dignité humaine. Il souhaitait que ce message soit transmis à tous les jeunes Français, dont beaucoup furent invités à cette commémoration. Un lycéen lut la dernière lettre envoyée à ses parents par Guy Môquet, jeune résistant de dix-sept ans fusillé par les Allemands en 1941. Sarkozy s'engagea à ce que cette lettre soit lue chaque année dans les écoles françaises. La leçon à tirer de la mort de ce jeune homme était à nouveau universelle, montrant « ce qu'est la grandeur d'un homme qui se donne à une cause plus grande que lui ».

Quelques années plus tard, le 27 mai 2013, François Hollande se rendit au lycée Buffon à Paris, dont cinq élèves, qui avaient fait de la résistance, avaient été fusillés par les Allemands le 8 février 1943. François Hollande était entouré de sept héros de la Résistance, dont Daniel Cordier et Marie-José Chombart de Lauwe, qui témoignèrent personnellement des combats de cette époque devant les jeunes rassemblés. La date choisie était celle de la première réunion, le 27 mai 1943, du Conseil national de la Résistance qui avait réuni les divers mouvements de la Résistance. « Il est des moments dans notre histoire, rappela le nouveau président, où nous devons nous rassembler sur ce qui est l'essentiel, sur ce qui fait que nous sommes une nation, que nous avons des valeurs. » Les valeurs qui avaient animé le Conseil national de la Résistance inspirèrent « la nouvelle République » constituée après la Libération. « L'esprit même de résistance » qui avait motivé tant de Français donnait des leçons pour le présent. Ces leçons étaient l'importance du « combat pour les libertés » et « des droits nouveaux », l'obligation – dans le contexte d'un réveil des conflits religieux et ethniques – de « lutter contre le racisme, contre la xénophobie, contre l'antisémitisme », et le besoin « de croire toujours en l'avenir ».

Pour ces deux présidents, l'un de droite, l'autre de gauche, ces valeurs et ces leçons contribuent à la légitimité de la République et à l'identité de la France. Mais la mission de la République et de la patrie a toujours été universelle – défendre et promouvoir la liberté, les droits de l'homme et la tolérance. Ces valeurs doivent former la jeunesse contemporaine qui porte l'espoir dans l'avenir. Puisque des jeunes de la Seconde Guerre mondiale se sont sacrifiés pour la République et la France, les jeunes d'aujourd'hui doivent aspirer à être à leur hauteur. Pour acquérir une portée universelle, les leçons doivent dépasser leur contexte historique. Il importait peu à Nicolas Sarkozy que Guy Môquet eût été communiste, que son père eût été un député communiste emprisonné par la République, et que les vingt-six hommes fusillés avec Guy Môquet eussent eux aussi été des communistes. Ce qui importait, c'était la lettre d'un bon fils et d'un bon patriote. Il importait peu à François Hollande que le Conseil national de la Résistance eût été profondément divisé entre communistes et non-communistes. Pour être efficaces et utiles, ces valeurs et ces leçons reposent sur une lecture de l'histoire de la guerre et de la Résistance qui est simple, puissante et unificatrice.

Le mythe de la Résistance française existe depuis la guerre. Un mythe n'est pas une fiction sur une chose qui n'a jamais eu lieu, mais plutôt un récit qui sert à définir ou à unifier un mouvement ou une collectivité. Ce mythe s'est forgé dans le contexte historique de 1940-1944. Afin de surmonter le traumatisme de la défaite, de l'Occupation et d'une quasi-guerre civile, il fallait une épopée qui permît aux Français de se réinventer et de redresser la tête dans la période de l'après-guerre. Ce mythe fut d'abord militaire, national et masculin, à l'image du général de Gaulle. Il fut contesté par ses opposants politiques, notamment les communistes. Il a connu des hauts et des bas. Plus tard un autre mythe de la Résistance l'a remplacé, celui que prêchent les présidents de la République, un récit moins militaire qu'humaniste, national mais aussi universel, féminin autant que masculin. Mais tout cela a pris du temps.

Le mythe militaire, national et masculin était fait de trois fils narratifs. Le premier montrait un courant ininterrompu de résistance, de son début le 18 juin 1940, lorsqu'un de Gaulle isolé à Londres avait lancé son appel sur les ondes de la BBC, à son apogée le 26 août 1944, lorsque ce même de Gaulle avait descendu les Champs-Élysées, acclamé par les Français. Dans le deuxième, tandis qu'une « poignée de misérables » avait collaboré avec l'ennemi, une minorité de résistants actifs avait été soutenue par la vaste majorité des Français. Selon le troisième, même si les Français avaient une dette envers les Alliés et quelques résistants étrangers qui les avaient soutenus militairement, c'était les Français eux-mêmes qui s'étaient libérés et avaient restauré l'honneur, la confiance et l'unité de la nation.

Ce mythe fut orchestré de manière très efficace dès la Libération. Après que Charles de Gaulle eut été acclamé à l'hôtel de ville le 25 août 1944, il adressa à la foule massée dans les rues ces mots fréquemment cités, et qui se lisent comme une première tentative de formuler un mythe de résistance et de libération, avant même que la libération de la France ne soit complète : « Paris libéré ! Libéré par lui-même, libéré par son peuple avec le concours des armées de la France, avec l'appui et le concours de la France tout entière : c'est-à-dire de la France qui se bat. C'est-à-dire de la seule France, de la vraie France, de la France éternelle[2]. »

Le récit s'élabora lors d'une série de cérémonies, après que la France eut terminé les combats et qu'elle eut reçu en tant que puissance alliée la capitulation des Allemands à Berlin. Au défilé à Paris du 18 juin 1945, pour le cinquième anniversaire de l'appel du général de Gaulle, les Forces françaises libres qui avaient continué la lutte armée éclipsèrent en nombre et en style les forces de la Résistance intérieure. Les blindés qui défilaient représentaient l'arme dans laquelle de Gaulle lui-même avait combattu, et une formation aérienne dessina dans le ciel la croix de Lorraine, symbole gaulliste[3]. Le mythe de la Résistance bâti par de Gaulle était militaire, national et masculin. Il avait été sacralisé par la création en novembre 1940 d'un nouvel ordre de chevalerie, les Compagnons de la Libération. Les Compagnons, limités à 1 038, furent choisis pour leurs faits d'armes pendant l'épopée de la Libération. 81 % étaient des officiers ; 6 % des étrangers, les femmes à peine 0,6 %[4]. La dimension nationale du récit de la Résistance fut imposée en marginalisant toute interprétation de lutte internationale contre le fascisme et le nazisme, menée en partie sur le sol français par des résistants républicains espagnols ou juifs polonais. Le 11 novembre 1944, en compagnie de Winston Churchill, de Gaulle déposa une gerbe devant la statue de Georges Clemenceau, président du Conseil pendant la Grande Guerre, et annonça que la Résistance n'avait été qu'un épisode de la guerre de Trente Ans menée contre l'Allemagne, de 1914 à 1944.

Un tel mythe, aussi puissant fût-il, n'exerça jamais une hégémonie complète dans l'esprit des Français. Les communistes, qui avaient joué un rôle clé dans les combats de la Résistance et qui au sortir de la guerre représentaient le premier parti politique français, adhérèrent volontiers au récit dominant tant qu'ils partageaient le pouvoir. Mais lorsque débuta la guerre froide, en 1947, et qu'ils furent éjectés du gouvernement, ils affirmèrent avec force leur propre récit[5]. Le PCF se définit alors comme le parti des 75 000 fusillés, nombre selon lui de communistes exécutés par les Allemands. Ce nombre était certainement surestimé, mais le parti communiste insista sur un exemple précis : le martyre des vingt-sept otages communistes (dont Guy Môquet) fusillés à Châteaubriant en octobre 1941 en représailles à l'assassinat du Feldkommandant de Nantes par un groupe d'action communiste. Un monument représentant cinq hommes athlétiques ligotés à un poteau d'exécution, et chantant sûrement *La Marseillaise* ou *L'Internationale*, fut inauguré en octobre 1950 dans la clairière de leur mort. Rivalisant pour s'emparer du souvenir, la ville de Nantes érigea son propre monument, en octobre 1952, à la mémoire des seize otages non communistes fusillés à Nantes ainsi qu'à celle des communistes de Châteaubriant. Le maire de Nantes rendit hommage aux autorités de Vichy qui étaient intervenues auprès des Allemands pour prévenir la deuxième série d'exécutions dont menaçaient les Allemands, et au bon peuple de Nantes qui avait enduré les représailles avec dignité. Les communistes boycottèrent ouvertement cette cérémonie et organisèrent leur propre veillée, démontrant par-là combien la mémoire de la Résistance était source de division [6].

Ce qu'on pourrait appeler le mythe gaulliste de la Résistance a souffert de sa division interne pendant la guerre d'Algérie, entre 1954 et 1962. L'Afrique du Nord avait été le tremplin politique et militaire à partir duquel la France avait été libérée, mais la guerre menée dix ans plus tard pour tenter de conserver l'Algérie utilisa contre les insurgés des méthodes brutales, y compris la torture. Le camp des anciens résistants se divisa entre ceux pour qui la Libération signifiait la restauration de la grandeur nationale et ceux qui étaient choqués par les méthodes « nazies » utilisées par l'armée française contre les rebelles algériens. Afin de restaurer l'unité du camp de la Résistance, le culte de Jean Moulin (mort en martyr après avoir brièvement unifié les factions rivales de la Résistance sous l'autorité de de Gaulle à Londres) fut dûment promu. En décembre 1964, en vue de la première élection présidentielle au suffrage universel depuis 1848, au cours de laquelle de Gaulle espérait bien triompher, la dépouille de Jean Moulin fut solennellement transférée au Panthéon. La cérémonie marqua l'apogée du mythe gaullien unificateur et de Gaulle fut effectivement réélu l'année suivante. Cependant le traumatisme de la guerre d'Algérie divisa les immigrés algériens et les pieds-noirs français rapatriés après l'indépendance de l'Algérie en 1962, alimentant le populisme d'extrême droite du Front national dans la France de la décolonisation.

La chute de de Gaulle en 1969 et son décès peu après affaiblirent la carapace du mythe central de la Résistance et permirent à d'autres récits d'émerger. Le lieu commun affirmant que seule une poignée de Français s'était désho-norée en collaborant avec les Allemands tandis qu'une écrasante majorité avait soutenu la Résistance fut remis en question par le film de Marcel Ophüls, *Le Chagrin et la Pitié*, sous-titré *Chronique d'une ville française sous l'Occupation*. Ce film de 1971 suggérait que les Français n'avaient pas été des héros mais des opportunistes et des lâches, sinon des traîtres[7]. L'un des principaux résistants interviewés, Emmanuel d'Astier de La Vigerie, déclarait : « On ne pouvait être résistant que quand on était inadapté[8]. » Parce qu'il sapait le récit officiel, *Le Chagrin et la Pitié* fut interdit à la télévision pendant dix ans. Dans le même temps, le président Pompidou, successeur de de Gaulle en 1969, avait tendu un rameau d'olivier à d'anciens collaborateurs en graciant Paul Touvier, le chef de la Milice à Lyon, qui avait pourchassé les résistants et les juifs avant de se cacher après la guerre pendant des années. Pompidou lui-même n'avait pas participé à la Résistance et il avait une vision négative de ce qu'elle avait accompli. « Le moment n'est-il pas venu de jeter le voile, se demanda-t-il lors d'une conférence de presse en 1972, d'oublier ces temps où les Français ne s'aimaient pas, s'entre-déchiraient et même s'entre-tuaient[9] ? »

Un autre récit de la résistance sous l'Occupation capta l'attention de l'opinion publique. Il revendiquait le rôle moteur des antifascistes étrangers, en particulier des juifs d'origine étrangère dans la Résistance française. Les Français s'étaient libérés eux-mêmes, mais pas sans l'aide de résistants étrangers dont la contribution avait été passée sous silence dans un premier temps. Deux films le rappelèrent en racontant la tragédie d'un groupe de vingt-trois résistants combattant sous les ordres d'un Arménien, Missak Manouchian, fusillés au mont Valérien le 21 février 1944. *L'Affiche rouge*, de Frank Cassenti, en 1976, dont le titre rappelle l'affiche allemande qui avait exploité l'occasion pour diaboliser les résistants comme étant des étrangers et des juifs, fut suivi en 1985 par *Des terroristes à la retraite*, film de Mosco Boucault. Malheureusement, ce dernier souffrit de la concurrence du film de Claude Lanzmann, *Shoah*, sorti lui aussi en 1985, qui présente les juifs comme des victimes de l'extermination et non comme des résistants armés. Ce film façonna un nouveau paradigme puissant, qui montrait la Seconde Guerre mondiale non sous l'angle de la Résistance mais sous celui de l'Holocauste. Cette vision fut renforcée en 1987 lorsqu'un ancien chef de la Gestapo à Lyon, Klaus Barbie, fut extradé de Bolivie où il se cachait et jugé devant la cour d'assises du Rhône pour sa participation à la déportation des juifs de France vers les camps de la mort. Il fut en particulier inculpé pour la déportation à Auschwitz de quarante-quatre enfants juifs du pensionnat d'Izieu près de Lyon, le 6 avril 1944. Barbie, connu des anciens résistants comme l'homme qui avait torturé Jean Moulin à mort, ne fut pas jugé pour ce crime. Au contraire, on entendit les victimes de l'Holocauste en France témoigner contre leurs persécuteurs et faire passer au premier plan l'histoire du massacre des innocents. Sabine Zlatin, qui s'était occupée des enfants d'Izieu, s'écria ainsi : « Barbie a toujours dit qu'il s'occupait uniquement des résistants et des maquisards, cela veut dire des ennemis de l'armée allemande. Je demande ceci : les enfants, les quarante-quatre enfants, c'était quoi ? C'était des résistants ? C'était des maquisards ? Qu'est-ce qu'ils étaient ? C'était des innocents […] Pour ce crime odieux d'Izieu, il n'y a ni pardon, ni oubli[10]. »

Non seulement les résistants furent éclipsés, mais ils furent aussi métaphoriquement mis au banc des accusés.

L'avocat de Klaus Barbie, l'énigmatique Jacques Vergès, fit courir la rumeur que Jean Moulin avait été livré à la Gestapo par Raymond Aubrac lui-même, jusque-là considéré (avec sa femme Lucie) comme un héros de la Résistance. L'honneur de la Résistance avait été sali et devait être défendu. Jacques Chaban-Delmas, un des successeurs de Jean Moulin qui avait maintenu le lien entre de Gaulle et la Résistance en France, Premier ministre sous Pompidou, se leva pour le défendre : « Il y a eu des traîtres dans la Résistance mais ce n'était pas des traîtres "de" la Résistance. C'était des collaborateurs infiltrés, fort habilement, et qui n'avaient en fait rien à voir avec nous. » Repoussant cette tentative de noircir l'ensemble de la Résistance en ternissant la réputation de certains de ses chefs, Chaban-Delmas s'adressa aux nouvelles générations : « Il faut que ces jeunes et ces générations sachent que les Français se sont conduits honorablement et qu'ils n'ont pas à rougir de la France, qu'ils n'ont pas à rougir de leurs concitoyens sous l'Occupation. » La Résistance, poursuivit-il, s'emparant du discours émergent fondé sur les Droits de l'homme, avait commencé comme une campagne pour jeter l'envahisseur allemand hors de France puis elle était devenue quelque chose de bien plus universel, une guerre contre le nazisme, « la malédiction, le mépris de l'être humain[11] ».

Klaus Barbie fut condamné à la prison à perpétuité pour crimes contre l'humanité, mais la responsabilité de la déportation de 75 000 juifs ne pouvait reposer que sur les Allemands. Le rôle de l'État français, qui avait collaboré avec le IIIᵉ Reich, fut aussi mis en question. La pression s'accentua pour que l'État reconnaisse son rôle dans l'Holocauste. Le président Mitterrand refusa, affirmant qu'il s'agissait d'un crime commis par Vichy et non par la République, mais en 1995 son successeur Jacques Chirac reconnut solennellement le rôle de l'État français dans les rafles de juifs ayant mené à leur déportation. Il s'appuya sur les Droits de l'homme pour condamner les actions de l'État français et faire acte de repentance : « La France, patrie des Lumières et des Droits de l'homme, terre d'accueil et d'asile, la France, ce jour-là, accomplissait l'irréparable. Manquant à sa parole, elle livrait ses protégés à leurs bourreaux. » Dans le même discours cependant, il citait le chiffre fourni par Serge Klarsfeld, qui avait pressé afin que Barbie soit ramené en France pour qu'il y soit jugé et qui avait été avocat d'une des parties civiles à son procès : les trois quarts des juifs en France n'avaient pas été déportés. La conclusion à en tirer était que les mêmes valeurs, trahies par l'État français, avaient survécu dans le cœur et l'esprit des Français ordinaires, et leur avaient inspiré de la générosité et de la compassion envers les juifs persécutés. Chirac en fit par conséquent l'éloge : « Les valeurs humanistes, les valeurs de liberté, de justice, de tolérance [...] fondent l'identité française et nous obligent pour l'avenir[12]. »

Le récit d'une minorité de résistants armés soutenue par la masse de la population était désormais remplacé par celui d'une masse d'âmes généreuses soutenant une minorité de sauveteurs, qui avaient trouvé des refuges sûrs pour cacher des juifs ou des itinéraires pour les évacuer pendant l'occupation allemande. Quelques rares non-juifs ayant sauvé des juifs avaient été honorés comme Justes parmi les Nations par Yad Vashem, le mémorial fondé en 1953 à Jérusalem pour conserver les archives et la mémoire de l'Holocauste. À Paris, près de cinquante ans plus tard, en 2005, un Mémorial de la Shoah s'ouvrit dans le quartier juif traditionnel du Marais. À l'intérieur de l'édifice, tous les juifs déportés de France sont inscrits sur un mur des Noms. À l'extérieur, un mur des Justes portant le nom des Français Justes parmi les Nations a été inauguré en 2006. Le 18 janvier 2007, Jacques Chirac et Simone Veil, survivante d'Auschwitz et ancienne ministre, président une cérémonie au Panthéon, brillamment illuminé, en l'honneur des Justes de France. Chirac y reprend le discours de la raison et des droits, drapé de rectitude morale : « En France [...], le pays des Lumières et des Droits de l'homme, dit-il, des Françaises et des Français en très grand nombre vont montrer que les valeurs de l'humanisme sont enracinées dans leurs âmes[13]. » Cette cérémonie consacre une nouvelle image de ce que signifie la Résistance : non plus la lutte armée de patriotes cherchant à chasser les Allemands hors de France, mais le sauvetage à mains nues d'une minorité persécutée qu'il fallait arracher aux griffes des nazis, une action qui permettait à la France de récupérer à bon droit son identité de pays de la liberté et des Droits de l'homme.

Les mythes sont des récits élaborés pour définir l'identité et les aspirations de groupes humains ou de pays, et n'ont nul besoin de se fonder sur des faits attestés par des documents[14]. Les historiens, cependant, sont tenus par le recueil de sources écrites, orales et iconographiques du passé, dûment étudiées et sélectionnées pour leur véracité.

Au moment même où de Gaulle commençait dès la Libération à élaborer un mythe de Résistance, d'anciens résistants et des historiens mobilisaient les services de l'État pour préserver et archiver des documents historiques relatifs à la manière dont la France avait vécu pendant la Seconde Guerre mondiale. Dès octobre 1944, la Commission d'histoire de l'Occupation et de la Libération de la France (CHOLF) fut instaurée au ministère de l'Éducation afin de rassembler des documents provenant d'autres ministères. Ses secrétaires généraux étaient Édouard Perroy, spécialiste d'histoire médiévale, et Henri Michel, ancien professeur d'histoire au lycée de Toulon et résistant socialiste en Provence. Une autre institution, le Comité d'histoire de la guerre (CHG), fut créée en juin 1945, peu après la fin de la guerre en Europe. Présidée par l'historien Lucien Febvre, avec à nouveau Henri Michel comme secrétaire général, elle dépendait directement du général de Gaulle et pouvait imposer aux ministères de communiquer leurs documents. Comme ces deux institutions faisaient double emploi, elles fusionnèrent en 1951 pour former le Comité d'histoire de la Seconde Guerre mondiale (CHDGM) [15].

La première tâche de ces comités était de rassembler les documents détenus par les différents ministères, parfois réticents à confier des documents aux Archives nationales, au moins à court et à moyen termes. Une fois déposés aux Archives, les documents étaient couverts par une confidentialité de cinquante ans avant de pouvoir être consultés. Le fonds contenant les documents officiels relatifs à l'Occupation, à Vichy et à la Résistance est resté virtuellement inaccessible jusqu'à une loi de 1979 qui en a facilité l'accès, même si la communication de nombreux dossiers n'est alors accordée que sur dérogation du ministère de la Culture. Il fallut donc exploiter d'autres sources. Pendant près de quarante ans, l'histoire de la Résistance a été écrite à partir de témoignages oraux et des Mémoires d'anciens résistants, tandis que les archives restaient inexplorées.

L'une des fonctions capitales du CHDGM a été de constituer un fonds d'entretiens avec d'anciens résistants à partir desquels des récits étaient écrits[16]. La méthodologie était très éloignée des pratiques actuelles d'histoire orale. Intervieweurs et témoins appartenaient au même milieu, ce qui explique l'effet «boule de neige». D'un résistant à l'autre, les entretiens sont peu ou prou les mêmes : les témoins ont fait des études, ce sont en majorité des hommes, anciens des Forces françaises libres ou des grands réseaux et mouvements non communistes de métropole. Dans le contexte de la guerre froide, presque aucun communiste ne fut interrogé, et encore moins de résistants d'origine étrangère. Les entretiens n'ont pas été enregistrés, ni même peut-être sténographiés. La version dactylographiée ne propose pas de verbatim reprenant questions et réponses, mais un résumé de la conversation. On ne se souciait guère du fait que les témoins racontaient peut-être *leur* histoire, qui pouvait être différente de l'histoire de la Résistance. Henri Michel pensait au contraire qu'en recoupant de nombreux récits partiels, on pourrait en extraire «le suc de vérité» qu'ils contenaient. Ces entretiens dûment anonymisés et d'autres sources, telles que les journaux clandestins, ont formé le socle des premières histoires de la Résistance, écrites par d'anciens historiens devenus résistants, ou d'anciens résistants devenus historiens. Henri Michel a publié le premier ouvrage de référence sur la Résistance en 1950, ainsi que d'autres volumes sur les idées politiques et sociales et les courants de pensée de la Résistance en 1954 et 1962[17]. Marie Granet, l'une des principales enquêtrices du CHDGM, a écrit une série de monographies sur différents réseaux[18]. Parallèlement à cette « histoire officielle », de 1967 à 1982, deux résistants, Henri Noguères (qui avait appartenu au réseau Franc-Tireur dans le Languedoc) et l'ancien communiste Marcel Degliame (membre de Combat), ont écrit une histoire de la Résistance en dix volumes. Déplorant que les archives soient inaccessibles pour cinquante ans mais ne pouvant attendre, ils s'appuyèrent sur 170 témoignages écrits ou oraux. S'ils ne l'avaient pas fait, déclarèrent-ils, « c'eût été renoncer à ce que cette Histoire fût non seulement écrite, mais encore discutée – et contrôlée – par ceux qui l'ont vécue[19] ». Le présupposé était qu'une élite de résistants écrirait elle-même sa propre histoire. Entre-temps, en 1975, Jean-Louis Crémieux-Brilhac, qui avait travaillé avec les Français libres à Londres, édita les messages diffusés par la BBC à destination de la France, inaugurant une brillante carrière d'historien-résistant le plus respecté de sa génération[20].

Les Mémoires écrits par d'anciens résistants ont formé l'autre source initiale de récits historiques valides, dont ceux d'Agnès Humbert, qui avait été membre du groupe du musée de l'Homme et avait été déportée dans un camp de travail en Allemagne[21]. Plus courants étaient les Mémoires de résistants de premier plan ou autoproclamés[22], et des grands chefs politiques et militaires qui souhaitaient être les premiers à établir leur histoire pour la postérité[23]. Une seconde vague de Mémoires a paru après 1968, particulièrement après la mort de de Gaulle et alors que le parti communiste déclinait, cc qui ouvrit un espace de liberté permettant à d'autres anciens résistants de donner leur propre récit[24]. Pendant longtemps, ce sont les témoignages d'anciens résistants proches des cercles de pouvoir qui avaient fait autorité. Cependant, en 1973, la publication des Mémoires d'Henri Frenay, chef du réseau Combat, ébranla la confiance en ce credo[25]. Poursuivant les luttes de la guerre, il accusait son rival Jean Moulin, désormais auréolé de la gloire de son héroïsme et de son martyre, d'avoir été un agent communiste. Il répéta l'accusation dans un autre livre en 1977, provoquant une controverse médiatique[26]. Pour défendre la réputation de Jean Moulin, Daniel Cordier, son ancien secrétaire, décida que le seul moyen de repousser les accusations était d'analyser toutes les archives disponibles. Sa mission coïncida avec une professionnalisation de l'étude historique de la Seconde Guerre mondiale, symbolisée par le passage de relais entre le CHDGM d'Henri Michel et l'Institut d'histoire du temps présent (IHTP) fondé en 1978 sous l'égide de François Bédarida. Né en 1926, Bédarida avait été résistant lorsqu'il était lycéen, mais il était avant tout un chercheur qui se donna comme mission d'historiciser les études sur la Seconde Guerre mondiale. Bédarida et Cordier joignirent ainsi leurs forces pour questionner la fiabilité des témoignages écrits et oraux, au nom de la primauté des archives écrites. La biographie de Jean Moulin en quatre volumes publiée par Cordier entre 1989 et 1999 défendait une histoire de la Résistance fondée sur les archives et faisait de Jean Moulin la pièce maîtresse de cette histoire[27].

Ce culte des archives a stimulé les recherches d'une nouvelle génération d'agrégés et de doctorants nés dans les années 1950 et 1960, qui ont abordé la Résistance comme un objet d'histoire légitime. Ceux qui travaillaient en province ont écrit des histoires de la Résistance dans leur région, en Franche-Comté, en Provence ou en Bretagne[28]. Les Parisiens, de la Sorbonne ou d'autres universités et de l'Institut des sciences politiques, ont rédigé des thèses sur les principaux réseaux résistants non communistes : Laurent Douzou sur Libération-Sud, Alya Aglan sur Libération-Nord, et Olivier Wieviorka sur Défense de la France[29]. Guillaume Piketty a écrit une thèse sur Pierre Brossolette, qui faisait la liaison pour Jean Moulin entre Londres et la France. Ensemble, ces publications se concentraient sur « la voie royale » de la résistance métropolitaine[30]. Une thèse écrite en 1996 sur le mouvement de résistance Front national, qui avait servi au parti communiste à construire des ponts entre les organisations communistes et non communistes, ne fut pas publiée[31]. Aux alentours du quarantième anniversaire de la Libération, ces historiens utilisèrent aussi les colloques pour partager leurs recherches et leurs méthodes les plus récentes[32]. Ils s'embarquèrent également dans la rédaction d'un *Dictionnaire historique de la Résistance* qui, en 2006, fit la synthèse des recherches les plus récentes sur la Résistance[33].

Les chercheurs de cette nouvelle génération ont été nombreux à interviewer d'anciens membres des réseaux de résistance, et Piketty s'est appuyé sur des entretiens réalisés par la veuve de Pierre Brossolette dans les années 1970[34]. Leurs directeurs de recherche restant cependant ouvertement sceptiques sur la validité du témoignage oral, l'entretien a surtout servi de complément aux documents d'archives. Lors d'une table ronde organisée à l'IHTP sur l'histoire orale en 1986, Daniel Cordier a reconnu que l'entretien avait une « vertu esthétique de fraîcheur » et pouvait recréer « une atmosphère », mais restait sans valeur pour reconstituer les détails : « La chronologie est tout à fait vague car le témoin, par nature, est incapable de situer son passé dans le temps. Lorsqu'un témoin vous dit : "Ça se passait le 21 juin à Avignon", c'est peut-être le 15 août 1943 ou le 10 septembre 1942. » François Bédarida, directeur de l'IHTP, a quant à lui conclu cette table ronde en déclarant que « la Résistance, qui était considérée comme le terrain d'élection de l'histoire orale, apparaît ici […] comme le lieu du triomphe de l'histoire écrite[35] ».

C'est en dehors de l'Université et à l'étranger que l'on a accordé plus de foi aux témoignages écrits et oraux, et plus d'intérêt au recueil des récits de ceux qui n'avaient pas emprunté « la voie royale », notamment les juifs, les communistes et les étrangers. Aux alentours de 1968, pour un livre qu'elle écrivait sur la résistance juive, Anny Latour entreprit une série d'entretiens, en France et en Israël, avec des résistants juifs. Ils sont conservés au Centre de documentation juive contemporaine (CDJC), désormais intégré au Mémorial de la Shoah [36]. En 1978, l'historien britannique Rod Kedward publie son *Resistance in Vichy France*, qui met en valeur des entretiens avec d'anciens résistants de la zone non occupée, mais ce livre n'est traduit en français qu'en 1989 [37]. Le musée de la Résistance nationale de Champigny-sur-Marne, créé en 1985 à l'initiative de communistes et de syndicalistes, a collecté les témoignages écrits de résistants communistes, souvent aussi d'origine immigrée. Il a également archivé les témoignages originaux rédigés après un appel lancé en 1984 par le quotidien communiste *L'Humanité* aux « inconnus de la Résistance », constituant ainsi un vaste recueil de gestes de résistance et de souvenirs envoyés par des gens ordinaires [38]. Enfin, le Centre d'histoire de la Résistance et de la Déportation, qui a ouvert en 1992 à Lyon, a commencé un programme d'entretiens enregistrés en vidéo avec d'anciens résistants, en donnant la priorité aux résistants d'origine étrangère, souvent d'origine juive, et aux femmes.

Les récits autobiographiques ont connu une nouvelle vogue avec la publication en 2004 de *Suite française*, livre posthume d'Irène Némirovsky, récit romancé de la fuite de plusieurs familles quittant Paris en 1940 et de leur cohabitation avec les Allemands dans la France occupée [39]. Il y a eu un regain d'intérêt pour ce qu'on pouvait glaner dans les Mémoires, journaux intimes, lettres et témoignages oraux.

Les Mémoires d'Agnès Humbert, originellement publiés en 1946, ont été réédités en français en 2004 et en anglais en 2008[40]. Le journal et les Mémoires de Virginia d'Albert-Lake, une Américaine qui participa à un réseau évacuant les aviateurs abattus, ont paru en 2006[41]. Les historiens universitaires sont revenus aux récits subjectifs avec une assurance renouvelée. Laurent Douzou a fait l'éloge d'un nouveau genre, le récit d'enfants de résistants racontant leur itinéraire à la recherche du passé caché de leurs parents[42]. Certains de ces livres ont fait connaître des résistants qui n'étaient pas français de naissance. Après la mort de sa mère en 1994, le scientifique Georges Waysand a écrit *Estoucha*, un récit des activités de sa mère dans la Résistance. Esther Zilberberg, surnommée Estoucha, était une étudiante en médecine, communiste, juive polonaise, qui émigra en Belgique dans les années 1930, puis fut infirmière dans les Brigades internationales en Espagne et pour la Résistance dans le Nord de la France. Elle donna naissance à Georges en 1941 avant que les Allemands n'exécutent son mari et qu'elle soit déportée à Ravensbrück[43]. Claude Lévy, également d'origine juive polonaise, avait raconté le rôle des étrangers dans la Résistance française en 1970[44]. En 2007, son fils Marc reprend la voix de son père et son rôle dans *Les Enfants de la liberté,* un livre qui explore l'expérience de son père et de résistants juifs et italiens à Toulouse, et le traumatisme du « train fantôme » qui emporta Claude en déportation, avec son frère aîné, en juillet-août 1944[45]. En 2009, Guillaume Piketty a publié un superbe recueil de textes écrits à la première personne par des résistants, qui vont de journaux intimes rédigés par des soldats de la France libre aux lettres de Claire Girard, une résistante fusillée par les Allemands en 1944[46]. Deux ans plus tard, François Marcot a coédité une collection de textes rédigés pendant l'Occupation qui privilégie les journaux intimes[47]. Ironiquement, Daniel Cordier, qui avait mené une campagne vigoureuse contre la validité des témoignages, a publié en 2009 ses propres Mémoires, intitulés *Alias Caracalla*, et a déclaré : « S'il est dans la nature d'un journal d'être limité, il n'en est pas moins incomparable : instantané du passé, il permet de faire revivre les passions disparues[48]. »

Notre étude de la Résistance se fonde directement sur le témoignage, écrit et oral. Elle prend le parti que seuls des récits à la première personne peuvent dévoiler la subjectivité individuelle, l'expérience de la résistance et le sens que les résistants ont donné plus tard à leur action. Les témoignages sont pris dans les sources les plus variées afin de souligner la diversité de ceux qui ont participé à la Résistance en France et en dehors de la France, Français pour la plupart, mais aussi étrangers en grand nombre. Les six premiers chapitres de ce livre analysent pourquoi, sous le coup de la défaite et de l'armistice de 1940, une petite minorité d'individus firent le choix de résister. Alors que la majorité des Français étaient soulagés que la guerre soit finie, faisaient confiance au maréchal Pétain pour défendre leurs intérêts, et cohabitaient plus ou moins paisiblement avec les forces d'occupation allemandes, quelques-uns dirent non. Ils venaient de toute la société, de l'extrême gauche à l'extrême droite, éduqués ou non, soldats français qui quittèrent la France vaincue pour l'Angleterre, ou qui n'avaient pas été vaincus dans les colonies. Étaient-ils des originaux et des excentriques, ou des idéalistes qui avaient reçu une formation politique et étaient mus par des principes ? Étaient-ils d'une certaine manière conditionnés par leur famille et leur environnement, ou bien la contingence et le hasard jouèrent-ils un rôle ? Ce livre examine ensuite comment les résistants se rassemblèrent en petits groupes, isolés de la majorité conformiste de la population, afin de voir ce qui pouvait être fait pour résister. Tous les résistants furent confrontés au même défi : enfreindre la loi et risquer leur vie et celle d'autres personnes. Ils étaient liés par des liens intenses de camaraderie, de fraternité et de solidarité, voire même d'amour. Puisque la résistance fut conçue à l'origine comme un refus de la défaite et une poursuite de la lutte, les femmes ne se retrouvèrent pas tout de suite en première ligne, mais l'échec des hommes à défendre le pays en 1940, et le fait qu'un million et demi d'entre eux avaient été faits prisonniers de guerre, leur fit récupérer une grande responsabilité. Elles évoluaient entre les rôles traditionnellement dévolus aux femmes et les occasions qui s'ouvraient d'accomplir de grandes choses. Nous examinerons comment les résistants ont construit leur monde clandestin et se sont inventés de nouvelles identités et de nouveaux rôles. Il y avait là quelque chose de théâtral, qui comportait le risque d'être découvert, arrêté et exécuté. L'invention d'une nouvelle identité permettait aux résistants de prétendre être ce qu'ils n'étaient pas, mais aussi à des traîtres de se prétendre résistants. La camaraderie et la confiance entre résistants étaient trop souvent détruites par la duplicité et la trahison. De temps à autre, les résistants sortaient du monde de l'ombre pour rendre publics leurs messages et leur action, et ce moment de transition était parfois le plus dangereux.

Les résistants ont toujours été une minorité mais ils émergèrent de milieux très dissemblables. Leurs idées différaient beaucoup, et leurs objectifs aussi. Certains étaient de simples patriotes en désaccord avec la façon dont Vichy définissait le patriotisme. Leur profil pouvait être très proche de celui des partisans de Vichy, mais ils s'opposaient à la collaboration avec l'Allemagne. D'autres poursuivaient la guerre antifasciste qu'ils avaient commencée en défendant l'Espagne républicaine contre la croisade de

Franco et de ses alliés, l'Italie fasciste et l'Allemagne nazie. Après la défaite de la République espagnole en 1939, beaucoup voulurent continuer la lutte sur le sol français. Cette lutte se poursuivit aussi aux Pays-Bas, en Europe centrale, dans les Balkans et derrière les lignes allemandes, sur le front de l'Est. Les hommes et les femmes d'origine juive jouèrent un rôle important dans la Résistance en France : ils combattaient l'Allemagne tout en menant « une guerre dans la guerre », à la fois contre les Allemands et contre Vichy, pour empêcher leur propre extermination. Il s'agissait souvent de jeunes gens qui avaient perdu leurs parents ou des membres de leurs familles, raflés et déportés, et qui rejoignaient les groupes de résistance, leur meilleure chance de survie. Certains étaient français et leur but principal était de libérer la France, pays de tolérance, mais d'autres étaient des juifs polonais ou roumains qui rêvaient de fonder des républiques socialistes dans les pays dont ils avaient été exilés, ou de quitter la vieille Europe pour bâtir une nouvelle patrie en Palestine, alors sous mandat britannique.

Le récit gaulliste d'un mouvement ininterrompu de résistance, de 1940 à 1944, et d'une France qui s'est libérée seule, bien qu'avec l'aide des Alliés, mérite un regard critique. L'armistice de 1940 avait laissé l'Empire français intact et les quelques personnes qui se rallièrent à la France libre de de Gaulle combattirent pour s'en emparer, en Afrique et au Moyen-Orient (Syrie et Liban), contre les armées de Vichy qui, collaborant avec les puissances de l'Axe, s'opposèrent à eux pied à pied. De Gaulle, à Londres, bénéficiait du soutien de Churchill mais il était isolé, même parmi les Français en exil. Les Américains, qui le détestaient de manière quasi viscérale, conservèrent un ambassadeur à Vichy, surtout pour s'assurer que le maréchal Pétain n'entrerait pas en guerre aux côtés des Allemands. Quand les Américains débarquèrent en Afrique du Nord en novembre 1942, ils passèrent un accord avec l'amiral Darlan, vichyste, puis lorsque ce dernier fut assassiné, ils soutinrent le grand rival de de Gaulle, le général Giraud. De Gaulle eut aussi de grandes difficultés à établir des liens durables avec les mouvements de résistance qui émergeaient en France métropolitaine. Les réseaux communistes lui échappaient totalement et même les réseaux non communistes gardaient jalousement leur autonomie. Finalement, en 1943, Jean Moulin, son émissaire, rassembla tous les courants de la Résistance métropolitaine sous l'autorité du général, et dans le même temps, de Gaulle s'établit en Afrique du Nord aux côtés de Giraud. Malheureusement, Jean Moulin fut arrêté par les Allemands en juin 1943 et torturé à mort. Les liens furent rompus avec les mouvements de résistance intérieure au moment même où ces mouvements devenaient de plus en plus populaires, car les exigences croissantes de main-d'œuvre forcée pour les usines du Reich provoquaient des grèves et poussaient de nombreux jeunes hommes à se cacher, et pour certains, à prendre le maquis dans les forêts ou les montagnes. Certains tombèrent sous le contrôle de communistes bien organisés, qui avaient une stratégie d'action immédiate et d'insurrection nationale. D'autres furent dotés d'armes par des agents alliés parachutés, mais incités à attendre le jour J pour passer à l'offensive.

Les débarquements du jour J provoquèrent un déchaînement d'actions, les résistants sortant de l'ombre pour attaquer les Allemands sur leurs arrières. Dans un premier temps, les conséquences furent désastreuses car malgré leur enthousiasme et leur énergie, les résistants manquaient d'entraînement, de stratégie et de commandement. Un conflit éclata entre les deux modèles de résistance : d'une part, la volonté des communistes (et de l'ensemble des résistants étrangers) de susciter une insurrection nationale qui amènerait au pouvoir un gouvernement populaire et produirait des réformes profondes, et d'autre part, la reconquête organisée du pouvoir au fur et à mesure du retrait allemand, pour permettre à de Gaulle de réaffirmer l'autorité de l'État français et d'étouffer tout risque de révolution populaire. Le récit gaulliste trouve ici son apogée, avec la descente des Champs-Élysées par de Gaulle applaudi par la foule, avant que la France ne revienne à sa routine. Mais pour ceux qui avaient résisté, la vie ne s'arrêta pas là, et leurs témoignages décrivent leurs espoirs et leurs craintes, leurs victoires et leurs déceptions après la Libération. De nombreux résistants rejoignirent les armées françaises qui poursuivaient leur avancée en Allemagne. Certains n'en revinrent pas. Une minorité prit part à la fondation de la IVᵉ République, généralement au détriment des aspirations des mouvements résistants. D'autres revinrent des camps de déportation pour reconstruire leurs vies brisées, ou se consacrer à ceux qui autour d'eux avaient été brisés, eux aussi.

Ce livre se termine par la bataille qui a fait rage pendant de nombreuses années entre individus et groupes pour s'emparer de l'âme de la Résistance, chacun luttant pour imposer sa propre mémoire collective et en faire le récit dominant de toute la résistance française. Immédiatement après la Libération, c'est la vulgate gaulliste, militaire, patriote et masculine, qui domina. Elle fut contestée par la mémoire communiste, sur la défensive pendant la guerre froide, et fut censurée par le stalinisme qui effaçait le souvenir des communistes dissidents ayant joué un rôle de premier plan dans la Résistance. La mémoire de l'Holocauste, l'angle sous lequel la Seconde Guerre mondiale fut regardée à partir des années 1990, marginalisa ironiquement la mémoire de la résistance juive qui commençait tout juste à émerger. De nos jours, le récit dominant est un mythe universel et humaniste de lutte pour les droits de l'homme, qui met en avant les femmes et ceux qui sauvèrent des juifs, et amoindrit la part de ceux qui combattirent pour la liberté, pistolet-mitrailleur Sten à la main. La mémoire des résistants communistes, dissidents, d'origine juive ou étrangers a survécu en tant que mémoire collective, pas comme le récit principal. Un des objectifs de cette étude est de la remettre au cœur de l'histoire de la Résistance.

# 1

## Prise de conscience

*Je me souviens du discours de Pétain.*
*C'est un truc qui m'a tué de honte et de*
*rage. En entendant cela, j'étais convaincu*
*que pour nous ça commençait.*

Jean-Pierre Vernant, 1985

Madeleine Riffaud n'avait pas seize ans lorsque les armées allemandes, triomphantes après Dunkerque, envahirent le Nord de la France le 5 juin 1940. Sa famille s'enfuit vers le sud, pêle-mêle avec des dizaines de milliers d'autres civils terrifiés et de soldats hébétés, leurs biens entassés sur des voitures, des charrettes ou des chevaux. Pour ses parents, instituteurs dans la Somme, l'exode fut compliqué encore par la nécessité d'évacuer son grand-père, qui se mourait d'un cancer. Quelques semaines plus tard, après la défaite, la famille retourna en lentes étapes vers ce qui était désormais la zone occupée. À la gare d'Amiens dévastée, Madeleine partit à la recherche d'un brancard afin de transporter son grand-père pour la dernière étape de leur voyage : « J'avais une petite jupe d'été, j'avais les cheveux sur le dos, j'avais quinze, seize ans[1]. » La jeune fille, séduisante, fut agressée par des soldats allemands. Un officier les rappela à l'ordre, mais elle se souvient de son geste : « Il m'a flanqué un magistral coup de pied au cul qui m'a envoyée dinguer. J'avais le nez dans la poussière. J'étais tellement furieuse, c'était l'humiliation, la colère, et dans cette colère je me suis juré que j'allais retrouver la Résistance. Je vais les retrouver, ceux qui résistent, c'était parti de là[2]. »

L'humiliation de la défaite fut ressentie par l'ensemble de la nation française, des dirigeants aux gens ordinaires. Ce fut une défaite inattendue, car les Français étaient entrés en guerre en 1939 avec enthousiasme, confiants dans la force de leur armée, de leur marine et de leur aviation. Ce fut une défaite inexpliquée, parce qu'en 1914-1918, les armées françaises avaient résisté pendant quatre ans aux armées allemandes et avaient fini par sortir victorieuses des tranchées. Cette fois-ci cependant, l'armée avait été débordée en à peine six semaines[3]. Ce fut une défaite dramatique, parce qu'elle détruisit la République qui, depuis 1870, incarnait la démocratie française et le patriotisme, et qu'elle ouvrit la voie à un régime autoritaire prêt à pactiser avec l'Allemagne.

Les événements vont très vite. Le 17 juin, le gouvernement, replié à Bordeaux, demande un armistice. Paul Reynaud, qui a remplacé Édouard Daladier comme président du Conseil en mars 1940 et qui s'est engagé vis-à-vis de la Grande-Bretagne à ne pas signer de paix séparée, perd la majorité au sein du cabinet. Il remet le gouvernement au maréchal Philippe Pétain, le vainqueur de Verdun en 1916. Avec le général Maxime Weygand, Pétain avait été appelé en mai 1940 pour renforcer le gouvernement, lorsque les Pays-Bas et la Belgique s'étaient effondrés devant l'offensive allemande. Malheureusement, Pétain et Weygand ne pensent pas seulement en termes militaires : la défaite leur offre l'opportunité de se débarrasser de la République, régime de plus en plus critiqué par les conservateurs qui y voient la porte ouverte au pouvoir politique des juifs, des communistes et des francs-maçons. La République avait été à deux doigts de s'effondrer le 6 février 1934, lorsque des ligues réactionnaires et fascistes avaient attaqué l'Assemblée nationale. Pour leur barrer la route, un mouvement antifasciste soutenu par le parti socialiste, le parti communiste et les radicaux s'était formé, dans la rue et dans les syndicats. Cette coalition, le Front populaire, arrive au pouvoir en 1936 et gouverne sous l'autorité d'un président du Conseil juif, Léon Blum. Bien que le Front populaire ait empêché que le fascisme ne prenne le pouvoir en France comme il l'avait fait en Italie et en Allemagne, et qu'il ait épargné à la France une guerre civile comme celle qui avait ravagé l'Espagne de 1936 à 1939, fascistes et réactionnaires attendent le moment de prendre leur revanche, ce qui arrive en 1940[4].

Dans sa déclaration prononcée à la radio le 17 juin, le maréchal Pétain annonce qu'il s'offre en sacrifice quasi christique pour mettre fin à la guerre, dans l'honneur, et sauver la France : « Sûr de l'affection de notre admirable armée qui lutte avec un héroïsme digne de ses longues traditions militaires contre un ennemi supérieur en nombre et en armes, sûr que par sa magnifique résistance, elle a rempli ses devoirs vis-à-vis de nos alliés […] Je fais à la France le don de ma personne pour atténuer son malheur […] C'est le cœur serré que je vous dis aujourd'hui qu'il faut cesser le combat. Je me suis adressé cette nuit à l'adversaire pour lui demander s'il est prêt à rechercher avec nous, après la lutte et dans l'honneur, les moyens de mettre un terme aux hostilités[5]. »

Aux termes de l'armistice conclu le 22 juin 1940, l'Alsace et une partie de la Lorraine sont annexées par le IIIe Reich, la moitié nord de la France et la côte atlantique jusqu'à la frontière espagnole sont occupées par l'armée allemande, et l'armée française est réduite à 100 000 hommes. La France doit également verser à l'Allemagne une indemnité de guerre colossale en représailles à sa déclaration de guerre conjointe avec la Grande-Bretagne en septembre 1939. Moins de trois semaines plus tard, le 10 juillet, le Parlement est convoqué à Vichy. L'éminence grise du maréchal Pétain, Pierre Laval, un politicien d'expérience, persuade les députés de voter les pleins pouvoirs à Pétain, qui établira une nouvelle constitution. Pétain se déclare chef de l'État français, selon le nouveau terme, abolissant ainsi la République. Puis il se confère les pleins pouvoirs exécutifs, législatifs et constitutionnels, et ajourne le Parlement *sine die*.

Pour la majorité des Français, ce fut un soulagement. L'armistice signifiait que les combats étaient terminés et que le carnage de la Première Guerre mondiale, pendant laquelle la France avait perdu 1,4 million d'hommes, ne se reproduirait pas. À la place, 1,5 million de soldats furent faits prisonniers par les Allemands, mais on s'imaginait qu'ils seraient vite relâchés. On ne regretta pas beaucoup non plus la République, dont l'échec politique et militaire était patent. Les conservateurs considéraient que le sauveur empli d'autorité désormais à la tête de la France la débarrasserait des juifs, des communistes et des francs-maçons qui avaient sapé le pays de l'intérieur et qu'il restaurerait sa force et son unité.

Certains voyaient les choses différemment et étaient prêts à agir, dont Charles de Gaulle, un général relativement peu connu qui avait passé la moitié de la Première Guerre mondiale comme prisonnier en Allemagne. Il avait avoué à sa mère en novembre 1918 qu'« à l'immense joie que j'éprouve avec vous des événements se mêle, il est vrai pour moi, le regret indescriptible de n'y avoir pas pris une meilleure part. Il me semble qu'au long de ma vie, ce regret ne me quittera plus[6] ». Depuis cette date, il était devenu une autorité sur la guerre des chars. De fin mai à début juin 1940, à la tête de la 4ᵉ division blindée, il combat avec honneur près d'Abbeville, à l'embouchure de la Somme, pour tenter une percée qui libérerait les troupes cernées à Dunkerque. Le 5 juin, il est nommé sous-secrétaire d'État à la Guerre du gouvernement Reynaud. L'envoyé de Churchill le décrit comme un homme observant dans un silence de pierre la panique et le défaitisme qui croissent autour de lui, « fumant cigarette sur cigarette[7] ». De Gaulle est l'un des rares ministres qui, opposés à l'armistice, veulent continuer à combattre. Isolé, craignant désormais d'être arrêté, il monte à l'aube du 17 juin dans un petit avion mis à sa disposition par les Britanniques. Il quitte ainsi Bordeaux pour Londres avec son aide de camp, le lieutenant Geoffroy de Courcel, au moment où Pétain fait sa déclaration à la radio. Le lendemain, le 18 juin 1940, il prononce sa fameuse riposte sur les ondes de la BBC :

« Moi, général de Gaulle, actuellement à Londres, j'invite les officiers et les soldats français qui se trouvent en territoire britannique ou qui viendraient à s'y trouver, avec leurs armes ou sans leurs armes, j'invite les ingénieurs et les ouvriers spécialistes des industries d'armement, qui se trouvent en territoire britannique ou qui viendraient à s'y trouver, à se mettre en rapport avec moi.

« Quoi qu'il arrive, la flamme de la résistance française ne doit pas s'éteindre et ne s'éteindra pas[8]. »

Même si, selon le mythe gaullien, cet appel marque la fondation de la Résistance, fort peu de gens l'entendirent à l'époque. Et parce que la résistance fut d'abord envisagée sous l'angle militaire, il s'adressait surtout aux militaires, aux 30 000 soldats, marins et aviateurs qui étaient arrivés en Grande-Bretagne après l'évacuation des plages de Dunkerque ou qui avaient embarqué dans d'autres ports de la Manche et de l'Atlantique sur des bateaux fuyant le désastre. Il s'adressait aussi aux vestiges de l'armée française repliés dans le Sud de la France. Cependant, l'appel fut entendu aussi par quelques civils, souvent éparpillés le long des routes qui menaient vers le sud, ou dans les villes et villages où ils s'étaient réfugiés, pour laisser passer la tempête. Désemparés, en colère, humiliés, ils n'étaient pas en mesure de continuer la lutte dans l'immédiat. Eux aussi devaient décider s'ils retournaient à leur ancienne vie sous le joug du nouveau régime, ou s'ils commençaient à rechercher des gens partageant leur opinion, pour faire quelque chose, sans même savoir quoi.

Ceux qui résistèrent plus tard étaient avides de montrer qu'ils avaient été des résistants « de la première heure ». Leur prestige dérivait de la rapidité avec laquelle ils avaient répondu à l'appel du général de Gaulle. Mais le ralliement à de Gaulle fut néanmoins toujours l'affaire d'une minorité, minorité souvent contrecarrée par une majorité qui se méfiait de l'ambition de de Gaulle et de son empressement à créer un gouvernement en exil opposé au maréchal Pétain[9]. Son premier vivier de soutiens potentiels était fait des expatriés français à Londres et des personnalités françaises de passage, mais ces soutiens étaient peu nombreux. Le 19 juin, le directeur de l'Institut français, Denis Saurat, professeur de littérature au King's College et spécialiste de Milton, de Blake et de Victor Hugo, va voir de Gaulle à son domicile de Seymour Grove (aujourd'hui Curzon Place) pour lui proposer des contacts[10]. Parmi eux figure l'écrivain André Maurois, qui refuse cependant de travailler pour de Gaulle par crainte de représailles contre sa famille restée en France et préfère partir enseigner à Boston, aux États-Unis[11]. Jean Monnet, qui avait négocié le soutien logistique des États-Unis et dont le projet de la dernière chance pour sauver la France, une union franco-britannique, était mort-né le 16 juin, trouve l'initiative de de Gaulle trop personnelle et trop spectaculaire, et part pour New York en août[12]. Alexis Leger, diplomate et poète (sous le pseudonyme de Saint-John Perse), refuse de rejoindre de Gaulle, en particulier parce que, secrétaire général du Quai d'Orsay, il avait été démis par Reynaud qui lui reprochait sa politique d'apaisement, le même Reynaud qui avait ensuite appelé de Gaulle au gouvernement. Lui aussi part aux États-Unis[13]. L'ambassadeur de France à Londres, Charles Corbin, s'oppose à la création par de Gaulle d'un Comité national français pour représenter les Français libres et démissionne après que le gouvernement britannique a reconnu le Comité le 23 juin. Il rentre en France, via Rio de Janeiro, pour y prendre sa retraite[14]. Il faut attendre 1942 pour voir un nombre significatif de diplomates se ranger derrière de Gaulle.

De Gaulle connaît un peu plus de succès auprès des militaires qui se trouvent en Grande-Bretagne, même si là aussi, seule une minorité se rallie à lui. L'une de ses premières recrues est Georges Boris, né dans une famille juive originaire de Lorraine ayant choisi la nationalité française lors de l'annexion par l'Allemagne en 1871. Georges Boris se disait « né à gauche » et marqué par les batailles de l'affaire Dreyfus qui avaient opposé les intellectuels et les juifs aux conservateurs et aux cléricaux ; c'était un socialiste convaincu. Tuberculeux, il n'avait pas combattu pendant la Grande Guerre mais il avait travaillé en Suisse à la commission interalliée pour le blocus des Empires centraux, ce qui lui avait valu d'être dénoncé plus tard comme « embusqué ». Il avait l'expérience du travail gouvernemental, ayant été chef de cabinet de Léon Blum pendant le deuxième ministère du Front populaire en 1938, et il avait travaillé avec le ministre des Finances Pierre Mendès France à un plan keynésien de relance de l'économie. Ce gouvernement éphémère avait été violemment traité de

« cabinet de juifs » par la presse de droite[15]. En 1939, soucieux de réparer sa réputation de mauvais patriote, il commence la guerre comme simple soldat. Promu sergent, il devient agent de liaison auprès de l'armée britannique et il est évacué de Dunkerque le 28 mai 1940. Le 20 juin, il se rend au quartier général de de Gaulle pour lui offrir ses services mais, au vu des réactions antisémites lors du Front populaire et de l'affaire Dreyfus, il s'inquiète de ce que « la collaboration de juifs et de socialistes très connus [risque] de porter préjudice à l'œuvre du général de Gaulle, en éloignant de lui les éléments de droite et les militaires dont il avait besoin[16] ». Il est recruté au service de communication avec la presse où il fera la liaison avec la BBC, mais se sentira toujours mal à l'aise en présence des militaires et des gens les plus à droite de l'entourage de de Gaulle.

Rejoindre ou ne pas rejoindre de Gaulle est un dilemme parfaitement illustré par le cas du général Antoine Béthouart, saint-cyrien de la même promotion que de Gaulle et commandant du contingent français du corps expéditionnaire franco-anglais envoyé en Norvège en mai 1940 pour contrer l'offensive allemande. Ce corps expéditionnaire incluait la 13e demi-brigade de la Légion étrangère et des unités de chasseurs alpins. Rapatrié en juin en France au moment de la percée allemande, il combat brièvement avant de s'échapper en Angleterre avec ses troupes. Il entend l'appel du général de Gaulle et déjeune avec lui le 26 juin à l'hôtel Rubens, à Londres. Même s'il comprend ce que fait son camarade de promotion, il sent que son devoir se trouve ailleurs. Il a rapporté ainsi leur conversation : « "Tu as vu ce que j'ai fait ?", me demanda de Gaulle. "Naturellement !" "Et qu'est-ce que tu en penses ?" "Je pense que tu as raison : il faut que quelqu'un reste et combatte avec les Alliés ; mais personnellement j'ai 7 000 hommes à rapatrier et je ne peux pas, en conscience, les abandonner avant qu'ils soient en sécurité[17]". »

À cette date, il semble très possible que la guerre contre l'Allemagne, terminée en métropole, se prolonge dans les colonies d'Afrique du Nord – Maroc, Algérie et Tunisie. Béthouart envisage de repartir : « Le Maroc est attirant, parce que la reprise des hostilités peut repartir de là. » Mais il poursuit : « Nous ne savons pas très bien ce qui s'y passe, mais il se confirme que tous les grands chefs militaires, Weygand, Darlan, Noguès, Mittelhauser, suivent le maréchal Pétain[18]. »

Le 28 juin, le gouvernement britannique reconnaît de Gaulle comme « chef de tous les Français libres où qu'ils se trouvent, qui se rallient à lui pour la défense de la cause alliée[19] ». La question de le rejoindre ou pas est un drame qui déchire l'ensemble des forces françaises alors stationnées en Grande-Bretagne. À la différence des chasseurs alpins, un corps d'élite, la 13e demi-brigade de la Légion étrangère comprend beaucoup de républicains espagnols et de réfugiés juifs d'Europe centrale et orientale qui ne peuvent combattre dans l'armée française régulière, et sont considérés par leurs officiers comme des communistes pour les uns ou des intellectuels pour les autres[20]. Ils sont désormais regroupés avec les autres soldats et marins français, retenus depuis l'armistice dans des camps de fortune établis sur les champs de courses des environs de Liverpool (Aintree, Arrowe Park, Haydock Park et Trentham Park) ou à Londres sur un cynodrome, le White City Stadium[21]. Le 30 juin, de Gaulle se rend à Trentham Park sans parvenir à rallier grand monde. Un conflit se joue entre la hiérarchie militaire, loyale à Pétain, et certains des soldats, plus jeunes, et des officiers subalternes, plus libres d'esprit, et convaincus par de Gaulle[22]. La dimension politique importe également : à la Légion étrangère, les républicains espagnols ont peur d'être renvoyés chez Franco, tandis que les juifs d'Europe centrale craignent Hitler[23]. C'est ainsi que sur les 700 chasseurs alpins, tous sauf 30 décident de rentrer avec Béthouart, alors que sur les 1 619 hommes de la 13e demi-brigade de la Légion étrangère, 989 restent en Grande-Bretagne. Beaucoup de républicains espagnols s'engagent dans les forces britanniques. De plus, au White City Stadium à Londres, les aumôniers catholiques attisent l'anglophobie traditionnelle des hommes. Seuls 150 des 1 600 Français qui y sont retenus rejoignent de Gaulle, 34 s'engagent dans l'armée britannique, et 36 dans la Royal Navy[24].

Deux des officiers de la 13e demi-brigade qui suivent de Gaulle viennent du milieu militaire traditionnel. Bien qu'issus de la noblesse provinciale de l'Ouest, un élément de leur passé les incite à la dissidence. Jacques Pâris de Bollardière était le fils d'un officier breton qui avait servi avec le maréchal Lyautey au Maroc. Jacques Pâris de Bollardière avait dix ans quand son père mourut en 1917 et il se sentit le devoir de maintenir la tradition familiale. Cependant, il se montra rétif à la discipline et lors de sa sortie de Saint-Cyr en 1930, comme il le racontait lui-même, « au lieu des galons de sous-lieutenant, [il avait] seulement les "sardines" de sergent[25] ». Après avoir servi au Maroc comme son père, il fut promu capitaine pendant l'expédition de Narvik. Plus tard, réfléchissant aux événements de 1940, il écrivit : « J'étais terriblement honteux de cette défaite. Je voulais désormais repousser toujours cette lâcheté, et je me battrais aussi longtemps qu'il faudrait pour que nous retrouvions tous ensemble le droit de nous regarder sans honte[26]. » Quant à Gabriel Brunet de Sairigné, âgé de vingt-sept ans en 1940, il appartenait à une famille vendéenne dont les ancêtres avaient lutté contre les révolutionnaires. Saint-cyrien, il se battit à Narvik et en Bretagne comme lieutenant dans la 13ᵉ demi-brigade de la Légion étrangère. « Armistice honteux. Que va faire l'Afrique du Nord ? On parle de rapatriement, peut-être pour le Maroc. Discipline impossible ; les Espagnols partent », écrit-il dans son journal. Le 1ᵉʳ juillet, il assiste au départ de presque tous les chasseurs alpins et de 700 légionnaires : « Émotion à la gare pendant les adieux du colonel ; tous cherchent des excuses. On sait bien cependant que le Maroc ne se battra pas. Les questions personnelles dominent presque tout le monde[27]. »

La décision de rester ou de partir n'était pas facile à prendre, ni même à prédire. André Dewavrin, d'une famille aisée d'industriels du Nord, ancien élève de l'École poly-technique, servit dans les chasseurs alpins avec le général Béthouart, à Narvik et en France, avant de traverser la Manche le 18 juin. Il manqua la visite de Charles de Gaulle à Trentham Park, et il souffrait des insultes lancées à ceux qui avaient décidé de rester : « jusqu'au-boutistes » et « vendus aux Anglais ». « Le virus Pétain commençait son œuvre », dit-il. Homme de droite et loyal à Béthouart, il avait besoin de son approbation pour rester : « Jusqu'au dernier moment j'hésitai, et j'accompagnai le corps expédi-tionnaire à Barry Docks, où il embarqua. Après une ultime conversation avec Béthouart, qui m'encouragea dans mon projet, je décidai de rester en Angleterre et de rejoindre le général de Gaulle[28]. »

Le 1ᵉʳ juillet, il rencontre de Gaulle à St Stephen's House, un immeuble délabré de Victoria Embankment qui héberge pour un temps les Français libres avant leur instal-lation à Carlton Gardens, près de Pall Mall, à la fin du mois. Il est chargé des services de renseignement du Général et sera connu sous le pseudonyme de « colonel Passy ».

Les militaires qui étaient en France au moment de l'armistice sont officiellement démobilisés et la plupart rentrent chez eux et reprennent leur vie antérieure. Quelques-uns cependant, se rebellant contre la résignation et la passivité de leurs camarades, se débrouillent pour quitter le pays et continuer le combat depuis la Grande-Bretagne. Claude Bouchinet-Serreulles, âgé de vingt-huit ans et « né avec une cuillère d'argent dans la bouche » comme il se décrivit lui-même, avait poursuivi la carrière diplomatique que son père malade avait été contraint d'abandonner. Officier de liaison auprès des Britanniques à Arras, il se replie à l'état-major de Vichy où il entend le message du maréchal Pétain le 17 juin : « Nous sommes au mess. Chacun a le nez dans son assiette, abasourdi. En un instant s'écroulent tous nos espoirs de continuer la lutte à côté des Anglais, avec un président de la République à Alger et un gouvernement de guerre. C'est l'abîme et le silence. Mais à notre table, en conclusion du discours, le colonel d'artillerie X, breveté d'état-major, s'exclame : "Bravo, nous allons continuer avec les Allemands et flanquer une sacrée pile aux Anglais !" Un silence et il ajoute : "Vivement les étoiles !" Car il ne pense qu'à son tableau d'avancement. Je suis pris de nausée et m'excuse auprès de mes camarades de devoir quitter la table. Me voilà seul dans le couloir et pour la première fois s'impose à moi l'idée qu'il faut déserter[29] ! »

Bouchinet se rend à Bordeaux où il parvient à embarquer sur le *Massilia* en partance pour Casablanca. Là, il rencontre Jacques Bingen, qui avait servi comme officier de liaison avec la 15e division écossaise. Blessé en Normandie, Bingen avait nagé jusqu'à un bateau de pêche qui l'avait amené à Cherbourg. Devant l'avancée allemande, il avait sauté d'un train sanitaire évacuant des blessés vers Bordeaux et pris un cargo français de La Rochelle à Casablanca. Les deux hommes se font embarquer sur un bateau polonais pour Gibraltar, d'où ils gagnent l'Angleterre. Bingen écrivit en anglais : « Me voici en Angleterre, échappé du Naziland, et prêt à rejoindre l'Empire britannique pour combattre Hitler jusqu'à la fin. J'ai tout perdu, mon argent, je n'ai plus un sou, mon travail, ma famille qui est restée en France et que je ne reverrai peut-être jamais, mon pays, mon Paris bien-aimé, mais je suis un homme libre dans un pays libre, et cela vaut plus que tout le reste[30]. »

Bouchinet et Bingen débarquent à Liverpool et se rendent à Londres où ils rencontrent de Gaulle à St Stephen's House le 22 juillet. Bouchinet y retrouve Geoffroy de Courcel, qu'il a connu au prestigieux collège catholique Stanislas à Paris, et qui était arrivé dans le même avion que de Gaulle à Londres. Courcel va diriger le cabinet militaire de de Gaulle tandis que Bouchinet dirigera son cabinet civil. Comme il le remarquera plus tard : « Le clan des militaires ne comprenait que des hommes de droite. Ils étaient partisans enragés de la lutte contre l'Allemand, ce qui les opposait à Vichy, mais ils étaient comme les hommes de Vichy, antirépublicains et antiparlementaires[31]. » Quant à Bingen, ayant auparavant géré un consortium de transport maritime, il est chargé de rassembler au service des Français libres tous les navires de commerce français qu'il pourra trouver[32]. Comme Georges Boris, il reste un peu à l'écart du premier cercle du pouvoir, mais sa contribution n'en est pas moins significative.

Ceux qui rejoignaient de Gaulle pour continuer la lutte n'étaient pas tous des personnalités, et il n'y avait pas que des hommes. Pour Hélène Terré, la guerre avait commencé de manière fort conventionnelle. Infirmière de la Croix-Rouge, elle évacue des enfants de Paris. Par la suite elle devient conductrice d'ambulance et déclare à un officier d'état-major, au ministère de la Guerre : « Nous voulons servir dans cette guerre, nous ne sommes plus des infirmières et nous voulons le faire revêtues d'un uniforme français. » Elle s'entend répondre : « Ma chère petite, voyez-vous, dans cette guerre-ci, pas une femme ne mettra les pieds dans la zone des armées[33]. » Après la défaite, elle décide de partir en Angleterre, où depuis 1938, les femmes sont recrutées dans le Service territorial auxiliaire (Auxiliary Territorial Service). À son arrivée en septembre 1940, via l'Espagne et le Portugal, elle est tout de suite arrêtée, soupçonnée d'appartenir à la « cinquième colonne ». Elle passe trois mois à la prison de Holloway. Relâchée en décembre, elle apprend par les journaux que de Gaulle a créé le Corps féminin des volontaires françaises. En octobre 1941, elle prend le commandement des 126 femmes qui le composent.

Parmi celles qui rejoignirent le Corps féminin figurait Tereska Szwarc, dont les parents juifs polonais avaient émigré en France et s'étaient convertis au catholicisme sans en informer ses grands-parents restés à Lódz. Tereska faisait ses études au lycée Henri-IV et lisait Proust. En janvier 1940, elle écrivit dans son journal : « Devinette : Qui suis-je ? Je suis légalement française, mais les Français me considèrent comme polonaise, puisque mes parents sont polonais. Je suis juive, mais les juifs ne veulent pas de moi puisque je suis aussi catholique. Je suis juive de religion catholique. Ce qui, paraît-il, n'existe pas. Pourtant, j'existe[34]. »

Son sentiment d'être à la fois juive et polonaise fut revivifié en septembre 1939 quand, à peine rentrée d'un séjour dans sa famille restée en Pologne, elle apprit que les armées allemandes l'avaient envahie. La synagogue de Lódz fut incendiée et son grand-père mourut d'une crise cardiaque. Tereska craignait que la même chose ne se reproduise en France, et lorsque les Allemands envahirent la France, la famille s'enfuit à Saint-Jean-de-Luz, d'où des bateaux évacuaient les soldats britanniques et polonais : « Dans la rue j'ai croisé Élisabeth, qui m'a parlé de l'appel du général de Gaulle. Elle me dit : "Vous devez tous fuir, les Allemands vont arriver. Vous êtes juifs, vous êtes en grand danger." Je veux partir en Angleterre et m'engager dans l'armée du général de Gaulle[35]. »

Pour Tereska, la décision de se rallier à de Gaulle était un moyen d'échapper à son identité juive polonaise et de s'affirmer comme patriote française. La famille arriva en octobre 1940 à Lisbonne où elle prit un bateau pour Gibraltar. De là, elle gagna l'Angleterre, où Tereska devint l'une des premières recrues de la branche féminine des Forces françaises libres.

Ceux qui rejoignirent de Gaulle en Angleterre étaient « une heureuse poignée d'hommes », mais une toute petite poignée. Ils dépendaient entièrement des bons offices et de la générosité du gouvernement britannique, qui accorda à de Gaulle une reconnaissance limitée en tant que chef des Français libres et lui fournit un soutien matériel aux termes de l'accord du 7 août 1940. En termes de puissance militaire et de légitimité, le défi majeur de de Gaulle était que l'empire colonial français se ralliât à lui. Cet empire s'étendait des Antilles à l'Indochine en Extrême-Orient, en passant par l'Afrique du Nord, l'Afrique occidentale, l'Afrique équatoriale, le mandat sur la Syrie et le Liban. Les possessions africaines étaient tenues par l'armée d'Afrique, forte de 140 000 hommes répartis entre régiments européens (zouaves et Légion étrangère) et régiments nord-africains commandés par des officiers français (tirailleurs marocains, algériens et tunisiens)[36]. À ces effectifs s'ajoutaient les forces stationnées en Syrie et au Liban sous le commandement du général Mittelhauser, ainsi que 40 000 hommes en Indochine où le général Catroux, gouverneur général, avait été destitué par Vichy à la fin de juin 1940 et s'était rallié à de Gaulle[37]. L'Empire était défendu par la deuxième marine au monde après la Royal Navy, sous le commandement de l'amiral Darlan. Si ses navires passaient sous le contrôle des Français libres du général de Gaulle, sa position en serait massivement renforcée, mais les arracher au maréchal Pétain, chef du gouvernement et commandant en chef des forces armées, ne serait pas facile.

L'idée de poursuivre la guerre à partir de l'Afrique du Nord avait également germé dans l'esprit des vingt-sept parlementaires et anciens ministres qui embarquèrent sur le paquebot *Massilia* à Bordeaux le 21 juin et arrivèrent à Casablanca le 24 juin. Parmi eux se trouvaient l'ancien Premier ministre Édouard Daladier, l'ancien ministre de l'Intérieur Georges Mandel, et Pierre Mendès France, tous opposés à l'armistice et désireux de continuer la lutte à partir de l'Afrique du Nord. Malheureusement, le gouvernement Pétain n'avait facilité leur départ que pour se débarrasser d'eux et, dès leur arrivée, ils furent arrêtés et détenus sur le bateau en vue d'être jugés pour trahison[38]. Le 19 juin, de Gaulle envoya un télégramme au général Charles Noguès, commandant en chef en Afrique du Nord et résident général au Maroc (dans les faits, Premier ministre du sultan), lui proposant de se « mettre à ses ordres au cas où il [Noguès] rejetterait l'armistice[39] ». De Gaulle confirma le 24 juin : « La défense de l'Afrique du Nord, c'est vous, mon général, ou c'est rien. Si c'est vous, c'est en même temps l'élément essentiel et le centre de la résistance continuée[40]. » Cette ouverture fut renforcée par une visite du général François d'Astier de La Vigerie, ancien as de l'aviation de la Première Guerre mondiale, qui avait commandé les forces aériennes du Nord-Est en mai et juin 1940 et voulait poursuivre la guerre aérienne depuis l'Afrique du Nord. Lors de sa première rencontre, d'Astier trouva Noguès « vibrant, dynamique, super-patriote », mais lors d'une seconde entrevue, Noguès était décomposé. Il avait contacté Weygand pour lui dire que l'Afrique du Nord refusait la capitulation, sur quoi Weygand avait exigé son retrait. Noguès avait conclu l'entretien sur ces mots : « Réflexion faite, je pourrais imposer la capitulation », et, ajouta d'Astier, « il devint ensuite le collaborateur qu'on sait[41] ».

Pour la Grande-Bretagne, la question la plus urgente après la sortie de la France de la guerre est que la marine française ne tombe pas aux mains des Allemands, une éventualité qui aurait coupé les routes maritimes indispensables à sa propre survie et mis fin à sa maîtrise des mers. La flotte française est répartie entre Toulon, Mers el-Kébir en Algérie, et Alexandrie en Égypte. Le 2 juillet, les Britanniques présentent à l'amiral français à Oran le choix suivant : soit rallier la flotte britannique pour combattre, soit rallier les Antilles sous équipage restreint pour y être désarmé, soit être coulé. L'amiral français refuse l'ultimatum, affirmant que la promesse de la France que la flotte ne tombera pas aux mains des Allemands suffit. Le 3 juillet en début de soirée, les Britanniques déclenchent des tirs au canon et des attaques aériennes depuis le porte-avion *Ark Royal* et, en quelques minutes, le gros de la flotte française est détruit au mouillage. 1 300 marins perdent la vie. Tandis que Churchill est acclamé à la Chambre des communes, Vichy rompt les relations diplomatiques avec la Grande-Bretagne et de Gaulle est condamné à mort pour haute trahison par un tribunal militaire à Clermont-Ferrand. Il est considéré par beaucoup comme prisonnier de la perfide Albion.

L'Afrique du Nord se rallie massivement à Vichy. Seule une minorité est d'un autre avis. Issu d'une famille juive connue à Alger, José Aboulker, étudiant en médecine âgé de vingt ans, était devenu élève officier médecin de réserve,

« le grade le plus inférieur de l'armée pour les médecins qui y rentrent ». Selon ses souvenirs, « à l'armistice, presque tout le monde attendait que les territoires d'Afrique du Nord continuent la guerre à côté des Anglais », et les gens acclamaient les escadrilles d'avions français qui arrivaient en Afrique du Nord. Mais en peu de temps, l'état d'esprit de l'armée changea. Le 5 septembre 1940, le général Weygand arriva comme délégué général en Afrique française et entreprit une tournée des mess des officiers en Afrique du Nord pour les mettre au pas et étouffer toute velléité de gaullisme. « J'ai vu le passage de Weygand dans la caserne où j'étais », a raconté Aboulker. « Le lendemain, on peut dire que ces hommes étaient retournés. Le grand général leur a expliqué qu'il fallait qu'ils suivent le Maréchal dans sa politique de collaboration [42]. »

En Afrique noire, la bataille entre les Français libres et Vichy fut plus âpre. À 5 000 kilomètres d'Oran, à Pointe-Noire, sur la côte du Congo, le capitaine François Garbit écrit à sa mère. Cet ancien élève des jésuites, âgé de trente ans, officier dans les troupes indigènes en Afrique subsaharienne depuis sa sortie de Saint-Cyr en 1932, décrit à sa mère le 30 juin 1940 les espoirs de plus en plus minces que l'Empire continue la guerre car les gens se résignent peu à peu à la nouvelle situation. Ils ne sont plus qu'une poignée désireux comme lui de poursuivre la lutte : « C'en est fait. L'armistice est signé. Notre désarroi est extrême. Nous avons espéré au moins que cet armistice, comme celui de la Hollande par exemple, ne concernerait que la métropole. Il a fallu déchanter. L'armistice livrait la flotte et s'étendrait à l'Empire. Alors nous avons espéré que l'Empire en entier se dresserait, se rebellerait, refuserait d'obéir à un gouvernement qui livre des forces intactes et donne à l'ennemi ses derniers atouts, en échange de quoi ? L'unanimité ne s'est pas faite […] Ceux qui voudraient se battre rongent leur frein cependant que grandit le nombre de ceux qui acceptent le fait accompli et rêvent de nouveau à leur petit confort d'antan comme s'il pouvait revenir. Seule, la voix du Général rend un son clair, net, loyal, convaincant. Mais ici, loin de tout, privés de renseignements, comment saurions-nous quelle est la voie ? Que le Saint-Esprit nous éclaire. Je vous embrasse[43]. »

Pendant une courte période, il y eut des hésitations. À Brazzaville, à 150 kilomètres de la côte, Pierre Boisson, gouverneur de l'Afrique Équatoriale française, appelle au calme et conserve une attitude ambiguë envers l'armistice. Blanche Ackermann-Athanassiades, l'épouse d'un homme d'affaires de Brazzaville, a décrit la façon dont chacun « se regardait avec méfiance. On ne savait pas qui"marcherait" et qui"ne marcherait pas"[44] ». Le 14 juillet 1940 cependant, Boisson s'envole pour Dakar, chef-lieu de l'Afrique Occidentale française, où il se déclare pour Vichy. Il est imité par des officiers tels que le commandant Raoul Salan, qui se décrit comme « un des soldats de l'Empire, de cet Empire indispensable à la grandeur de la France[45] ». Salan servait dans l'infanterie coloniale depuis 1917 et a commandé un régiment de tirailleurs sénégalais en 1940. Horrifié par les événements de Mers el-Kébir, il se déclare pour Vichy, est affecté au ministère des Colonies puis dirige le renseignement à Dakar en 1942-1943.

D'autres militaires cependant évoluèrent dans la direction opposée et donnèrent naissance aux Français libres, ce qui permit à de Gaulle de prendre pied en Afrique[46]. Le supérieur de François Garbit, Jean Colonna d'Ornano, d'origine corse, quitte Brazzaville en avion pour Lagos au Nigeria où il rencontre René Pleven, l'envoyé de de Gaulle en Afrique et ancien assistant de Jean Monnet. L'administration coloniale britannique au Nigeria propose un soutien financier et économique aux colonies de l'Afrique

Équatoriale française (Tchad, Cameroun, Congo et Gabon) pour qu'elles rejoignent de Gaulle, et Pleven négocie avec elles[47]. Pleven et d'Ornano se rendent ensuite en avion à Fort-Lamy, la capitale du Tchad, menacée par les forces italiennes présentes au nord, en Libye. D'après Garbit, « ils y furent reçus avec des fleurs par une population qui désirait, en grande majorité, continuer la lutte[48] ». Félix Éboué, le gouverneur noir du Tchad, déclare aux notables rassemblés : « Messieurs, nous vous avons dit nos décisions. Ceux qui ne sont pas d'accord n'ont qu'à s'en aller[49]. » Le ralliement du Tchad à la France libre le 26 août 1940 fut un moment clé dans les rapports de force entre la France libre et Vichy. Selon les mots de Garbit, « ce ralliement mit le feu aux poudres » en Afrique Équatoriale française[50]. Lui-même rejoignit d'Ornano au Tchad et participa à l'offensive contre les Italiens en Érythrée, sur la mer Rouge.

Dans l'avion qui emmène René Pleven à Lagos puis à Fort-Lamy se trouve le commandant Philippe de Hauteclocque, un aristocrate picard, saint-cyrien qui avait fait la guerre du Rif contre les rebelles marocains dans les années 1920. En 1940, il était à l'état-major de la 4e division d'infanterie. Il avait été fait prisonnier, s'était évadé à deux reprises et s'était caché dans le château de sa sœur en Anjou, avant de rejoindre de Gaulle à Londres en passant par Bayonne, l'Espagne et le Portugal. Le 4 août 1940, il parle à la BBC pour exalter le patriotisme des Français qui refusent la défaite et leur dire qu'autour de de Gaulle, « j'ai eu la joie de voir que tous, militaires et civils, ne poursuivent qu'un but : la lutte ; ce ne sont pas des refugiés que j'ai trouvés, mais bien des combattants. Soyez rassurés, la France possède encore ses défenseurs[51] ». Il prend le nom de Leclerc, sous lequel il sera désormais connu, et, vêtu d'une tenue coloniale fournie par les Britanniques, il part en Afrique avec Pleven le 6 août. À Douala, le 27 août, il orchestre le ralliement du Cameroun aux Français libres. Au Gabon, en revanche, les militaires et les civils, entraînés par l'évêque, restent fidèles à Vichy jusqu'à ce que les Français libres prennent le pouvoir le 10 novembre[52].

Entre-temps, par une opération amphibie soutenue par les Britanniques, de Gaulle tente de s'emparer du port de Dakar, et par là de toute l'Afrique Occidentale française. L'assaut donné du 23 au 25 septembre échoue car le gouverneur Boisson tient bon et riposte avec les batteries côtières et le cuirassé *Richelieu* (rescapé de l'attaque britannique sur Mers el-Kébir)[53]. «Comme je ne voulais pas une bataille rangée entre Français, j'ai retiré mes forces à temps pour l'éviter», écrivit de Gaulle à sa femme, à Londres, ajoutant «tous les plâtres me tombent sur la tête[54]». Même s'il fut chaleureusement accueilli en Afrique Équatoriale française lors de sa tournée entre le 8 octobre et le 17 novembre, la confiance des Français libres avait subi un coup très rude. Le 30 septembre, le Cabinet de guerre britannique se déchira: avaient-ils misé sur le bon cheval ou fallait-il rouvrir les discussions avec Vichy[55]?

Il y avait un gouffre, géographique autant que psychologique, entre ce que les Français libres accomplissaient au fin fond de l'Empire et les choix qui s'offraient aux habitants de la métropole, où l'option militaire était exclue. En zone occupée, il n'y avait plus aucune force militaire française. Les organisations paramilitaires, y compris les scouts, étaient toutes interdites, les armes (fusils de chasse inclus) devaient être remises aux autorités, sous peine de mort. En zone libre, sous l'autorité de Vichy, il restait l'armée d'armistice, avec 100 000 hommes, capable de maintenir l'ordre mais entièrement loyale au régime.

Pour quelques esprits isolés pourtant, l'idée de résister d'une manière ou d'une autre commença à germer. Dans quels esprits ces pensées se manifestèrent-elles? Ces résistants de la première heure étaient-ils des patriotes qui réagissaient instinctivement contre l'occupation allemande ? des idéalistes qui s'opposaient à l'autoritarisme de Vichy et à sa politique discriminatoire ? ou simplement des originaux, des francs-tireurs qui ne supportaient pas le conformisme de la majorité ? Y avait-il des raisons profondes, familiales ou sociales, d'entrer en résistance, ou ce choix était-il purement contingent, le fruit du hasard ?

Tous les Français se disaient patriotes, même si leur patriotisme recouvrait différentes réalités. Au cœur du récit, il y avait le courage et l'endurance de la France pendant la Grande Guerre, qui faisaient de la guerre de 1940 un échec humiliant. Ceci avait un effet différent selon les individus. Certains se voyaient comme héritiers de leurs pères, qui avaient combattu héroïquement pendant la Première Guerre mondiale et vénéraient Pétain en 1940 comme autrefois à Verdun en 1916 : ils suivirent leurs pères par piété filiale. D'autres pensaient qu'ils avaient été incapables d'être à la hauteur de leurs pères ou de leurs frères aînés, les vainqueurs de la Grande Guerre. Ils avaient failli lorsque leur tour était venu, en 1940, leur virilité était remise en question. S'engager dans la résistance était pour eux le moyen de reconquérir leur patriotisme perdu et de recouvrer leur honneur. Un troisième groupe était constitué de ceux dont les pères s'étaient révélés moins qu'héroïques pendant la Grande Guerre, qu'ils aient été inaptes à combattre ou qu'ils aient abandonné leur pays. La jeune génération, garçons ou filles, se devait de faire ses preuves et aussi de restaurer l'honneur de leur famille.

« Mon père étant officier et moi-même sortant de Saint-Cyr, c'est dans le milieu militaire que j'ai baigné depuis ma plus tendre enfance », a dit Henri Frenay. « En un mot, j'appartenais, sans le savoir, à cette droite française traditionaliste, pauvre, patriote et paternaliste[56]. » Son père était mort pendant la Première Guerre mondiale quand il était encore enfant et Henri Frenay avait été élevé par sa mère. Capitaine en 1940, il est fait prisonnier sur la ligne Maginot mais s'échappe et rejoint Marseille à la fin du mois de juillet. « Dans la zone sud, a-t-il raconté en 1948, l'immense majorité de la population accueille l'armistice avec un infini soulagement et la République disparaît le 10 juillet dans l'indifférence générale. » Il a entendu l'appel de de Gaulle fin juin 1940 seulement, mais, selon lui, « il n'en reste pas moins qu'il n'a pas eu de répercussion sensible sur l'instant, Pétain reste le chef du gouvernement, de Gaulle n'est rien et on n'a pas les moyens de le rejoindre[57] ». La popularité du maréchal Pétain, sauveur des Français, est à son paroxysme. Pour Frenay, il incarne d'abord l'image du père, ou du grand-père. Frenay décrit la visite officielle du Maréchal à Marseille le 3 décembre 1940, où Pétain passe en revue 15 000 hommes de la Légion française des combattants, qui regroupe désormais toutes les associations d'anciens combattants. Il est acclamé par la foule : « Le chef de l'État descend de voiture, grave, digne. Il est en uniforme. Sans un sourire, il regarde la foule électrisée que, d'un geste de canne, il salue. Cheveux blancs de neige, des yeux bleu très clair, son calme impressionne […] La population rompt les barrages et se précipite vers le chef de l'État. Médusé, je vois un homme âgé baiser la main du Maréchal ; une grosse matrone à l'ample jupe plissée, probablement marchande de poissons, s'agenouille et embrasse pieusement le bas de son manteau. Cette ferveur religieuse, je ne l'ai jamais vue[58]. »

Frenay pensait que Pétain jouait « un double jeu » en laissant la porte ouverte aux Britanniques tout en traitant avec les Allemands. En décembre 1940, il est nommé au 2e bureau de l'état-major de l'armée de terre à Vichy, et se retrouve en position de divulguer des informations qui pourraient servir aux Britanniques. Ce n'est qu'en janvier 1941 que ses yeux se déssillent et qu'il quitte l'armée afin de pouvoir résister sérieusement. Sa mère, gardienne de l'honneur militaire de la famille, menace alors de ne plus jamais lui adresser la parole[59].

Philippe Viannay, âgé de vingt-deux ans en 1940, a été catégorique : « Ma résistance commençante ne devait rien aux miens. » Son père, qui avait servi sous les ordres de Pétain à Verdun, refusait toute critique à son égard. Sa carrière d'ingénieur des mines l'avait mené en Pologne, pays allié de la France entre les deux guerres, où Philippe avait aimé chasser. Les Viannay étaient des catholiques convaincus : un oncle de Philippe était prêtre et deux de ses sœurs devinrent religieuses. Son frère aîné fut élève officier de cavalerie à Saumur mais Philippe s'étant destiné à la prêtrise, il fit ses études au séminaire d'Issy-les-Moulineaux. Au bout de deux ans, il en sortit, au grand désespoir de ses parents, et s'inscrivit à la Sorbonne en 1938. Quand la guerre éclata, il fut mobilisé dans l'infanterie coloniale et, après l'armistice, il retourna à la Sorbonne où des amis l'incitèrent à résister. Philippe craignait son père, qui « était persuadé que Pétain jouait au plus fin et voulait s'opposer aux Allemands ». Il lui fallut donc un certain temps avant de rompre avec le culte de Pétain : « Aux yeux de [mon père], je faisais de l'orgueil en voulant m'opposer à l'ordre établi[60]. »

Jacques Lecompte-Boinet appartenait au deuxième groupe, celui de ceux qui se trouvèrent incapables de rivaliser avec l'héroïsme de leur père et qui se sentaient menacés dans leur virilité. Quand la guerre éclata, en 1939, il écrivit dans son journal : « Le souvenir de mon père m'obsède. Je repense encore à cette journée du 2 août 1914, alors que mon père faisait ses dernières recommandations à ma mère avant de partir à cheval pour la guerre et j'observe qu'il ne me reste que ce souvenir, d'avoir à bien camoufler les tableaux (rappel de 1870 : il prescrit de les mettre dans un placard derrière l'armoire), et je songe que les problèmes étaient autrement simples il y a vingt-cinq ans[61]. » Son père fut tué sur le front en 1916 lorsqu'il avait onze ans et en 1939, Jacques ne peut faire preuve du même héroïsme. Fonctionnaire aux services financiers de la préfecture de la Seine, il n'est pas mobilisé car il a une mauvaise vue et il est père de quatre enfants. À la place, il est affecté à la gare Saint-Lazare pour gérer le flux des réfugiés partant en Normandie. Son sentiment d'incapacité est aggravé par le fait qu'il a épousé une fille du légendaire général Mangin, et qu'un de ses beaux-frères, Diego Brosset, a fait une brillante carrière militaire. Le 13 juin 1940, Lecompte-Boinet quitte Paris en bicyclette avec deux de ses collègues, suivant l'exode vers le sud, mais il est révolté par les réactions des gens autour de lui à l'annonce de l'armistice, tel « le professeur qui reproche à Maurras d'être trop à gauche et ne voit qu'une seule chose : "Les juifs partiront et l'ordre sera rétabli." » Deux ans plus tard, résistant très engagé, père d'un cinquième enfant, il note : « Je pensais constamment à mon père : je n'avais pas pu faire la guerre normalement et je ne voulais pas laisser à mes enfants le souvenir d'un père qui serait resté pendant tout ce temps-là les pieds tranquillement dans ses pantoufles à attendre que ça passe[62]. »

Dans certains cas, l'héroïsme des frères était un défi aussi grand que celui du père. Emmanuel d'Astier de La Vigerie avait quatorze ans de moins que son frère le général François d'Astier, et trois de moins que son frère Henri, qui s'était engagé en 1917. « À partir d'août 1914 – j'avais quatorze ans – je suis devenu un petit malheureux, a-t-il raconté. Tous les autres étaient à la guerre : moi j'étais l'embusqué, puisque je n'avais pas l'âge de me battre [...] J'étais le seul qui ne pouvait pas devenir un héros[63]. » Après la Première Guerre mondiale, il est reçu à l'École navale, mais déçoit son père en ne sortant pas dans les dix premiers de sa promotion de cent cinquante. Après sept ans dans la marine, il démissionne pour devenir écrivain, sans succès à nouveau. Bien qu'encouragé par Drieu la Rochelle, coqueluche de l'extrême droite, il est meurtri par le refus de la NRF de publier son premier texte. Alors que ses frères se comportent à nouveau en héros en 1940, il ne fait rien de notable. Il est officier au bureau du renseignement de la marine à Saint-Nazaire lors de l'effondrement des armées françaises. À la tête de cinq hommes, il essaie de trouver un bateau pour partir en Angleterre ou en Afrique, d'abord de La Rochelle puis de Saint-Jean-de-Luz, à nouveau sans succès. Son entrée dans la résistance provient d'un profond sentiment d'échec. Pour la première fois il entend les mots : « Il faut faire quelque chose[64]. »

Le troisième groupe de résistants comprenait ceux qui voulaient sauver l'honneur de leur famille de la honte d'un père qui n'avait pas été un héros de guerre. Agnès Humbert était la fille d'un ancien militaire, journaliste et sénateur de la Meuse, qui s'était fait une réputation avant la Première Guerre mondiale en dénonçant l'incompétence des militaires. Cependant, en 1918, il avait été lui-même accusé d'avoir été acheté par les Allemands. Il fut acquitté mais sa carrière fut ruinée. Historienne de l'art au musée des Arts et Traditions populaires de Paris, divorcée d'un artiste peintre, militante antifasciste de gauche, Agnès était sur les routes de l'exode vers le sud lorsque la nouvelle de l'armistice lui parvint. C'était le moment de prouver son courage et elle se rappelle avoir endossé une autre personnalité : « Les hommes autour de moi pleuraient silencieusement. Moi, je suis descendue de la voiture, je trépigne et je crie : "Ce n'est pas vrai, ce n'est pas vrai. C'est la radio allemande qui dit cela, pour nous démoraliser. Ce n'est pas vrai, ce n'est pas possible." J'entends encore ma voix comme s'il s'agissait de la voix d'une autre femme. » En arrivant chez sa mère dans le Limousin, elle trouva la maison envahie de réfugiés français et belges. La voix de de Gaulle leur parvint par la radio et elle se dit : « Ce n'est pas fini. » À nouveau, ce furent les hommes, et même les militaires, qui ne partagèrent pas son sentiment. Un capitaine âgé à qui elle apprit la nouvelle lui répliqua : « Oui, de Gaulle, un original, on le connaît bien, allez ! Tout cela c'est des balivernes. Pour moi, je suis de la réserve. Je compte reprendre mon commerce à Paris. J'ai une famille à nourrir, moi… De Gaulle, un cinglé, croyez-moi[65]. » Agnès rentra à Paris fin juillet, mais dans son cas, ce fut pour s'engager dans l'un des premiers réseaux de la Résistance.

Dans d'autres familles, le déshonneur du père n'avait pas été causé par action, mais par omission. Jean Cavaillès, jeune et brillant professeur de philosophie, avait soutenu sa thèse en 1938 et été nommé maître de conférences à la faculté des lettres de Strasbourg. Lorsque la guerre éclata, il fut mobilisé comme officier du chiffre. Son père, un militaire qui avait enseigné à l'école militaire de Saint-Maixent, était resté invalide de la Première Guerre mondiale. Il mourut lors de l'invasion allemande de 1940. « Notre père vivait en étroite communion avec Jean. Il était fier de ce fils qui réalisait l'idéal de toute sa vie – de ce fils philosophe, de ce fils soldat[66] », a raconté sa sœur Gabrielle. Dans l'armée puis dans la Résistance, Jean réalisa l'idéal d'héroïsme que son père, inspiré par la légende de ses ancêtres hérétiques et huguenots persécutés en Provence, n'avait jamais pu atteindre. Selon Gabrielle, « notre père était bien le descendant de cette comtesse Malan de Merindol qui, au XIIe siècle, avait été enterrée vivante parce qu'elle refusait d'abjurer sa foi. Jean était lui aussi l'héritier d'hommes et de femmes défendant leur idéal au péril de leur vie, l'héritier de cette Marie Durand qui gravait sur la pierre de sa cellule le mot "résister"[67]. » L'histoire de Marie Durand, une protestante emprisonnée pendant près de quarante ans dans la tour de Constance à Aigues-Mortes, était une référence courante parmi ceux qui entrèrent en résistance contre les Allemands.

Les résistants sont souvent considérés comme des idéalistes autant que des patriotes, luttant pour un monde meilleur que celui qui a été corrodé par la République et perverti par l'occupation allemande et le régime de Vichy. L'une des questions posées aux anciens résistants par le Comité d'histoire de la Seconde Guerre mondiale portait sur leur réaction aux accords de Munich. On pensait que leur prescience de l'échec de la politique d'apaisement envers le nazisme incarnée par Munich les avait directement conduits à résister lorsque les Allemands occupèrent la France. En ce sens, ils différaient de la masse des « cons » (le mot que Daladier avait murmuré à sa descente d'avion, de retour de Munich) pour qui l'accord apportait la paix à leur époque. L'opposition aux accords de Munich permet peut-être de comprendre certains résistants, mais dans le cas des communistes, qui critiquèrent violemment les accords, la situation se compliqua une année plus tard lors de la signature du Pacte germano-soviétique.

Pour certains, la résistance était la continuation du mouvement antifasciste dont était issu le Front populaire en 1936. Cela dit, les résistants venaient de toutes les tendances, de l'extrême gauche à l'extrême droite, et incluaient des socialistes et des démocrates-chrétiens appartenant à la tradition controversée qui dissociait le catholicisme des tenants de l'ordre établi, pour réconcilier la foi et la liberté. À l'extrême droite certains collaborèrent naturellement avec les Allemands, mais le réflexe nationaliste de leur idéologie pouvait tout aussi bien les pousser à refuser la servilité. De nombreux résistants étaient des idéalistes qui passèrent beaucoup de temps, pendant la Résistance, à imaginer le monde qu'ils rebâtiraient après la Libération. Rares cependant furent les hommes d'appareil à résister, étant donné que les partis avaient failli à leur mission de protéger la République : le 10 juillet 1940, 569 députés et sénateurs avaient voté les pleins pouvoirs à Pétain. Seuls 80 avaient voté contre et 17 s'étaient abstenus. Les résistants étaient plutôt des non-conformistes opposés à la ligne de leur parti quand elle n'était plus définie par des principes mais par des considérations politiciennes.

Fils d'un inspecteur de l'enseignement primaire à Paris, petit-fils de paysans et brillant élève de l'École normale supérieure, Pierre Brossolette était l'exemple de la mobilité sociale de la IIIe République[68]. Il avait perdu sa mère quand il était enfant. Son ami Louis Joxe le décrivait comme « un esprit inquiet, se demandant s'il allait faire des choses grandes ; ça, c'était une des choses qui le hantaient ». Il fait une carrière de journaliste et écrit, entre autres, pour *L'Europe nouvelle*. Il milite aussi au parti socialiste, mais, battu aux élections législatives qui portent le Front populaire au pouvoir en 1936, il n'appartient pas au cercle des jeunes socialistes proches de Léon Blum, le président du Conseil. En ce sens, ce n'est pas un homme d'appareil. Partisan engagé de longue date dans la réconciliation avec l'Allemagne, il est, selon Joxe, « le premier parmi nous qui ait compris, assez rapidement, où nous allions ; c'est-à-dire vers la guerre, vers une lutte sans merci entre, quoi, entre les démocraties et le fascisme, n'est-ce pas[69] ? » Résolument opposé à Munich, il se révèle en 1940 lorsqu'il est promu capitaine d'infanterie et qu'il devient « vraiment l'officier au milieu de ses hommes, [...] un vrai guerrier, quoi[70] ». Contraint de battre en retraite, il apprend la nouvelle de l'armistice au milieu de ses hommes près de Limoges. C'est là que Brossolette et ses subordonnés divergent, comme l'a raconté un de ses sous-lieutenants : « Les hommes, eux, ont accueilli [l'armistice] avec une joie qui, si elle était compréhensible car elle marque la fin de leurs souffrances immédiates, n'en est pas moins déplacée. Brossolette, lui, est profondément peiné [...] "Ils ne comprennent pas, me dit-il, que nous sommes battus. Ils ne sentent pas tout ce que cela signifie. Mais je crains bien que dans quelque temps ils ne comprennent que trop. Ils ne connaissent pas les Boches. Nous allons être très malheureux."[71] »

De l'autre côté de l'échiquier politique, à l'extrême droite, on trouvait des résistants, souvent héros de la Grande Guerre, qui partageaient les idées politiques des pétainistes et maintenaient le contact avec Vichy. Dans l'entre-deux-guerres, ils avaient travaillé dans l'industrie et appartenu à des organisations de droite telles que l'Action française du royaliste Charles Maurras, le Faisceau de Georges Valois ou les Croix-de-Feu du colonel de La Rocque, qui ne recrutaient à l'origine que ceux qui avaient servi au front en 1914-1918 ; ils avaient plusieurs fois tenté de renverser la République[72]. Ces résistants s'opposaient à la stratégie de collaboration de Vichy parce qu'ils pensaient que la guerre n'était pas encore terminée et qu'il fallait transmettre des renseignements militaires aux Britanniques, qui combattaient encore. Parmi eux figurait Alfred Heurtaux, un as de l'aviation blessé lors d'un duel aérien au-dessus d'Ypres en 1917. Directeur chez General Motors et Renault entre les deux guerres, actif dans le mouvement des anciens combattants, il accepta des responsabilités dans la Légion française des combattants for-mée par Vichy en août 1940 pour fédérer les organisations d'anciens combattants[73]. Un autre de ces résistants était Alfred Touny, qui avait terminé la Grande Guerre couvert de décorations, était devenu juriste et industriel et avait appartenu aux Croix-de-Feu[74].

Ceux qui étaient le plus radicalement enclins à résister étaient peut-être les communistes, même si le chemin menant du Parti à la résistance était difficile et que tous ne prirent pas le même itinéraire. Le communisme avait été la force politique la plus déterminée dans la lutte contre le fascisme en Italie et le nazisme en Allemagne. Écrasé dans ces deux pays, il joue un rôle majeur durant la guerre d'Espagne. C'est le Komintern, l'organe international du Parti, qui recrute les volontaires des Brigades internatio-nales qui se battent en Espagne. Fort de 328 000 membres en 1937, le Parti communiste français a été un élément clé de la victoire du Front populaire, même si le Parti a refusé de participer à ce qu'il considère comme un gouvernement « bourgeois ». Il fait campagne en faveur d'une intervention en Espagne et se trouve en première ligne des opposants à Munich. Cependant, cette orientation est brutalement ren-versée par la signature du Pacte germano-soviétique en août 1939. Se sentant abandonné par la France et la Grande-Bretagne après les accords de Munich, Staline a choisi de signer un pacte de non-agression avec Hitler pour se donner du temps et couvrir des annexions territoriales. Les partis communistes des autres pays se retrouvent désta-bilisés. La ligne antifasciste de la dernière décennie a-t-elle été soudain abandonnée ? Les nouveaux ennemis sont-ils la France et la Grande-Bretagne, pouvoirs impérialistes et bel-liqueux ? Dès la signature du Pacte germano-soviétique, le gouvernement de Daladier interdit le parti communiste, déchoit les élus communistes de leurs mandats et arrête des militants. Le Parti plonge dans la confusion et la division. Dans une large mesure, la hiérarchie suit la ligne de Moscou : après tout l'Union soviétique est la patrie du socialisme et il faut la sauvegarder. Beaucoup de militants de base s'en éloignent[75]. D'autres, peu nombreux, notamment les anciens des Brigades internationales, restent antifascistes, et prennent leurs distances vis-à-vis du Parti jusqu'à l'invasion de l'URSS par les Allemands en juin 1941, quand la résistance derrière les lignes allemandes redevient la politique officielle du Parti[76].

Parmi les militants communistes qui entrent en résistance, on distingue trois groupes. Le premier comprendrait des bolcheviks juifs d'origine étrangère. Leur attitude vis-à-vis du Pacte germano-soviétique dépend de leur degré d'identification avec le Parti communiste français. Le second groupe, les étudiants du Quartier latin, marqués par les échauffourées sanglantes contre les ligues fascistes dans les années 1930, ne suit pas toujours la ligne du Parti. Le troisième groupe, constitué des communistes d'origine ouvrière influencés à la fois par Moscou et par la politique antifasciste, est lui aussi divisé par le Pacte germano-soviétique.

Lew Goldenberg était né en 1908 à Paris où ses parents, révolutionnaires polono-russes proches de Rosa Luxemburg, s'étaient réfugiés après l'échec de la révolution de 1905. Son père était médecin. Lew Goldenberg fit ses études en France à la Sorbonne et à la faculté de droit, changea son nom en Léo Hamon et devint avocat à la cour d'appel de Paris en 1930. Ses parents retournèrent en Union soviétique et lui-même rejoignit le Parti communiste français après les événements du 6 février 1934, principalement parce qu'il considérait que les communistes étaient « les héritiers de 1793, […] attachés à la liberté et pleins d'une haine salubre pour ce qu'on nommait le fascisme ». Il avait également des raisons plus privées : il pensait que cela l'aiderait à faire sortir sa mère d'URSS. Il écrivit : « Munich m'indigna et me déçut. Je vécus l'événement pour ce qu'il était : une capitulation, une défection et une faute. » Convaincu qu'il fallait s'opposer au fascisme, il fut « stupéfié autant qu'indigné » par le Pacte germano-soviétique. Il ne voyait pas en quoi les communistes français devraient s'y sentir tenus. Il s'engagea mais son unité battit rapidement en retraite. Opposé à l'armistice, il était d'avis que chaque Français était désormais libre de continuer le combat de son mieux, si possible en Grande-Bretagne ou dans les colonies[77].

Autre bolchevik juif d'origine étrangère, Roger Ginsburger était un militant plus radical. Fils d'un rabbin, également bibliothécaire à l'université de Strasbourg, il était né en 1901, alors que l'Alsace appartenait à l'Empire allemand. Il reçut donc une éducation allemande jusqu'à l'Abitur, le baccalauréat, qu'il obtint en 1918, même si en classe il était harcelé et traité de « sale juif » ou de « yid ». En 1919, lorsque l'Alsace redevint française, il partit à Paris au lycée Saint-Louis dans une classe réservée aux meilleurs élèves de la province retrouvée, puis étudia l'architecture à Strasbourg, Stuttgart et Munich. Séduit par la révolution bolchevique, il abandonna sa foi juive et essaya de combiner art et politique au sein de l'Association des écrivains et artistes révolutionnaires, une émanation du parti communiste. En 1934, il devint membre permanent du Parti communiste français. Il écrivit dans *L'Humanité* et dans les *Cahiers du bolchévisme* avant d'être promu au Comité central en 1935. Comme tous les communistes français, il était hostile à Munich, mais sa réaction au Pacte germano-soviétique fut différente de celle de Léo Hamon, car il pensait que les communistes devaient être solidaires de ceux que le gouvernement traitait désormais comme des traîtres. Selon lui, critiquer le Pacte « au moment où les camarades fidèles au Parti sont chassés des mairies et des directions syndicales, où certains sont arrêtés, où la presse de Munich traite les communistes d'agents d'Hitler, c'est justifier les mesures de répression, c'est trahir ses camarades [78] ». Il voulut maintenir la presse communiste sous l'occupation allemande mais fut arrêté par la police de Vichy en octobre 1940. Ballotté entre les prisons et les camps, il s'échappa en janvier 1941 et se choisit comme nom de guerre Pierre Villon pour entrer en résistance.

Le deuxième groupe, celui des étudiants du Quartier latin, incluait Jean-Pierre Vernant et son frère aîné Jacques, qui avaient perdu leur père, tué au front en 1915 lorsqu'ils étaient encore très jeunes. Ils firent cependant de brillantes études, Jacques se classant premier à l'agrégation de philosophie en 1935, et Jean-Pierre rééditant le même exploit en 1937, à vingt-trois ans. Jean-Pierre Vernant faisait remonter son engagement à ses années d'adolescence : « J'étais militant communiste depuis 1931. J'étais d'abord passé par les Amis de l'URSS au lycée Carnot. J'étais encore en philosophie quand j'ai été à mon premier meeting au Quartier latin, encore en culotte courte. » Les années 1932-1934 furent particulièrement difficiles, se rappelait-il : « Le Quartier latin était vraiment on peut dire aux mains des groupes d'extrême droite : les Camelots du roi qui venaient prêter main-forte aux Étudiants de l'Action française, les Jeunesses patriotes, les sections de jeunes des Croix-de-Feu, les Francisques. Une atmosphère de violence physique… On se faisait un peu casser la figure, et même flanquer dehors de la Sorbonne. » La violence des affrontements le rapprocha de jeunes gens qui devinrent plus tard des chevilles ouvrières de la Résistance en zone libre, dont Lucie Bernard, « avec qui je vendais l'*Avant-Garde* et qui faisait preuve des mêmes qualités d'extraordinaire culot qu'elle a manifestées par la suite[79] ».

Destinée à devenir institutrice, Lucie Bernard parvint, à force de volonté, à entrer à la Sorbonne et à passer l'agrégation d'histoire pour devenir professeur de lycée. Elle voyait le Quartier latin comme Jean-Pierre Vernant : « Nous nous battions littéralement, l'engagement passait par des affrontements physiques, je frappais, je frappais[80]. » Pendant ses études, elle rencontra Raymond Samuel, plus tard connu sous le nom de Raymond Aubrac. Il appartenait à une famille bourgeoise juive qui avait quitté la Lorraine en 1870. Étudiant à l'École des ponts, il gravitait dans les cercles communistes du groupe de Lucie sans se sentir suffisamment « membre de la famille » pour adhérer lui-même au Parti et, bien que juif non pratiquant, il se souvenait que « l'antisémitisme était ressenti, dans les milieux juifs que je fréquentais, comme un retour vers la barbarie moyenâgeuse[81] ».

Ces étudiants communistes étaient farouchement opposés aux accords de Munich mais peu désireux de suivre la ligne du Parti sur le Pacte germano-soviétique. Jean-Pierre Vernant était déjà mobilisé quand il apprit l'événement : « Le Pacte, je l'ai pris vraiment en pleine gueule », dit-il, avant d'ajouter : « Bon, c'est ce que les Russes font, je ne sais pas pourquoi ils font ça. Ils ont sans doute leurs raisons. Ça ne change pas notre position. » Ses convictions politiques étant connues, il fut écarté de la formation d'officier et resta sergent, ce qui ne l'empêcha pas d'affirmer : « Quand on est confronté à l'hitlérisme, il n'y a pas d'autre façon de faire que de se battre. » Il était réfugié à Narbonne avec son frère lorsque Pétain annonça aux Français qu'il demandait l'armistice : « C'est un truc qui m'a littéralement tué de honte et de rage [...] J'étais convaincu que pour nous ça commençait. Un vieux fonds nationaliste que le spectacle de la débâcle avait vraiment ravivé, d'humiliation profonde et de rage à l'idée que ces gens étaient chez eux chez nous. Et en même temps un antifascisme très profond, la haine de cela[82]. »

Le réflexe antifasciste de Vernant ne faiblit jamais, ni celui de Lucie et Raymond Aubrac qui s'étaient mariés en décembre 1939. Raymond est fait prisonnier après la défaite et détenu à Sarrebruck dans un camp dont Lucie réussit à le faire sortir. Elle retrouve le frère de Raymond, médecin dans un hôpital de prisonniers de guerre à Troyes, et par son intermédiaire, se procure une substance qui, injectée sous la peau, produit les symptômes d'une fièvre tropicale. Après que Raymond a été transféré du camp à l'hôpital, elle le fait évader en flirtant avec un garde et en fournissant à son mari des vêtements d'ouvrier, puis en le cachant sous le wagon d'un train qui passe en zone libre où, ensemble, ils commencent leurs activités de résistants[83].

Pour le communisme français, la classe ouvrière tient une place très importante. Le mouvement ouvrier s'était organisé dès la fin du XIXe siècle en syndicats, qui se regroupent dans des fédérations nationales et dans des Bourses du travail locales, sortes de syndicats des syndicats. Politiquement, la classe ouvrière était représentée par le parti socialiste et le parti communiste, qui s'opposèrent en 1920 sur la question de la loyauté à Moscou. La classe ouvrière était l'héritière d'une tradition politique forte qui remontait à la Commune de Paris en 1871, et au-delà, aux révolutions de 1848 et 1789. Cependant, les communistes se considéraient également comme acteurs d'un mouvement communiste international en lutte contre le capitalisme et l'impérialisme, et ils faisaient allégeance à l'Union soviétique, saluée comme la première société socialiste.

L'opposition entre les communistes « de Moscou » et les anciens des Brigades internationales divisait la famille de Lise Ricol. Son père était arrivé d'Espagne en France en

1900 pour trouver du travail. D'abord mineur à Montceau-les-Mines, il s'était installé à Vénissieux, une banlieue ouvrière de Lyon, dans les années 1930. Toute la famille était communiste et avait de nombreuses relations dans le milieu communiste. La sœur aînée de Lise, Fernande, née en 1913, avait épousé Raymond Guyot, qui devint responsable national des Jeunesses communistes et se rendit à Moscou en 1936 comme secrétaire de l'Internationale communiste des jeunes (ICJ). Lise, née en 1916, secrétaire de l'antenne régionale du Parti communiste français à Lyon, y rencontre un responsable local, Auguste Delaune, qu'elle épouse. Lorsque Delaune part en formation à Moscou, elle le suit et devient dactylo au Komintern. Là, elle rencontre l'amour de sa vie, Artur London, un communiste tchèque qui travaille lui aussi à l'Internationale communiste des jeunes. Lise quitte Delaune et revient vivre en France avec Artur. Elle participe à l'organisation des Brigades internationales au sein desquelles Artur se bat en Espagne[84]. La famille Ricol se divise sur le Pacte germano-soviétique : Guyot, élu député communiste de Villejuif en 1937, soutient fermement la ligne de Moscou. Mobilisé dans un régiment de Tarascon, il bénéficie de son immunité parlementaire jusqu'au 10 janvier 1940, où, à la Chambre des députés, il reste assis pendant le vote de la reconnaissance due à l'armée. Vingt-sept députés communistes sont jugés en mars et avril 1940 puis passent de prison en prison en France avant d'être transférés à la prison de Maison-Carrée à Alger. Guyot déserte de l'armée et il est clandestinement exfiltré par le Parti vers Moscou, via la Belgique, comme Maurice Thorez, secrétaire général du Parti communiste français, peu de temps auparavant. À l'inverse, étant donné la trahison que représentent pour lui les accords de Munich et l'invasion de Prague par les armées allemandes en mars 1939, Artur London reste fidèle à la ligne antifasciste du Parti communiste tchécoslovaque, qui a approuvé l'organisation d'une armée libre tchécoslovaque se battant aux côtés de la Grande-Bretagne et de la France, qu'Artur a rejointe à Agde en août 1939[85].

André Tollet était un représentant typique de la classe ouvrière parisienne, mais aussi un personnage hybride, lié à la fois à l'Espagne et à Moscou. Fils de petits commerçants, il avait grandi à Paris et avait quitté l'école à treize ans en 1926 pour devenir apprenti tapissier dans le faubourg Saint-Antoine : « Le faubourg avait conservé de vieilles traditions. C'est ici qu'avait commencé la Révolution de 1789. On chantait dans les ateliers, en travaillant, les chants de la Commune, Pottier, Clément. Et on la célébrait en "montant au Mur", le mur des Fédérés, au Père-Lachaise [...] Je n'avais pas encore quinze ans la première fois que j'ai défilé ainsi[86]. »

Il rejoignit le syndicat ouvrier du bois et les Jeunesses communistes, et fut invité par Raymond Guyot à les représenter lors d'un congrès de l'Internationale syndicale rouge à Moscou en 1936.

De retour à Paris, il participa aux grèves de mai et juin 1936 qui amenèrent au pouvoir le Front populaire. Sa demande de rejoindre les Brigades internationales ayant été rejetée par le Parti, il organisa des collectes pour les soutenir et achemina en 1938 en Espagne une cargaison de chaussures. Bien que troublé par le Pacte germano-soviétique, il le défendit en disant : « Nous avions deux idées : c'était une connerie, et puis, deuxièmement, que les Soviétiques devaient en savoir beaucoup plus que nous. Résultat, on ne voulait pas condamner le Pacte. » Il fut mobilisé mais ne fut pas troublé par la débâcle de la France, qui lui semblait plus disposée à réprimer ses propres citoyens qu'à gagner la guerre. Démobilisé, il retourna à Paris et tenta de rassembler les communistes traumatisés au sein de comités de quartier et de syndicats clandestins. Mais en octobre 1940, le gouvernement de Vichy lança une répression massive contre les communistes. Il fut arrêté et emprisonné à Fresnes, puis à Rouillé et à Compiègne, dans des camps pour individus dangereux[87].

L'un des brigadistes que Tollet rencontra en Espagne était Henri Tanguy, commissaire politique de la fameuse 14e brigade. Tanguy était un Parisien d'origine bretonne qui avait quitté l'école à treize ans et avait été renvoyé de plusieurs usines d'automobiles pour y avoir organisé des grèves. En 1936, il devint permanent de la fédération CGT de la métallurgie. Il y rencontra sa femme, Cécile Le Bihan, qui y était secrétaire et dont le père, communiste de longue date, militait au Secours rouge international, ce qui avait permis à la jeune femme de rencontrer les exilés politiques tchèques, hongrois, yougoslaves, italiens et allemands qui se succédaient chez eux. Tanguy obtint l'autorisation du Parti pour rejoindre les Brigades internationales, où il combattit en 1937 et 1938[88]. En 1939, il fut mobilisé puis affecté spécial dans une usine d'armement près de la frontière pyrénéenne. En 1940, il fut versé dans un régiment d'infanterie coloniale. Il se rappelait avoir entendu un discours de Pétain près de la fontaine d'un village du Limousin où il s'était senti très isolé, personne autour de lui ne partageant son rejet du Maréchal ou son désir de résister : « Moi, qui connaissais le personnage, son rôle d'ambassadeur de France auprès de Franco, je n'ai pu m'empêcher de dire : "Ce n'est pas lui qui nous sortira de là." Concert de protestations ! J'ai dû m'éclipser rapidement. J'ai bien senti que ces braves gens allaient me faire un mauvais parti[89]. »

Sa femme Cécile, restée à Paris, fut frappée par une série de drames. Son père François Le Bihan fut arrêté en avril 1940 et accusé d'avoir voulu reconstituer un parti dissous. Elle avait une petite fille de sept mois, Françoise, qui tomba malade au moment où le personnel des hôpitaux de Paris s'enfuyait comme tout le monde. Le bébé mourut alors que les troupes allemandes entraient dans la capitale. Peu après, Cécile accepta de résister au sein de la fédération CGT de la métallurgie parce que, comme elle l'a exprimé : « Je n'avais plus rien. Mon père était arrêté, mon mari, je ne savais pas où il était, et j'avais perdu ma petite fille. Qu'est-ce qui me retenait ? Je rentrai [dans la Résistance]. Ça m'a aidé, ça m'a redonné autre chose[90]. »

Produit encore plus typique de la classe ouvrière parisienne, Pierre Georges était un rebelle-né. Fils d'un boulanger parisien, il appartenait à une famille nombreuse, et communiste, de Belleville et de la Villette. Ses deux aînés, Daniel et Denise, l'avaient entraîné, ainsi que leur jeune frère Jacques, dans les Jeunesses communistes. À quatorze ans, apprenti pâtissier, il fut renvoyé par son patron auquel il avait répondu, et devint riveteur. En novembre 1936, à dix-sept ans, il parvint à convaincre le Parti de le laisser rejoindre les Brigades internationales en Espagne, où il devint officier à la 14e brigade jusqu'à son évacuation en France en 1938 à la suite d'une blessure au ventre. De retour à Paris, il trouva du travail dans une usine d'aéronautique. Promu au comité central des Jeunesses communistes, il y rencontra Andrée Coudrier et l'épousa[91]. La famille Georges fut durement frappée par la répression anticommuniste qui suivit le Pacte germano-soviétique. Pierre, sa femme Andrée, alors enceinte, et son jeune frère Jacques furent arrêtés. Les hommes furent emprisonnés à la Santé, les femmes à La Roquette. Andrée fut libérée en février 1940 tandis que Pierre, emprisonné, comblait ses lacunes en lisant Balzac, Maupassant et Dostoïevski : « Je lis en ce moment un magnifique roman. C'est *Le Rouge et le Noir* de Stendhal. Je parie qu'il te fera pleurer[92]. »

Quand les Allemands approchent de Paris en mai 1940, Jacques est transféré au camp de Gurs dans les Pyrénées et condamné à dix-huit mois de prison par un tribunal militaire. Quant à Pierre, il s'évade pendant son transfert dans un autre camp, habillé en soldat. Il contacte le Parti à Marseille, qui le renvoie à Paris pour y organiser la résistance communiste[93].

Le conflit entre les communistes de Moscou et les vétérans d'autres conflits, plus indépendants, est bien illustré par le cas de Charles Tillon. Devenu un héros en 1919, à vingt-deux ans, pour avoir été l'un des mutins de la mer Noire qui avaient refusé de combattre les révolutionnaires russes, il avait été condamné aux travaux forcés. En 1936, il est élu député d'Aubervilliers, commune de la ceinture rouge de Paris. En octobre 1939, le Parti l'envoie réorganiser la section régionale de Bordeaux. La façon dont le Parti, prisonnier du Pacte germano-soviétique, rendait la bourgeoisie et l'impérialisme franco-britannique responsables de la guerre, sans critiquer l'Allemagne nazie, le mettait très mal à l'aise. Il se cachait dans un moulin appartenant à des agriculteurs quand il entendit Pétain appeler au cessez-le-feu le 17 juin et qu'il prit, quant à lui, l'initiative d'appeler à la résistance : « Une vieille révolte de jeunesse m'incendiait. J'avalai la soupe de la douce Mme Jouques et je remontai à l'étage pour rédiger un tract qui soit un appel à empêcher que les représentants du peuple restent sans voix en voyant la France envahie, soumise, et lâchement tenue dans l'ignorance de la vraie nature du fascisme[94]. »

Il rédigea un manifeste qui fut reproduit et glissé en cachette dans les journaux mis en vente le lendemain. Il précéda ainsi l'appel du général de Gaulle de quelques heures, et l'appel officiel des communistes, lancé le 10 juillet, de près d'un mois, ce qui lui causa par la suite de sérieux problèmes au sein du Parti. Il appelait à la formation d'« un gouvernement luttant contre le FASCISME HITLÉ-RIEN et les deux cents familles. S'entendant avec l'URSS pour une paix équitable, luttant pour l'indépendance natio-nale et prenant des mesures contre les organisations fas-cistes. Peuple des usines, des champs, des magasins et des bureaux, commerçants, artisans et intellectuels, soldats, marins, aviateurs encore sous les armes. UNISSEZ-VOUS dans l'action. Le Parti Communiste[95]. »

Nombreuses sont les histoires de résistance qui remontent au patriotisme ou à l'engagement politique, et l'engagement dans la résistance semble naître de convic-tions profondes. Dans d'autres cas, la résistance semble plutôt l'effet des circonstances, comme pour Madeleine Riffaud, qui eut une réaction immédiate au choc et à l'humiliation d'avoir reçu un coup de pied d'un Allemand. Mais en général, l'humiliation se plaçait quand même dans un contexte qui rendait le résistant plus sensible à l'événe-ment décisif.

Madeleine Riffaud par exemple avait grandi en Picardie, région d'intenses combats pendant la Première Guerre mondiale. Son père avait été blessé et elle se souvenait d'un 11 Novembre où elle avait accompagné sa belle-mère, « voile de deuil vola[nt] au vent », dans un cimetière mili-taire, errant parmi les tombes pour voir si le corps de son mari avait été identifié[96]. Madeleine Riffaud faisait aussi remonter sa réaction instinctive à une tradition familiale de révolte bien plus ancienne. Elle avait été élevée dans le culte d'un arrière-arrière-grand-père conscrit qui avait refusé de tirer sur les révolutionnaires de 1830. Après avoir dressé les paysans de son village natal contre le coup d'État de Napoléon III en 1851, cet aïeul avait été condamné aux travaux forcés en Algérie. Aux yeux de Madeleine Riffaud, c'était un forçat rebelle de la stature du Jean Valjean de

Victor Hugo. Plus proche d'elle, le grand-père qu'elle avait ramené de l'exode sur une civière était un ancien ouvrier agricole considéré comme un « rouge ». La future trajectoire de Madeleine Riffaud dans la résistance communiste était ainsi façonnée par l'histoire familiale.

Geneviève de Gaulle, étudiante à l'université de Rennes en 1940, se rappelait aussi clairement le moment précis de sa conversion à la résistance : « La première chose qui m'a fait résistante, c'est d'entendre Pétain [le 17 juin] ; et la seconde, c'était de voir des motocyclistes allemands. » Sur sa route de l'exode vers la Bretagne, le flot des réfugiés avait vite été rattrapé par les motocyclistes qui précédaient les forces allemandes. Naturellement, elle était influencée par d'autres traditions familiales. Elle était la nièce de Charles de Gaulle, et son propre père, le frère aîné du général, ancien combattant de la Grande Guerre, l'avait souvent emmenée visiter des champs de bataille. Il avait été ingénieur des mines dans la Sarre, région allemande rattachée provisoirement à la France après 1918 et, lors du plébiscite de 1935, il avait fait campagne contre son retour à l'Allemagne. C'était un conservateur qui admirait la culture et la musique allemandes mais il avait lu *Mein Kampf* et détestait à la fois « l'esprit prussien » et le nazisme. Mobilisé comme officier au camp militaire de Coëtquidan près de Rennes, il se replia avec ses troupes en Bretagne, dont on pensa un bref moment faire une poche de résistance militaire, le « réduit breton ». Geneviève le rejoignit avec le reste de la famille, y compris sa grand-mère. Lorsque le curé du lieu leur raconta qu'il avait entendu l'appel du 18 juin, la vieille dame lui prit le bras : « Mais monsieur le curé, c'est mon fils[97] ! »

Hélène Mordkovitch, qui connut ensuite Geneviève de Gaulle dans le même réseau de résistance, suivit un parcours très différent. Au plan familial, elle était écartelée entre les Russes blancs et les Russes rouges. Son père était un Russe qui avait servi dans l'armée française pendant la Première Guerre mondiale et qui avait rencontré sa mère, alors étudiante en médecine, à l'hôpital franco-russe. En 1917, il était retourné en Russie pour prendre part à la Révolution et n'avait jamais connu sa fille Hélène, née cette année-là à Paris. Sa mère, remariée avec un Russe blanc, travaillait à la cantine du collège russe de Boulogne-Billancourt, fréquenté par des enfants de Russes blancs. À la recherche de son identité, Hélène avait choisi d'être française. « Vous n'avez pas honte qu'une petite Russe soit première en français ? », demandait sa maîtresse aux autres élèves. Elle entre à la Sorbonne en 1937 et après le décès de sa mère en 1938, elle gagne sa vie en travaillant comme bibliothécaire à mi-temps au département de géographie de la Sorbonne. En 1940, elle part en exode vers le sud. Elle est horrifiée par l'égoïsme et la passivité des Français face à la défaite. Hébergée dans une famille de Rodez, elle voit le grand-père s'éteindre dans son lit pendant que ses enfants ne pensent qu'à la récolte des fruits et que ses petits-enfants sortent applaudir les troupes allemandes qui entrent dans la ville : « Ça, j'ai trouvé qu'en trois générations, c'était une image extraordinaire de ce qu'était devenue la France. » Elle n'avait jamais pris conscience de son identité juive jusqu'à ce que, dans un train de réfugiés retournant à Paris le 6 septembre 1940, un conducteur leur annonce que les juifs n'ont pas le droit de traverser la ligne de démarcation pour retourner en zone occupée. Au point de passage, à Vierzon, flotte une immense croix gammée. Sa réaction est encore plus violente que celle de Madeleine Riffaud : « Nous pénétrions en Allemagne… J'étais sous une telle pression que j'ai giflé le soldat allemand qui s'est adressé à nous[98]. »

Cette prise de conscience qu'il était nécessaire de résister eut lieu dans des milliers d'esprits, chez les Français libres qui rejoignirent de Gaulle en Grande-Bretagne et dans l'empire colonial, comme chez ceux qui refusèrent l'armistice en métropole. Elle s'expliquait parfois par le patriotisme, parfois par une forme d'idéalisme, parfois encore par les circonstances. Les sentiments d'honneur, de honte ou de révolte transmis par l'histoire familiale étaient souvent invoqués pour l'expliquer. Dans certains cas, un engagement politique profond dans le communisme indiquait la direction mais c'était chez des communistes non conformistes, qui avaient embrassé la cause des Brigades internationales et refusé le Pacte germano-soviétique. Cette prise de conscience n'était cependant pas suffisante. Les étapes à venir consisteraient à entrer en contact, à s'organiser et, plus ardu encore, à convenir du chemin à suivre. Peu seraient prêts à relever ces défis.

# 2

## Faire quelque chose

*Le seul remède pour nous est de nous grouper, une dizaine de camarades, pas plus.*

Agnès Humbert, 1940

Dans la nuit du 10 au 11 novembre 1940, un lycéen de seize ans et un étudiant grimpent au sommet de la flèche de la cathédrale de Nantes pour fixer le drapeau tricolore au paratonnerre. À leur réveil, les Nantais découvrent que le drapeau français, interdit en zone occupée, flotte dans le ciel gris. Les Allemands, furieux de cette commémoration de la date symbolisant leur défaite en 1918, ordonnent aux autorités de l'enlever. Il faudra plusieurs heures aux pompiers pour le décrocher, pendant que la nouvelle se répand dans toute la Bretagne et la vallée de la Loire « comme une traînée de poudre ». La BBC salue l'exploit des deux jeunes Nantais comme un acte de résistance[1].

On a souvent dit des Français qu'ils avaient vécu pendant l'Occupation « sous la botte allemande ». Il s'agissait d'une occupation militaire qui s'imposait à la fois en faisant l'étalage de la force et en instillant la peur. Les troupes allemandes défilaient régulièrement dans les grandes rues des villes, et tous les jours sur les Champs-Élysées, afin de manifester leur supériorité. Elles étaient cantonnées dans des casernes françaises ainsi que dans des écoles et des couvents. Des groupes d'officiers réquisitionnaient hôtels et châteaux, d'autres étaient logés seuls dans des maisons bourgeoises où ils exigeaient d'être servis. À vrai dire, les forces allemandes se concentraient dans les villes, petites et grandes, et se voyaient peu dans les campagnes où elles ne se sentaient guère en sécurité, et de moins en moins à mesure que l'Occupation se prolongea. L'administration militaire allemande chapeautait l'administration civile, avec une Feldkommandantur placée auprès du préfet de département, et une Kreiskommandantur auprès des sous-préfets dans les arrondissements. La police militaire (la Feldgendarmerie) était très visible sur les routes ; la police secrète, beaucoup plus discrète. Une ligne de démarcation, tracée entre la zone occupée et la zone dite libre, permettait de contrôler étroitement les mouvements des personnes et des biens dans chaque direction, à différents points de passage. Il fallait un Ausweis ou permis, qui n'était octroyé que pour une raison précise. Des individus ou des groupes tentaient de franchir la ligne de démarcation sans permis, le plus souvent du nord vers le sud, avec ou sans l'aide de passeurs qu'on devait payer. Ceux qui se faisaient prendre encouraient la prison[2].

La sécurité militaire était l'obsession des Allemands. La Wehrmacht devait être incontestée et toute menace, telle que couper ses lignes téléphoniques, était passible de mort. La France était désarmée, impuissante à reprendre la guerre. Elle fut autorisée à garder une armée de 100 000 hommes, précisément l'effectif que les Allemands avaient eu le droit de conserver après l'armistice de 1918, dans le seul but de garantir l'ordre public. La conscription et le service militaire des jeunes de vingt ans furent abolis et remplacés par six mois dans les Chantiers de la jeunesse, qui n'étaient guère plus que des camps de scouts. Les mouvements scouts destinés à régénérer la jeunesse française se développèrent en zone libre, mais furent interdits en zone occupée, car considérés comme paramilitaires. Les Français durent déposer leurs armes à feu à la mairie de leur commune, sous surveillance allemande. Certains cachèrent leurs fusils de chasse (autorisés depuis que la révolution de 1789 avait octroyé à tous le droit de chasse), car être trouvé en possession d'un fusil était passible de mort. Il resta inconcevable de s'en prendre à un soldat allemand jusqu'à l'attaque de l'URSS par l'Allemagne en juin 1941, quand la résistance communiste prit corps. Les Allemands avaient cependant institué un système d'otages pour se prémunir d'éventuelles attaques, et avaient perfectionné la pratique des représailles collectives pour assurer l'ordre. Les femmes d'un pays vaincu étaient, comme toujours, considérées comme des proies légitimes par la nation victorieuse et même si les occupants allemands ne cautionnèrent pas le viol, les avances que les soldats allemands faisaient aux Françaises augmentaient les tensions. La France, en tant que nation, fut également démantelée. En zone occupée, toute manifestation symbolique de patriotisme fut interdite. Il ne devait plus y avoir ni commémoration de l'armistice le 11 novembre, ni fête de Jeanne d'Arc en mai, ni célébration de la prise de la Bastille le 14 juillet. Même en zone libre, les autorités de Vichy craignaient que de telles manifestations n'irritent les Allemands et elles les interdirent à grand renfort de présence policière[3].

En théorie, le régime de Vichy était souverain sur l'ensemble du territoire, mais en zone occupée, son pouvoir était soumis au bon vouloir des autorités militaires allemandes. Vichy était un régime autoritaire : il se débarrassa du Parlement et resta très méfiant vis-à-vis des anciens hommes politiques, qui furent renvoyés dans leurs fiefs, soupçonnés de comploter pour restaurer l'*ancien régime*, comme on appelait désormais la IIIᵉ République. La Légion française des combattants, rassemblement de toutes les associations d'anciens combattants, constitua la courroie de transmission de la « Révolution nationale » prônée par Vichy et fondée sur trois nouvelles valeurs : Travail, Famille, Patrie[4]. Certaines catégories de la population, considérées comme antifrançaises, furent exclues en bloc de la vie publique : les juifs, les communistes et les francs-maçons. Les juifs furent aussi bannis de la vie économique par un processus d'aryanisation. Vichy élabora ses propres mesures antisémites, sans y être contraint par les Allemands, y compris l'internement des juifs étrangers[5]. Hostile à l'idéologie de la lutte des classes qui avait défini la période du Front populaire et aux militants qui la défendaient, Vichy n'était pas opposé aux ouvriers en tant que tels. La Charte du travail, promulguée en 1941, était censée inciter les cols bleus et les cols blancs à collaborer avec leurs employeurs plutôt qu'à les combattre.

La loyauté des ouvriers (et d'autres catégories de la population) dépendait de la situation économique, qui n'était pas bonne. Comme réparations de guerre, les Allemands ponctionnaient des ressources économiques gigantesques, sous forme d'achats payés en reichsmarks à un cours surévalué, et de pillages éhontés. Le blocus imposé par les Britanniques à un régime désormais considéré comme ennemi aggrava les pénuries. Les biens et la nourriture se vendaient à des prix exorbitants, et l'imposition du contrôle des prix multiplia les transactions clandestines. Le marché noir devint florissant. Le chômage augmenta sous l'effet de la dislocation de l'économie entraînée par la défaite et de la division de la France en zones. L'essence était rare et l'utilisation des automobiles réservée aux Allemands, à l'administration et à certaines professions. L'un des spectacles les plus courants sous l'Occupation était de voir des cyclistes tirant une remorque et partant à la campagne se ravitailler auprès d'agriculteurs. Fermiers, commerçants et autres intermédiaires s'en sortirent généralement très bien. Les citadins, en particulier les gens âgés, beaucoup moins bien. La population apprit à improviser : on redécouvrit des cousins campagnards auprès de qui se ravitailler, on bourra les pneus des vélos avec de la paille, on fit fonctionner les automobiles au charbon de bois, on éleva des lapins sur les balcons. Ce fut le fameux « système D » pour débrouille [6]. Par la suite, au cours de l'Occupation, la machine de guerre allemande engendra une demande massive d'équipements militaires et autres. Les usines automobiles, les usines aéronautiques et les chantiers navals, inondés de commandes allemandes, embauchèrent à nouveau. Le chômage disparut, la main-d'œuvre se fit rare et les Allemands mirent en place différents programmes de recrutement forcé dans les pays occupés. En France, des ouvriers furent réquisitionnés pour construire le mur de l'Atlantique et, à partir de 1942, pour travailler en Allemagne dans des usines d'armement [7].

Quelle fut la réaction des Français à cette situation ? La grande majorité se contenta de survivre. Leur horizon se rétrécit à l'échelle de leur famille, de leurs voisins et de leur vie quotidienne, et ils attendirent l'arrivée d'une aide. Les Allemands étaient prêts à ne pas s'occuper des gens tant que ceux-ci ne mettaient pas en danger la Wehrmacht, même s'ils renforcèrent leur mainmise pour s'assurer d'un surcroît de main-d'œuvre. Certains crurent que collaborer avec les Allemands était une bonne idée, notamment pour échapper au travail forcé, mais à terme, ce choix les exposa à des représailles de la part des résistants. Résister était bien plus dangereux : les résistants risquaient d'être arrêtés, déportés, voire exécutés. Pourtant, c'est la résistance qui attira un petit nombre d'individus et de groupes.

Les historiens ont longtemps cherché une définition claire de la Résistance, mais en un mot, résister consista à refuser que la France demande l'armistice, à refuser l'Occupation allemande, et à être prêt à faire quelque chose dans le risque et l'illégalité[8]. Ce « quelque chose » recouvrait différents types d'activités. Pour de Gaulle, il s'agissait de résistance militaire, ce qui, dans un premier temps, ne pouvait venir que des Français libres. Pour d'autres, la résistance commença en métropole par des actions spontanées, sporadiques et symboliques, telles qu'accrocher le drapeau tricolore au sommet d'une cathédrale. C'est ce que l'on a appelé « la résistance en dehors de la Résistance » ou « la pénombre de la Résistance[9] ». Avec le temps, certains s'organisèrent en petits groupes qui agirent de manière régulière et contribuèrent concrètement à l'effort de guerre. Telle fut la Résistance avec un R majuscule, qui fournissait des renseignements aux Alliés, récupérait les aviateurs abattus, diffusait de la propagande antiallemande ou antivichyste, menait des sabotages et, en dernière instance, combattit les armes à la main.

Puisque les Allemands interdisaient toute manifestation de patriotisme, de tels gestes devinrent par eux-mêmes des actes de résistance. À Nantes le 11 novembre 1940, des étudiants et des lycéens voulurent déposer une gerbe au monument aux morts, ce qu'empêchèrent la police française et la Feldgendarmerie. Des étudiants chantèrent aussi *La Marseillaise* sur les marches du théâtre de la ville[10]. Plus spectaculaire encore, les étudiants parisiens se rassemblèrent sur la tombe du Soldat inconnu sous l'Arc de Triomphe et descendirent les Champs-Élysées en portant ostensiblement des « gaules » de bois sur l'épaule. Cette reconquête d'un espace symbolique, où les Allemands défilaient désormais tous les jours, fut insupportable aux autorités d'occupation. Elles arrêtèrent des dizaines d'étudiants et fermèrent les universités et les grandes écoles jusqu'à nouvel ordre. Benoîte Groult, une étudiante dont l'ami fut arrêté et détenu une semaine, a décrit ce qu'il avait vécu et ce que cela présageait : « Il a subi un traitement épouvantable. Aligné avec ses camarades contre le mur de la prison du Cherche-Midi pendant toute la nuit, sous la pluie, les coups de pied et de crosse et les crachats des soldats allemands. On leur avait dit qu'ils seraient fusillés au matin, ce qui ne devait pas faciliter la station debout ! Il y en a un qui s'est évanoui dans la nuit ; on l'a laissé par terre. Ces garçons qui sont rentrés chez eux ne sont sûrement pas les mêmes […] Ce n'est pas abstrait, comme la lecture de *Mein Kampf*. Un coup de pied au visage est sûrement plus efficace que toute propagande [11]. »

Un moyen moins dangereux de communiquer son opposition était d'écrire au service français de la BBC, qui émettait chaque jour vers la France [12]. Les Français libres disposaient de cinq minutes d'antenne par jour, souvent par la voix de Maurice Schumann, juste avant l'émission *Les Français parlent aux Français*, réalisée par l'équipe de Michel Saint-Denis, connu sous le nom de Jacques Duchesne. Les auditeurs français de la BBC passèrent de 300 000 en 1941 à 3 millions en 1942 [13]. Écouter la BBC était une transgression car dès octobre 1940, elle fut interdite en zone occupée, et l'année suivante en zone libre. Ceux qui se faisaient surprendre risquaient une forte amende, voire la prison. Le courrier postal étant strictement censuré, les lettres pour la BBC sortaient clandestinement, via la zone libre ou via des consulats dans des pays neutres. Les expéditeurs étaient rarement des hommes en âge de porter les armes, mais des anciens combattants, des femmes et une proportion significative de jeunes. « Une Française, une vraie », vivant à Bourg-en-Bresse, écrivit au général de Gaulle que « à 8 heures et quart, vite, dans la famille, tout le monde se tait, tout le monde boit les paroles de la radio anglaise, de notre France libre… Un fil invisible nous lie à vous[14]. » Une certaine Yvonne, du Havre, confessa que tout en écoutant la BBC, elle tricotait des chaussettes et récitait une prière qu'elle avait entendue d'un vieux prêtre à la veille de l'armistice : « Mon Dieu, maudissez nos ennemis et donnez la victoire à l'Angleterre par l'intercession de saint Georges et la libération de la France par celle de Jeanne d'Arc[15]. » L'attention des auditeurs permettait aux Français libres d'organiser des manifestations de soutien à l'effort de guerre allié. En mars 1941, par exemple, la BBC invita les patriotes à tracer le V de la victoire dans les lieux publics[16]. Deux jours plus tard, un jeune homme rapporta que « dès le matin, les murs de Marseille étaient couverts de V et même de "Victoire" écrits en toutes lettres. Tous les jours, le nombre des V augmente prodigieusement. On en voit sur les tramways, dehors et dedans, sur les camions, sur les automobiles[17]. » Ceux qui écrivaient à la BBC n'étaient pas tous de fervents gaullistes : certains ne voyaient rien de contradictoire à soutenir à la fois de Gaulle et Pétain. Un groupe de femmes gasconnes signa ainsi son message en janvier 1941 : « Vive l'Angleterre ! Vive la France libre ! Vive notre grand Maréchal[18] ! »

Manifester permettait aussi de réagir contre les difficultés de la vie quotidienne sous l'Occupation. Les Françaises étaient en première ligne, qu'elles soient épouses de prisonniers de guerre ou de résistants incarcérés, mères d'une famille nombreuse à nourrir, habiller et chauffer, tout en travaillant quand il le fallait. Après leur foyer, la rue était leur domaine, comme toujours depuis la révolution de 1789. Des meneuses parlaient aux femmes qui faisaient d'interminables queues devant les magasins d'alimentation ou sur les marchés : elles dénonçaient les pillages allemands et le marché noir, elles réclamaient des mesures pour obtenir plus de nourriture et à des prix abordables. Des femmes manifestèrent devant les mairies et devant le ministère du Ravitaillement pour exiger davantage de tickets de rationnement pour le charbon ou les vêtements[19]. Elles assaillirent le domicile de celui qu'on appelait « l'ambassadeur des prisonniers de guerre », Georges Scapini, qui avait perdu un œil en 1915, pour l'obliger à négocier des améliorations du sort des prisonniers[20]. Elles manifestèrent même devant l'ambassade d'Allemagne à Paris pour exiger, sans succès, la remise en liberté de centaines de communistes et de syndicalistes qui avaient été arrêtés. Dans les usines qui travaillaient pour les Allemands, des ouvrières prirent le risque de se mettre en grève, comme en avril 1941 dans une usine fabriquant des filets de camouflage à Issy-les-Moulineaux. La police française arrêta dix-sept femmes, qui furent remises aux Allemands[21].

Si la plupart de ces protestations étaient spontanées, certaines étaient organisées par des comités de femmes qui se formèrent dans les grandes villes, notamment dans la ceinture rouge autour de Paris. Des femmes du parti communiste clandestin, telles Lise London ou Cécile Tanguy, se trouvaient souvent derrière ces mouvements[22]. Des tracts, puis des feuilles d'information, furent distribués, comme *Les Femmes communistes de Choisy* ou *Les Femmes communistes de Vitry*. Dans son premier éditorial, se souvint Lise London, « je rappelais la marche des Parisiennes sur Versailles en octobre 1789 pour ramener dans Paris affamé "la boulangère, le boulanger et le petit mitron". Dans ma conclusion, j'appelais les femmes à se montrer dignes de leurs aïeules[23]. »

Lise London devint célèbre pour la manifestation éclair organisée devant l'épicerie Félix Potin, rue Daguerre, à

Paris, le 1er avril 1942. Elle s'adressa à la foule et prêcha la résistance. Les policiers français et les soldats allemands menacèrent d'ouvrir le feu mais elle disparut dans la foule et un détachement de communistes tira sur la police. Elle fut décrite comme « la mégère de la rue Daguerre » par Fernand de Brinon, l'ambassadeur de Vichy auprès des Allemands à Paris, et la nouvelle de son coup d'éclat fut retransmise par la BBC et par Radio Moscou. Arrêtée une semaine plus tard, elle aurait été condamnée à mort si elle n'avait pas été enceinte[24].

Cette agitation sporadique et semi-organisée formait le cadre dans lequel émergèrent de petits groupes structurés qui planifièrent une résistance plus soutenue. Plutôt que de faire pression sur les autorités pour aider les prisonniers de guerre, ils prirent les choses en main, les faisant évader des camps de transit avant leur départ pour l'Allemagne. Pour contribuer à l'effort de guerre qui se poursuivait hors de France, ils collectaient et transmettaient aux Alliés des renseignements militaires sur les mouvements terrestres, navals et aériens des Allemands. Ils firent de la propagande pour secouer la population et la sortir de son défaitisme et de sa résignation. Ceci commençait souvent par des graffitis ou par l'affichage dans les lieux publics de papillons, des slogans de la taille d'un Post-it, et par la distribution de tracts, et se poursuivait par l'impression de journaux clandestins qui donnèrent leurs noms aux mouvements.

Dans les premiers temps, beaucoup de groupes de résistants apparurent au sein d'ensembles déjà existants : militaires et anciens combattants, amis et voisins, professeurs d'université et étudiants, médecins et personnel hospitalier, patrons et responsables syndicaux, démocrates-chrétiens ou communistes. Il était difficile de créer des liens entre ces sphères sociales, même si l'effondrement de la société sous le choc de la défaite avait permis des rencontres entre gens de milieux différents qui ne se seraient jamais fréquentés autrement. En zone occupée, où tous étaient confrontés à la brutalité de la présence allemande et où le gouvernement de Vichy semblait lointain et impuissant, les groupes de résistants se formèrent dans tout l'éventail politique, aussi bien dans des organisations d'extrême droite fondées par d'anciens militaires, des hommes d'affaires et des fonctionnaires, qu'à l'extrême gauche parmi les communistes écartelés par les conséquences du Pacte germano-soviétique. En zone libre, où le maréchal Pétain bénéficiait du soutien massif des élites et de la population, les résistants qui tentaient de dénoncer le régime de Vichy comme autoritaire, réactionnaire, collaborationniste et antisémite étaient généralement plus marginaux et plus anticonformistes qu'en zone occupée.

En zone occupée, l'un des premiers groupes emblématiques fut celui qu'on a plus tard appelé « le groupe du musée de l'Homme ». C'était en fait une organisation complexe composée de « nuclei », selon le terme d'un de ses chefs, Germaine Tillion[25]. Anthropologue, elle avait passé avant la guerre six années dans les Aurès, un massif montagneux d'Algérie, pour ses recherches. De retour à Paris en 1940, son principal souci est le sort des soldats coloniaux noirs et nord-africains qui ont combattu dans l'armée française et ont été faits prisonniers. Les Allemands en exécutent des centaines et ceux qui sont emmenés en Allemagne sont renvoyés, pour des raisons raciales, dans des camps en France. Germaine Tillion contacte deux anciens officiers de l'Union nationale des combattants coloniaux (UNCC), qui forment le premier nucleus du réseau. Officiellement, l'UNCC apporte une aide humanitaire aux soldats coloniaux prisonniers dans des camps ou hospitalisés, tout en essayant clandestinement de les faire évader, en leur procurant vêtements civils et faux papiers d'identité et en les cachant[26].

Le second nucleus de cette nébuleuse était le groupe du musée de l'Homme à proprement parler, basé au palais de Chaillot. Ce musée ethnographique avait été créé par le Front populaire en 1937 sous l'égide de Paul Rivet, un ethnologue qui, à partir de 1934, milite au sein de l'influent Comité de vigilance des intellectuels antifascistes. Les figures clé du musée sont sa bibliothécaire, Yvonne Oddon, protestante originaire du Dauphiné, formée à la bibliothèque du Congrès à Washington, et le conservateur du département des civilisations arctiques, Boris Vildé, un Russe qui, enfant, a fui la révolution bolchevique[27]. Le réseau participe à l'évacuation de prisonniers de guerre évadés, d'officiers britanniques et d'aviateurs alliés abattus au-dessus de la France, via Toulouse et Barcelone. Il transmet des renseignements par l'entremise de l'ambassade des États-Unis et publie un journal clandestin imprimé dans les caves du musée grâce à une vieille ronéo électrique du Comité des intellectuels, récupérée par Paul Rivet. Le titre de ce journal, *Résistance*, est proposé par Yvonne Oddon, en mémoire de ses racines protestantes. Comme Jean Cavaillès, elle se dit fascinée par ce mot, « autrefois gravé sur les murs de la tour de Constance par un groupe [*sic*] de "Résistants" huguenots[28] ».

Le groupe dit « des écrivains » forma un troisième nucleus, autour de Jean Cassou et d'Agnès Humbert. Cassou, directeur du musée d'Art moderne, de mère andalouse, avait été envoyé en Espagne par le Front populaire au début de la guerre civile en 1936. Il se souvenait d'une conversation avec le président républicain Azaña : « "Vous savez, Cassou, j'ai aimé la France, mais à présent, la France…" Et il fit le geste de faire tomber quelque chose par terre. Puis brusquement : "Venez voir le front." Les vitres de ce salon donnaient sur la vaste plaine castillane. À l'horizon, on apercevait la ligne de feu. "C'est votre front", conclut-il [29]. »

Agnès Humbert, conservateur au musée des Arts et Traditions populaires, situé dans l'aile opposée du palais de Chaillot, retrouve Cassou sur une route de l'exode. De retour à Paris, ils pensent tous les deux qu'il est urgent de faire quelque chose. Agnès Humbert écrit dans son journal : « Cassou est dans son bureau. Il a vieilli, lui aussi. Ses cheveux depuis six semaines semblent avoir blanchi, il s'est tassé. Aucune gêne dans notre conversation. Nous comparons nos impressions. Elles sont semblables [...] Le seul remède pour nous est de nous grouper, une dizaine de camarades, pas plus. Nous rencontrer à un jour fixe, pour nous communiquer des nouvelles, rédiger et diffuser des tracts, donner des résumés de la radio française de Londres. Je ne me fais pas beaucoup d'illusions sur l'efficacité de notre action, mais nous aurons déjà atteint un résultat si nous parvenons à conserver notre équilibre mental [...] Cassou blague déjà de notre "société secrète". Il a tant étudié les carbonari [30]. »

Le groupe qui se rassemble autour d'eux n'excède jamais dix personnes. Ils se rencontrent tous les mardis dans les bureaux de l'éditeur Émile-Paul Frères, qui a publié nombre de leurs textes, dont ceux de Claude Aveline, écrivain juif d'origine russe.

Fin septembre 1940, grâce à Paul Rivet, collègue de Cassou au musée, le groupe reçoit la visite d'un « grand jeune homme blond », comme l'a décrit Aveline. C'est Boris Vildé, qui leur demande d'écrire des articles pour le journal *Résistance* qu'il veut fonder [31]. Peu après, les membres du groupe sont révoqués de leurs postes respectifs par Vichy. Libres de leur temps, ils se rencontrent désormais à Passy, chez Simone Martin-Chauffier, qui a

également perdu son travail au centre parisien de politique
étrangère de la Fondation Rockefeller, fermé par les Allemands, et dont le mari, le journaliste Louis Martin-
Chauffier, est en zone libre. Simone Martin-Chauffier a
évoqué avec modestie l'atmosphère de ces réunions et le
partage des tâches : « L'effigie de Pétain excitait leur verve
et leur permettait, en cas d'intrusion, de jouer les bons
apôtres. Secrétaire et dactylo pendant les séances, Agnès
s'occupait par ailleurs des messages ou papiers à transmettre et s'était baptisée elle-même "lapin de couloirs".
Mon rôle se réduisait à écarter les importuns […] Je prépa-
rais le plateau des travailleurs : du thé et une petite assiette
de gourmandises[32]. »

Le premier numéro de *Résistance* parut à Paris le
15 décembre 1940 et fut suivi de quatre numéros. C'est
alors cependant qu'un mouchard infiltra le réseau.
Germaine Tillion observa plus tard : « On recrutait trop
pour vivre longtemps. Lorsqu'un traître avait pénétré,
comme le venin, dans une partie de l'organisme, son
ambition était de remonter le long des artères jusqu'au
cœur : il n'y parvenait que trop facilement et, ce jour-là, il
y avait un réseau de moins et quelques morts de plus[33]. »
Ils découvriraient plus tard que le traître était Albert
Gaveau qui, sous couvert de guider les évadés, travaillait
en fait pour la Gestapo[34]. Yvonne Oddon fut arrêtée en
février 1941, Boris Vildé début mars. Aveline et Rivet
réussirent à passer en zone libre. À court de recrues, Jean
Cassou et Agnès Humbert contactèrent Pierre Brossolette
début mars. Brossolette avait ouvert une librairie-papeterie
rue de la Pompe, en face du lycée Janson-de-Sailly, et
donnait ostensiblement des cours au collège Sévigné sur
les révolutions européennes de 1848 et l'opposition républicaine au Second Empire[35]. Agnès Humbert fut arrêtée
le 15 avril, Jean Cassou passa en zone libre. Ceux du

groupe du musée de l'Homme furent détenus dans différentes prisons parisiennes jusqu'à leur procès en janvier
1942, devant un tribunal militaire allemand qui prononça
dix condamnations à mort. Sept hommes, dont Boris
Vildé, furent fusillés au mont Valérien le 23 février 1942.
Les femmes, dont Agnès Humbert et Yvonne Oddon,
furent graciées et déportées.

Beaucoup de ceux qui résistèrent étaient jeunes. « Nous
avions moins peur qu'eux, les années à venir allaient le
prouver. Les quatre cinquièmes de la Résistance en France
étaient composés d'hommes qui avaient moins de trente
ans », a affirmé Jacques Lusseyran, alors élève au lycée
Louis-le-Grand. « Les hommes de plus de trente ans qui
nous entouraient avaient peur pour leurs femmes et leurs
enfants... Ils craignaient aussi pour leurs biens, pour leur
position, ce qui nous mettait en colère[36]. » Jacques
Lusseyran devient membre des Volontaires de la Liberté,
branche lycéenne de Défense de la France, fondée par des
étudiants de la Sorbonne à l'automne 1940[37]. Les initia-
teurs de Défense de la France sont deux jeunes hommes
très différents, amis au lycée Louis-le-Grand, revenus de la
courte campagne de 1940 et préparant désormais l'agrégation de philosophie[38]. L'un, Philippe Viannay, appartient à
une famille catholique conservatrice qui soutient le maréchal Pétain. L'autre, Robert Salmon, d'une famille juive
aisée, est parfois décontenancé par les préjugés de Viannay
à l'encontre des « juifs de Londres » qui entourent de
Gaulle[39]. « Philippe a toujours été dans la lignée des *mystiques* et moi dans la lignée des *politiques* », a-t-il dit, reprenant la distinction faite par Charles Péguy, écrivain et
polémiste mort en héros lors de la bataille de la Marne en
1914[40].

Un autre élément moteur du groupe est Hélène
Mordkovitch, d'origine juive russe, qui finance ses études

à la Sorbonne en travaillant comme bibliothécaire au laboratoire de géographie physique, où elle rencontre Viannay. « J'ai eu une réaction de fierté », dit-elle de la défaite et de l'Occupation. « Il [fallait] chasser les Allemands. […] J'ai écrit des tracts, pas très bien faits. J'ai demandé aux gens de les répandre autour d'eux [41]. » Elle demande à Viannay pourquoi il ne rejoint pas de Gaulle à Londres. Il est vexé, mais incapable de résister à l'autorité de son père. Il se souvient d'avoir répondu à Hélène : « "Que diriez-vous d'un journal clandestin ?" Un éclair extraordinaire passa dans ses yeux et fut la réponse. Notre travail en commun commença immédiatement [42]. » Viannay contacte Marcel Lebon, un homme d'affaires ami de sa famille. Bien que sympathisant de l'Action française et en lien direct avec Vichy, notamment avec le docteur Ménétrel, médecin personnel et secrétaire de Pétain [43], Lebon achète une presse à imprimer pour son propre usage et une autre pour les étudiants, qui installent un atelier clandestin, dans un recoin de la Sorbonne, où ils impriment *Défense de la France*, leur journal. De son côté, Hélène entraîne des amis, telle Génia Deschamps (née Kobozieff), une jeune femme née en France d'un père juif bolchevique et d'une mère populiste russe remariée avec un médecin cosaque, ancien de l'Armée blanche russe. Infirmière diplômée, Génia aide des aviateurs britanniques blessés à sortir de France en 1940 : « Ça m'a semblé une chose à faire, pour faire quelque chose contre cette espèce de calamité qui nous tombait dessus, et j'en avais marre de céder le trottoir à ces types qui se sentaient chez eux [44]. » Autorisée à circuler librement en tant qu'infirmière, elle devient le principal agent de liaison du groupe.

Le groupe se divisait sur la question de la loyauté à Pétain, que Philippe Viannay considérait comme un héros qui, lorsque le temps serait venu, rallierait la Résistance et mènerait une France unie vers la libération. Unis par leur hostilité envers les Allemands, ils étaient aussi hostiles aux Soviétiques (un sentiment partagé par Hélène Mordkovitch, abandonnée petite par son père, bolchevik reparti en Union soviétique), et aux Britanniques, considérés comme l'ennemi héréditaire des Français. On craignait que de Gaulle ne revienne « dans les fourgons de l'étranger », comme Louis XVIII en 1814. Les deux grands thèmes qui les réunissaient étaient « Défendre notre âme » et « Défendre notre indépendance » : « Ni Allemands, ni Russes, ni Anglais[45]. » Il fallut attendre novembre 1942 lorsque Pétain démontra, à la suite du débarquement américain en Afrique du Nord, qu'il ne se rallierait pas aux Alliés, pour que Philippe Viannay soit convaincu des mérites du gaullisme. Ceci coïncida avec l'arrivée dans le groupe de Geneviève de Gaulle, nièce du général, ancienne étudiante à Rennes, qui avait connu le réseau du musée de l'Homme à Paris. Dans les Alpes, au printemps 1943, elle rencontra Hubert Viannay, frère cadet de Philippe, également résistant, et fut introduite auprès de Défense de la France. Ce furent son nom et son autorité qui, semble-t-il, détachèrent Philippe Viannay de son pétainisme familial[46].

En zone occupée, les réseaux de résistance se développèrent dans des milieux très différents, parmi les ouvriers et le patronat, de l'extrême gauche à l'extrême droite. Le monde ouvrier était divisé par Vichy, qui dénonçait la lutte des classes et réprimait les syndicalistes, les socialistes et surtout les communistes, coupables à ses yeux de la fomenter, mais n'était pas hostile aux ouvriers eux-mêmes. Le ministre du Travail nommé par Vichy était René Belin, un syndicaliste anticommuniste. Belin dissout les confédérations syndicales[47] mais lance une offensive de charme pour rallier les ouvriers à une nouvelle Charte du travail visant à rassembler employeurs, cadres, employés de bureau et ouvriers dans des corporations uniques par branches d'activités[48]. Beaucoup de syndicalistes voyaient les avantages de cette réorganisation, mais beaucoup aussi y étaient hostiles, dont un petit groupe qui se réunit en secret et publia un manifeste le 15 novembre 1940 pour dénoncer les attaques de Vichy contre les syndicats[49]. Son inspirateur était Christian Pineau, syndicaliste atypique d'une vieille famille de l'Ouest rural de la France. Gendre du romancier et dramaturge Jean Giraudoux, ancien étudiant à Sciences Po et à la faculté de droit de Paris, il avait travaillé dans la banque. L'attaque de l'extrême droite contre la République le 6 février 1934 lui ouvrit cependant les yeux, et derrière l'extrême droite, il voyait le pouvoir financier et industriel des trusts[50]. Il décida de participer à l'action syndicale et devint secrétaire général de la Fédération des employés de banque : « J'étais considéré par ma famille et par mes amis comme un traître à ma classe et Jean Giraudoux me disait : "Mais enfin, Christian, ce n'est pas votre place[51]." » Mobilisé dans l'infanterie en 1939, il fut ensuite détaché au ministère de l'Information, alors dirigé sans grande efficacité par Jean Giraudoux. Au printemps 1941, il devint inspecteur au ministère du Ravitaillement, ce qui lui donna une couverture pour voyager légalement dans tout le pays. Après avoir publié le manifeste du 15 novembre 1940, il fonda le Comité d'études économiques et syndicales, toléré par Vichy, et dans le même temps, il créa un journal, *Libération*, qu'il dactylographia lui-même au début et « qui ne souleva pas de réactions très vives de la part des Allemands[52] ».

À l'autre extrémité de l'échiquier politique, on trouvait l'Organisation civile et militaire (OCM), composée précisément du genre de personnes contre lesquelles Pineau s'était mobilisé après 1934. Son premier contingent regroupait des as de l'aviation et autres héros de la Première Guerre mondiale tels Alfred Heurtaux et Alfred Touny, qui s'étaient ensuite reconvertis dans l'industrie. Opposés à l'essor de la gauche qu'ils jugeaient hostile aux affaires, ils avaient rejoint des organisations d'extrême droite telles les Croix-de-Feu[53]. Un autre groupe de ce réseau était formé de technocrates, cadres supérieurs de grandes entreprises ou hauts fonctionnaires, partisans d'une modernisation économique. Parmi eux figurait Maxime Blocq-Mascart, ancien élève de Sciences Po et conseiller économique d'un grand groupe industriel, qui observa plus tard : « C'est le peuple de la zone occupée, qui devait être l'instrument de la pénétration allemande, qui forme le front de la résistance – moralement, intellectuellement et dans l'action[54]. » Il y avait aussi André Postel-Vinay, autre ancien de Sciences Po et jeune inspecteur des finances. Il travaillait avec sa sœur Marie-Hélène et le mari de celle-ci, Pierre Lefaucheux, directeur d'une usine métallurgique à Montrouge, en banlieue parisienne, mobilisé en 1939 comme capitaine d'artillerie puis détaché à la cartoucherie du Mans[55], chargé d'organiser la production de munitions. Enfin, on trouvait Marcel Berthelot, un ancien élève de l'École normale supérieure, reçu à l'agrégation d'allemand en 1913, qui avait travaillé au ministère des Affaires étrangères et dirigeait désormais le service des traductions au ministère des Travaux publics de Vichy[56]. Ce groupe appartenait en apparence au système de Vichy mais profitait de ses contacts avec le colonel Georges Ronin, chef du renseignement de l'armée de l'air de Vichy, pour transmettre des informations militaires à Londres.

En zone libre, les résistants n'étaient pas confrontés à la police et aux forces d'occupation allemandes, mais ils avaient contre eux la police de Vichy, dont des brigades spéciales traquaient les communistes par exemple, et un appareil judiciaire qui s'avérait aussi impitoyable[57]. En zone libre comme en zone occupée, les résistants pouvaient être dénoncés pour activités antifrançaises par des Français considérant que les démasquer était un devoir patriotique. Ceci dit, la zone libre était la destination de choix des réfugiés politiques et des exilés de l'Espagne franquiste, des départements d'Alsace et de Moselle annexés par les Allemands, ainsi que d'autres régions de l'Europe occupée et du Reich lui-même. Elle offrait ainsi aux opposants de nombreuses opportunités de rencontres et un peu plus d'autonomie pour s'organiser.

La plaque tournante de l'activité résistante en zone libre se situait à Lyon. La ville n'était pas devenue la capitale du régime de Pétain, en partie parce qu'elle avait été occupée par les Allemands pendant dix-sept jours, du 19 juin au 7 juillet 1940, mais aussi parce qu'elle était le fief d'Édouard Herriot, maire depuis 1905 et président de la Chambre des députés jusqu'à sa dissolution en juillet 1940. La paisible ville thermale de Vichy étant devenue la capitale de Pétain, Lyon devint « la capitale de la Résistance ». Les résistants tirèrent profit de la densité de la population et de l'importance de la classe ouvrière, désormais concentrée davantage dans l'industrie mécanique que dans l'activité traditionnelle de la soie. Lyon était aussi un centre ecclésial majeur et une ville universitaire. La prééminence de Lyon dans la Résistance est parfois associée à l'existence des traboules, ces successions de passages et de cours intérieures qui relient les rues et permettent d'échapper aux filatures. Plus cruciale sans doute était la situation de la ville, au carrefour d'itinéraires menant vers la Suisse à l'est, vers Marseille et Toulon au sud-est et vers Montpellier et Toulouse au sud-ouest[58].

Lorsque Claude Aveline s'enfuit en zone libre après le démantèlement du groupe du musée de l'Homme en février

1941, il se réfugie chez Louis Martin-Chauffier et sa femme Simone, qui avait rejoint son mari après la chute du réseau. Leur domicile de Collonges-au-Mont-d'Or, surplombant la Saône, devient le pied-à-terre et le lieu de rendez-vous de beaucoup de résistants passant par Lyon[59]. Les bureaux du *Progrès* de Lyon, où travaillent désormais des journalistes parisiens réfugiés au sud, sont également une plaque tournante importante. Yves Farge, « grosses lunettes d'écaille, les cheveux grisonnants » et socialiste de longue date, en est le chef du service de politique étrangère. Il est aussi très lié aux milieux artistiques et littéraires. Chargé en juillet 1940 d'un message du préfet du Rhône, Émile Bollaert, pour Pétain, il revient de sa mission en maugréant : « C'est un vieux con[60]. » *Le Progrès* joue un rôle central, parce que, comme Farge l'a analysé plus tard, « il s'agissait surtout de chercher, de prendre des contacts, de se serrer les coudes. Dans leur forme première, les groupes et mouvements qui pullulèrent à Lyon et dans toute la zone sud présentaient un caractère parfaitement inorganique. » *Le Progrès* permit donc aux résistants de se rencontrer, de se rapprocher et de se structurer[61].

« La première date pour moi capitale pour notre mouvement est celle du lundi 4 novembre 1940. Je rencontrai Avinin au Moulin-Joli, place des Terreaux », a raconté Auguste Pinton, professeur au lycée Ampère[62]. Antoine Avinin, né à Lyon dans une famille de commerçants auvergnats, possède un magasin de vêtements. Il est engagé dans le mouvement démocrate-chrétien Jeune République qui a soutenu le Front populaire. Après avoir combattu dans l'armée des Alpes en 1940, il revient à Lyon, scandalisé par la propagande droitiste des anciens combattants qui rejoignent la Légion française des combattants de Vichy. Lors de la visite de Pétain à Lyon en novembre 1940, il enlève le mot « ou » à la banderole d'un arc triomphal qui proclame « Avec la Légion ou contre la France [63] ». Le groupe qui se forme pour exprimer son opposition au régime inclut le représentant d'une entreprise de volets roulants, un déménageur et Joseph Hours, professeur d'histoire au prestigieux lycée du Parc [64]. Ils envoient un message à la BBC demandant à de Gaulle de déclarer qu'il incarne désormais le gouvernement de la France. Ils se disent aussi inquiets car « les forces d'une résistance active sont dispersées, coupées les unes des autres par la crainte d'une action policière. Et cependant nous savons qu'il existe à Lyon des dizaines et des dizaines de groupes comme le nôtre, se réunissant régulièrement pour échanger des idées, des nouvelles, des projets même [65]. »

Ces résistants lyonnais sont rejoints par des réfugiés en provenance d'Alsace. Pierre Eude, secrétaire général de la chambre de commerce de Strasbourg, d'origine protestante, arrive à Lyon avec sa femme, juive, et leur fille Micheline pour qui l'annexion de l'Alsace avait marqué « la fin de [l']enfance [66] ». Jean-Pierre Levy, autre réfugié alsacien, était né à Strasbourg en 1911 quand la ville appartenait encore à l'Empire allemand. Il avait fait ses études au lycée Fustel-de-Coulanges, foyer très important de diffusion de la culture française après le retour de l'Alsace à la France. À l'âge de dix ans, il perd son père, un homme d'affaires qui avait fait fortune au Brésil, ce qui le prive d'études supérieures car il doit travailler pour faire vivre sa famille. Il devient représentant de commerce et travaille à Nancy dans une filature de jute qui appartient à un juif. Mobilisé comme lieutenant dans l'artillerie en 1939, il est avec son unité en Dordogne quand survient l'armistice. Sa réaction est influencée par le fait d'être, comme Alfred Dreyfus, à la fois alsacien et juif : « Autour de moi, le soulagement est général à l'annonce de cette nouvelle. Soldats et officiers sont pour l'arrêt des hostilités et ne s'en cachent pas. Je suis le seul à avoir refusé d'approuver la signature de l'armistice [...] "C'est parce que tu es Alsacien que tu réagis comme cela." J'ajoute que jamais aucune allusion ne m'a été faite à propos de mon nom, Levy[67]. » Il rejoint le groupe de Lyon et ensemble, ils publient une feuille d'information intitulée *France-Liberté*, prémices d'une publication plus importante, *Franc-Tireur*[68]. En tant que représentant de commerce pour sa filature de jute, il a de nombreux contacts, de Clermont-Ferrand à Toulon, qui lui permettent de diffuser la propagande de la résistance dans toute la zone libre.

Dominé par la basilique Notre-Dame de Fourvière, érigée par les Lyonnais dont la ville avait échappé à l'invasion allemande en 1870, Lyon était aussi un pôle catholique majeur. Parmi les réfugiés fuyant Paris occupé figurait Stanislas Fumet, un journaliste catholique. Selon un résistant, « sa maison de Fourvière et son bureau du quartier des Terreaux étaient le carrefour de tous les clandestins, semi-clandestins et opposants de Vichy[69] ». Sa femme Aniouta surnommait cette maison d'aspect gothique « Kamalot » et un autre résistant ajoutait : « Dans n'importe quel film policier, elle eût été la maison du crime[70]. » Fumet était un démocrate-chrétien qui s'opposait à la façon dont la hiérarchie catholique et les catholiques de droite proches de Maurras et de l'Action française avaient accepté la défaite, l'occupation et la politique vindicative de Vichy. Il bénéficiait d'excellents contacts. Pour sauver du nazisme l'âme de la France, affirmait-il, les chrétiens devaient s'engager dans la vie politique, légalement ou illégalement. Il avait été rédacteur politique de *Temps présent* à Paris jusqu'en juin 1940, un journal auquel il redonne vie à Lyon en décembre 1940 sous le titre *Temps nouveau*[71]. Ce journal constitue le point de ralliement des démocrates-chrétiens, des syndicalistes chrétiens, des universitaires chrétiens et des étudiants de la Jeunesse étudiante chrétienne, tels Gilbert Dru et Jean-Marie Domenach qui a décrit leur génération comme « la génération de la débâcle ». Trop jeunes pour avoir combattu en 1940, ces étudiants diffusent des tracts et manifestent, notamment lors de la projection du film antisémite *Le Juif Süss*, en mai 1941[72]. Ce défi lancé à Vichy entraîne la suspension de *Temps nouveau*, puis son interdiction en septembre 1941.

Le relais est pris par l'un de ses principaux collaborateurs au sein de l'Église catholique, Pierre Chaillet, deuxième pilier de ce groupe. Jésuite formé en Autriche et à Rome, il a été profondément affecté par la montée du nazisme, nouveau paganisme persécuteur en Europe centrale, qui force les croyants à fuir. En 1939-1940, il travaille pour les services secrets français tout en donnant des cours à Budapest et revient en France au terme d'un périple difficile, via Istanbul et Beyrouth. Débarquant à Marseille en décembre 1940, il est choqué par l'apathie et la résignation de la plupart des Français, y compris de catholiques *bien-pensants*, de la hiérarchie ecclésiale et de Vichy où il séjourne brièvement. Reprenant son enseignement à Fourvière, il prend contact avec des catholiques partageant ses idées et écrit des articles pour plusieurs journaux résistants lyonnais, avant de lancer le premier numéro de *Témoignage Chrétien* en novembre 1941. Publié sous forme de livret, *Témoignage Chrétien* diffuse le message suivant : « France, prends garde de perdre ton âme[73]. »

Dans le même temps, un autre journal est lancé par un démocrate-chrétien du cercle de Fumet, François de Menthon, ancien professeur à la faculté de droit de Nancy mobilisé comme capitaine d'infanterie sur la ligne Maginot. Blessé et fait prisonnier par les Allemands, il s'évade en septembre 1940[74]. Il traverse la ligne de démarcation et retourne dans le château de sa famille à

Menthon-Saint-Bernard, près d'Annecy, où il commence à concevoir ce qui deviendra le journal *Liberté*. « À ce moment, a-t-il raconté, Pétain était très populaire en zone sud : le voyage qu'il fit à Annecy fut triomphal. Il fallait donc être prudent, ne pas attaquer directement le Maréchal[75]. » Prisonnier de guerre évadé, il ne peut retourner à Nancy et se fait nommer à la faculté de droit de Lyon, où il recommence à enseigner en novembre. Il y retrouve Pierre-Henri Teitgen, autre professeur de droit de Nancy, lui aussi brièvement fait prisonnier sur la ligne Maginot en 1940. Lorsque Teitgen s'évade, il est choqué de l'attitude des gens qu'il rencontre : « 95 % de la population lui semblait suivre Pétain[76]. » Empêché, comme Menthon, de retourner à Nancy, il trouve un poste à l'université de Montpellier. Léo Hamon, son ancien étudiant, se rappelait un de ses cours sur les méthodes policières du Second Empire, à la fin duquel il lui était « tombé dans les bras[77] ». Ensemble, ils lancent le journal *Liberté* en décembre 1940.

Raymond et Lucie Samuel, plus tard connus sous leur nom de code « Aubrac », se réfugient eux aussi à Lyon en août 1940. Après avoir été spectaculairement exfiltré de Sarrebruck par Lucie, Raymond, prisonnier de guerre évadé, ne peut plus travailler en zone occupée. Quant à Lucie, elle a démissionné de son poste au lycée de Vannes. Raymond trouve à diriger la succursale d'un cabinet de brevets dans lequel il avait déjà travaillé aux États-Unis lors de son année à l'Institut de technologie du Massachusetts (MIT) en 1938-1939. Lucie, sans emploi, se rend à Clermont-Ferrand où l'université de Strasbourg a déménagé en bloc lorsque les Allemands ont annexé l'Alsace en 1940. C'est là qu'en novembre 1940, à la Brasserie de Strasbourg, sur la place de Jaude, elle retrouve Jean Cavaillès qu'elle a connu à Strasbourg où ils enseignaient tous deux, elle au lycée et lui à l'université. À une table voisine se trouve Emmanuel d'Astier, qui n'a pas réussi à partir en Angleterre en juin 1940. Il tente de monter un réseau de résistance qui ne compte alors que deux membres, son neveu Jean-Anet et sa nièce Bertrande, les enfants de son frère aîné le général François d'Astier. Il est impressionné par cette « amazone agrégée d'histoire » et ils se mettent à travailler ensemble[78].

« Libération fut fondé en novembre 1940 à Clermont-Ferrand. Groupement fortuit », a affirmé Lucie Aubrac, même si la première incarnation du réseau était en fait appelée La Dernière Colonne, comme s'il s'agissait des derniers combattants de la guerre[79]. Sa première initiative est une campagne d'affichage de papillons anti-collaboration proclamant « Lisez *Gringoire*. Vous ferez plaisir à Hitler » dans six villes de la zone libre durant la nuit du 27 au 28 février 1941[80]. Lucie organise les actions à Lyon, où elle a été nommée au lycée Edgar-Quinet, tandis que d'autres agissent à Marseille et à Toulouse. Malheureusement, un désastre survient : l'arrestation d'un résistant à Nîmes entraîne la rafle de Bertrande et de Jean-Anet d'Astier chez eux. Bertrande est condamnée à Nîmes par un tribunal pétainiste à treize mois de prison et Jean-Anet à six mois. Leurs peines sont réduites de moitié en appel mais le choc a été si grand que Bertrande s'enfuit en Suisse après sa sortie de prison[81]. Le groupe doit ensuite se reformer et repenser son action. La sœur de Cavaillès se souvient : « C'est sur un banc de la faculté de lettres [à Clermont-Ferrand] au mois de mars 1941 que Jean rédigea, en compagnie d'Emmanuel d'Astier de La Vigerie, le premier tract de Libération[82]. » Raymond Aubrac s'est attribué le mérite d'avoir conçu la police de caractères du premier numéro qui paraît en juillet 1941. Il a raconté les visites que d'Astier leur faisait à Lyon : « Je fus impressionné par ce personnage filiforme comme une sculpture de Giacometti, nez en bec d'aigle, dont le sourire interrogateur avait quelque chose d'aristocratique. Heureusement, il fumait la pipe[83]. »

Progressivement, le groupe reçoit des renforts. Lucie reprend contact avec d'anciens camarades communistes du Quartier latin qui ont pris leurs distances avec le Parti après le Pacte germano-soviétique. Cavaillès, nommé à la Sorbonne en 1941, retraverse la ligne de démarcation pour rentrer à Paris. Il est remplacé à l'université de Strasbourg, réfugiée à Clermont-Ferrand, par Georges Canguilhem, fils d'un tailleur et originaire du Sud-Ouest. Canguilhem a été élève à l'École normale supérieure une année avant Cavaillès et enseigne au lycée de Toulouse[84]. Le poste de Toulouse est à son tour rempli par Jean-Pierre Vernant, qui a reconnu qu'aux yeux de ses condisciples, « [il] passait pour un farfelu complet, toujours en sandales ». À Toulouse, Vernant renoue avec « les anciens copains, avec le petit groupe des bagarreurs avec qui on s'est bagarré au Quartier latin[85]… » Pour Vernant, « les gens qui m'entourent et qui forment le noyau actif de Libération à Toulouse, ce sont des communistes, des jeunes qui ont été communistes à un moment donné, même s'ils n'ont plus leur carte… Lucie Aubrac vendait l'*Avant-Garde* avec moi, elle était aux Jeunesses. C'est quelqu'un qui politiquement est proche de moi, très proche de moi[86]. »

De retour en zone occupée, Jean Cavaillès reprend contact avec le milieu syndical et socialiste afin de donner à Libération une assise plus populaire dans le Nord de la France. Un rendez-vous est organisé chez Christian Pineau, rue du Four, où Cavaillès est présenté au socialiste Henri Ribière. Le parti socialiste s'était effondré avec la défaite et l'armistice. Certains de ses responsables s'étaient ralliés à Vichy. D'autres, tel Léon Blum, furent emprisonnés et jugés au début de l'année 1942. Sous couvert de travailler pour le ministère de l'Intérieur, Ribière était allé à vélo de Pau à Limoges en passant par Toulouse et Montpellier, afin de reprendre contact avec des militants[87]. L'un d'eux, Daniel Mayer, ancien rédacteur en chef du quotidien socialiste *Le Populaire*, constituait un réseau socialiste, le Comité d'action socialiste (CAS) qui regrouperait tous les socialistes acquis à la cause. Mayer a ainsi décrit Ribière : « Discret, silencieux, presque énigmatique mais humain jusqu'au bout des ongles […] Un flegme d'allure moins britannique qu'un tantinet asiatique, il sera partout à la fois[88]. » La discrétion de Ribière et son énergie furent capitales pour transformer le socialisme en une force de résistance.

Le Nord-Est de la France, cœur de l'industrie textile, mécanique et des charbonnages, était l'un des bastions du parti socialiste. Début 1942, Cavaillès entre en contact avec Albert Van Wolput, pilier du parti socialiste à Lille. Autodidacte, fils d'un cafetier de la banlieue de Lille et ancien combattant de la Grande Guerre, il avait été contremaître et représentant dans une usine avant d'être licencié en 1936 pour son engagement politique. Il contribue à la création de la branche lilloise du CAS, réunissant « des camarades sûrs […] dans des cafés désaffectés ou fermés depuis l'Occupation ». Le groupe publie aussi un journal clandestin, *L'Homme libre*, qui deviendra plus tard *La Voix du Nord*. L'engagement d'Albert Van Wolput dans le CAS l'amène à Paris et à Lyon, et élargit ses perspectives, d'un socialisme résistant vers une résistance beaucoup plus large incarnée par Libération-Nord[89].

Ainsi, le mécontentement quotidien et les protestations sporadiques prirent consistance, au fil du temps, sous la forme de petits groupes organisés de résistants. Ils apparurent dans des milieux très divers : les syndicats et le patronat, les universités et les musées, l'Église et les réfugiés. Présents des deux côtés de la ligne de démarcation, ils étaient de natures très différentes. En zone occupée, ils agissaient de façon concrète, en fournissant des renseignements aux Alliés ou en aidant les prisonniers de guerre à s'enfuir. En zone libre, la priorité allait à la propagande contre la politique de collaboration de Vichy. Il y avait peu de communication entre les groupes, en partie parce qu'ils provenaient de mondes très différents, en partie parce que la sécurité imposait le secret. Une image parlante serait celle d'un rayon de ruche formé d'alvéoles distinctes et séparées les unes des autres. Il y avait notamment très peu de communication entre les groupes formés de personnes ayant un niveau d'instruction élevé et les groupes formés au sein de la classe ouvrière, terrain traditionnel du parti communiste. Le Pacte germano-soviétique de 1939 avait eu un effet dévastateur sur le Parti, entraînant à la fois l'arrestation de ses cadres et la confusion parmi les adhérents de base, qui ne comprenaient pas cet accord avec Hitler. La résistance s'implanta dans le milieu ouvrier à la faveur des manifestations contre les conditions matérielles dans un premier temps, puis pour des raisons idéologiques, lorsque l'Union soviétique fut attaquée par l'Allemagne en 1941 et que les communistes de tous les pays se rallièrent à la lutte contre le fascisme.

# 3

## « Titi est vengé »

*J'aimerais mieux mourir debout que mourir couché, battu sous les supplices des bandits, digne apôtre du Moyen Âge.*

Charles Debarge, 1942

À son réveil le 1er mai 1941, la population du bassin minier du Nord de la France découvre un spectacle surprenant : « Sur les fils électriques, sur les transrouleurs, un peu partout, sur les sommets des édifices, des drapeaux tricolores, des drapeaux rouges avec la faucille et le marteau, avec des mots d'ordre comme "Vive Staline", "Augmentation des salaires"[1] », décrit un témoin. Depuis la fin du XIXe siècle, les ouvriers manifestaient le 1er mai pour réclamer des hausses de salaire et des journées de travail plus courtes[2]. En 1941, le Nord et le Pas-de-Calais, qui représentent un bassin industriel comparable à la Ruhr ou à la haute Silésie, sont sous occupation allemande et, de plus, sous l'autorité directe de l'administration militaire allemande à Bruxelles. La population minière, massivement renforcée par l'immigration polonaise, est étroitement assujettie à l'économie de guerre allemande. Surexploitée dans les usines, elle souffre de pénuries alimentaires et du manque de produits de première nécessité.

La manifestation du 1er mai n'est que le début des manifestations de mineurs. Le 26 mai, une grève éclate au puits

Dahomey à Dourges, et s'étend à d'autres mines du bassin, à Courrières, Oignies, Ostricourt et Anzin. Les mineurs exigent un retour à leurs anciennes conditions de travail et des livraisons de matières grasses, de viande et même de savon. Le mouvement atteint son apogée le 2 juin, lorsque 100 000 mineurs sur un total de 143 000 se joignent à la grève[3]. Au départ, les demandes des mineurs étaient d'ordre économique. Cependant les drapeaux et les slogans du 1er mai indiquent qu'il y avait aussi une dimension politique. Les militants communistes, bien implantés dans les mines, se réunissaient clandestinement dans des lieux isolés tels que le bois de Jérusalem près d'Hénin-Liétard pour planifier leur stratégie[4]. L'un des principaux militants était Charles Debarge, un mineur qui avait rejoint les Jeunesses communistes en 1935 à l'âge de seize ans. Mobilisé en 1939, il avait été renvoyé à la mine en avril 1940 pour participer à l'effort de guerre. Un autre était Roger Pannequin, un fils de mineur qui avait échappé à la mine en devenant instituteur et qui a décrit Debarge comme un homme « silencieux, athlétique, brun, d'un type plus espagnol que flamand[5] ». Les deux hommes se sont procurés une machine à écrire et de quoi dupliquer leurs revendications, un tract intitulé *Vérité,* sur du papier brouillon. Ils collectent aussi des armes abandonnées sur le front après Dunkerque afin, selon Debarge, « de prendre exemple sur nos camarades russes en 1917[6] ».

Pendant cinq jours, les communistes prêtent main-forte aux grévistes. Debarge a rendu hommage aux femmes et aux compagnes des mineurs qui manifestèrent dans les rues pour soutenir la grève : « Nos camarades femmes françaises et polonaises nous aidèrent largement à tenir nos piquets de grève. Une manifestation de femmes fut même organisée, rassemblant plus de 500 femmes ; la police dut employer la force armée pour nous disperser, chargeant même baïonnette au canon sur nos copines[7]. » Les Allemands restent d'abord en retrait, dans l'espoir que les compagnies minières et la police locale restaureront l'ordre public. Quand il devient évident qu'elles n'y réussiront pas, ils interviennent. Près de 500 mineurs et leurs femmes sont arrêtés. 244 sont déportés en Allemagne. 130 ne reviendront pas[8].

Cette répression brutale, dont l'arrestation de quatorze de ses camarades, fait basculer Debarge et ses amis militants dans l'opposition armée. Ils lancent une série de sabotages, détruisant pylônes électriques et installations minières dédiés à l'effort de guerre allemand. Arrêté par la Feldgendarmerie le 6 août 1941, Debarge parvient à s'évader, tandis que trois de ses camarades sont condamnés à mort et fusillés. Sa femme Raymonde est elle aussi arrêtée et condamnée à trois ans de travaux forcés. Debarge entre dans la clandestinité et écrit dans son journal intime : « Ceux-ci étaient pour moi comme des frères, de lutte comme de plaisir… L'arrestation et la condamnation de ma femme me fut également des plus pénibles. Il faut espérer que dans un proche avenir nous pourrons les venger[9]. »

La résistance communiste resta isolée, comme dans une sorte de ghetto, pendant un temps considérable. La principale raison en était le Pacte germano-soviétique, qui tomba sur les communistes comme le couperet de la guillotine. L'unité nationale se construisit sans eux et contre eux, désormais considérés comme des traîtres et cibles d'une chasse aux sorcières. Alors que dans un premier temps, la plupart des résistants ne subirent pas de répression, ni de la part des Allemands ni de Vichy, les communistes furent ciblés dès le début de la guerre, et le régime de Vichy amplifia cette répression. Le pacte qui faisait d'Hitler et de Staline des alliés fit dérailler la politique antifasciste des communistes français. La ligne officielle du Parti était désormais que la guerre avait été causée par les puissances capitalistes et impérialistes, la France et la Grande-Bretagne, maintenant en guerre contre leur propre peuple. Le parti communiste fut interdit par le décret-loi du 26 septembre 1939, les municipalités communistes dissoutes et les militants arrêtés et internés dans des prisons et dans des camps.

Les leaders communistes français passèrent l'essentiel de la guerre en exil, dans la clandestinité ou en prison. Maurice Thorez déserta de son régiment et refit surface à Moscou. Jacques Duclos, le plus important dirigeant communiste, se cacha en région parisienne. Des membres du Comité central tels que Léon Mauvais, Eugène Hénaff et Fernand Grenier furent transférés de prison en prison jusqu'au camp d'internement de Châteaubriant en Bretagne en mai 1941. Y est aussi transféré Guy Môquet, jeune communiste parisien dont le père, Prosper Môquet, cheminot et député du 17ᵉ arrondissement, est déjà en prison. Sillonnant le quartier à vélo avec deux amis et lançant des tracts communistes, Guy Môquet avait été arrêté en octobre 1940 et condamné aux termes du décret du 26 septembre 1939. En avril 1940, sa mère lui écrit à la prison de Clairvaux pour lui souhaiter un bon anniversaire et ajoute : « Quelle déception. Toujours pas de lettre de toi. » Il lui répond de Châteaubriant le 16 mai 1941 : « Nous sommes arrivés depuis hier midi et demie dans notre nouveau domicile qui n'est autre qu'un camp de concentration entouré de barbelés et fait de baraques en planches. » Et sur un ton plus léger : « Nous avons un terrain de football et je te demanderai de m'envoyer mes affaires car nous allons former des équipes [10]. » Les 18 et 19 juin 1941, quelques prisonniers communistes plus âgés s'enfuient. Hénaff et Mauvais s'évadent, vêtus d'habits civils introduits clandestinement dans le camp. Quant à Grenier, autorisé à faire

une course en ville, il cache un autre détenu dans la char-
rette sous des sacs et des caisses de bière vides et les deux
hommes s'enfuient à vélo[11].

Le Pacte germano-soviétique avait plongé les militants
de base du parti communiste en pleine confusion : leur sens
de la discipline leur dictait de suivre la ligne officielle du
Parti tandis que leurs convictions antifascistes et patriotiques leur disaient de résister contre Hitler. D'un côté,
Charles Tillon, entré dans la clandestinité à Bordeaux,
publia son propre appel à la résistance le 17 juin 1940[12].
De l'autre, les relations avec les occupants allemands
étaient ambivalentes : des communistes parisiens demandèrent même aux Allemands que *L'Humanité* soit autorisée
à reparaître. Après la guerre, des dirigeants du Parti affirmèrent avoir lancé un appel à la résistance le 10 juillet
1940, mais en fait, ce document continuait à attaquer les
fauteurs de guerre britanniques, les capitalistes et les dicta-
teurs de Vichy, sans dire grand-chose de la résistance contre
les Allemands[13].

L'appareil du Parti étant détruit, les militants revenus du
front ou des usines vouées à l'effort de guerre durent improviser. Certains organisèrent des comités populaires dans les
usines et les quartiers qui, tout en revendiquant ostensiblement des emplois, de la nourriture ou l'amélioration des
conditions de vie des prisonniers de guerre et de leurs
camarades surexploités, renouaient les liens entre anciens
camarades. De retour à Paris en 1940, Henri Tanguy se met
en quête de ses camarades de la métallurgie et s'engage
auprès des comités populaires avec sa femme Cécile, qui
dactylographie les tracts et lui sert d'agent de liaison[14].
Quant à Albert Ouzoulias, le leader de la Jeunesse communiste, il s'évade d'un camp de prisonniers en Allemagne en
juillet 1941, caché sous un train qui ramène en France
des prisonniers de guerre libérés en tant qu'anciens

combattants de la Grande Guerre. Il revient à Paris pour organiser la résistance.

La situation change du tout au tout pour les communistes le 22 juin 1941, quand le III$^e$ Reich attaque l'Union soviétique. Le Pacte ayant disparu, les communistes savent désormais avec une clarté aveuglante quelle est leur mission. Il faut ouvrir un deuxième front sur l'arrière des lignes allemandes pour aider leurs camarades soviétiques. De plus, ils tiennent à se débarrasser de l'opprobre que le Pacte a fait peser sur eux pendant deux ans et à se refaire, autant que possible, une virginité révolutionnaire et antifasciste. Ils veulent venger leurs camarades victimes des Allemands et de Vichy. Ceci explique pourquoi, en août 1941, quelques communistes s'engagent dans la résistance violente.

À l'origine se déroulent deux rencontres capitales à Paris, la première entre Albert Ouzoulias et Danielle Casanova, l'une des fondatrices de la branche féminine de la Jeunesse communiste (Jeunes Filles communistes), et la deuxième entre Ouzoulias et Pierre Georges, également engagé dans la Jeunesse communiste et aguerri par son passage dans les Brigades internationales en Espagne. Ouzoulias rencontra Danielle Casanova à La Closerie des Lilas, une brasserie proche du métro Port-Royal le 2 août 1941 : « [J'étais] en pantalon de flanelle, chemisette et espadrilles, par un soleil magnifique. Il y a huit jours à peine, j'étais encore prisonnier. Danielle avait trente-deux ans, j'en avais vingt-six. Depuis 1934 nous nous connaissions, nous faisions partie ensemble de la direction des Jeunesses communistes […] Quand je la rencontrai en 1941, elle se cachait sous le pseudonyme de "Anne". Elle était infatigable. Allant d'un bout de Paris à l'autre, assurant mille tâches dans la direction de l'activité illégale du

Parti communiste français [...] Une flamme extraordinaire se dégageait de tout son être[15]. »

Danielle lui présente un autre militant qui l'emmène au métro Duroc où, appuyé contre la balustrade de la bouche de métro, l'attend un certain Fredo. Fredo n'est autre que Pierre Georges, qui forme les commandos de jeunes connus sous le nom de Bataillons de la jeunesse, chargés de riposter aux exécutions allemandes de la même manière. Il sera plus tard connu comme le colonel Fabien. Le 13 août, se déroule à Paris une manifestation antiallemande. Parmi ceux qui sont arrêtés figurent deux jeunes communistes : Henri Gautherot, un métallurgiste de vingt et un ans, et Samuel Tyselman, un artisan d'origine juive polonaise âgé de vingt ans, surnommé Titi. Du 15 au 17 août, Fredo emmène une vingtaine de jeunes communistes à Lardy, village situé sur la ligne de chemin de fer Paris-Étampes, où il leur apprend à s'orienter de nuit à la boussole et à lancer des grenades en simulant le geste, choses qu'il avait lui-même apprises en Espagne. Le 19 août, Gautherot et Tyselman sont exécutés dans un bois à Verrières-le-Buisson au sud de Paris. Une opération est décidée en représailles. Ouzoulias a écrit plus tard : « Il n'est pas simple de passer de la distribution de tracts clandestins, de l'organisation de grèves, de manifestations et même de coupures de câbles et de sabotages, à la guérilla... Aller le soir dans une rue de Paris, attendre seul un officier ou un soldat nazi et l'exécuter, il faut comprendre ce que cela représente pour un jeune de dix-huit ans, comme pour n'importe quel homme[16]. »

L'un de ces jeunes gens est Gilbert Brustlein, âgé de vingt-deux ans, jeune communiste alsacien, choisi pour accompagner Fabien et Tondu, et former ainsi le triangle qui procède à la première exécution d'un officier allemand à Paris, un événement qui change d'un coup la dynamique de la résistance : « Le matin du 23 août, à 8 heures environ, nous avions rendez-vous, Tondu et moi, au métro Barbès, avec Fabien, à l'intérieur de la station. Fabien devait exécuter et je devais assurer la protection. On surveillait un magnifique commandant de marine qui se pavanait sur le quai. Fabien me dit : "C'est celui-là." Le métro arriva, l'officier monta en première classe et c'est à ce moment-là que Fabien lui tira deux balles, fit demi-tour et monta l'escalier conduisant à la sortie en criant : "Arrêtez-le." Je le suivis, le revolver encore au poing, de telle façon que la foule qui descendait de l'autre côté de la rampe crut que c'était moi qui avais tiré. Deux hommes essayèrent de me ceinturer. Nerveux quoique peu robuste, je réussis à m'esquiver et à rejoindre Fabien. Nous courûmes jusqu'au Sacré-Cœur[17]. »

Quand ils arrivent à Montmartre, Pierre Georges, hors d'haleine, ne peut qu'articuler : « Maintenant, Titi est vengé[18] ! »

Le meurtre d'Alfons Moser, officier marinier allemand, eut un impact immense. Les communistes avaient violé le tabou qui interdisait les attaques physiques contre les occupants allemands. C'était un geste spectaculaire par lequel ils expiaient la culpabilité qui les avait étouffés pendant le Pacte germano-soviétique et qui les propulsa en première ligne de la résistance. Malheureusement, il déclencha aussi l'engrenage des représailles sur des otages, système que les Allemands avaient instauré précisément pour prévenir de tels actes. Les Allemands forcèrent d'abord Vichy à exécuter leurs basses œuvres : le régime de Vichy fut obligé de mettre sur pied des sections spéciales, juridictions d'exception pour faciliter les exécutions sommaires. Six communistes furent exécutés immédiatement, et cinquante-huit le furent avant la fin de septembre 1941.

En réaction, les groupes d'action communistes frappèrent loin de la capitale. Brustlein fut choisi pour se rendre en train à Nantes avec un communiste d'origine italienne, Spartaco Guisco, ancien brigadiste international de trente ans. À l'aube du 20 octobre, ayant tenté sans succès de faire dérailler un train de soldats allemands, ils retournent au centre-ville et dans la pénombre qui entoure la cathédrale où Christian de Mondragon avait fait flotter le drapeau tricolore un an auparavant, ils tombent sur leur cible : « Il était entre 8 heures et 8 heures et demie lorsque Spartaco aperçut deux officiers qui traversaient la place de la cathédrale. Je dois préciser que c'est par pur hasard. Nous les suivons rapidement, nous nous partageons les Boches à abattre. Arrivés sur le trottoir, nous tirons ; le revolver de Spartaco ne marche pas mais le mien abat un Boche qui s'effondre en hurlant comme un cochon qu'on égorge. En nous repliant, Spartaco me dit que mon Boche devait être au moins un colonel. Une heure plus tard, toute la ville commente plus ou moins favorablement l'exécution du lieutenant-colonel Hotz [19]. »

Le récit de Brustlein est exact, sauf sa description de l'opinion des Nantais. Loin de célébrer cet acte de résistance, ils furent horrifiés par l'assassinat du Feldkommandant, qui était bien le gouverneur militaire de Nantes. Ils furent encore plus horrifiés par l'ordre donné par Otto von Stülpnagel, commandant des forces allemandes en France, sous la pression d'Hitler lui-même, d'exécuter immédiatement cinquante otages, puis cinquante autres quarante-huit heures plus tard si les meurtriers n'étaient pas retrouvés. Pierre Pucheu, ministre de l'Intérieur, négocia en vain pour que soient désignés en priorité des communistes détenus au camp de Châteaubriant, mais les Allemands voulaient un échantillon plus large, incluant des Nantais respectables. Le 22 octobre, ils fusillèrent quarante-huit otages, dont seize à Nantes, parmi lesquels cinq anciens combattants arrêtés pour avoir fait évader des prisonniers de guerre détenus dans des camps en Bretagne, et Michel Dabat, qui avait accroché le drapeau tricolore sur la cathédrale de Nantes un an plus tôt. Cinq Nantais qui se trouvaient prisonniers au fort de Romainville près de Paris furent exécutés sur place. Vingt-sept communistes détenus à Châteaubriant furent fusillés dans une carrière proche. Une démarche de dernière minute pour obtenir la grâce du jeune Guy Môquet échoua. Il fut lui aussi exécuté.

Les deux jours suivants virent s'engager une course contre le temps pour empêcher l'exécution d'un deuxième groupe d'otages. Les notables de la ville, le maire, le préfet et l'évêque se rendirent chez le nouveau Feldkommandant pour implorer sa clémence. Les familles de treize des victimes nantaises se joignirent aussi aux demandes d'indulgence. Le maréchal Pétain lui-même proposa de se rendre sur la ligne de démarcation et de se constituer otage, mais ses ministres l'en dissuadèrent. Le vendredi 24 octobre, les funérailles solennelles de Hotz permirent aux Allemands de tester la bonne volonté du peuple français : 5 000 personnes suivirent le cortège, sans incident. Otto von Stülpnagel envoya un télégramme à Hitler pour l'avertir que les méthodes de répression à la polonaise seraient contre-productives en France. Tout cela fit surseoir à l'exécution, le 24 octobre à minuit – un sursis prolongé *sine die* le 28 octobre[20].

L'exécution de ces quarante-huit otages creusa le fossé entre Vichy et les Français libres. Elle mit de Gaulle dans une position difficile. Un acte de résistance avait été commis et devait être reconnu, mais le prix en terme de représailles contre les Français innocents était tout simplement trop élevé. Il voulut reprendre l'initiative et parla à la BBC le 25 octobre : « La guerre doit être conduite par ceux qui en ont la charge. La consigne que je donne pour le territoire occupé, c'est de ne pas tuer d'Allemands[21]. »

Ceci dit, il appela aussi les Français à respecter cinq minutes de silence le 31 octobre, en s'arrêtant de travailler et en s'immobilisant dans les rues, en hommage aux victimes exécutées. Vichy fit tout son possible pour empêcher cette démonstration. De plus, le 11 novembre, de Gaulle accorda la Croix de la Libération, une distinction qu'il avait créée, à la ville de Nantes, la citant comme « ville héroïque qui, depuis la capitulation, a opposé une résistance acharnée à toutes les formes de collaboration avec l'ennemi[22] ». Ce n'était pas ainsi, cependant, que la ville voulait être considérée et elle refusa cette distinction. Au contraire, le préfet rapporta que la tragédie provoquée par une résistance irresponsable et violente n'avait servi qu'à renforcer l'autorité du maréchal Pétain : « Les douloureux événements de Nantes, les excès de la radio anglaise ont fait réfléchir bien des gens. Non seulement un grand nombre de ceux qui étaient demeurés hostiles à la politique de gouvernement du maréchal Pétain ont senti la nécessité, pour tous les Français, de se rallier autour du chef de l'État, mais ceux-là même qui, intérieurement partisans du Maréchal, n'osaient pas réfuter les arguments des anglophiles, ne craignent plus d'affirmer leurs convictions ni de dénoncer les agissements de ceux qui persistent à dénigrer tous les actes des pouvoirs publics[23]. »

Quant aux communistes, le sang de leurs martyrs avait tracé une frontière infranchissable entre la Résistance et l'occupant. Ils se déchaînèrent également contre Vichy qui avait tenté de sacrifier des communistes en échange d'autres otages. Le ministre de l'Intérieur Pierre Pucheu, en particulier, devint l'homme à abattre. Ceci dit, même les communistes étaient divisés sur l'opportunité de s'en prendre aux Allemands. Certains étaient partisans de la terreur et de représailles systématiques. D'autres craignaient que cette stratégie n'isole les communistes des autres mouvements de résistance et ne les prive d'un large soutien au sein de la population.

Charles Tillon appartient au groupe des premiers. Il reçoit la responsabilité de rassembler les divers groupes d'action au sein des Francs-Tireurs et Partisans (FTP) afin de poursuivre les attentats contre les installations et les soldats allemands. Il développe une tactique employant de petits groupes de trois ou quatre résistants qui attaquent les Allemands puis s'esquivent « comme des boules de mercure ». Il refuse l'ordre du général de Gaulle de laisser la guerre aux professionnels. Pour lui, la guerre continue sur le sol français comme en Russie : « Nous ne pouvions pas, nous, accepter ce qu'avait dit de Gaulle. De sorte que je refusai d'obéir à de Gaulle [...] Je pouvais bien me permettre ça, j'avais déjà refusé d'obéir à Pétain[24]. » Dans le Pas-de-Calais, Charles Debarge intensifie sa campagne de sabotages et de représailles. À Noël 1941, alors que la vigilance allemande se relâche, il organise des attaques à l'explosif sur une installation minière d'Ostricourt, qui arrêtent l'activité pendant deux semaines et font perdre aux Allemands 13 000 tonnes de charbon par jour. Il est flatté qu'une enquête allemande ait conclu à un travail d'expert[25]. Fin mars 1942, son équipe sabote toutes les lignes de chemin de fer de Lens. Les Allemands ripostent en fusillant cinq otages et menacent d'en exécuter quinze autres le 14 avril si les saboteurs ne sont pas arrêtés. Debarge décide alors de mener ses propres représailles sans attendre. Le 11 avril, Pannequin et lui-même surprennent deux soldats allemands en compagnie de deux prostituées sur le pont Césarine à Lens. Tandis que Pannequin fait le guet, Debarge tire, tuant l'un des soldats et blessant grièvement le second[26]. Dans son journal intime, un mois avant d'être lui-même blessé le 23 septembre 1942 au cours d'un échange de tirs avec la police allemande dans une banlieue lilloise et de mourir à

la prison d'Arras, il a écrit : « Dans les premiers moments de
ma vie illégale, j'étais décidé à vendre cher ma vie…
j'aimais mieux mourir debout que mourir couché, battu
sous les supplices des bandits, digne apôtre du Moyen
Âge[27]. »

D'autres communistes, à l'inverse, voulaient sortir le
parti communiste de son isolement, créer des liens et élargir
sa base. Avant même que la campagne de terreur ne
commence, l'ordre avait été donné de bâtir un Front national dirigé par des communistes qui ne se présenteraient pas
nécessairement comme tels, pour rassembler des résistants
de diverses tendances politiques. Un manifeste publié le
15 mars 1941 déclarait : « Les Français et les Françaises
doivent s'unir entre eux, en toute indépendance, et constituer, face à l'envahisseur, face aux traîtres à sa solde, le
Front national de lutte contre l'oppression nationale[28]. » La
cheville ouvrière du Front national était Georges Marrane,
élu maire d'Ivry dans le sud-est de la ceinture rouge en
1925 mais démis de ses fonctions lors du Pacte germano-
soviétique. Emprisonné dans le Sud de la France, il s'évade
et sillonne la zone libre pour entrer en contact avec d'autres
groupes de résistants. Alors que le colonel Fabien et ses
partisans sont isolés, Marrane est un homme de réseaux,
qui veut créer des liens avec la résistance non communiste.
Dès son arrivée à Lyon, il se rend dans les bureaux du
*Progrès* pour prendre contact avec Yves Farge. Par son
intermédiaire, il rencontre Georges Bidault, journaliste
démocrate-chrétien et ancien prisonnier de guerre qui
enseigne désormais à Lyon. Bidault lui dit qu'avant que les
résistants catholiques rejoignent les communistes, il leur
faudra la bénédiction d'une « haute personnalité catholique[29] ». Une rencontre assez insolite est donc organisée
entre Marrane et le père Chaillet qui, connaissant les objectifs du Front national, « [avait] émis un avis favorable à

l'action commune des catholiques et des communistes ». Quelques jours plus tard, le 6 juin 1941, dans les bureaux du *Progrès*, il est décidé de lancer un appel, rédigé par Yves Farge, demandant aux Français de la zone libre de soutenir le Front national[30].

Pour éviter d'être arrêté et pour gagner des soutiens, Marrane se compose un personnage radicalement différent de l'image courante du communiste, un homme au couteau entre les dents. Il se présente comme un Français ordinaire, un patriote, voire un personnage à l'ancienne. Madeleine Braun, qui dans les années 1930 avait milité au sein du mouvement antifasciste Amsterdam-Pleyel et du Comité d'aide à l'Espagne, travaille étroitement avec lui. Elle a raconté que « le vélo, par goût sportif, était préféré par Georges mais aussi pour éviter le contrôle dans les trains et les gares [...] Marrane avait toujours à l'arrière de son vélo un quignon de pain qui lui donnait l'allure d'un retraité revenant du marché[31] [...] ». Cette identité française, soulignée par la barbe et la bicyclette, en fait une figure familière, presque comique, aux yeux des non-communistes qu'il rencontre. Les enfants de Louis et Simone Martin-Chauffier l'appellent « le cycliste », et Simone l'a décrit lors d'une de ses visites, portant une spectaculaire paire de knickerbockers, et ayant échangé sa barbe pour « de grandes moustaches qui le faisaient appeler "Vercingétorix" par les autres des mouvements de résistance[32] ». Fin septembre 1941, c'est l'aristocrate résistant Charles d'Aragon qui le rencontre à Albi et le décrit ainsi : « Marrane portait fortement l'empreinte d'un millésime et d'un terroir. Sans doute avait-il été ouvrier mais il ressemblait à un artisan. Il évoquait l'atelier plutôt que l'usine, le peuple plutôt que la masse [...] Car Marrane était un pèlerin. Son allure respectable contrastait avec sa vélocité. Vieux Gaulois, vieux plombier[33] ! »

Tendre la main à la résistance catholique était un coup
de maître de la part de Marrane et du Front national. Au
plan politique, les catholiques étaient à l'opposé des
groupes d'action communistes. De plus en plus, la ligne de
ces résistants catholiques était de s'opposer non seulement
à l'occupation allemande mais aussi à l'idéologie nazie,
qui menaçait le christianisme autant que la France et devait
être combattue par la résistance spirituelle. Le père Chaillet
en était la figure centrale, responsable de la publication
du premier numéro de *Témoignage Chrétien* en novembre
1941[34]. Imprimé par « Papa Pons » dans son atelier de la
rue Vieille-Monnaie et caché dans la librairie Saint-
Augustin, rue d'Algérie, ce journal était diffusé par un
large réseau d'agents. À Lyon, André Mandouze, professeur à l'université, le fit distribuer par des étudiants de la
Jeunesse étudiante chrétienne tels Gilbert Dru ou Jean-
Marie Domenach. À six cents kilomètres au sud-ouest, à
Montauban, *Témoignage Chrétien* était distribué par
Marie-Rose Gineste, opposée au communisme autant
qu'au nazisme. Elle exposait, bien en vue dans son bureau
du secrétariat social du Tarn-et-Garonne, des exemplaires
de *Divini Redemptoris* et de *Mit Brennender Sorge*, les
encycliques par lesquelles le pape Pie XI avait respectivement condamné le communisme puis le nazisme[35].

La résistance à Lyon était autant l'affaire de Lyonnais
que de réfugiés. Jean-Pierre Levy, figure montante de la
résistance à l'automne 1941, est originaire de Strasbourg. Il
a noué des contacts avec les réseaux locaux et a publié
*France-Liberté*. Des liens avec Farge, du *Progrès,* donnent
à ses publications un tour plus professionnel et, en
décembre 1941, il publie le premier numéro de *Franc-
Tireur,* dont le titre rappelle les corps francs de 1870[36]. Il
recrute comme secrétaire et agent de liaison Micheline
Eude, âgée de seize ans seulement et fille de Pierre Eude,

autre réfugié et ancien secrétaire général de la chambre de commerce de Strasbourg[37]. Le groupe agit aussi à Lyon pour développer une résistance symbolique et rassembler les Français autour de l'image de la République abolie par Vichy. L'instituteur Auguste Pinton, l'un des membres fondateurs du groupe, a ainsi décrit l'ardent sentiment de fraternité redécouvert place Carnot au début de la soirée du 1er mai 1942 : « Autour de la statue de la République, la foule s'amasse peu à peu. Elle circule lentement, sans cris, sans tapage. Des femmes lancent des brins de muguet qui s'amoncellent peu à peu. Un jeune homme apporte un bouquet de tulipes. J'ai même vu des hommes pleurer. Combien étions-nous là ? Des milliers sans aucun doute. Des ouvriers, mais non pas la majorité, et des gens bien vêtus, des femmes presque richement habillées. Le nombre d'étudiants était considérable. Il y avait aussi des officiers […] Beaucoup d'amis se sont ensuite retrouvés à la Brasserie de l'Étoile. La joie des hommes pouvant, pour la première fois depuis deux ans, sentir leur cohésion et leur force réelle, se lisait dans les yeux, se percevait au tremblement des mains. "ELLE n'est pas morte, hein", disait-on[38]. »

Cette solidarité exprimait l'hostilité envers l'Allemagne qui, pour le moment, n'avait pas envahi la zone libre. Elle exprimait l'amour de la République abolie et, par conséquent, critiquait le gouvernement de Vichy. Cela dit, de Gaulle n'avait pas encore détrôné Pétain dans le cœur des Français. Et pour ceux qui critiquaient le Maréchal, d'autres généraux pouvaient s'imposer comme sauveurs, sans le désavantage d'apparaître comme un exilé manipulé par les Britanniques et conseillé par des juifs. On pensait encore fortement que la résistance viendrait de l'intérieur de la France : elle serait en partie inspirée par la régénération nationale promue par Vichy mais elle arracherait le régime de Pétain à la collaboration avec l'Allemagne et le forcerait à reprendre la guerre aux côtés des Alliés. La régénération signifiait qu'il fallait purger la vie publique des antifrançais tels que les francs-maçons, les communistes et les juifs, et imaginer un ordre où les catholiques et les militaires joueraient un rôle prédominant. Le modèle en était la renaissance nationale de la Prusse après la victoire de Napoléon en 1806, à l'origine du mouvement qui avait défait l'Empereur en 1813-1815.

Le général Gabriel Cochet, qui commandait l'aviation de la 5e armée en 1940, s'était replié au Puy-en-Velay après la défaite. Il avait donné l'ordre à ses troupes de cacher leurs armes dans des grottes et des carrières en attendant le moment de s'en servir à nouveau. Le 6 septembre 1940, de Clermont-Ferrand, il lance un appel : « Veillons à ne pas laisser le peuple français s'abandonner à la volonté du vainqueur et accepter l'asservissement [...] Conservons au moins ce qui est indéfectible sinon inattaquable, la force morale à défaut de la force matérielle ; LA VOLONTÉ DE RÉSISTANCE à défaut de moyens de résister[39]. »

Cochet a réuni autour de lui un petit groupe de résistants appelé les Ardents, et publie un bulletin très anti-allemand sur le cours de la guerre. Il préside les cérémonies locales dans les environs du Puy le 14 juillet 1940 et celles de la fête de Jeanne d'Arc en mai 1941. Jean-Pierre Levy, qui lui rend visite, le considère comme « un des premiers résistants, au courage admirable[40] ». Il donne aussi à Lyon des conférences publiques aux étudiants catholiques et aux polytechniciens[41], dont Serge Asher, fils d'un père juif et d'une Tchèque divorcée qui représente à Paris des maisons de haute couture viennoises. Ancien élève du lycée Louis-le-Grand, admis à l'École polytechnique en 1939, il est à l'école d'artillerie à Fontainebleau en 1940, ébahi que les affûts soient encore tractés par des chevaux. Il se replie à Poitiers sans avoir tiré un seul coup de fusil. Il n'entend pas l'appel du général de Gaulle le 18 juin et pense long-temps que Pétain est un « fédérateur » garant de l'unité du pays, « un malin, un rusé [qui] avait trompé Hitler » en négociant un armistice honorable. Envoyé en Savoie dans un Chantier de la jeunesse dirigé par des officiers, il consi-dère cette organisation comme un artifice pour doubler les effectifs de l'armée de l'armistice. « On se rencontrait sous les étoiles », a-t-il raconté, autour de feux de camp, pour surmonter le traumatisme collectif par des « évocations romantiques de la guerre ». Asher reprend ses études à l'École polytechnique réinstallée à Lyon. Après la confé-rence de Cochet en mai 1941, il le rencontre, ainsi qu'un membre de son réseau, dans un café près de la gare de Perrache pour parler de résistance. Il distribue des jour-naux clandestins tels que *Liberté, Franc-Tireur* et *Les Petites Ailes*, mais sans prendre contact avec les groupes qui les publient. « J'étais à la fois pétainiste et gaulliste, a-t-il confessé. Je ne m'en suis jamais caché[42]. » Sorti de l'École polytechnique avec le grade de sous-lieutenant à l'été 1942 et cherchant toujours sa voie, il entre à l'École des cadres d'Uriage, installée dans le château fort de cette commune proche de Grenoble, où le général Dunoyer de Segonzac forme une élite d'étudiants, de leaders de mou-vements de jeunesse, de futurs industriels et de membres des professions libérales qui mèneront la nouvelle France. Uriage attire un aréopage de conférenciers qui, restant dans l'ambiguïté, prônent la loyauté aux valeurs du régime tout en refusant la Collaboration et en montrant la voie vers la rédemption[43].

L'exemple le plus frappant de cette résistance qui plaçait plus d'espoir en Pétain qu'en de Gaulle était Combat, le mouvement d'Henri Frenay. Saint-cyrien et camarade de promotion de Dunoyer de Segonzac, Frenay se rendit à Uriage en décembre 1941 et en septembre 1942. Choqué par la fameuse poignée de main entre Pétain et Hitler à Montoire le 24 octobre 1940, il accepta néanmoins en décembre 1940 une affectation au 2ᵉ bureau (renseignement) de l'état-major à Vichy. Étant donné la dévotion qu'il avait pour la mémoire de son père mort pendant la Grande Guerre, dont sa mère était la gardienne, il n'est pas étonnant que Frenay ait dû sa conversion à la résistance à une relation sentimentale capitale. En 1935, à vingt-neuf ans, il avait rencontré Berty Albrecht, de douze ans son aînée[44]. Née dans une famille suisse protestante venue à Marseille pour affaires, elle avait été infirmière pendant la Première Guerre mondiale, avant d'épouser un banquier néerlandais dont elle avait pris le nom. Rebelle et indépendante, séparée de son mari en 1931, elle se partage entre Paris et la Côte d'Azur, militant contre le fascisme et pour les droits des femmes. Elle soutient la République espagnole et accueille des exilés juifs allemands chez elle. Quand il la rencontre, Frenay vient d'intégrer l'École supérieure de guerre pour devenir officier d'état-major. Elle lui offre à la fois une éducation politique de gauche et une passion qu'il n'a jamais connues dans son propre milieu rigoriste. Émue par le courage et la souffrance des femmes durant les grèves de 1936, Berty décide de devenir assistante sociale et se forme à Paris à l'École des surintendantes d'usines, alors dirigée par Jeanne Sivadon, fille d'un pasteur protestant. En 1941, elle travaille à Lyon comme commissaire au chômage, chargée des femmes, au ministère de la Production industrielle et du Travail, et elle redevient le mentor politique de Frenay. Ce dernier quitte l'état-major et bâtit un réseau autour d'un journal clandestin, *Les Petites Ailes*, dont le premier numéro paraît en mai 1941, pour la fête de Jeanne d'Arc[45].

Les membres de l'équipe constituée par Frenay viennent pour beaucoup des milieux d'extrême droite, souvent de l'Action française, le mouvement royaliste de Charles Maurras, mais ils ont rompu avec lui quand Maurras s'est déclaré pour Vichy et la Collaboration. Claude Bourdet y tient une place majeure, et il a décrit plus tard ces résistants de la première heure comme des non-conformistes ou *mavericks*[46]. Il avait lui-même rompu avec l'Action française à partir de 1928, lors de ses études à l'école polytechnique de Zurich, où il avait découvert les idées des intellectuels juifs, des antifascistes italiens et des exilés allemands fuyant le nazisme. Il avait travaillé au cabinet de Charles Spinasse, ministre de l'Économie du Front populaire, et avait soutenu le penseur catholique progressiste Jacques Maritain, qui avait dénoncé la mainmise du franquisme sur le catholicisme traditionnel[47]. Après une courte guerre, Bourdet se replie à Antibes où il s'occupe d'huile et de savon. Frenay le rencontre en mai 1941, dans un train entre Nice et Cannes, et le décrit comme « un homme de quarante ans environ, décoré, l'air énergique, le visage taillé comme à la serpe, voyageant sous le nom de Lefèvre[48] ». Quant à Bourdet, il se souvient d' « un homme jeune, l'œil bleu vif derrière de grosses lunettes d'écaille (probablement de camouflage), la poignée de main rude, le menton carré, enfin tout le physique, généralement si trompeur, de l'homme dit"d'action"[49] ». Bourdet est presque tout de suite nommé chef du réseau de Frenay dans les Alpes-Maritimes.

L'ambition de Frenay ne s'arrêtait pas là. Son but était de devenir chef de la Résistance en métropole, et à cette fin, il entreprit de négocier avec les chefs des autres mouvements. Le présupposé était qu'il s'imposerait dans cette fédération élargie. En juin 1941, il rend visite à François de Menthon à Lyon, et écrit : « L'homme qui me reçoit est grand et mince. Il porte lunettes, sa poignée de main est molle. Il semble ne la donner qu'à regret. » Il y avait de quoi se méfier, mais on pressentait aussi la possibilité d'une collaboration entre le mouvement de Frenay, rassemblé autour du journal *Les Petites Ailes,* et celui de François de Menthon, avec son journal *Liberté* rédigé par un noyau d'intellectuels dont des professeurs de droit démocrates-chrétiens. Le mouvement de Frenay était conservateur et militariste, même si des ecclésiastiques non conformistes, tel le père Chaillet, écrivaient pour *Les Petites Ailes*, avant les débuts de *Témoignage Chrétien* en 1941. Alors que *Liberté* circulait surtout dans le Languedoc et le Massif central, *Les Petites Ailes* était présent en Provence et sur la Côte d'Azur. Les négociations entre les deux mouvements aboutirent à une réunion à Grenoble en novembre 1941 où il fut décidé de la fusion en une organisation et un journal uniques, *Combat,* chaque mouvement contribuant à égalité au comité d'organisation.

Plus délicat fut de rapprocher Henri Frenay et Emmanuel d'Astier de La Vigerie. Leur première rencontre eut lieu à Antibes en juillet 1941, mais leurs mouvements étaient trop différents et le choc des ego fut trop fort. Frenay découvrit que Libération, le mouvement d'Astier, « est volontairement axé à gauche. Sa clientèle, me dit-il, est composée à 90 % de syndicalistes et de socialistes. » Il s'agissait d'une organisation bien plus puissante que Liberté, et il n'était pas certain que Frenay s'imposerait. De plus, sur le plan personnel, Frenay n'était pas convaincu de pouvoir faire confiance à d'Astier : « L'homme a du talent, il a même de la classe. Il le sait et en joue. Le sourire est probablement son arme secrète et il sourit souvent d'un air bon enfant[50]. »

La stratégie de Frenay consistait aussi à recruter des militaires éminents. Il avait été au début un pétainiste fervent mais il devenait de moins en moins clair que Pétain puisse un jour rallier les Français aux Alliés. L'amiral Darlan, son Premier ministre en 1941, poursuivait une politique de collaboration active avec l'Allemagne et, en novembre 1941, il manœuvra pour écarter Weygand, qui voulait dialoguer avec les États-Unis. La Collaboration ne procurait que des concessions allemandes minimales et la population souffrait des pénuries alimentaires et de la hausse des prix, conséquences du pillage allemand et du blocus allié. Le 12 août 1941, Pétain avait reconnu que la France était balayée par « un vent mauvais » de mécontentement. Parallèlement cependant, Frenay n'aimait pas de Gaulle, en partie parce que de Gaulle s'opposait à Pétain, en partie parce que de Gaulle voulait diriger la Résistance en métropole depuis Londres. Frenay chercha donc une troisième voie entre pétainisme et gaullisme, en s'appuyant sur un général qui serait resté en France, aurait pris ses distances avec Vichy mais aurait conservé de l'influence sur l'armée d'armistice, forte de 100 000 hommes. Il cherchait un leader qui aurait fait la liaison avec de Gaulle mais qui aurait aussi pu contrebalancer son influence.

Le premier que Frenay contacta fut le général Cochet. Ils se rencontrèrent au début de 1941 dans un petit café d'une banlieue lyonnaise, puis à nouveau en septembre 1941 après que Cochet eut passé l'été en résidence surveillée à Vals-les-Bains. Il y eut malheureusement un conflit de personnalités. Cochet voulait rester indépendant de Combat, et a affirmé que Frenay « avait un peu tendance à considérer qu'il n'existait qu'un mouvement de résistance : le sien[51] ». Le second sur la liste de Frenay était le général de La Laurencie, délégué général de Vichy auprès des autorités d'occupation à Paris jusqu'à sa disgrâce auprès des Allemands et son remplacement par Fernand de Brinon. Frenay persuada Emmanuel d'Astier de l'accompagner à un rendez-vous avec La Laurencie à Valence le 15 décembre 1941, mais le rapprochement échoua parce que le général avait déjà son propre programme. Il arriva à cette rencontre chaperonné par un Américain, le colonel Legge, attaché militaire en Suisse, signe que les Américains eux aussi cherchaient des alternatives à la fois à Pétain et à de Gaulle. De plus, il devint clair que le général ne pouvait constituer un lien avec de Gaulle, mais voulait en fait le remplacer. Claude Bourdet, présent lui aussi, nota « l'irrémédiable stupidité de La Laurencie. Il se prenait pour de Gaulle. Il gardait infiniment de respect pour la personne du Maréchal qui se trompait assurément mais qu'il ne fallait, en aucun cas, attaquer. » Lorsqu'on lui demanda ce qu'il ferait de de Gaulle, qui avait été condamné à mort par un tribunal de Vichy, La Laurencie répliqua avec dédain : « Soyez tranquille, on le graciera[52]. »

Pendant ce temps, Frenay élargit l'influence de Combat de la zone libre à la zone occupée. Par l'entremise de Berty Albrecht et de Jeanne Sivadon, il entra en contact avec un réseau parisien dirigé par Tony Ricou, un peintre talentueux qui, comme Bourdet, avait aussi appartenu au cabinet du Premier ministre radical Camille Chautemps. Ce groupe incluait un frère et une sœur, protestants alsaciens, Paul et Élisabeth Dussauze. Paul, architecte, construisait un émetteur-récepteur qui permettrait d'échanger des messages entre Londres et Paris. Élisabeth, chargée des relations extérieures au Comité des forges et qui ne cachait pas son opposition au nazisme lors de ses visites en Allemagne, s'occupait de la distribution des *Petites Ailes*. Elle recruta de nouveaux membres, tels Jacques Lecompte-Boinet, qui travaillait à la préfecture de Police, et Henry Ingrand, chirurgien à l'hôpital Cochin[53].

Le groupe de Paris fut présenté à Henri Frenay le 3 janvier 1942, sous le prétexte d'une soirée de bridge. Lecompte-Boinet a raconté l'arrivée du *patron* : « Les yeux bleus regardent droit ; il est blond, sympathique. Tout le monde s'est tu. Il s'assied au bureau et entreprend de nous mettre sous les yeux le plan général de l'administration du mouvement, avant d'aborder la question de l'information[54]. » Le calme et l'ordre qui émanaient du chef charismatique disparurent brutalement quand un agent de l'Abwehr infiltra le groupe, ce qui entraîna l'arrestation d'un agent de liaison de Combat qui transportait une valise pleine d'exemplaires du journal *Combat*, ainsi qu'une liste de noms et d'adresses non encore codés. Il fallait s'attendre à une vague d'arrestations. Frenay dut réfléchir vite et fit le contraire de ce qu'auraient fait des communistes. En réaction aux attentats communistes contre des officiers allemands à Paris et à Nantes, Vichy avait livré des communistes, qui représentèrent la majorité des victimes des représailles collectives allemandes. Mais Frenay était à l'aise à Vichy. Cela ne faisait qu'un an qu'il avait quitté son poste au 2e bureau de l'état-major. Depuis, l'état-major avait voulu échanger des renseignements avec son réseau mais Frenay avait refusé, car il lui aurait fallu identifier son équipe. Il fit alors jouer ses relations à Vichy pour négocier un accord. Ceci l'amena dans le bureau du ministre de l'Intérieur Pierre Pucheu, celui que les communistes rendaient responsable d'avoir envoyé leurs camarades à la mort.

Frenay arrive à Vichy le 28 janvier 1942. L'accord qu'il espère conclure consiste à proposer que son mouvement atténue ses critiques contre Vichy, à la condition que Vichy modifie sa stratégie de collaboration, et permette à son groupe d'agir sans lâcher sur lui la police. Il obtient un premier rendez-vous avec l'adjoint de la Sûreté nationale, le commandant Rollin, qui se présente comme un patriote en lui révélant que pendant la guerre, au Havre, il s'était occupé de renseignement naval et qu'il avait refusé le secrétariat général du ministère de l'Intérieur à cause de « l'opposition [que son patriotisme suscitait] de la part des Allemands[55] ». Le lendemain, 29 janvier, Frenay est invité à rencontrer Pierre Pucheu lui-même. La conversation commence avec froideur :

« Pucheu : Vous paraissez bien jeune, capitaine.

Frenay : J'ai trente-sept ans.

Pucheu : Alors, c'est vous qui me prenez pour un traître ?

Frenay : Monsieur le ministre, si vous n'êtes pas un traître, les apparences sont contre vous.

Pucheu : Il n'y a personne au gouvernement qui soit pro-allemand. Les membres du gouvernement s'efforcent, sans tenir compte de l'opinion publique, de tirer la meilleure part de la situation actuelle pour le plus grand bien de la France […] Votre position est facile. Vous exploitez les sentiments affectifs de la population, c'est une forme de démagogie[56]. »

Cet entretien ne débouche sur rien, et quatre jours plus tard, le 2 février 1942, une catastrophe survient. Jeanne Sivadon, les Dussauze et beaucoup d'autres membres de Combat sont arrêtés par la Gestapo. Ingrand s'enfuit en zone libre pour rejoindre l'organisation de Frenay au Sud, tandis que Lecompte-Boinet reste à Paris pour récupérer ce qui reste du réseau.

De retour à Lyon, Frenay essaie de persuader ses camarades de réduire la propagande contre Vichy afin de ne pas nuire à leurs camarades arrêtés. Dans un premier temps, ils acceptent que Frenay continue à négocier avec Vichy, pour gagner du temps et éviter de nouvelles arrestations. De retour à Vichy le 6 février, Frenay a un bref rendez-vous avec Pierre Pucheu et un entretien de trois heures avec Rollin. Ils conviennent qu'il y a en ce moment « un renouveau du républicanisme » : « le peuple n'acceptera jamais une forme totalitaire de gouvernement ». Le 25 février, Frenay voit Rollin une troisième fois à Vichy. Rollin informe Frenay que Pucheu a consulté Pétain lui-même sur le sort des membres de Combat arrêtés. Ils seront renvoyés devant un juge d'instruction à Lyon, qui classera l'affaire, et ils seront placés en détention administrative, ce qui permettra de les libérer à tout moment.

Malheureusement pour Frenay, la majorité des autres résistants voient ses contacts avec Vichy sous un angle très différent. Lui-même a écrit plus tard que la nouvelle de la négociation s'était répandue très vite[57]. Au cours d'un déjeuner houleux à Lyon, Emmanuel d'Astier « attaque Frenay en lui reprochant de "commettre une déloyauté formelle sous raison de charité humaine". Il menace d'écrire un article dans *Libération*, qui parut effectivement et qui mettait les résistants en garde contre les agissements de certains hommes qui croyaient de leur devoir de collaborer avec Vichy[58]. » Pendant ce temps, en avril 1942, Berty Albrecht, la confidente la plus proche de Frenay, est arrêtée.

En dépit des efforts de Frenay pour fédérer les mouvements, et, dans une certaine mesure, à cause d'eux, la Résistance demeurait profondément divisée au début de 1942. La violence de la Résistance communiste et les représailles collectives qu'elle avait entraînées provoqua un vaste rejet dans la population et chez la plupart des résistants. Les efforts de communistes tels que Marrane pour se présenter comme de simples patriotes et établir des liens, par l'intermédiaire du mouvement Front national, n'en étaient qu'à leurs débuts et souffraient des fréquents contrecoups provoqués par le sentiment anticommuniste. De son côté, la Résistance non communiste avait été presque brisée par la tentative de Frenay de pactiser avec le diable, Vichy. Cet épisode exacerba le conflit entre ceux qui croyaient encore à un sursaut de la France sous l'autorité du maréchal Pétain (ou d'un général comparable) et ceux qui voyaient en son rival de Londres la seule force unificatrice. Le soutien des Alliés à Charles de Gaulle était à la fois un immense avantage et un signe de dépendance dangereuse aux yeux de ceux qui, depuis la Révolution française, critiquaient les émigrés qui se mettaient à l'abri au lieu de rester combattre sur le sol français. De plus en plus cependant, Londres apparaissait comme le seul recours possible.

# 4

## Ici Londres

*Lorsque Rex arriva en France tout, ou presque tout, restait à faire [...]. Il fallait tout organiser.*

Colonel Passy, 1947

Le 11 mai 1941, l'agent secret Pierre de Vomécourt est parachuté d'un avion britannique au-dessus du Limousin. Il est chargé d'entrer en contact avec les groupes de résistants et d'évaluer les possibilités de sabotage en zone occupée. Sans surprise, il n'a rien d'un Français ordinaire. Son grand-père avait été tué pendant la guerre franco-prussienne de 1870 et son père au début de la Grande Guerre. Avec ses frères Jean et Philippe, il a été envoyé faire ses études en Angleterre, à St John's Beaumont, établissement jésuite à Windsor. Jean était assez âgé pour terminer la guerre de 1914-1918 comme pilote dans le Royal Flying Corps britannique[1]. En 1940, Pierre est officier de liaison au 7th Cameronians, régiment de fusiliers écossais, en France. Consterné par l'armistice, il quitte Cherbourg avec les forces britanniques dans la nuit du 17 au 18 juin. Tenté de rallier les Français libres, il se rend à St Stephen's House. Il a donné plus tard deux versions des raisons qui le dissuadèrent de les rejoindre. Ayant appris que deux Français venaient d'être fusillés à Nantes pour avoir coupé des lignes téléphoniques allemandes, il affirma qu'il fallait envoyer en France des agents entraînés plutôt que de laisser la propagande et les sabotages « aux initiatives maladroites de pauvres gens incompétents. Je reçus une fin de non-recevoir brutale, a-t-il raconté, et un officier de marine français me déclara fièrement : "Je suis ici pour me battre et non pour faire de la propagande ou du sabotage[2]." » Il fut aussi troublé de trouver au quartier général français « un certain nombre d'officiers dont la préoccupation majeure [était] de savoir quelle devra[it] être leur solde future ». Dégoûté, il partit[3]. Il alla trouver des amis britanniques qu'il avait connus à St. John's Beaumont et fut recruté par le Special Operations Executive (SOE), créé pour mener des actions de sabotage derrière les lignes ennemies[4]. En mai 1941, il fut le deuxième agent du SOE à être parachuté en France.

À un premier niveau, c'est l'histoire typique de l'héroïsme balbutiant des agents envoyés travailler avec la Résistance. À un autre niveau, cet exemple illustre la fragilité de la position du général de Gaulle et des Français libres, et l'ambivalence de leurs relations avec les Britanniques. Sous la pression de Churchill, le gouvernement britannique soutenait les Français libres, mais pas de façon inconditionnelle. De plus, il y avait beaucoup de suspicion et de rivalités entre les deux organisations, les Français libres et les services secrets britanniques.

Charles de Gaulle était isolé à Londres. Il était au centre de la petite communauté des Français libres de Carlton Gardens et de ses extensions, tel l'Institut français à South Kensington, mais les soldats et les marins français arrivés à Londres ne rejoignirent pas tous son petit groupe. Certains, tel Pierre de Vomécourt, rebutés par l'esprit de clan ou les opinions des collaborateurs du Général, préféraient travailler avec les Britanniques. De Gaulle n'avait pas le soutien des diplomates français, qui rompirent avec les Britanniques après Mers el-Kébir ; ils embarquèrent, pour la plupart, sur l'*Orduña* à Liverpool le 19 juillet 1940 et revinrent en France[5]. Des personnalités passant par Londres, tels André Maurois, Jean Monnet ou Alexis Leger, se méfiaient de l'ambition personnelle du général de Gaulle et jugeaient son initiative partisane et conflictuelle. Ils partirent aux États-Unis où ils ne plaidèrent guère sa cause auprès d'une administration Roosevelt prévenue contre lui[6].

Le 23 juin, le gouvernement britannique reconnut le Conseil national français à Londres, et de Gaulle comme chef des Français libres le 28 juin. En soutenant de Gaulle, Churchill avait fait un audacieux pari sur l'avenir, mais il avait parfois des doutes. Les Britanniques avaient également fourni aux Français libres des locaux et des moyens financiers. Loin de sembler reconnaissant de ce soutien, de Gaulle s'irritait de dépendre du bon vouloir des Britanniques et se montrait souvent arrogant ou dédaigneux. Cependant son comportement reflétait aussi la réelle complexité des relations franco-britanniques. Bien que les deux puissances aient combattu côte à côte en 1940, l'évacuation de Dunkerque semblait confirmer le préjugé que les Britanniques se battraient jusqu'au dernier homme, pourvu qu'il soit français[7]. Le 16 juin 1940, le gouvernement britannique, sur les conseils de Jean Monnet, avait proposé une Union franco-britannique au sein de laquelle les Français auraient continué à se battre, mais Paul Reynaud, n'ayant pas convaincu son cabinet qu'il ne s'agissait pas d'une tentative anglaise d'absorber la France, avait dû démissionner en faveur du maréchal Pétain. Une caricature publiée à l'époque de la crise de Fachoda en 1898, lorsque les Britanniques avaient contraint les Français à se retirer de la région du haut Nil, représentait la Grande-Bretagne en

Grand Méchant Loup qui avale l'empire colonial du Petit Chaperon rouge[8]. Cette image était associée au mythe de la perfide Albion, qu'avait renforcé l'épisode Mers el-Kébir. L'empire colonial français était maintenant menacé par l'Axe germano-italien, et aussi par les Britanniques, qui pourraient profiter de leur supériorité navale et militaire. Tout ceci aiguisait l'anglophobie de Vichy qui voyait en la Grande-Bretagne un ennemi, comme l'Allemagne. Et de Gaulle, qui dépendait des Britanniques, devenait vulnérable aux accusations de soumission, voire de trahison.

Les relations du général de Gaulle avec la Grande-Bretagne étaient minées par la crainte des Britanniques d'avoir misé sur le mauvais cheval autant que par leur désir de ne pas s'aliéner les Français, dont la plupart semblaient admirer le maréchal Pétain. « Je me demande encore si nous ne pourrions pas trouver un autre Napoléon dans l'armée française », écrivit à Churchill son secrétaire particulier le 16 juillet. « Je doute que de Gaulle soit mieux qu'un maréchal Murat », qui était devenu roi de Naples, mais pas plus[9]. L'humiliation subie par de Gaulle à Dakar en septembre 1940 avait entaché sa réputation d'homme capable de rallier l'Empire français à la France libre[10]. La BBC ne critiquait pas ouvertement le maréchal Pétain, dans l'espoir qu'il se rallierait aux Britanniques. En janvier 1941, la BBC le décrivit comme « le fer de lance de la résistance passive » – merveilleuse reconnaissance de ce que l'on considérait comme les atermoiements de la plupart des Français soumis à l'occupation allemande[11].

De Gaulle avait donc un besoin pressant de renforcer son jeu dans la partie de poker entre les grandes puissances. Militairement, sa main était très faible. Le 15 août 1940, les Français libres ne comptaient que 2 721 hommes, dont 123 officiers[12]. Les Britanniques l'avaient aidé à Dakar car l'Afrique occidentale était marginale dans leur stratégie globale, mais ailleurs, les choses étaient plus compliquées. L'Empire britannique encerclait l'océan Indien, de l'Afrique du Sud à Singapour. Sa porte d'entrée était Le Caire, ce qui imposait de maîtriser la Méditerranée. Cette suprématie est menacée en avril-mai 1941 par l'invasion germano-italienne de la Yougoslavie, l'invasion allemande de la Grèce pour soutenir une offensive italienne en difficulté, l'invasion allemande de la Crète, et la percée de Rommel à travers la Tunisie vers l'Égypte pour soutenir les forces italiennes qui venaient de Libye. Comme si cela ne suffisait pas, le 1er avril 1941, des officiers nationalistes emmenés par Rashid Ali al-Gaylani s'emparent du pouvoir en Irak, alors sous mandat britannique, et appellent les Allemands à la rescousse. Les Allemands pressent Vichy de mettre à leur disposition les bases aériennes de Syrie, sous mandat français, pour permettre à la Luftwaffe de soutenir le coup d'État en Irak. Ceci menace l'équilibre des pouvoirs au Moyen-Orient, et les Britanniques doivent réagir vite. En mai, les premiers avions allemands arrivent à Alep et à Damas et le général Wavell, commandant en chef au Moyen-Orient, assemble une force d'invasion constituée de Britanniques, renforcée par des soldats de l'Empire, australiens et indiens, et commandée par Henry Maitland Wilson[13].

De Gaulle et les Français libres voient l'opportunité d'empêcher que les forces de Vichy ne cèdent une nouvelle fois à la pression allemande, et celle de les chasser des mandats syrien et libanais. L'ancien gouverneur général d'Indochine destitué par Vichy, le général Catroux, qui a rejoint les Français libres, est envoyé avec quelques troupes et la mission de rallier le maximum de soldats de l'armée vichyste du Levant, commandée par le général Dentz. De Brazzaville, de Gaulle approuve une marche française sur Damas, en conjonction avec une déclaration d'indépendance des Syriens afin de prévenir l'opposition nationaliste[14]. Les Britanniques gardent cependant l'initiative et le 8 juin, ils envahissent la Syrie et le Liban. Débordé, le général Dentz demande un armistice à Acre le 12 juin. C'est alors que les Français libres subissent une double humiliation. D'abord, l'armistice est conclu entre les Britanniques et Dentz, sans que Catroux soit consulté. De Gaulle arrive au Caire le 21 juillet, où il a une discussion houleuse avec les Britanniques, qui n'ont pas respecté les mandats. Il est convenu que les Français libres seront chargés du maintien de l'ordre au Liban et en Syrie et que les Britanniques assureront la défense des frontières[15]. Churchill ne se laisse pas impressionner et déclare que « les "prétentions" des Français libres doivent être fermement corrigées, par la force si nécessaire. Il faut qu'ils comprennent en temps voulu qu'ils seront contraints d'obéir[16] ».

Seconde humiliation, aux termes de l'armistice, les soldats de Vichy peuvent choisir entre rallier les Français libres ou être rapatriés en France. Des échauffourées éclatent dans les rues de Beyrouth, les Français libres traitant les soldats de Vichy de « Boches ! Traîtres ! Renégats ! Uhlans ! Nazis[17] ! » En fin de compte, seuls 15 % d'entre eux rallient de Gaulle. Les autres sont accueillis en héros aux cris de « Vive Pétain ! Vive la France ! » à leur retour à Marseille en septembre, et vont renforcer l'armée d'Afrique, qui reste considérable[18]. La seule consolation pour de Gaulle, c'est que les Britanniques savent désormais que Vichy ne cèdera jamais l'Empire français aux Alliés et que le régime ne pourra constituer un rempart contre la pénétration allemande. À partir de juin 1941, le gouvernement de Vichy est dénoncé partout comme traître et pro-allemand, et les Britanniques reconnaissent dans les faits le Conseil national français du général de Gaulle comme le gouvernement en exil de la France, au même titre que d'autres gouvernements européens tels que ceux des Hollandais, des Belges, des Norvégiens et des Tchèques[19].

À ce stade, les démonstrations de force militaire n'étaient clairement pas le point fort du général de Gaulle. La stratégie alternative était de se rendre indispensable en procurant aux Alliés des renseignements sur les forces et les mouvements des Allemands en France. Bien sûr, les Britanniques recrutaient et entraînaient leurs propres agents au sein du MI6 ou du Special Operations Executive (SOE). Les Français arrivant en Angleterre étaient interrogés à la Royal Victoria Patriotic School de Wandsworth à Londres, et beaucoup étaient recrutés par les Britanniques avant que les Français libres puissent les voir[20]. Les Britanniques, réticents à communiquer aux Français les renseignements obtenus par leurs agents, tenaient à déchiffrer certains codes eux-mêmes avant de leur transmettre les informations[21]. Les Français libres avaient donc besoin de collecter leurs propres renseignements, à la fois pour « être dans le coup » et pour disposer d'une monnaie d'échange vis-à-vis des Britanniques. Ils recherchaient aussi la légitimité que leur donnerait la gestion d'un nombre significatif d'agents français, ainsi que des réseaux et des mouvements en France.

De Gaulle avait créé son propre service de renseignement militaire, qui devint plus tard le Bureau central de renseignements et d'action (BCRA). La figure clé en était André Dewavrin, connu sous le pseudonyme de colonel Passy. Passy et le BCRA avaient une vision purement militaire de la Résistance. Leurs opposants politiques les traitaient parfois de cagoulards, d'après le nom de la branche paramilitaire de l'Action française créée dans les années 1930 pour prévenir un coup d'État communiste. À

part le fait d'être à Londres et de vouloir poursuivre la
guerre, peu de choses les différenciaient des partisans de
Vichy[22]. Pour eux, résister signifiait organiser des réseaux
compacts dédiés à la collecte et la transmission de renseignements militaires. La Résistance comprenait aussi des
filières pour évacuer des agents hors de France et, plus
tard, elle inclurait le sabotage d'installations et de moyens
de communication allemands. Passy distinguait les
« réseaux, avec du personnel envoyé par nous, avec des
radios formés par nous » et les « mouvements de résistance
[…] nés spontanément en France, notamment en zone
sud[23] ». Ceci fit naître une autre rivalité, entre résistants en
France. Certains partageaient la conception de Passy d'une
résistance concentrée sur le renseignement, les filières
d'évasion et le sabotage. D'autres, en particulier dans la
zone libre, faisaient de la propagande en publiant des tracts
et des journaux, dont la diffusion demandait beaucoup de
gens de confiance. Il s'agissait là de mouvements plutôt
que de réseaux[24]. De plus, les mouvements avaient un
programme politique : dénoncer l'occupation allemande,
la collaboration et le régime de Vichy, tout en réfléchissant
à la France d'après la Libération, quand elle surviendrait.

Les Britanniques avaient naturellement leurs propres
agents en France, qui ne rendaient pas compte aux Français
libres, telle l'extraordinaire Virginia Hall. Cette Américaine
avait travaillé dans plusieurs ambassades des États-Unis en
Europe avant que sa carrière diplomatique ne soit interrom-
pue par un accident de chasse en Turquie en 1932. Amputée
de la jambe gauche sous le genou, elle portait une jambe
artificielle qu'elle surnommait Cuthbert. Au printemps
1941, elle quitte son poste à l'ambassade des États-Unis à
Londres et rallie le SOE. Pendant l'été, elle arrive à Vichy
comme journaliste pour *PM*, le nouveau journal de Ralph
Ingersoll. De Vichy, elle câble des rapports sur la politique

du régime et les mouvements de résistance. En novembre 1941, elle écrit à une amie : « Chère Nic. J'ai déménagé à Lyon, ce qui est une bien meilleure idée. Je peux aller et venir, et voir les choses d'ici. Je me suis fait de nombreux amis, des médecins, des hommes d'affaires, quelques journalistes, des réfugiés, des professeurs. Un *docteur* très sympathique possède une *chasse* non loin, donc je m'y suis remise – je serai très prudente avec Cuthbert[25]. »

Après l'entrée en guerre des États-Unis, sa situation devient plus risquée. Le SOE lui envoie en renfort Denis Rake, un francophone élevé en Belgique. Opérateur radio qualifié, et bon comédien (un talent amplifié par une carrière dans le music-hall et la nécessité de dissimuler son homosexualité), Rake débarque d'une felouque à Juan-les-Pins en mai 1942 et se rend à Lyon. Il doit contacter une personne qui lira *Le Journal de Genève*. Il a raconté que Virginia Hall « était une femme saisissante. Il suffisait de la voir une fois pour ne jamais l'oublier, car elle avait des cheveux roux et une jambe artificielle[26]. » Un mois après, il reçoit l'ordre de rentrer à Londres via l'Espagne, mais il est arrêté et détenu à Castres, avant de s'évader en novembre[27]. Virginia Hall franchit elle aussi les Pyrénées pour arriver à Londres au début de 1943.

Les risques encourus par les agents britanniques et la brièveté de leur carrière donnaient pléthore d'opportunités aux agents français du BCRA, dont les succès renforçaient le crédit du général de Gaulle en tant que chef de la France libre. Un des premiers épisodes, et le plus dramatique, fut celui du comte Honoré d'Estienne d'Orves qui, en décembre 1940, créa le réseau Nemrod en Bretagne. Aristocrate catholique d'ascendance provençale et vendéenne, polytechnicien, il était officier de marine. Lors de l'armistice en 1940, il appartient à la flotte française ralliée à Alexandrie au maréchal Pétain, commandée par l'amiral Godfroy. L'attaque par les Anglais de la flotte française à Mers el-Kébir renforce l'anglophobie des marins français, à l'exception de d'Estienne d'Orves, qui s'embarque à Aden pour l'Angleterre. À Londres, il adopte le pseudonyme de Châteauvieux et il est affecté au renseignement de la marine. Il partage un appartement avec Passy au 69 Cromwell Road. « Il m'étonna par sa candeur », a raconté Passy, qui cachait toujours son jeu. « Sa gentillesse à l'égard de tous était inégalable. Son conformisme un peu vieillot nous avait fait l'appeler "Old Barrack", du nom d'une petite rue voisine qui rappelait son pseudonyme[28]. »

Chevalier errant des temps modernes, d'Estienne d'Orves se porte volontaire pour monter en France un réseau d'espionnage militaire. Le contact est établi avec André Clément, directeur commercial d'une conserverie à Chantenay, près de Nantes. Voyageant sous le nom de Pierre Cornec, d'Estienne d'Orves arrive à Roscoff le 22 décembre 1940 sur le *Marie-Louise*, en compagnie du radio alsacien Alfred Gaessler (alias Georges Marty) et d'un agent d'origine néerlandaise, Jan Doornik. Le curé de Roscoff a raconté qu'ils avaient passé Noël chez les Clément : « La BBC apporte le salut du général de Gaulle aux Français. Au garde-à-vous, tous écoutent *La Marseillaise*. Puis, à l'aide d'un poste émetteur, le comte annonce à Londres son heureuse traversée et Londres fixe au lendemain 13 heures et demie l'heure du premier message[29]. » Quelques semaines plus tard, le groupe est trahi par son opérateur radio. Chassé par les Clément pour avoir courtisé leur bonne, Alfred Gaessler avait contacté les Allemands[30]. Les membres de Nemrod sont arrêtés durant la nuit du 20 au 21 janvier 1941 et envoyés à Paris, à la prison du Cherche-Midi. Au début de l'Occupation, les résistants étaient déférés devant un tribunal militaire allemand et c'est ainsi que le groupe fut jugé en mai 1941. Le 28 mai, d'Estienne d'Orves, les Clément et d'autres membres du réseau furent condamnés à mort. S'agissant d'un officier de marine aristocrate, le chef du gouvernement de Vichy, l'amiral Darlan, fit discrètement appel auprès des autorités allemandes et sa requête remonta jusqu'à Hitler. Mais l'invasion de l'URSS par les Allemands, quelques semaines plus tard, augmenta les enjeux et empêcha tout compromis. Les époux Clément virent leur condamnation commuée en travaux forcés, mais d'Estienne d'Orves fut fusillé au mont Valérien le 12 septembre 1941. Bien que nommé Compagnon de la Libération, l'ordre fondé par de Gaulle, son engagement avait fortement déplu à sa propre famille : « Le beau-frère est tellement collaborationniste que le soir de l'exécution d'Estienne, il fait la fête dans les cabarets de nuit de Saint-Malo, en déclarant que l'exécution était méritée[31]. »

Plus rocambolesque mais aussi plus réussie, au moins à court terme, fut la carrière de Gilbert Renault, nom de code Rémy, qui créa et anima un réseau d'espionnage étonnant. Bouleversé par le pouvoir de la prière collective à l'église parisienne Notre-Dame-des-Victoires au début de 1942, il baptisa son groupe Confrérie Notre-Dame. Ce mysticisme tranchait avec les dures réalités imposées par ses actions. Il mettait surtout en lumière la tension entre les Français libres, pour qui la résistance visait la libération armée de la France et de l'Europe, et les résistants de métropole, pour qui, le vieux monde étant discrédité voire détruit, la résistance impliquait la reconstruction politique de la France (et même de l'Europe) à la Libération. Le choc entre ces deux visions avait de profondes implications sur la conduite de la Résistance : serait-ce la conjuration clandestine de quelques-uns pour aider les Alliés ? Ou un mouvement plus populaire de Français désireux de prendre les choses en main et de reconstruire leur avenir ?

Comme nombre de résistants, Renault semblait à première vue un candidat très improbable pour ce qu'il faisait. Breton originaire de Vannes, il avait été élevé chez les jésuites et soutenait la cause perdue des royalistes. Il avait eu une carrière éclectique dans la banque, l'assurance et la production cinématographique. Quand la guerre éclata, il tournait un film sur Christophe Colomb en Espagne. Le 18 juin 1940, laissant femme et enfants, il s'embarque à Lorient avec son jeune frère Claude. Il refuse de croire à l'armistice qu'il apprend en débarquant à Falmouth, mais entend la voix de Charles de Gaulle, « toute vibrante d'une sombre passion [32] ». Il se présente au 2e bureau, où il rencontre Passy : « Un officier à l'air extrêmement jeune, précocement chauve, imberbe, portant culotte de cheval et leggings blancs, assis, qui lit un document tout en mordillant nerveusement son mouchoir [33]. » De son côté Passy se souvenait d'un « garçon d'environ trente-cinq ans, solidement bâti, la tête forte et ronde, légèrement dégarnie de cheveux. Plein d'allant et de dynamisme, il laissait involontairement passer une sensibilité aux nuances parfois presque mystiques [34]. »

Renault, alias Rémy, se porte volontaire pour une mission en France, principalement, de son propre aveu, pour revoir sa femme et ses enfants. Comme il a des visas pour l'Espagne, il retourne en métropole via Lisbonne et Madrid. Il finit par traverser la ligne de démarcation pour revenir en zone occupée au château de M. de la Bardonnie, un « gentleman farmer [35] », selon lui. Là, il rencontre trois jeunes gens de Vannes qui veulent traverser dans l'autre sens pour rejoindre de Gaulle, via l'Espagne, et il les recrute. Ils sont les premiers agents de son réseau. Son objectif est d'espionner les navires de guerre allemands basés sur la côte atlantique, de Bordeaux à Brest en passant par Nantes. Il s'intéresse en particulier aux bases sous-marines et aux mouvements des cuirassés *Scharnhorst, Gneisenau* et *Prinz Eugen*. Il exploite surtout des contacts dans l'armée, l'armée de l'air et la marine, tel le lieutenant de vaisseau Philippon (nom de code Hilarion) à Brest.

Rémy s'agitait beaucoup, pour des résultats limités. Il collectait inlassablement renseignements et contacts mais négligeait les questions de sécurité et sa naïveté politique réduisait son efficacité en tant qu'agent. L'un de ses agents l'a ainsi décrit : « Un homme consciencieux, travailleur et courageux, ne craignant ni la fatigue ni le danger. Il passa bien des nuits entières à décoder […] Mais, comme nul n'est parfait, il avait ses faiblesses. Ses méthodes de travail étaient maladroites et imprudentes. Il voulait connaître tous ses agents, ce qui était parfois imprudent et inutile. Il n'attachait aucun crédit aux signes suspects qui lui étaient signalés. Sans doute quelques arrestations de certains membres du réseau auraient pu être évitées. Un trait essentiel de sa nature : sa foi extraordinaire dans la protection de la Providence. Il avait perdu deux enfants en bas âge : les deux anges dont il parle dans ses livres et qui, selon lui, le protégeaient de tout danger du haut du Ciel[36]. »

Cela dit, l'atout majeur de Rémy était sa relation avec Londres à un moment où de tels contacts étaient rares et éphémères. Il fut l'un des premiers intermédiaires entre la Résistance métropolitaine, qui cherchait soutien et reconnaissance, et les Français libres qui maintenaient des liens, malgré les tensions, avec les Britanniques.

Dans sa librairie de la rue de la Pompe, en face de son ancien lycée Janson-de-Sailly, Pierre Brossolette était un maillon crucial de cette chaîne[37]. Grâce à un collègue du lycée Sévigné où il donnait parfois des cours d'histoire, Brossolette avait rencontré Rémy, qu'il décrivit comme désireux de mettre sur pied « une sorte d'agence Cook » pour organiser les allées et venues des chefs de la Résistance entre la France et Londres[38]. Socialiste et journaliste, Brossolette était bien introduit auprès d'eux. Il pouvait les mettre en contact avec Londres et formuler aussi leurs propositions ou demandes politiques, très étrangères aux objectifs purement militaires dont se préoccupaient les Français libres.

En janvier 1942, Brossolette organise une réunion entre Rémy et deux chefs de la Résistance dans sa librairie. Rémy a raconté la rencontre : « [Brossolette] me conduit au sous-sol qu'il a transformé en bibliothèque. Emmitouflés dans leurs pardessus et se chauffant les pieds contre un poêle, des hommes m'attendent. Celui qui porte les gros chaussons à semelles de cuir m'est présenté sous le nom de Christian Pineau, chef du mouvement Libération-Nord. L'autre est Louis Vallon[39]. »

Louis Vallon était un socialiste revenu d'un camp de prisonniers de guerre en Allemagne en juin 1941. Quant à Pineau, il voulait aller à Londres pour informer de Gaulle des objectifs de son mouvement. Rémy est invité à une réunion des chefs de Libération-Nord dans l'appartement de Vallon, en haut du boulevard Saint-Michel. Parmi eux figurent André Philip, député socialiste de Lyon et membre clé du Comité d'action socialiste, et Jean Cavaillès, le jeune philosophe de Libération-Sud récemment nommé à la Sorbonne. Rémy tombe sous le charme de Suzanne Vallon – « médecin, petite, gaie, mutine, spirituelle » – et il est assez surpris de l'importance que le groupe accorde à la politique : « C'est la première fois qu'il m'est donné d'assister à une réunion de représentants d'un "mouvement de résistance". » Il note, plaisantant à demi : « On est déjà en train, dans ce salon, de reconstruire la France à la mode socialiste[40]. »

Rémy est emmené par avion en Angleterre le 12 février 1942. Au restaurant du Waldorf, il impressionne Passy par la masse de documents et de cartes qu'il a collectée, et par son répertoire d'expressions argotiques pour désigner les Allemands. Il affirme que les Français en ont assez des partis politiques discrédités, et que de Gaulle serait bien avisé de ne pas afficher d'étiquette politique[41]. Pineau quitte lui aussi Paris, mais dans une direction géographique et politique opposée : il prend le train pour la zone libre afin d'y rencontrer des chefs de mouvements et de créer pour de Gaulle un front uni de ceux qui considèrent la Résistance comme une force politique démocratique. Il découvre que de nombreux résistants en zone libre, tel Henri Frenay, se bercent encore de l'illusion que Vichy et l'armée d'armistice se rallieront aux Alliés. Cependant, il en rencontre d'autres, comme d'Astier et le socialiste André Philip, qui insistent sur le besoin d'expliquer au général de Gaulle « la nécessité de prendre des positions politiques, de se prononcer fermement pour la Démocratie[42] ». Arrivant à Londres en mars, il est frappé par la différence d'atmosphère entre Londres, ville libre, et Paris occupé : « J'ai hâte de sortir, d'errer dans les rues. Se promener dans Londres, où la foule n'a jamais été si dense, malgré de récents bombardements, donne une impression extraordinaire de vie, de liberté. Beaucoup d'uniformes, les féminins n'étant pas les moins nombreux. Les filles anglaises sont d'ailleurs plus séduisantes dans leurs tailleurs kaki qu'avec leurs traditionnels ensembles rouges ou vert épinard. Sur les chaussées, la circulation est abondante : voitures militaires, autobus à impériale, petites Austin noires réservées à l'Administration. Les agents de police au casque en cloche sont à leur poste ; les vendeurs de journaux occupent les coins de rue, vendant des feuilles aux gros titres au-dessus de vraies nouvelles, c'est-à-dire de celles qu'on a envie de lire[43]. »

Cependant son enthousiasme est vite refroidi par un entretien avec Passy, qui ne s'intéresse qu'aux renseignements militaires et pas à la politique, et avec de Gaulle. Il se rappelle l'ordre du général : « "Parlez-moi de la France." Au bout d'une demi-heure, j'arrête, incapable de continuer. Alors il parle à son tour. Chose curieuse, son discours n'est pas une réponse au mien. Il évoque les Forces françaises libres, les troupes d'Afrique qui représentent pour lui la résistance française, la guerre qu'il mène à côté des Alliés. Il est à la fois plein de fierté et d'amertume. Cette dernière résulte de l'attitude des Anglo-Saxons, surtout des Britanniques, qui ne lui facilitent pas les choses [...] Je constate que, comme Passy, il ignore presque tout de la Résistance. Sa conception du mot "France" est militaire[44]. »

Le but de Pineau était de rapporter en France un message du Général reconnaissant les objectifs politiques de la Résistance française, dont sa vision d'un nouvel ordre démocratique. De Gaulle, venant de la droite traditionnelle, écrivit un premier jet qui condamnait à la fois Vichy et la IIIe République qui avait mené au désastre de 1940. Pour Pineau, de Gaulle allait inutilement s'aliéner les syndicalistes et les politiques qui avaient combattu le fascisme sous la République. De Gaulle ajouta cependant une phrase qui reconnaissait les priorités politiques de la résistance en métropole : « Nous voulons en même temps que dans un puissant renouveau des ressources de la Nation et de l'Empire par une technique dirigée, l'idéal séculaire français de liberté, d'égalité et de fraternité soit désormais mis en pratique chez nous[45]. » Le 18 avril 1942, de Gaulle fit même à la BBC une déclaration qui ne cesserait de le hanter : « La libération nationale ne peut être séparée de l'insurrection nationale[46]. »

Christian Pineau ne fut pas le seul résistant à bénéficier de l'agence Cook mise sur pied par Rémy. Jean Cavaillès, qui avait rencontré Rémy chez Vallon, connaissait Marcel Berthelot, de l'Organisation civile et militaire (OCM), tous deux étant anciens élèves de l'École normale. En avril 1942, Berthelot fut présenté à Rémy dans la librairie de Brossolette. Animée par d'anciens militaires, des industriels et des professeurs d'université, l'Organisation civile et militaire n'était pas particulièrement attirée par de Gaulle, et Rémy voyait en elle un partenaire beaucoup plus à son goût que l'entourage socialiste de Pineau. Par Berthelot, Rémy fut présenté au colonel Alfred Touny, qu'il décrivit ainsi : « Né au Grand Siècle, il eût fait un prélat ou un fermier général. Il a choisi d'être dans le nôtre administrateur général. » La routine de Touny, qui promenait tous les jours son petit chien sous les arbres de l'avenue Henri-Martin, était à la fois une violation des règles de sécurité les plus élémentaires et une excellente couverture, car « nul agent de la Gestapo ne lui accordera la moindre attention[47] ». Rémy attribue à Touny le nom de code Langlois, comme la rue où il habite, et à Berthelot celui de Lavoisier, en hommage à son intelligence. Ni l'un ni l'autre ne souhaitaient aller en Angleterre mais Rémy se fit leur porte-parole : même si les Français avaient enterré la IIIe République et aspiraient à une renaissance, ils n'étaient pas pour autant prêts à se rallier à de Gaulle.

Malheureusement, Rémy devenait plus un risque qu'un atout. Au printemps 1942, des vagues d'arrestations décimèrent sa Confrérie Notre-Dame, dont la sécurité avait toujours été faible. Même ses deux jeunes sœurs furent arrêtées à Paris. Rémy lui-même s'enfuit de la capitale, embarqua sur un bateau de pêche de Pont-Aven, fut récupéré par un navire anglais et arriva à Londres le 18 juin 1942[48]. Pendant ce temps, Pineau avait décidé avec Passy qu'en échange de la déclaration politique du général de Gaulle, il retournerait en France créer son propre réseau, Phalanx, et qu'il confierait la direction de Libération-Nord à Louis Vallon. En zone occupée, Phalanx était connu sous le nom de Cohors, plus tard Cohors-Asturies, et dirigé par Jean Cavaillès, le « philosophe huguenot » qui se promenait toujours des livres la main mais qui était devenu un homme d'action[49]. Ceci provoqua un conflit entre Pineau et Rémy, qui avait le sentiment qu'on s'était débarrassé de sa Confrérie[50].

Brossolette lui-même se rendit à Londres le 26 avril 1942, pour tenter, comme Pineau, de convaincre Londres de la dimension politique de la Résistance. Bien que d'un autre bord politique, Passy fut immédiatement frappé par l'intelligence et la vision de Brossolette : « Son esprit pétrissait et assimilait des idées à une vitesse telle que bien peu de gens étaient capables d'en suivre le rythme étourdissant. Cachant sous des propos cinglants une très grande sensibilité, il me donna l'impression de tout comprendre, tout prévoir[51]. » Peu après son arrivée, Brossolette rédigea un rapport qui, prenant le contrepied de Rémy, minimisait le soutien dont bénéficiaient Vichy et la Collaboration, surtout en zone occupée. Il expliquait : « Dans la zone occupée la situation est claire : les 95 % de l'opinion sont hostiles à la collaboration avec l'Allemagne, et ces 95 % sont presque unanimes à mépriser Vichy, parce que Vichy a préconisé et pratique une politique de collaboration. En zone libre, l'action du gouvernement, de sa presse, de sa Légion, et l'ignorance de ce qu'est l'occupation allemande rendent les choses moins simples : il y a une partie de l'opinion qui est derrière le Maréchal et qui accepte tout de lui, y compris la collaboration[52]. »

La majorité des Français, affirmait-il, pensait que les vieux partis bourgeois étaient discrédités par la démagogie, la corruption et leur attachement aux droits acquis, et qu'il fallait « renouveler » le gouvernement et l'administration. C'est ce que souhaitaient le parti communiste et le parti socialiste, qui commençaient à renaître dans la clandestinité, mais aussi des partis de droite et les mouvements qu'ils soutenaient, dont l'Organisation civile et militaire. L'abîme dans lequel la France avait sombré était tel, affirmait Brossolette, qu'elle ne pouvait se reconstruire autour d'une idée ou d'un slogan. Il lui fallait un mythe, incarné par un homme plutôt que par une idée : « Si la France peut se refaire, ce n'est qu'autour du "mythe de Gaulle"[53]. »

Le séjour de Brossolette fut interrompu par un message : son domicile parisien avait été fouillé par la Gestapo. Il retourna prématurément en France début juin, sous le faux nom de commandant Bourgat, pour mettre sa famille à l'abri. Il envoya sa femme et ses deux enfants à Londres en juillet, accompagnés de Louis Vallon et d'André Philip, qui joua un rôle clé dans l'élaboration du message politique des Français libres. Brossolette était furieux que Rémy ait eu l'extravagance d'envoyer à sa femme un bouquet à deux mille francs après la fouille de leur domicile[54]. Il suivit avec zèle les instructions : sauver ce qui pouvait l'être de la Confrérie Notre-Dame et la rattacher à d'autres réseaux de renseignement. De retour à Londres en septembre 1942, Brossolette dénonça à Passy les machinations de Rémy, ce qui soulignait le conflit sur la nature de la résistance, renseignement militaire ou organisation d'un pouvoir politique et social émergent. Cela mettait aussi en lumière la rivalité entre les chefs de la Résistance pour savoir qui aurait l'oreille de Londres, un prérequis, désormais, pour s'imposer en France. Selon le rapport de Brossolette, « Rémy n'a jamais admis les instructions données par vous en juin. Avec son indiscipline foncière, il les a toujours considérées comme nulles et non avenues [...]

Dans un mémorandum récent, Rémy a clairement montré qu'il ne comprenait pas, ou qu'il désapprouvait la politique générale des FFC [Forces françaises combattantes]. Il s'en est pris violemment aux syndicalistes, aux mouvements de résistance, aux hommes représentant les masses politique ou sociale françaises auprès du général de Gaulle. Pour lui, l'action gaulliste en France doit toujours être l'action de quelques agents derrière lesquels l'opinion est supposée devoir se manifester comme par miracle […] Avec lui, on se sent toujours à la lisière du mensonge, du bluff ou du simple illusionnisme […] Le mal est d'autant moins incurable [*sic*] qu'il vient à la fois d'une mégalomanie foncière et d'une volonté bien arrêtée de jouer le rôle que Rémy croit devoir être le rôle de sa vie[55]. »

Les failles de sécurité de certains réseaux tel celui de Rémy, les rivalités de pouvoir entre chefs qui voulaient tous devenir le leader de la Résistance en France, la prise de conscience que la Résistance était un éventail d'ambitions politiques en plus d'être un programme militaire, tout cela amena de Gaulle et le Bureau central de renseignements et d'action (BCRA) à conclure qu'ils devaient avoir en France un homme fiable pour ramener de l'ordre dans ce chaos. Jusque-là, ils s'étaient appuyés sur des hommes comme Rémy qui, bien qu'hyperactif, manquait de vision d'ensemble, avait peu de flair politique et était un électron libre qui se faisait de multiples ennemis. Christian Pineau et Pierre Brossolette avaient une vision plus large, mais ils étaient des bêtes politiques et leur passé de syndicaliste et de socialiste les empêcherait de créer des ponts entre tous les mouvements de résistance. Quant à Emmanuel d'Astier de La Vigerie et à Henri Frenay, ils ambitionnaient chacun d'organiser la résistance intérieure autour de leur propre mouvement. Hostiles l'un à l'autre, ils n'étaient unis que par leur refus de se soumettre à Londres. Tels étaient les personnages que Passy et le BCRA voulaient réunir en un mouvement unique sous l'autorité suprême du général de Gaulle à Londres. Restait à voir s'ils accepteraient cette unité et ce commandement.

L'homme trouvé par Londres pour unifier la Résistance sous l'autorité du général de Gaulle fut Jean Moulin, un haut fonctionnaire et non un politique, ancien préfet d'Eure-et-Loir, en poste lorsque les Allemands occupèrent Chartres le 16 juin 1940. Arrêté par les Allemands pour avoir protégé des tirailleurs sénégalais accusés de crimes, il essaya de se trancher la gorge avec un éclat de verre, et dissimulait depuis les cicatrices sous un foulard[56]. Républicain convaincu, il avait été chef de cabinet de Pierre Cot, ministre radical-socialiste du Front populaire, alors que la gauche voulait livrer des avions à la République espagnole et que la droite s'y opposait. Trop marqué à gauche, il fut démis de ses fonctions de préfet par Vichy le 2 novembre 1940. Il se fit oublier dans le Sud de la France et prit rapidement contact avec Henri Frenay et François de Menthon. Il passa en Espagne en septembre 1941 et arriva à Londres, où il vit de Gaulle à Carlton Gardens le 25 octobre. Daniel Cordier, opérateur radio devenu son secrétaire en 1942-1943, puis son biographe, affirme qu'il n'y a pas de compte rendu de l'entretien mais qu'« on en connaît le résultat : l'entente parfaite de ces deux hommes que tout séparait, hormis la foi patriotique qui les animait[57] ». Discret et plein de sang-froid, relativement libre d'attaches politiques, Jean Moulin était l'homme que Londres cherchait pour fédérer les mouvements de résistance sous l'autorité du général de Gaulle. C'est ainsi qu'il fut parachuté en France dans la nuit du 1er au 2 janvier 1942, sous le nom de code de Rex.

« Lorsque Rex arriva en France tout, ou presque tout, restait à faire […]. Il fallait tout organiser[58]. » Ce commentaire brutal de Passy en dit plus sur le mépris qu'éprouvaient les services secrets de Londres envers les mouvements de résistance en France que sur la réalité du terrain. L'unification avait en fait commencé avant que Moulin n'atterrisse dans le Languedoc, même si le chemin était long et que l'idée même de rapprocher des mouvements jusque-là isolés suscitait la répugnance et le désaccord de chefs très individualistes. De plus, les chefs de la Résistance voyaient l'unification comme un moyen de renforcer leur pouvoir et leur autonomie afin d'éviter de tomber sous la coupe de Londres. Cela dit, ils réalisaient de plus en plus que leur autorité en France dépendait de l'adoubement de Londres. C'était Londres, en fin de compte, qui arbitrerait seul entre Jean Moulin et l'un des prétendants en métropole.

Emmanuel d'Astier fut le premier à s'élancer. Avec l'aide d'un agent britannique, il fut évacué d'Antibes par un sous-marin britannique le 17 avril 1942 et arriva à Londres le 12 mai. Il découvrit qu'il devait passer par Passy pour accéder à de Gaulle mais les deux hommes, Passy et d'Astier, éprouvèrent d'emblée une antipathie mutuelle qui frôlait le dégoût physique. D'Astier, qui surnommait Passy « le colonel Bourse », sans doute parce qu'il tenait les cordons de la bourse, le décrivit ainsi : « Blond pour ce qui lui reste de cheveux, le regard pâle ourlé de rose, quelque chose d'un peu porcin dans la contexture de la peau et du poil, une voix de tête : l'antipathie immédiate[59]. » De son côté, Passy ne comprenait pas cet aristocrate qui jouait au révolutionnaire, et il s'en méfiait. Il voyait en lui « [un] mélange de condottiere et de Machiavel. Grand, mince, élégant, très "fin de race", il symbolise aussitôt à mes yeux la rebutante espèce des "anarchistes en escarpins"[60]. » Devant le général de Gaulle, d'Astier, comme Pineau deux mois auparavant, ne se sentit ni accueilli ni compris par l'homme qu'il appelait « le Symbole ». Il fut frappé par la rigidité du général de Gaulle, une sorte d'armure qui le protégeait de sa propre faiblesse : « Son geste le plus coutumier consiste à lever l'avant-bras en gardant les coudes au corps. Alors, au bout de ses bras, et attachées à des poignets grêles, ses mains inertes, très blanches, un peu féminines et avec les paumes en dessus, semblent soulever un monde de fardeaux abstraits […] Il est las. Il remue l'histoire comme au temps de Fachoda. Il a beau n'être que le chef d'une poignée d'hommes et de quelques terres lointaines, ses ennemis et son orgueil l'ont fait si grand qu'il parle comme s'il portait mille ans d'histoire[61]. »

Loin d'être adoubé résistant en chef, d'Astier fut envoyé par de Gaulle en mission à Washington pour influer sur l'administration américaine qui, jusqu'à présent, n'avait eu aucune raison d'abandonner Vichy. En son absence, Henri Frenay tenta de se poser en unificateur de la résistance intérieure. Il voulait renforcer son jeu contre Jean Moulin, qu'il considérait comme un agent étranger et un rival, et contre Londres : « La notion même de mouvement de Résistance était totalement étrangère aux Services spéciaux français », affirmerait-il plus tard[62]. Frenay avait déjà absorbé le mouvement de François de Menthon, Liberté, dans Combat, mais l'affaire Pucheu avait pour le moment gelé ses relations avec Libération, le mouvement d'Astier[63]. En mai 1942, il rencontre Jean-Pierre Levy, qui est à la tête de Franc-Tireur, le troisième grand mouvement de résistance de la zone libre. Frenay déplaît à Levy, qui le juge ainsi : « Fortement teinté de pétainisme, il accepte de rencontrer Pucheu […] Les difficultés sont augmentées par l'esprit calomniateur de Frenay qui, avec son dynamisme, veut […] devenir le chef de la Résistance en France[64]. » Pour renforcer sa position, Frenay réunit les chefs régionaux de Combat au château de Saliès (dans le Tarn), propriété familiale de Charles d'Aragon. Ils se prononcent en faveur d'une « fusion » de tous les mouvements de résistance, y compris Franc-Tireur et Libération, afin de repousser le danger représenté par Jean Moulin[65].

Pour renforcer encore sa position, Frenay contacte un autre général qui, l'espère-t-il, sera à la fois un allié et un contrepoids à Pétain et à de Gaulle. À la fin d'avril 1942 s'était répandue la nouvelle de l'évasion spectaculaire du général Henri Giraud de la forteresse allemande de Königstein en Saxe. Giraud avait été capturé pendant une offensive dans les Pays-Bas en 1940. Il ne partit pas en Angleterre mais revint à Vichy où il affirma à Pétain que l'Allemagne ne pouvait plus gagner la guerre. Il résista à Laval qui exigeait qu'il se livre aux Allemands mais il donna par écrit à Pétain sa parole d'officier qu'il ne nuirait pas aux relations de Vichy avec le gouvernement allemand[66]. Son château devint un lieu de pèlerinage pour les mouvements de résistance, même si son arrogance et ses opinions politiques réactionnaires déplaisaient à ceux qui suivaient de Gaulle. Il affirma à Claude Bourdet que la force principale en France était l'armée d'armistice : « Oui, je sais, il y a les petites Forces françaises libres du général de Gaulle ; elles aussi sont, bien entendu, des éléments dans mon jeu[67]. » Comparant plus tard ses impressions avec François de Menthon qui avait aussi rencontré Giraud, Bourdet, incrédule, apprit par Menthon que pour Giraud, la « question sociale » n'existait pas. Le général avait raconté à Menthon : « Quand j'ai été gouverneur de Metz, il y a eu de grands mouvements ouvriers, des grèves. J'ai fait mettre des mitrailleuses en batterie aux quatre coins de la ville, et tout est rentré dans l'ordre immédiatement[68]. »

Giraud était courtisé par les mouvements de résistance qui n'étaient pas convaincus par de Gaulle. Le colonel Touny rapporta en juillet 1942 que l'un des chefs de l'Organisation civile et militaire était en contact avec Giraud, envisageant de le soutenir s'il décidait de reprendre la guerre contre l'Allemagne, une position également défendue par Rémy[69]. La stratégie d'Henri Frenay était de convaincre Giraud de le rejoindre avant d'approcher de Gaulle, afin d'éviter d'être purement et simplement absorbé par Londres. Le 14 août 1942, Frenay écrivit à Giraud qu'il avait été un admirateur de Pétain mais qu'il avait déchanté à la suite des multiples concessions faites à l'Axe : « Il est donc d'un intérêt vital pour la France, mon général, que vous entriez en relation avec le général de Gaulle, qu'entre vous et lui intervienne un accord [...]. Si vous souhaitez que le prestige dont vous jouissez serve la cause française, vous ne sauriez le faire ni en servant le Maréchal, ni en méconnaissant la force attractive du symbole de Gaulle. » Cependant Giraud ne voyait pas l'intérêt de s'allier à de Gaulle, et il répondit : « L'heure des décisions n'a pas sonné. Quand elle viendra, c'est en toute indépendance que je les prendrai[70]. »

Face à ces rivalités de généraux, il devenait crucial pour de Gaulle de prouver aux Alliés que la Résistance en France avait son propre potentiel militaire et qu'elle était unie derrière lui. Très peu de soldats de l'armée du Levant l'avaient rejoint. L'armée d'Afrique était hors de sa portée et l'armée d'armistice, en France, toujours sous le contrôle de Vichy. L'une des tâches de Jean Moulin était par conséquent de constituer une Armée secrète à partir des organisations paramilitaires des mouvements résistants. L'accent, au début, fut mis sur le mot « secrète » plutôt que sur le mot « armée » car, en dehors des groupes francs qui s'attaquaient aux collaborateurs et à leurs locaux, il n'existait guère de groupes armés. Il n'y avait encore aucune perspective de coopération avec les Francs-Tireurs communistes, dont de Gaulle condamnait ouvertement les attentats aveugles contre les militaires allemands. L'Armée secrète était une armée virtuelle dont les hommes, pour le moment, poursuivaient leur vie quotidienne et leur travail. Elle devrait récupérer et stocker des armes parachutées, être dotée d'un commandement et se tenir prête, le jour J, à soutenir les forces alliées débarquant en France.

Non seulement il fallait créer l'Armée secrète de toutes pièces, mais il fallait aussi la mettre sous les ordres du général de Gaulle. Jean Moulin avait des instructions fermes : la branche militaire de la Résistance formée par la réunion des groupes paramilitaires des mouvements devait être totalement isolée du leadership politique. Henri Frenay en particulier avait une opinion différente : il voulait réunifier les mouvements de résistance sous sa propre autorité et prendre aussi lui-même la tête de l'Armée secrète. Il devint vite évident que Frenay ne pouvait pas s'opposer au refus de Jean Moulin de confier le commandement de l'Armée secrète à des leaders politiques tels que lui, et qu'il ne pourrait pas non plus s'imposer contre d'autres mouvements, tel Libération, qui ne voulaient pas de lui comme commandant de cette armée. Frenay décida qu'à défaut, il fallait offrir le commandement de l'Armée secrète à un général qu'il choisirait lui-même et qu'il pourrait contrôler. En avril 1942, il rencontra Charles Delestraint, qui était sorti de sa retraite en 1940 à soixante ans pour commander une division blindée, avant de se retirer à nouveau à Bourg-en-Bresse. Delestraint indiqua qu'il était prêt à commander l'Armée secrète à la condition de recevoir des ordres écrits du général de Gaulle.

Frenay n'échapperait plus à un voyage à Londres. Il verrait de Gaulle et tenterait de le persuader de le nommer lui-même au lieu de Jean Moulin, ou à défaut de nommer son candidat, Delestraint. Or d'Astier revint précisément au même moment de Washington, via Gibraltar et la France. Ils furent tous deux récupérés à Cassis par un bateau le 17 septembre 1942. Quant à Pierre Brossolette, il arriva lui aussi à Londres dans les mêmes dates, et s'affirma vite comme adjoint de Passy au BCRA. Frenay n'impressionna guère Passy, qui nota : « Ses propos, quoique énoncés sur un ton très affirmatif et parfois même un peu doctrinal, révélaient dès l'abord un étrange manque de suite dans les idées. » Passy et Brossolette convainquirent de Gaulle que Moulin était indispensable[71]. Frenay demanda à nouveau le commandement de l'Armée secrète, affirmant qu'il disposait de 22 500 hommes prêts à se battre, contre 12 000 pour d'Astier, qui, intraitable, refusa qu'il soit nommé. C'est alors que Frenay proposa formellement Delestraint. Frenay et d'Astier avaient peu en commun, à part leur désir de s'affranchir de la tutelle de Jean Moulin et c'est ce qui finit par les rapprocher. Début octobre, d'Astier accepta non pas la fusion de Libération, de Combat et de Franc-Tireur, mais la constitution d'un Comité de coordination où les trois principaux chefs seraient présents. Un avion Lysander les ramena en France le 17 novembre 1942. Entre-temps, les événements s'étaient succédé avec l'invasion alliée en Afrique du Nord, à laquelle avait répondu l'invasion allemande de la zone libre[72].

En novembre 1942, les liens entre les Français libres de Londres et la résistance en métropole étaient bien plus forts et systématiques qu'en 1940 et 1941. De multiples réseaux, à l'exception des communistes et de l'extrême droite, travaillaient ensemble, à défaut de se doter d'une organisation unique. Cette coopération visait d'abord à empêcher Jean Moulin d'unifier et de contrôler la Résistance. Elle montrait une opposition de fond entre la résistance intérieure, pour qui la libération mènerait à une réforme politique profonde, et les Français libres, pour qui la résistance se bornait à soutenir leurs grandes opérations militaires, les révélant comme une force sérieuse aux yeux des Alliés. Ceci posait la question de l'influence réelle du général de

Gaulle auprès des Alliés. Les Britanniques le soutenaient, malgré des accès de frustration, mais l'animosité des Américains était un obstacle majeur qu'on découvrait à peine et qui était loin d'être surmonté. Dans l'intervalle, tandis que les mâles dominants se disputaient le pouvoir, les femmes apportaient une contribution croissante à la Résistance.

# Femmes et résistantes

*Les femmes furent les maillons essentiels de la Résistance.*

Lucie Aubrac, 1997

Le 18 juin 1940, jour de l'appel du général de Gaulle, une jeune femme de vingt et un ans, Jeanne Bohec, aide-chimiste à la poudrerie de Brest, embarque sur un bateau pour l'Angleterre avec un ingénieur, « mon compagnon de cinéma ». Tous les étrangers étant contrôlés, elle est interrogée dans une ancienne école de la banlieue sud de Londres, puis hébergée dans une famille à Dulwich. Le 14 juillet, elle prend le bus pour voir le petit défilé des Français libres à Trafalgar Square mais découvre que « malheureusement, les FFL n'acceptaient pas encore de femmes dans leurs rangs ». Elle se rend régulièrement à Carlton Gardens jusqu'à ce qu'un Corps féminin des volontaires françaises soit créé en novembre 1940. Elle s'engage en janvier 1941 et part se former à Bournemouth [1].

Pendant ce temps, à Paris, Agnès Humbert, démise de son poste de conservateur au musée des Arts et Traditions populaires, rejoint avec Simone Martin-Chauffier le cercle éminent qui entoure Jean Cassou [2]. Les hommes mobilisables étant dispersés par la débâcle ou prisonniers dans des camps, ce sont des hommes plus âgés et des femmes qui forment les premiers groupes de résistance dans la France occupée. En dépit de son rôle clé, Agnès Humbert se décrit comme « un lapin de couloirs : dans les maisons de couture c'est ainsi qu'on nomme les apprentis qui font les courses d'un atelier ». Puisqu'on ne peut utiliser le téléphone pour des raisons de sécurité, elle porte les ordres et les instructions d'un endroit à un autre. Quand le groupe se rencontre pour discuter d'un nouveau numéro de leur publication clandestine *Résistance*, a-t-elle expliqué, « les hommes écrivent, discutent. Je "tape" leurs articles. Moi, naturellement, je suis la dactylo[3]. »

Ces deux anecdotes posent un certain nombre de questions intéressantes. La débâcle avait mis fin à une guerre conventionnelle sur le sol de France entre deux armées régulières. Un million et demi de jeunes gens avaient été faits prisonniers, d'autres démobilisés et renvoyés dans leur foyer pour ne plus prendre part à la guerre. Malgré l'opportunité offerte aux femmes de prendre la place des hommes et de continuer le combat, les conventions s'opposaient encore à l'engagement de celles-ci hors de leur foyer. Les Françaises, qui n'obtinrent le droit de vote qu'en 1945, étaient exclues du jeu politique institutionnel. Il n'y avait aucun équivalent en France en 1940 au Women's Army Auxiliary Corps (WAAC) créé en Grande-Bretagne dès 1917. Un mélange de paternalisme et de culte de la féminité confinait les femmes à des rôles traditionnels. Les femmes engagées dans la Résistance semblent souvent s'être limitées d'elles-mêmes à des rôles féminins. Elles parlèrent des compétences féminines qu'elles avaient exploitées et minimisèrent leurs actions dans la Résistance. Ceci dit, la défaite de 1940 avait été une débâcle politique et sociale en sus d'un désastre militaire. Des circonstances extraordinaires se prêtaient à des exploits extraordinaires. Vichy tenta de consolider l'ordre ancien en instaurant le culte de la triade « Travail, Famille, Patrie » mais pour de nombreuses femmes, résister signifiait combattre à la fois les Allemands et les stéréotypes de genre. En mai 1942, Marguerite Bonnet, chef de Libération-Sud en Isère, fut arrêtée et interrogée par une juridiction militaire à Lyon. Lorsqu'on lui demanda pourquoi elle avait pris les armes, elle répliqua : « Tout simplement, mon colonel, parce que les hommes les avaient laissées tomber[4]. »

Bien que les Français libres fussent surtout des hommes, quelques rares femmes, telle Jeanne Bohec, s'engagèrent dans leurs rangs mais restèrent cantonnées à des rôles auxiliaires. Hélène Terré avait commencé la guerre en France de façon conventionnelle, comme infirmière de la Croix-Rouge exclue des zones de combat. Sous la pression des événements, les infirmières furent autorisées à porter un uniforme et envoyées plus près du front pour transporter des médicaments ou du sang. Elles prouvèrent leur compétence, par exemple en conduisant sur le verglas « quand les voitures militaires ne circulaient pas ». Et même si les armées évoluèrent, l'opinion publique n'était pas encore prête à voir des femmes en uniforme, comme l'a raconté Hélène Terré : « De combien de quolibets n'avons-nous pas été l'objet dans les rues de Paris. Nous osions à peine nous montrer et, rentrant de mission, vite nous troquions nos uniformes kaki contre une tenue bleu marine qui nous confondait avec les infirmières, ou bien nous nous mettions en civil[5]. »

En arrivant en Grande-Bretagne, elle fut nommée responsable du Corps des volontaires françaises, en décembre 1941. Leur nombre atteignit 300 en juin 1942 et leur solde fut augmentée, passant des deux tiers à l'équivalent de celle des auxiliaires britanniques. Le 11 novembre 1942, Hélène Terré fut invitée à parler à la BBC après de Gaulle et Maurice Schumann et s'adressa à « TOUTES les volontaires françaises, c'est-à-dire TOUTES les femmes de France qui veulent la victoire et la délivrance[6] ».

La vie au sein du Corps des volontaires françaises était encore conditionnée par un sexisme tout-puissant. Le rôle des volontaires féminines parmi les Français libres était de décharger les volontaires masculins des tâches auxiliaires pour qu'ils se préparent au combat, une perspective encore lointaine. Les volontaires féminines recevaient une formation militaire mais elles travaillaient ensuite comme sténodactylos, opératrices de téléphone, conductrices, infirmières ou assistantes sociales. Tereska Szwarc, arrivée en Angleterre via l'Espagne et le Portugal avec sa famille, s'engagea dans le Corps féminin à sa création en novembre 1940. Elle se plaignait cependant : « Dans l'armée, où je suis entrée avec un tel enthousiasme, je ne sers à rien parce que je ne suis pas sténodactylo ; or ici, la seule chose qui compte, c'est de savoir taper à la machine[7]. » Toutes les volontaires n'étaient pas arrivées de France ; beaucoup étaient déjà en Angleterre, étudiantes, jeunes filles au pair, serveuses de café ou de restaurant, et même « certaines, disait-on, [qui] faisaient le trottoir » . Se retrouver dans une communauté de jeunes femmes, loin de sa famille, était une expérience excitante mais déroutante, voire éprouvante. Tereska avait imaginé une atmosphère de solidarité et de fraternité. Au cours du premier hiver, elle tomba amoureuse d'une autre fille, Bela, qui la rejeta. Elle en tira la conséquence que des femmes plongées dans ce monde particulier devenaient envieuses, rancunières et malheureuses : « Elles se jalousent, s'espionnent, cafardent […] D'une façon générale, les femmes se partagent en deux catégories, les femmes à hommes et les femmes à femmes […] Certaines ne parlent que d'hommes, ne vivent que pour des "histoires de derrière". Certaines, que Bela traite de "demi-vierges", flirtent, vont plus loin, sortent avec des officiers presque toujours plus vieux. Le groupe "femmes à femmes" [est] plus raffiné, plus vicieux. Au lieu de s'enivrer au gros rouge, on s'alcoolise au Pernod, au whisky. Au lieu de se voler des hommes, on se vole des femmes. On est soi-disant plus cultivée, plus artiste[8]. »

Les choses semblèrent s'améliorer à l'été 1942. Les femmes du Corps des volontaires attirèrent la reconnaissance et le respect. Le 18 juin 1942, le général de Gaulle adressa un sourire à Tereska quand il la croisa sur les marches de Carlton Gardens, et elle écouta son discours à l'Albert Hall. Le 14 juillet, elle participa à une prise d'armes à la caserne Wellington Barracks, puis défila dans les rues de Londres, « au milieu de l'enthousiasme indescriptible d'une foule énorme. Mes genoux tremblaient d'émotion, j'avais les larmes aux yeux et je marchais, portée par un élan au-dessus de tout ce que j'avais jamais expérimenté[9] ». En septembre un journal britannique décrivit Tereska et son amie Jacqueline, toutes deux anciennes étudiantes de la Sorbonne et âgées de vingt et un ans, qui visitaient une exposition au magasin John Lewis : « L'une brune, l'autre blonde, toutes deux vêtues de l'élégant uniforme des auxiliaires françaises[10]. » Un an plus tard, Tereska rencontra un jeune Français libre juif, Georges Torrès. Il s'était réfugié au Brésil en 1940 avec son père, un célèbre avocat de gauche détesté des fascistes, avant de revenir combattre. L'exil et les dangers à venir semblèrent créer entre eux une intimité soudaine : « Nous avons parlé la soirée entière comme si nous nous étions connus toute notre vie… Nous avons parlé de catholicisme, de littérature, de juifs convertis comme mes parents et Maurice Schumann[11]. »

En France, les femmes engagées dans la résistance étaient plus dépendantes des relations avec leur famille que les femmes exilées à Londres. Dans certains cas, leurs activités clandestines allaient dans le sens des activités de la famille. La famille rendait la résistance naturelle et les protégeait du danger. Micheline Eude avait fui Strasbourg pour Lyon avec sa famille lors de l'annexion de l'Alsace par les Allemands en 1940. Son père, ancien secrétaire général de la chambre de commerce de Strasbourg, rejoint le réseau Franc-Tireur avec un autre Strasbourgeois, Jean-Pierre Levy. Micheline, étudiante en droit, gagne sa vie comme secrétaire, jusqu'à ce qu'en mai 1942 Levy demande à Eude si sa fille, à peine âgée de dix-huit ans, peut travailler pour sa filature de jute. En réalité, il s'agit d'une couverture pour ses activités clandestines, et Micheline sert plus d'agent de liaison que de secrétaire, assurant le contact entre les résistants à Lyon et dans d'autres régions. En octobre 1942, lorsqu'elle est arrêtée, sa famille et les résistants lyonnais se mobilisent. Berty Albrecht déclare au procureur qu'on ne peut pas maintenir en prison « une fille de bonne famille » parmi des prostituées, et Micheline est relâchée au bout de trois semaines [12].

Dans d'autres cas, l'action des résistantes, en partie inspirée par leur famille, mettait aussi à l'épreuve des conventions profondément enracinées sur le rôle des femmes. Denise Domenach, âgée de seize ans en 1940, venait de la bourgeoisie lyonnaise. Son père était un ingénieur éclairé mais sa mère pensait que la place des femmes était à la maison et son grand-père était pétainiste. Son grand frère Jean-Marie et son ami de faculté Gilbert Dru étaient engagés, avec leur professeur d'histoire André Mandouze, dans la production et la distribution de *Témoignage Chrétien* [13]. Ils l'initièrent à la résistance en lui faisant distribuer des journaux clandestins. Quand elle entra à l'université, en octobre 1943, et rencontra un jeune homme qui lui apparut comme « un valeureux chevalier à la poursuite du Graal », elle s'engagea encore plus, ce qui provoqua de fortes tensions dans sa famille : « Maman a compris que je pouvais avoir une vie personnelle et elle me laisse libre de mon temps. Papa aussi est inquiet mais il essaye de ne pas le montrer. Il a réagi avec chagrin à une lettre très dure de Bon-Papa lui disant que si Jean se faisait tuer, ce serait de sa faute. Bon-Papa, qui a été capitaine à Verdun sous les ordres de Pétain et qui respecte l'autorité pour elle-même, ne peut pas entendre la vérité sur ce qui se passe [14]. »

Denise passe de la distribution de journaux au rôle d'agent de liaison « avant de savoir que ça existait ». Plutôt que d'avoir recours au charme féminin, elle joue sur son image de garçon manqué, en portant les chaussures de son frère. Elle organise des réunions de résistants et ravitaille le maquis à bicyclette, avec son sac à dos. En juin 1944, elle bascule dans la clandestinité, sous la fausse identité de Dominique Duplessys, mais malgré les tensions familiales, elle a toujours bénéficié d'informations et de contacts dans son milieu, que ce soit un prêtre catholique qui l'avertit qu'elle risque d'être arrêtée ou son père qui lui donne l'adresse de collègues ingénieurs chez qui se réfugier [15].

Il y eut des exemples bien sûr où l'engagement dans la résistance, allant à l'encontre des attitudes et des choix familiaux, provoqua des ruptures. Adrienne Régal, dite Jeannette Moreno, était la fille d'un entrepreneur lyonnais d'origine juive, proche du parti radical-socialiste d'Édouard Herriot, qui se disait toujours heureux d'avoir trois filles car elles n'auraient pas à faire la guerre. L'aînée fréquente un étudiant en médecine, membre des Croix-de-Feu, mais Jeannette prend un chemin opposé. Alors qu'elle travaille au Comité d'organisation de la métallurgie à Lyon, elle rencontre Maurice Lubczanski, jeune juif polonais « à l'air triste » qui lui apprend les persécutions contre les juifs. Elle distribue des tracts du Front national avec lui, ce qui déplaît à ses parents. Quand les deux jeunes gens sont exclus du

Comité d'organisation en 1942, ils entrent dans la clandestinité et font voler par le Front national une ronéo du Comité qu'ils utilisent dans la banlieue de Lyon. Ils vivent grâce au soutien du parti communiste. Jeannette est également agent de liaison dans la région et se rend souvent à Paris. Avec ses tenues de bonne coupe et son accent français irréprochable, elle est moins repérable qu'un juif polonais. Lorsque son père meurt en janvier 1944, elle n'assiste pas à ses funérailles afin de ne pas griller sa couverture : « Il ne fallait pas pleurer, se souvenait-elle, il fallait avancer [16]. »

Si la résistance des femmes était influencée par leur environnement familial, elle pouvait aussi rassembler des familles brisées : parfois leur propre famille quand il s'agissait de sauver leur compagnon d'un camp de prisonniers de guerre ou de le faire sortir de prison, parfois aussi la grande famille des résistants, de leurs compatriotes, et des Alliés. Dès 1940, les femmes virent leur mari, leur fils ou leur père, capturé pendant la débâcle, croupissant dans des camps de prisonniers. Pour une minorité cependant, tout n'était pas perdu. Avant d'être envoyés en Allemagne, les prisonniers de guerre étaient regroupés dans de simples enceintes barbelées, sur le sol français. S'ils étaient blessés et hospitalisés, il était plus facile de les faire évader. Pierre Hervé, ancien secrétaire de l'Union fédérale des étudiants à Paris, d'obédience communiste, et ami des Aubrac, s'évada du château où il était détenu près de Brest avant le transfert massif de prisonniers de guerre vers l'Allemagne. Lui et sa femme Annie s'installèrent à Paris où ils enseignèrent en banlieue avant d'être arrêtés en juin 1941, soupçonnés d'être des communistes. Annie fut rapidement relâchée. Pierre resta détenu au palais de justice en attendant son procès. Elle lui fit passer une lime et il s'évada en compagnie de vingt autres prisonniers dans la nuit du 7 au 8 juillet 1941. Pierre et Annie passèrent rapidement en zone libre où ils retrouvèrent les Aubrac. Pierre rejoignit Libération, Annie travailla avec Georges Bidault au *Bulletin de la France combattante*[17].

Deux ans plus tard, quand Vichy céda à la pression allemande et envoya des jeunes gens travailler en Allemagne, beaucoup de mères de famille protégèrent leurs fils. Jeune femme pendant la Première Guerre mondiale, Mme Lamouille avait voulu s'engager dans le contre-espionnage, mais « le 2e bureau l'ayant avertie des rapports qu'elle pourrait être contrainte d'avoir avec les Allemands, elle renonça à son projet ». Quand en 1942 son fils, employé de la SNCF à Chambéry, est « invité » à partir travailler en Allemagne, elle le cache, avec huit de ses camarades, dans des fermes d'amis autour d'Annecy. Début 1943, elle essaie de les faire passer en Suisse mais ils sont refoulés à la frontière, arrêtés par des gendarmes français et envoyés dans un camp. Elle persuade son fils de feindre d'être malade. Il est transporté à l'hôpital, où elle va tout simplement le chercher en taxi pour qu'il rejoigne le maquis des Glières en Haute-Savoie. Ayant sauvé son fils, elle s'engage dans un réseau de résistance. Elle repère les jeunes gens qui cherchent à éviter le STO à leur descente du train à Annecy ou à Thonon, vérifie leur identité et les envoie aux Glières[18].

Un rôle majeur joué par les femmes était d'héberger ceux qui se déplaçaient ou qui s'évadaient, et de tisser des liens entre les différents groupes. Marcelle Appleton était une femme d'âge mûr à la santé précaire qui habitait Bourg-en-Bresse, près de la frontière suisse. Elle fut néanmoins un acteur majeur de la Libération dans la région. Arrêtée par la police de Vichy en juillet 1941, elle fut emmenée de chez elle sur une civière, puis condamnée à trois mois de prison avec sursis et à une amende de cinq cents francs pour « propagande gaulliste ». Peu intimidée, elle espionna les Allemands pour le réseau de renseignement Gallia, rapprocha Combat et Libération-Sud à Bourg-en-Bresse, et travailla avec le capitaine Gastaldo, un officier qui mettait sur pied l'Armée secrète dans la région. En 1943, elle cacha successivement un aviateur canadien, une juive polonaise et le capitaine Gastaldo. Ses réseaux étaient si étendus que la Gestapo l'expulsa de sa maison pour y établir une souricière[19].

Cacher des résistants ou des soldats évadés n'était souvent que le prélude à les escorter hors de France via des filières clandestines. Andrée de Jongh aida ainsi des soldats alliés bloqués en France après Dunkerque et des pilotes alliés abattus pendant les bombardements sur l'Allemagne. Cette jeune infirmière de la banlieue bruxelloise avait soigné des soldats alliés blessés en mai et juin 1940. Lorsqu'ils furent remis sur pied, elle décida de les mettre en sécurité, hors d'atteinte des Allemands, pour qu'ils puissent reprendre le combat en Angleterre. À partir de juin 1941, elle conduit des groupes de soldats jusqu'à la frontière pyrénéenne. Il lui faut parfois traverser à la nage la Somme, qui séparait la zone dite « interdite », qui s'étendait de la frontière franco-belge à la zone occupée. Dans les Pyrénées, elle trouve des passeurs pour faire traverser les montagnes à ses protégés et négocie des subsides ou le moyen d'éviter les prisons espagnoles auprès des consulats britanniques. Arrêtée dans les Pyrénées en janvier 1943, elle est déportée à Ravensbrück. Germaine Aylé, qui l'a côtoyée dans le camp, la décrira plus tard comme « une femme d'un extraordinaire courage physique[20] ».

Alors que la résistance de certaines femmes était clandestine, d'autres manifestaient en public sur un mode traditionnel ou symbolique. Depuis la Révolution, les femmes avaient toujours été au premier rang des émeutes de la faim, car elles devaient nourrir leur famille et risquaient moins la répression brutale des autorités[21]. Elles s'indignaient que l'armée d'occupation allemande soit financée aux dépens des Français et qu'elle accapare en masse productions agricoles et autres ressources. Les Alliés imposaient un blocus des territoires occupés, ce qui rendait les denrées alimentaires encore plus rares. Les pénuries étaient gérées par le rationnement et le contrôle des prix, ce qui ne faisait que stimuler le marché noir, où l'on pouvait se procurer les produits indispensables, mais à un prix très élevé. C'était dans les grandes villes, sans accès direct aux approvisionnements de la campagne, que les conditions étaient les plus difficiles. Parmi les plus touchés se trouvaient les habitants des banlieues ouvrières de villes telles que Paris, où le parti communiste était traditionnellement bien implanté. Les femmes de sensibilité communiste se révélèrent prêtes à lutter jusqu'au bout. Ceux de leurs compagnons qui avaient survécu à la guerre et aux camps de prisonniers risquaient d'être poursuivis comme traîtres à cause du Pacte germanosoviétique, et arrêtés d'abord par le gouvernement de Daladier puis par Vichy. Les femmes créèrent des comités patriotiques féminins afin d'aider les familles démunies et de faire pression sur les autorités pour le retour des prisonniers de guerre et l'amélioration du ravitaillement. À la tête de cette activité dans la ceinture rouge parisienne se trouvait Danielle Casanova, fondatrice de l'Union des jeunes filles de France et l'une des dirigeantes du parti communiste clandestin, qui était en lien étroit avec les chefs de la lutte armée tel Albert Ouzoulias. Son état-major incluait Claudine Chomat, dont le père avait été tué avant sa naissance en 1914, et Lise Ricol, femme du résistant tchécoslovaque Artur London[22]. Les Comités formèrent la base du Front national, créé en mai 1941 pour relier militants communistes et non communistes.

À partir de l'automne 1942, l'opposition publique des femmes à la réquisition de leurs maris ou de leur fils pour le travail obligatoire en Allemagne devint plus audacieuse encore. Le Premier ministre Laval avait institué la Relève, qui envoyait des travailleurs en Allemagne en échange du retour de prisonniers de guerre, mais les Allemands avaient imposé l'envoi de trois travailleurs pour chaque prisonnier de guerre rapatrié, ce qui provoqua une vague de grèves. Des femmes manifestèrent aussi dans les gares de Caen et de Rouen où des hommes montaient dans des trains. La manifestation de 5 000 femmes à la gare de Montluçon le 6 janvier 1943 est restée célèbre. Beaucoup se couchèrent sur les rails pour bloquer les trains. La nouvelle de cette manifestation eut un grand impact et renforça l'opposition au travail forcé dans d'autres villes, petites et grandes[23].

Même si les femmes n'avaient pas le droit de vote, la République était symbolisée par la figure allégorique de Marianne, que les femmes trouvèrent de multiples manières de représenter. Elles se rassemblaient pour célébrer les grands anniversaires, habillées aux couleurs nationales, attirant les regards et mettant au défi les Allemands de les arrêter. Une Parisienne écrivit à la BBC en 1941 pour raconter son exploit : « Le 14 juillet, c'est moi qui étais Marianne, une robe bleue, un pantalon blanc, une écharpe rouge, un chapeau rouge, j'étais drapée dans un drapeau […] Par l'avenue des Champs-Élysées, j'ai été à l'Arc de Triomphe. [Devant l'hôtel de Crillon], un officier allemand, outré de mon audace, m'a regardée dans les yeux. J'ai soutenu son regard et malgré moi, j'ai eu un petit sourire ironique qui lui a fait baisser les yeux[24]. »

En zone libre, il était moins dangereux de manifester, même si Vichy, qui avait aboli la République, n'appréciait pas le 14 Juillet. Les occasions de défier les autorités ne manquaient cependant pas et certaines actions devinrent mythiques. Aimé Pupin, un cafetier grenoblois membre de

Franc-Tireur, a raconté : « Quel est le Grenoblois qui ne se rappelle pas cette belle journée où tout Grenoble était dans la rue, soit à manifester, soit à encourager les manifestants. Vous vous rappelez cette jeune fille inconnue vêtue d'une robe à bandes tricolores, coiffée d'un bonnet phrygien qui, place Victor-Hugo, s'empare d'un drapeau tricolore jailli d'on ne sait pas où, prenant la tête de la manifestation qui se rendait à la préfecture. C'était beau tout cela. Aussi [Marin] Dentella et son équipe étaient auprès d'elle pour la protéger[25]. »

La commémoration de la fin de la Première Guerre mondiale le 11 novembre était strictement interdite en zone occupée et représentait pour Vichy un défi en zone libre. Le 11 novembre 1943 à Béziers, une douzaine de garçons d'un groupe appelé Mon-Mond répondent à l'appel de la BBC et vont déposer des fleurs au monument aux morts, dans la gare. Leur chef a raconté leur timidité, et leur humiliation devant le courage exemplaire d'une lycéenne : « L'heure passe. Et tout d'un coup, la bande de héros en herbe est figée par la surprise. Une fille, lycéenne, cartable en bandoulière, marchant au rythme de ses petits sabots de bois, se dirige, seule, vers le monument gardé, s'y arrête un instant, tête baissée. Les flics, médusés, n'ont pas bougé. Alors les gars se regardent. Ils viennent de recevoir la plus belle gifle. Comme un seul homme, ils se lèvent, s'avancent. Les flics font semblant de s'agiter. Les "frisés" surveillent des fenêtres des hôtels occupés. Les jeunes de Mon-Mond jettent le bouquet au pied du monument. Suivent quelques secondes de recueillement pendant lesquelles les jeunes entendent un flic murmurer : "Voyons, faites pas les cons."[26] »

Les femmes finirent par remplacer les hommes. Au fil des opportunités, elles s'engagèrent dans l'espionnage, la propagande, les sabotages et même la lutte armée. Marie-José

Chombart de Lauwe, étudiante en médecine à Rennes, avait dix-huit ans quand elle commença à espionner au sein de Georges France 31, un groupe qui travaillait aussi pour les Britanniques. Son père, pédiatre, gazé pendant la Première Guerre mondiale, avait pris sa retraite chez sa mère sur l'île de Bréhat, au nord de la Bretagne. Marie-José utilisa ce prétexte familial pour parcourir à bicyclette cette zone interdite où les Allemands construisaient le mur de l'Atlantique. Malheureusement, le groupe fut trahi et elle fut arrêtée par la Gestapo en mai 1942, jugée et condamnée à mort. Sa peine fut commuée et elle fut déportée à Ravensbrück en juillet 1943[27].

Marguerite Blot, originaire d'une famille lorraine installée en Normandie depuis 1870, eut plus de chance. Habitant Paris, elle entra dans la Confrérie Notre-Dame dirigée par Rémy, grâce à Roger Dumont, ancien pilote de chasse qui avait effectué une attaque restée célèbre sur une installation radar allemande à Bruneval, sur la côte normande, en février 1942. Par l'entremise d'amis originaires d'Alsace-Lorraine, Marguerite Blot fit la connaissance d'un officier allemand qui s'occupait de transports ferroviaires à l'École militaire, et transmit des informations à Dumont. Comme elle avait un salon de beauté, la Confrérie lui demanda de travailler comme esthéticienne à l'hôtel Scribe, où vivaient des maîtresses d'officiers de la Wehrmacht. Elle était ainsi au courant des déplacements du commandement allemand[28].

Une des premières formes de propagande consistait à coller des papillons dans des lieux publics, sur des lampadaires ou dans des urinoirs. Ainsi Bertrande et Jean-Anet d'Astier, les enfants du général François d'Astier, s'attaquèrent à des collaborationnistes français, ce qui provoqua la colère de Vichy. En mars 1941, Bertrande fut incarcérée à la prison de Nîmes, dans le quartier des femmes, et condamnée à treize mois de prison, tandis que son frère écopait de six mois, la Cour ayant décidé de faire un exemple et reconnaissant la finesse politique de Bertrande. Malheureusement, vivre dans le quartier des femmes, parmi les voleuses, les prostituées et les avorteuses ne suscita chez elle aucune solidarité féminine : « J'aime peu les femmes et jusqu'à présent, j'en avais connu l'élite », écrivit-elle dans son journal. « Physiquement, elles me dégoûtent, sauf trois ou quatre qui ont un peu de retenue. La laideur est obscène, ou plutôt le spectacle de la laideur[29]. » Sa peine fut réduite de moitié en appel en janvier 1942, mais le choc pour une femme de sa sensibilité et de son milieu avait été tel qu'elle s'enfuit en Suisse et ne s'occupa plus de résistance.

Les actions de propagande répondaient fréquemment à des appels de la BBC. Elles étaient souvent lancées par les femmes, qui écrivirent les deux tiers des lettres françaises reçues par la BBC entre 1940 et 1943[30]. En mars 1941, quand la BBC demanda aux Français de dessiner le V de la victoire dans les lieux publics, une jeune femme de dix-huit ans prénommée Geneviève rapporta qu'à Paris, « il y a des V partout, sur les arbres, sur les bancs, sur les pavés. "Vive de Gaulle" est resté bien longtemps inscrit sur le Lutetia occupé par les Boches... Lorsque je rencontre des Boches, je chante en moi-même votre chanson, *Nous ferons déguerpir les Boches de notre Paris*[31]. » Le public des salles de cinéma exprimait aussi son opinion, surtout pendant les actualités officielles. En 1941, une Alsacienne réfugiée à Toulouse raconte une séance de *Petite princesse*, un film dans lequel joue Shirley Temple : « Ce film débute avec le *God Save the King*. Spontanément, le public s'est mis à applaudir au moins pendant un quart d'heure. Cela s'est renouvelé à la fin du film au moment du défilé de l'armée anglaise. Cela prouve bien que le peuple français comprend la collaboration dans le sens de l'honneur, c'est-à-dire qu'elle reste fidèle à ses alliés[32]. »

L'activité de la Résistance consistait principalement à rédiger, imprimer et distribuer des journaux clandestins. Une des équipes de propagande les plus efficaces s'était constituée autour de la feuille d'information *Défense de la France*, mais les hommes et les femmes n'y jouaient pas les mêmes rôles. Philippe Viannay et Robert Salmon, le duo qui menait *Défense de la France*, avaient fait des études supérieures et exerçaient « une sorte de royauté intellectuelle » qui intimidait les femmes, moins sûres d'elles sur ce plan[33]. Jacqueline Pardon, étudiante en philosophie, persuada néanmoins Viannay de modifier certains passages et recruta aussi Geneviève de Gaulle, la nièce du général, qui fut la seule femme à écrire dans la revue[34]. Génia Deschamps, infirmière, ne s'intéressait généralement pas au contenu de *Défense de la France*, qu'elle considérait comme un « petit truc entre garçons ». Mais cette émigrée d'origine juive n'appréciait pas le pétainisme de Viannay, une allégeance dont Geneviève de Gaulle finit par le débarrasser, et elle se disputa avec Salmon au sujet d'un article, lorsqu'il reconnut qu'il aurait aussi bien pu défendre l'idée inverse : « Franchement, il n'avait pas de convictions. » Cela dit, les hommes ne sachant pas alors frapper à la machine, c'était Charlotte Nadel, une étudiante en sciences à la Sorbonne, qui se chargeait de la fabrication. Sa formation se limitait à une heure passée chez un imprimeur professionnel mais elle disait qu'elle savait d'instinct « composer » un texte parce qu'elle était pianiste[35]. Dans l'équipe, les femmes s'occupaient de tout ce qui permettait au journal de paraître : fournitures, contacts, réunions. Génia Deschamps, qui considérait le journal comme le moyen de bâtir une équipe de résistance, organisait les réunions du comité de rédaction. Elle veillait de très près à la sécurité, ne disait jamais à l'avance où aurait lieu le rendez-vous, accompagnait les participants un par un en métro. En un mot, a-t-elle reconnu : « J'étais féroce[36]. » Défense de la France subit moins de pertes que beaucoup d'autres réseaux, mais Geneviève de Gaulle fut arrêtée en janvier 1943 et déportée à Ravensbrück en février 1944.

Génia Deschamps disait que son rôle consistait à « boucher les trous ». Elle entendait par là renouer des liens entre des résistants après des arrestations et en aider les victimes. Elle avait parfois l'impression que les hommes considéraient que le rôle des femmes était de recoudre des boutons, ce à quoi elle répliquait : « Si je m'étais mise à coudre les boutons de tous les gens qui étaient dans le maquis, je n'étais pas sortie de l'auberge[37]. » Recoudre les boutons ou boucher les trous ne signifiait pas seulement reconstituer les noyaux actifs. Il fallait aussi gérer les conséquences dramatiques de la résistance, telles que l'emprisonnement, la déportation voire l'exécution de milliers de résistants. Cela plongeait des femmes et, quand il s'agissait de leur mère, des enfants dans l'abandon et les exposait au danger. Les réseaux de résistance développèrent donc une sorte de service social dont l'organisation reposa sur les femmes et sur le clergé.

Quand Micheline Eude sortit de prison, son père lui conseilla de quitter Lyon et de rompre avec la résistance. Elle partit à Clermont-Ferrand où elle aida les réfugiés alsaciens, avant de revenir à Lyon fin 1943 pour travailler avec le service social des Mouvements unis de Résistance, qui fédérait les principales organisations résistantes non communistes. Elle rendait visite aux familles des résistants emprisonnés à Montluc, des déportés ou de ceux qui avaient été exécutés, leur donnait des colis, de l'argent, les réconfortait et plaçait les enfants dans des familles d'accueil. Les activités charitables se transformaient parfois en résistance lorsque, par exemple, on aidait une résistante enceinte à s'évader de l'hôpital où elle était détenue pendant que d'autres résistants bloquaient le standard[38]. Les organisations de résistance qui travaillaient de plus en plus ensemble voyaient l'avantage de mutualiser leurs services sociaux, ce qui devint réalité au début de 1944 avec la création du Comité des œuvres sociales des organisations de la Résistance (COSOR). Les principaux acteurs en étaient le père Chaillet, de *Témoignage Chrétien*, et Agnès Bidault, sœur de Georges Bidault qui dirigeait le Conseil national de la Résistance. Ils recrutèrent Marie-Hélène Lefaucheux, de l'Organisation civile et militaire (OCM), qui avait aidé son frère André Postel-Vinay à s'évader en septembre 1942 avant de créer une œuvre de charité, l'Œuvre Sainte-Foy, pour venir en aide aux résistants emprisonnés à Paris[39]. Les femmes étaient les chevilles ouvrières de ce travail social. Le socialiste Henri Ribière, de Libération-Nord, confia cette charge à Mme Alloy, une directrice d'école maternelle de la banlieue lilloise dont le mari avait été arrêté en juillet 1943. Deux de ses collègues féminines voulaient participer à la résistance « d'une façon plus active », en transportant des armes par exemple, mais Ribière refusa pour des raisons religieuses et paternalistes, disant qu'il « avait charge d'âmes et il était responsable vis-à-vis de leurs maris absents de la sécurité des deux femmes[40] ».

En fait, les femmes remplirent des missions cruciales dans les organisations de résistance les plus exposées. Leur rôle le plus important était celui d'agent de liaison ou de courrier. Les réseaux de résistance étant étendus et peu denses, le courrier et le téléphone étant étroitement surveillés, les ordres devaient être transmis de la main à la main par des courriers, à qui l'on demandait aussi parfois de transporter des armes ou des explosifs. Dans les gares, les passagers devaient passer par des postes de contrôle tenus par la police allemande ou française, ce qui rendait souvent préférables les déplacements à vélo pour de courtes distances. Mais il était impossible d'éviter tous les transports publics, et les jeunes femmes avaient alors souvent l'avantage : dans un monde où l'on considérait qu'un résistant était un homme, elles étaient moins suspectes. À l'automne 1943, Andrée Monier Blachère, vingt et un ans, accepta de convoyer une valise de tracts et d'armes entre Valence et Avignon, munie de ce conseil : « Les femmes, surtout si tu leur fais un charmant sourire, passent plus facilement. » Dans le train, elle se retrouva assise à côté d'un jeune officier allemand qui lui adressa un sourire. Arrivée à Avignon, elle vit qu'il y avait un contrôle allemand : « J'aperçois tout à coup mon jeune officier qui se prépare à sortir. Une chance. Un réflexe. Je me mets à côté de lui en souriant. Nous passons, évitant ainsi le contrôle. Ouf[41] ! » Autre anecdote : quelques mois plus tard, au printemps 1944, le FTP Joseph Rossi prenait un car à Grenoble pour rentrer chez lui à Vif, avec dans sa poche la carte d'un futur parachutage dans le Vercors. Lorsque le car s'arrêta dans la banlieue devant une caserne où était installé un barrage allemand, il eut un choc : « Voyant mon air embarrassé, une jeune fille – Ginette Martin – me dit : "Tu as des ennuis ?" Ne sachant trop que dire, je ne pus qu'acquiescer. "Donne-moi tes papiers." Ils prirent la route de son corsage. Les Allemands n'osèrent aller si loin[42]. »

Dans les milieux communistes où la sécurité était extrêmement stricte, il était courant qu'une femme serve d'agent de liaison à son mari. Cécile Tanguy avait été la « marraine de guerre » de son mari avant de l'épouser, lui écrivant quand il était en Espagne dans les Brigades internationales. Lorsqu'il entra dans la lutte armée en 1941, elle fut son agent de liaison, malgré les risques extrêmes : « Je ne pouvais pas mieux », a-t-elle raconté, étant donné leur proximité, l'arrestation de son père fin 1940, et la perte de son bébé[43]. Lorsqu'ils eurent deux autres enfants en 1941 et 1943, sa mère l'aida en se chargeant de la poussette où étaient cachés documents et explosifs, tandis que Cécile marchait à côté d'elle, bicyclette à la main. En mai 1943, lorsqu'Henri Tanguy fut nommé à la tête des FTP de la région parisienne avec Joseph Epstein, Cécile fit la liaison entre eux. Interviewé juste après la libération de Paris aux côtés de sa femme, Henri Tanguy, devenu le colonel Rol-Tanguy, déclara aux journalistes : « Les femmes ? Dites bien que sans elles, la moitié de notre travail aurait été impossible. Je n'ai jamais eu d'autres agents de liaison que des femmes […] L'une d'elles a fait un jour plus de 75 kilomètres à bicyclette[44]. »

Cécile Tanguy avait alors une vingtaine d'années. Nicole Lambert n'en avait que dix-sept lorsqu'elle décida de suivre son père dans la résistance. Originaire de la campagne près d'Orléans, elle l'avait rejoint à Paris. Il était responsable des employés de bureau, des artistes et des coiffeurs à la CGT. « Mon bagage culturel ne pesait pas lourd, puisque j'avais dû interrompre mes études à l'âge de douze ans », a raconté Nicole, qui écoutait les conversations de son père et de ses camarades parlant de « la lutte contre Hitler ». Elle lui annonça un jour qu'elle voulait se joindre à eux : « Il se fâcha tout rouge, me disant que la résistance n'était pas un jeu d'enfant, que les Allemands n'étaient pas des enfants de chœur. Il ajouta qu'une fois franchie la barricade, il n'y avait plus moyen de revenir en arrière. Pouvais-je envisager de sang-froid la torture et la mort ? Je le rassurai (enfin je le crois) en lui disant que je saurais me montrer très prudente et que, de toute façon, j'étais prête à me faire couper en rondelles plutôt que de livrer un de mes camarades[45]. »

Nicole fut présentée à l'un des adjoints d'André Tollet à l'union départementale de la CGT clandestine qui lui apprit les règles de sécurité qu'un agent de liaison devait respecter : être ponctuel, afin que son contact ne se fasse pas repérer en l'attendant. Mémoriser les instructions, ou les écrire sur du papier à cigarette facile à avaler. Se débarrasser de son identité, y compris de sa carte de rationnement, et partir de chez soi, en coupant tout lien avec sa famille et ses amis. Finalement, raconta-t-elle, « j'avais à l'époque une magnifique chevelure longue qui attirait beaucoup l'œil », mais puisque la première règle des résistants était de ne pas attirer l'attention, « il me fallait la sacrifier ». Une fois formée, elle eut pour mission de porter des messages entre les syndicats clandestins et de faire le lien avec des organisations de résistance. Son père fut arrêté en septembre 1943. Torturé, il ne parla pas et fut déporté. Elle changea de fonction dans le réseau mais continua à résister[46].

Même si les femmes jouèrent un rôle dans des activités dangereuses aux côtés des hommes, elles furent très souvent réticentes à en parler après la guerre, ou bien elles minimisèrent leur rôle. Là où les hommes avaient généralement tendance à amplifier leurs actions, les femmes faisaient souvent l'inverse. En 1984, une femme prénommée Jeannette, qui avait été agent de liaison dans le bassin houiller du Pas-de-Calais, fut interviewée. Désormais veuve et âgée de soixante-dix ans, elle commença en disant : « Je n'ai pas grand-chose à raconter. » Son mari était prisonnier de guerre en Allemagne. Le couple n'avait pas d'enfant. Lorsqu'un ami communiste de son mari lui demanda de l'aide, elle accepta : « À partir d'octobre 1943, j'étais aux FTP. Je transportais des armes et la dynamite que les mineurs parvenaient à dérober à la fosse. Je les recouvrais de salade, de poireaux que je laissais largement dépasser de mes sacoches. » Une fois seulement, elle fut contrôlée par les Allemands : « Je transportais quatre bâtons de dynamite qui devaient servir à faire sauter un pylône de la ligne électrique. Je les avais dissimulés dans de grosses betteraves creusées et soigneusement rebouchées avec le collet. J'ai dit aux Allemands : "C'est pour mes lapins." Ils n'ont pas insisté. Mais les premiers coups de pédale en repartant ont été difficiles. J'avais les jambes coupées par l'émotion[47]. »

Il est malaisé de savoir pourquoi Jeannette trouvait qu'elle en avait fait si peu pour la résistance. Peut-être ne voulait-elle pas éclipser son mari qui avait passé la guerre dans un camp de prisonniers, même s'il était désormais décédé. Peut-être pensait-elle que, ayant seulement transporté des armes et des explosifs sans les utiliser, sa contribution était moins importante que celle des hommes qui s'en étaient servi, même si elle avait risqué comme eux la déportation et la mort. Peut-être encore était-elle une de ces résistantes dont la modestie n'avait d'égal que l'héroïsme.

Que les résistantes aient rarement porté les armes explique en grande partie leur discrétion. Le fer de lance de la résistance était l'action militaire, et après la guerre, seuls les faits d'armes furent considérés comme des actes de résistance à proprement parler. Des femmes servaient dans les armées comme auxiliaires, mais la longue préparation du Débarquement ne les rapprocha pas du front, à l'exception de celles pour qui les services auxiliaires servaient de couverture à des opérations secrètes du SOE ou du BCRA derrière les lignes ennemies. En l'occurrence, la contribution d'une petite élite de femmes fut extraordinaire, même si à l'époque elles furent souvent promues à contrecœur, et si après la guerre, leur action fut minimisée.

La préparation du Débarquement et du second front offrit de nouvelles opportunités aux femmes, mais elle en supprima aussi. Après son arrivée en Algérie à l'été 1943, de Gaulle est rejoint par beaucoup de Français libres de Londres, dont le Corps des volontaires françaises. « À Alger, note Tereska Szwarc, commence une époque nouvelle, normale presque, un gouvernement, une grande armée bien équipée, en terre française. » Cependant, cette armée régulière fait encore moins de place aux femmes que l'armée des ombres. Tereska se fiance avec Georges Torrès, un Français libre, qui part en France en 1944 avec la 2e division blindée de Leclerc. Elle-même est promue sous-lieutenant, « après quatre ans de vie militaire », mais doit rester à Londres comme officier de liaison auprès des Américains[48].

Dans certains cas, les services auxiliaires servaient de couverture aux agents envoyés derrière les lignes ennemies. Le SOE britannique et le BCRA des Français libres avaient besoin de femmes parlant parfaitement anglais et français et ayant reçu une formation paramilitaire (transmissions, armes légères et neutralisation silencieuse) nécessaire pour servir d'agent de liaison aux agents du SOE parachutés en France. Les comptes rendus de leur formation critiquent parfois leurs capacités en des termes qui sembleraient choquants de nos jours. Jacqueline Nearne, dont le père était anglais et la mère française, travaillait à Nice quand la guerre éclata. Sa fiche la décrit comme « mentalement peu rapide et pas très intelligente. Fait preuve d'une certaine détermination ; mais a tendance à tergiverser face aux problèmes. Personnalité réservée et assez timide – c'est en fait une personne très simple. Elle manque de confiance en elle, peut-être par manque d'expérience. Il est à l'heure actuelle impossible de la recommander[49]. »

Malgré cela, elle est parachutée en France le 25 janvier 1943 par le SOE pour être l'agent de liaison de Maurice

Southgate. Après un moment de panique, elle se révèle extrêmement efficace[50]. Quant à Anne-Marie Walters, à peine âgée de vingt ans quand elle s'engage dans le SOE, elle fait l'objet d'un rapport tout aussi cinglant, qui critique cette fois un excès de confiance en soi : « Elle est éduquée, intelligente, rapide, débrouillarde et rusée. Elle a un fort caractère, se montre dominatrice, agressive et sûre d'elle-même. Elle est orgueilleuse et assez vaniteuse. Elle a été trop gâtée et se dit toujours "contre le gouvernement". Un peu exhibitionniste, déteste qu'on ne la regarde pas. Elle a tendance à s'exciter et est légèrement hystérique. Elle n'hésite pas à utiliser son charme physique pour exercer une influence sur les hommes. À cet égard, elle risque de déstabiliser les groupes dans lesquels on la placerait[51]. »

Le sergent qui lui apprend à sauter en parachute est encore plus sévère : « Dès qu'elle arrive au sol, elle enlève systématiquement son casque et se secoue les cheveux, ce qui fait que tout le monde peut voir que c'est une femme[52]. » Ceci ne semble pas nuire à ses capacités, car lorsque ce rapport est rédigé, elle a déjà été parachutée en France pour être l'agent de liaison de George Starr en Gascogne.

Les parents de Pearl Witherington étaient anglais mais elle avait fait sa scolarité à Paris, puis elle avait travaillé à l'Air Office de l'ambassade de Grande-Bretagne à Paris. Elle ne rentre pas en Grande-Bretagne avec le personnel diplomatique en 1940 mais quitte Paris en décembre 1940 quand les sujets britanniques risquent d'être internés. Elle arrive en Angleterre via l'Espagne et le Portugal en juillet 1941. Fonctionnaire au ministère de l'Air jusqu'en novembre 1942, elle s'engage ensuite dans les Women's Auxiliary Air Force (WAAF), ce qui lui sert de couverture pour devenir agent du SOE. Son rapport d'entraînement est beaucoup plus positif. Elle est décrite comme « calme, ingénieuse, et extrêmement déterminée [...] Probablement le meilleur tireur (hommes et femmes confondus) que nous ayons jamais eu. » Parachutée en France en septembre 1943, elle a raconté plus tard : « Je n'aurais jamais été capable d'utiliser mon arme contre quelqu'un de sang-froid. Je pense que c'est une attitude de femme. Je pense que les femmes sont faites pour donner la vie, pas pour l'ôter[53]. » Cela dit, après l'arrestation de son chef, c'est elle qui prend la tête d'un maquis retranché dans une forêt du Nord du Berry et harcèle les Allemands qui remontent vers le nord. Fin juillet 1944, ce groupe compte 3 500 membres[54].

Jeanne Bohec, française jusqu'au bout des ongles, engagée dans le Corps des volontaires françaises, voulait être plus qu'une auxiliaire ; elle voulait se battre. Elle se démena pour échapper aux préjugés qui pesaient sur les femmes. Chimiste de formation, elle travaille dans un laboratoire d'explosifs mais veut à tout prix être envoyée en France. Elle suit l'entraînement militaire britannique standard. Ses dernières évaluations notent qu'elle « tire assez bien au pistolet », qu'elle est meilleure en chimie pratique que théorique, et qu'elle « ferait un excellent instructeur en explosifs artisanaux ». Et aussi : « Elle a des capacités de commandement et remplira avec fiabilité les tâches qui sont de ses compétences. Passe inaperçue, ce qui devrait être un atout[55]. » Son entraînement terminé, le BCRA l'accepte finalement comme instructeur de sabotage auprès des FFI (Forces françaises de l'intérieur) et la parachute sur sa Bretagne natale dans la nuit du 29 février au 1er mars 1944. Elle est immédiatement confrontée à des attitudes sexistes. Elle a raconté la réaction de l'agent chargé de récupérer les hommes et le matériel parachutés : « "Mais on les prend maintenant au berceau !" En effet, je ne mesure pas plus que 1,49 mètre. Il fut aussi très surpris d'avoir affaire à une femme. [Il] ne savait même pas que le BCRA envoyait des femmes[56]. » Elle prend contact avec Maurice, chef de la résistance à Questembert (Morbihan) puis rend une brève visite à ses parents, à Rennes, stupéfaits de la revoir après quatre ans d'absence, mais « [ils] ne tentèrent pas de m'arrêter et cherchaient seulement à me rendre service[57] ». Ayant récupéré sa bicyclette, elle passe les mois d'avril et de mai 1944 à apprendre à de jeunes résistants bretons comment fabriquer des explosifs artisanaux et à saboter les voies ferrées locales. En juin, elle rejoint le maquis de Saint-Marcel qui inflige de lourdes pertes aux Allemands avant d'être obligé de se disperser[58]. Début août, elle porte un uniforme kaki « avec un beau galon tout neuf » sur la manche, mais lorsque les parachutistes alliés atteignent Quimper et qu'elle leur demande un pistolet-mitrailleur ou au moins un Colt, un capitaine lui réplique : « Ce n'est pas l'affaire d'une femme. » L'armée régulière se révélait plus conservatrice et plus sexiste que le maquis : « Il me frustra ainsi de la satisfaction de prendre part aux derniers combats, a-t-elle raconté, mais il ne put cependant me renvoyer à des occupations dites "féminines" et je restai à côté des hommes qui se battaient, ne pouvant le faire moi-même[59]. »

La crise et le chaos des derniers mois de la guerre transformèrent la situation des femmes de multiples façons. Elles avaient réagi avec passion à l'arrestation, la déportation ou la mort de leurs pères, frères ou compagnons. L'arrivée des Alliés sur le sol français fit soudain revivre le cri de ralliement « Aux armes, citoyens ! », et la revendication par les femmes du droit de vote, promis par l'Assemblée consultative provisoire d'Alger. Beaucoup de femmes se sentirent soudain capables de s'affranchir du sexisme qui avait critiqué, limité ou minimisé leur action dans la résistance. Elles se réinventèrent en résistantes à part entière, mais avec tous les dangers qui en découlaient.

Le père et la sœur de Claire Girard appartenaient au réseau d'espionnage Gloria, comme Germaine Tillion, et, comme elle, ils furent trahis[60]. Leur arrestation en août 1942 est un coup très dur pour Claire : « Si je te faisais l'étalage de ce que je découvre en moi, tu serais atterré, on y voit de tout, de la révolte, de la haine, une envie farouche d'être bûche et de ne plus rien sentir[61]. »

Sa mère, membre du réseau d'évasion Comète, tombe en dépression et abandonne la résistance. Claire aurait pu faire de même, mais au printemps 1944, elle déclare à son frère : « Pour nous, depuis que papa et ma sœur sont partis, la notion de patrie, de pays n'a cessé de croître. J'aime le pays, notre pays par-dessus tout […] je suis prête à me jeter dans l'action politique[62]. »

L'élément déclencheur est l'arrestation en mai 1944 de son frère François, âgé de dix-huit ans et membre de Défense de la France. Claire abandonne toute prudence. Apprenant le débarquement en Normandie, elle écrit : « Quel bulletin de gloire que celui de tout à l'heure. Je me sens prête à toutes les bagarres. Mais si, mais si, Maman Chérie, nous nous retrouvons tous pour fêter "notre" victoire, vous savez que c'est une rude joie que d'avoir participé à cet immense effort[63]. » Pour Claire, il fallait résister pour libérer le pays et restaurer sa gloire, mais aussi pour réunir sa famille dispersée par les arrestations et la déportation. En tant que femme, elle croyait n'avoir pas grand-chose à apporter, mais le regard positif des autres sur elle l'avait fait changer d'avis. Dans la dernière entrée de son journal, elle note que, pour la deuxième fois, elle a été appelée « pour des choses graves. Et pourtant qui suis-je ? Une simple jeune fille, c'est tout. Les autres croient que vous êtes quelqu'un. Il ne faut pas les décevoir[64]. »

Madeleine Riffaud avait décidé de rejoindre la résistance quand un soldat allemand lui avait donné un coup de pied dans les fesses à la gare d'Arras, alors qu'elle revenait d'exode avec son grand-père malade en juin 1940. Tuberculeuse, elle n'en eut pas le temps avant d'être envoyée au sanatorium de Saint-Hilaire-du-Touvet, près de Grenoble. Cet établissement était rempli de jeunes résistants, dont Marcel Gagliardi, étudiant en médecine et jeune communiste, brièvement incarcéré en 1940. À sa sortie du sanatorium, Madeleine Riffaud part à Paris faire des études de sage-femme et adhère au parti communiste car elle a entendu parler de héros tels Guy Môquet et Missak Manouchian. Évaluée par le Parti, elle devient l'un des trois chefs de la section des étudiants en médecine du Front national. Au début, elle a une vision conventionnelle du rôle des femmes dans la Résistance : « Elles étaient les petites mains de la Résistance, celles qui réparaient les filets brisés, qui raccommodaient le tissu clandestin[65]. » Tout change quand elle voit la fameuse « Affiche rouge » par laquelle les Allemands annoncent la condamnation à mort du groupe de Manouchian et qualifient la Résistance de « complot » mené par des juifs, des étrangers et des criminels. Elle demande à rejoindre la lutte armée et est affectée au service sanitaire des FTP. Elle apprend à poser des explosifs sur les véhicules allemands et couvre la fuite de son camarade Paul, qui harangue les clients de la librairie Gibert, sur le boulevard Saint-Michel, lorsqu'un soldat allemand le menace de son arme.

Ce qui la décida à tuer un soldat allemand n'est pas clair. Après la guerre, le parti communiste lui infligea un blâme pour avoir agi sans autorisation d'une manière qui le discréditait, mais dans un entretien de 1946, elle affirma qu'après le massacre des habitants d'Oradour-sur-Glane par les Waffen SS le 10 juin 1944, ordre avait été donné de tuer des officiers et des soldats allemands[66]. En 1994, elle a expliqué que son camarade Picpus, blessé par les Allemands, était mort à l'hôpital le 23 juillet 1944 à 1 heure du matin et qu'elle avait pris ce qu'Éluard appellerait plus tard « les armes de la douleur » pour le venger[67]. Interviewée en 2012, elle a raconté que son geste était destiné à faire sortir les Parisiens de leur torpeur alors que les Alliés approchaient, et à susciter une insurrection populaire : « J'étais dans un combat. Il fallait des actions spectaculaires devant la population parisienne […] On était en train de travailler la population pour qu'elle se lève[68]. » Pour des raisons autant collectives que personnelles, le dimanche 23 juillet 1944 dans l'après-midi, Madeleine prit un pistolet et son vélo. Sur le pont de Solferino, elle repéra un sous-officier allemand qui contemplait la Seine. Libérée de ses doutes, elle lui tira deux balles dans la tête et fut tout de suite renversée par une voiture de miliciens français qui hurlèrent « Terroriste ! Salope ! Lâche ! Tu vas le payer ! » Ils la livrèrent à la Gestapo[69]. Par miracle, elle ne fut ni exécutée ni déportée, et prit part aux dernières étapes de la libération de Paris[70].

Les femmes avaient parcouru un très long chemin depuis 1940. Elles surmontèrent les nombreux obstacles, sociaux et institutionnels, qui les empêchaient d'agir dans la Résistance et la France libre aux côtés des hommes. Elles prirent une part entière aux actions de renseignement, de propagande, et, particulièrement pour les agents du SOE, au sabotage. Certains rôles, agent de liaison par exemple, furent mieux remplis par les femmes que par les hommes, car elles étaient moins souvent contrôlées ou fouillées. D'autres tâches, comme soutenir les familles des résistants décédés, correspondaient bien à leurs compétences sociales. À la Libération, la situation évolua dans deux directions différentes. Les femmes qui s'étaient engagées dans les services auxiliaires de la France libre restèrent en retrait tandis que les hommes partaient combattre, alors que les résistantes qui étaient en France durent remplacer les hommes qui mouraient au combat. Jeanne Bohec, engagée dans les armées alliées, ne fut pas autorisée à porter une arme, alors que Pearl Witherington commanda un grand maquis dans le Centre de la France, et qu'en matière de fait d'armes, Madeleine Riffaud rivalisait avec Pierre Georges, le premier à avoir abattu un soldat allemand sur le sol français, trois ans plus tôt.

# 6

## Entre ombre et lumière

*Lorsqu'un traître avait pénétré, comme le venin, dans une partie de l'organisme, son ambition était de remonter le long des artères jusqu'au cœur.*

Germaine Tillion, 2000

Fin mars 1941, Simone Martin-Chauffier, qui avait travaillé pour le centre parisien de politique étrangère de la fondation Rockefeller, attend Boris Vildé dans un café de la place Pigalle. Tous deux appartiennent au réseau du musée de l'Homme. Elle doit donner à Vildé une photo pour une fausse carte d'identité. Mais il ne viendra pas. Il a été arrêté avant même d'avoir pu trouver de nouveaux papiers et de s'être créé une nouvelle identité[1].

Simone Martin-Chauffier a fort bien expliqué que résister signifiait acquérir une nouvelle identité et remplacer la famille, l'adresse et le métier qui avaient jusque-là constitué le personnage que l'on présentait au monde. Cette nouvelle identité créait un autre personnage qui jouerait son rôle au sein d'une petite troupe de comédiens, peu nombreux mais exceptionnels. Le petit groupe dont elle était membre (ainsi que Jean Cassou, ancien directeur du musée de l'Homme, Agnès Humbert, ancien conservateur, et l'écrivain Claude Aveline) s'était donné un nom littéraire, Les Amis d'Alain-Fournier. Ils l'avaient choisi parce qu'ils se réunissaient dans les bureaux d'Émile-Paul Frères, qui avait publié *Le Grand Meaulnes* en 1913, et sans doute aussi parce que le roman d'Alain-Fournier, qui parle d'innocence perdue, de chemins secrets et d'événements fantastiques, évoquait l'aventure mystérieuse qui s'ouvrait à eux[2]. Dans le même temps, Simone Martin-Chauffier avait une conscience aiguë des risques qu'ils couraient à se livrer à ce que les Allemands considéraient comme de l'espionnage. Son nouveau rôle lui rappelait la danseuse, courtisane et agent double fusillée par les Français en 1917 comme espionne allemande : « Les sociétés secrètes, l'espionnage et le contre-espionnage exigent des efforts surhumains, à commencer par le mensonge. Je demandai à Claude : "Tu me vois en Mata Hari ?"[3] »

Entrer dans un monde de fiction était un lieu commun chez les résistants. Ils cachaient tous leur véritable identité sous un nom de guerre par lequel ils étaient connus de leurs camarades. Ceci réduisait le risque d'être découvert et arrêté. Ce pseudonyme, souvent inspiré par un personnage favori, indiquait parfois le rôle qu'ils espéraient jouer. Par association d'idées, il dévoilait un peu de leurs idéaux et de leurs illusions au moment de sortir des sentiers battus.

Madeleine Riffaud avait seize ans lorsqu'elle fut molestée par un soldat allemand et qu'elle se jura de résister. Au lycée, elle s'identifiait à des personnages historiques ou imaginaires qui semblaient incarner ses ambitions. Ayant eu 18/20 à une dissertation sur *Le Cid* de Corneille, elle s'identifia à don Rodrigue, le Cid, qui libère son pays des Maures et gagne le cœur de sa bien-aimée : « Il nous apparaît comme le symbole de la jeunesse ardente, passionnée, généreuse, pleine d'héroïsme et de courage[4]. » Plus tard, quand elle rejoint la résistance communiste, elle prend le nom de Rainer, en hommage au poète Rainer Maria Rilke,

né à Prague. Rilke avait vécu à Paris avant la Première
Guerre mondiale et avait quitté l'armée autrichienne en
1916 pour inaptitude. Il écrivait en français et en allemand,
et chez Madeleine Riffaud, il inspira plus la poétesse que la
femme d'action.

Denise Domenach, la jeune sœur de Jean-Marie
Domenach, est elle aussi lycéenne pendant presque toute la
guerre. Elle a raconté que lorsque les Allemands occupent
Lyon en novembre 1942, « nous avons chacun *un nom de
guerre*. Au début, j'avais choisi le nom d'une sirène envoû-
tante de la littérature allemande, Loreley, chantée par
Apollinaire, histoire de leur renvoyer l'ascenseur[5]. » Le
poète français s'étant inspiré de la *Loreley* en 1904, choisir
ce nom n'est qu'un juste retour des choses pour une jeune
Française qui veut piéger les envahisseurs allemands. Pour
échapper à leur surveillance, son groupe de jeunes catholiques se retrouve non dans des cafés mais dans des églises
où, note-t-elle avec ironie, « les Allemands ont mis un certain temps à comprendre que l'on pouvait y faire autre
chose que sa prière[6] ».

Prendre un pseudonyme et jouer un rôle aidait certains
à trouver une identité qui leur plaisait et qui leur avait
jusque-là échappé. Serge Asher avait une mère tchèque
qui travaillait dans la mode à Paris. Il avait reçu une
excellente éducation classique au lycée Louis-le-Grand et
à l'École polytechnique. Cela dit, il reconnaissait qu'entre
un père biologique catholique, un père juif dont il portait
le nom, et un riche beau-père suisse protestant, « [il avait]
vécu un problème d'identité ». Il resta longtemps écartelé
entre Pétain et de Gaulle[7]. Quand il rejoignit Libération à
l'automne 1942, il saisit l'occasion de se trouver un nom
à consonance française et un personnage qui lui montre le
chemin. Passionné d'alpinisme, il choisit Ravanel, nom

donné à une aiguille dominant Chamonix en hommage à l'illustre guide Ravanel le Rouge[8].

Entrer dans la Résistance ne signifiait pas seulement adopter une nouvelle identité et un nouveau rôle, mais pénétrer dans un monde d'ombres cachées derrière le monde réel. Certains avaient l'impression de participer à une chose irréelle, une pièce de théâtre, un roman ou une intrigue policière. C'était parfois bien plus exaltant que leur vie quotidienne et compensait pour eux les faiblesses et les insuffisances dont ils avaient toujours souffert. En revanche, c'était un autre monde, semé d'embûches, où la réalité se vengeait souvent brutalement.

Jacques Lecompte-Boinet avait souffert que son père, officier en 1914, soit mort en héros lorsqu'il n'avait que onze ans. Pour ne rien arranger, il avait épousé la fille du général Mangin, illustre officier de la Grande Guerre. Son beau-frère, le colonel Diego Brosset, avait rejoint les Français libres et s'illustrait au combat[9]. Comment pouvait-il rivaliser ? Il était myope, père de quatre (et bientôt cinq) enfants et fonctionnaire. Il a raconté son engagement dans la Résistance comme une initiation à un nouveau monde fantastique. Le 6 octobre 1941, François Morin, ancien officier de liaison du général Béthouart en 1940, lui fait rencontrer un contact dans un café en face de la gare Saint-Lazare : « Je vis apparaître […] une grande fille blonde en manteau de fourrure, très élégante sous un tricorne à la mode […] François [Morin] me présente sans me nommer. Pendant que Morin surveille le voisinage, Élisabeth me pose quelques questions sur mes possibilités et sur mon emploi du temps. Puis, tout à coup : "Savez-vous monter à motocyclette et avez-vous une bonne santé ?" […] Alors Élisabeth se lève, parle très haut de choses et d'autres, et me propose de l'accompagner jusqu'à l'Opéra. Nous marchons dans la nuit ; son accent anglais (elle me dira plus

tard qu'elle est née en Angleterre de parents français) met
dans cette conversation une pointe de mystère qui n'est pas
désagréable. Et j'apprends que le grand patron est un officier du 2e bureau[10]. »

Il s'agit d'Élisabeth Dussauze, membre de Combat dans
la zone occupée, dont le patron n'est autre qu'Henri
Frenay, que Lecompte-Boinet rencontre le 3 janvier 1942,
au cours d'un rendez-vous soigneusement orchestré[11]. Il se
sent entraîné dans une aventure qu'il ne peut décrire qu'en
termes romanesques. Il parle avec sincérité de la « joie de
vivre une aventure vraiment pittoresque, ma joie d'être
mêlé à des incidents où je risquerais à chaque instant de
disparaître à mon tour dans le trou […] Je n'étais jamais
aussi pénétré et aussi heureux que lorsque l'aventure était à
rebondissements et le roman policier à épisodes[12]… »

Malheureusement, un désastre frappe le groupe.
Convoqué à une réunion le 4 février 1942 dans un appartement près de Port-Royal, Lecompte-Boinet sonne à la porte
mais personne ne répond. Il apprend que presque toute
l'équipe a été arrêtée. Plus tard, il méditera sur l'aspect
théâtral d'une aventure de quatre mois à peine, sur la brutalité de la réalité et sur la façon dont une comédie a tourné à
la tragédie : « Quand je reconstitue maintenant cette entrevue, la solennité avec laquelle me fut accordée cette inves-
titure, je mesure la part de bluff qu'Élisabeth déploya
devant moi ; au fond elle jouait une comédie qui ressemblait fort à une parodie d'intronisation dans une société
secrète, avec ses rites et formules sacramentelles. Il est vrai
qu'étant donné que nous jouions les uns et les autres notre
vie, que moins de deux mois après, tous les membres de
cette organisation auraient disparu et que les neuf dixièmes
ne devaient plus jamais revenir, le jeu recouvrait une réalité
infiniment tragique[13]. »

Dans ce jeu d'illusion et de dissimulation, les nouveaux venus se révélaient souvent idéalistes et naïfs, alors que d'autres avaient déjà une grande expérience. C'était le cas des communistes, considérés comme des traîtres depuis le Pacte germano-soviétique en 1939. Les chasses aux sorcières s'étaient succédé, conduites par la République de Daladier, le régime de Vichy et les Allemands. De plus en plus persécutés eux aussi, les juifs devaient choisir entre se soumettre aux lois discriminatoires en se faisant enregistrer comme juifs, ou plonger dans la clandestinité avec une nouvelle identité[14]. Certains, qui étaient communistes, juifs et étrangers, pouvaient être arrêtés pour une multitude de raisons. Acquérir une nouvelle identité pour éviter le danger était un impératif urgent.

Le jeune communiste Albert Ouzoulias s'échappa d'un camp de prisonniers en Autriche et rentra en France caché sous un train qui rapatriait des prisonniers de guerre anciens combattants de 1914-1918. Début août 1941, à Paris, il rencontre Danielle Casanova, l'une des chefs du parti communiste clandestin, Pierre Georges, ancien des Brigades internationales, et André Leroy, responsable des Jeunesses communistes dans la zone occupée[15]. Leroy suggère qu'Ouzoulias prenne le nom de Marceau, fameux général révolutionnaire français, ennemi juré des Prussiens et des Autrichiens, tué à l'âge de trente ans. Les jeunes généraux issus de la Révolution étaient des exemples fascinants, mais Ouzoulias juge Marceau « trop prestigieux » pour lui. À la place, il prend le nom de Marc, qu'il tire de l'œuvre d'un grand écrivain français contemporain : « Cela évoquait pour moi un des derniers livres que j'avais lus et relus, *L'Âme enchantée* de Romain Rolland. Le combat pour la paix et contre le fascisme qui avait dominé ma vie depuis l'âge de dix-sept ans [1932] avait été aussi celui de

Marc, tombé à Florence sous le couteau des spadassins fascistes de Mussolini [16]. »

La façon dont les resistants devaient apprendre de nouveaux rôles, avec tous les détails de leur nouvelle vie, comme pour une mystérieuse mise en scène, a été décrite par Nina Gourfinkel, née dans une famille juive originaire d'Odessa qui avait fui la Révolution russe en 1925. Amie de l'écrivaine juive russe Irène Némirovsky et spécialiste du théâtre russe contemporain, Nina Gourfinkel s'engagea dans le sauvetage des juifs persécutés. Elle était bien placée pour explorer l'analogie théâtrale : « Toute une nouvelle société en demi-teinte se superposait au monde angoissé des vivants. Mais l'habileté des costumiers ne suffisait pas à assurer le succès de ce macabre bal travesti. Il fallait encore aux "usagers" des faux savoir incarner leur personnage, connaître leur prétendue cité natale, posséder une bonne dose d'imagination et d'humour pour ne pas bafouiller [17]. »

Un autre juif étranger, qui sauva des enfants juifs dans la région de Nice, avait lui aussi une expérience du théâtre. Moussa Abadi avait quitté la Syrie pour étudier à Paris la littérature médiévale et il était devenu comédien. L'apogée de sa carrière avait été son interprétation du docteur Knock, dans la pièce de Jules Romains, qu'il joua pour Louis Jouvet à New York. Après la représentation, les acteurs avaient été invités à boire un verre par Antoine de Saint-Exupéry, à la veille d'un nouvel exploit aérien. Moussa Abadi a raconté leur échange : « Et moi, de plus en plus hardi, je lui dis : "Monsieur de Saint-Exupéry, pouvez-vous me dire comment il faut s'y prendre pour aller jusqu'au bout de soi ?" Il me regarde et il dit : "C'est très simple. Il faut toujours essayer de passer par les nuages." [18] »

Pour Abadi, « passer par les nuages » signifiait avoir de l'imagination pour fournir une nouvelle identité aux enfants juifs menacés d'arrestation et de déportation, et les cacher dans des familles chrétiennes de la région niçoise[19].

À l'époque déjà, de fins observateurs avaient réfléchi à la logique des noms de guerre et des nouvelles identités. Gerhard Leo était un jeune juif allemand qui avait fui Hitler en 1933 avec sa famille et s'était réfugié à Paris. Plus tard, il participerait à la campagne clandestine menée par les communistes français et allemands pour pousser les soldats de la Wehrmacht à la désertion[20]. Il se voyait en héros romantique tel Julien Sorel dans *Le Rouge et le Noir*, ou Pavel, héros de la révolution russe de 1905 dans *La Mère* de Maxime Gorki. Arrêté par les Allemands, il s'évada quand des maquisards corréziens attaquèrent le train qui l'emmenait à Paris, début juin 1944, vers un jugement et une exécution certaine. Gerhard Leo rejoignit les maquisards et, dans une brève étude, il classa ainsi les noms de guerre : « Beaucoup se choisissaient tout simplement de nouveaux prénoms – c'était le cas de Michel ou de Lucien – ou bien des diminutifs, comme Bébert, Jo ou Lou. Il y avait aussi ceux dont le faux nom rappelait un événement singulier, un signe particulier, un métier, une origine. J'ai connu un FTP qu'on appelait "La Goupille". Il avait armé une grenade lors de l'attaque de son camp et il dut la tenir pendant quarante-huit heures dans sa main serrée. Un certain "Figaro" était coiffeur de métier […] Il y avait aussi les noms qui reprenaient ceux des généraux de la grande Révolution française issus du peuple. Jean-Jacques Chapou, commandant du secteur B en Corrèze, était professeur de lycée. On l'appelait "Kléber". »

Cela dit, les maquisards de Corrèze lui avaient donné un surnom encore plus approprié : Le Rescapé ou Le Survivant[21].

Dans la Résistance, pour des raisons de sécurité, un camarade ignorait souvent l'identité réelle de celui qu'il rencontrait ou avec qui il travaillait. Comme dans *À la recherche du temps perdu* de Proust, il fallait lire des signes extérieurs pour sonder une identité et juger si l'on pouvait se fier à la personne. Souvent, pensant aux alliances possibles avec des collègues rencontrés, les résistants utilisaient des métaphores tirées de la littérature, de l'opéra, de l'histoire ou des mythes, pour tenter d'en saisir la personnalité. L'un de ceux qui a le plus souvent été décrit était Emmanuel d'Astier de La Vigerie, le fondateur de Libération. Aux yeux de certains résistants, ses origines aristocratiques le faisaient sortir d'un monde imaginaire ou d'une époque différente. C'est ainsi que l'a décrit Christian Pineau, de Libération-Nord, qui le rencontra début 1942 : « Il semble sorti tout droit, avec son aspect romantique, de la grande scène des conspirateurs dans *Les Huguenots* », l'opéra romantique de Meyerbeer[22]. Charles d'Aragon, autre aristocrate résistant, employa des métaphores tirées de l'héraldique et de l'histoire pour décrire les facettes contradictoires de la personnalité de son camarade : « Il ressemblait à la fois à Fénelon et à Teilhard de Chardin, avec lesquels il n'avait de commun que les traits d'un visage altier. Quant à sa haute et ondulante silhouette, elle tenait tout ensemble de la guivre et de la licorne. Ce futur amoureux des causes prolétariennes évoquait irrésistiblement les comparaisons héraldiques. Sa voix faisait penser au XVIe. Non pas au XVIe siècle, où ce héros eût fait bonne figure à Florence comme à Venise, mais au XVIe arrondissement de Paris[23]. »

La Résistance était fondée sur la confiance, ce qui suscita parfois des amitiés profondes, voire des amours. Mais les résistants avaient aussi de l'ambition et rivalisaient pour le pouvoir. Dans le monde de faux-semblants dans lequel ils évoluaient, cela donnait lieu à des tactiques de mensonge ou de bluff. Le but était de faire croire à l'autre que l'on était plus fort et plus puissant qu'en réalité. En septembre-octobre 1942, d'Astier et Frenay mentent ainsi à de Gaulle sur le nombre de recrues qu'ils peuvent apporter à l'Armée secrète : d'Astier prétend disposer de 12 000 hommes prêts au combat, et Frenay, de 22 500[24]. L'Armée secrète étant une armée virtuelle qui ne devait pas se matérialiser avant le jour J, ces estimations restent purement rhétoriques. Le pouvoir de la rhétorique se manifeste également dans le cas de Pierre de Vomécourt, l'agent qui avait dédaigné les Français libres. Il est parachuté en France par les services secrets britanniques en mai 1941. À son retour en Grande-Bretagne en février 1942, il tente de persuader les Britanniques d'écarter de Gaulle et de travailler avec Michel Clemenceau, alors âgé de soixante-huit ans, fils du Tigre, qui avait mené la France à la victoire en 1914-1918. Le brouillon d'un rapport britannique sur Vomécourt, derrière lequel on entend sa voix, affirme : « [Vomécourt] a monté sa propre organisation dans la zone occupée, et assure le commandement nominal d'autres organisations spontanées qu'il cherche à fusionner. Son travail a été mené via des contacts personnels dans les milieux politiques, militaires, religieux et industriels. Il dispose au total d'environ dix mille hommes. »

Sur ce brouillon, le « dix » a été rayé et « vingt » réécrit au-dessus, de sorte que lorsque lord Selborne, ministre de l'Économie de guerre, écrivit à Churchill pour exposer ce projet, il dit que Vomécourt était à la tête de 20 000 résistants, un chiffre inimaginable dans les circonstances[25].

Ces folles affirmations font pâle figure à côté des affabulations de Carte, le mythomane le plus célèbre. Son nom de code même semblait tout droit sorti d'un roman d'espionnage. Il s'agissait en réalité d'un peintre, André Girard, qui vivait sur la Côte d'Azur et n'avait pas été mobilisé en 1939 car il était père de quatre enfants. Il avait cependant fait son service militaire en 1923, quand les Allemands organisaient une résistance clandestine contre l'occupation française de la Ruhr, ce qui, prétendait-il, « l'[avait] formé vingt ans à l'avance[26] ». Plus que son activité, limitée, d'espionnage, c'est son imagination qui se déploya. Par l'entremise du cinéaste Henri-Georges Clouzot, il fut présenté à Maurice Diamant-Berger, écrivain, scénariste et producteur pour le théâtre et la radio, qui s'était réfugié à Cannes pendant l'exode. Girard demanda à Diamant-Berger de le rejoindre dans la Résistance. « Cette vie occulte et dérisoire, se souviendrait Diamant-Berger, m'apparaissait comme une nouvelle comédie[27]. » Girard était effectivement en contact avec l'armée d'armistice par l'intermédiaire du colonel Vautrin, celui qui s'était plaint que de Gaulle ne lui eût accordé qu'une très courte entrevue lorsqu'il s'était rendu à Londres et qui était désormais chef du renseignement de Vichy à Grasse. Girard, contacté à la fois par d'Astier et par Jean-Pierre Levy, voulut les convaincre, sans succès, de traiter directement avec les Britanniques, sans passer par le général de Gaulle. Il persuada Londres d'envoyer à Cannes Nicholas Bodington, chef du SOE, qui arriva en août 1942 pour le rencontrer. Bodington assista au casino de Cannes à une représentation d'*Une grande fille toute simple*, où triomphait Madeleine Robinson, tout en se faisant prendre par une intrigue plus sérieuse. Il fut fasciné par les possibilités que semblait offrir Girard comme personnage capable, contrairement à de Gaulle, d'avoir une influence directe sur l'armée d'armistice, et déclara à Diamant-Berger : « C'est la réunion la plus importante qui ait eu lieu depuis l'armistice[28]. » Bodington rapporta en effet à Londres que de Gaulle ne bénéficiait pas en France d'un soutien aussi grand que le prétendaient certains chefs de la Résistance et que « nous raccrocher seulement à l'étoile de de Gaulle nous ferait perdre la coopération de la plupart des organisations actives et sûres, existant à l'heure actuelle en France[29] ». Les Britanniques furent complètement abusés. Les liens avec l'armée d'armistice ne se concrétisèrent jamais et cette armée fut dissoute après l'invasion de la zone libre par les Allemands en novembre 1942. À cette date, un agent de Carte avait oublié une liste de contacts dans un train, ce qui avait détruit tout le réseau. Les Britanniques exfiltrèrent Carte par avion, contre son gré, et mirent fin à leurs relations avec lui. Il partit à New York. Diamant-Berger, artiste jusqu'au bout, arriva à Londres et, sous le nom d'André Gillois, devint l'une des voix du service français de la BBC. Il se demanderait plus tard : « Comment n'avais-je pas pensé une fois de plus à une énorme mystification[30] ? »

La découverte de documents dans un train révèle le douloureux dilemme inhérent à toute activité de résistance. D'un côté, il fallait multiplier les contacts pour pouvoir agir, que ce soit collecter et transmettre des renseignements, mettre en lieu sûr des aviateurs abattus ou des juifs persécutés, ou distribuer des tracts et des journaux clandestins. Dans le même temps, il fallait se méfier des nouveaux contacts. Certains, par de simples négligences ou erreurs, pouvaient mettre en danger le réseau. D'autres pouvaient être très efficaces mais, derrière une identité et une histoire convaincantes, se révéler des agents doubles ou des traîtres. Comme l'a dit Germaine Tillion, du réseau du musée de l'Homme : « On recrutait trop pour vivre longtemps. Lorsqu'un traître avait pénétré, comme le venin, dans une partie de l'organisme, son ambition était de remonter le long des artères jusqu'au cœur : il n'y parvenait que trop facilement et, ce jour-là, il y avait un réseau de moins et quelques morts de plus[31]. »

Elle-même fut trahie par un prêtre d'origine luxembour-
geoise du nom de Robert Alesch. Après l'effondrement du
réseau du musée de l'Homme, elle travailla pour un réseau
de renseignement britannique appelé Gallia, dont l'un des
agents, Philippe de Vomécourt, frère de Pierre, avait été
arrêté et emprisonné à Fresnes. Germaine Tillion prit
contact avec Robert Alesch, qui connaissait un capitaine
allemand en poste à Fresnes, sans doute manipulable car il
était fiancé à une Française. Gallia offrit une forte somme
pour la libération de Vomécourt. Malheureusement,
Alesch, rêvant de gravir la hiérarchie catholique du
Luxembourg, qui dépendait de l'archevêque de Cologne,
travaillait déjà avec les Allemands. Le 13 août 1942,
Germaine Tillion avait rendez-vous avec lui à la gare de
Lyon d'où il devait prendre un train. Comme il passait la
barrière, elle entendit une voix derrière son épaule :
« Police allemande. Suivez-nous. » Un an plus tard, elle
fut déportée à Ravensbrück avec sa mère âgée, qui avait
également été arrêtée.

Pendant ce temps, Pierre de Vomécourt fut lui aussi mis
en danger par un agent double, une femme cette fois. En
mai 1941, il avait atterri dans la propriété de son frère dans
le Limousin, avec un opérateur radio qui devait communiquer avec Londres[32]. Fin 1941, cet opérateur radio fut
arrêté et le contact avec Londres perdu. Vomécourt
fut alors mis en relation avec Interallié, un réseau d'espionnage franco-polonais dont l'agent français, Mme Carré,
était connue sous le nom de Micheline ou La Chatte. Afin
de tester ses communications, Vomécourt lui fit transmettre
un télégramme au War Office, dont la BBC confirma la
réception deux jours plus tard. Ce qu'il ignorait, c'est que
l'agent polonais, Armand, et Mme Carré avaient tous deux
été arrêtés en novembre 1941, et que Mme Carré avait été
interrogée par Hugo Bleicher, de l'Abwehr, le service de

renseignement de l'armée allemande. Bleicher lui avait dit : « Vous et moi, nous travaillerons ensemble, et si vous ne me jouez pas de tour, je vous promets que vous serez libre ce soir. Si vous me doublez, vous serez fusillée sur-le-champ, sans jugement. Sauvez votre peau, madame, et mettez-vous dans la tête que l'Angleterre est condamnée. Travaillez pour nous, et vous gagnerez 6 000 francs par mois[33]. »

Quand Vomécourt eut des soupçons, il envisagea d'éliminer Mme Carré, mais au lieu de cela, il la persuada de repartir en Angleterre avec lui. Bleicher la laissa partir, croyant que lorsque Vomécourt reviendrait en France, il convoquerait une réunion de résistants et qu'il pourrait tous les arrêter. De son côté, Vomécourt était certain que les services secrets britanniques découvriraient qui étaient les contacts de Mme Carré. Vomécourt et Mme Carré quittèrent la côte française dans la nuit du 26 au 27 février 1942. Elle fut vite arrêtée et passa le reste de la guerre en prison, à Aylesbury et à Holloway, avant d'être extradée vers la France pour y être jugée. Vomécourt revint en France en avril 1942 mais il était considéré par les Britanniques comme un homme fini, qui risquait de compromettre toute son organisation. Il se plaignit auprès de Londres de parachutages annulés, de cibles manquées et de mauvaises fausses identités, avant d'être lui-même arrêté en avril 1942[34].

La troisième histoire de trahison est celle de Roland Farjon. Elle montre combien la limite entre l'héroïsme et l'infamie pouvait être ténue. Farjon appartenait à une importante famille industrielle de Boulogne-sur-Mer qui avait bâti sa fortune sur la fabrication de crayons, gommes et autres fournitures scolaires. Son père, Roger Farjon, député puis sénateur du Pas-de-Calais, avait voté les pleins pouvoirs au maréchal Pétain le 10 juillet 1940. Roland lui-même avait voulu s'engager mais dut revenir s'occuper de la société familiale. Politiquement, il avait été marqué par les émeutes du 6 février 1934 pendant lesquelles, à l'âge de vingt-quatre ans, il s'était battu aux côtés des Volontaires nationaux, la branche pour la jeunesse des Croix-de-Feu. Fait prisonnier par les Allemands sur la ligne Maginot en 1940, il passe un an dans un camp pour officiers avant d'être libéré grâce à l'intervention de personnalités qui lui obtiennent un poste au ministère de l'Éducation à Vichy[35]. Dans le même temps, il rejoint l'Organisation civile et militaire (OCM), réseau qui recrutait dans les milieux militaires et industriels. Aux yeux de ses chefs, il est un agent actif et efficace. Il est cependant arrêté par les Allemands en octobre 1943. Comprenant qu'ils savent tout de l'Organisation, il décide d'échapper à la torture et de travailler avec eux. Quand des résistants sont arrêtés, il discute avec eux, apprend leurs secrets et essaye de les persuader de coopérer avec les Allemands. Beaucoup avouent, sont déportés ou exécutés. Dans la nuit du 9 au 10 juillet 1944, Farjon s'évade de la prison de Senlis grâce à une lime que lui procure un Allemand, sans que l'on sache clairement si c'était pour le récompenser de ses services. En tout cas, il tente de brouiller les pistes en se créant un personnage de résistant, en pleine Libération.

Le fait que Farjon ait parlé brisait la règle d'or selon laquelle les résistants arrêtés devaient « ne pas parler », même sous la torture. S'il était impossible de ne rien dire, le conseil était de nier tout en bloc, d'inventer des histoires, de mentir. Au minimum, il était crucial de « tenir » quarante-huit heures pour donner aux camarades le temps de prévenir les autres, de brûler les papiers, d'évacuer les caches et de fuir. Après son arrestation, Pierre de Vomécourt fut interrogé, comme Mathilde Carré, par Hugo Bleicher. On lui dit que lui et un camarade, arrêté avec lui, seraient traités en prisonniers de guerre et non en espions s'ils révélaient tout ce qu'ils savaient de leur organisation. En d'autres termes, ils ne seraient pas fusillés mais envoyés dans un camp de prisonniers. Vomécourt décida de faire porter toute la responsabilité sur lui-même et son camarade, puisqu'ils étaient déjà capturés, sur un homme dont il savait qu'il était mort à l'hôpital, et sur un quatrième que les Allemands ne pourraient jamais atteindre. Après deux semaines d'interrogatoires, il fut remis à la Wehrmacht et passa devant un tribunal militaire en décembre 1942. Les procédures furent suspendues, le temps de demander à Berlin s'il pouvait bien être considéré comme prisonnier de guerre, et il fut déporté, non dans un camp de concentration, mais au Stalag V-A près de Stuttgart[36].

Le communiste Pierre Georges, chef d'une trentaine de FTP armés qui se livraient à des sabotages dans la région de Belfort et de Besançon, utilisa la même tactique. Il blessa un policier en tentant d'échapper à son arrestation, le 2 novembre 1942 à Paris. Interrogé et torturé par la brigade spéciale antiterroriste de Vichy, il ne donna que les noms de résistants morts ou qu'il savait en sécurité, en Angleterre ou en zone libre. Comme l'a précisé sa fille : « Il ne cite aucun nom, seulement des pseudonymes, souvent fantaisistes, et, quand il cite des "vrais" pseudonymes, ceux-ci ne correspondent pas aux personnes qui les portent[37]. » Sa femme Andrée fut cependant arrêtée après lui, et en mars 1943, ils furent tous deux emprisonnés au fort de Romainville, à l'est de Paris, d'où sa sœur aînée et Danielle Casanova avaient été déportées à Auschwitz en janvier 1943.

Pour les résistants, la capture était souvent le début de la fin, mais pas toujours. Même alors, on pouvait parfois s'en tirer, en se montrant bon comédien. Une ruse consistait à feindre la maladie pour se faire transférer dans un hôpital, d'où il était plus facile de s'évader. Un autre subterfuge était de simuler la folie. André Postel-Vinay, inspecteur des finances et membre de l'Organisation civile et militaire, est arrêté en décembre 1941. Il avait collecté beaucoup de renseignements sur les bases de la Luftwaffe et sur les mouvements des navires allemands et craignait de ne pas résister à la torture. Emprisonné à la Santé, il tente de se suicider en se jetant du deuxième étage mais ne réussit qu'à se blesser le dos. Sa belle-sœur, Marie-Hélène Lefaucheux, lui fait dire par un ami de simuler la folie. C'est ce qu'il fait pendant les promenades, en s'agitant et en gesticulant. En septembre 1942, il est interné à Sainte-Anne où le psychiatre lui déclare : « Monsieur, je vais maintenant vous dire ce que je pense : vous avez très bien joué votre rôle, mais vous n'êtes pas fou[38]. » Puis il le laisse près de l'ascenseur, en lui disant qu'il va appeler une ambulance, permettant ainsi à Postel-Vinay de s'enfuir et de mendier un ticket de métro à la station Glacière. Berty Albrecht utilise le même stratagème, après son arrestation par la police de Vichy en avril 1942. Condamnée à six mois de prison en octobre 1942 et détenue à la prison pour femmes de Saint-Joseph à Lyon, elle simule la folie en hurlant, en déchirant ses habits et en appelant sa fille. Elle est transférée à l'asile de Bron où un groupe franc la récupère la nuit du 23 décembre. Malheureusement, elle est à nouveau arrêtée, par la Gestapo cette fois-ci, et incarcérée à Fresnes. Là, craignant le pire, elle se pend dans sa cellule dans la nuit du 30 mai 1943[39].

S'il n'était pas impossible de libérer des résistants détenus, cela demandait beaucoup de ruse et d'imagination, ce dont Lucie Aubrac fit preuve pour son mari, non pas une fois, mais deux fois en 1943. Raymond fut arrêté en mars 1943 et prétendit d'abord faire du marché noir sous le nom de Vallet. Lucie alla trouver le procureur général de Vichy chargé de son cas et lui déclara : « Ce Vallet est en fait un

envoyé du général de Gaulle. Si vous ne le libérez pas
demain, vous ne verrez pas le coucher du soleil[40]. » Le
procureur obtempéra sur-le-champ. Raymond fut arrêté
une deuxième fois le 21 juin 1943, détenu à la prison de
Montluc et condamné à mort. Lucie alla voir le colonel SS
chargé de l'affaire et lui apporta des cigares et du cognac.
Elle était enceinte et le supplia de lui éviter la honte de
devenir fille-mère d'un enfant illégitime en autorisant un
mariage *in extremis* avec le condamné. Pour se donner plus
d'importance et de dignité, elle s'était présentée sous le
nom de Guillaine de Barbentane, la fille du châtelain qui
avait employé son père, revenu amnésique de la Première
Guerre mondiale, comme jardinier. Enfant, Lucie avait été
le souffre-douleur de Guillaine, mais désormais, toute timidité surmontée, elle fit fléchir le colonel SS qui lui accorda
un entretien avec Raymond. Elle l'avertit ainsi qu'une tentative serait faite pour libérer les prisonniers qu'un fourgon
de police transportait tous les jours depuis Montluc jusqu'au siège de la Gestapo pour y être interrogés. Effectivement, le 21 octobre 1943, le fourgon fut attaqué par un
groupe franc monté par Lucie, et Raymond fut libéré[41].

Après chaque coup dur, il fallait réorganiser le réseau,
tirer des leçons et renforcer la sécurité, ce que Jacques
Lecompte-Boinet apprit très vite, après les arrestations de
février 1942. D'abord, chaque chef se choisit un suppléant
qui le remplacerait automatiquement en cas d'arrestation.
Ensuite, ils établirent un point de rendez-vous, café ou
gare, un mot de passe et un signal, tel que porter une cra-
vate rouge ou tenir un exemplaire du *Jeanne d'Arc* de
Charles Péguy à la main. En cas d'urgence, une boîte aux
lettres privée contenant un message n'indiquant que la date
et l'heure d'un rendez-vous, mais pas le lieu, décidé à
l'avance. Lecompte-Boinet conservait lui-même une liste
de noms, d'adresses et de lieux de rendez-vous, cachée

dans un biberon (il venait de devenir père pour la cinquième fois) enterré dans son jardin. La seule personne à connaître la cache était son suppléant Henry Ingrand[42].

Il fallait aussi repartir à l'action. Le communiste Pierre Georges s'évada du fort de Romainville avec un camarade le 1er juin 1943. Il retourna dans l'Est, où il continua à développer les FTP en Lorraine et en Franche-Comté, sous le nom de guerre de capitaine Henri. Il était parfois hébergé par l'abbé Maley, curé du village de Magny-Vernois en Haute-Saône. Le bon curé lui prêta une soutane, un bréviaire et un rosaire, faisant de lui le père Paul-Louis Grandjean, une identité insolite qui lui permit de poursuivre ses activités sans être inquiété[43].

Ce tour de passe-passe par lequel on abandonnait sa vie antérieure et on disparaissait dans l'ombre était appelé par les résistants « entrer en clandestinité ». Jusqu'en juillet 1943, Génia Deschamps continua à travailler comme infirmière sous son vrai nom à l'hôpital Beaujon et à l'hôpital Port-Royal. Elle était la seule de sa famille à avoir un salaire car le Statut des juifs interdisait à ses parents de travailler. Au cours d'une vague d'arrestations, elle échappa à une souricière de la police. Elle quitta son travail et modifia son apparence : elle se teignit les cheveux, porta des boucles d'oreilles et mit une robe à fleurs, des nouveautés pour elle. Par la suite, elle s'habilla plus à la mode et obtint des faux papiers, avec une nouvelle identité. Au pire, si elle était arrêtée, ses parents ne seraient pas en danger[44]. Lucie Aubrac, quant à elle, continua à enseigner dans un lycée lyonnais sous son vrai nom, Lucie Bernard, jusqu'à l'année scolaire 1942-1943. Souvent absente à cause de ses activités de résistance, elle fut signalée en congé de maladie de janvier à mai, de mai à juin, et d'octobre à novembre 1943. Elle fut officiellement suspendue le 18 novembre 1943 mais les formalités administratives durèrent jusqu'au 24 février 1944. Sa couverture tenait donc encore lorsqu'elle quitta la France avec Raymond en avion dans la nuit du 8 au 9 février et accoucha de sa fille Catherine à Londres le 12 février. Même le bébé eut droit à un nom de guerre, Mitraillette, en guise de deuxième prénom[45].

Pour certains résistants, au début, un nom d'emprunt suffisait. Mais pour être utilisé sans réserve, ce nouveau nom devait s'appuyer sur des documents, une carte d'identité, un carnet de rationnement ou un certificat de démobilisation, racontant tous la même histoire, depuis la date et le lieu de naissance. La fabrication de faux papiers atteignit un haut degré de sophistication pour les agents parachutés en France par le SOE. Ces agents étaient souvent d'origines mixtes, françaises et britanniques, avec au moins un parent français ou une éducation française, pour combiner fidélité à la Grande-Bretagne et identité française. On leur donnait une couverture qui détaillait leur cursus et qu'ils devaient savoir par cœur en cas d'interrogatoire. L'idéal était que les parents de l'agent soient décédés (surtout si le père était mort durant la Première Guerre mondiale), car on ne pouvait pas les retrouver et les interroger. Le lieu de naissance idéal, une commune dont les archives avaient été détruites par un bombardement, ou située dans une région hors d'atteinte de Vichy ou des Allemands, telle l'Afrique du Nord après novembre 1942. Le métier idéal, une activité qui justifiait de fréquents déplacements d'une zone à l'autre, de jour comme de nuit, si possible pour une administration.

Philippe de Vomécourt, frère aîné de Pierre, authentique Français mais élevé en Grande-Bretagne, adopta plusieurs identités. Un de ses cousins lui procura les papiers d'un inspecteur des chemins de fer chargé de surveiller les trains de marchandises, leur chargement et leurs horaires. Il prétendit aussi être représentant de commerce pour une société de Limoges qu'il connaissait bien, et prit un patronyme aristocratique, de Courcelles, afin d'impressionner les policiers français. Son dernier déguisement fut celui d'un garde-chasse. À Londres, un maquilleur lui avait fourni des lunettes en acier et une fausse moustache qu'il dissimulait dans une poche secrète de son portefeuille. Un jour, un jeune garçon l'avertit que la police recherchait un homme de son signalement : « Il se changea immédiatement en garde-chasse et franchit le cordon de police qui entourait la ville[46]. »

Un autre agent du SOE, Harry Rée, avait l'air à première vue moins convaincant. Né à Manchester d'un père juif danois qui avait travaillé à Hambourg, il n'avait pas de racines françaises. Après des études à la Shrewsbury School et à Cambridge, il est professeur de langues vivantes à la Beckenham County School quand la guerre éclate. Ses instructeurs du SOE, qui le décrivent comme « très tendu et nerveux », notent qu'il parle « un français scolaire », une réelle source d'inquiétude quand il est parachuté en France en avril 1943[47]. Initialement censé être séminariste à Paris, il réalise que cette couverture ne lui donne pas de raisons de s'éloigner de la capitale. Actif le long de la frontière suisse où l'horlogerie est une industrie majeure, il se réinvente en horloger, sous l'identité d'un Alsacien appelé Keller. Mais, apprenant que la police recherche quelqu'un du même nom, il se fait appeler André Bield, d'après « une famille d'horlogers bien connue de Besançon[48] ». Un autre agent du SOE, Richard Heslop, prétendit être représentant en bijouterie et se forma auprès d'un négociant en pierres précieuses de la Cité de Londres : « J'appris à manier correctement les brucelles, la loupe, la balance, à ouvrir et à replier comme il faut les sachets de papier où l'on met les pierres, à parler de "blanc nuancé" pour définir la couleur d'un diamant. Et je mémorisai la cotation la plus récente des diamants et des perles dans différents pays du continent. » Son épreuve la plus difficile fut le jour où une vieille dame lui demanda d'estimer une broche pour laquelle un autre bijoutier lui avait fait une offre. Sans connaître la première estimation, il lui en proposa 8 000 francs, soit 500 de plus, et elle fut ravie d'avoir demandé un deuxième avis[49].

Des hommes comme des femmes portèrent à la perfection de tels scénarios. Les parents de Pearl Witherington étaient tous deux anglais mais elle avait fait sa scolarité en France. En 1940, elle travaillait à l'ambassade de Grande-Bretagne à Paris. Parachutée en France en 1943, elle se présente sous le nom de Geneviève Touzalin, représentante en cosmétiques, une couverture qu'elle a choisi car le père de son fiancé possède un institut de beauté, rue du Faubourg-Saint-Honoré. Elle fut un jour pressée de dire pourquoi elle ne se maquillait jamais, mais elle avait une deuxième corde à son arc : elle pouvait « passer pour une Allemande, tout particulièrement quand [elle] se coiffait à l'allemande, une tresse enroulée autour de la tête[50] ». Quant à Anne-Marie Walters, dont la mère était française et le père, anglais, habitait Oxford, elle fut parachutée en Gascogne pour le SOE. Sa couverture faisait d'elle une étudiante parisienne contrainte d'interrompre ses études et hébergée chez un fermier, ancien camarade de son père pendant la Première Guerre mondiale. « Cette histoire prit très bien, a-t-elle raconté plus tard. Elle était toute simple et habituelle, et tout le monde à la ferme y croyait. Je pense même qu'ils y croient encore. » Puis elle précisait : « Il fallait faire attention à toujours se fondre dans l'environnement. Parfois j'étais dans une ferme, parfois dans une petite boutique, parfois chez des gens chics. Mes propres parents ne m'auraient pas reconnue s'ils m'avaient vue, assise dans un wagon de troisième classe, le béret profondément enfoncé sur le front, dans un vieil imperméable, mâchonnant un quignon de pain ou un morceau de saucisse, l'air abruti. Ou bien me faisant passer pour une Toulousaine, un chignon au sommet du crâne, portant de longues boucles d'oreilles et une jupe courte. Ma tenue favorite était quand même les sabots et le grand tablier bleu que je mettais à la ferme pour nourrir les poules et mener les vaches aux champs au cours des cinq mois qui précédèrent le jour J[51]. »

Anne-Marie Walters était l'agent de liaison de George Reginald Starr, agent du SOE. Starr avait été ingénieur des mines en Belgique et se fit passer pour un ingénieur lillois qui, ne voulant pas travailler pour les Allemands, s'était réfugié dans ce petit village de Gascogne. Le maire lui trouva un travail comme inspecteur du Ravitaillement, chargé des denrées alimentaires et de la lutte contre le marché noir. Ceci lui permit d'obtenir non seulement une voiture et un motif pour parcourir la région de jour comme de nuit, mais aussi l'ordre écrit du ministre lui-même enjoignant les autorités françaises et allemandes de lui prêter assistance[52].

Quand la couverture n'était pas respectée, la situation pouvait tourner au désastre. Le colonel Pierre Marchal fut parachuté en France en septembre 1943 comme délégué militaire chargé de ramener les groupes de résistants armés sous le contrôle de Londres. Selon sa couverture, son père avait été tué en 1914 et sa mère était morte en 1930. Il avait travaillé pour des compagnies pétrolières en Pologne et en Afrique du Nord, ce qui l'amenait maintenant à Paris. À Londres, on lui avait fourni « 1 moustache, 1 paire de lunettes, 1 stick de noir de maquillage, 1 pinceau, 1 bouteille d'alcool à brûler » pour parfaire son déguisement[53]. Malheureusement, arrivé à Paris, il décida d'utiliser un nom de code de son choix, « Moreau ». C'était le nom du dirigeant d'une entreprise authentique, connu de la Gestapo. L'arrestation de Marchal le 22 septembre 1943 entraîna une large rafle, connue comme « l'affaire de la rue de la Pompe[54] ».

Les résistants agirent surtout dans l'ombre. En quelques occasions cependant, ils décidèrent de se manifester pour montrer aux Français (et aux étrangers) que la Résistance existait et qu'elle était active. Leur but était de remonter le moral de ceux qui souffraient sous l'occupation allemande, de rappeler aux Français libres qu'ils avaient une capacité d'action, et d'avertir les Allemands qu'ils ne pouvaient pas diriger la France en toute impunité. Certains de ces gestes spectaculaires furent des actions violentes, mode d'action prôné par les communistes. En assassinant des officiers allemands à Paris, Nantes ou Lilles, ils voulaient venger leurs camarades capturés et exécutés par les Allemands, et démontrer qu'après l'invasion de l'Union soviétique, un nouveau front était désormais ouvert derrière les lignes allemandes. Malheureusement, ces actions entraînèrent des représailles collectives non seulement contre les communistes mais contre des victimes choisies au hasard dans la population.

La mort de communistes créa très vite un culte des martyrs qui nourrit la légende croissante de l'héroïsme et du sacrifice des communistes. Dès le premier anniversaire de l'exécution des vingt-sept communistes de Châteaubriant en octobre 1942, des couronnes furent déposées dans la carrière où ils avaient été fusillés. Les Francs-Tireurs communistes arrêtés à Paris étaient sommairement exécutés au mont Valérien à l'ouest, ou au fort de Vincennes à l'est. Beaucoup furent enterrés au cimetière d'Ivry, dans la ceinture rouge, où par un petit matin de février 1942, Renée Quatremaire remarqua des camions allemands « remplis de morts tout frais, le sang dégoulinant dans la rue », qui attendaient l'ouverture des grilles du cimetière. Elle a décrit comment les femmes d'Ivry instituèrent d'elles-mêmes, mais avec prudence, un culte aux martyrs de la Résistance : « C'est à partir de ce jour que nous avons commencé à fleurir les tombes des martyrs […] Les femmes entraient dans le cimetière avec de petits bouquets de fleurs dans les cabas et les bouquets étaient fichés sur la terre nue. Les nazis s'en sont aperçus et dès lors, venaient à l'improviste pour essayer de découvrir ceux qui fleurissaient ainsi les tombes des "bandits terroristes". Mais nous avions des camarades résistants parmi les gardiens et, à l'arrivée des Allemands, ils sonnaient la cloche comme pour un enterrement. Alors nous nous dispersions [55]. »

Les actions spectaculaires des communistes servirent leur propre cause mais leur gagnèrent peu l'adhésion de la population. Le prix à payer en termes de représailles allemandes, souvent contre des civils innocents, était tout simplement trop lourd. D'autres mouvements de résistance trouvèrent des moyens différents de manifester leur présence et d'envoyer des messages moins risqués pour la population, en fédérant ou en stimulant des initiatives de résistance spontanées, sporadiques et symboliques, auxquelles une partie au moins de la population pouvait adhérer.

À Lyon, le mouvement Franc-Tireur soutint en coulisses de puissantes manifestations publiques lors des fêtes traditionnelles tels le 1er Mai, la fête de Jeanne d'Arc, le 14 Juillet ou le 11 Novembre. Ces manifestations avaient un caractère spontané, car les gens se rassemblaient presque par habitude mais la situation était désormais plus risquée, en dépit de la distribution de tracts et d'une organisation préalable. La manifestation du 1er mai 1942 fut silencieuse et se déroula sans incident, principalement parce que la police de Vichy s'abstint d'intervenir. Le

14 juillet en revanche, les choses furent différentes. Deux jours plus tôt, s'était déroulé le défilé inaugural du Service d'ordre légionnaire, les durs de la Légion française des combattants, sélectionnés pour former un groupe paramilitaire d'élite, précurseur de la Milice qui pourchasserait les résistants avec brutalité. La police de Vichy était galvanisée par l'atmosphère nouvelle, et des policiers à cheval repoussèrent la foule qui essayait de gagner la place Carnot où s'élevait la statue de la République. Cette fois, les manifestants étaient eux aussi plus agités et bruyants. Auguste Pinton, de *Franc-Tireur*, a raconté : « C'est vers le sud de Bellecour et rue Victor-Hugo que la foule est devenue plus dense. On a chanté *La Marseillaise*, hué Laval. Au reste, cette foule est familiale. Les enfants sont nombreux, les femmes (d'ailleurs plus excitées que les hommes), les vieillards. J'ai croisé deux petites filles avec leur mère ; elles portaient dans les cheveux un ruban tricolore […] Les gens raisonnables se sont retirés, mais les groupements nombreux de jeunes ont parcouru les rues dans la soirée, chantant *La Marseillaise*[56]. »

Manifester en zone occupée était évidemment plus dangereux et les groupes de résistants devaient se montrer plus inventifs pour toucher les gens. Le 14 juillet 1943, Défense de la France, réseau parisien, décida de frapper un grand coup pour affirmer son pouvoir et galvaniser l'opinion. Son opération Métro mobilisa cinquante distributeurs de tracts répartis en groupes de quatre, protégés par deux autres résistants. Ils montaient dans un wagon de métro, lançaient leurs tracts, puis descendaient à la station suivante et se fondaient parmi les voyageurs. Dans les rues, ils profitèrent des foules qui se promenaient au soleil de ce jour férié, comme l'a raconté leur chef, Philippe Viannay : « Il y eut des opérations variées, dont la plus spectaculaire consista à diffuser sur les Champs-Élysées des poignées d'exemplaires aux terrasses des cafés, à partir du spider d'un cabriolet traction avant remontant lentement les bas-côtés[57]. »

L'une des initiatives les plus frappantes se déroula à Bourg-en-Bresse. Pendant la guerre, sur ordre des Allemands, les statues de bronze avaient été fondues pour les besoins militaires. Il ne restait que des socles vides. De même, Vichy avait exigé que tous les bustes de Marianne, qui trônaient dans toutes les mairies de France, soient enlevés. Or le citoyen le plus célèbre de Bourg-en-Bresse était Edgar Quinet, professeur au Collège de France et grand républicain persécuté sous le Second Empire. Pour marquer le 11 novembre 1943, le chef du groupe franc de l'Armée secrète de l'Ain eut l'idée de placer un buste de Marianne sur le socle vide de la statue de Quinet, avec un drapeau portant la croix de Lorraine, et de peindre sur le socle : « Vive la IVe [République] ». Il ferait prendre une photographie pour illustrer des documents de propagande et la vendrait au profit de la Résistance. Au petit matin du 11 novembre, le buste, le slogan et le drapeau étaient en place, et la photo fut prise par Roger Lefèvre, instituteur et membre du groupe franc. La luminosité était faible et la photo fut grisâtre. Un photomontage du « monument » fut alors réalisé par un vrai photographe du coin. Malheureusement, les braves gens de Bourg-en-Bresse ne voulurent pas s'attirer d'ennuis en achetant la photo et l'exploit passa à la postérité comme un défi plus qu'une véritable réussite[58].

La dimension théâtrale et spectaculaire de la Résistance était une façon d'affronter une réalité d'une difficulté insurmontable. Des récits romancés sur la Résistance émergèrent au cours même des événements. Le plus célèbre d'entre eux est l'œuvre d'un journaliste devenu romancier, Joseph Kessel, juif russe né en Argentine dans une colonie juive financée par le baron Maurice de Hirsch, homme d'affaires et philanthrope juif allemand. Kessel, qui vécut en France dès l'âge de dix ans, devint journaliste en 1915 et s'engagea en 1916. Après la Première Guerre mondiale, il devint connu comme journaliste au Moyen-Orient, en Extrême-Orient et en Afrique de l'Est, puis fut correspondant de guerre en 1940. En janvier 1943, il arrive en Grande-Bretagne et, après avoir été interrogé à la Victoria Patriotic School, il rejoint les Français libres. De Gaulle en personne lui demande d'écrire un livre sur la Résistance, *L'Armée des ombres*, publié à Alger en novembre 1943 et à New York en mars 1944. L'histoire suit un groupe de résistants autour du personnage de Philippe Gerbier, évadé d'un camp d'internement, et qui déclare : « Le héros national, c'est le clandestin, c'est l'homme de l'illégalité. » De façon étonnante mais compréhensible, Kessel a affirmé que le livre n'avait rien d'une fiction : « Aucun détail n'y a été forcé et aucun n'y est inventé. On ne trouvera assemblés ici […] que des faits authentiques, éprouvés, contrôlés et pour ainsi dire quotidiens. Des faits courants de la vie française[59]. » Certains détails s'appuyaient sur des conversations que Kessel avait eues à Londres avec des résistants de passage, et le livre évoque avec brio le monde secret de l'espionnage, des filières d'évasion, des imprimeries clandestines et des embuscades dans la « prison » qu'était devenue la France. Sa vérité cependant réside dans l'authenticité du drame moral que constituait la résistance, la tension entre apparences et réalité, entre confiance et trahison, et l'absence de lois autres que celles dictées par les circonstances. Le livre commence par l'exécution d'un informateur par des résistants habillés en policiers français et il se termine par l'exécution d'une résistante présentée comme propagandiste infatigable, agent de liaison et organisatrice d'évasions, un personnage inspiré en grande partie par Lucie Aubrac. Kessel lui invente un point faible, ce qui était le cas de nombreux résistants : cette mère de six enfants garde sur elle la photo de l'un d'eux[60]. Lorsqu'elle est arrêtée par la Gestapo, la photo est découverte. Elle parle alors, pour que sa fille ne soit pas envoyée dans un bordel en Pologne pour soldats allemands du front de l'Est. Relâchée, elle est exécutée par les résistants, dans une scène décrite comme inévitable et banale. La fiction voilait à peine la brutalité de la réalité. Selon les mots du personnage de Gerbier, « aujourd'hui, c'est presque toujours la mort, la mort, la mort. Mais, de notre côté, on tue, on tue, on tue[61]. »

# 7

## Clandestins de Dieu

*La Cimade avait organisé ce que, au temps de l'esclavage américain, on appelait un « underground railroad », pour permettre aux juifs de passer la frontière suisse.*

André Trocmé, 1966

En mai 1940, Madeleine Barot est bibliothécaire et archiviste à l'École française de Rome. Diplômée de la Sorbonne et de la prestigieuse École des Chartes, elle a été nommée par le directeur de l'École française de Rome, Jérôme Carcopino, éminent spécialiste d'histoire ancienne et auteur de *La Vie quotidienne à Rome à l'apogée de l'Empire*. Mais Madeleine Barot ne s'intéresse pas qu'à l'Antiquité. Sa famille maternelle avait quitté l'Alsace en 1870 au moment de l'annexion allemande. Son arrière-grand-père, député-maire de Strasbourg, avait quitté l'Assemblée nationale en 1871 lors du vote de la cession de l'Alsace à l'Empire allemand. C'était l'acte de patriotisme radical d'un homme qui refusait la domination allemande. La famille de son père était protestante et Madeleine s'identifiait fortement à la persécution des protestants sous l'Ancien Régime. Elle avait soutenu une thèse sur l'édit de Tolérance de 1787, un texte précurseur de l'émancipation totale des protestants sous la Révolution. Profondément croyante, elle était engagée dans l'Union chrétienne de jeunes filles et la Young Women's Christian Association (YWCA).

Tous ces engagements furent mis à l'épreuve lorsque l'Italie déclara la guerre à la France le 10 juin 1940. Madeleine Barot et Jérôme Carcopino reviennent en France, mais alors qu'il devient ministre de l'Éducation du gouvernement de Vichy, elle est nommée secrétaire générale de la Cimade (Comité inter-mouvements auprès des évacués). Elle s'occupe d'abord des réfugiés d'Alsace et de Moselle, à nouveau annexées par l'Allemagne, qui fuyaient vers la zone libre. Puis elle s'occupe des réfugiés allemands antinazis internés par la France en tant qu'étrangers, mais dont les nazis ont exigé qu'ils leur soient livrés, aux termes de l'armistice. Elle se rend au camp d'internement français de Gurs, près de la frontière espagnole, où elle découvre 15 000 Allemands, Polonais, juifs, apatrides, communistes, anarchistes et délinquants sexuels, entassés sans distinction. Jusque-là, son horizon s'était limité à ses compatriotes alsaciens et protestants. Il s'élargit soudain avec l'arrivée à Gurs le 23 octobre 1940 de vingt fourgons à bestiaux dans lesquels ont été entassés 7 000 juifs allemands, principalement originaires du Palatinat et du pays de Bade. Horrifiée, elle regarde les femmes enceintes, les enfants, les vieillards et les malades mentaux que les camions débarquent dans le camp. À cet instant, sauver les juifs persécutés devient une partie de sa mission [1].

Madeleine Barot était revenue de Rome, abasourdie par le choc de la défaite, de l'Occupation, et de l'amputation de l'Alsace et de la Moselle. Mais la guerre ne se limitait pas à la France, c'était une guerre européenne qui faisait peser sur la France l'exil et les souffrances d'autres peuples. Quand la guerre éclata, en septembre 1939, beaucoup d'Alsaciens et de Lorrains, catholiques, protestants et juifs, furent évacués de manière relativement organisée vers des camps improvisés, dans le Limousin et en Dordogne[2]. Mais l'invasion n'eut pas lieu pendant la drôle de guerre, et les réfugiés furent progressivement renvoyés chez eux. Lorsque l'offensive allemande se déclencha enfin, en mai-juin 1940, elle balaya devant elle une vague de centaines de milliers de réfugiés, dont des juifs allemands et autrichiens exilés aux Pays-Bas et en Belgique, qui se joignirent aux Hollandais, aux Belges et aux Français, juifs et non juifs, qui allaient au sud, traversant la Loire et fuyant l'avancée allemande sous les attaques aériennes et dans la crainte des pires atrocités[3]. Progressivement, après l'armistice, beaucoup retournèrent chez eux, mais les Allemands contrôlaient la ligne de démarcation entre la zone libre et la zone occupée et ne laissaient pas passer les juifs et autres indésirables. La politique nazie visait à construire un État vigoureux et racialement homogène, et les minorités raciales et nationales qui ne répondaient pas à ses critères étaient impitoyablement expulsées du Reich[4]. Ceux qui, dans l'Alsace et la Moselle annexées, refusaient la germanisation et la nazification, ou qui étaient considérés comme indésirables, étaient envoyés en France. Cette éviction concerna les nombreuses communautés juives de villes telles Strasbourg, Nancy et Metz. En octobre 1940, s'y ajoutèrent des trains de juifs chassés du Palatinat et du pays de Bade. D'abord regroupés dans des maternités, des hospices et des asiles, ils avaient été entassés dans des fourgons à bestiaux à destination de la France. Les autorités françaises les internèrent dans des camps des deux zones, le long de la frontière espagnole à Gurs, Agde, Argelès-sur-Mer et Rivesaltes. Provisoirement en sécurité, ils furent à nouveau en danger lorsqu'en 1941, les nazis passèrent de l'expulsion aux rafles, à la déportation et à l'extermination[5].

Alors que la population française fut largement concernée par l'évacuation de 1939 et l'exode de 1940, l'internement ne concerna que les réfugiés étrangers, dont les juifs étrangers. La plupart des Français se satisfaisaient que les éléments considérés comme séditieux soient écartés et internés, afin que l'œuvre de renaissance et de régénération nationale puisse commencer. Les juifs étrangers étaient trop souvent considérés comme cosmopolites ou décadents, tour à tour fauteurs de guerre ou défaitistes, capitalistes ou bolcheviques. Alors que de nombreux volontaires et de nombreuses associations, officielles ou bénévoles, s'occupaient des civils touchés par l'évacuation et l'exode, seuls quelques-uns cherchèrent à voir ce qui se passait dans les camps d'internement, à y améliorer les conditions de vie, et à mettre à l'abri les personnes vulnérables, tels les enfants et les malades.

Certains de ceux qui s'engagèrent le firent pour des raisons religieuses : ils étaient juifs eux-mêmes, souvent alsaciens, ou bien chrétiens, catholiques et protestants, mus par le désir d'aider leur prochain. L'ampleur de la tâche suscita une forme d'œcuménisme et de coopération entre croyants des différentes religions. Ce qui ne signifie pas que tous les catholiques, tous les protestants ni même tous les juifs aient agi. Les Églises chrétiennes avaient une attitude ambiguë envers Vichy, qu'elles soutenaient dans la mesure où le régime défendait la morale et l'ordre social, et combattait l'athéisme et le communisme. Le cardinal Gerlier, archevêque de Lyon, avait eu cette phrase célèbre : « Pétain, c'est la France et la France, aujourd'hui, c'est Pétain[6]. » Même les Français juifs acceptèrent de créer une Union générale des israélites de France (UGIF) pour négocier avec l'occupant allemand et protéger au mieux leur communauté[7]. Le Secours national, créé en 1914 pour venir en aide aux populations civiles frappées par la guerre, fut réactivé en

1939 et perpétué par Vichy. Mais il s'occupait plus des prisonniers de guerre et de leurs familles, de l'évacuation et des conditions de vie des Français que des réfugiés[8]. Plus significative fut l'action de l'Œuvre de secours aux enfants (OSE) fondée en 1912 pour aider les enfants victimes de pogroms dans la Zone de résidence (territoires russes, de la Baltique à la mer Noire, où le régime tsariste confinait les juifs). L'Œuvre, qui s'était déplacée à Berlin en 1923, puis à Paris, se consacrait à améliorer le sort des enfants juifs.

Les femmes étaient souvent à l'avant-garde de ce travail de bienfaisance et de sauvetage. Catholiques, protestantes ou juives profondément croyantes, elles étaient souvent bénévoles, ce qui était mieux accepté par la société et leur famille (en particulier dans la bourgeoisie) que de travailler pour un salaire hors de leur foyer. Ce travail humanitaire faisait appel à leurs compétences et à leur compassion. Telles des mères d'adoption, elles prenaient soin de ceux qui ne pouvaient le faire eux-mêmes : les enfants, les femmes, les pauvres et les malades.

Les actions de bienfaisance et de sauvetage entreprises par ces militants n'étaient pas toujours illégales. En fait, ils opéraient à deux niveaux. Officiellement, ils agissaient au sein d'associations légales pour offrir de l'assistance, utilisant leurs contacts et leur influence, donnant même des pots-de-vin si nécessaire. Ils poussaient aussi les autorités religieuses à intervenir auprès des autorités civiles, voire à protester publiquement. Quand la menace pesant sur les populations des camps augmenta et que Vichy devint complice de la politique nazie de déportation, ils durent entrer dans la clandestinité. Ils créèrent des filières pour exfiltrer les internés vers des refuges et leur faire franchir la frontière. À partir de ce moment, ils s'exposaient aux arrestations, à la torture et à la déportation, et le sauvetage devint une forme réelle et active de résistance.

Très tôt, les militants juifs français se montrèrent sensibles aux persécutions contre leurs coreligionnaires. Andrée Salomon, juriste de formation et fille d'un boucher juif d'un village alsacien, milita dans les années 1930 pour contourner les restrictions imposées par les Britanniques à l'entrée d'immigrants juifs en Palestine, alors sous mandat britannique[9]. Après la Nuit de cristal en 1938, elle aida les enfants juifs fuyant l'Allemagne et créa un orphelinat de filles juives allemandes à Strasbourg, qu'elle déménagea à Clermont-Ferrand lors de l'invasion allemande de 1940. Elle s'occupa aussi des enfants juifs réfugiés en zone libre. En Alsace, elle avait créé une branche d'Éclaireurs israélites de France (EIF) avec le président du mouvement, Robert Gamzon. Elle en fut elle-même commissaire national. Les scouts juifs jouèrent un rôle clé dans l'organisation des secours aux réfugiés, notamment en 1939, lorsque de nombreux Alsaciens et Lorrains arrivèrent en Dordogne et dans le Limousin. Après la défaite, elle retrouve Robert Gamzon à Clermont-Ferrand pour s'occuper des scouts désormais dispersés dans toute la zone libre. Un autre responsable du mouvement a décrit Gamzon, « encore en uniforme de lieutenant du génie français et il avait sur la poitrine la Médaille militaire qu'il avait reçue pour avoir fait sauter le standard téléphonique de Reims au nez des Allemands. Nous sommes installés autour d'une table dans l'appartement d'Andrée Salomon ; et nous avons inscrit noir sur blanc ce que devrait être l'activité des Éclaireurs israélites de France dans les années à venir[10] ».

Ils rassemblèrent les scouts dans des centres ruraux, près de vieux châteaux, où ils faisaient des travaux manuels dans les champs et les ateliers. L'un de ces centres, dirigé par Gamzon et sa femme Denise, était situé à Lautrec, près d'Albi, et un autre à Taluyers, près de Lyon. Comme ces scouts étaient de nationalité française, les centres fonctionnaient en toute légalité et le régime de Vichy, favorable aux Chantiers de la jeunesse et autres mouvements de régénération de la jeunesse, toléra l'existence de l'EIF jusqu'en 1942. Dans ces centres, de jeunes citadins recevaient une formation agricole et approfondissaient leur connaissance du judaïsme, ce qui les préparait à être pionniers en Palestine, leur destination finale[11].

Une fois les activités des scouts lancées, Andrée Salomon se tourne vers le problème plus délicat des familles juives étrangères internées dans les camps du Sud de la France. Elle se rend à Gurs et à Rivesaltes, où l'Œuvre de secours aux enfants travaille déjà, sous la direction de Charles Lederman, avocat juif et communiste. Il essaie de convaincre la préfecture que les hommes en bonne santé seraient mieux utilisés à l'extérieur des camps, dans les Groupements de travailleurs étrangers (GTE) créés par le régime, d'où il est plus facile de s'échapper[12]. Vite suspect aux yeux des autorités de Rivesaltes, Lederman est remplacé par Andrée Salomon et l'Œuvre de secours aux enfants le mute à Lyon. Andrée Salomon s'acharne à sortir les enfants de Gurs, légalement quand c'est possible, ou en achetant les gardes. Elle est aidée par Sabine Chwast, ancienne militante du Bund, l'Union générale des ouvriers juifs de Lituanie, Pologne et Russie. Emprisonnée en Pologne à seize ans puis exilée à Nancy, Sabine y avait fait des études artistiques et rencontré un étudiant agronome russe juif, Miron Zlatin. Ensemble, ils avaient créé un élevage de poulets dans le Nord de la France. Désormais Sabine Zlatin, elle est infirmière militaire à la Croix-Rouge, dont elle sera exclue en 1941 car elle est juive. En redémarrant son élevage de poulets près de Montpellier après l'armistice, elle découvre les conditions atroces des réfugiés et devient bénévole de l'Œuvre de secours aux enfants. Elle comprend qu'il faut absolument sortir les enfants juifs des camps, où le danger

va croissant. Aidée par un prêtre catholique, elle en trans-
fère un grand nombre de Rivesaltes à un sanatorium de
Palavas-les-Flots, près de Montpellier. Puis, avec le renfort
d'un autre prêtre catholique et d'un fonctionnaire français,
elle les déplace dans ce qui semble un home d'enfants
ordinaire à Izieu, près de Lyon[13].

Andrée Salomon, Sabine Zlatin et l'OSE n'étaient pas
les seuls bénévoles à agir à Gurs et à Rivesaltes. Il y avait
aussi des jeunes protestants, surtout des jeunes femmes,
membres du Comité inter-mouvements auprès des évacués (Cimade[14]), créé à Paris en octobre 1939 pour fédérer les mouvements de jeunesse protestants qui aidaient en
Dordogne et en Limousin les évacués d'Alsace-Lorraine,
dont de nombreux luthériens. La cheville ouvrière était
Suzanne de Dietrich, secrétaire générale de l'Union chrétienne des étudiants et de la Young Women's Christian
Association (YWCA). Elle mobilisa une équipe de chefs
et de cheftaines scouts, des militants de l'Union chrétienne (UC) et des diaconesses[15]. Après cette crise initiale, lorsque le pays fut envahi en mai 1940, Suzanne de
Dietrich écrivit à ses amis, en citant le livre de l'Apoca-
lypse, pour les appeler à résister au mal nazi : « À l'heure
où une puissance vraiment satanique déferle sur le monde,
réduisant peuples après peuples à l'esclavage […] il nous
faut demander à Dieu de toute la force de notre foi de
briser cette puissance […] L'heure n'est plus aux tergiver-
sations intellectuelles, mais au don simple et total de
nous-mêmes, au service de Dieu et du Pays : "Ne crains
pas ce que tu devrais souffrir."[16] »

Madeleine Barot, l'une des jeunes protestantes à
entendre ce message, devient secrétaire générale de la
Cimade. Le problème passait des réfugiés aux internés. En
visite au camp de Gurs, elle est ainsi choquée par l'arrivée
de 7 000 juifs dans des conditions effroyables, le 23 octobre

1940, mais sa préoccupation principale reste encore le sort des 600 protestants internés à cet endroit. En compagnie de Jeanne Merle d'Aubigné, infirmière de la Croix-Rouge, elle accède à l'intérieur du camp, où elle s'installe dans un baraquement qui sert de centre social, de bibliothèque, de salle de conférences et de lieu de culte protestant[17]. En avril 1941, elle invite le président de la Fédération protestante de France et du Conseil national de l'Église réformée de France (en d'autres termes, le chef des protestants en France), le pasteur Marc Boegner, un homme de soixante ans. Le directeur du camp et Madeleine Barot lui montrent le camp, où il voit le travail accompli, et il assiste à un service religieux. Il note : « Chants liturgiques en français, mais deux cantiques en allemand[18]. » Ceci souligne qu'à ce stade, l'aide apportée par Madeleine Barot et ses collaborateurs reste assez limitée, comme elle l'a elle-même écrit en décembre 1941 : « Nous, les mouvements de jeunesse française, nous n'avions pas grand-chose à donner… Nous avons demandé à habiter dans les camps, à vivre avec les internés pour leur manifester notre amour chrétien, notre foi en un avenir meilleur[19]. »

Cela dit, au début de 1942, les internés dans les camps deviennent passibles de déportation vers des destinations inconnues. Madeleine Barot et son équipe, comme celle d'Andrée Salomon, passent du secours au sauvetage. Il s'agit de faire sortir du camp un maximum de personnes. Début 1942, on trouve des lieux où mettre à l'abri, si la situation empire, les personnes, les couples et parfois des familles entières, en invoquant le plus souvent des raisons de santé. Un de ces endroits est un village des Cévennes, Le Chambon-sur Lignon, lieu de villégiature pour les familles lyonnaises et stéphanoises, mais aussi un foyer du protestantisme, doté d'un collège privé confessionnel. André Trocmé, pasteur du Chambon et directeur du collège depuis

1934, était né de père français et de mère allemande. En 1939, il s'était déclaré objecteur de conscience et s'était engagé dans la Croix-Rouge[20]. Il est en contact avec Madeleine Barot et fait le tour des camps qui auront besoin d'envoyer certains détenus vers Le Chambon. Fin 1941, sept maisons sont prêtes à accueillir des réfugiés et Trocmé appelle son cousin Daniel en renfort[21]. À cette date, il s'agit de sauver des protestants, souvent d'origine allemande, plutôt que des juifs. De Rivesaltes, en mars 1942, le pasteur André Dumas écrit à Madeleine Barot : « Sans savoir le nombre de places que vous réservez à Rivesaltes [...] on a choisi uniquement des gens en qui l'on a pleine confiance, qui ont des capacités techniques et sociales, parmi lesquels nous avons accordé une priorité aux protestants[22]. »

Il fait une exception pour la famille Boriaff, russe orthodoxe, dont le père, professeur d'économie à l'université de Moscou, avait perdu son poste car il était non marxiste. Il avait été comptable d'une société de production cinématographique à Paris avant de subsister comme professeur de langues à Menton et d'être interné[23].

La troisième composante de ce militantisme était constituée de militants catholiques qui s'interrogeaient sur leur hiérarchie, trop pétainiste. L'abbé Alexandre Glasberg était original à cet égard. En 1940, il était vicaire de la paroisse Notre-Dame-Saint-Alban, un quartier pauvre de la banlieue lyonnaise, habité par des marginaux et des réfugiés. L'abbé Glasberg persuada son curé et l'archevêque Gerlier de créer un Comité d'aide aux réfugiés, qu'il dirigerait lui-même. De famille juive, fils d'un meunier et forestier, Glasberg avait grandi dans une ville de l'Ouest de l'Ukraine partagée entre juifs et uniates (chrétiens de rite oriental sous l'obédience de Rome), une zone frontalière saignée à blanc par les pogroms et disputée après 1917 par l'Armée rouge, l'armée polonaise et les nationalistes ukrainiens. Sa famille en était partie en 1920 et il était passé par l'Autriche, la Pologne, l'Allemagne et la Yougoslavie avant d'arriver en France en 1932. Converti en chemin au catholicisme, il fit son séminaire à Paris et à Lyon, et fut ordonné prêtre en 1938[24]. Une de ses bénévoles, Nina Gourfinkel, elle aussi d'origine russe, le décrivait ainsi : « Grand, robuste, grisonnant. On lui donnerait la cinquantaine alors qu'il n'avait que trente-sept ans. Ses traits eussent paru lourds n'eût été l'extraordinaire animation qui les éclairait, triomphant du poil dru des joues mal rasées et du regard myope derrière de gros verres déformants. Sa soutane, très vieille, portait la trace de reprises hâtives[25]. »

Au mur de sa chambre toute simple se trouvait une grande Madone espagnole au fusain que lui avait donnée un artiste allemand, ancien des Brigades internationales. Pour Nina Gourfinkel, le dessin représentait à la fois sa compassion et sa colère, sa réaction instinctive contre l'oppression et l'injustice : « Une jeune fille serrant contre elle un bébé d'un grand geste de défense. Mais aussi de défi, prête à livrer bataille au monde entier, étrange Vierge de ce prêtre étrange [...] Je pense qu'il aimait très directement le Christ. Il l'aimait fraternellement, socialement, dirais-je. C'était l'apport judéo-slave de son âme[26]. »

Peut-être était-ce le mélange de ses origines russes, juives et catholiques, et la gratitude du réfugié ayant trouvé une patrie, qui rendit Glasberg aussi ingénieux, énergique et efficace. Nina Gourfinkel l'appelait « le jongleur de Notre-Dame », car il mobilisait son expérience personnelle, ses contacts dans la police et l'administration, son habileté à exploiter les vides juridiques et les hésitations des fonctionnaires, pour faire sortir les gens des camps et les mettre en lieu sûr dans cinq maisons dispersées dans le Sud de la France[27]. Il avait l'oreille du cardinal Gerlier, un prélat des plus prudents, qu'il persuada de protester auprès de Vichy contre les conditions de vie dans les camps[28]. Pour financer son action, il chercha de l'argent auprès d'associations juives, elles-mêmes financées par l'American Jewish Joint Distribution Committee, fondé en 1914 pour aider les juifs persécutés au Moyen-Orient et en Europe[29]. Il joua aussi les redresseurs de tort, persuadant des hôtes payants de financer leur hébergement ainsi que celui de deux autres personnes sans ressources, un système que les protestants envisageront également de mettre en place au Chambon[30]. « Une lutte contre les camps de concentration et plus tard contre la déportation » : c'est ainsi qu'en 1946, on résuma son action[31].

Bien que protestants, catholiques et juifs aient œuvré chacun de leur côté au début de l'Occupation, le danger croissant les amène à coopérer de façon œcuménique. En 1941, catholiques et protestants se réunissent à Lyon au sein de l'Amitié chrétienne, dans les anciens bureaux de *Temps nouveau* désormais interdit, rue de Constantine. Le secrétaire de l'Amitié chrétienne, Jean-Marie Soutou, également secrétaire de rédaction de la revue *Esprit* fondée par Emmanuel Mounier, a raconté que « l'abbé Glasberg a été le centre, le pivot de l'Amitié chrétienne. Il a insufflé à ses militants l'élan, l'audace qu'il fallait[32]. » Les présidents honoraires du groupe, le cardinal Gerlier et le pasteur Marc Boegner, lui donnent respectabilité et influence. Mais au quotidien, l'action est surtout menée par le père Chaillet, rédacteur en chef de *Témoignage Chrétien* qui, en 1942, consacre plusieurs numéros au racisme et à l'antisémitisme afin de contrer la propagande active des nazis et de Vichy[33]. Après la Libération, il a rappelé que l'Amitié chrétienne avait été créée par « les diverses familles spirituelles pour venir en aide aux détresses les plus délaissées et les plus compromettantes dont la guerre et l'occupation

nazie étaient les aveugles pourvoyeurs[34] ». C'était la fondation de ce qu'il a défini comme « un front chrétien de
protection des juifs persécutés[35] ». L'Amitié chrétienne
réunit des protestants tels que le pasteur lyonnais Roland
de Pury, dont les sermons attaquaient les maux du nazisme,
et des catholiques tels que Germaine Ribière, une étudiante
de la Sorbonne qui avait pris part à la fameuse manifestation du 11 novembre 1940 sur les Champs-Élysées. En mai
1941, elle a été prévenue d'une rafle prochaine contre les
enfants juifs dans le Marais par une amie dont la mère était
directrice d'école dans le quartier. De retour d'un camp de
la Jeunesse étudiante chrétienne, elle offrit ses services à
l'Amitié chrétienne à Lyon. Elle fut un exemple typique de
ces jeunes militants dévoués dont l'engagement fut forgé
par le père Glasberg[36].

L'œcuménisme de l'Amitié chrétienne fut élargi pour
inclure des représentants de la communauté juive au sein
du Comité de coordination pour l'assistance dans les
camps, basé à Nîmes entre novembre 1940 et mars 1943,
et connu sous le nom de Comité de Nîmes. Ce comité
regroupait vingt-cinq organisations catholiques, protestantes et juives, agissant pour améliorer les conditions de
vie dans les camps de concentration en France. Toléré par
Vichy, qui le contrôlait de près, il s'attacha surtout à coordonner les efforts de ses diverses composantes religieuses.
Il était dirigé par un Américain, Donald Lowrie, qui avait
acquis une grande expérience de l'aide internationale avec
le YMCA (Young Men's Christian Association) et avait
lui-même visité le camp de Gurs[37]. Il incluait des catholiques (l'abbé Glasberg et le père Chaillet), des protestants
(Madeleine Barot et les quakers de l'American Friends
Service Committee), et des juifs en la personne du docteur
Joseph Weill, membre de l'Œuvre de secours aux enfants

(OSE), qui décrivit le Comité comme « un front unique de résistance morale et matérielle[38] ».

Le Comité de Nîmes était divisé en sous-comités chargés de l'hygiène, de l'aide à l'enfance et de l'éducation dans les camps. Il obtint la fermeture des camps les plus insalubres, Agde et Argelès-sur-Mer, dont les femmes et les enfants furent envoyés à Rivesaltes. De là, Andrée Salomon, membre de l'Œuvre de secours aux enfants, et Mary Elmes évacuèrent des enfants en lieu sûr, dans la voiture de Mary. Au cours de l'hiver 1941-1942, le responsable du camp de Rivesaltes essaya de récupérer ces enfants, au nom de la politique de regroupement familial de Vichy. Il exigea que les organisations charitables lui communiquent leurs adresses. Andrée Salomon a raconté : « Je lui ai répondu que nous n'avions pas de fichier à lui communiquer, que nous ne connaissions pas ces adresses, et que d'ailleurs nous estimions ne pas devoir les donner […] Toutes les organisations ont accepté cette communion de résistance aux ordres[39]. »

Faire sortir des camps des petits groupes était toujours insuffisant. Pendant l'été 1942, les Allemands et Vichy, dont Pierre Laval était désormais Premier ministre, s'accordèrent pour déporter les juifs étrangers de la zone occupée et de la zone libre. La police de Vichy coopéra à la rafle du Vél' d'Hiv, qui rassembla 13 000 juifs à Paris les 16 et 17 juillet, alors que d'autres étaient arrêtés peu après ailleurs en France occupée. Beaucoup s'enfuirent vers le sud mais furent vite arrêtés par Vichy, qui s'était engagé à livrer 10 000 juifs de la zone libre. La plupart furent arrêtés dans des villes ; d'autres, déjà détenus dans des camps, étaient des victimes toutes désignées[40].

Les réseaux interconfessionnels réagirent doublement : de manière officielle et publique, et aussi de manière secrète et clandestine. Une des réactions les plus fortes à l'arrestation et la déportation des juifs, qui illustraient l'horreur des persécutions antisémites, consista en deux lettres pastorales condamnant l'inhumanité de ces mesures, l'une de Mgr Saliège, archevêque de Toulouse, le 23 août 1942, et l'autre de Mgr Théas, évêque de Montauban, trois jours plus tard. Ces prises de position avaient été réclamées par les militants témoins de la réalité des rafles et des déportations. L'information sur les rafles avait été transmise à Mgr Saliège à la fois par le père Chaillet et par Charles Lederman, de l'OSE[41]. Diffuser l'information, tout de suite censurée par Vichy, mobilisa également l'énergie des militants. À Montauban, Marie-Rose Gineste, l'assistante sociale qui diffusait *Témoignage Chrétien*, reproduisit la lettre de l'évêque et la distribua avec l'aide d'une amie et d'un jeune officier lorrain : « Nous sommes partis en bicyclette à travers les routes du département. Toutes les paroisses furent servies et le dimanche suivant, la lettre était lue simultanément dans tout le diocèse. L'immense joie que j'ai ressentie d'avoir déjoué préfet, censure et police compensait largement la fatigue des kilomètres parcourus dans un temps record et au mois d'août[42]. »

De même, Madeleine Barot transmit la nouvelle des rafles à son supérieur, le pasteur Boegner, qui protesta auprès des autorités. Elle arriva à Nîmes à 11 heures du soir le 12 août pour l'informer du départ de convois depuis Marseille et l'avertir que le pire restait à venir. Le 18 août, Boegner se rendit à Lyon pour rencontrer le cardinal Gerlier qui ne voulait pas, à ce stade, faire de déclaration publique comme Mgr Saliège, mais qui accepta que Boegner et lui-même écrivent chacun une lettre personnelle à Pétain. Deux jours plus tard, Boegner nota dans son journal : « Téléphone de Madeleine Barot hier soir et cet après-midi. Prévisions pessimistes. Elle m'a demandé d'intervenir auprès du préfet de la Haute-Loire pour tenter de sauver le Coteau fleuri au Chambon [un des refuges], ce que j'ai fait immédiatement[43]. »

Ces associations de toutes confessions qui travaillaient ensemble s'évertuèrent à prévenir les juifs étrangers vivant hors des camps de l'imminence des rafles et à faire sortir des camps un maximum de personnes. Elles se concentrèrent sur les enfants, les plus vulnérables et les plus innocents. Au début, les Allemands semblèrent ne pas vouloir déporter d'enfants, notamment pour maintenir l'illusion que les déportés partaient pour des camps de travail et non des camps d'extermination. Mais Laval tenait au quota fixé par les Allemands et à éviter de pénibles scènes publiques de séparation entre enfants et parents. Germaine Ribière, rentrée chez elle à Limoges pour les vacances, était devenue assistante sociale du Secours national au camp de Nexon, où se trouvaient de nombreux juifs strasbourgeois. Apprenant que tous les juifs étrangers de Limoges allaient être arrêtés à 5 heures le lendemain matin, elle avertit le rabbin Deutsch, responsable de la communauté juive et de l'UGIF à Limoges. Seuls 80 des 800 juifs étrangers furent arrêtés ce matin-là, même si beaucoup le furent plus tard. Elle fit aussi sortir du camp les enfants les plus jeunes, mais ne put rien faire pour les adultes. Elle leur promit de rester avec eux jusqu'au bout et fut autorisée par la Croix-Rouge à accompagner le convoi en tant qu'infirmière. Son récit témoigne de la solidarité des militants chrétiens avec les juifs persécutés, à l'opposé de l'ignominie du régime de Vichy : « Je suis partie avec des gens parmi lesquels il y avait des jeunes de quinze ou seize ans. On les a entassés dans des wagons à bestiaux. Ils y étaient tous plus ou moins dysentériques. Je suis montée dans un wagon et suis partie avec eux. À Limoges, le président de la Croix-Rouge m'a donné l'ordre de descendre. J'ai refusé et je ne suis pas

descendue. À Châteauroux, un lieutenant de l'armée française est venu me donner l'ordre de descendre. Je ne suis
pas descendue et nous sommes arrivés à Vierzon. C'est là
qu'on devait les livrer aux Allemands. Dans le train, j'avais
récupéré des lettres, des bijoux ; les gens m'avaient donné
tout ce à quoi ils tenaient. Je n'insiste pas sur les détails du
voyage, c'était un convoi avec toutes les horreurs que cela
comporte[44]. »

Vichy cependant ne fut jamais une administration mono-
lithique et quelques fonctionnaires étaient prêts à s'opposer
à la persécution. On en trouve un exemple lors de la préparation de la Nuit de Vénissieux, du nom d'une ville de la
banlieue lyonnaise où un camp militaire désaffecté servit
de centre de triage pour un convoi dans la nuit du 26 au
27 août 1942. Voulant exploiter les instructions officielles
qui prévoyaient que certains, dont les enfants, soient sortis
du convoi, des militants utilisèrent un document transmis
en cachette à l'abbé Glasberg par Gilbert Lesage, chef du
Service social des étrangers à Vichy. Lesage était un fonctionnaire typique, sauf qu'à l'âge de dix-neuf ans, il était
entré dans une librairie quaker à Paris où « une belle jeune
femme blonde, mince, élancée, charmante, au type nor-
dique me souriait[45] ». Ella Barlow et son mari Fred dirigeaient un groupe international de jeunes militants pour la
paix, la liberté et la tolérance. Lesage se convertit sur-le-
champ au quakerisme et dans les années 1930, il travailla
auprès de chômeurs à Berlin et à Paris. Après l'armistice en
1940 il offrit ses services à Vichy pour aider les réfugiés. Il
rencontra Robert Gamzon, qui l'informa des problèmes
particuliers touchant les réfugiés juifs, et se rendit à Gurs
pour se faire sa propre idée. En juillet 1942, il avertit
Gamzon de prochaines descentes de police contre ses
camps d'éclaireurs et communiqua à l'abbé Glasberg un
document de la police de Vichy dressant la liste de certaines

catégories de juifs, tels les couples avec enfants de moins de deux ans, les femmes enceintes, les anciens combattants décorés et les plus de soixante ans, qui ne devaient pas être déportés[46].

Muni de ce document, l'abbé Glasberg se rendit à Vénissieux et s'imposa comme celui qui dirigerait l'opération. Son premier avantage consista à arriver dans une traction Citroën noire prêtée par un industriel lyonnais, la même voiture que celle du préfet. Quand il arriva à la caserne avec son équipe, les sentinelles se mirent au garde-à-vous. Son deuxième atout était sa forte personnalité, comme l'a raconté Jean-Marie Soutou : « Immédiatement, l'abbé Glasberg donna l'ordre de rassembler les enfants. Il intimida à sa manière le représentant du préfet, surpris de constater que ses instructions étaient connues[47]. » L'équipe de Glasberg comprenait des catholiques comme Soutou, des protestants comme Madeleine Barot et des juifs comme Joseph Weill, Andrée Salomon, Charles Lederman et son ami Georges Garel[48], de son vrai nom Grigori Garfinkel, qui avait fait des études d'ingénieur à l'école polytechnique de Zurich avec Claude Bourdet[49]. Ils contestèrent chacun des cas devant une commission de triage mise sur pied à la hâte et parvinrent à faire exempter 550 personnes, dont 108 enfants. Malheureusement la situation se retourna lors de l'arrivée du préfet. Fouillant dans la serviette de celui-ci, Soutou trouva un document qui annulait les cas d'exemptions jusque-là possibles. L'équipe se concentra alors sur le sauvetage des enfants, dont ceux de moins de quatorze ans, encore exemptés[50]. Il fallait, dans les baraquements, convaincre les parents de confier leurs enfants aux organisations de bienfaisance, sans pouvoir leur dire ce qui attendait les déportés, malgré les preuves convaincantes qu'avait le docteur Weill de l'existence des chambres à gaz. Georges Garel a décrit les

horreurs de cette nuit, aggravées par une coupure d'électricité : « Dans le noir, nous allions de groupe en groupe,
parmi les gens affolés, nous leur demandions leurs noms
[…] Les uns comprenaient la situation tout de suite et nous
remettaient leur enfant. Mais il y avait aussi des parents qui
refusaient de se séparer de leurs enfants […] Voyant le
temps qui passait, nous sommes devenus plus autoritaires
et, au lieu de demander si les parents voulaient nous confier
leurs enfants, nous avons déclaré : "Nous venons chercher
vos enfants." […] Lorsqu'une mère se cramponnait à son
enfant, on devait le lui arracher […] Tout le camp retentis-
sait de cris et de hurlements[51]. »

Joseph Weill observa que des femmes, âgées et
malades, furent entassées dans des wagons marqués
« hommes 40 - chevaux 8 », sous l'œil du préfet Alexandre
Angeli, et du chef de la police. « Le car des enfants, les
plus grands cachés sous les bancs, sortit sans encombre du
camp militaire […] et fut amené à la maison des Éclaireurs
israélites de Lyon », située dans un ancien carmel sur la
colline de la Croix-Rousse[52]. De là, ils furent cachés dans
des lieux divers, pensionnats ou couvents, ou chez des
particuliers recensés par les communautés catholique et
protestante.

Quelques jours plus tard, la situation se compliqua
encore. Il était clair que le quota de 10 000 juifs exigé par
les Allemands n'avait pas été atteint et que Laval avait en
fait ordonné la déportation des enfants avec leurs parents.
Le convoi transportant les adultes vers le nord s'était arrêté
à la ligne de démarcation et le préfet Angeli avait téléphoné,
furieux, au cardinal Gerlier, exigeant l'adresse des lieux où
les enfants avaient été emmenés. Le 2 septembre, le cardinal convoqua le père Chaillet, l'abbé Glasberg et Jean-
Marie Soutou de l'Amitié chrétienne, pour obtenir ces
informations. Glasberg ne savait quoi faire mais Soutou

répondit : « Éminence, on vous les donnera. » Puis il dit à Glasberg : « Calmez-vous ! On donnera de fausses adresses. Je n'ai aucune confiance en Gerlier[53]. » Le père Chaillet, qui refusa de donner les adresses au préfet, fut assigné à résidence. Quand le commissaire de police lui demanda son identité, il répondit : « Colonel Chaillet, du SR région Hongrie », ce qui obligea le policier à le saluer[54].

Quand la nouvelle se répandit, les ecclésiastiques multiplièrent les appels publics à Vichy. Le pasteur Boegner fut informé le 2 septembre par Madeleine Barot de l'annulation des exemptions (elle avait elle-même vu une femme enceinte de huit mois et un invalide de guerre déportés de force de Vénissieux) et se rendit à Vichy pour rencontrer Laval en personne le 9 septembre. Le Premier ministre se contenta de lui dire : « Je ne puis faire autrement, et je fais de la prophylaxie. » Et Boegner de noter : « Il ne veut pas qu'un seul juif étranger reste en France[55]. » Le 8 septembre, à Lyon, le pasteur avait rencontré le cardinal Gerlier, qui lui avait donné le texte d'une protestation qu'il avait fait lire dans les églises du diocèse deux jours auparavant, quinze jours après celle de Mgr Saliège. De retour à Nîmes, Boegner convoqua le Conseil national de l'Église réformée pour faire approuver son propre texte, qui fut lu aux cultes protestants le 22 septembre[56]. Tout ceci arrivait trop tard, et n'était que des mots, car Vichy n'avait plus aucun pouvoir de négociation face aux Allemands.

Après l'affaire de Vénissieux, la voie officielle pour sauver les juifs de la persécution se trouva fermée. Des quakers de l'American Friends Service Committee négocièrent 5 000 visas de sortie pour des enfants juifs qui partiraient en convoi pour les États-Unis. Leur représentant, Lindsley Noble, se rendit à Vichy en octobre 1942 pour annoncer que 1 000 visas étaient arrivés. Mais les

Allemands craignaient les retombées négatives aux États-Unis d'une opération de sauvetage et Laval, timoré, annula l'opération[57]. Vichy devint beaucoup plus méfiant envers les organisations charitables qui essayaient de sauver les juifs, et quand les Allemands envahirent la zone libre en novembre 1942, le dispositif se resserra encore. Le 27 janvier 1943, le père Chaillet et Jean-Marie Soutou, de l'Amitié chrétienne, furent arrêtés et emmenés à l'hôtel Terminus, siège de la Gestapo à Lyon. Le père Chaillet avala des documents compromettants cachés sous sa soutane. Soutou a raconté que Germaine Ribière se rendit tout de suite rue de Constantine pour empêcher d'autres arrestations : « Germaine Ribière, dès qu'elle a appris notre arrestation, déguisée en femme de ménage avec force seaux, serpillières et balais, a passé la journée dans la cage de l'escalier, à l'étage en dessous de l'Amitié chrétienne, pour dire à tous les gens qui avaient l'allure de nos protégés : "Surtout filez ! La Gestapo tient un piège ici !" Cela a aussi beaucoup contribué à ce qu'il n'y ait pas d'incident[58]. »

Soutou fut incarcéré trois semaines au fort de Montluc jusqu'à ce que le cardinal Gerlier obtienne sa remise en liberté. Il s'enfuit à Genève où il créa une antenne des Mouvements unis de la Résistance (MUR) camouflée en agence de presse[59]. Un mandat d'arrêt fut émis à l'encontre de l'abbé Glasberg, qui se réfugia dans la région de Montauban. Avec l'aide de Mgr Théas, il prit une nouvelle identité, Élie Corvin, curé de L'Honor-de-Cos, avant de rejoindre le maquis local de l'Armée secrète où il était chargé de réceptionner et de cacher les armes parachutées. Il siégea au Comité départemental de libération[60]. Quant à Germaine Ribière, elle travailla pour une nouvelle filière d'évasion issue de l'Œuvre de secours aux enfants (OSE), sous la direction de Georges Garel, qui jouait désormais un rôle clé dans le sauvetage des enfants juifs.

À l'OSE, Andrée Salomon avait conclu que les vingt maisons d'enfants où habitaient les 1 600 enfants juifs extraits des camps étaient désormais la cible des raids. Il fallait donner à ces enfants de nouvelles identités aryennes et les disperser[61]. Vichy ne servait plus de bouclier et des rumeurs de massacres de juifs à l'Est commençaient à circuler. Georges Garel se rendit à Toulouse pour rencontrer Mgr Saliège, déjà contacté par Charles Lederman, et il affirma que l'archevêque « avait l'étoffe d'un saint ». L'archevêque lui proposa l'aide de deux œuvres catholiques, Sainte-Catherine et Saint-Étienne, qui géraient des orphelinats et des foyers d'accueil et trouveraient des familles chrétiennes pour cacher les enfants juifs[62]. Sabine Zlatin décida de transférer les enfants du sanatorium de Palavas-les-Flots vers la zone d'occupation italienne. Avec un prêtre de Montpellier et le sous-préfet de Belley, dans l'Ain, elle leur trouva une colonie de vacances pour enfants catholiques à Izieu[63]. Pendant ce temps, Georges Garel et Andrée Salomon organisèrent une filière d'évasion vers la Suisse. Cette mission fit confiée à Georges Loinger, un juif strasbourgeois, et à Emmanuel Racine, né à Moscou, qui à son tour trouva l'appui de Jean Deffaugt, le maire d'Annemasse, en Haute-Savoie près de la frontière suisse. L'un des stratagèmes de Loinger était d'organiser des matchs de football à la frontière. Quand le ballon entrait en Suisse, les enfants franchissaient la frontière[64]. Une fois de l'autre côté, ils étaient pris en charge par Joseph Weill, réfugié en Suisse en 1943, et par ses contacts, Saly Mayer, représentant en Suisse de l'American Jewish Joint Distribution Committee, et l'évêque de Fribourg. L'argent de l'American Jewish Joint Distribution Committee, qui payait les passeurs, arrivait en France, entre autres, grâce à un peintre appelé Gabriel, dont la voiture avait un faux plancher, et un prêtre qui cachait des billets dans sa jambe de bois[65].

Une autre filière d'évasion fut créée par le Mouvement de la jeunesse sioniste (MJS), fondé à Montpellier en mai 1942. Les enfants regroupés à Bordeaux ou à Toulouse s'arrêtaient au chalet de Jeanne Latchiver, surnommée « la Reine Mère », près de Grenoble. Jeanne Latchiver travaillait avec un réfugié juif originaire de Vienne, « Toto » Giniewski, et sa femme, dite Tototte. Bien introduits dans plusieurs mairies, ils obtenaient des cartes d'identité vierges, comme Jeanne Latchiver l'a raconté : « Nous nous mettions à ce travail vers 9 heures du soir ; les gosses étaient couchés. Nous étions environ une douzaine, il y avait deux machines à écrire. Quelqu'un criait : "Un nom ! Un nom pour une Polonaise !" Quelqu'un répondait : "Léonidas", un autre "Nephtali", que sais-je. Nous finissions en pleine nuit et nous avions le toupet de nous en aller haut sur la montagne, de nous installer par terre, avec le spectacle de Grenoble à nos pieds, et de nous mettre à chanter des chants scouts et hébraïques. Ceci en pleine occupation allemande[66]. »

Durant la nuit, les vrais papiers d'identité des enfants étaient cousus dans la doublure de leurs vêtements et le lendemain matin, ils partaient à Annemasse en train, accompagnés le plus souvent par des jeunes femmes, comme pour une sortie scolaire ou un club de jeunes. Cette partie du voyage était extrêmement dangereuse et deux jeunes accompagnatrices perdirent la vie. La jeune sœur d'Emmanuel Racine, Mila, âgée de vingt ans, fut arrêtée par les Allemands le 23 octobre 1943 et transférée à Drancy. Elle demanda à Jean Deffaugt, le maire d'Annemasse, venu la voir en prison avant son départ, de la poudre de riz et du rouge à lèvres, en lui disant : « Je vous promets, quand je monterai dans le camion, je ne pleurerai pas, mais je veux être belle[67]. » Marianne Cohn, décrite par le maire comme « une petite fille brunette, très gentille, trapue, la mine éveillée, pleine de foi et de dynamisme », fut arrêtée à Annemasse avec les enfants qu'elle convoyait le 31 mai 1943 et emprisonnée avec eux. Le maire et Georges Loinger parvinrent à faire libérer dix-sept des vingt-huit enfants mais Marianne refusa d'abandonner les autres. Elle fut emmenée par la Gestapo en juillet. On retrouva sa dépouille après la Libération, le 21 août 1944, « presque complètement nue, juste avec une petite blouse et une paire de souliers jaunes que Racine lui avait achetés... Il semble qu'elle ait été tuée d'un coup de bêche[68] ».

Des protestants et des catholiques se mobilisèrent pour aider les juifs en fuite. L'un des refuges les plus importants fut Le Chambon-sur-Lignon dans les Cévennes. Le village avait reçu la visite du secrétaire général à la Jeunesse de Vichy, Georges Lamirand qui, après un maigre repas à la cantine du collège et un service à la chapelle, avait eu la surprise de se voir remettre par les élèves les plus âgés une pétition contre la déportation des juifs étrangers. Quinze jours plus tard, un samedi, les gendarmes de Vichy fouillèrent le plateau pour arrêter les juifs étrangers. Convoqué à la mairie, le pasteur Trocmé fut sommé de donner leurs adresses, mais, comme le père Chaillet, il refusa. De même, il refusa de convoquer les juifs à la mairie pour y être enregistrés. Ces derniers avaient déjà quitté les pensions de famille pour se cacher dans des fermes où les habitants, descendants des huguenots qui avaient souffert des persécutions religieuses aux XVIIe et XVIIIe siècles, firent preuve de solidarité. Trocmé envoya les scouts locaux de ferme en ferme pour avertir les juifs de partir pendant la nuit et d'aller se réfugier dans les montagnes et les bois environnants. Quand la police fouilla le village le lendemain, elle ne trouva qu'un avocat juif autrichien qui pensait que, sa sœur étant une diaconesse protestante, il n'était pas assez juif pour être déporté[69].

En représailles, Trocmé fut arrêté en février 1943 et passa cinq semaines à la prison de Saint-Paul-d'Eyjeaux, avant d'être remis en liberté sur ordre de Laval qui ne voulait pas mécontenter les Britanniques. Pendant ce temps, a-t-il raconté, « la Cimade avait organisé ce que, au temps de l'esclavage américain, on appelait un "underground railroad", pour permettre aux juifs de passer la frontière suisse ». Madeleine Barot en était l'une des accompagnatrices, désormais sous le pseudonyme de Monette Benoît. Les étapes qui jalonnaient la route en Haute-Savoie incluaient la paroisse protestante d'Annecy et la paroisse catholique de Douvaine. À la frontière, « le prêtre introduisait un gros cylindre de ciment sous les fils de fer barbelés. Les malheureux rampaient à travers le tuyau. De l'autre côté, c'était la Suisse[70]. » La nécessité de se camoufler et de se disperser fut illustrée par l'arrestation, le 29 juin 1943, de vingt-cinq étudiants juifs étrangers confiés à Daniel Trocmé, le cousin d'André, à la maison des Roches du Chambon. André demanda de l'aide à un aumônier allemand, sans résultat : « Il se disait membre de la "Bekenntniskirche" [une Église antinazie], ce qui ne l'empêchait pas de faire la chasse aux juifs. » Daniel Trocmé, bien que protestant, fut déporté avec ces jeunes et mourut à Majdanek en Pologne le 4 avril 1944, sans doute gazé. « Il y a tout lieu de croire que ce fut le sort du "juif" Daniel Trocmé », déclara son cousin[71].

Les juifs bénéficiaient de l'aide des gentils et contribuaient aussi eux-mêmes à une stratégie de résistance plus large. Un militant des plus entreprenants était un jeune faussaire juif, Oscar Rosowsky, qui fabriqua des milliers de faux documents pour les réfugiés du plateau du Chambon.

Né à Berlin en 1923, il était le fils d'un play-boy russe blanc qui gérait, plutôt mal que bien, la filiale berlinoise du négoce de bois fondé par son grand-père à Riga. Quand la situation devint trop dangereuse en Allemagne, sa famille, comme beaucoup de familles de l'élite juive européenne, se réfugia à Nice où l'occupation italienne était bien plus clémente. Oscar fait ses études au lycée de Nice et passe le baccalauréat en 1941 mais le Statut des juifs lui interdit des études de médecine. Devenu réparateur de machines à écrire, il entretient celles de la préfecture, et accède ainsi aux cartes d'identité officielles. En août 1942, les rafles commencent. Son père est arrêté et déporté un mois plus tard. Sous la fausse identité d'un baron du Premier Empire, Oscar s'enfuit vers la frontière suisse avec sa mère, mais l'entrée lui est refusée et sa mère est arrêtée et envoyée à Rivesaltes. Il fabrique alors un permis de séjour pour la faire sortir du camp et, grâce aux contacts de ses amis protestants à Nice, il arrive avec elle au Chambon en novembre 1942. Il est d'abord hébergé au pensionnat du collège, puis, pour plus de sécurité, dans une ferme isolée où il recommence à fabriquer de faux papiers d'identité pour des juifs, des réfractaires au STO et des résistants actifs. Il exploite le fait qu'il n'existe pas de carte d'identité nationale, mais que les cartes d'identité, comme les carnets de rationnement pour le tabac, le textile et l'alimentation, sont délivrées par les mairies, qui utilisent des papiers de format et de couleurs différents. De plus en plus, il fabrique des papiers prétendument établis en Algérie, désormais aux mains des Français libres. Sa propre carte d'identité, établie au nom de Jean-Claude Plunne, né à Alger, est censée avoir été délivrée au Puy, en Haute-Loire. Oscar se rajeunit de deux ans, puis de quatre, afin d'éviter d'être réquisitionné pour le travail obligatoire[72]. Lorsque les miliciens de

Vichy fouinent à la recherche de preuves de résistance, il cache son matériel dans une ruche de la ferme[73].

En septembre 1943, l'Italie dépose les armes et conclut un armistice avec les Alliés. En réponse, les Allemands envahissent les territoires occupés par les Italiens, dont la Savoie et la région de Nice. Une rafle massive des juifs de Nice s'ensuit rapidement. Sous l'occupation italienne, à partir de novembre 1942, les intérêts des juifs étrangers avaient été défendus par un comité d'aide aux réfugiés situé rue Dubouchage, d'où son surnom de Comité Dubouchage. Ignace Fink, juif polonais et secrétaire du comité, était en contact constant avec le banquier juif italien Angelo Donati, dont le frère, médecin du roi Victor-Emmanuel, transmettait à Ignace Fink des subsides, obtenait des autorités italiennes l'adoucissement des mesures antijuives prises par Vichy et procurait aux juifs les moyens de s'enfuir en Italie[74]. Tout change avec la chute du régime italien, la disparition du Comité Dubouchage, et une descente de la Gestapo dans les locaux de l'Œuvre de secours aux enfants à Nice. Une nouvelle fois, juifs et catholiques coopèrent pour mettre en place des cachettes et des filières d'évasion. Moussa Abadi était un juif syrien qui avait grandi dans le ghetto de Damas puis avait étudié la littérature médiévale à la Sorbonne avant de devenir un acteur à succès[75]. Après l'occupation de Paris par les Allemands, il avait fui à Nice. Sur la promenade des Anglais, au printemps 1942, il avait vu avec horreur une juive battue à mort par un milicien pendant que son enfant de six ans hurlait « Maman, maman, maman[76] ! » Contacté par Maurice Brener, le délégué clandestin de l'American Jewish Joint Distribution Committee à Nice, qui lui apporta de l'argent et des idées, et en lien avec l'Amitié chrétienne, il monta le réseau Marcel pour sauver les enfants juifs de Nice. Sa première collaboratrice fut Odette Rosenstock, sa future femme, qui avait dû quitter son poste de médecin scolaire à cause du Statut des juifs[77]. Comme pour le réseau Garel, l'aide de l'Église catholique fut essentielle. Abadi s'adressa directement à l'évêque de Nice lui-même, Mgr Rémond, qui gardait de bons souvenirs des aumôniers militaires juifs qu'il avait côtoyés pendant la Grande Guerre[78]. L'évêque lui donna un bureau dans le palais épiscopal, où Abadi fabriquait de faux papiers d'identité et de faux carnets de rationnement. Il le mit aussi en contact avec des établissements religieux et des familles catholiques du diocèse où les enfants pourraient être cachés. À nouveau, la mission des accompagnatrices se révéla périlleuse. Odette fut arrêtée en avril 1944 et déportée en Allemagne, d'où elle revint[79]. En dépit des pertes, le réseau Marcel affirma avoir sauvé 527 enfants juifs[80].

Ces histoires de sauvetage ne peuvent masquer les épisodes tragiques qui les ont trop souvent accompagnées. Sabine Zlatin avait emmené les enfants juifs de Rivesaltes dans une colonie de vacances d'Izieu, près de Lyon, dans la petite partie de la France occupée par les Italiens en novembre 1942 puis par les Allemands en septembre 1943. En avril 1944, tandis qu'elle est à Montpellier pour tenter de mettre d'autres enfants en sécurité, les SS découvrent le refuge et déportent les enfants à Auschwitz. Le récit de leurs souffrances fut l'un des épisodes les plus poignants du procès de Barbie en 1987, et le sujet des Mémoires de Sabine Zlatin en 1992[81]. Ce qui n'a été mentionné ni en 1987 ni en 1992, c'est que, comme elle l'a raconté dans un entretien en 1947, Sabine Zlatin, après cette tragédie, avait continué à résister. À la suite d'une tentative de libération de résistants emprisonnés à Rouen, elle avait été arrêtée et battue par la Gestapo, mais elle était parvenue à s'échapper. Quarante ans après la guerre, l'histoire parlait des juifs comme de victimes ou de sauveteurs. Mais le fait que des juifs aient résisté, ce qui leur avait donné une légitimité à la Libération, avait disparu des mémoires. L'histoire de la résistance des juifs, en particulier des juifs étrangers, comme celle d'autres étrangers résistants, doit désormais être racontée.

# 8

## Le sang des autres

*Formés pour la plupart à la dure école de l'illégalité polonaise, ce sont des révolutionnaires du Yiddishland.*

Henri Krischer, 2000

Quand Charles de Gaulle déclara en août 1944 que les Français s'étaient libérés eux-mêmes, il avait deux idées. La première, c'était que les Français, aidés par les Alliés, avaient fourni une contribution militaire suffisante à leur propre libération pour retrouver leur statut de grande puissance. La deuxième, c'était qu'en dépit de leurs divisions et de leur longue mésalliance avec le régime de Vichy et le maréchal Pétain, les Français avaient fini par soutenir la Résistance et le Général lui-même. Le rôle des étrangers dans la Résistance fut totalement passé sous silence. Beaucoup de ceux qui résistèrent en France étaient arrivés entre les deux guerres, migrants économiques à la recherche de travail ou exilés politiques fuyant des régimes d'oppression, ou les deux à la fois. Certains étaient des antifascistes qui avaient commencé le combat en défendant la République espagnole contre Franco et l'avaient poursuivi en résistant en France. D'autres étaient des réfugiés juifs d'Europe centrale et orientale, décidés à se battre contre les persécutions.

L'avancée fulgurante des armées allemandes en 1940 avait accru l'afflux de réfugiés en France. Lorsque la résistance enfla, elle fut soutenue par une large palette d'étrangers dont l'étude au cas par cas modifie ce que l'on entend par « la Résistance ».

En 1934, Franz Dahlem, fuyant l'Allemagne nazie, arrive en France avec sa femme Käthe Weber. Il est accueilli par des amis à Ivry, commune de la ceinture rouge de Paris. D'origine catholique, né en 1892 à Rohrbach en Lorraine, alors dans l'Empire allemand, il avait rejoint le Parti social-démocrate d'Allemagne à Cologne en 1913 et avait été mobilisé dans l'armée allemande pendant la Première Guerre mondiale. Inspiré par la Révolution russe, il fit partie d'un comité de soldats durant la révolution allemande de 1918 puis fut élu député communiste au parlement de Prusse et au parlement national, le Reichstag, à Berlin[1]. N'étant pas revenu en Lorraine quand elle redevint française en 1918, il fut considéré comme déserteur par la France, même si lui-même se définissait de manière plus positive comme « un internationaliste d'origine lorraine [qui] lutte pour la liberté des deux peuples, allemand et français[2] ». En France après 1933, il milite dans le mouvement antifasciste international et lors de la guerre civile espagnole, il est envoyé en Espagne par le Komintern avec d'autres communistes allemands. Il revient en France en 1938 après la chute de Teruel, et quand éclate la guerre en 1939 il est interné comme ressortissant ennemi. Il a décrit son interrogatoire par la police française comme « un complot pour me mettre devant un conseil de guerre pour me liquider comme déserteur et espion boche ou soviétique, agent de l'Internationale communiste[3] ». D'abord détenu au stade de Colombes où s'était déroulée la finale de la Coupe du monde de football en 1938, il est envoyé au camp de haute sécurité du Vernet dans les Pyrénées, qui devient un pôle de l'action antifasciste internationale. Dahlem est officiellement chef des comités d'action antinazis français, belge et luxembourgeois dans le camp. Pour mettre fin à ses activités de résistance, il est transféré à la prison de Castres en novembre 1941, puis arrêté par la Gestapo en août 1942 et déporté à Mauthausen[4].

De la guerre d'Espagne à la résistance française, l'itinéraire de Vicente López Tovar est plus direct. Né à Madrid en 1909, il a passé son enfance à Buenos Aires. Envoyé dans un collège jésuite, il a été abusé par un prêtre : « Depuis cet incident, je n'ai jamais pu supporter la présence d'un prêtre, ni croire en ce qu'ils prétendaient représenter[5]. » De retour en Espagne après la mort de son père en 1921, il est apprenti chez un vendeur d'appareils photographiques. Emprisonné à Barcelone pour n'avoir pas fait son service militaire, il passe quelque temps dans l'armée avant d'attraper ce qu'il a appelé le virus du marxisme, et survit à Madrid en vendant des journaux communistes. Quand la guerre civile éclate, il rejoint le bataillon Thaelmann, nommé ainsi « en hommage au grand dirigeant allemand qui était prisonnier dans les cachots nazis[6] ». Promu commandant en 1937, il commande la 18e brigade mixte et participe à la longue défense de Madrid. Ce fut un moment décisif qu'il a décrit ainsi : « J'ai la satisfaction de croire que cette brigade fut sûrement l'une des meilleures de Madrid, par son entraînement et sa discipline. Avec elle, j'appris à être un bon Marxiste-Léniniste, car je reconnais que j'avais quelquefois des réactions anarchisantes[7]. » Il appartenait au fameux 15e corps de l'Armée populaire qui prit part à la bataille de l'Èbre, et quitta Madrid en avion le 7 mars 1939, au dernier moment. Ayant la chance de ne pas être interné par les Français, il se fait oublier, caché par des camarades communistes, dont un garagiste de Varilhes, au pied des Pyrénées, qui offre aux réfugiés républicains espagnols une couverture comme bûcherons ou charbonniers. C'est dans cette armée virtuelle de charbonniers que le Parti communiste espagnol commence à organiser des groupes armés à la fin 1941. Ce sont les maquisards originels, à qui leur expérience du combat et des épreuves donne une avance sur les Français : « Nous autres les réfugiés espagnols, nous étions déjà endurcis par notre guerre civile, nous pouvions nous échapper plus facilement parce que nous n'avions plus rien à perdre, ni foyer, ni valise. Nous avions déjà tout perdu en Espagne[8]. »

L'apprentissage de Léon Landini, né en 1926 à Saint-Raphaël dans une famille d'immigrés italiens, fut plus lent. Originaire de Toscane, son père, Aristide, charbonnier de métier et non de circonstance, était un rouge pur et dur. En 1905, il s'était opposé aux propriétaires terriens locaux qui voulaient s'approprier les terrains communaux, et il avait fait de la prison pour désertion de l'armée italienne en 1915. Il adhère au Parti communiste italien à sa fondation en 1921. Maire adjoint de son village, il se bat contre les bandes fascistes et s'enfuit en France en 1922 car il est menacé de mort. Il rejoint la diaspora des Italiens immigrés en France pour fuir le fascisme et trouver un emploi. Il travaille dans des mines de fer en Lorraine et des mines de charbon dans le Nord avant d'aller dans le Sud travailler comme forestier. Puis il ouvre une épicerie au Muy, près de Saint-Raphaël. Son fils aîné Louis, né en 1914, veut rejoindre les Brigades internationales mais le parti communiste lui ordonne de rester en France et de faire passer les Pyrénées aux volontaires. L'épicerie de son père est une cache pour les antifascistes italiens en fuite, et d'après la légende familiale, Palmiro Togliatti lui-même, le secrétaire du Parti communiste italien interdit, s'y serait caché un moment en 1937 pour échapper à la police. Léon, le cadet, faisait remonter son premier acte de résistance au 28 octobre 1942, quand, à seize ans, il avait fait le guet pendant que des résistants faisaient dérailler un train allemand près de Saint-Raphaël. Deux semaines plus tard, les fascistes italiens occupent le Sud-Est de la France et la lutte commence pour de bon. En mai 1943, son père et son frère sont arrêtés par les Italiens et torturés à Nice. En septembre 1943, les Italiens ayant évacué la région après s'être retirés de la guerre, les deux hommes tombent aux mains des Allemands. Ils s'évadent d'un centre d'internement à Dijon et rejoignent la résistance. Quand son père retrouve Léon, il dit : « J'ai quitté un garçon et j'ai trouvé un homme. » Louis est nommé commissaire politique du groupe Carmagnole, composé de résistants étrangers basés à Lyon. Il invite Léon à les rejoindre. À son arrivée en décembre 1943, on lui dit que les résistants de ce groupe ont peu de chances de survivre plus de trois mois [9].

Henri Krischer, de six ans plus âgé que Léon Landini, était arrivé en France en 1922 à l'âge de deux ans. Son père, juif polonais de Galicie, avait combattu dans l'armée austro-hongroise en 1914-1918, puis était parti travailler en Allemagne dans la région industrielle de la Ruhr. Il était wagonnier dans une mine de charbon à Dortmund, où Henri naquit en 1920, et il décéda peu après de la tuberculose. Pour ne pas rester seule, sa mère épousa un cousin qui avait fui la conscription de la nouvelle armée polonaise, alors en guerre contre l'Union soviétique. En 1922, ils arrivent à Nancy où vit une importante communauté de juifs polonais. À l'école, Henri se fait traiter de polack, par les Français juifs intégrés. Plus tard, au lycée Poincaré, il participe à des batailles rangées contre les étudiants d'extrême droite. Il veut devenir médecin mais lors de l'invasion allemande de 1940, il s'enfuit vers le sud avec sa mère. Il pleure de

voir de jeunes Allemands de son âge brandir leurs armes
« comme en pays conquis ». Après quelque temps, mère
et fils reviennent à Nancy, désormais « un désert[10] ». Le
*numerus clausus* imposé par Vichy lui interdit des
études de médecine et il subit l'humiliation de porter
l'étoile jaune. S'enfuyant de Nancy avec ses parents
avant les rafles de juillet 1942, il arrive à Lyon. Il y
rejoint le groupe Carmagnole, où on le surnomme vite
« l'Amiral ».

Carmagnole était vraiment international, mais les plus
nombreux était les juifs de Pologne, de Hongrie et de
Roumanie, dont la langue maternelle était le yiddish.
Krischer a plus tard raconté : « Aucune génération
d'hommes n'a été battue comme ils le sont... Formés pour
la plupart à la dure école de l'illégalité polonaise, ce sont
des révolutionnaires du Yiddishland, leur mode d'expression est le yiddish, et s'ils sont internationalistes, c'est le
sort du peuple juif qui les préoccupe avant tout. L'anéan-
tissement du fascisme, mais aussi pour la venue des temps
messianiques, le socialisme qui libèrera le peuple juif[11]. »

Les parcours de ces quatre hommes ne se comprennent
que dans le contexte des conflits qui affectèrent l'Europe
entre la Première et la Seconde Guerre mondiale. Trois
grands récits se déroulèrent. Le premier débuta avec la
Révolution russe de 1917, qui fonda la première société
socialiste et fournit aussi un modèle de communisme
international qui galvanisa les révolutionnaires en Europe.
Le fascisme et le nazisme furent des réponses nationalistes extrêmes à la menace bolchevique, qu'ils combattirent en Italie dans les années 1920 et en Allemagne dans
les années 1930. En 1936, la lutte se déplaça en Espagne
où le général Franco initia un coup d'État pour détruire la
République de gauche. La tentative échoua quand les
communistes, socialistes, anarchistes et régionalistes espa-

gnols s'unirent pour défendre la République. L'Italie fasciste et l'Allemagne nazie envoyèrent des renforts à Franco. Alors que la France et la Grande-Bretagne refusaient d'intervenir, le Komintern décida, le 18 septembre 1936, d'aider l'Espagne[12]. Ceci entraîna le recrutement de volontaires de tous les pays dans les Brigades internationales. 36 000 combattants encadrés par 4 000 cadres du Komintern allèrent en Espagne soutenir la cause républicaine et mettre un terme à l'expansion du fascisme international. Parmi eux se trouvaient 9 000 Français, 3 000 à 5 000 Allemands et Autrichiens, 3 000 à 4 000 Polonais, 2 000 à 4 000 volontaires des Balkans, 3 000 Italiens, 2 000 Belges, 2 000 Britanniques et 2 000 Américains. 6 000 à 8 500 de ces combattants étaient juifs, soit environ 20 % de l'ensemble[13].

Le deuxième récit est celui de l'immigration de travailleurs étrangers en France après la Première Guerre mondiale, surtout dans les années 1920, quand les pertes de la Grande Guerre et la reprise économique entraînèrent une grave pénurie de main-d'œuvre. La France attira des migrants économiques, qui étaient aussi pour beaucoup des exilés politiques. En 1931, on comptait 508 000 Polonais, principalement dans les mines de charbon du Nord et du Pas-de-Calais et dans les mines de fer lorraines ; 808 000 Italiens, en Lorraine et dans les régions viticoles du Midi ; 352 000 Espagnols, dans les mines de charbon de l'Aveyron et dans les exploitations agricoles du Sud-Ouest[14]. L'histoire d'Aristide et Léon Landini se répéta souvent. Cesare Titonel et ses deux frères s'étaient enfuis de Conegliano en Vénétie, après que l'un d'eux avait été arrêté et passé à tabac par les fascistes. Ils s'établirent comme fermiers dans la vallée de la Garonne, près d'Agen. Les Italiens se retrouvaient au bistrot le dimanche après-midi et interrompirent une fois un rassemblement de Croix-de-Feu aux cris de « *Banda di fascisti !* ». La fille de Cesare, Damira, née en 1923, remarqua : « Mes parents avaient fui le fascisme, et le fascisme nous rattrapait[15]. »

Le cas d'Henri Krischer n'était pas non plus isolé. Il avait pour ami au lycée Poincaré de Nancy Salomon Weinstcin, prénommé Georges par ses amis, dont le père, également juif polonais de Galicie, était arrivé en France pour échapper au service militaire en Pologne. Il avait d'abord travaillé dans les mines de fer de Lorraine puis s'était installé comme marchand forain de lingerie féminine sur la place principale de Nancy. Georges et son jeune frère Max apprenaient l'hébreu, tout en allant à l'école publique, et Georges passa son bac en 1939. Leur père fut mobilisé comme ouvrier à l'arsenal de Roanne, où il fut rejoint par ses fils qui quittèrent Nancy lors des combats de 1940. Étant enregistrés comme juifs à Roanne, Georges et Max partirent pour Lyon quand les rafles s'intensifièrent à l'été 1942, et ils se procurèrent de nouvelles identités et de nouvelles activités. Ils y retrouvèrent Henri Krischer qui s'était aussi enfui vers le sud[16].

L'histoire de cette immigration croise un troisième récit, celui de l'arrivée en France des juifs persécutés en Europe centrale et orientale. L'origine en remonte à l'opposition au régime tsariste et aux pogroms qui se déroulèrent dans la Zone de résidence des juifs en Russie, ce qui poussa vers l'ouest les radicaux et les juifs en quête de travail et de liberté. Les États qui succédèrent aux Empires russe, austro-hongrois et ottoman après l'effondrement de ceux-ci en 1918 – Pologne, Tchécoslovaquie, Autriche, Hongrie, Roumanie, Bulgarie et Yougoslavie – voulaient assurer l'hégémonie de la nationalité dominante sur les minorités nationales. Ils persécutèrent les communautés juives dont ils avaient hérité après la division de l'ancienne Zone de résidence, et réprimèrent les mouvements communistes, considérés comme des cinquièmes colonnes soviétiques manipulées par les juifs.

Les juifs d'Europe centrale, fuyant les difficultés économiques et l'antisémitisme, figuraient en France parmi les immigrants les plus compétents. Dans les années 1930, il y avait à Paris 90 000 juifs d'Europe centrale sur un total de 150 000 juifs, dont 45 000 Polonais, 16 000 Russes, 12 000 Hongrois, 11 000 Roumains et 2 000 Lituaniens[17]. Beaucoup de juifs hongrois et roumains, exclus de l'université dans leur pays par un *numerus clausus*, venaient en France pour devenir médecin ou ingénieur. Les juifs russes arrivés avant la Première Guerre mondiale et vivant dans le *shtetl* (quartier) du Marais étaient souvent bijoutiers, horlogers, ébénistes ou fourreurs. Ils pratiquaient une religion traditionnelle et ils étaient sionistes. Les organisations sionistes – dont les écoles et les clubs de sport tel le Maccabi – étaient regroupées dans la Fédération des sociétés juives de France et publiaient le *Parizer Haïnt* (« *Paris Aujourd'hui* »), un journal en yiddish. En même temps, l'organisation de jeunesse sioniste de gauche Hashomer Hatzaïr facilitait l'émigration en Palestine[18].

À l'inverse, les juifs polonais, souvent très influencés par la révolution bolchevique, avaient été chassés de la nouvelle Pologne, qui avait combattu l'Armée rouge en 1920 et interdit le Parti communiste polonais. Ils se concentraient à Belleville et dans le XIᵉ arrondissement entre Nation et République. Ils travaillaient dans la confection comme tailleurs, chapeliers, gantiers, chausseurs et maroquiniers[19]. À treize ans, Isaac Krasucki avait fui avec sa famille vers l'est jusqu'à Bialystok, lors de la pénétration allemande en 1915. La ville était devenue une capitale rouge, aux mains des bolcheviks russes. Mais après leur défaite contre l'armée polonaise à la bataille de Bialystok en 1920, la vie y était devenue impossible pour les communistes polonais, considérés comme une cinquième colonne soviétique. Isaac Krasucki arriva à Paris en 1926 et ouvrit un atelier de tricot à Belleville. Il fut bientôt rejoint par sa femme Léa et Henri, leur fils de deux ans[20]. À Belleville, il côtoyait David Erlich, connu sous le nom de David Diamant, dont le frère aîné avait pris part à la révolution d'Octobre et, devenu ingénieur, avait dû quitter la Pologne car il était communiste. Il arriva à Paris en 1930 à vingt-six ans et monta un magasin de literie.

Le milieu juif polonais de Belleville était plutôt moins religieux et plus progressiste. Il était largement dominé par la Main-d'œuvre immigrée (MOI), une émanation du Parti communiste français qui regroupait les immigrés dans des sections suivant leur langue d'origine, comprenant des syndicats, des organisations communautaires et des journaux. Cette organisation permettait de créer des sections yiddish dans les syndicats existants. Isaac Krasucki fonda ainsi une branche syndicale yiddish des ouvriers du textile, et en 1935, avec l'avocat Charles Lederman, la Commission intersyndicale juive[21]. Parmi les autres organisations communautaires figurent le Club ouvrier de Belleville fondé par David Diamant, le Club sportif ouvrier juif (ou YASK, Yiddisher Arbeter Sport Klub), et l'Union des femmes juives. Le principal organe de presse yiddish, *Naïe Presse* (« *Nouvelle Presse* »), est lancé en 1934. Ses principales figures incluaient le journaliste Adam Rayski, lui aussi de Bialystok, le barbier Jacques Kaminski et Lajb (« Louis ») Gronowski, un communiste juif réfugié à Paris après deux années de prison en Pologne. Il travaillait dans l'hôtellerie tout en se décrivant comme de « la génération des enfants de l'Octobre rouge[22]. » Cette communauté juive communiste fut forgée par les actions antifascistes de février 1934, le soutien au Front populaire et les grèves de mai-juin 1936. Elle tint aussi des meetings pour envoyer de l'aide et des volontaires aux Brigades internationales en Espagne, dont la Compagnie Botwin, composée de 120 juifs de langue yiddish, formée au début de 1938 et intégrée au bataillon Dombrowski des Brigades internationales[23].

À ce stade, l'histoire de la persécution des juifs et celle de la lutte internationale contre le fascisme se croisent. Deux combattants remarquables des Brigades internationales puis de la Résistance française, Mendel Langer et Joseph Epstein, étaient des juifs polonais. Langer était né en Pologne russe en 1903 mais son père, militant du mouvement socialiste juif Bund, avait émigré avec sa famille en Palestine en 1914 pour échapper aux pogroms. Mendel Langer est ouvrier des chemins de fer mais n'adhère pas au projet sioniste, comme l'a expliqué un ancien des Brigades internationales : « Langer veut travailler à l'avènement d'un socialisme à l'échelle universelle. Il considère le mouvement sioniste comme inutile et même rétrograde. Pour lui, la solution du problème juif s'inscrit dans le cadre d'un vaste combat qui vise à mettre fin à toutes les oppressions : la libération de tous les opprimés[24]. » Il arrive en France en 1933, est ouvrier métallurgiste à Toulouse et adhère à la Main-d'œuvre immigrée (MOI). Peu après le début de la guerre civile en Espagne, il s'engage dans les Brigades internationales, combat dans la brigade polonaise, est nommé lieutenant à la 35e division de mitrailleurs et épouse même une Espagnole[25]. Quant à Joseph Epstein, il était né en 1911 dans une famille bourgeoise de gauche, également en Pologne russe, à Zamość, la ville d'origine de Rosa Luxemburg. Étudiant en droit à Varsovie, il adhère au Parti communiste polonais clandestin. Ayant été arrêté par le régime dictatorial de Pilsudski en 1931, il s'enfuit en France et se réfugie à Tours, où il connaît des étudiants polonais. Là, il rencontre Paula Duffau, une étudiante en pharmacie, qu'il épouse en 1932. Pendant ses études de droit à Bordeaux et à Paris, il milite dans les Jeunesses communistes. Volontaire pour l'Espagne à l'été 1936, il est blessé, revient en France puis repart en 1938. Nommé commissaire politique dans les Brigades internationales, il insiste quand même pour aller sur le front de l'Èbre et commande le bataillon Ana Pauker de la 35ᵉ division internationale, ainsi nommé en hommage à une communiste roumaine qui avait été emprisonnée par le régime[26].

La situation des étrangers en France se complique après la défaite des républicains espagnols en janvier 1939, le Pacte germano-soviétique d'août 1939 et la défaite de la France en juin 1940. En janvier 1939, la Catalogne succombe aux forces de Franco, ce qui met fin à la guerre civile. Des colonnes de réfugiés espagnols franchissent les Pyrénées pour se réfugier en France où ils sont loin d'être accueillis en héros. La République française reconnaît le régime de Franco et, en mars 1939, nomme le maréchal Pétain ambassadeur à Madrid. La police française arrête les républicains espagnols à la frontière et entasse 226 000 personnes dans des camps d'internement dans les Pyrénées-Orientales, dont 77 000 à Argelès-sur-Mer et 90 000 à Saint-Cyprien[27]. À l'approche d'une nouvelle guerre européenne, certains républicains sont recrutés dans l'armée française, sous la menace d'être renvoyés en Espagne franquiste s'ils refusent de s'enrôler. D'autres sont mobilisés comme ouvriers agricoles ou bûcherons dans des Compagnies de travailleurs étrangers (CTE), ou envoyés dans le Nord pour travailler aux fortifications ou dans des usines de munitions. En avril 1939, des républicains espagnols considérés comme politiquement dangereux et d'anciens brigadistes, tels Mendel Langer et Joseph Epstein, furent transférés au camp de Gurs, au Pays basque[28]. C'est là qu'avec de la boue du camp, des détenus façonnèrent des statues pour une exposition à Paris à l'occasion du 150ᵉ anniversaire de la Révolution. Après la signature du Pacte germano-soviétique, les conditions de détention se durcirent encore et le député de droite Jean Ybarnégaray demanda même que les anciens brigadistes, en tant qu'agents du Komintern, soient fusillés par groupes de cinquante[29]. Par ailleurs, des républicains espagnols furent extraits des camps pour être intégrés à des unités combattantes françaises, comme la 13ᵉ demi-brigade de la Légion étrangère[30]. Lors de l'invasion allemande, ceux qui eurent la malchance d'être faits prisonniers en France ne furent pas traités en tant que prisonniers de guerre par les Allemands mais déportés à Mauthausen[31]. Certains républicains espagnols qui avaient servi dans la 13ᵉ demi-brigade de la Légion étrangère à Narvik restèrent en Grande-Bretagne et rejoignirent les Français libres. D'autres suivirent les autres forces françaises, rapatriées via le Maroc. Là, un sort peu enviable les attendait. Ils furent internés dans les camps nord-africains de Vichy, dont le camp disciplinaire de Djelfa, ou forcés de travailler à des chantiers comme le chemin de fer transsaharien, où le taux de mortalité était très élevé[32].

Le Pacte germano-soviétique et la déclaration de guerre en septembre 1939 entraînèrent l'arrivée de nouveaux prisonniers dans les camps : communistes et ressortissants ennemis, deux catégories combinées chez les communistes allemands, considérés comme une dangereuse cinquième colonne. Au camp de haute sécurité du Vernet se trouvait Arthur Koestler, journaliste juif hongrois qui avait été membre du Parti communiste allemand et correspondant de guerre en Espagne : « Au thermomètre centigrade du Libéralisme, Le Vernet était au point zéro de l'infamie ; au thermomètre de Fahrenheit de Dachau, il était encore à trente-deux au-dessus de zéro[33]. » Il fut impressionné par la prééminence des anciens des Brigades internationales «jadis orgueil du mouvement révolutionnaire européen. [...] Une moitié du monde les considérait comme des héros et des saints, et les vénérait, l'autre moitié les considérait comme des fous et des aventuriers, et les exécrait[34]. » L'un de ces héros et de ces fous était Franz Dahlem, qui décrivit comment le camp du Vernet, en théorie destiné à faire taire l'opposition communiste internationale, l'avait paradoxalement rassemblée en un cocktail détonant, au bord de la révolte : « Le gouvernement français avait commis la faute de concentrer au camp du Vernet les cadres des Brigades internationales et les membres de l'appareil des comités centraux des pays qui étaient occupés par les nazis et où il y avait des régimes fascistes. C'était une force formidable qu'ils n'ont pas réussi à briser, ni par la faim, ni par le froid, ni par les menaces, les chicanes ou les provocations, ni par le danger de la mort, ni par des coups de feu, qu'ils ont pu seulement abattre par l'attaque d'un millier de gardes mobiles en [août] 1940[35]. »

Lorsque la guerre éclata, le gouvernement français fut déchiré entre son hostilité aux étrangers et le besoin de soldats supplémentaires. On naturalisa à la hâte des Belges, des Suisses, des Italiens et des Espagnols résidant en France depuis cinq ans. Les juifs de nationalité française, tels Georges Boris et Léo Hamon, ne posaient pas de problème et rallièrent des unités régulières[36]. Plus de 100 000 étrangers combattirent sous le drapeau français, dans la Légion étrangère ou dans des unités étrangères, ou encore dans les armées polonaise ou tchécoslovaque qui, après l'annexion définitive de la Tchécoslovaquie en mars 1939 et l'effondrement de la Pologne en septembre-octobre 1939, étaient sous l'autorité de leurs gouvernements en exil repliés à Paris[37]. Après la défaite de 1940, le gros de l'armée polonaise passa en Grande-Bretagne pour continuer le combat. Ce qu'il en restait en France fut démobilisé par Vichy en septembre 1940. Un petit noyau d'officiers et de sous-officiers polonais basé à Grenoble fonda un groupe de résistance, le POWN, en septembre 1941. Ce réseau obéissait au gouvernement polonais en exil à Londres[38] profondément anticommuniste. En lien avec le POWN, des officiers de l'Intelligence Service (dont le commandant Roman Czerniawski, dit Armand, qui travaillerait plus tard avec Mathilde Carré) montèrent à Toulouse un groupe de résistance appelé F2, qui organisa une filière d'évasion pour faire traverser les Pyrénées aux soldats polonais et créa des antennes de renseignement à Marseille et à Nice[39].

L'expérience des juifs polonais dans l'armée française et dans l'armée polonaise fut plus mitigée. Victor Bardach, de son nom de résistant Jan Gerhard, avait grandi en Pologne. En 1939, à l'âge de dix-huit ans, il fait la campagne de Pologne dans l'armée polonaise. Il poursuit le combat en France dans la 1re division polonaise de grenadiers. Blessé et fait prisonnier par les Allemands, il est transféré d'un Stalag vers un hôpital de Lourdes puis il rejoint la Résistance en France[40]. Joseph Epstein, à l'inverse, s'était évadé de Gurs et avait rejoint l'armée polonaise, où il découvrit que les officiers polonais étaient dans l'ensemble acquis à « l'idéologie fasciste, raciste, [et] pourchassaient tous ceux qui avaient combattu en Espagne ». Il organisa donc « une petite révolte » parmi les soldats qui se sentaient plus juifs et communistes que polonais. Ils rendirent leurs uniformes au commandement polonais et s'engagèrent dans la Légion étrangère, comme d'autres qui se sentaient aussi marginaux[41]. La 13e demi-brigade de la Légion étrangère, qui comprenait des républicains espagnols et des juifs d'Europe centrale, combattit très tôt en Norvège où elle fut envoyée contrer l'attaque allemande à Narvik[42]. D'autres juifs d'Europe orientale furent recrutés dans des Régiments de marche de volontaires étrangers (RMVE) constitués à la hâte[43]. Boris Bruhman, plus tard connu sous le nom de Boris Holban, était né en Bessarabie, région de l'Empire russe, dans une famille qui parlait russe et yiddish. Après l'annexion de la Bessarabie par la Roumanie en 1918, ils souffrirent de discriminations. Holban entra aux Jeunesses communistes, fut emprisonné en 1930 et déserta de l'armée roumaine quand il dut faire son service militaire en 1932. De nouveau emprisonné, il s'évada avec l'aide de militants communistes et gagna la Tchécoslovaquie en 1936 puis la France en 1938. Arrivé trop tard pour se battre en Espagne, il s'engagea dans un Régiment de volontaires étrangers et fut fait prisonnier dans les Ardennes. Il s'évada d'un camp près de Metz et rejoignit la Résistance[44].

Une fois l'occupation allemande en place, les étrangers comprirent vite la précarité de leur situation. Les juifs étaient bien sûr les plus menacés. En zone occupée, les autorités militaires allemandes promulguèrent le 27 septembre 1940 une ordonnance leur imposant de s'enregistrer immédiatement auprès des autorités françaises, et de faire apposer le mot « juif » en rouge sur leur carte d'identité. Fin octobre, 87 000 Français juifs et 65 000 juifs étrangers avaient donné leur nom et leur adresse. Les commerçants juifs devaient apposer sur leur devanture un panneau jaune « Jüdisches Geschäft - Entreprise juive », prélude à l'aryanisation ou à la liquidation forcée en 1940 et 1941. Les Statuts des juifs, promulgués par Vichy les 3 octobre 1940 et 2 juin 1941, s'appliquent dans les deux zones. Ils excluent les juifs de la fonction publique, de l'éducation et de la presse, et imposent des quotas rigoureux aux professions libérales[45]. Les juifs étrangers sont internés sur simple décision administrative. Le 14 mai 1941, les juifs étrangers du XI<sup>e</sup> arrondissement de Paris doivent se rendre dans les commissariats, où ils sont arrêtés et envoyés aux camps de Pithiviers et de Beaune-la-Rolande près d'Orléans. Ailleurs, les juifs sont arrêtés à Nancy, Metz et Bordeaux et envoyés dans d'autres camps, à Troyes, La Lande (au sud de Tours) et Poitiers. D'autres arrestations ont lieu à Paris le 20 août 1941 et, pour la première fois, des juifs sont envoyés dans un lotissement inachevé à Drancy, au nord-est de Paris, d'où ils seront plus tard déportés [46]. Les Allemands durcissent la discrimination par un ordre du 29 mai 1942 qui impose aux juifs âgés de plus de six ans, français ou étrangers, le port de l'étoile jaune en zone occupée. Les arrestations de juifs étrangers culminent à Paris les 16 et 17 juillet 1942 lorsque 13 000 d'entre eux sont raflés et rassemblés au Vél' d'Hiv. Les rafles se multiplient en zone libre et en zone occupée pendant l'été 1942, les camps envoyant au fur et à mesure leurs détenus à Drancy, d'où les trains les déportent vers l'est [47].

Pour faire face à la montée des périls, chômage, malnutrition, arrestation, internement, et à l'éclatement des familles, les communautés juives créèrent des organisations de secours et de sauvetage. La communauté sioniste juive russe créa un comité rue Amelot, dans le XI<sup>e</sup> arrondissement, près de République. Il offrait un dispensaire, « La mère et l'enfant », un orphelinat pour les enfants abandonnés et quatre soupes populaires. Le comité avait une façade officielle et collaborait avec la Croix-Rouge, l'Œuvre de secours aux enfants (OSE) et même le Secours national de Vichy. Mais il avait aussi des activités clandestines, fournissant par exemple de faux diagnostics pour hospitaliser des détenus, et de faux papiers pour aider les juifs à s'enfuir [48].

L'un des membres les plus jeunes du comité était Henry Bulawko, vingt et un ans, un juif lituanien impliqué dans le mouvement sportif juif Maccabi et dans Hashomer Hatzaïr. Les manifestations de Paris contre le fascisme, après la tentative de coup d'État contre la République le 6 février 1934, avaient été pour lui des expériences décisives : « Sans être communistes, mes camarades de Hashomer Hatzaïr décidèrent de descendre dans la rue. » Il aida des juifs allemands qui se réfugiaient en France et fut choqué par l'arrestation et l'internement de certains, dont son ami Rudy Moscovici, joueur d'harmonica virtuose, interné à la caserne des Tourelles dans le quartier de Belleville à l'automne 1940[49]. Il offrit ses services au Comité Amelot et fabriqua de fausses cartes d'identité avec l'aide d'une jeune Française dont le beau-père était maire de Pantin, ce qui lui permettait de se procurer des cartes d'identité vierges[50].

Le rythme des arrestations augmenta le travail du Comité Amelot et des autres comités de quartier, ainsi que les risques pour leurs membres. Henry Bulawko avait réussi à faire sortir des amis de Pithiviers et de Beaune-la-Rolande avant que la sécurité des camps ne soit renforcée. Malgré sa méfiance envers les juifs communistes, par souci d'efficacité, il travailla avec eux, en particulier avec Roger Trugnan dont le père juif roumain, ébéniste au faubourg Saint-Antoine, était un syndicaliste communiste[51]. Trugnan lui passa des tracts, cachés dans des paquets de *matsa*, à distribuer pendant la pâque de 1942[52].

Dans la communauté juive polonaise, plus politisée à gauche, une réunion se tient le 15 juillet 1940 rue Custine à Montmartre. Sont présents Jacques Kaminski, barbier et cadre de la Main-d'œuvre immigrée (MOI), le journaliste Adam Rayski, soldat de l'armée polonaise en 1940 et évadé d'un camp de prisonniers, et Sophie Schwartz, de l'Union des femmes juives. Ils créent une organisation appelée Solidarité, qui va donner naissance à cinquante groupes dans Paris et la banlieue et fonder un journal yiddish clandestin, *Unser Wort* (« *Notre Voix* »)[53].

Le but de Solidarité était de défendre la communauté juive qui, David Diamant l'affirmait, ne devait compter que sur elle-même pour survivre. La communauté entière était en danger et devait entrer dans la clandestinité : « Survivre était combattre, les organisations de la Résistance active prenaient pour mission de conduire les masses juives vers le salut et la survie à côté des organisations françaises ou au sein de celles-ci[54]. » La priorité était de fournir de l'information puisque les juifs avaient dû rendre leurs postes de radio, comme l'a expliqué Rayski : « Notre objectif était d'informer et d'avertir les juifs du danger qui se précisait déjà [...]. Une certaine presse de propagande et surtout d'information était une condition *sine qua non* pour la formation de la Résistance[55]. » Rayski a affirmé que *Unser Wort* a révélé l'existence de Drancy, « le Dachau français », en novembre 1941, et pour la première fois celle des chambres à gaz en octobre-novembre 1942[56]. Même si la majorité des juifs pensaient qu'il fallait mieux rester dans la légalité, Solidarité les adjura de ne pas se faire enregistrer, par crainte du pire. Quand des juifs étaient internés, ils manifestaient à l'extérieur des camps et tentaient d'en faire libérer, par exemple pour raisons de santé. Jacques Ravine, arrêté le 26 juillet 1941 et envoyé à Pithiviers, organisa des manifestations et des évasions depuis l'intérieur même du camp[57]. Le groupe eut aussi recours aux grèves, une initiative très risquée sous l'occupation allemande. David Diamant, dont le magasin de literie avait été confisqué et qui travaillait dans un atelier de ganterie, y organisa une grève en novembre 1941, qui selon lui fit perdre 160 000 gants à la Wehrmacht[58]. Isaac

Krasucki organisa lui aussi des sabotages et des grèves dans les usines travaillant pour les Allemands, avant d'être arrêté en février 1942. En dépit de l'appel aux armes, la meilleure défense était de passer inaperçu ou de s'enfuir en zone libre. À partir de février 1941, Solidarité procure de faux papiers d'identité aux juifs qui choisissent cette solution. Rayski lui-même se rend en zone libre de mai à octobre 1941 pour établir des contacts et monter une édition de *Unser Wort* à Marseille. Il rencontre aussi un groupe de Marseille, dirigé par Marcel Langer, qui fait sortir des brigadistes de Gurs et du Vernet grâce à de faux papiers[59].

Les adolescents juifs formés dans les Jeunesses communistes puis, après leur dissolution, dans l'Union de la jeunesse juive (UJJ) de la MOI, participent aussi à ces actions. Le fils d'Isaac Krasucki, Henri, avait été membre des Crocodiles, les pionniers communistes de Belleville, encadrés par Pierre Georges jusqu'à son départ pour l'Espagne en 1936. Bon élève au lycée Voltaire, Henri Krasucki abandonne ses études à l'approche de la guerre pour devenir apprenti ajusteur à l'âge de quinze ans. Avec d'autres jeunes communistes de la section juive de la MOI supervisée par Adam Rayski, ils distribuent des tracts et diffusent des messages dénonçant les nazis et prévenant leur communauté des arrestations[60]. Une amie d'Henri Krasucki, Paulette Sliwka, dont le père était ouvrier maroquinier à Belleville, était encore lycéenne quand elle commença à envoyer des colis aux internées de Pithiviers, à fabriquer des papillons avec une presse d'imprimerie pour enfants et à les distribuer devant les usines et les cinémas[61]. Un autre ami de Krasucki, Roger Trugnan, qui avait arrêté ses études et travaillait dans une compagnie de télégraphie, faisait partie d'un groupe de trois jeunes juifs qui se retrouvaient tous les soirs dans le square Saint-Bernard, derrière l'église. Ils collaient des papillons, distribuaient des tracts dans les stations de métro et les cinémas où ils sifflaient et huaient les actualités allemandes[62].

L'organisation d'un système d'information clandestin permettait de distribuer des tracts pour avertir la communauté d'opérations de police imminentes, de sorte que la rafle des 16 et 17 juillet 1942 organisée par la police de Vichy sous la supervision des Allemands ne frappa que la moitié des 27 000 juifs visés. David Diamant a déclaré, lors d'un symposium en 1974 : « Je vois ici dans cette salle plusieurs de nos camarades qui ont participé à cette action de sauvetage. Avec ce tract et par la parole, nous allions de quartier en quartier, de rue en rue, de maison en maison, d'étage en étage, de porte en porte pour prévenir les gens du danger qu'ils encouraient. Si quelque 14 000 ou 15 000 juifs purent éviter la tragédie du 16 juillet, c'est certainement en grande partie grâce à la mobilisation de nos forces pour leur salut[63]. »

Deux formes de résistance se rejoignirent alors. Les opérations de sauvetage et de résistance menées par des juifs n'étaient pas isolées mais s'intégraient dans une lutte plus large contre le fascisme, menée en compagnie de militants d'autres nationalités fédérées par la Main-d'œuvre immigrée (MOI). La direction de la MOI, en contact étroit avec les chefs clandestins du Parti communiste français, comprenait trois hommes, deux juifs polonais, Jacques Kaminski (nom de code Hervé) et Louis Gronowski (Brunot), et un juif tchécoslovaque, Artur London (Gérard). Chacun s'occupait de groupes constitués sur des critères linguistiques : London était responsable des Tchécoslovaques, des Yougoslaves, des Hongrois et des Roumains ; Kaminski des juifs, des Bulgares et des Arméniens ; et Gronowski des Polonais, des Espagnols et des Italiens. En fait, la majorité des Polonais, Tchécoslovaques, Yougoslaves, Hongrois et Roumains de la MOI étaient juifs[64]. Cela dit, c'est à ce moment que les résistants juifs de différentes nationalités commencèrent à travailler avec d'autres étrangers dans un combat plus vaste contre le fascisme. Parmi ces étrangers, on trouvait des républicains espagnols, des antifascistes italiens et même des antinazis allemands liés à la MOI par l'intermédiaire du réseau Travail allemand, qui poussait les soldats allemands à déserter.

Après l'attaque de l'Union soviétique par les Allemands, le Parti communiste français développa sa propre branche armée, l'Organisation spéciale (OS), qui devint plus tard Francs-Tireurs et Partisans (FTP), pour ouvrir ce qu'il appela un deuxième front, derrière les lignes allemandes[65]. Des petits groupes étaient organisés en triangle, avec un responsable des questions militaires, un autre des questions politiques (les liaisons), et un troisième des questions techniques, c'est-à-dire des armes et des explosifs. Seul le chef de groupe connaissait l'identité de son supérieur, de sorte qu'en cas d'arrestation et de torture, il ne risquait de trahir qu'un ou deux camarades. Les ordres venaient du Comité militaire national animé par Charles Tillon. Joseph Epstein (nom de code Gilles) dirigea les opérations des FTP en région parisienne de février à mars 1943. Avant de se lancer dans la résistance armée, il mit à l'abri sa femme et son fils Georges, âgé de dix-huit mois, dans un village de l'Yonne qu'il rejoignait en car, le week-end, quand c'était possible ; pour son fils, il était « Papa bus[66] ». En parallèle des grandes organisations, OS et FTP, la MOI créa d'abord une OS-MOI puis des FTP-MOI, que le parti communiste tint à distance, en partie pour des raisons de sécurité, mais aussi parce qu'il entretenait des relations mitigées avec les immigrés. L'OS-MOI et les FTP-MOI comprenaient de très jeunes gens mais s'appuyaient pour leur efficacité sur le leadership d'immigrants juifs et autres qui avaient acquis une expérience militaire dans les Brigades internationales en Espagne. Comme l'a expliqué Rayski, « les trois à quatre groupes de l'OS furent surtout composés de juifs ayant fait la guerre d'Espagne, ayant donc une expérience militaire de la guérilla. Ce sont surtout nos évadés de Gurs et du Vernet qui ont encadré ces groupes[67]. » À la tête de toute l'organisation se trouvait Ljubomir Ilic, qui avait été transféré du Vernet à la prison de Castres, dont il s'était évadé. Croate né à Split en 1905, il était arrivé en France en 1925 pour devenir architecte. En Espagne, il servit au bataillon Dombrowski, qui perdit les deux tiers de ses effectifs dans la défense de Madrid, puis commanda le 14e corps d'armée, plutôt chargé d'opérations de guérilla que d'actions classiques, d'où sa compétence pour diriger la guérilla en France[68]. Boris Holban commandait les FTP-MOI en Île-de-France. Il organisa quatre détachements : l'un composé de Roumains et de Hongrois, presque tous juifs ; un deuxième de juifs polonais ; un troisième d'Italiens, et un quatrième mixte[69]. Pour enrôler des hommes, a raconté Rayski, « nous avons regroupé beaucoup de jeunes juifs restés sans parents et sans domicile, et nous avons formé des groupes d'action, qui comprenaient chacun trois personnes. Pendant l'hiver 1942-1943, je pense que nous avions trois cents personnes, surtout des jeunes, dans les groupes juifs des Francs-Tireurs et Partisans[70]. » Parmi eux figurait Marcel Rayman, arrivé à Paris en provenance de Varsovie en 1931 à l'âge de huit ans. Membre des Crocodiles et du YASK, il rallie les FTP-MOI à dix-huit ans à peine et en devient l'un des combattants les plus audacieux.

Pendant ce temps, la résistance des immigrés se développa en zone libre. C'était dangereux car Vichy s'attaquait aux communistes, aux juifs et aux étrangers, mais les résistants n'avaient contre eux que la police et la justice de Vichy. Les choses se compliquèrent lorsque les Allemands occupèrent la zone libre en réaction au débarquement allié en Afrique du Nord en novembre 1942. À cette date cependant, les rafles de l'été 1942 avaient poussé de nombreux juifs à s'enfuir vers le sud, où ils intensifièrent la résistance des juifs contre le fascisme.

La résistance antifasciste dans la zone sud était soutenue par les républicains espagnols en exil. En décembre 1941, la direction du Parti communiste espagnol (PCE) clandestin se réunit à Carcassonne et adopte une stratégie de lutte armée. À Toulouse, en avril 1942, le leader communiste Jaime Nieto rassemble une dizaine d'anciens commandants de la guerre d'Espagne évadés de camps tels que Le Vernet et crée le 14e corps de guerrilleros espagnols, en hommage au 14e corps qui s'était illustré en Espagne. Leur premier objectif est de libérer la France des Allemands, puis de retraverser les Pyrénées pour libérer l'Espagne de Franco. En novembre 1942, craignant que l'occupation de la zone libre par les Allemands n'entraîne une réquisition massive de main-d'œuvre espagnole vers l'Allemagne, le PCE crée une Unión Nacional Española (UNE), sur le modèle du Front national créé par le PCF pour rassembler communistes, socialistes, anarchistes et autres républicains[71].

Le noyau du 14e corps était établi près de Varilhes, en Ariège, dans un campement de charbonniers à Aston. Sa puissance lui venait des républicains espagnols qui avaient été internés dans des camps le long de la frontière avant d'être réquisitionnés par Vichy comme journaliers, bûcherons, mineurs ou ouvriers pour travailler dans les champs, les forêts, les mines et sur les barrages. Menacés par l'Organisation Todt, qui construit le mur de l'Atlantique, ou par le travail forcé en Allemagne, ils sont nombreux à déserter. Ils deviennent bûcherons ou charbonniers clandestins, ce qui camoufle leurs agissements nocturnes[72]. Ils ont peu d'argent et peu d'armes, et Vicente López Tovar a raconté que, pour financer leur lutte, ils tendaient des embuscades aux contrebandiers de tabac qui traversaient les Pyrénées[73]. Ils connaissent un revers cuisant le 23 avril 1943. La police de Vichy et la Milice attaquent leur campement et arrêtent trente-quatre Espagnols. Ayant perdu beaucoup de combattants et démoralisés, ils comprennent que leur stratégie purement espagnole doit s'intégrer à l'action plus large des FTP-MOI. Des contacts sont pris avec la direction des FTP-MOI à Lyon, à la tête desquels se trouve Norbert Kugler, un Allemand antinazi connu sous le nom d'Albert. Originaire de Bavière, d'une famille juive ouvrière, Kugler avait été influencé par la révolution bolchevique. Il avait fui l'Allemagne en 1933, avait combattu avec le bataillon Thaelmann en Espagne et s'était évadé du camp du Récébédou, près de Toulouse, où il avait connu des juifs et des révolutionnaires de diverses nationalités[74]. Au sein des FTP-MOI, les républicains espagnols apprennent à collaborer avec des résistants de milieux variés. López Tovar, nommé chef des FTP-MOI en Dordogne et dans le Limousin, a pour second un ancien brigadiste roumain, Pavel Cristescu, évadé du Vernet. Plus étonnant, López entre en contact avec le colonel Berger, de l'Armée secrète, qui, très intéressé par son passé militaire espagnol, lui propose de partager les parachutages d'armes. Il propose aussi que certains de ses hommes soient entraînés dans un camp commandé par des officiers français, ce que López décline : « Je repoussai son offre en riant, et je lui dis que je connaissais déjà les capacités des officiers français pour les avoir vus à l'œuvre en 1940[75]. » Ce colonel Berger n'était nul autre qu'André Malraux, qui avait combattu en Espagne, même s'il ne rejoignit la résistance française qu'en mars 1944.

Plus intégrés à la MOI étaient le Parti communiste allemand (KPD) et le Travail allemand (TA), un réseau créé par les communistes allemands pour infiltrer les troupes d'occupation allemandes en France et retourner des soldats. Les immigrés allemands antinazis ayant échappé à l'internement ou évadés montent alors un KPD clandestin à Toulouse et essayent d'entrer en contact avec leurs camarades prisonniers dans les camps. À l'automne 1940, Käthe et Robert Dahlem, la femme et le frère de Franz Dahlem, leader du KPD interné au Vernet, quittent Ivry pour le Sud, envoyés par le PCF clandestin afin de tenter de faire évader Dahlem. À Toulouse, ils réunissent d'autres Allemands antinazis, notamment Walter Beling, un communiste qui avait participé aux mutineries de Kiel en 1918, et Otto Niebergall, communiste sarrois qui s'était réfugié en France quand la province avait été rendue à l'Allemagne en 1935 puis qui avait milité dans le syndicat des mineurs lorrains. Le contact est établi avec Georges Marrane, du mouvement Front national, d'obédience communiste, mais les tentatives de libération échouent. Beling puis Niebergall sont envoyés à Paris en 1941 pour structurer le Travail allemand en coopération avec la MOI[76]. L'un des hommes recrutés en zone libre pour cela est Gerhard Leo, dont le père, Wilhelm, avocat juif, avait démontré lors d'un procès en diffamation en 1927 que le pied bot de Goebbels ne provenait pas de prétendues tortures infligées par les Français pendant l'occupation de la Rhénanie. Forcé de fuir l'Allemagne nazie en 1933, Wilhelm Leo avait ouvert une librairie allemande près de la place de la République devenue le point de rencontre des antinazis allemands. Interné à Gurs au début de la guerre puis relâché, il se cache sous une fausse identité dans le Gers. Né en 1923, ayant fait ses études en France, Gerhard Leo était une recrue idéale pour la résistance franco-allemande[77]. Lorsqu'il alla voir son père dans le Gers, il fut présenté aux chefs du KPD à Toulouse, notamment à Werner Schwarze (Eugen), tourneur de formation, et ancien des Brigades internationales : « J'étais devenu membre d'un groupe de communistes allemands, a raconté Gerhard Leo, qui, sous la responsabilité du Comité central du Parti communiste français, s'occupait du "travail politique" au sein de la Wehrmacht[78]. » Il se fait embaucher comme interprète dans l'administration allemande à Toulouse, d'abord dans un bureau de réquisition de jeunes Français pour le STO en Allemagne, puis au bureau des transports, ce qui lui sert de couverture pour subvertir des soldats allemands. Averti que les Allemands le soupçonnent, il est envoyé par Schwarze à Castres auprès de résistants yougoslaves pour rallier des prisonniers de guerre soviétiques recrutés dans la Wehrmacht. Avec deux militants communistes, Noémie et Marcel Boussière, il reproduit et distribue des tracts. Il a raconté qu'il s'était senti « tout de suite chez [lui] » dans ce combat commun contre les nazis[79].

Cette dimension communiste chez les résistants antinazis allemands, juifs allemands et républicains espagnols est une caractéristique importante et manifeste, mais ce n'était pas la seule. S'y ajoutait un élément sioniste dans les opérations de sauvetage et de résistance menées par les juifs. L'orientation sioniste se développpa autour de la rue Amelot à Paris, et à Toulouse en zone libre, où de nombreux juifs réfugiés attendaient de passer en Espagne ou de rejoindre Marseille puis les États-Unis. La figure centrale était Abraham Polonski, né à Bialystok, mais qui avait émigré en Palestine avec ses parents en 1910 pour fuir les pogroms. Les cinq années qu'il y avait vécues à entendre de jeunes

Arabes scander « Juif, juif, je te couperai la tête » avaient suffi à faire de lui un « sioniste convaincu », empli de « cet esprit de défense contre tous ceux qui s'attaquent aux juifs[80] ». En 1915, la Palestine est occupée par les Turcs ottomans et les Polonski, chassés en tant que ressortissants russes, se réfugient à Alexandrie où Abraham entend parler d'un bataillon juif qui se battrait aux côtés des Alliés. Après la révolution de 1917, les Polonski retournent en Russie, espérant des jours meilleurs, et Abraham fait brièvement partie du Komsomol, le mouvement de jeunesse communiste. Cependant, quand les troupes soviétiques se retirent des territoires devenus polonais, les persécutions recommencent et la famille émigre en France. Abraham y devient ingénieur. En 1939, il participe au congrès sioniste de Bâle où, devant la menace d'une guerre imminente, on discute de la nécessité urgente de créer un futur État juif. Il y rencontre Lucien Lublin, sioniste de Pologne russe, et les deux poètes et journalistes David Fiksman, dit David Knout, et sa femme Ariane (Régine), fille du compositeur Alexandre Scriabine[81].

En 1940, Polonski est mobilisé à l'Office national industriel de l'azote près de Toulouse. Quant à Lublin, mobilisé dans l'armée, il tombe malade et il est en convalescence à Toulouse lorsque l'armistice est signé. Il a raconté : « Je savais que, si pour la plupart des soldats, la guerre était considérée comme terminée, elle ne l'était pas pour nous, juifs. Le front n'existait plus, mais il était remplacé par une Occupation dont les conséquences étaient beaucoup plus graves que celles de combats entre deux armées se trouvant face à face[82]. »

Polonski, Lublin et Knout, réfugiés à Toulouse, créent une société secrète appelée la Main forte, dont le but est de faire sortir les juifs des camps où le gouvernement de Daladier et le régime de Vichy les ont internés. Ils recrutent leurs membres par l'entremise d'un cercle d'études légal où l'on enseigne l'hébreu à des juifs voulant partir en Palestine. Parmi eux se trouve Albert Cohen, né en Argentine, et sous-officier en 1940 dans l'armée française du Levant. Après la défaite, on lui avait dit qu'en tant que juif, s'il voulait rester dans l'armée, il devait renoncer à ses galons. Il avait refusé et était revenu en France. Arrivé à Toulouse en décembre 1940, il a décrit la découverte d'une nouvelle identité juive comme une expérience de conversion : « J'y rencontre mon frère Simon. Nous cherchons ce que nous pourrions faire, car déjà les lois raciales commençaient à se faire sentir. Nous nous adressons à la synagogue, et là, on nous indique qu'il existe un cercle d'études avec un cours d'hébreu, dirigé par David Knout. Là, j'ai découvert tout le monde juif que je ne connaissais pas assez ; car auparavant, quoiqu'étranger, j'étais français de cœur. »

Du cercle d'études, Cohen fut intégré par Knout à la Main forte, qui avait désormais pour but de « résister aux lois antijuives ». L'initiation dans ce « groupe très fermé » impliquait un rituel secret : « J'ai prêté serment dans une chambre obscure. Puis, un soir, on m'a amené chez Polonski, sans me dire que c'était le chef[83]. »

La Main forte fut le précurseur de l'Armée juive créée en août 1941. Comme l'a expliqué Lucien Lublin, « nous avons adopté les objectifs généraux de la Résistance française, c'est-à-dire de soutenir les efforts alliés, de se préparer en esprit et matériellement pour le jour de la libération du territoire, [mais] nous voulions d'abord définir les objectifs purement juifs qui devaient être les nôtres[84] ». L'Armée juive ne dépendait pas de la Résistance française, mais de la Haganah en France, qui elle-même dépendait de la Haganah en Europe, qui dépendait de la Haganah paramilitaire en Palestine[85]. Elle était liée à d'autres organisations sionistes telles que les Éclaireurs israélites de France, dirigés par Robert Gamzon, et elle était financée via la Suisse par l'American Jewish Joint Distribution Committee[86]. Basée à Toulouse, l'Armée juive avait des avant-postes à Nice et à Lyon, où Ernest et Anne-Marie Lambert dirigeaient les opérations depuis l'arrière-boutique d'une papeterie. Dans un train, Ernest Lambert avait rencontré un ami de Strasbourg, Jacques Lazarus, ancien militaire de carrière, exclu à cause du Statut des juifs d'abord de l'armée en 1941 puis en 1943 d'une compagnie d'assurances. Jacques Lazarus renonça à son projet de partir en Afrique du Nord, pour rester en métropole et rejoindre l'Armée juive, car il se sentait désormais plus juif que français. Il apporta une compétence militaire très utile pour l'étape suivante de la lutte[87].

Cette lutte changea de nature après les rafles de juifs étrangers de l'été 1942, en zone occupée et en zone libre. Les événements démontrèrent que la priorité était de sauver les juifs de la déportation mais qu'il fallait aussi que les juifs résistent. Le sauvetage se présentait bien sûr comme une forme de résistance. Puisque le but des nazis était d'exterminer les juifs, le simple fait de survivre, comme l'avait dit David Diamant, était un combat[88]. La soumission aux lois et aux règlements qui les visaient en faisait des agneaux menés à l'abattoir. Vichy et les nazis détruisant ouvertement les communautés juives, il fallait s'opposer à cette destruction et plus encore la venger. Définissant la politique des juifs résistants après des rafles, Adam Rayski usa d'un langage biblique : « "Œil pour œil, dent pour dent", tel doit être le cri de tous les juifs de France dans leur détermination à venger leurs victimes. La définition d'une "guerre dans la guerre" apparaît très tôt dans nos écrits[89]. » Les juifs combattaient certes les nazis pour la libération de la France, mais aussi pour la survie même du peuple juif. Et pour les jeunes juifs, ce n'était pas une question abstraite : ils avaient vu leurs parents, leurs oncles et tantes, leurs frères et sœurs arrêtés, internés et déportés. Ils étaient « la génération de la rafle », celle qui fut poussée par le choc des déportations à rejoindre la résistance contre le nazisme, une résistance qui devint de plus en plus violente[90].

Après les rafles de juillet 1942, il devint très difficile aux sionistes et aux communistes de mener des opérations de sauvetage à Paris. Rapidement, comme l'a raconté Henry Bulawko, le Comité Amelot n'eut plus « ni cadres, ni planques, ni structures paramilitaires[91] ». Un nombre croissant de militants fuirent vers la zone libre. Bulawko, resté à Paris, est arrêté le 19 novembre 1942 et envoyé à Beaune-la-Rolande puis à Drancy, d'où il est déporté à Auschwitz le 18 juillet 1943. De petits groupes de la Jeunesse juive restèrent à Paris, en particulier pour s'occuper de leurs familles tout en résistant. Paulette Sliwka, qui avait entendu des rumeurs de rafle le 15 juillet, ne dormit pas chez elle. Elle revint le lendemain matin dans la rue où elle habitait et vit des gens entraînés de force. Elle décousit l'étoile jaune de son frère et le conduisit dans un home d'enfants en banlieue. Puis elle cacha ses parents dans l'atelier de son père, et les ravitailla en nourriture et en cigarettes. Elle poursuivit la résistance au sein de son groupe de la Jeunesse juive, avec entre autres Henri Krasucki, dont le père avait été arrêté en février 1942 et déporté, et Roger Trugnan. Les trois jeunes gens déposaient des tracts dans le métro et les cinémas. Ils furent arrêtés en mars 1943, emprisonnés à Drancy et déportés en juin à Auschwitz[92].

Confrontés à cette politique d'extermination, quelques juifs résolus s'engagèrent dans les FTP et les FTP-MOI. La lutte armée était improvisée et extrêmement risquée. Il leur était difficile de se procurer des armes et ils durent parfois en acheter à des juifs au marché aux puces de Saint-Ouen. L'explosif pour les grenades était fabriqué dans un laboratoire clandestin de la rue Geoffroy-Saint-Hilaire, par deux anciens des Brigades internationales, un juif polonais et un juif ukrainien. Malheureusement, ils furent tous les deux tués lors d'une explosion dans l'appartement le 25 avril 1942[93]. Les tactiques étaient souvent improvisées en fonction des circonstances, ou des discussions entre chefs. Début 1943, Joseph Epstein, commandant des FTP, suggéra de renforcer l'action des groupes classiques de trois combattants par des opérations qui nécessiteraient « trois à quatre grenadiers ou lanceurs de bombes, et dix ou douze combattants échelonnés le long des voies de repli pour assurer leur protection ». Il obtint l'aval d'Albert Ouzoulias, commissaire en charge des opérations militaires, et de Charles Tillon, chef du Comité militaire national. Un jour de juillet 1943, les soldats allemands qui, comme tous les jours, descendaient les Champs-Élysées au pas de l'oie furent attaqués suivant cette nouvelle tactique. Trois hommes lancèrent leurs grenades, couverts par neuf résistants disposés sur deux rangs et équipés de pistolets. Ils avaient reçu de l'argent pour acheter des vêtements leur permettant de se fondre parmi les flâneurs des beaux quartiers. Deux tireurs du premier rang firent feu sur les soldats allemands et sur les policiers français qui les poursuivirent. Ils furent à leur tour couverts par quatre tireurs du deuxième rang. La technique fut si efficace que les résistants n'eurent qu'un blessé léger à la main, alors que les Allemands crurent avoir été attaqués par une centaine de partisans[94].

Les opérations des résistants juifs des FTP-MOI étaient aussi risquées et souvent spectaculaires. Elles visaient les installations ou les militaires allemands, mais il y eut aussi des missions spéciales contre des personnalités de l'occupation allemande, tel le général von Schaumburg, commandant du Grand Paris, ciblé car c'était lui qui signait les ordres d'exécution des résistants français. Pendant trois semaines, il fut surveillé par des jeunes femmes du groupe. Tous les matins, il montait à cheval dans le bois de Boulogne puis retournait au Trocadéro en voiture officielle. Le 28 juillet 1943, Marcel Rayman, membre d'un groupe de trois résistants, lance une bombe dans sa voiture, rue Nicolo, tuant sur le coup son occupant qui, ce jour-là, n'était pas Schaumburg mais un général d'aviation[95]. Les résistants rattrapent leur erreur le 28 septembre, après que la direction militaire des FTP-MOI est passée de Holban à Missak Manouchian, poète et militant arménien. Manouchian voulait supprimer les barrières entre immigrés et forgea une équipe multinationale, composée du Polonais Marcel Rayman, de l'Italien Spartaco Fontano, du juif allemand Leo Kneller et de l'Espagnol Celestino Alfonso, ancien brigadiste et excellent tireur. Le 28 septembre 1943, cette équipe exécuta le colonel SS Julius Ritter, chargé du recrutement pour le STO.

La montée des périls dans la zone occupée après juillet 1942 poussa des milliers de juifs à fuir en zone libre, où ils n'étaient guère plus en sécurité car les juifs étrangers y étaient aussi raflés, mais au moins il n'y eut pas d'Allemands avant novembre 1942. Pour ceux qui voulaient s'engager dans la Résistance, les centres les plus importants étaient Lyon et Toulouse. Ceux qui voulaient simplement fuir allaient surtout à Nice. Nice fut occupé par les Italiens en novembre 1942, mais à la différence des nazis, les fascistes italiens ne pratiquaient pas une politique aussi acharnée contre les juifs. La situation changea lorsque les Italiens sortirent de la guerre en septembre 1943 et que les Allemands arrivèrent à Nice.

La famille Fryd se trouva réunie à Lyon pendant l'été 1942. En 1939, Rywka (Rosine) Fryd avait épousé Francis Chapochnik, ouvrier fourreur âgé de dix-neuf ans seulement. Ils arrivèrent à Lyon en décembre 1941. Rosine avait perdu son père au début de la guerre et sa mère fut arrêtée lors de la rafle du Vél' d'Hiv puis déportée à Auschwitz. Son jeune frère Simon, « un garçon posé, sérieux », que Francis se souvenait d'avoir vu coudre des pantalons à la machine chez ses parents dans le Marais, fut interné à Beaune-la-Rolande, d'où il s'évada pour rejoindre sa sœur et son beau-frère à Lyon en août 1942[96]. Les Fryd et Chapochnik retrouvèrent les Weinstein et s'engagèrent dans l'Union de la jeunesse juive (UJJ). Ils furent formés par Charles Lederman, avocat et militant de la MOI qui avait joué un rôle décisif lors de la Nuit de Vénissieux et qui, selon Chapochnik, leur donna « une conscience plus grande de notre volonté d'engagement contre le nazisme[97] ».

À l'origine, leur rôle était de distribuer des tracts et des papillons destinés à réveiller le patriotisme de la population, comme en septembre 1942 pour le cent cinquantième anniversaire de la victoire de Valmy. Max Weinstein se souvient d'être sorti d'un cinéma de Villeurbanne, les poches remplies de tracts, au moment où passait une patrouille allemande, et d'avoir été poussé sous un porche par une camarade qui l'embrassa, pour détourner leur attention[98]. Le jour où les Allemands entrèrent dans Lyon, le 11 novembre 1942, Simon Fryd et Francis Chapochnik couvrirent Norbert Kugler, ancien brigadiste, qui lança une grenade sur une colonne de soldats sur les quais de la Saône. Elle explosa dans le caniveau mais ce fut la première attaque contre les Allemands dans ce qui n'était désormais plus la zone libre[99].

La situation s'aggrava au début de 1943, lorsque la nouvelle de la défaite allemande à Stalingrad et celle du soulèvement du ghetto de Varsovie commencèrent à circuler. Georges Weinstein, les Fryd et Francis Chapochnik rallièrent un groupe de combat des FTP-MOI appelé bataillon Carmagnole à Lyon et Liberté à Grenoble. Comme les groupes parisiens des FTP-MOI, Carmagnole-Liberté associait de jeunes résistants à des combattants chevronnés, notamment d'anciens des Brigades internationales, et agissait par groupes de trois. Simon Fryd, le technicien qui se procurait des explosifs auprès des mineurs de la région, sa sœur Rosine, agent de liaison et convoyeuse d'armes, et son mari Francis composaient l'un de ces triangles. Francis, que sa mère traita de « fils ingrat », finit par quitter sa famille pour entrer dans la clandestinité complète. Même si, selon lui, « l'immense majorité des combattants, c'était la jeunesse », ces jeunes étaient dirigés par des résistants plus âgés, aguerris par leur expérience d'anciens brigadistes[100], tel Norbert Kugler, trente-huit ans, ou l'un de ses lieutenants, Ignaz Krakus (Roman), trente-quatre ans. Juif polonais, ancien plombier, Krakus, qui s'était évadé du Vernet caché dans une poubelle, était un véritable cosmopolite, décrit ainsi par un de ses camarades : « Il était yid, mais il parlait mal le yiddish. Il avait fait la guerre d'Espagne, mais parlait mal l'espagnol. Le français, il le massacrait. Il parlait un mélange de toutes ces langues. Le métèque accompli. Mais un sens aigu de l'organisation, une force de caractère incroyable[101]. »

Carmagnole-Liberté était une organisation vraiment internationale. Sur ses 64 cadres à la Libération, 36 (soit

56 %) étaient des juifs polonais, 9 (14 %) des juifs hongrois ou roumains, 6 (9,5 %) des Italiens et autant de Français (dont 2 juifs)[102]. Parmi les Italiens figuraient Louis Landini, qui avait quitté Saint-Raphaël pour Lyon, où il était commissaire politique, et son jeune frère Léon, à qui on dit que les résistants ne survivaient guère plus de trois mois, mais qui ne fut pas la première victime[103]. Les résistants clandestins, qui manquaient de carnets et de tickets de rationnement, devaient parfois en voler dans des administrations. En mai 1943, un banal cambriolage organisé par Simon Fryd et les Chapochnik se termina par un échange de tirs avec des policiers, dont l'un fut blessé. Francis et Rosine s'enfuirent à Grenoble puis dans le Vercors, mais Simon fut arrêté et Vichy en fit un exemple en le traitant comme un terroriste. Il fut déféré devant la Section spéciale de Lyon, un des tribunaux d'exception créés par Vichy pour juger les ennemis de l'État en août 1941, après le premier assassinat d'un soldat allemand par Pierre Georges. Il fut condamné à mort et guillotiné à la prison Saint-Paul le 4 décembre 1943. Dans sa dernière lettre il écrivit : « Je meure [*sic*] pour la cause pour laquelle j'ai combattu. Vengez-moi[104]. »

Ce fut un choc immense pour la Résistance, mais auquel elle réagit avec détermination. Le domicile de Faure-Pinguely, le juge qui avait condamné Fryd, fut surveillé par des femmes du groupe afin de connaître sa routine. Le 12 décembre 1943, sur ordre de Kugler, Ezer Najman (Gilles), déguisé en agent de la Gestapo, Ignaz Krakus et un autre camarade, en uniformes allemands, passent à l'action. Ezer Najman, juif polonais, était arrivé de Paris à Lyon en 1941, à vingt et un ans, et travaillait comme mécanicien. En septembre 1942, il alla à Vénissieux pour essayer de sauver son oncle mais vit en arrivant qu'on emmenait « dans des autobus des dizaines d'hommes, de femmes et d'enfants qui partaient pour Drancy ». En février 1943, son père fut déporté de Drancy : « Là encore, on n'a rien pu faire. » Ayant rejoint Carmagnole sous le nom de capitaine Gilles, il veut se venger du magistrat. Les trois hommes s'approchent de Faure-Pinguely, auquel Ignaz Krakus assène un coup de matraque, puis, comme l'a raconté Najman, « nous l'avons achevé à coups de revolver. Je n'ai eu qu'un regret : tout s'est passé trop vite et M. Faure-Pinguely n'a pas eu le temps de savoir qui nous étions et pourquoi nous étions venus le tuer[105]. »

Un autre centre de la résistance internationale était Toulouse. Là, l'organisation-sœur de Carmagnole-Liberté était la 35ᵉ brigade, du nom de l'unité espagnole de son fondateur, Marcel Langer, évadé de Gurs[106]. Les lieutenants de Langer étaient surtout des militants juifs hongrois et roumains venus faire leurs études en France à cause du *numerus clausus* dans leur pays, et qui avaient servi dans les Brigades internationales ou dans la Légion étrangère. Marc Brafman, par exemple, né à Łódź, était arrivé en 1936 pour étudier la chimie à Montpellier et à la Sorbonne. Il avait combattu dans la Légion étrangère puis dans l'armée polonaise en 1940. Réfugié en zone libre, il travaillait chez un meunier. Quand il reçut l'ordre de se rendre dans un camp d'internement près de Toulouse, il plongea dans la clandestinité[107]. En février 1943, Marcel Langer fut arrêté dans une gare de la banlieue de Toulouse en possession d'une mallette d'explosifs. Il fut jugé par la Section spéciale de Toulouse, où l'avocat général Lespinasse requit et obtint la peine de mort. Langer fut guillotiné le 23 juillet 1943, non sans avoir dit à Lespinasse : « Mon sang retombera sur votre tête[108]. » Le commandement de la brigade, rebaptisée Marcel-Langer, passa à Jan Gerhard, juif élevé en Pologne, qui avait combattu dans l'armée polonaise en Pologne et en France. Militaire compétent, il avait une vision claire de ce que devait être la guérilla urbaine après la bataille de Stalingrad[109]. Gerhard mena l'équipe qui exécuta Lespinasse le 10 octobre 1943. Celui-ci allait à la messe avec sa femme quand il fut abattu de quatre balles dans le dos par un homme seul qui s'était approché à vélo. « Mon mari n'a jamais fait de politique et je vous répète que je ne lui connaissais aucun ennemi personnel », déclara innocemment sa veuve aux policiers, qui avaient bien compris qu'il s'agissait de représailles mais qui soupçonnaient la veuve de Marcel Langer, ou un quelconque étudiant juif. À ce stade, la police ne savait pas qu'il existait une 35ᵉ brigade Marcel-Langer[110].

Pour élargir la base de la brigade, Gerhard recrute de jeunes résistants, dont d'anciens Éclaireurs israélites de France (EIF), tolérés par Vichy jusqu'en 1942, mais désormais menacés de déportation et obligés de se cacher. Claude et Raymond Lévy, furieux de l'obligation d'enregistrement faite aux juifs, rêvaient d'être pilotes, « les chevaliers de l'époque », de la RAF ou des Français libres[111]. N'ayant pas réussi à franchir les Pyrénées, ils sont un temps incarcérés à Marseille puis rejoignent les Éclaireurs israélites, d'abord à leur camp de Lautrec, ensuite à Moissac. Quand les camps sont démantelés en 1942, ils vont à Toulouse et s'engagent dans la 35ᵉ brigade, même si Claude affirmait avoir « une peur physique de devoir tirer sur des soldats allemands[112] ». La 35ᵉ brigade recrute aussi des Italiens antifascistes vivant dans la vallée de la Garonne. Damira Titonel, aînée de quatre frères, se sentait exclue des discussions politiques dans la maison de son père. Elle fut introduite dans la résistance par Rosine Bet, «une belle jeune fille blonde». Rosine la présenta au «commandant» Joseph (Robert) Wachspress, un juif polonais, qui lui dit: «Nous avons besoin de tous les combattants», et Damira devint son agent de liaison à la 35ᵉ brigade[113].

La guérilla urbaine à laquelle se livraient des groupes tels que la 35ᵉ brigade était très dangereuse et extrêmement coûteuse en vies. Le désastre s'abat le 1ᵉʳ mars 1944 lorsque Rosine Bet, David Freiman et Enzo Godéas veulent faire exploser une bombe au cinéma des Variétés à Toulouse, pendant une projection du *Juif Süss* pour des soldats allemands. L'explosion accidentelle de la bombe tue Rosine et David. Enzo, grièvement blessé, est arrêté. La police, qui rafle et interroge une vingtaine de jeunes gens, apprend tout ce qu'elle veut savoir sur le groupe. Marc Brafman et Damira Titonel sont arrêtés dans un train alors qu'ils s'apprêtent à quitter Toulouse. Ils affirment être amants, une couverture qui ne tient pas longtemps[114]. Les frères de Damira ainsi que Claude et Raymond Lévy sont eux aussi arrêtés. Enzo Godéas, qui n'a que dix-huit ans, est exécuté à la prison Saint-Michel, ligoté sur une chaise, sous les yeux de Claude Lévy, qui assiste à la scène depuis sa cellule[115]. La 35ᵉ brigade est quasiment éliminée. À partir de ce moment, la résistance devient plus transnationale, car les survivants doivent s'allier avec des résistants d'autres origines. Les FTP-MOI et le parti communiste désavouent la stratégie à haut risque de Jan Gerhard, qui est envoyé commander un maquis dans les Ardennes[116]. Son remplaçant, Claude Urman, n'a que vingt-trois ans. Né à Varsovie, il avait voulu combattre en Espagne mais avait été refoulé car il était trop jeune. Norbert Kugler l'envoie de Lyon à Toulouse, où il arrive pour assister à la vague d'arrestations et se replie dans un maquis du Tarn, la guérilla rurale prenant le pas sur les actions urbaines[117]. Brafman et les frères Lévy sont déportés par le fameux « train fantôme » qui ramasse des prisonniers à Toulouse, au Vernet et à Noé, et qui part le 2 juin 1944 pour Dachau. Le 24 juillet, Damira Titonel est mise dans un train pour Ravensbrück[118].

Ainsi, la Résistance ne mobilisa-t-elle qu'une minorité de Français. La vaste majorité apprit à se débrouiller sous l'occupation allemande et admira longtemps le maréchal Pétain, même lorsqu'elle se détourna du gouvernement de Vichy mené par Pierre Laval. Les communistes, les juifs et les étrangers furent persécutés par les Allemands, par Vichy, et même par la République française en 1939. Les républicains espagnols et les anciens combattants des Brigades internationales fuyant la défaite en Espagne furent internés par les Français dans des camps le long de la frontière espagnole, où ils furent rapidement rejoints par des communistes après le Pacte germano-soviétique, et des antinazis allemands lorsque la guerre fut déclarée. La persécution des éléments antifrançais, comme les appelait Vichy, s'intensifia. Lorsque les Allemands attaquèrent l'Union soviétique, ils se déchaînèrent contre les communistes et intensifièrent les rafles contre les juifs étrangers. La majorité de la communauté juive française, exclue peu à peu de la société, et menacée dans son existence, s'enfuit ou se cacha plutôt que de résister. Mais ceux qui avaient moins à perdre et encore moins de lieux où se réfugier, les communistes, les juifs et les étrangers, étaient plus enclins à résister que la masse des Français. La MOI, qui structura les étrangers sous l'égide du parti communiste, devint un vivier de résistants qui menèrent une guérilla urbaine très risquée au sein de groupes FTP-MOI ou FTP. Des juifs plus attirés par le sionisme que par le communisme formèrent l'Armée juive, secrètement liée à la Haganah paramilitaire de Palestine. Tout ceci indique qu'il serait peut-être plus exact de parler moins de la Résistance *française* que de la résistance en France.

# 9

# Le tournant : l'Afrique du Nord

*Le 8 novembre a été une journée des Dupes. C'est une révolution de droite faite par des gens de gauche.*

Raphaël Aboulker, 1947

Le 8 novembre 1942, apprenant que les Alliés avaient débarqué en Afrique du Nord, une employée de bureau lyonnaise saisit un crayon pour écrire à la BBC : « À mon réveil, quelle ne fut pas ma satisfaction d'entendre la radio annoncer votre arrivée en Algérie. Non, vraiment, je me sens folle de joie, je voudrais crier ma joie. J'ai hâte d'être à demain au bureau pour crier mon ivresse à mes collègues qui sont comme moi. Que tous mes vœux vous accompagnent et, lorsque vous serez en France, bientôt j'espère, il n'y aura pas assez de fleurs pour vous jeter. Je ne peux pas vous en dire plus long. Je suis trop contente, je pleure, je ris, je suis ivre de joie [1]. »

Moins d'un mois plus tard, deux Marseillaises rédigent une lettre très différente, dans laquelle elles expriment leur incompréhension et leur amertume quant à la tournure étrange et brutale prise par les événements : « Non, nous ne comprenons pas. Un gouvernement qui s'installe en Algérie au nom du maréchal [*sic*] Darlan, prenant les décisions au nom de Vichy. Au lieu de souder entre eux les

Français, cette décision ne peut que créer un fossé. Que les Américains se servent de l'Amiral pour leurs buts de guerre, soit. Mais ce dernier aurait pu prendre ses décisions en son nom et non comme représentant du Maréchal. Nous ne pouvons avaler la couleuvre des Américains, même provisoirement. Il y a un très gros mécontentement parmi les patriotes. La radio américaine a tendance à croire le Maréchal populaire en France. Grosse erreur. Il faut voir les salles de cinéma aux actualités, à l'arrivée du Maréchal, ou à la fin de ses appels. Silence glacial. Même pas un applaudissement [...] Décidément, les Américains ne connaissent pas les Français[2]. »

Que s'était-il passé ? Comment les espoirs de libération immenses suscités par le 8 novembre avaient-ils pu être brisés par ce qui apparaissait comme un marchandage entre les États-Unis et le régime de Vichy ?

L'explication n'est malheureusement pas difficile à trouver. La libération de l'Afrique du Nord était menée par des Américains et non par des Français. De Gaulle n'avait même pas été informé que des débarquements allaient avoir lieu. Quand son chef d'état-major le réveille le 8 novembre pour le lui apprendre, il réplique : « Très bien, j'espère que les gens de Vichy vont les jeter à la mer. On n'entre pas ainsi en France, comme un cambrioleur[3]. »

Les relations entre l'administration Roosevelt et de Gaulle sont très mauvaises. N'étant pas entrés en guerre avant décembre 1941, les États-Unis, à la différence de la Grande-Bretagne, ne s'étaient pas sentis trahis par l'armistice français de 1940. Au contraire, ils envoyèrent un marin, l'amiral William Leahy, comme ambassadeur à Vichy en janvier 1941, escomptant qu'il aurait de l'influence auprès de l'amiral Darlan, alors chef du gouvernement. Leahy rêvait d'utiliser Darlan pour rallier la France aux Alliés, mais Darlan, qui était d'une hostilité insurmontable envers la Grande-Bretagne depuis Mers el-Kébir, comptait restaurer la puissance de la France en collaborant avec l'Allemagne. En juin 1941, il affirme à Leahy : « Si vous débarquez avec 500 000 hommes, je vous ouvre les bras. Si vous débarquez avec moins, je vous tire dessus[4]. » Leahy croyait ainsi de son devoir de « garder les Français de notre côté autant que possible » grâce à Vichy et de limiter leur collaboration avec l'Allemagne. Il ne supportait pas ceux qu'il appelait « les de gaullistes » ou « les clandestins » et prétendit qu'ils menaçaient d'assassiner des ministres de Vichy. De plus, concluait-il, « le mouvement du général de Gaulle n'a pas autant de soutiens que le disent les radios anglaises ou la presse américaine. Les Français avec qui je peux discuter, même ceux qui souhaitent la victoire de la Grande-Bretagne, n'ont pas beaucoup de considération pour le général de Gaulle[5]. »

L'hostilité de Roosevelt et de son administration découlait pour partie d'une stratégie globale, et pour partie d'une hostilité envers l'homme lui-même. Les États-Unis s'étaient sentis trahis quand les Français libres avaient violé un accord conclu entre Vichy et Washington selon lequel la France ne s'opposerait pas aux Américains dans leur sphère d'intérêt atlantique. Or le jour de Noël 1941, pour prendre pied dans l'Empire français, les Français libres avaient repris à Vichy les îles de Saint-Pierre et Miquelon, à 800 kilomètres seulement des États-Unis, se mettant à dos les Américains[6]. Quant à Roosevelt, qui lorgnait sur Dakar pour en faire une base américaine, il avait déjà été irrité par la tentative du général de Gaulle de s'en emparer en septembre 1940. Sur le plan personnel, son opinion était peut-être influencée par celle d'Alexis Leger, l'ancien diplomate français qui avait refusé de se rallier à de Gaulle à Londres en juin 1940 et était parti à Washington. Roosevelt et son administration considéraient de Gaulle comme un fauteur de troubles égocentrique dont les ambitions personnelles divisaient les Français, qu'ils pensaient satisfaits du maréchal Pétain. Selon eux, de Gaulle rêvait de prendre le pouvoir en France et de gouverner en dictateur napoléonien[7].

Une fois l'Amérique entrée en guerre contre l'Axe, sa stratégie n'intègre pas les ambitions des Français libres. Elle se focalise sur l'Afrique du Nord, bastion politique et militaire de Vichy. C'est là qu'était basée la marine française avant qu'elle ne soit coulée à Mers el-Kébir. Elle est le bastion de l'armée d'Afrique, forte de 140 000 hommes qui, les Américains l'espèrent, reprendront les armes contre l'Axe assez rapidement. Les Américains sont donc prêts à s'allier avec n'importe quel général ou amiral de Vichy en mesure de leur livrer l'Afrique du Nord. Leur premier candidat est le général Weygand, délégué général de Vichy en Afrique du Nord. En février 1941, Robert Murphy, représentant de Roosevelt à Alger, conclut un accord avec lui : les Américains fourniront en secret des armes et du carburant à l'armée d'Afrique pour qu'elle reprenne la guerre. Mais les Allemands ont vent de l'infidélité de Weygand et contraignent Pétain à le rappeler, ce qui est fait en novembre 1941. L'armée d'Afrique est alors confiée au général Alphonse Juin, ancien chef d'état-major du général Noguès, le résident général du protectorat marocain, l'homme qui avait ostensiblement abandonné le combat en Afrique du Nord en 1940 pour conserver le territoire à Vichy.

Au milieu de 1942, la situation s'accélère du côté américain. Le général Eisenhower, nommé commandant en chef d'un corps expéditionnaire allié sur le théâtre d'opération d'Afrique du Nord, arrive à Gibraltar pour planifier l'opération Torch. Il devient vital de trouver un général vichyste avec qui faire affaire quand les Américains débarqueront, mais la chose n'est pas facile. Robert Murphy revient à Washington pour des consultations avec Roosevelt le 16 septembre[8], puis repart en Afrique du Nord. Le 9 octobre 1942, il sonde le général Noguès au Maroc. Lorsqu'il mentionne un débarquement allié, Noguès réagit avec véhémence : « N'essayez pas de faire cela ! s'écrie-t-il. Sinon, je vous repousserai avec toute la puissance dont je dispose. Il est trop tard pour que la France participe à cette guerre[9]. » Sans enthousiasme, les Américains passent au candidat suivant, le général Giraud, qui s'était évadé d'une forteresse allemande et, après avoir déclaré qu'il resterait loyal à Pétain, coule des jours paisibles dans le Sud de la France. Une réunion secrète est organisée entre les Américains et le général Charles-Emmanuel Mast. Ancien codétenu de Giraud à Königstein et considéré comme son représentant, Mast commande désormais le 19e corps à Alger. Dans la nuit du 22 au 23 octobre 1942, le second d'Eisenhower, le général Mark Clark, arrive en sous-marin de Gibraltar jusqu'à la plage de Cherchell, près d'Alger. Il rencontre le général Mast dans une maison isolée au sommet de la falaise, Murphy jouant les interprètes. Le plan des Américains était qu'après leur débarquement, ils amèneraient Giraud à Alger et l'utiliseraient pour être sûrs que l'Afrique du Nord bascule du côté des Alliés. Malheureusement, Giraud, tout comme de Gaulle, avait des ambitions personnelles et s'imaginait qu'il serait commandant en chef des forces alliées en Afrique du Nord, car selon lui, les Américains ne connaissaient rien à la guerre[10].

Toutes ces négociations se déroulèrent entre militaires au plus haut niveau. Il n'était pas question de convier la Résistance française, sous quelque forme que ce soit. En l'occurrence, il n'y avait quasiment pas d'activité de résistance en Afrique du Nord. Les pieds-noirs comptaient parmi les partisans les plus fervents du régime de Vichy, et l'antisémitisme sévissait. La Légion française des combattants, forte de 100 000 hommes, et son noyau dur, le Service d'ordre légionnaire (SOL), étaient les courroies de transmission de l'idéologie de Vichy et dénonçaient les opposants à la Révolution nationale [11]. Jacques Soustelle, brillant ethnologue travaillant pour les Français libres à Londres, a remarqué : « Pour bien des Français d'Afrique du Nord, si la Révolution nationale n'avait pas existé, il eût fallu l'inventer. Nulle part en France ni dans l'Empire on ne la vit s'étaler avec autant d'indécence : énormes slogans barbouillant les murs, gigantesques portraits du bon dictateur ; nulle part la Légion, puis le SOL, ne firent autant de recrues à la boutonnière ornée du fatidique "fer à repasser" [12]. »

Ce que Soustelle ne vit pas, c'est que beaucoup de ces graffitis étaient des croix gammées et que le 12 septembre 1940, Alger avait connu sa propre « Petite Nuit de cristal » qui avait terrorisé la population juive [13]. La politique d'exclusion des communistes, des juifs et des étrangers fut poursuivie avec vigueur en Afrique du Nord. Les organisations communistes furent démantelées, leurs chefs jugés et emprisonnés. Les juifs avaient reçu la nationalité française au bénéfice du décret Crémieux de 1870 et étaient parfaitement assimilés [14]. En 1931, ils représentaient 13 % de la population européenne d'Alger, 19 % à Oran et 28 % à Constantine. Mais le Statut des juifs fut imposé en Algérie, ce qui les expulsa de la fonction publique et des professions libérales, aryanisa les entreprises juives et abrogea le décret Crémieux le 7 octobre 1940, privant les juifs de leur citoyenneté et faisant d'eux des exilés dans leur propre pays. En 1941, un *numerus clausus* fut imposé, limitant la proportion d'enfants juifs à 14 % des écoliers, chiffre abaissé à 7 % l'année suivante, et imposant un quota de 3 % d'étudiants juifs dans l'enseignement supérieur, ce qui revenait à les éliminer de l'université [15]. L'exclusion se transforma souvent en internement. Les engagés volontaires juifs et les républicains espagnols qui avaient combattu en 1940 avant d'être rapatriés via la Grande-Bretagne après l'armistice furent internés avec les communistes et autres éléments indésirables dans un réseau de camps de travail qui s'étendait jusqu'au Sahara [16].

Même si l'Afrique du Nord était profondément loyale au régime de Vichy, il existait un petit mouvement de résistance qui essaya de prendre contact avec les Américains. Il serait plus exact de parler de cellules de résistance, car il s'agissait de petits groupes disparates et peu reliés entre eux. Ils se composaient de trois éléments différents : des activistes de la communauté juive persécutée, des réseaux gaullistes centrés sur l'université d'Alger, et des groupuscules de droite, voire d'extrême droite, d'accord sur tout avec Vichy sauf sur la collaboration avec l'Allemagne. Ces différents cercles furent brièvement liés, de manière ténue, lorsqu'ils tentèrent de former une cinquième colonne pour prendre contact avec les forces américaines qui débarquaient, neutraliser le commandement suprême vichyste, et rallier l'armée d'Afrique à la cause alliée, mais leurs programmes étaient très différents et il ne fallut pas longtemps pour qu'ils s'entredéchirent [17].

Le premier noyau de résistants gravite autour de José Aboulker, étudiant en médecine de vingt-deux ans contraint d'interrompre ses études à cause du *numerus clausus*. Son père, Henri Aboulker, avait été l'un des gardes du corps de Zola pendant l'affaire Dreyfus, avant de devenir chirurgien et professeur à la faculté de médecine d'Alger, et président du groupe des radicaux-socialistes au conseil général. Ancien combattant de la Grande Guerre, il est personnellement exempté des lois antisémites de Vichy, ce qui n'est pas le cas de son fils ou de son neveu Raphaël, âgé d'une trentaine d'années, ancien médecin de la Légion étrangère dans le Sahara et d'un régiment de cavalerie à Oran. Pour les juifs, selon José Aboulker, résister était « une nécessité, le combat pour la survie contre celui qui voulait les détruire[18] ». Son groupe comprend des étudiants en médecine et des lycéens algérois empêchés de poursuivre leurs études[19]. Cette centaine de jeunes gens forment, selon la description de Raphaël, « une tribu, très méfiants envers ceux de l'extérieur. De plus, ils sont tous du quartier précisément habité en grande partie par des israélites[20]. » Sous son autorité, ils s'entraînent à l'autodéfense dans un gymnase, ce qui favorise leur cohésion et les rend capables de protéger les orateurs lors de réunions publiques d'organisations telles que la Ligue internationale contre l'antisémitisme (LICA), ou de se protéger eux-mêmes contre des attaques fascistes[21]. Ils sont en contact avec André Achiary, commissaire de police d'origine basque, chef de la Brigade de surveillance du territoire, un service de police censé réprimer la résistance ; mais en réalité, Achiary les protège au point que, devenu suspect lui-même, il est muté d'Alger à Sétif en 1942[22].

La deuxième cellule de résistance comprend des gaullistes de l'université d'Alger qui entretiennent des liens avec le mouvement Liberté puis le mouvement Combat, en France métropolitaine. René Capitant, professeur de droit à la faculté de Strasbourg, avait déménagé avec son université à Clermont-Ferrand avant de demander un poste à Alger, affirmant à ses étudiants : « Le chemin de Strasbourg passe par Alger[23]. » Sur place, il découvre que l'Université fait figure de sanctuaire dans le « vichysme débordant ». L'autre membre clé de l'opération est André Fradin, jeune industriel lorrain qui avait combattu aux côtés de François de Menthon en 1940 et avait été fait prisonnier avant d'être rapatrié à cause de ses blessures. Il est envoyé en Algérie par Combat comme agent de liaison, sous couvert de gérer une exploitation agricole. « L'originalité de Combat Outre-Mer, a-t-il analysé, fut d'être le seul mouvement d'action gaulliste en Afrique du Nord, tandis que les autres mouvements […] étaient attirés par l'idéologie du général Giraud et soutenus par nos alliés américains et anglais [24]. » C'était effectivement le cas de José Aboulker, qui se méfiait des gaullistes, les considérant plus comme des propagandistes que comme des hommes d'action, et qui était prêt, dans un premier temps, à soutenir Giraud [25].

De fait, les gaullistes pâtirent de ne pas avoir de lien avec ceux qui auraient pu les aider. Fradin connaissait Robert Murphy, dont se plaignait Capitant car il ne leur apportait aucun soutien et il était « violemment francophobe et anti-gaulliste (catholique étroit, d'origine irlandaise). Murphy tint toujours Combat à l'écart, et ne donna jamais au groupe les moyens de communiquer avec Londres [26] ». À la fin de l'été 1942, Capitant revient en France pour consulter François de Menthon et d'autres membres de Combat qui sont en relation avec Londres. Il rend aussi visite à un autre général, Jean de Lattre de Tassigny, qui commande l'armée d'armistice à Montpellier, pour le convaincre de venir à Alger, mais sans succès. Faute de contacts plus étendus, Combat se concentre sur la propagande, plutôt que sur l'espionnage, afin de développer le soutien à de Gaulle en Afrique du Nord [27].

Bien plus influente et mieux introduite, la troisième cellule est constituée de conspirateurs d'extrême droite d'accord sur tout avec les vichystes sauf sur la stratégie de collaboration. Le personnage le plus haut en couleur de ce groupe est Henri d'Astier de La Vigerie, frère d'Emmanuel d'Astier de La Vigerie (du mouvement Libération). Henri d'Astier était arrivé à Alger au printemps 1941 pour diriger les Chantiers de la jeunesse, l'organisation qui avait remplacé le service militaire après la défaite de

1940. Royaliste et membre de l'Action française, il avait rompu avec Charles Maurras qui avait décidé de soutenir la politique de collaboration de Vichy. D'Astier affirmait que « la France [devait] d'abord se relever du soufflet reçu en 1940, dont l'humiliation [était] insupportable ». Cela dit, « il était impossible de faire appel à de Gaulle et aux Anglais, surtout à cause de Mers el-Kébir ». Il craignait que l'arrivée du général de Gaulle ne provoque une guerre civile[28]. Henri d'Astier fut présenté à José Aboulker en janvier 1942 et les deux hommes se virent régulièrement chez le père de José à Alger[29].

Une autre rencontre fut encore plus importante : par l'intermédiaire d'Achiary, Henri d'Astier fut mis en relation avec le personnage central de la résistance d'extrême droite, Jacques Lemaigre Dubreuil. Militaire devenu banquier, Lemaigre Dubreuil avait épousé une héritière Lesieur et il était directeur des huiles Lesieur, un empire agroalimentaire qui s'étendait de Dunkerque à Dakar[30]. Il avait fait campagne contre le Front populaire à la tête de la Fédération des contribuables, et avait appartenu à la Cagoule, une société secrète qui avait rompu avec l'Action française afin de mener une campagne violente contre la République. Il a comme bras droit Jean Rigault, un cagoulard comme lui, et selon José Aboulker qui le rencontre en juin 1942, « un garçon d'apparence cadavérique, peut-être toxicomane, car il a parfois des nervosités bizarres, très intelligent, d'abord volontairement froid[31] ». Le plan de Lemaigre Dubreuil était d'utiliser le débarquement américain pour faire basculer l'armée d'Afrique dans le camp des Alliés. Il avait pris langue avec Robert Murphy lorsque ce dernier était arrivé en Afrique du Nord fin 1940. Après l'effondrement de l'option Weygand, Lemaigre Dubreuil se rallie immédiatement à Henri Giraud, qu'il a connu à la Cagoule dans les années 1930. En juin 1942, il va le voir dans le Sud de la

France et le convainc de s'engager dans la campagne des Américains en Afrique du Nord, ce que Giraud est prêt à faire, mais en posant déjà ses conditions, dont le fait d'obtenir le commandement suprême des forces alliées [32].

Le site le plus favorable à un débarquement américain étant la côte marocaine, Lemaigre Dubreuil prend contact avec le général Béthouart qui, après avoir quitté de Gaulle à Londres pour se rendre en Afrique du Nord, a été nommé gouverneur militaire de Rabat par Weygand. Lemaigre Dubreuil évoque avec Béthouart la possibilité de discuter avec Giraud et de reprendre les armes contre les Allemands. Alors que les informations sur l'imminence d'un débarquement américain se précisent, Béthouart reçoit une seconde visite, celle de Rigault, le 2 novembre 1942, qui lui demande de prendre le commandement des troupes françaises au Maroc, de se rallier aux Américains et de leur ouvrir la voie en arrêtant tous les officiers qui essaieraient de s'opposer au débarquement [33]. À ce stade, Béthouart se retrouve déchiré entre le désir de s'engager et le respect de la hiérarchie militaire. Il accepte d'arrêter les officiers récalcitrants mais pas le général Noguès qui, dit-il, « jouit d'une grande autorité au Maroc. Il est lié d'amitié avec le Sultan qui a confiance en lui. Son arrestation diviserait l'armée et le Maroc et je me refuse à commettre une faute aussi grave [34]. » En refusant de commettre cette faute, Béthouart fera une grave erreur.

Pour les Américains, l'opération Torch était une affaire purement militaire et les rivalités de pouvoir entre les généraux français créaient des embarras malvenus. Le 6 novembre, le général Giraud est conduit du Sud de la France jusqu'à Gibraltar par un sous-marin britannique commandé par un officier américain, pour rencontrer Eisenhower et Clark. De vive voix, il exige à nouveau le commandement suprême des forces alliées en Afrique du

Nord, et, comme l'a raconté Clark, « je suis resté bouche bée. Je pense qu'Ike n'a jamais été aussi abasourdi de sa vie, même s'il n'en montre rien. C'était comme si une bombe avait explosé[35] ». Giraud menace de repartir en France mais il est impossible de faire machine arrière, et il est décidé qu'il aura le commandement de toutes les forces françaises, en Afrique du Nord.

Cependant les événements prennent une tournure décisive et inattendue. L'amiral Darlan, en tournée d'inspection depuis le 23 octobre, s'était entretenu avec le général Noguès à Fez, avec le général Juin à Oran et avec le vice-amiral Raymond Fenard, successeur de Weygand comme délégué général à Alger. Le 29 octobre, Darlan y avait assisté à un défilé conduit par le général Mast et il avait rendu visite à son fils Alain, hospitalisé pour une poliomyélite[36]. S'il est avéré qu'il rencontra Murphy à l'hôpital cet après-midi-là[37], on ne sait pas si Darlan était au courant d'une invasion américaine imminente, mais on sait qu'il sous-estimait la puissance de cette jeune nation. Il avait affirmé à Leahy les années précédentes que si les Américains débarquaient avec moins de 500 000 hommes, il les combattrait. Or, seuls 75 000 soldats américains débarquent à Alger, à Oran et au Maroc, et Darlan donne l'ordre de les repousser. Le 8 novembre 1942, Vichy semble en guerre contre les Alliés.

Tant que l'ennemi était en mer, le découpage militaire rendait la marine responsable, et ce n'est qu'après le débarquement que l'armée de terre devenait responsable. Quand les Américains tentent de débarquer au Maroc, la marine française, aux ordres de l'amiral Michelier, ouvre le feu. Le 8 novembre 1942, à 7 heures du matin, des appareils américains apparaissent dans le ciel de Rabat. Le général Béthouart est en plein dilemme : résister aux Américains ou les rejoindre ? « Vers 8 heures, a-t-il raconté, le général

Noguès me fit appeler au téléphone et, entrant dans une violente colère, me déclara que je m'étais laissé monter par "la bande d'idiots" qui m'entouraient. » Noguès l'informe que des combats se déroulent à Port-Lyautey au nord de Rabat, à Oran et à Alger, et que si Béthouart n'intervient pas contre les Américains, lui, Noguès, fera fusiller tous les officiers. Béthouart répond que son but est d'empêcher que le sang ne coule entre Français et Américains, et par-dessus tout entre Français. Pour donner plus de poids à sa déclaration, il se rend à la résidence de Noguès avec des officiers qui lui sont fidèles, mais Noguès refuse de les recevoir. Il les fait arrêter, emprisonner et traduire devant un tribunal. Béthouart, accusé d'intelligence avec l'ennemi, est condamné à mort : « Nos espoirs s'effondraient et nous avions l'impression que, plus peut-être que le 24 juin [1940], la France perdait la guerre une deuxième fois[38]. »

À Alger, la situation est assez différente. La résistance civile, quoique disparate, est bien organisée et les Américains, conscients de disposer pour le débarquement à Alger de forces inférieures à celles des débarquements au Maroc, voient d'un bon œil un soutien de l'intérieur apporté par les civils français et la résistance militaire. Au soir du 7 novembre, Murphy rencontre José Aboulker et les autres chefs résistants chez Henri Aboulker pour finaliser le plan de neutralisation du commandement vichyste à Alger, afin de désamorcer toute opposition militaire pendant que les Américains établiront une tête de pont sur la côte. Le 30 octobre, Aboulker avait rencontré Murphy, qui lui avait promis qu'un sous-marin leur livrerait des pistolets mitrailleurs Sten, mais les résistants attendent en vain pendant trois nuits d'affilée[39]. Ils ne sont équipés que de simples brassards de volontaires et de fusils Lebel. Ils partent en voiture, munis de faux ordres écrits, pour s'emparer des divers points névralgiques. José Aboulker a fait le récit des événements : « Entre 1 heure et 1 heures 50 du matin, 400 civils en armes ont arrêté Darlan, Juin, commandant en chef en Afrique du Nord, et quelques autres généraux et hauts fonctionnaires de Vichy. Nous avons occupé les états-majors, la poste, les centraux téléphoniques civils et militaires, le palais du gouverneur général, la préfecture, les principaux commissariats de police. À 2 heures du matin, Alger était entre nos mains[40]. »

Cependant, même à Alger, les événements ne tournent pas en faveur de la résistance. Là encore, que se passet-il ? D'abord, les insurgés ne sont pas assez nombreux, car beaucoup ne se sont pas manifestés. Henri d'Astier, censé arriver avec 2 000 jeunes des Chantiers de la jeunesse, ne se présente qu'avec une centaine. Quand José Aboulker lui demande des renforts, on lui répond que le détachement des Chantiers de la jeunesse n'est là que pour « la garde d'honneur au général Giraud[41] ». Le mouvement Combat s'est contenté d'envoyer 50 hommes[42]. Ensuite, Lemaigre Dubreuil, chaussé de bottes étincelantes, est parti accueillir Giraud à l'aéroport de Blida, non loin, où le général n'arrive que le 9 novembre, lorsque tout est joué. Enfin, dans la nuit du 7 au 8 novembre, Murphy est allé voir le général Juin, détenu à la villa des Oliviers, le palais du gouverneur général, pour le persuader d'annuler l'ordre de Vichy de repousser toute attaque, quelle qu'elle soit. Juin lui dit qu'il ne peut rien faire sans consulter Darlan. Quand Darlan arrive de chez le vice-amiral Fenard à la villa des Oliviers, il se met dans une violente colère. Humilié d'avoir été capturé par surprise, il est déterminé à poursuivre le combat, ne serait-ce que pour défendre son honneur[43]. Le petit contingent américain débarqué près du port est repoussé et les forces de Vichy reprennent un à un les bâtiments officiels. José Aboulker écrira que malgré leur héroïsme, le combat était trop inégal et que 400 hommes ne pouvaient « neutraliser une armée de 11 000 hommes et 2 300 SOL (Service d'ordre légionnaire) dans Alger où le fascisme triomphait sur un terrain de choix. Mais beaucoup de nous étaient de tout jeunes hommes et nous avons rêvé de cette nuit attendue, comme on rêve de la gloire quand on a vingt ans [44]. »

Darlan maintient l'ordre de résister aux Américains jusqu'à 5 heures de l'après-midi le 8 novembre, quand un cessez-le-feu est conclu localement, ce qui permet aux Américains d'entrer dans Alger. Les combats continuent cependant au Maroc et à Oran, malgré les pressions exercées par Mark Clark et Robert Murphy sur Darlan le 10 novembre pour obtenir un cessez-le-feu général. Clark se rappellerait « d'un petit homme aux yeux bleus larmoyants et aux lèvres pincées. Il semblait nerveux et incertain, manifestement mal à l'aise. Il ne cessait de tirer un mouchoir de sa poche pour essuyer un crâne dégarni [45]. » Darlan cependant refuse de bouger, disant qu'il dépend de Pétain qui a ordonné de résister aux Américains, que Laval n'est pas joignable, et que le Conseil des ministres de Vichy ne se réunira pas avant l'après-midi. Clark, furieux de ces manœuvres dilatoires, frappe du poing sur la table pour lui faire entendre raison et mettre fin aux hostilités. Puis Pétain diffuse un message annonçant que Darlan est démis de son commandement et remplacé par le général Noguès. Darlan « réagit comme un roi qui voit son empire se dérober soudainement sous ses pieds », a raconté Clark, et il signe un armistice avec les Américains le 13 novembre [46]. Saisissant l'occasion, il change de camp et se fait reconnaître par les Américains comme haut-commissaire en Afrique. Il prend le commandement suprême des forces françaises en Afrique du Nord, assure le commandement direct de la marine, et laisse à Giraud, le dernier arrivé, le commandement de l'armée d'Afrique et de l'aviation. En échange, les Américains l'obligent à gracier Béthouart et à le relâcher pour l'envoyer en mission aux États-Unis.

L'abîme politique entre les trois groupes de résistants est désormais béant. Darlan recrute certains des conspirateurs d'extrême droite du 8 novembre. Lemaigre Dubreuil est chargé des relations avec les États-Unis, Rigault de la politique intérieure et Henri d'Astier de la police. Les résistants républicains, notamment la communauté juive, sont abandonnés. Le décret Crémieux de 1870 qui avait donné la nationalité française aux juifs n'est pas rétabli et il leur est interdit de servir dans l'armée régulière. Un petit corps franc d'Afrique est donc créé pour inclure les juifs et les autres résistants. La Légion française des combattants et le SOL continuent à imposer leur loi dans les rues. Raphaël Aboulker va comparer cette situation à un autre retournement, celui de 1630 par lequel Louis XIII avait évincé sa mère la régente pour prendre le pouvoir avec le cardinal de Richelieu : « Le 8 novembre a été une journée des Dupes. C'est une révolution de droite faite par des gens de gauche [...] Ils ont été roulés, mais ils ne voient pas par qui, ni comment. Ceux qui gouvernent apparaissent comme la branche américaine de la Révolution nationale[47]. »

La nouvelle de l'armistice signé entre Darlan et les Américains « fit à Londres l'effet d'une bombe, aussi bien chez les Anglais que chez nous », écrivit Jacques Soustelle[48]. De Gaulle veut protester à la BBC, mais Churchill s'y oppose et déclare à Roosevelt « qu'au vu des opérations en cours, je n'autoriserai rien qui puisse compromettre les accords passés par Eisenhower avec Darlan, ou nuire à la situation militaire[49] ». La position des gaullistes à Alger semble condamnée par le fait que Darlan a abandonné

Pétain pour la protection des Américains, ouvrant ainsi la possibilité d'une libération de la France qui laisserait en place les institutions et le personnel de Vichy. De Gaulle essaie de sauver la situation en envoyant à Alger le général François d'Astier de La Vigerie, frère aîné d'Henri et d'Emmanuel, non pour voir Darlan mais pour s'adresser directement à Eisenhower. Relevé de son commandement par Vichy, François d'Astier s'était retiré à la campagne avant de partir pour Londres dans la nuit du 17 au 18 novembre 1942, empruntant l'avion qui venait de ramener son frère Emmanuel en France. Ayant reçu ses instructions à Londres, il fait à Eisenhower une offre assez faible : « Le général de Gaulle a des moyens militaires qui sont réduits, si l'on veut, mais pas négligeables. Il voudrait se mettre d'accord avec vous pour les utiliser au mieux. » Eisenhower, peu impressionné, lui répond qu'en matière militaire, les États-Unis traitent avec Giraud, commandant de l'armée d'Afrique. Il ajoute qu'il s'apprête à partir pour le front en Tunisie et qu'il ne veut pas « d'incidents regrettables » à l'arrière. Les gaullistes d'Alger doivent donc se tenir tranquilles[50].

Ainsi éconduit, François d'Astier se laisse persuader par le vice-amiral Fenard de rencontrer Darlan lui-même, ce qu'il accepte, mais seulement à titre privé pour ne pas compromettre sa légitimité. À la villa des Oliviers où Darlan tient sa cour, il croit entrer dans un roman d'Alexandre Dumas : on le fait pénétrer dans « une villa mauresque avec un patio central sur lequel de nombreuses portes donnent ; toutes sont ouvertes, les chambres sont brillamment éclairées et dans chacune se tiennent des dizaines d'officiers armés. On sent une atmosphère de putsch ; et migoguenard, mi-sérieux, je me rappelle le duc de Guise et *Les Quarante-Cinq* [d'Alexandre Dumas] et me demande : "Est-ce qu'ils vont m'assassiner ?"[51] »

Dans cette ambiance de conspiration, il est présenté à Darlan, à Giraud et à Rigault. Il refuse de leur serrer la main, et rappelle à Darlan qu'en 1940, il s'était engagé à ce que la flotte française continue le combat. D'Astier persuade Giraud, envers qui il est un peu mieux disposé, d'accepter au moins le principe d'une coopération avec les Français libres.

Après avoir quitté la villa, François d'Astier rencontre les chefs gaullistes, René Capitant et ses amis de Combat qui, galvanisés par la visite de l'émissaire du général de Gaulle, intensifient leur propagande contre Darlan, imprimant entre 10 000 et 20 000 exemplaires de leur feuille d'information afin d'élargir leur base [52]. François d'Astier leur ordonne de rester discrets, comme Eisenhower le lui a conseillé, mais prêts à agir, tandis que les opérations militaires se déroulent dans le désert. Il demande cependant à son frère Henri et à René Capitant de coordonner les forces anti-Darlan [53].

Or Henri d'Astier joue un double jeu : d'un côté il sert Darlan comme chef de la police, de l'autre il renforce le corps franc d'Afrique qui pourrait être utilisé contre Darlan. Pour sortir de l'impasse politique, Henri d'Astier propose une solution extravagante : faire appel au comte de Paris, le prétendant au trône de France en exil depuis la loi de 1886, afin qu'il soit « un trait d'union entre Alger et Londres » car « pour combattre les éléments de droite darlanistes [...] il fallait une voix autorisée pour proclamer la nécessité d'union [54] ». Il le convainc de quitter son domaine de Larache au Maroc espagnol, et de venir en avion à Alger, où il le présente à François d'Astier. Le comte de Paris est « enchanté » d'être « traité de roi, peut-être pour la première fois dans sa vie ». Absolument pas convaincu par l'option royaliste, François d'Astier demande au comte de Paris de se rallier à de Gaulle. Le comte de Paris quitte Alger, révolté par l'opportunisme éhonté de Darlan, et obnubilé par une seule idée : « Il y a trois mille Français qui souhaitent lui donner son châtiment[55]. »

C'est précisément ce qu'Henri d'Astier et son confesseur, l'abbé Pierre-Marie Cordier, ont déjà planifié. Ils entraînent quelques jeunes du corps franc, dont Fernand Bonnier de La Chapelle, un étudiant de vingt ans, trop jeune pour rejoindre de Gaulle en 1940 mais qui a pris part à l'insurrection du 8 novembre. C'est lui qui est tiré à la courte paille et qui, après s'être confessé et avoir reçu l'absolution de l'abbé Cordier, abat Darlan de deux balles de pistolet dans le ventre la veille de Noël 1942. Il s'attendait à être gracié pour son noble geste mais le général Giraud veut faire respecter l'ordre et l'autorité. Condamné à mort le lendemain par un tribunal militaire, Bonnier est fusillé le 26 décembre, à l'aube[56].

La mort de Darlan ne signifiait pas la fin du patronage de Vichy par les Américains. Ils le reportèrent sur un autre personnage, le général Giraud, arrivé à Alger le 9 novembre, et qui émerge alors de l'ombre de Darlan en pleine lumière. Ni lui ni les Américains ne désiraient changer quoi que ce soit, et encore moins se rapprocher du général de Gaulle. Giraud annonce qu'il prend le pouvoir au nom du maréchal Pétain et reste fidèle à l'État français. Lemaigre Dubreuil devient son chef de cabinet civil et son éminence grise, Rigault reste ministre de l'Intérieur, chargé d'arrêter et d'emprisonner les chefs républicains de l'insurrection du 8 novembre, dont José et Raphaël Aboulker. Pourchassés, les gaullistes entrent dans la clandestinité. Henri d'Astier lui-même est arrêté le 10 janvier 1943, ce qui suscite un tollé dans la presse britannique. Des gaullistes encore libres, tels qu'André Fradin, soutenu par Harold Macmillan, alors ministre britannique auprès du quartier général allié, basé à Alger, font pression sur les Américains pour relâcher de nombreux prisonniers, dont les Aboulker, libérés le 7 février 1943[57].

La position de Giraud semble imprenable. Il bénéficie du soutien des Américains, avec qui Lemaigre Dubreuil continue de négocier en son nom. Il a hérité de Darlan le commandement suprême des forces françaises en Afrique et le titre de haut-commissaire en Afrique. Il nomme Marcel Peyrouton gouverneur général de l'Algérie. Ancien résident général au Maroc et en Tunisie, devenu ministre de l'Intérieur de Vichy, Peyrouton avait été responsable du premier Statut des juifs et de l'abrogation du décret Crémieux, deux mesures qu'il n'est pas prêt à révoquer. Giraud crée un Conseil impérial avec les gouverneurs généraux d'Afrique, restés fidèles à Vichy, dont Peyrouton et Pierre Boisson, gouverneur général de l'Afrique Occidentale française. Début janvier 1943, Giraud rend à Boisson une visite officielle à Dakar, joyau de l'Afrique Occidentale française, où il est accueilli par la foule comme Pétain aurait pu l'être. M. You, inspecteur des écoles primaires à Dakar, est impressionné par ce général âgé de soixante-trois ans qui semble « étonnamment jeune. Presque sans rides. Corps à l'allure vigoureuse et autoritaire. À l'aise dans ses fonctions de chef. Impression d'une forte personnalité, calme, tranquille et sûr de lui-même. » Pour autant, rapporte You, l'autorité de Giraud n'est pas incontestée. Un comité gaulliste est actif à Dakar et « les photos de de Gaulle commencent à circuler. Par radio, par une radio clandestine, des messages passent de Dakar à Londres et en France[58]. »

Cette réflexion notée dans un journal intime consigne un tournant dans l'histoire de la Résistance française. Le débarquement américain en Afrique du Nord avait suscité l'immense espoir qu'un second front s'ouvrait et que la libération était imminente. L'employée de bureau lyonnaise qui avait écrit à la BBC n'était pas seule à se sentir « folle de joie ». Le « pacte » entre les Américains et l'amiral vichyste et le traitement déplorable infligé aux résistants du 8 novembre furent reçus avec incrédulité et colère par les résistants et les Français libres. Serge Ravanel, qui venait de rejoindre Libération à Lyon, a affirmé que « la Résistance a bombardé Londres de télégrammes à l'appui de de Gaulle[59] ». De Gaulle, chef de la France libre, apparaît désormais comme la seule option légitime car il jouit du soutien des mouvements de résistance en France. Son statut d'unificateur de la Résistance est renforcé début janvier 1943 lorsqu'un délégué du Parti communiste français le rejoint à Londres. Fernand Grenier, qui s'était évadé de Châteaubriant avant l'exécution fatale d'octobre 1941 puis s'était caché, est envoyé par le Comité central clandestin dirigé par Jacques Duclos, qui vit caché en « médecin de campagne style 1900[60] ». Grenier est conduit en Bretagne, où il embarque sur un navire britannique, par l'omniprésent Rémy, désormais ardent partisan de l'alliance avec les communistes dans la Résistance[61]. À son arrivée à Londres, Grenier est déçu par sa première rencontre avec de Gaulle : « Je m'attendais à ce qu'il me pose une foule de questions concernant la lutte armée des FTP, les déportations, la vie dans les prisons, etc. Rien, rien[62]. » Cependant, le 15 janvier 1943, il déclare sur la BBC : « L'immense masse des Français, tous ceux qui luttent, tous ceux qui résistent, tous ceux qui espèrent, sont avec le général de Gaulle qui a eu le mérite, désormais historique, de ne pas désespérer alors que tout croulait[63]. »

De Gaulle réclamait le soutien officiel de la Résistance intérieure et de l'opinion publique française afin d'affirmer sa position de chef contre Giraud et les Alliés. Encouragé par ce soutien renouvelé, il écrit à Giraud le jour de Noël

1942 pour le mettre en garde contre « l'absence d'une autorité nationale au milieu de la plus grande crise nationale de notre histoire ». Il demande à le rencontrer de toute urgence, en Algérie ou au Tchad, pour discuter de l'organisation « sous un pouvoir central provisoire de toutes les forces françaises libres à l'intérieur et à l'extérieur du pays[64] ». Giraud, qui s'appuie sur la majeure partie de l'Empire et de l'armée d'Afrique et bénéficie du soutien inconditionnel des Américains, n'est guère pressé de négocier. Ce qui amène de Gaulle à lui envoyer deux autres lettres, le 1er et le 7 janvier 1943. Or l'occasion de négocier se présente avec la conférence de Casablanca entre Churchill et Roosevelt, en présence de Eisenhower et de Giraud, du 14 au 24 janvier. Apprenant cela, de Gaulle est scandalisé que le président des États-Unis arrive en territoire français sans la moindre demande préalable, et il refuse de quitter Londres. Roosevelt tourne en dérision les relations entre de Gaulle et Giraud, parlant de « mariage forcé ». D'après Robert Murphy, « on fit à Casablanca de multiples plaisanteries sur la façon de rabibocher les fiancés français, et la déconfiture de Churchill amusait Roosevelt[65] ».

En l'occurrence, Churchill menaça de retirer son soutien aux Français libres si de Gaulle ne venait pas et, le 22 janvier, « ayant délibérément retardé son arrivée au maximum, de Gaulle fit une entrée spectaculaire et vola la vedette à tous les présents », selon les termes de Murphy[66]. S'ensuivirent plusieurs jours de marchandages entre de Gaulle et Giraud d'un côté, et de Gaulle et les Alliés de l'autre. Le général Catroux, appelé comme médiateur entre les deux Français, identifia lors d'un déjeuner le 22 janvier la pierre d'achoppement : « Le général Giraud n'avait, vis-à-vis de la politique de Vichy et du maréchal Pétain, aucune hostilité de principe […] Il semble que la véritable plateforme du général Giraud, ce soit "Vichy contre l'Allemagne" […] maintenir l'ordre, empêcher la révolution[67]. »

Giraud était un militaire incapable de concevoir qu'un simple colonel prétendît être mis sur un pied d'égalité avec lui, général à cinq étoiles. De plus, si tant est qu'il ait eu des idées politiques, Giraud était à peine entré dans le XXe siècle, comme l'analysa Catroux : « Il est resté à l'an 36 [avant l'expérience du Front populaire], dans l'ignorance absolue de la volonté et des sentiments de la nation. Il se retranche dans un autoritarisme militaire à base d'ancienneté, d'étoiles et d'investitures[68]. » En réaction, de Gaulle essaya de lui faire comprendre l'importance de l'épopée de la France libre en Afrique et du soutien populaire dont il jouissait en France et au-delà : « Le général de Gaulle lui dit : "En somme vous voulez être le Premier consul. Où est votre plébiscite ? Où sont vos victoires ?"[69] »

Au dîner donné le 22 janvier en l'honneur du sultan du Maroc, Churchill, Roosevelt, Murphy et Macmillan essayèrent de surmonter ce qu'ils considéraient comme des chamailleries de l'arrière pour que les Alliés puissent se remettre au combat. Churchill, irrité que l'on ne serve pas d'alcool, agita l'index sous le nez de de Gaulle et lui dit dans son français scolaire : « Mon général, il ne faut pas obstacle [*sic*] la guerre. » D'après Murphy, « de Gaulle répondit avec véhémence qu'il avait le soutien populaire des citoyens de l'Afrique du Nord française et qu'il n'aurait pas dû être tenu à l'écart du débarquement allié[70] ». Malgré une séance de photos pendant laquelle les deux généraux se serrèrent la main devant Roosevelt assis, l'unité à ce stade n'était pas possible. De Gaulle était réticent à l'idée d'accepter un accord négocié par les Alliés qui campaient avec insolence sur le territoire français et le traitaient avec autant de dédain. Il revint à Londres tandis que Giraud resta en place avec le soutien des Américains.

Ce qui paraissait un échec n'était cependant que le premier coup d'une longue partie jouée par de Gaulle, ce qu'avaient compris des observateurs avisés tels que Jacques Soustelle ou Robert Murphy. Soustelle rappela à de Gaulle confidentiellement que « en abordant le problème algérien, nous ne pouvons admettre qu'un objectif : le triomphe de la France combattante en Afrique du Nord, avec Giraud s'il se rallie, contre lui s'il ne se rallie pas[71] ». Quant à Murphy, il comprendrait plus tard que de Gaulle avait eu « deux coups d'avance sur tout le monde ». Assuré depuis l'intervention américaine et la victoire de l'URSS à Stalingrad que les Alliés gagneraient la guerre, « il avait décidé que son rôle était de se concentrer sur la restauration de la France comme grande puissance, ce qu'il considérait comme sa position légitime[72] ».

Les débarquements alliés en Afrique du Nord suscitèrent l'enthousiasme parmi les Français, qui crurent que la libération était toute proche. Un nouveau front avait été ouvert parallèlement au front de l'Est, et la défaite de l'Axe ainsi que la chute de Vichy n'étaient plus qu'une question de temps. De petits groupes de résistants se mobilisèrent à Alger pour prendre contact avec les Américains et rallier l'armée d'Afrique aux Alliés. Mais c'était sans compter avec les Américains, qui se méfiaient des gaullistes ou les considéraient comme quantité négligeable, et qui étaient prêts à s'arranger avec le premier général ou amiral vichyste venu qui leur offrirait l'Afrique du Nord. Tel avait été le fondement du pacte avec Darlan du 13 novembre 1942 puis, après l'assassinat de celui-ci, de l'accord avec Giraud. Vichy n'avait rien à craindre des Américains, tandis que les gaullistes, les juifs et les communistes étaient arrêtés, emprisonnés, envoyés dans des camps, ou obligés de rentrer dans la clandestinité. L'entrée des États-Unis dans la guerre força Churchill à réévaluer le pouvoir réel du général de Gaulle et à constater qu'en fait, il n'avait pas accompli grand-chose[73].

Il y avait cependant des signes que le vent tournait en sa faveur. La Résistance intérieure le regardait de plus en plus comme le symbole de la libération nationale, voire comme un leader politique pour l'après-guerre. Il avait le soutien d'un large éventail de groupes de résistants, des modérés aux communistes, dont l'étoile montait depuis la reddition des Allemands à Stalingrad. Il y aurait des conflits entre résistants de l'intérieur et Français libres. Les Américains mettraient du temps à apprécier de Gaulle, mais six mois plus tard, il serait de retour à Alger pour revendiquer son droit à être le chef du gouvernement provisoire qui remplacerait Vichy après la Libération.

# 10

## L'apogée

*La France se renouvelle ! [...] Ce peuple reparaîtra, décidé à balayer les vieilles idoles, routines et formules dont il faillit périr.*

Charles de Gaulle, 1943

Les débarquements alliés en Afrique du Nord le 8 novembre 1942 eurent un impact immédiat et spectaculaire sur la France métropolitaine. À l'ouverture d'un front en Méditerranée et à la trêve entre Darlan et les Américains, les Allemands réagirent en franchissant la ligne de démarcation le 11 novembre et en occupant toute la France. C'était une violation manifeste de l'armistice de 1940 qui permettait à Vichy de gouverner la zone libre en toute souveraineté, et cela donnait à Vichy un prétexte légal pour entrer dans la guerre du côté des Alliés. Les regards se tournèrent vers le maréchal Pétain pour voir s'il entraînerait l'armée d'armistice, l'armée d'Afrique et un pays revigoré par la Révolution nationale dans une nouvelle guerre contre l'Allemagne. L'armée relèverait-elle son étendard, deux ans et demi après l'humiliation de 1940, comme l'armée allemande l'avait fait après Iéna en 1806, ou les Russes après Tilsit en 1807 ? Ou bien ferait-elle la preuve qu'elle n'était qu'un instrument de maintien de l'ordre, aux côtés des Allemands si nécessaire ? Dans ce moment de crise, le Maréchal ne fit rien. Mis à part une faible protestation à la radio, Pétain accepta le fait accompli et, surveillé par les militaires allemands, ne fut plus qu'une marionnette[1].

Les huit divisions et les 100 000 hommes de l'armée d'armistice, répartis dans la zone libre, reçurent l'ordre de rester dans leurs casernes et de ne pas s'opposer aux troupes allemandes qui avançaient vers le sud. Mais il y eut quelques dissidents qui considéraient que le patriotisme exigeait de résister plutôt que d'obéir aux ordres. Jean de Lattre de Tassigny, à la tête d'une division basée à Montpellier, avait refusé l'invitation de René Capitant, responsable de Combat à Alger, de venir en Afrique du Nord avant les débarquements américains[2]. Il décide maintenant d'emmener ses troupes dans les Corbières en vue d'un éventuel conflit. Loin d'être félicité pour son courage, il est immédiatement relevé de son commandement et incarcéré dans une prison militaire à Toulouse. « Ce que j'ai fait ne relève point de la dissidence », écrit-il à Pétain le 18 novembre. « Mon acte n'a été inspiré que par amour de la France et de l'armée[3]. » Il est néanmoins accusé de désertion et, en janvier 1943, renvoyé devant le tribunal d'État de Vichy. À nouveau, il affirme que « la seule mystique de cette petite armée de l'armistice était en effet "résister contre tout agresseur" ». Rester sans rien faire aurait été « contraire à l'Honneur et [le] suicide moral de cette armée qui, depuis deux ans, tentait de revivre[4] ». Sourds à ses arguments, les juges le condamnent à dix ans de prison pour désertion. En septembre 1943, il s'évade de la prison de Riom avec l'aide de son fils Bernard. Il est conduit clandestinement par la Résistance à Londres puis à Alger.

L'armée d'armistice fut démobilisée et cessa d'exister. Une poignée d'anciens officiers fonda alors une organisation secrète appelée Organisation de résistance de l'armée (ORA), destinée à se manifester lorsque les Alliés viendraient libérer la France. Elle se fournirait en armes, en munitions et en équipement sur les stocks qui avaient été cachés par l'armée d'armistice dans des grottes, des caves et des garages. L'ORA ne voulait pas avoir affaire aux autres mouvements de résistance, dépourvus à ses yeux de hiérarchie ou de discipline militaires, et suspectés de contamination communiste. Il existait cependant une autre armée en France, l'Armée secrète, l'armée virtuelle de la Résistance, composée d'hommes qui pour le moment menaient leur vie quotidienne, mais qui seraient prêts, le moment venu, à se lever et à aider les Alliés. D'ici là, il fallait surmonter plusieurs obstacles. Un, se procurer des armes. Deux, élaborer une stratégie. Trois, savoir qui commanderait cette armée. Officiellement, et sur demande expresse de Londres, l'armée était commandée par le général Charles Delestraint, qui était sorti de sa retraite pour cela. Mais ce commandement était contesté par la Résistance intérieure, notamment par Henri Frenay, chef de Combat, qui considérait que l'Armée secrète était et devait être le bras armé des mouvements de la Résistance intérieure.

La répartition des armes révéla la profonde méfiance qui existait entre l'Armée secrète et l'ancienne armée d'armistice. En 1942, Delestraint envoie Raymond Aubrac, responsable de l'Armée secrète à Lyon, négocier une cession d'armes de l'armée d'armistice avec le général Aubert Frère, âgé de soixante et un ans. Le général Frère, qui avait refusé l'offre de Pétain de devenir ministre de la Guerre, avait pris la tête de l'Organisation de résistance de l'armée, sans qu'on sache si Aubrac était au courant ou pas. Quoi qu'il en soit, Aubrac se retrouve en présence d'«un vieillard, presque infirme… hors du circuit», quelqu'un qui ne veut pas avoir affaire à lui. Frère l'envoie au général

Georges Revers, de dix ans son cadet, et membre important de l'état-major de Vichy. Revers reçoit Aubrac en robe de chambre et quand ce dernier lui demande de donner des armes à la Résistance, il réplique : « Jeune homme, vous me demandez de trahir mon pays. Ce que vous demandez est impossible. Je ne suis qu'un subordonné. Je ne puis rien sans un ordre de l'amiral Darlan. Attendons son retour[5]. »

Aubrac est éconduit mais le lendemain, apprenant l'assassinat de Darlan, il revient voir Revers et lui dit : « Vous n'êtes plus un subordonné, je viens donc vous demander un ordre. » Hésitant, cherchant à gagner du temps, Revers lui dit qu'il va consulter sa femme et revient en disant que l'affaire est trop risquée[6]. Ironiquement, à la suite de l'arrestation du général Frère par la Gestapo en juin 1943, puis de celle de son successeur, Revers va prendre la tête de l'Organisation de résistance de l'armée en septembre 1943, et la citation qui accompagne la Médaille de la Résistance qu'il recevra affirme : « A bien mérité de la patrie dont il doit être compté parmi les principaux artisans de sa Libération[7]. »

La stratégie n'était pas facile à élaborer. Comment et où une armée virtuelle pouvait-elle se transformer en force militaire ? C'était impossible en zone occupée et cela le devint également en zone libre après l'invasion allemande de novembre 1942. Mais certains y avaient réfléchi. Pierre Dalloz, alpiniste amateur et ancien adjoint de Giraudoux au ministère de l'Information en 1939, avait été lieutenant de chasseurs alpins en 1940. En mars 1941, il est en train d'abattre un noyer mort dans son jardin en compagnie de son ami Jean Prévost, alors à Grenoble pour rédiger une thèse sur Stendhal. Au-dessus d'eux s'élève le plateau du Vercors. Il a soudain l'intuition que ce plateau pourrait non seulement servir de refuge mais de site naturel où organiser la Résistance derrière les lignes ennemies. Il le voit comme

« une forteresse naturelle, un Vercors guerrier. Il s'agissait d'en faire une manière de cheval de Troie pour commandos aéroportés[8]. » Dalloz se trouve un emploi dans l'administration de Vichy, ce qui lui permet d'explorer la région en voiture et d'étudier les possibilités.

L'érection du Vercors en bastion se concrétise en juin 1942 lorsque Pierre Laval annonce la mise en place de la Relève, qui prévoit le retour en France d'un prisonnier de guerre en échange du départ de trois travailleurs volontaires pour les usines allemandes. La Relève n'a de volontaire que le nom et provoque à la fois des grèves et la « disparition » de jeunes, les réfractaires. En novembre 1942 par exemple, les jeunes travailleurs de la région de Grenoble sont convoqués pour être envoyés en Allemagne. Sur les 1 200 convoqués, seuls 60 se présentent, obligeant la police de Vichy et la gendarmerie à rechercher les autres[9]. Tout un système se met alors en place pour les faire disparaître de la circulation. Aimé Pupin, « un petit homme aux cheveux noirs, à l'œil de jais », tient un café rue du Polygone à Grenoble[10]. Mobilisé en 1940, il avait envisagé de partir en Angleterre depuis La Rochelle mais il y avait renoncé, retenu par son « amour de la famille, du sol natal ». Devenu membre de Franc-Tireur à Grenoble, il fait de son café une plaque tournante discrète, où il accueille les réfractaires qui ont réussi à rejoindre la ville et leur trouve des cachettes dans les Alpes[11]. Dans le même temps, un autre cafetier, Eugène Chavant, ancien maire de Saint-Martin-d'Hères démis par Vichy, transforme l'arrière-boutique d'une quincaillerie en centre de tri et de recrutement. L'argent vient principalement de Léon Martin, pharmacien et ancien maire socialiste de Grenoble. Les jeunes réfractaires sont mis dans des autocars pour Villard-de-Lans, d'où des passeurs les conduisent à la ferme Ambel, un premier refuge où ils se rendent utiles en effectuant des travaux forestiers[12].

En décembre 1942, Pierre Dalloz rencontre Yves Farge, chef de Franc-Tireur, dans les locaux du *Progrès* de Lyon, pour lui exposer son projet de transformer le Vercors en forteresse. Farge mentionne l'idée devant Jean Moulin, qui l'adopte, et il rencontre Dalloz à Grenoble le 31 décembre 1942 pour lui apporter des fonds de la part de Jean Moulin. Il faut désormais obtenir la contribution de l'Armée secrète. Farge et Dalloz rejoignent le général Delestraint à Bourg-en-Bresse le 10 janvier 1943. Celui-ci leur conseille de recruter des militaires de carrière au plus vite pour entraîner et encadrer les réfractaires. L'un des premiers sera Alain Le Ray, gendre de l'écrivain François Mauriac, qui s'était évadé de Colditz. « À partir d'aujourd'hui, dit Delestraint, soucieux de sécurité, nous oublierons ce nom [Vercors]. Votre projet sera le projet Montagnards [13]. » Début avril 1943, Delestraint lui-même inspecte le Vercors où près de 350 hommes sont regroupés dans neuf camps, et il préside une réunion du comité d'organisation [14].

Ce regroupement de jeunes gens en pleine nature, embryon d'une armée à venir que l'on désignera sous le terme de maquis, pose tout de suite une question de commandement. Les rescapés de l'armée d'armistice, habitués aux uniformes (inutiles lors des actions clandestines) et à la hiérarchie militaire, et conscients du danger à être considérés comme des terroristes, sont généralement peu enclins à se proposer comme officiers. La responsabilité échoit aux cadres des mouvements de résistance qui ont fait leur service militaire et ont brièvement combattu en 1940, mais qui sont plus politiques que militaires. Ceux que Raymond Aubrac avait désignés comme commandants régionaux de l'Armée secrète dans l'ancienne zone libre venaient souvent des Jeunesses communistes qui avaient lutté contre l'extrême droite au Quartier latin dans les années 1930. Même si certains avaient conservé des liens avec le parti communiste, ils s'en étaient dans l'ensemble éloignés lors du Pacte germano-soviétique. Ils étaient moins des militants dévoués que des sympathisants, œuvrant dans des mouvements tels que Libération-Sud. Jean-Pierre Vernant, professeur de philosophie au lycée de Toulouse, est nommé commandant de l'Armée secrète à Toulouse et dans la Haute-Garonne. Il ne renie pas ses liens avec le parti communiste : « Le type qui me contrôle, c'est Marrane », l'organisateur du mouvement Front national en zone libre. Mais le Pacte germano-soviétique ayant prouvé que le parti communiste pouvait se tromper lourdement, Vernant ajoute qu'il n'agit « certainement pas *perinde ac cadaver*. C'est une solidarité mais moi j'ai pris mes distances […] Je ne suis pas le soldat d'une armée de marche qui tourne à droite ou à gauche suivant les ordres qui me sont donnés[15]. » À Toulouse, Aubrac a aussi recruté Maurice Kriegel, frère de David Kriegel, un jeune médecin juif alsacien qu'Aubrac avait connu quand il était en garnison à Strasbourg en 1939. Maurice Kriegel avait commencé des études de droit à Paris et avait milité avec Pierre Hervé à l'Union fédérale des étudiants, d'obédience communiste, mais il avait épousé une Polonaise, s'était brouillé avec ses parents et avait interrompu ses études pour travailler dans une compagnie d'assurance. En 1938, renvoyé pour son activité syndicale, il devient secrétaire général du syndicat CGT des employés de banque, d'assurances et des grands magasins. Il combat en 1940 dans l'artillerie, mais, prenant conscience du danger qu'il court en tant que juif, il quitte Paris en 1942 pour Toulouse où sa famille s'est réfugiée. Il y retrouve Pierre Hervé et Jean-Pierre Vernant, et il est nommé inspecteur militaire de l'ancienne zone libre, en charge du contrôle de l'organisation de l'Armée secrète et du nombre de recrues (souvent surestimé) dans les différentes régions[16].

Les cadres de l'Armée secrète n'étaient pas tous des sympathisants communistes. Serge Asher, élève à l'École polytechnique transférée à Lyon, reste longtemps un admirateur du maréchal Pétain. Il finit par basculer dans la Résistance à la suite des débarquements américains, de l'occupation de la zone libre et de l'inaction de Vichy. Agent de liaison pour Libération-Sud, il maintient le contact entre les différents chefs régionaux de l'Armée secrète. Aubrac lui demande aussi de récupérer des armes de l'armée d'armistice cachées dans un entrepôt de Lyon, que le propriétaire du lieu, patron d'une entreprise pharmaceutique, refuse de lui remettre en disant : « La Résistance, c'est des communistes. Je préférerais remettre les armes aux Allemands[17]. » Asher est ensuite promu dans un corps franc qu'il considère comme « les hommes d'avant-garde, les champions de la résistance », et il prend comme nom de guerre Ravanel, d'après un sommet de Chamonix qu'il aime escalader[18]. Le 15 mars 1943, il est arrêté par la Gestapo à Lyon au cours d'une réunion secrète avec Aubrac et Kriegel. Il résiste et tente en vain de descendre l'escalier. Lucie Aubrac obtient la libération de son mari en menaçant le procureur de représailles à la Libération. Quant à Kriegel et Asher, ils simulent la maladie pour être transférés dans un hôpital où un corps franc mené par Aubrac vient les récupérer[19].

Pendant que l'Armée secrète se développait sur le terrain, une lutte acharnée se déroulait pour savoir qui allait en prendre le contrôle. Les Français libres de Londres voulaient la commander par l'entremise du général Delestraint, un homme fiable qu'ils avaient nommé à ce poste, mais la Résistance intérieure, qui gagnait en cohérence et en maturité, voulait faire de l'Armée secrète sa branche armée, subordonnée aux mouvements. Le 26 janvier 1943, les trois principaux mouvements de résistance de l'ancienne zone libre, Combat, Libération, et les Francs-Tireurs et Partisans, s'unissent pour créer les Mouvements unis de Résistance (MUR)[20]. À titre de compromis, chaque mouvement garde ses propres publications, mais un comité directeur est institué. Henri Frenay est désigné responsable des affaires militaires, Emmanuel d'Astier des affaires politiques et Jean-Pierre Levy de la sécurité et des ressources matérielles. Frenay, qui n'a pas réussi à devenir chef de l'Armée secrète, utilise les MUR comme nouveau tremplin, avec l'ambition de devenir le leader politique et militaire de la Résistance en métropole.

Pour répondre au défi lancé par la Résistance intérieure et notamment par Frenay, Jean Moulin et le général Delestraint retournent à Londres le 14 février 1943 pour consulter de Gaulle. Ils veulent faire approuver deux mesures. La première, militaire, consisterait à séparer totalement l'Armée secrète des mouvements de résistance, et à confirmer le commandement militaire de Delestraint. La deuxième, politique, serait de piloter les affaires politiques de la Résistance au moyen d'un Conseil national de la Résistance (CNR) qui comprendrait des représentants des mouvements de résistance, des partis politiques et des syndicats. Ceci reflète la situation nouvelle qui résulte de l'arrivée à Londres, le mois précédent, de Fernand Grenier, représentant du Parti communiste français. Le parti communiste n'était pas un mouvement de résistance à proprement parler, mais il contrôlait de près le Front national et les FTP, et il recouvrait peu à peu son influence au sein de la CGT. Le soutien apporté par le parti communiste à de Gaulle était un coup de maître pour les Français libres et il devait être reconnu, mais il ouvrait aussi la voie à la présence du parti socialiste et d'autres partis plus à droite au sein du CNR. Pour Jean Moulin, cela permettrait à la fois de diluer l'obstination des chefs de la Résistance intérieure et de neutraliser l'inconnue représentée par le parti communiste. Avantage supplémentaire, au moment où de Gaulle revenait de Casablanca sans accord avec le général Giraud, cela démontrerait aux Alliés que de Gaulle bénéficiait en France d'un soutien politique effectif et large, soutien que Giraud n'avait jamais eu et que Pétain perdait irrémédiablement[21].

De Gaulle ayant donné son accord à ces mesures, Moulin est parachuté en France le 20 mars 1943 et se rend à Lyon. À cette époque, c'est chez Louis et Simone Martin-Chauffier, à Collonges, que se tiennent les réunions de la Résistance. Pour éviter l'intrusion de visiteurs importuns, Simone a repris « le rôle de Cerbère, comme en 1940-1941 au temps du musée de l'Homme ». Elle se souviendra ainsi de Jean Moulin : « Je me demandais pourquoi ce petit bonhomme m'intimidait tellement. Parce qu'il parlait peu[22]. » Lors d'une réunion des MUR présidée par Moulin, celui-ci se retrouve tout de suite en conflit avec Henri Frenay. Frenay refuse la stratégie de Londres de séparer au sein de la Résistance intérieure les aspects politiques et les questions militaires, et de prendre le contrôle de l'ensemble. Deux semaines après cette réunion, Frenay lance la charge à la fois contre Moulin, reparti à Paris le 30 mars, et contre Delestraint. À Moulin, il dénonce « une tentative de fonctionnarisation de la Résistance, alors que nous nous sommes créés librement […] Vous-même et certains de vos collègues avez tendance à faire de nous les exécuteurs fidèles des consignes données par le Conseil national. Vous semblez méconnaître ce que nous sommes vraiment, c'est-à-dire une force militaire et une expression politique révolutionnaire. Si sur le premier point et avec les réserves que j'ai faites à notre dernière réunion, nous nous considérons aux ordres du général de Gaulle, sur le second nous conservons toute notre indépendance[23]. »

Dans une seconde lettre envoyée le même jour, Frenay affirme à Delestraint que même si lui, le général Delestraint, est à la tête de l'Armée secrète, il est un militaire conventionnel sans expérience de la clandestinité ou de la guérilla, qui ne comprend pas le rôle qu'on lui a confié, du jour au lendemain. Plus encore, Frenay proclame que la Résistance est une armée révolutionnaire qui repose plus sur la passion que sur la discipline, et qui ne suivra que des chefs tels que lui, qu'elle aime et en qui elle a confiance : « Ces hommes ne peuvent en aucun cas […] être comparés à des soldats d'une armée régulière. La discipline, d'ailleurs relative, qu'ils observent est beaucoup plus celle d'une armée révolutionnaire. La clandestinité de notre action et de notre organisation n'a pas développé une obéissance aveugle à n'importe quels chefs, mais aux seuls chefs qu'ils connaissent. La discipline chez nous, c'est à base de confiance et d'amitié. Si vous cherchez à amener des cadres nouveaux pour prendre le commandement de ces éléments, je vous prédis l'échec dans la majorité des cas. Ils se heurteront à la méfiance et à l'inertie de leurs subordonnés. Une armée révolutionnaire nomme ses chefs, on ne les lui impose pas[24]. »

Une des missions de l'Armée secrète, selon Frenay, était la « tâche insurrectionnelle », une révolte qu'il fallait lancer en conjonction avec le débarquement allié. De cela découlait « la prééminence du politique sur le militaire », ou, au minimum, un « droit de regard » du comité de pilotage des MUR sur les ordres donnés à l'Armée secrète. Responsable des affaires militaires du comité directeur, Frenay contestait ainsi ouvertement l'autorité de Delestraint.

Delestraint réplique lors d'une réunion présidée par Jean Moulin à Paris le 12 avril 1943. Il exclut toute discussion sur une action immédiate qui devancerait l'intervention alliée : « L'Armée secrète devait se préparer pour intervenir au jour J en concordance avec le plan de débarquement et éviter de procéder à des attaques actuelles d'objectifs ennemis[25]. » Deux représentants des FTP invités à la réunion affirment qu'ils ne peuvent abandonner la stratégie d'action immédiate du parti communiste et qu'ils ne rentreront pas dans « des casernes clandestines[26] ». Frenay, quoique très méfiant vis-à-vis des communistes, use aussi de l'argument de l'action immédiate par une armée révolutionnaire comme d'un moyen pour l'emporter sur Londres et ses émissaires.

C'est alors que, dans ce jeu de poker, Frenay abat sa carte maîtresse. Il s'agit d'un accord que le mouvement Combat a négocié avec les services secrets américains basés en Suisse. Le contact a été fourni par Philippe Monod, avocat et rejeton d'une grande famille protestante, dont la mère est américaine. Il avait été recruté par Claude Bourdet pour diriger Combat et l'Armée secrète dans les Alpes-Maritimes. À Cannes, en novembre 1942, il a rencontré un ami, l'avocat américain Max Shoop, qui connaît Allen Dulles, chef de l'Office of Strategic Services (OSS) américain à Berne. Frenay envoie Monod rencontrer Dulles à Berne en mars 1943, et Dulles convainc Washington de verser une forte somme d'argent en échange de renseignements. Combat dispose désormais d'un lien direct avec Londres via l'ambassade des États-Unis à Berne, court-circuitant ainsi Jean Moulin. Quand Monod revient une fois l'accord conclu, Frenay s'écrie : « "Viens ici que je t'embrasse." Au comble de la joie, nous nous donnons l'accolade. Finis nos soucis ! […] Les maquis seront soutenus et demain armés grâce aux Américains ! Et la liaison radio avec Londres, sans danger, comme en temps de paix[27] ! »

Cet accord était une menace très sérieuse pour les Français libres de Londres. Il offrait à Combat et aux MUR une source régulière d'argent et peut-être de parachutages d'armes, indépendante de ce que Londres leur fournissait par l'entremise de Jean Moulin, ce qui renforcerait leurs velléités d'autonomie. L'accord servait aussi de pont aux Américains, qui soutenaient Giraud et non de Gaulle en Afrique du Nord. Jean Moulin communique ses inquiétudes à Londres par un message radio urgent, précisant que Frenay a demandé qu'un avion américain l'emmène directement à Alger pour parler au général Giraud. À une réunion des MUR le 28 avril, Moulin dit à Frenay : « C'est un véritable coup de poignard dans le dos que vous donnez au général de Gaulle », et il se dit prêt à faire tout ce qui est en son pouvoir pour empêcher ce lien via la Suisse. Frenay réplique en rejetant les projets politiques et militaires de Londres : « Vous avez voulu nous étrangler […] Vous voulez la direction de la Résistance sans en avoir les moyens, ni l'envergure. Nous, nous sommes ici, nous nous battons. Quant à votre Conseil national, en effet, je n'en serai pas. Je n'accepterai pas, nous n'accepterons pas d'être fonctionnarisés par vous, politiques et militaires de Londres[28]. »

La mission confiée à Jean Moulin de mettre sur pied le Conseil national de la Résistance ne se heurte pas seulement au refus d'Henri Frenay. La représentation des partis politiques suscite la controverse ailleurs. Pierre Brossolette, revenu de Londres à Paris le 12 février 1943, lance un projet parallèle pour faire échouer le plan de Jean Moulin. En 1942, il était allé à Londres pour convaincre le général de Gaulle que la Résistance comportait une dimension politique en plus d'une dimension militaire. Il y était globalement parvenu, mais Brossolette voulait que seuls les mouvements de résistance contribuent au renouveau politique en France. Selon lui, les vieux partis politiques de la III^e République, qui avaient mené la France à la défaite et s'étaient inclinés devant la dictature de Pétain, avaient perdu le droit de participer. Il était tout particulièrement hostile aux chefs du parti socialiste tels que Daniel Mayer, promu à son détriment dans les années 1930 et qui essayait de rebâtir le parti en vue de l'après-guerre. Ayant perdu la faveur de de Gaulle, Brossolette noue une étrange alliance avec le colonel Passy, le chef du BCRA. Parachuté dans la nuit du 26 février 1943, Passy le rejoint à Paris, en compagnie de Forest Yeo-Thomas, un Anglais élevé en France, ancien officier de liaison entre les armées de l'air française et britannique, désormais membre du SOE (Special Operations Executive) et faisant la liaison avec le BCRA. La mission de février 1943 est appelée mission Brumaire-Arquebuse, Brumaire pour Brossolette et Arquebuse pour Passy[29]. Même si Passy était un homme de droite et ne s'intéressait qu'à la dimension militaire de la Résistance, il était impressionné par Brossolette, qu'il décrivit plus tard ainsi : « L'homme le plus intelligent que j'aie rencontré dans ma vie, extraordinaire du point de vue de la lucidité politique et de la connaissance politique. Tout ce que je sais sur la politique, je le sais par lui, car je n'avais jamais touché à la politique[30]. » Yeo-Thomas a noté de son côté l'influence positive de Brossolette sur Passy, qui « n'a jamais donné une impression aussi remarquable qu'au moment où il était flanqué de Brossolette. Celui-ci canalisait et dirigeait les efforts de l'autre[31]. »

Passy et Brossolette voulaient rassembler toutes les organisations résistantes de la zone occupée, où Brossolette se sentait chez lui et que Jean Moulin connaissait mal, et les fédérer au sein d'un Comité de coordination de zone nord (CCZN) qui exclurait délibérément les responsables des partis politiques et des syndicats, et mettrait Jean Moulin devant le fait accompli lorsqu'il arriverait à Paris. L'Organisation civile et militaire du colonel Touny en faisait partie et espérait se servir du CCZN pour devenir le plus important mouvement de résistance en France. À l'opposé, à gauche, figurait Pierre Villon, du Front national, scandalisé que certains résistants, s'intéressant moins à la Libération qu'aux arrangements pour la suite, « cherch[ent] à obtenir le maximum de ministres et de préfets. Un vrai panier de crabes[32]. » D'un autre côté, il était crucial pour le Front national, dominé par les communistes, de sortir de son isolement et d'être accepté comme n'importe quel autre mouvement de résistance.

Jacques Lecompte-Boinet, qui avait lentement reconstruit l'équipe décimée du réseau Combat, créée par Frenay, sous l'appellation Ceux de la Résistance, a raconté sa convocation à un rendez-vous secret avec Passy et Brossolette dans un petit appartement d'Auteuil en mars 1943. Sur Passy, il note : « Bien jeune, ce nouveau colonel. Sec et méticuleux, parlant chiffres, armes, argent, radio, parachutages. » Au début, Passy lui semble bien plus convaincant que Brossolette qui, avec son passé de socialiste, lui donne l'impression que « c'était le Front populaire qui réapparaissait ». Pourtant, Passy « semblait décidé à associer son camarade à toute la conversation [...] Nous conclûmes que le jeune colonel était un jouet aux mains des politiciens d'avant guerre, et peut-être même un "socialiste". » Mais lorsque Brossolette prend la parole, il déploie tout le charme qui lui a valu son surnom de Cléopâtre. Apportant « la parole sacrée de Londres », il explique que « l'Action civile » ne sera pas de la politique partisane, mais unira tous les groupes, politiques, religieux ou syndicaux qui prendront part au « soulèvement de la Nation ». Les gens de Vichy seront remplacés et « un passage légal » effectué vers un gouvernement provisoire dirigé par de Gaulle : « Brossolette, assis par terre, séducteur plein d'ironie, lançait dans le débat, pour nous apprivoiser, les réflexions incisives dont il avait le secret avec ce rire que ceux qui l'ont connu ne sont pas près d'oublier[33]. »

Le Comité de coordination de zone nord est officiellement créé le 23 mars 1943. Il comprend l'Organisation civile et militaire, Ceux de la Résistance et Libération-Nord. Pierre Villon et le Front national le rejoignent un ou deux jours plus tard[34]. Le 31 mars, Jean Moulin arrive à Paris et rencontre Brossolette au bois de Boulogne. Passy a raconté que Moulin était « furibond. Brossolette avait dit quelques mots désagréables sur lui[35] ». Une discussion houleuse se déroule entre les deux rivaux pour le contrôle de la Résistance intérieure. Moulin accuse Brossolette de lui avoir coupé l'herbe sous le pied en créant le CCZN, et Brossolette critique Moulin pour avoir permis le retour des vieux partis politiques discrédités. Moulin a néanmoins le sang-froid de présider une réunion du CCZN, le 3 avril, et saisit l'occasion d'informer les chefs de la Résistance de ses projets pour le Conseil national de la Résistance[36].

En fin de compte, c'est Moulin qui l'emporte. Brossolette et Passy retournent en Angleterre dans la nuit du 15 au 16 avril 1943, et Moulin convoque la première réunion clandestine du Conseil national de la Résistance le 27 mai 1943 dans un petit appartement du 48, rue du Four, dans le VIe arrondissement, près de Saint-Sulpice. Ce fut un événement majeur de l'histoire de la Résistance. Il symbolisa le rassemblement de presque tous les mouvements de résistance intérieure et de beaucoup de partis politiques, et aussi leur ralliement à l'autorité du général de Gaulle à

Londres. Heureusement pour Moulin, Frenay n'assista pas à cette réunion du 27 mai, où il avait envoyé Claude Bourdet. Frenay dirait plus tard qu'il ne mettait pas en doute « la valeur intellectuelle, le courage, la ténacité de Jean Moulin, mais [...] la tactique de Moulin a été de désarticuler la Résistance en se servant [de] d'Astier contre Frenay, et de noyer la Résistance en faisant entrer au CNR les partis politiques et, d'abord, le parti communiste[37] ». En réalité, ni Emmanuel d'Astier ni Jean-Pierre Levy n'assistaient à cette réunion, où ils avaient envoyé des représentants[38]. Pour la première fois, des hommes politiques étaient présents comme tels. Lecompte-Boinet, représentant Ceux de la Résistance, trouva que certains, tels que André Le Troquer (député socialiste de Paris qui avait refusé de voter les pleins pouvoirs à Pétain en 1940 et défendu Léon Blum lors de son procès à Riom en 1942), avaient une attitude assez provocatrice envers les résistants. Ils étaient, a-t-il raconté, « tout heureux de retrouver d'anciens collègues, élus du peuple, et semblent affecter de traiter avec une certaine condescendance ces nouveaux venus qui ont le toupet de se prétendre leurs égaux[39] ». La droite fut encore plus difficile à intégrer. Moulin avait demandé à Lecompte-Boinet de trouver des représentants des deux principaux partis conservateurs de la IIIᵉ République, qui n'avaient joué pratiquement aucun rôle dans la Résistance : l'Alliance démocratique et la Fédération républicaine[40]. Le seul mouvement important de la zone nord à ne pas être représenté était Défense de la France. Même si Robert Salmon voulait que le mouvement rejoigne la majorité, Philippe Viannay hésitait encore à abandonner l'allégeance à Pétain qu'il avait héritée de son père. De plus, selon Salmon, Moulin craignait que Viannay ne joue le « trouble-fête », comme Henri Frenay[41].

Malgré les tensions, les rituels de solidarité et de loyauté furent dûment observés ce jour-là. Jean Moulin lut un message du général de Gaulle appelant la Résistance sur le sol français à soutenir la France combattante pour la renforcer, autant en France que vis-à-vis des puissances étrangères, pour que « la libération et la victoire soient françaises ». En réponse, une motion rédigée par Georges Bidault, représentant des chrétiens-démocrates, en accord avec Jean Moulin, demanda que le gouvernement provisoire français devant être établi à Alger soit confié à de Gaulle, qui avait été « l'âme de la Résistance aux jours sombres », tandis que le général Giraud deviendrait commandant en chef d'une armée française refondée pour accompagner les Alliés vers la victoire[42]. Villon voulait amender le texte et dire que « la lutte est déjà engagée », afin de faire entériner la stratégie d'action immédiate du Front national, mais Moulin lui demanda d'attendre une autre occasion[43].

À la fin de mai 1943, les événements s'enchaînèrent vite en France métropolitaine et dans l'Empire. La première réunion du Conseil national de la Résistance à Paris représenta un moment décisif de l'histoire de la Résistance et de la France libre. L'autre épisode crucial fut l'arrivée du général de Gaulle à Alger le 30 mai, qui mena à la formation le 3 juin du Comité français de libération nationale (CFLN), qui deviendrait le gouvernement provisoire de la République prêt à assumer le pouvoir dans une France libérée. Ce développement ressembla peu à la progression rectiligne décrite par le mythe gaullien. Il impliqua une longue lutte entre de Gaulle et Giraud pour le contrôle du Comité et de l'armée qui se reconstituait en Afrique du Nord.

Après l'assassinat de Darlan, le général Giraud avait assumé les pouvoirs civil et militaire en Afrique du Nord, et créé un Conseil impérial des gouverneurs généraux d'Afrique. Ce régime était en fait vichyste sans Pétain. En février 1943, Giraud invite Pierre Pucheu, ancien ministre de l'Intérieur de Vichy qui a refusé de rester au gouvernement sous Laval, à le rejoindre en Afrique du Nord[44]. Giraud bénéficiait de la protection des Américains, qui voulaient faire de l'Afrique du Nord une base pour leurs offensives contre l'Axe, sans être gênés par des disputes franco-françaises. Pour les Américains, l'avenir politique de la France était à traiter après la Libération. Ils affirmaient qu'au plan constitutionnel, c'était au peuple français de choisir son nouveau gouvernement, mais ils se donnaient en pratique toute liberté pour imposer une occupation militaire et traiter avec l'homme de leur choix. Ils appréciaient la devise de Giraud : « Un seul but, la victoire ». À l'inverse, ils considéraient de Gaulle comme un fauteur de troubles mené par son ambition politique. Le secrétaire d'État Cordell Hull écrirait plus tard : « Si de Gaulle, en tant que général, avait jeté toutes ses forces dans la lutte contre l'Axe, s'il avait en personne mené ses troupes au combat contre l'ennemi partout où c'était possible au lieu de passer la plupart de son temps à Londres, il aurait pu bénéficier d'un soutien beaucoup plus grand parmi les Français et parmi les Nations unies. Au lieu de quoi son attitude dictatoriale ajoutée à ses aventures sur le plan politique faisaient inévitablement naître l'idée qu'il essayait de développer une base politique afin de devenir le prochain dirigeant des Français[45]. »

Lorsque Churchill se rend à Washington en mai 1943, il subit une très forte pression pour abandonner de Gaulle au profit de Giraud. Cordell Hull ajoute un argument : « De Gaulle a pris sous son aile les éléments les plus radicaux en France [...] Les communistes en France, probablement le parti politique le plus organisé, ont annoncé avec force qu'ils voulaient de Gaulle comme leader[46]. » Churchill, tout en reconnaissant que les rapports avec de Gaulle sont difficiles, refuse de l'abandonner parce qu'il symbolise la Résistance française. De même, il refuse d'opposer entre eux de Gaulle et Giraud et voit dans la formation du Comité français de libération nationale (CFLN) un moyen de transmettre le pouvoir à une institution représentative française qui supervisera la libération de la France.

En réalité, des tentatives de conciliation entre Giraud et de Gaulle se déroulent en Afrique du Nord pendant tout le printemps 1943. Les principaux acteurs en sont le général Catroux, haut-commissaire de la France libre au Levant, et Harold Macmillan, alors ministre britannique chargé des questions méditerranéennes et basé à Alger. Macmillan considérait Catroux comme « un Français snob, entiché de princesses, mais tolérant et libéral. Une sorte de *whig* français[47] ». Il était beaucoup plus difficile de traiter avec Giraud, obstiné et totalement insensible aux évolutions politiques. Giraud déclare à Macmillan qu'il a une armée de 450 000 hommes, dont 120 000 Français et le reste en troupes coloniales, qui refuseront d'être commandés par de Gaulle, « qui a quinze ans de moins que lui et qui n'est que général de deuxième ordre ». Giraud était convaincu que les Français étaient plus giraudistes que gaullistes, et affirmait qu'« un certain colonel Passy flirtait avec les communistes et dirigeait une organisation communiste en France, soutenue par des parachutages anglais de matériel militaire. Selon lui, la France aurait besoin d'une période de dictature militaire, sous son autorité de commandant en chef[48] ». De retour à Londres, de Gaulle essaie d'accentuer la pression lors d'une réunion à Grosvenor House le 4 mai. Il déclare que l'Empire doit rapidement s'unir sous « un pouvoir ferme, homogène, populaire », ce qui signifie sous son autorité et non celle de Giraud[49]. En réponse, Catroux lui rappelle que Giraud « représente, qu'on le veuille ou non, une force réelle par lui-même. Il exerce son autorité sur les colonies les plus importantes du bloc impérial et dispose de la seule armée qui sera équipée [par les Américains] », si elle demeure sous son autorité. Il faut lui accorder, dit-il à de Gaulle, « par rapport à vous un rang de parité », ou bien aucun accord ne sera possible[50].

Les exploits des Forces françaises libres en Afrique avaient donné à de Gaulle le poids dont il avait tant besoin. La petite force de Leclerc, aux trois quarts composée de soldats noirs africains, avait poussé au nord contre les Italiens en Libye et avait pris l'oasis de Koufra en mars 1941 et le Fezzan en janvier 1943[51]. Pendant ce temps, les forces de Pierre Kœnig avaient tenu à Bir Hakeim en mai-juin 1942 et s'étaient battues aux côtés de la 8e armée britannique à El-Alamein en juillet et octobre 1942. Les Français libres prennent part aux cérémonies de la victoire à Tunis le 20 mai 1943, s'imposant spectaculairement contre leur vieille ennemie, l'armée française d'Afrique, qui n'a pas combattu depuis l'offensive en Tunisie, au début de 1943. Christian Girard, aide de camp de Leclerc, a décrit ainsi la confrontation entre la vieille garde et les Français libres : « Dans la tribune, des tas de généraux de chez Giraud. Des figures glabres et constipées, effrayées par les responsabilités. Giraud arrive, derrière Alexander et Eisenhower. [Il] a l'air fatigué et mécontent. Défilé trop long. Après une heure et demie de fantassins, nos bonnes vieilles voitures de découverte et de combat font leur apparition. Elles ont un gros succès. Des cris nourris de "Vive de Gaulle" s'élèvent à leur passage[52]. »

Malgré leur apparence débraillée, les Français libres, auréolés de leur succès, dégagent une aura certaine. Des soldats de l'armée d'Afrique désertent en nombre pour les rejoindre. Pour empêcher cela, Giraud envoie Leclerc et ses hommes manœuvrer pendant quelques mois dans le désert tripolitain.

C'est donc avec l'apparence du héros victorieux, mais en n'ayant encore rien gagné par lui-même, que de Gaulle quitte Londres pour Alger le dimanche 30 mai 1943, en compagnie de quelques fidèles, dans ce que son chef d'état-major Pierre Billotte a décrit comme « un tout petit avion, le plus moche de toute la flotte anglaise[53] ». Au départ, le rapport de force ne semble pas favorable. Giraud n'envoie pas de voiture à l'aéroport et n'a rien prévu pour le loger[54]. Pour soutenir Giraud au plan militaire, Churchill a délégué sur place son ami personnel, le général Georges, même s'il a soixante-sept ans et que Billotte le décrivait avec ironie comme « le général le plus battu de l'histoire de France[55] ». Roosevelt, qui a souhaité à Churchill « bonne chance pour nous débarrasser de notre casse-tête commun », envoie Jean Monnet, qui a dédaigné le général de Gaulle en 1940, avant de travailler au Victory Program des États-Unis. Il était censé fournir à Giraud la vision politique qui lui manquait[56].

Sans se démonter, de Gaulle dépose une gerbe en forme de croix de Lorraine sur la grand-place, l'après-midi même de son arrivée. Il savoure ce qu'il considère comme les applaudissements de la foule dans une ville encore pétainiste : « Des milliers de patriotes, alertés soudain par le mouvement Combat, se sont rassemblés en hâte et m'accueillent par une immense clameur. Après le salut adressé à tous les Algériens qui donnèrent leur vie pour la France, j'entonne *La Marseillaise*, que reprennent d'innombrables voix[57]. »

À l'inverse, Billotte pense que des provocateurs essaient de déclencher une émeute contre de Gaulle et il est blessé en tentant de le protéger. Maurice Schumann, la voix de la France libre, est renversé dans la bousculade mais ravi de voir la popularité du Général au cours de son premier bain de foule parmi des Français[58].

Derrière les portes closes du lycée Fromentin se déroule alors un phénoménal bras de fer. Les Français libres considèrent les vichystes en place comme l'incarnation de la défaite et de la réaction, voire de la trahison, tandis que l'entourage de Giraud voit en de Gaulle et ses hommes des rebelles et des révolutionnaires. Les gaullistes craignent qu'un coup d'État ne soit organisé contre eux par les forces fidèles à Vichy, tel le 5e régiment de chasseurs d'Afrique, qu'ils surnomment « le 5e Nazi[59] ». Les commissaires du Comité français de libération nationale sont divisés en deux camps : Billotte et le socialiste André Philip soutiennent de Gaulle, le général Georges et Jean Monnet soutiennent Giraud. André Philip a décrit le Comité comme étant constitué de « deux pouvoirs nettement séparés », avec le pouvoir militaire confié à Giraud qui a « des pouvoirs réellement dictatoriaux » grâce à l'état de siège déclaré de Casablanca à Tunis. De fait, l'armée contrôle la police et la justice, elle dirige les services secrets, elle censure la radio et la presse, et « presque tout le personnel employé dans ces services est [...] le même qui s'y trouvait en place sous le régime de Vichy[60] ».

Une avancée décisive se produit cependant pour le général de Gaulle lorsque l'on décide du sort des gouverneurs généraux nommés par Vichy en Afrique et qui se sont constamment opposés aux Français libres. Le général Leclerc, qui est arrivé à Alger, a raconté cet affrontement pendant les négociations : « Le général de Gaulle entre, pose son képi sur la table et, de sa voix profonde, énumère lentement les noms de certains hauts personnages, "Boisson, Noguès [...] Peyrouton. Quand vous nous en aurez débarrassés, je reviendrai." Puis il remet son képi et se dirige vers la porte. Après un moment de stupeur, Georges reprend la parole : "Général de Gaulle, il y a parmi les hommes dont vous venez de citer les noms des personnes qui ont un patriotisme aussi sincère que le vôtre. Ils ont seulement une conception différente du patriotisme." Alors, le général de Gaulle, se retournant à demi : "Eh bien, je le regrette." Et il sort[61]. »

Le blocage est résolu quand Giraud accepte de démettre Boisson, Noguès et Peyrouton. Catroux remplace Peyrouton comme gouverneur général de l'Algérie. En échange, de Gaulle doit concéder à Giraud de rester commandant en chef des forces armées en Afrique et coprésident du Comité français constitué le 3 juin.

La poursuite de la dictature militaire et le maintien de l'administration de Vichy n'empêchent pas ceux qui ont pris part à l'insurrection manquée du 8 novembre, réprimée ensuite, de se faire entendre, encouragés par l'arrivée du général de Gaulle à Alger. Parmi eux, les suspects habituels, juifs, syndicalistes et communistes. Loin d'être levée, l'abrogation par Vichy du décret Crémieux donnant la citoyenneté française aux juifs algériens a été réaffirmée le 18 mars 1943. La communauté juive envoie pétition sur pétition pour exiger le rétablissement de ses droits[62]. Le syndicat des ouvriers de l'aéronautique à Alger, qui se décrit comme la plus grosse usine d'Afrique du Nord, se plaint auprès de de Gaulle que rien n'a changé depuis les débarquements alliés, six mois auparavant : « Les mêmes collaborateurs qui nous gouvernaient avant sont pour la plupart encore en place, les administrations sont encore infestées d'hitlériens, les cadres de l'armée corrompus[63]. » Vingt-six députés communistes, dont François Billoux, député de Marseille, et Waldeck Rochet, député de Nanterre, arrêtés en 1939 et détenus à la prison de Maison-Carrée à Alger, sont libérés le 5 février 1943. Ils forment un groupe d'opposants peu nombreux mais bruyants, qui exigent la purge des collaborateurs de Vichy – y compris de Pierre Pucheu, qu'ils rendent responsable de l'exécution des communistes de Châteaubriant –, la libération des antifascistes détenus dans les camps et les prisons en Algérie, et la transformation complète de l'armée en «une armée du peuple, une armée moderne, enthousiaste, calquée sur le modèle de Sambre-et-Meuse, de Valmy, de 93, de la Marne, de Bir Hakeim, de Stalingrad[64]».

Il y avait néanmoins des limites strictes à ce que les réformes pouvaient produire, des limites imposées par l'emprise de Vichy sur l'Afrique du Nord et par la domination des Américains. Pucheu fut assigné à résidence puis emprisonné au Maroc, mais les Américains refusèrent de remettre en cause la position de Giraud comme commandant en chef. Eisenhower convoqua Giraud et de Gaulle le 19 juin pour leur dire que la libération de l'Europe, prioritaire, imposait de ne pas modifier l'organisation du commandement militaire français en Afrique du Nord[65]. De plus, les Américains exigeaient de fusionner l'armée d'Afrique et les Français libres en vue des opérations à venir. Cela fut fait le 31 juillet 1943, malgré des difficultés majeures : les deux armées avaient fait des choix opposés en juin 1940 et en novembre 1942. Elles appartenaient à deux camps politiques et idéologiques ennemis. À Dakar et à Damas, elles s'étaient battues l'une contre l'autre. Ensemble, elles avaient pris part au défilé des alliés victorieux à Tunis le 20 mai 1943, mais tandis que Christian Girard soulignait les applaudissements reçus par les Français libres, Diego Brosset, commandant de la 1re division de la France libre, se rappelait quant à lui la honte ressentie par ses soldats, épuisés par les longues campagnes africaines et par la dysenterie, lorsqu'ils se retrouvèrent en présence de l'armée d'Afrique, impeccable : «Quand ils voient se pavaner dans les rues de Tunis les officiers giraudistes, dont certains nous ont combattus en Syrie, bien sanglés dans des uniformes qui n'ont jamais servi, ils ont l'impression qu'en haut lieu, on a un peu honte d'eux parce qu'ils sont sales. Ils sont un peu comme les enfants cadets jaloux de leurs aînés, et neurasthéniques de surcroît[66]. »

Cela dit, l'équilibre des pouvoirs se modifiait lentement en défaveur des généraux faillis et réactionnaires de l'armée d'Afrique, et en faveur des Français libres qui eux, étaient en harmonie avec la nouvelle France qui émergerait à la libération. Dans un discours prononcé à Tunis le 27 juin 1943, de Gaulle déclara : « La France se renouvelle ! Des esprits superficiels ou cramponnés aux cendres du passé peuvent bien s'efforcer de croire qu'ils reverront notre pays tel qu'ils l'ont jadis connu [mais] ce peuple reparaîtra, décidé à balayer les vieilles idoles, routines et formules dont il faillit périr[67]. » Brunet de Sairigné, commandant du 1er bataillon de la 13e demi-brigade de la Légion étrangère, fut enthousiasmé par ce discours, « le meilleur que j'aie encore entendu ; les gros méchants en prennent pour leur grade [...] Les pauvres vieux crabes qui peuplaient le premier rang en étaient tout déconfits. La peur de voir tous leurs hommes venir chez nous les tenaille ; ils voudraient nous voir partir ce soir[68] ».

À l'été 1943, la Résistance en France et les Français libres semblent dominer le jeu. Les mouvements de résistance intérieure et les représentants des partis politiques et des syndicats ont été rassemblés par Jean Moulin et ils ont affirmé leur confiance dans le général de Gaulle. De Gaulle est arrivé à Alger et s'est imposé, avec les Français libres, au régime vichyste de Giraud protégé par les Alliés. Deux institutions, le Conseil national de la Résistance (CNR) et le Comité français de libération nationale (CFLN), symbolisent l'unité et l'intégration de la Résistance en France et dans l'Empire. Les Français libres jouissent d'une place

prépondérante et d'un grand prestige dans la nouvelle
armée intégrée. Ce à quoi la libération de la France ressem-
blera, politiquement et militairement, prend forme. Cependant, sous l'effet de quelques événements en juin 1943,
tout l'édifice menace de s'effondrer.

# 11

# La rupture

*De Gaulle retomba sous l'influence d'un
milieu différent de celui de Londres, de son
ancien milieu, ce qui l'éloigna de son
attitude révolutionnaire de Londres. Il a
de l'État une conception autoritaire. Il a
une phobie de l'anarchie [...] C'est cette
idée de l'État, de l'autorité, son respect de
l'organisation, de l'ordre, qui le rendent si
attaché au catholicisme.*

Georges Boris, 1947

Aux premiers jours de juin 1943, la Résistance a atteint
un apogée. Grâce à l'habileté diplomatique de Jean Moulin,
la Résistance intérieure a été unifiée et elle a formellement
reconnu l'autorité du général de Gaulle. Moulin est à la fois
délégué général du Comité national français, à Londres, et
président du nouveau Conseil national de la Résistance. Il
détient les pouvoirs exécutif et législatif, politique et militaire. Le général lui-même s'est rendu à Alger et a créé le
Comité français de libération nationale (CFLN), embryon
de gouvernement provisoire de la France libérée, qu'il
coprésident avec Giraud. Il a déjoué la tentative des Alliés de
le désavouer au profit de Giraud et les a obligés à travailler
aussi avec lui. L'armée française, bientôt réunifiée, va être

rééquipée et réarmée grâce à la générosité des Américains, dans la perspective de l'ouverture d'un deuxième front contre l'Axe en Europe. Si tout cet édifice était resté en place, la France se serait acheminée vers une Libération où la Résistance intérieure, les forces extérieures et les Alliés auraient collaboré à une solution politique consensuelle.

Ces plans, cependant, s'effondrent à la suite d'une série de catastrophes. Le 9 juin 1943, le général Charles Delestraint, commandant de l'Armée secrète, est arrêté à Paris par la Gestapo. Emprisonné à Fresnes, il est interrogé puis déporté au camp du Struthof en Alsace et transféré à Dachau. Moins de deux semaines plus tard, le 21 juin, Jean Moulin organise une réunion des chefs de la Résistance à Caluire, dans la banlieue lyonnaise, pour remplacer Delestraint. On ne sait toujours pas qui les a trahis. Pendant longtemps, le suspect a été René Hardy, ancien instituteur et membre de Combat, spécialiste du sabotage ferroviaire. Il a été jugé deux fois après la guerre, en 1947 et 1950, et deux fois acquitté. L'avocat Jacques Vergès a plus tard accusé Raymond Aubrac, suggérant qu'il avait été recruté par la Gestapo après son arrestation du 15 mars 1943 et relâché à condition qu'il trahisse d'autres résistants. Mais il a été prouvé que cette accusation était sans fondement. Quoi qu'il en soit, la Gestapo fait irruption et arrête entre autres Moulin et Aubrac. Emmené à Lyon à la prison de Montluc, Moulin est torturé par le chef de la Gestapo à Lyon, Klaus Barbie. Il meurt dans le train qui l'emmène en Allemagne le 8 juillet[1].

L'arrestation de Jean Moulin brisa le fil qui reliait la Résistance intérieure aux Français libres. Les liens patiemment tissés entre Londres et la France occupée furent soudain rompus. Une crise de succession éclata, les rivaux de Moulin manœuvrant pour être nommés à sa place. Pendant ce temps, la Résistance intérieure reprit l'autonomie que beaucoup de ses chefs avaient tenté de préserver contre ce qu'ils considéraient comme une prise de contrôle par Moulin[2]. Cette indépendance retrouvée coïncida avec le moment où la Résistance devenait un mouvement de masse et où le IIIe Reich, luttant pour sa survie sur le front de l'Est, augmentait ses demandes de main-d'œuvre forcée pour les usines de guerre allemandes. Certains jeunes Français partirent en Allemagne, beaucoup disparurent de la circulation, une minorité significative prit le maquis et vint grossir les rangs de l'Armée secrète. La popularisation de la Résistance renforça le parti communiste, qui bénéficia de l'aura d'héroïsme due aux succès de l'Armée rouge contre les nazis. Il avait déjà créé diverses organisations, le Front national, les Francs-Tireurs et Partisans, les Jeunesses communistes ou l'Union des femmes françaises pour contrôler ce mouvement de masse et le guider vers l'action immédiate et l'insurrection nationale.

Après l'arrestation de Jean Moulin, Claude Bouchinet-Serreulles, ancien aide de camp du général de Gaulle passé au renseignement (BCRA), devient l'homme de la situation. Il avait rencontré Jean Moulin au parc de la Tête d'Or à Lyon, juste avant les arrestations. Il envoie un message radio pour informer Londres que, si nécessaire, il se propose comme délégué général intérimaire. Son offre est acceptée et il se rend à Paris, désormais centre des mouvements de résistance[3]. Deux hommes sont parachutés dans la nuit du 15 au 16 août 1943 pour l'aider. Francis-Louis Closon est envoyé par le commissariat à l'Intérieur pour nommer des préfets fidèles à de Gaulle qui prendront leurs fonctions à la libération[4]. Jacques Bingen, du BCRA, arrive en tant que délégué du Comité français de libération nationale et, compte tenu de la taille du pays, devient l'alter ego de Bouchinet-Serreulles dans l'ancienne zone libre. Le soir de son départ, au cas où il ne reviendrait pas, il écrit une lettre émouvante à sa mère. Il était prêt à faire son devoir et à se montrer digne de l'exemple de son frère Max, tué en 1917. Confronté à la brutalité du nazisme, son patriotisme et son identité juive avaient été renforcés : « Il y a que je trahirais l'idéal pour lequel j'ai quitté la France en juin 1940, si je restais dans un fauteuil jusqu'à la victoire. Il y a que je veux servir dangereusement pour des idéaux de liberté [...] qui sont ceux pour lesquels Max est mort à la dernière guerre. Il y a que j'ai acquis un amour de la France plus fort, plus immédiat, plus tangible que tout ce que j'éprouvais autrefois quand la vie était douce et somme toute facile [...] Il y a accessoirement la volonté de venger tant d'amis juifs, torturés ou assassinés, par une barbarie comme on n'en a point vue depuis des siècles. Et là encore, la volonté qu'un juif de plus (il y en a tant, si tu savais) ait pris sa part entière – et plus que sa part – dans la libération de la France[5]. »

Des idéaux aussi forts n'excluaient pas les luttes pour succéder à Jean Moulin. Pierre Brossolette tenait à être délégué général permanent mais il avait eu la malchance d'être à Londres lors de l'arrestation de Jean Moulin. En août, il va voir de Gaulle à Alger, et raconte à sa femme que « l'agitation qui est la règle ici s'est transformée en frénésie [...] On est dans une atmosphère d'improvisation et de crise permanente[6] ». Il n'obtient pas le poste convoité, et les derniers mots que lui adresse le Général sont : « Ne brutalisez pas la Résistance[7]. » Ne s'avouant pas vaincu, Brossolette concocte un plan : trouver une personnalité consensuelle qui porterait le titre officiel tandis que lui, son éminence grise, exercerait le pouvoir. Ce prête-nom est Émile Bollaert, ancien préfet du Rhône entre 1934 et novembre 1940, démis par Vichy. Il travaille depuis à Paris dans une compagnie d'assurances. Comme l'a écrit le colonel Passy : « Pierre voulait gouverner, c'est vrai, il me l'a écrit vingt-cinq fois. "Nous pourrons gouverner par l'intermédiaire d'un *larbin* [...] d'un dessus-de-cheminée qui sera Bollaert. Il a été un grand préfet à Lyon, il est un peu gâtouillard, il ne connaît rien à la résistance, mais je vais le sortir de là-dedans et comme il aura besoin de moi, je [le ?] tiendrai plus facilement vers la politique qu'il faut mener[8]." »

Jacques Lecompte-Boinet trouvait ironique que Brossolette, qui avait opté pour Brumaire comme nom de guerre en mémoire du coup d'État de Bonaparte, ait choisi « pour préparer cette République autoritaire dont il rêvait justement le fonctionnaire le plus vieux et le plus encroûté de France[9] ». À défaut d'obtenir lui-même le poste, Brossolette fait nommer Bollaert délégué général par Alger et repart en France le 19 septembre 1943 pour le rencontrer.

Claude Bouchinet-Serreulles et Jacques Bingen vont eux aussi voir Émile Bollaert pour lui présenter le poste et s'assurer qu'il ne sera pas l'instrument de Brossolette. Ils sont obligés de « lui faire un véritable"cours d'histoire de la Résistance", dont Bollaert les remercia avec reconnaissance, car sans cela, il aurait été incapable de remplir sa nouvelle fonction[10] ». Bollaert décide à son tour qu'il doit voir de Gaulle à Alger pour être adoubé par le Général lui-même. Brossolette l'accompagne mais ce voyage va causer leur perte. Deux tentatives de récupération par avion Lysander échouent aux pleines lunes de décembre et de janvier. Les deux hommes essaient alors de quitter les côtes bretonnes le 2 février 1944, mais leur bateau heurte des rochers. De retour sur la terre ferme, ils sont trahis par un villageois, arrêtés et emmenés à Rennes pour y être interrogés. Le 19 mars, un agent de la Gestapo arrivé de Paris identifie formellement Brossolette, mais pas Bollaert, qui ne sera jamais démasqué. Tous deux sont emmenés à Paris, où Brossolette subit trois jours d'interrogatoires et de tortures au siège de la Gestapo, avenue Foch. À midi le 23 mars, alors que les deux hommes sont enfermés dans une chambre de bonne au cinquième étage, Brossolette se jette par la fenêtre. Il meurt le soir même à l'hôpital. Bollaert, déporté à Dora puis à Bergen-Belsen, survivra[11].

Après ces drames, les liens entre Londres et Alger et la Résistance intérieure sont dangereusement distendus. Les chefs de la Résistance intérieure en profitent pour récupérer le plus d'indépendance possible. Après l'occupation de la zone libre, beaucoup s'étaient repliés à Paris. Habitués à combattre Vichy plutôt que l'occupant allemand, les gens du Sud étaient généralement plus politisés que les résistants du Nord. Selon Jacques Lecompte-Boinet, « un certain complexe d'infériorité animait à ce moment-là les dirigeants du Nord à l'égard de leurs collègues du Sud […]. "La Résistance est majeure" était un slogan venu du Sud[12]. » L'un de ces résistants du Sud à qui il eut affaire était Jean de Vogüé, un personnage surprenant, ancien officier de marine originaire du Vivarais, d'une famille aristocratique ayant fait fortune dans l'industrie du sucre et héritière du château de Vaux-le-Vicomte. Envoyé renforcer Ceux de la Résistance, réseau surgi des cendres de Combat dans l'ancienne zone occupée, Vogüé prévoyait de l'utiliser au profit de ses ambitions politiques. D'après Lecompte-Boinet, il avait un plan pour prendre le pouvoir à Paris « le jour de l'insurrection » et devenir « le préfet de la Seine[13] », ce qui mettait en lumière la tension entre « la Résistance militaire tentant par tous les moyens de demeurer intacte de ce que nous appelions "toute souillure politique" et cette nouvelle Résistance politique qui considérait la Résistance militaire comme dépassée[14] ».

La nouvelle donne politique de la Résistance se manifeste tout de suite dans la bataille pour la présidence du Conseil national de la Résistance qui suit l'arrestation de

Jean Moulin. Emmanuel d'Astier de La Vigerie, autre homme du Sud ambitieux, veut se faire élire. Cependant, au nom de la Délégation générale, Bouchinet-Serreulles et Bingen proposent Georges Bidault, qui avait été le second de Moulin le 27 mai, et c'est lui qui est élu. Bidault a préparé le terrain : chrétien-démocrate mais apprécié au Front national, il bénéficie de ses voix et sera par la suite accusé d'être redevable aux communistes et soumis à leurs exigences, ce qu'il niera avec énergie [15].

Les réunions plénières du Conseil national de la Résistance étant peu fréquentes car difficiles à organiser et risquées, un bureau permanent est créé. Le bureau devient le représentant officiel de la Résistance intérieure auprès de Londres et d'Alger, des Français et des Alliés. Présidé par Georges Bidault, il comprend en majorité des non-communistes [16] mais son membre le plus actif est Pierre Villon, qui s'active pour maintenir Bidault sous la coupe des communistes. Leader du Front national, Villon était en contact avec le Comité central du parti communiste, dont Jacques Duclos qui, pour des raisons de sécurité, le réunissait dans une ferme proche de Paris. Villon poussait pour une stratégie d'action immédiate menant à l'insurrection nationale qui ferait de la libération de la France un transfert du pouvoir des pétainistes aux gaullistes, en même temps qu'une révolution aux deux sens du terme : un mouvement de masse et une transformation radicale de la société, incluant la nationalisation des grandes industries. Il inspira dans ce sens la Charte de la Résistance présentée au Conseil le 26 novembre 1943 [17]. Yves Farge tenta d'expliquer l'intensité de la confrontation entre Villon et ses collègues moins radicaux par la persécution que Villon avait subie en tant que communiste et juif, emprisonné, ayant perdu son épouse déportée à Auschwitz : « Je l'ai vu à une des séances du Conseil national de la Résistance où j'allais rendre mes comptes, tendu dans ses pensées, inspiré dans les formules d'action, arrachant avec une volonté farouche qui rendait dur son visage, et d'acier son regard, les consignes et les mots d'ordre. Souvent, parce qu'il devait maîtriser le son de sa voix, ses lèvres se mettaient à trembler [...] La lutte contre l'ennemi, dans une France occupée, après la trahison, constituait aux yeux de Villon une étape dans l'affranchissement humain, une épreuve succédant à d'autres épreuves, une péripétie de l'histoire des peuples. Cet assassinat méthodique de la patrie, au travers d'un peuple dont l'extermination venait de commencer, contraignait à cette rencontre de tous les amis de la France et de la Liberté[18]. »

L'influence du parti communiste, au Conseil national de la Résistance et ailleurs, dérivait du prestige de l'Armée rouge, victorieuse à Stalingrad en février 1943. Elle provenait aussi de l'évolution de la Résistance, passée de quelques petites organisations à un large mouvement de révolte, déclenché par les demandes allemandes de main-d'œuvre pour l'Allemagne. L'opinion publique, ayant longtemps laissé à Vichy le bénéfice du doute, se retourna contre lui quand sa promesse de protéger le peuple devint creuse[19]. Les communistes canalisèrent une grande part des protestations populaires, pour eux-mêmes et pour leur politique d'actions immédiates et d'insurrection nationale. Ceci provoqua la réaction des résistants non communistes, le BCRA de Londres et le Comité français de libération nationale (CFLN) à Alger, organes conçus pour contenir la résistance communiste et renforcer le pouvoir de l'État devant la double menace d'une révolution populaire et d'une occupation alliée.

La résistance populaire fut provoquée par la Relève, annoncée en grande pompe par le Premier ministre Laval en juin 1942, selon laquelle un prisonnier de guerre serait libéré pour trois départs volontaires d'ouvriers spécialisés en Allemagne. À la fin d'août 1942, seuls 60 000 ouvriers étaient partis en Allemagne ; or les difficultés sur le front de l'Est obligeaient les Allemands, qui manquaient de soldats, à mobiliser de plus en plus. Sous la pression allemande, Vichy promulgua le 4 septembre 1942 une loi permettant de réquisitionner les Français âgés de dix-huit à cinquante ans pour le travail forcé. Des rafles d'ouvriers dans les usines déclenchèrent une vague de grèves. Le mardi 6 octobre 1942 par exemple, une liste de soixante-quinze ouvriers requis pour l'Allemagne est affichée aux ateliers de construction de locomotives Batignolles-Châtillon, à Nantes. Les ouvriers sont alertés par un tract des Comités populaires d'usines, proches des communistes : « Tenez bon. Ne marchez pas [...] Pas un ouvrier français pour les Boches. » Ils se mettent en grève. La direction ne convainc pas les meneurs de cesser le mouvement. Le Feldkommandant menace de les arrêter. Les autorités de Vichy parviennent à ramener le calme. La grève n'aura duré que trois heures, mais une étape symbolique a été franchie dans l'opposition aux Allemands[20].

En zone libre où l'on n'avait pas à affronter les Allemands, l'opposition fut encore plus résolue. Le 13 octobre 1942, une liste de trente ouvriers est affichée au dépôt ferroviaire d'Oullins, dans la banlieue de Lyon. J. Enjoly, mécanicien, syndicaliste et secrétaire de cellule du parti communiste, fait partie d'un groupe qui lance une grève pour 10 heures 20 du matin précises : « Ce fut quelque chose d'extraordinaire. À l'heure dite, par groupes compacts, les 3 000 cheminots des ateliers affluèrent devant les bureaux, heureux et aussi surpris de se voir là. La Direction était affolée. » Elle appelle les autorités de Vichy et la police, qui encercle le dépôt[21]. La grève se poursuit jusqu'à 8 heures du soir. Les ouvriers chantent *La Marseillaise*, les larmes aux yeux, puis quittent le dépôt et se dirigent vers la mairie, suivis d'une foule immense. Le préfet n'ose pas envoyer la police, mais vingt-quatre meneurs sont tirés du lit et arrêtés la nuit suivante. Enjoly n'est pas capturé car, suivant les consignes du parti communiste, il n'est pas rentré chez lui. L'événement est largement commenté dans les journaux de la Résistance et des Alliés[22].

Le mouvement syndical avait été émasculé par Vichy, qui avait essayé de contrôler les ouvriers par la Charte du travail du 4 octobre 1941. Cette charte interdisait les grèves et imposait aux représentants des ouvriers de siéger avec les patrons dans de nouvelles organisations[23]. Les syndicats se reconstituèrent clandestinement mais de nombreux militants préféraient défendre les intérêts des travailleurs plutôt que résister et risquer d'être arrêtés, emprisonnés voire déportés. Cependant, le retour à Paris d'André Tollet redonna au mouvement ouvrier la volonté de résister. Tollet avait été arrêté comme communiste en octobre 1940 puis exfiltré d'un camp à Compiègne le 22 juin 1942 pendant que Laval faisait son discours sur la Relève, non loin de là. Il se cache en Normandie et revient à Paris à Noël 1942 pour reconstruire la fédération syndicale de la capitale : « Nulle part on ne se sent si à l'aise qu'à Paris… On connaît les réactions populaires, on les partage même[24]. » Les syndicalistes communistes comme lui avaient été exclus de la CGT après le Pacte germano-soviétique, mais en avril 1943 ils négocient leur retour dans une CGT réunifiée. Tollet rencontre Louis Saillant, un syndicaliste non communiste, au Perreux, sur les bords de la Marne, et se rend en secret chez un autre syndicaliste, menuisier, où l'accord est signé[25]. Ils veulent monter des sabotages dans des usines travaillant pour l'Allemagne et créer des syndicats clandestins.

Les communistes agissaient par l'entremise des organisations ouvrières ou celles issues de la Résistance, dont Action ouvrière (AU), créée par Combat à la fin de 1942 pour organiser la résistance parmi les ouvriers. Action ouvrière était dirigée par Marcel Degliame, ancien employé d'une usine textile de Troyes et syndicaliste communiste. Prisonnier de guerre en Allemagne, il s'était évadé pour s'engager en Syrie où il avait rejoint les Français libres. Il reprend contact avec Robert Lacoste, syndicaliste signataire du manifeste du 15 novembre 1940, et avec le mouvement ouvrier clandestin lyonnais, mais il comprend vite que l'action syndicale traditionnelle ne suffit pas et qu'il faut développer le sabotage[26]. Il est mis en rapport avec Claude Bourdet, qui apprécie « ce grand garçon, taillé en Hercule, "prolo" et intellectuel à la fois », une recrue précieuse car « nous manquions terriblement de cadres ayant une réelle expérience du mouvement ouvrier[27] ».

Lyon devient l'un des centres de la résistance ouvrière. Les communistes organisent les ouvriers pour retrouver le soutien perdu depuis le Pacte germano-soviétique. Jean Gay, ancien secrétaire du syndicat des conducteurs de transports publics de Lyon, emprisonné comme communiste en 1939, prend la tête d'Action ouvrière dans la région. Alban Vistel, membre de Franc-Tireur et chef des MUR à Lyon, l'a ainsi décrit : « Teint basané, œil noir, larges épaules […] comme un élément dur, forgé par un passé que je devine […] La lutte pour la reconquête de la patrie demeure pour lui inséparable de celle pour l'émancipation et la dignité de la classe ouvrière[28]. » Le bastion d'Action ouvrière était le syndicat clandestin des ouvriers de la métallurgie, qui organisa des grèves dans les grandes usines mécaniques lyonnaises travaillant pour les

Allemands, en particulier à l'automne 1943, et jusqu'à l'arrestation de Gay en mars 1944.

Dans le Languedoc, le profil d'Action ouvrière est sensiblement différent. Elle était dirigée par Gérald Suberville, ancien étudiant en droit à Rennes et avocat stagiaire au début de la guerre. Aspirant en 1940, il commande des républicains espagnols au 23ᵉ régiment des volontaires étrangers. Il se replie au sud et atteint le Maroc où il ne trouve pas de bateau pour Londres. De retour en France, il alterne le travail à l'usine avec des missions pour le ministère du Ravitaillement, où il rédige un rapport sur les pénuries alimentaires en France occupée. En juin 1942, son ancien professeur de Rennes le met en contact avec René Courtin, professeur de droit à Montpellier et membre important de Combat. Suberville est désormais convaincu que la classe ouvrière est « porteuse d'espoir. N'ayant rien à perdre, elle était plus apte à se jeter dans un combat solidaire, sans reculer devant l'ampleur des risques. Dans la France occupée, il nous paraissait évident que l'attentisme serait le lot d'une résistance"bourgeoise", l'action immédiate celui d'une résistance ouvrière [29] ».

Suberville rejoint le parti communiste en septembre 1942 et devient chef d'Action ouvrière pour la région de Montpellier au printemps 1943 [30]. À la différence de Degliame ou de Gay, il n'est pas issu de la classe ouvrière mais il en a découvert les valeurs et fait d'Action ouvrière un vecteur d'action communiste. L'un de ses principaux lieutenants est « le magnifique cheminot Sainte-Cluque », ancien secrétaire du syndicat des cheminots de Béziers, arrêté et interné comme communiste puis évadé et entré en résistance. Ensemble, ils sabotent la voie ferrée qui dessert les mines de Bédarieux et alimente en bauxite une usine de production d'aluminium qui fournit l'aviation allemande. Pour marquer le 11 novembre 1943, ils organisent des grèves dans toute la région, notamment dans les mines de charbon du Bousquet-d'Orb[31]

Dans la région toulousaine, Action ouvrière est dirigée par Léo Hamon, réfugié en zone libre avec sa famille en 1942. Encore plus intellectuel que Suberville, il appartient à la tradition révolutionnaire russe et a été communiste jusqu'à la signature du Pacte germano-soviétique. Dans le Sud-Ouest, il travaille avec Marie-Rose Gineste, l'assistante sociale engagée dans *Témoignage Chrétien* et dans le syndicalisme chrétien, qui a distribué la lettre de Mgr Théas, évêque de Montauban, dénonçant la déportation des juifs en août 1942. Désormais, elle tape à la machine des tracts qui incitent les jeunes ouvriers à refuser d'aller en Allemagne, tandis que Hamon cache les réfractaires, leur trouve des emplois de forestiers et des faux papiers d'identité. Le 1er avril 1943, il organise une grande manifestation contre les réquisitions de main-d'œuvre[32].

Ces réquisitions s'intensifient avec la loi de Vichy du 16 février 1943 sur le Service du travail obligatoire (STO) obligeant tous les jeunes hommes en âge de faire leur service militaire, à savoir nés en 1921, 1922 et 1923, à se présenter pour partir travailler dans des usines allemandes. Entre 600 000 et 650 000 travailleurs sont appelés entre l'automne 1942 et l'été 1944. Les ouvriers, employés et étudiants sont plus touchés que les jeunes agriculteurs, mais même ces derniers sont aussi ciblés en juin 1943. Il était plus difficile d'échapper au travail obligatoire dans le Nord-Est de la France que dans le Massif central, les Alpes ou en Bretagne. Au début, la proportion de ceux qui répondent à l'appel est assez élevée, mais à partir de l'été 1943, elle chute de façon spectaculaire et à l'automne 1943, les réfractaires représentent près de 70 %[33].

Devant la perspective d'être envoyés en Allemagne où les conditions sont dures et le risque de bombardement allié très élevé, des jeunes hommes s'évanouissent dans la nature au fur et à mesure que des réseaux se créent pour les mettre à l'abri. S'ils restaient dans les villes, grandes et petites, ils risquaient à tout moment d'être pris dans des rafles de Vichy ou de la police allemande, dans les gares, les cafés ou à la sortie des cinémas. Dans les agglomérations, la seule façon de se protéger était de se porter volontaire pour travailler dans des *Sperr Betrieb,* usines ou mines en France fournissant les Allemands, mais même ces entreprises étaient parfois visées. Sinon, il fallait partir à la campagne, travailler dans une ferme ou, mieux encore, comme bûcheron dans une exploitation forestière. Hors du cadre officiel qui leur fournissait carte d'identité et tickets de rationnement, ces jeunes étaient en réalité des hors-la-loi[34]. Dans certaines régions isolées, telles que les montagnes et les forêts des Alpes et du Massif central, se constituèrent des maquis, ce qui ne signifie pas que tous les réfractaires devinrent maquisards. Certains se contentèrent de se faire oublier. Suivant les régions, 5 à 25 % des réfractaires rejoignirent un maquis, soit un total de 30 000 à 40 000 hommes[35].

Isolées et difficiles d'accès, les Alpes furent l'une des destinations de choix pour les réfractaires. Les dossiers de police des maquisards des Glières, en Haute-Savoie, retracent l'itinéraire de ces jeunes hommes qui se sont souvent retrouvés là par hasard. Beaucoup avaient connu les Chantiers de la jeunesse, sortes de grands camps scouts où Vichy formait les jeunes de la zone libre, le service militaire ayant été supprimé sous l'Occupation allemande. Lorsque le STO apparut, les Chantiers devinrent des cibles privilégiées de recrutement, et beaucoup les quittèrent. Yves Jeudy, né en 1921, boulanger vivant chez sa mère dans le Var, passe huit mois dans un Chantier de la jeunesse à Gap jusqu'en juin 1942 avant d'être convoqué pour le STO en mars 1943. Pour y échapper, il part de chez lui et erre dans le Sud-Est jusqu'à ce qu'il arrive à Thorens (Haute-Savoie), où il travaille comme ouvrier agricole, logé et nourri mais pas payé, chez un fermier, Léon Jourdan. Là, il rencontre un garde forestier opportunément nommé Forestier, bien connu de ceux qui veulent rejoindre le plateau des Glières. Il y arrive le 5 mars 1944, « dans le but d'éviter des ennuis à M. Jourdan », comme il le dira à la police plus tard. Pierre Pelletier, né en 1922 à Vanves près de Paris, dont les parents sont divorcés, a aussi effectué sa période dans les Chantiers de la jeunesse, puis travaillé comme ouvrier dans une entreprise de Saint-Nazaire qui fournit la Kriegsmarine. Appelé pour le STO en juin 1943, il retourne passer dix jours à Vanves avant de partir à Annecy, où on lui conseille d'aller à Thônes. Il y rencontre « des jeunes gens du maquis qui m'ont invité à me joindre à eux ». Il est envoyé au camp d'Entremont, commandé par le lieutenant Tom [Morel]. Enfin, dernier exemple, Jacques Beges, né en 1923, ouvrier maroquinier, déserte d'un Chantier de la jeunesse près de Lyon en novembre 1943 pour échapper au STO. Il travaille dans une ferme en Haute-Savoie jusqu'en janvier 1944, date à laquelle l'agriculteur juge trop dangereux de le garder. Ayant rencontré un contact surnommé Chocolat, Jacques Beges est emmené au camp d'Entremont et présenté à Loulou (Louis Vignol), chef d'un groupe d'une trentaine de jeunes gens qui vivent dans un chalet. Au début, on leur demande d'entretenir le camp et de faire le guet, mais le 2 février, ils montent sur le plateau des Glières pour récupérer des armes parachutées. Beges, Pelletier et Jeudy sont affectés à la section Bayard, sous les ordres du lieutenant Roger. Ils reçoivent chacun un fusil et sont déclarés prêts à combattre[36].

Le Massif central est une autre destination pour les réfractaires. Jean-Olivier Eleouet, tourneur dans une usine de Paris, âgé de vingt ans, est requis pour le STO au début de 1943 : « Je n'ai pas répondu aux convocations, puis aux sommations et aux menaces qui m'ont été adressées. » Il quitte Paris avec deux camarades, muni de l'adresse des parents d'un ami qui habitent en Corrèze. Là, ils sont mis en rapport avec la famille Legros, de Tulle : le père, un ancien combattant de la Grande Guerre, la mère couturière, et leur fils séminariste qui leur sert de guide, et qui, « en soutane, donnait l'impression d'être notre moniteur ». On leur indique un maquis des FTP, le groupe Guy-Môquet-II, du nom du jeune héros communiste. Après un interrogatoire, on les emmène au camp près du village de Sédières, où Jean-Olivier prend le pseudonyme d'Épervier. Ils n'ont qu'une mitrailleuse, quelques pistolets-mitrailleurs Sten, des pistolets et des grenades. L'hiver étant rude, ils dévalisent un Chantier de la jeunesse pour se procurer des blousons en cuir, des vestes fourrées, des bottes et des couvertures. Eleouet est formé dans une école de cadres communistes en Dordogne où les instructeurs sont des républicains espagnols, les plus expérimentés des résistants européens et très demandés. Leur baptême du feu a lieu le 2 mars 1944 lors d'une attaque des FTP contre la prison de Tulle afin de libérer des prisonniers : « Le succès de cette audacieuse opération eut un retentissement considérable sur le moral de tous nos camarades et sur notre environnement, a raconté Eleouet. Nous venions, par cette importante action, d'affirmer notre crédibilité[37]. »

Ces réfractaires avaient trouvé à rejoindre un maquis, mais tous ne furent pas aussi audacieux ni aussi chanceux. L'afflux croissant de réfractaires posait un problème majeur aux organisations de résistance. Pour y répondre, un Comité d'action contre la déportation est créé le 14 juillet 1943. Basé à Paris et disposant d'antennes régionales, il coordonne les mouvements de résistance, y compris communistes. Il est dirigé par Yves Farge, chef des MUR de la région lyonnaise, renvoyé à Paris par Jean Moulin car la situation devenait trop dangereuse pour lui dans le Sud. Il y a été rejoint par Léo Hamon, chef d'Action ouvrière dans la région de Toulouse, lui aussi traqué par la Gestapo. Hamon est plus tard remplacé par Maurice Kriegel, ce qui renforce la mainmise des communistes sur le Comité d'action, qui inclut déjà Pierre Villon, chef du Front national, André Tollet, chef communiste du mouvement syndical à Paris et Henri Tanguy, chef des FTP à Paris. Le Comité d'action prend de l'ampleur. Il établit le lien avec la CGT et les syndicalistes chrétiens, collecte de l'argent auprès d'industriels qui ne veulent pas voir leurs ouvriers qualifiés partir en Allemagne, fabrique des faux papiers, infiltre le ministère du Ravitaillement et de la Production industrielle. Son action la plus spectaculaire a lieu le 25 février 1944, lorsque Léo Hamon attaque avec les FTP les bureaux du STO, place de Fontenoy, où ils brûlent des milliers de dossiers, ce qui entrave les réquisitions[38].

Le développement de la Résistance dans de nombreuses régions entraîne la création de comités locaux ou départementaux de libération, qui croissent au même rythme que les mouvements nationaux. L'établissement d'un Comité parisien de la libération suscite cependant la controverse. Depuis la Révolution, et à cause de la Révolution, les régimes successifs, monarchiques ou impériaux ou républicains, ont refusé un statut autonome à la ville de Paris, excluant notamment que la capitale ait son maire. La Commune de Paris en 1871 avait amplement démontré ce qu'un gouvernement local pouvait accomplir, avant d'être écrasée par le gouvernement républicain d'Adolphe Thiers. Bouchinet-Serreulles, délégué général par intérim du CNR, était de cet avis, estimant que la présence du Conseil national de la Résistance à Paris rendait inutile la formation d'un Comité parisien de la libération, une position qui fit naître un conflit direct avec les communistes. André Tollet, chef de la fédération clandestine des syndicats parisiens, affirma au contraire que Paris devait avoir son propre Comité de la libération. Il reçut le soutien inattendu de Jean de Vogüé, qui voulait un gouvernement fort à Paris afin d'en prendre la tête. Une réunion fut organisée à Villejuif, dans la banlieue sud, entre représentants des parties concernées, y compris le Front national et les FTP, et en présence de Bouchinet-Serreulles. Tollet déclara : « Si on croyait à Londres que le Peuple de Paris s'était battu pour remettre en vigueur les idées de M. Thiers sur la nécessité de tenir Paris trop turbulent en tutelle, on devrait bien convenir, au compte rendu de cette réunion, que l'on s'était trompé[39]. » Deux mois après la création du Comité d'action contre la déportation, le 23 septembre 1943, la formation d'un Comité parisien de la libération fut acceptée[40].

La première réunion du Comité parisien de la libération se tient le 27 octobre. Au grand dam de Bouchinet-Serreulles, seuls sont présents le parti communiste et ses organisations : la CGT, le Front national, les FTP, l'Union des femmes françaises et les Jeunesses communistes. Une deuxième réunion a lieu en présence de mouvements non communistes, dont Ceux de la Résistance et Défense de la France. Le compte rendu mentionne qu'« il fut facile de s'apercevoir immédiatement que Pellerin [nom de code de Bouchinet-Serreulles] avait préparé le terrain d'avance et ce fut l'attaque à peine voilée contre l'influence communiste ». Les communistes répliquent en remarquant que « l'immense majorité [de la population] ne cachait pas sa sympathie pour [eux][41] ». Lors d'une nouvelle réunion s'ajoutent des modérés et des conservateurs, dont les socialistes, les syndicalistes chrétiens, l'Organisation civile et militaire et l'Alliance démocratique. On décide de créer un bureau permanent, constitué à parité de communistes et de non-communistes. Parmi les communistes figurent Tollet, président du Comité et représentant la fédération des syndicats, et André Carrel, du Front national, aussi grand et maigre, disait-on, qu'un jésuite ou un dominicain[42]. Les non-communistes incluent l'élégant Roger Deniau, socialiste de Libération-Nord, Marie-Hélène Lefaucheux, catholique consensuelle pour l'Organisation civile et militaire, et Jean de Vogüé, représentant Ceux de la Résistance[43]. Il est plus tard remplacé par Léo Hamon, qui voit en ces résistants des révolutionnaires à la Victor Hugo, et qui décrit André Tollet comme «un militant ouvrier typique, dévoué, vif dans son langage [...] réincarnation de l'éternel Gavroche[44]».

Les différends entre communistes et non-communistes demeurèrent profonds, voire s'aggravèrent, même si les opinions ne reflétaient pas toujours les origines des individus. Marie-Hélène Lefaucheux, épouse d'un dirigeant de Renault, reconnaissait que les grands bourgeois «s'étaient assez mal conduits ; ils n'étaient pas tous des "collaborateurs", ils ne gagnaient pas tous de l'argent en travaillant pour les Allemands, mais ils étaient souvent lâches et hésitaient à se compromettre [...] Au contraire, la classe ouvrière s'est conduite de façon très honorable ; les ouvriers n'hésitaient pas à agir, à accepter des missions dangereuses. Ils étaient pleins de courage, d'espoir, de confiance[45]».

Léo Hamon et André Carrel étaient tous deux fils de révolutionnaires juifs russes, nés et élevés en France. Le vrai nom de Carrel était Hoschiller. Son père, journaliste, avait abandonné tout à la fois la révolution de 1917 et sa femme pour soutenir le cartel du Comité des forges. André Carrel, qui ne s'était jamais remis d'avoir été traité de fils de marchand d'armes lorsqu'il était étudiant, était devenu un communiste pur et dur, acceptant le Pacte germano-soviétique[46]. Léo Hamon lui aussi était devenu communiste lorsqu'il était étudiant, mais rejeta le Pacte et rejoignit la résistance non communiste : « J'avais fait ce qui était en mon pouvoir pour faciliter la liaison des communistes français avec nos mouvements. J'apparaissais comme leur allié. De bonnes âmes pensèrent que j'étais leur agent. J'étais fermement résolu, deux ans plus tard, à agir afin qu'ils aient, dans la France libérée, leur place, toute leur place, mais rien que leur place[47]. »

Les communistes du Comité parisien de la libération comptent s'appuyer sur le mécontentement croissant des Parisiens pour préparer l'insurrection nationale. La capitale grouille de réfractaires menacés par des rafles de plus en plus fréquentes. Des fonds sont collectés auprès des ouvriers, des employés et du Comité français de libération nationale à Alger pour soutenir les hors-la-loi[48]. De plus, après quatre années d'occupation, les ouvriers et leurs familles souffrent de plus en plus du manque de nourriture et des hausses de prix. De nombreuses usines se mettent en grève le 11 novembre 1943 pour marquer le vingt-cinquième anniversaire de l'armistice. Les FTP cherchent par tous les moyens des armes pour les combattants et les réfractaires en vue de l'insurrection. À la réunion du bureau du 3 décembre 1943, Tollet affirme : « Paris est le maquis le plus considérable et en organisant le soutien financier de nos réfractaires parisiens, nous pourrions porter le coup le plus terrible au plan de déportation de nos compatriotes. Rapidement ce mouvement passerait à un stade plus élevé en liaison avec les mouvements ouvriers dans les usines[49]. »

Une semaine plus tard, inspirés par la guérilla en Yougoslavie, les communistes du bureau poussent l'argument : « Par notre action, nous pourrions peut-être créer rapidement les conditions de l'insurrection et non attendre qu'elle soit déclenchée par le débarquement[50]. »

Confrontés à la pénétration communiste dans les organes populaires de la Résistance, les résistants non communistes de Londres et d'Alger cherchent à contrer leur influence. Un groupe d'experts, le Comité général d'études, travaille en secret depuis juin 1942. Fruit d'une rencontre entre Jean Moulin et Alexandre Parodi, membre du Conseil d'État et dont le frère René s'est suicidé à Fresnes pour éviter de parler, le Comité général d'études sélectionne les futurs directeurs de cabinets ministériels, commissaires de la République dans les régions et préfets, pressentis pour entrer en fonction à la Libération. Le Comité réfléchit aussi à l'organisation de la justice pour juger les collaborateurs, et à la reconstruction de l'économie. Le Comité comprend surtout des juristes tels que les anciens professeurs de droit Pierre-Henri Teitgen, François de Menthon et René Courtin, ainsi que Robert Lacoste, syndicaliste non communiste[51]. Francis-Louis Closon, du commissariat à l'Intérieur à Londres, est parachuté en France pour la première fois le 15 avril 1943 pour assurer la liaison[52]. Pendant l'été, Parodi doit quitter le Conseil d'État et passer dans la clandestinité. Un autre conseiller d'État, Michel Debré, proche de Lecompte-Boinet et de Ceux de la Résistance, s'inquiète des « fureurs de la libération » qui se profilent. Il rencontre Bouchinet-Serreulles au restaurant Médicis à Paris en juillet 1943. Comprenant qu'« une autre vie va commencer pour [lui], la préparation civile de la libération », il cache les listes de candidats potentiels aux postes clés entre les pages des poussiéreux livres de droit du Conseil d'État[53].

La prééminence des communistes dans la Résistance armée était source d'inquiétude. L'Armée secrète demeurait une armée virtuelle qui manquait d'hommes, d'armes et de structures de commandement, et en son absence, les FTP et les FTP-MOI menaient des actions de plus en plus dangereuses, à la fois pour eux-mêmes et pour des innocents qui risquaient d'être tués en représailles. Le 26 juin 1943, une réunion se tient à Londres, présidée par le général François d'Astier, en présence de son frère Emmanuel et de Jacques Bingen. Ils décident d'envoyer en France des délégués militaires régionaux chargés d'organiser les groupes de résistance armée qui se créent et de les placer sous l'autorité de Londres. Le colonel Passy, alors à Alger, est furieux que le BCRA ait été contourné, mais il est obligé d'accepter la décision. Cependant il y a pénurie de candidats et les dix officiers parachutés dans la nuit du 12 au 13 septembre 1943 ne couvrent que cinq des douze régions militaires. Parmi eux se trouvent le colonel Pierre Marchal, brillant officier de quarante-deux ans, proche autrefois de Delestraint, nommé délégué pour toute l'ancienne zone occupée, et le commandant Mangin, fils aîné du général Mangin, beau-frère de Diego Brosset et de Jacques Lecompte-Boinet, pour l'ancienne zone libre[54].

Brillante sur le papier, l'organisation connaît des débuts très difficiles. Dix jours après son arrivée, Marchal est arrêté par la Gestapo dans son appartement parisien et utilise sa pilule de cyanure. Mangin se réfugie en Suisse d'octobre à novembre, avant de succéder à Marchal comme délégué militaire national par intérim. L'appartement loué par Marchal appartenait à la veuve d'un prisonnier de guerre, Jacqueline d'Alincourt, recrutée par Daniel Cordier. Elle est arrêtée en même temps qu'une secrétaire et deux agents de liaison du délégué général Bouchinet-Serreulles. Les arrestations entraînent la découverte du bureau de Bouchinet-Serreulles au 129 bis, rue de la Pompe, et les noms de code de quatorze personnes liées au CNR. Le BCRA informe Bouchinet-Serreulles qu'il est « brûlé ».

Les agents reçoivent l'ordre de couper tout contact avec lui. Même s'il plonge dans la clandestinité et veut continuer à résister, il est isolé et décrédibilisé. Il finit par s'enfuir à Londres où il est sévèrement critiqué pour ce qui est devenu « l'affaire de la rue de la Pompe[55] ». Les délégués militaires ne reçoivent aucun soutien du BCRA et du SOE, qui se sont sentis doublés. Sans parachutages d'armes, ils n'ont aucune autorité sur les chefs des réseaux de résistance. « Sans hommes, sans armes, sans directives, presque sans argent, rapporte Mangin à Passy, tous ont l'impression d'être en première ligne, abandonnés par leurs chefs[56]. »

Quant au général de Gaulle, sa position vis-à-vis de la Résistance intérieure et des Alliés est renforcée par la convocation d'une Assemblée nationale à Alger. Le Parlement français avait été aboli après avoir voté les pleins pouvoirs au maréchal Pétain le 10 juillet 1940. Le régime de Vichy, bien que se prétendant constitutionnel, gouvernait sans Assemblée nationale. De Gaulle en profite pour convoquer une Assemblée consultative provisoire qui témoignera que la légitimité politique est passée de Vichy à Alger. L'Assemblée doit montrer que de Gaulle jouit du soutien politique qui manque à Giraud, et renforcer son autorité aux yeux des Britanniques, sceptiques, et surtout des Américains. L'Assemblée se compose de 40 représentants des organisations de résistance métropolitaines, choisis par le CNR, et de 44 représentants d'autres groupes, dont 12 Français libres, 12 membres des conseils généraux d'Algérie et des colonies africaines libérées, et 20 députés et sénateurs ayant refusé de voter les pleins pouvoirs à Pétain et choisis dans les partis communiste, socialiste, radical et conservateur.

Résistants et politiques, dont beaucoup ont transité par Londres, arrivent à Alger pour la première séance du 3 novembre 1943. C'est un moment de confrontations décisives et de bouleversements dans l'équilibre des pouvoirs. Les chefs des mouvements de résistance s'opposent aux hommes de partis, comme cela avait été le cas au Conseil national, mais dans un cadre où les politiques revendiquent la primauté. L'exécutif, incarné par le Comité français de libération nationale (CFLN), se bat pour imposer sa volonté aux deux groupes. Tout ceci se déroule dans le contexte militaire de l'Afrique du Nord, alors que les Français libres rivalisent avec l'armée d'Afrique au sein de la nouvelle armée intégrée, où les anciens vichystes s'accrochent au pouvoir.

La Résistance métropolitaine tente de s'organiser pour s'opposer aux politiques. Une réunion des délégués de la Résistance est convoquée le 1er novembre. Henri Frenay, qui s'est tant battu pour assurer l'unité et l'indépendance de la Résistance métropolitaine, annonce que « la Résistance doit faire bloc contre les parlementaires ». La tâche est difficile car les délégués de la Résistance comprennent à la fois des communistes (dont les anciens députés de Paris et de Marseille) et des modérés tels que Jacques Lecompte-Boinet. En l'occurrence, Lecompte-Boinet se sent plus proche des hommes politiques de la IIIe République que des résistants communistes. Étant donné que les parlementaires qui avaient salué Pétain comme un sauveur en 1940 étaient exclus de l'Assemblée, il est frappé par « l'absence totale des éléments réactionnaires ou progressistes » de « cette Assemblée de Front populaire[57] ».

Dans un premier temps, les politiques font élire leur homme à la présidence de l'Assemblée, contre le candidat d'Henri Frenay. Il s'agit de Félix Gouin, socialiste marseillais qui avait participé à la défense de Léon Blum au procès de Riom puis s'était enfui en Grande-Bretagne. Les délégués des syndicats, quant à eux, font office de médiateurs entre les résistants et les politiques : « Pour la première fois dans l'histoire du mouvement ouvrier, a noté Albert Gazier, signataire du manifeste du 15 novembre 1940, des syndicalistes participaient en tant que tels à une Assemblée politique. » Selon ses statuts de 1906, la CGT devait maintenir l'autonomie du mouvement ouvrier et ne pas s'impliquer dans la politique des partis, mais comme les délégués des syndicats ont été choisis par la CGT et n'obéissent qu'à elle, ils font maintenant une exception. La CGT communiste et la CFTC chrétienne travaillent ensemble, selon le témoignage de Gazier : « À diverses reprises les syndicalistes évitèrent des heurts et des malentendus et agirent en médiateurs [58]. »

L'Assemblée consultative provisoire d'Alger donna à de Gaulle la légitimité qui lui permit de remplacer beaucoup de ministres, encore appelés commissaires, et de chasser Giraud du Comité français de libération nationale. Giraud resta commandant en chef, ce qui laissait planer le risque politique d'un coup d'État. Pour renforcer sa légitimité et mieux les contrôler, de Gaulle nomma des résistants qui avaient jusque-là défendu l'autonomie de la Résistance métropolitaine. Henri Frenay voulait le portefeuille de la Guerre, qui revint à André Le Troquer. À la place, Frenay eut les Prisonniers de guerre et les Déportés. Emmanuel d'Astier remplaça André Philip comme commissaire à l'Intérieur. René Capitant, le professeur de droit et chef de Combat à Alger, fut chargé de l'Éducation et François de Menthon, membre du Comité général d'études, reçut le portefeuille de la Justice. Le décret Crémieux fut remis en vigueur, ce qui redonna la citoyenneté aux juifs d'Algérie [59]. Lecompte-Boinet se plaignit que les résistants de l'ancienne zone occupée, considérés comme moins politiques que ceux de l'ancienne zone libre, n'aient reçu aucun poste : « J'attends en vain une convocation qui ne vient pas [60]. »

Il y avait cependant des limites à ce que la légitimité démocratique pouvait accomplir dans le microcosme d'Alger. Le premier problème venait des communistes qui, par l'entremise de leur groupe parlementaire, menaient avec de Gaulle de difficiles négociations depuis la fin d'août 1943. Les communistes voulaient des ministères mais à deux conditions : en référer au Comité central du parti clandestin en France, et pouvoir, dans une certaine mesure, mener leur propre politique. Le 8 novembre, Fernand Grenier, arrivé à Alger de Londres le 30 octobre, se voit offrir le choix entre le Ravitaillement ou la Production. Après avoir consulté le Parti, il rejette les deux au motif qu'il aurait alors dépendu du gouverneur général d'Alger. À la place, il demande l'Intérieur, les Affaires étrangères ou les Colonies, ce qui était clairement impossible. Les communistes se voient alors proposer l'Information mais de Gaulle rejette leur candidat. Finalement, le 13 novembre, lorsqu'on leur propose la Santé et les Sports, ce sont eux qui déclinent[61].

Les juifs, en particulier les juifs communistes, constituaient une autre pierre d'achoppement. Raymond Aubrac, chef de Libération, qui avait fui la France avec sa femme Lucie en février 1944, arrive à Alger en avril. Emmanuel d'Astier de La Vigerie, devenu commissaire à l'Intérieur, propose qu'Aubrac le représente dans une commission de contrôle des services secrets, ce que les conservateurs considèrent comme une provocation. Au cours d'une réunion ministérielle, Henri Frenay déclare qu'il y a « trop de juifs » au ministère de l'Intérieur. Aubrac donne sa démission, tout comme Georges Boris, autre personnalité juive du ministère de l'Intérieur, arrivé à Alger en novembre 1943. Boris était consterné qu'il y ait un *numerus clausus* dans l'administration du gouvernement provisoire et que des idées aussi pétainistes aient autant d'influence à Alger[62]. Il observa que de Gaulle, qui avait côtoyé à Londres aussi bien des progressistes que des réactionnaires, n'était désormais entouré que de réactionnaires qui le ramenaient à son milieu d'origine, la bourgeoisie catholique proche de l'Action française, attachée à l'ordre et à la hiérarchie. À Alger, comme l'a expliqué Georges Boris, « de Gaulle entre en combat avec l'armée d'Afrique, avec Juin, avec les gens de l'Afrique du Nord où l'opinion était restée extrêmement pétainiste. Il veut gagner tout le monde. Il se voit donc obligé de "composer" avec des gens qu'il détestait précédemment [...] De Gaulle retomba sous l'influence d'un milieu différent de celui de Londres, de son ancien milieu, ce qui l'éloigna de son attitude révolutionnaire de Londres. Il a de l'État une conception autoritaire. Il a une phobie de l'anarchie [...] C'est cette idée de l'État, de l'autorité, son respect de l'organisation, de l'ordre, qui le rendent si attaché au catholicisme[63] ». Le bras de fer entamé par de Gaulle contre Giraud et les vichystes toujours en place à Alger limitait cependant la dérive droitiste du général. Les services secrets à Alger posent un problème particulier. Quand l'Assemblée consultative provisoire est convoquée, les services secrets de Giraud sont encore puissants, et Passy craint qu'ils ne cherchent à ramener Giraud en France pour remplacer Laval comme chef du gouvernement, négocier un accord avec les Américains et ainsi éliminer de Gaulle[64]. Passy se rend à Londres pour échafauder une solution. Fin novembre 1943, l'Assemblée crée une Direction générale des services spéciaux (DGSS) qui regroupe les services secrets giraudistes et le BCRA. La DGSS est confiée à Jacques Soustelle. En 1939, Soustelle avait dirigé les services secrets français au Mexique, que les Allemands utilisaient comme base pour espionner les Américains, avant de devenir commissaire à l'Information des Français libres à Londres. C'est un gaulliste convaincu, d'une fidélité à toute épreuve.

L'armée constituait le deuxième casse-tête des gaullistes. Les Américains tenaient à ce que Giraud soit le commandant en chef, et que l'armée d'Afrique soit la base d'une nouvelle armée intégrant les Français libres. L'armée d'Afrique surclassait les Français libres, tant par ses effectifs que par son armement, fourni par les Américains. Cela dit, dans certains domaines, les Français libres dominaient. Au Maroc, la 2ᵉ division blindée se constitua autour du général Leclerc et de ses troupes, après leur exil imposé par Giraud dans le désert tripolitain. Ceci impliqua le « blanchiment » des Français libres. Leclerc voulait se débarrasser de la plupart des Africains qui s'étaient battus avec lui au cours de la traversée du Sahara, soit 2 700 hommes aux côtés de 550 Européens lors de l'attaque du Fezzan. Le 2 août 1943, il demande à de Gaulle « des renforts blancs destinés à remplacer les noirs inaptes à la guerre en Europe : 1 500 Français, dont 190 officiers, et 2 370 indigènes nord-africains[65] ». Il préférait commander des soldats nord-africains plutôt que des soldats d'Afrique noire, mais étant donné la pénurie de soldats français, le contingent blanc fut constitué de républicains espagnols réfugiés en Afrique du Nord après la victoire de Franco et internés dans des camps par Vichy et Darlan. Ils furent libérés pour former le corps franc d'Afrique qui participa à la reconquête de la Tunisie, puis furent intégrés dans le 3ᵉ régiment de tirailleurs, lui-même appartenant à la 2ᵉ division blindée. La 9ᵉ compagnie, commandée par le capitaine Dronne, était connue comme *La Nueve*, car elle était presque entièrement constituée d'Espagnols[66]. Pour autant, la 2ᵉ division blindée incluait des effectifs significatifs de l'armée d'Afrique que les soldats de Leclerc voulurent forcer à arborer la croix de Lorraine, ce qui provoqua une violente opposition. En retour, les officiers de l'armée d'Afrique essayèrent de dissuader les jeunes recrues qui arrivaient clandestinement de France via l'Espagne de rejoindre la nouvelle armée, ce qui suscita ce commentaire sarcastique de Christian Girard, aide de camp de Leclerc : « Est-ce que le fait d'avoir quatre ou six étoiles sur la manche, d'avoir tiré sur les Américains ou d'avoir collaboré avec Pétain donne le droit de tromper ce qu'il reste d'enthousiasme chez les jeunes[67] ? »

La situation s'améliorera avec l'arrivée d'un nouveau général prenant le commandement de l'armée B, qui inclut la plus grande partie de l'armée d'Afrique et la 1<sup>re</sup> division de la France libre commandée par Diego Brosset. Le 20 décembre 1943, le général Jean de Lattre de Tassigny, évadé d'une prison de Vichy et amené à Londres par la Résistance, parvient finalement à Alger où Giraud lui donne le commandement des opérations. Inspectant la 2<sup>e</sup> division blindée, il déclare que le général Giraud « a été mon ami, il a été mon chef. Je lui obéirai sans restriction. » Mais il ajoute : « Je m'efforcerai d'être le dénominateur commun entre le général de Gaulle, le général Giraud et le ministre de la Guerre. Je suis un soldat, pas un politique[68]. » De Lattre, ancien général de l'armée d'armistice, avait essayé de résister à l'occupation allemande de la zone libre en novembre 1942. Emprisonné pour cela par Vichy, il n'avait de lien ni avec l'Afrique du Nord ni avec le giraudisme. Il était le chef qui mettrait la nouvelle armée au service de la cause gaulliste.

Au printemps 1944, de Gaulle se sent suffisamment fort en Afrique du Nord pour appeler à l'unité nationale et mettre fin à l'inconfortable dyarchie avec Giraud. Le 18 mars 1944, il prononce une nouvelle mouture de son appel du 18 juin 1940. Il appelle les soldats, marins et aviateurs français, et « tous nos combattants des maquis, des villes et des usines » à « combattre tous ensemble » et en tire les conséquences politiques. Le gouvernement provisoire, affirme-t-il, « veut associer à son action et même à sa composition des hommes de toutes – je dis : toutes – les origines et de toutes les tendances, de ceux-là notamment qui prennent dans le combat une lourde part d'efforts et de sacrifices, pourvu qu'ils veuillent poursuivre avec lui, sans réserves et sans privilèges, l'intérêt général dont chacun n'est que le serviteur. J'ai l'honneur d'appeler tous les Français au rassemblement national[69] ».

Ayant fixé la ligne, de Gaulle attaque Giraud en utilisant contre lui la relation qu'il avait avec Pierre Pucheu, ancien ministre de Vichy. Pucheu avait été invité en Afrique du Nord pour s'allier à Giraud mais il avait été emprisonné par le Comité français de libération nationale. Il est maintenant déféré devant un tribunal militaire et condamné à mort le 11 mars. De Gaulle refuse de le gracier, il est fusillé le 20 mars[70]. Giraud, compromis par son association avec Pucheu, est démis de son poste de commandant en chef et disparaît de la scène. Il sera totalement exclu du récit gaulliste de la Résistance et de la Libération, comme s'il n'avait jamais existé.

Le groupe communiste, qui a réclamé le châtiment de Pucheu pour avoir exécuté des résistants communistes, est de nouveau approché par de Gaulle. Grenier et Billoux le rencontrent les 28 et 31 mars et acceptent respectivement le ministère de l'Air et un ministère sans portefeuille[71]. Cette ouverture de l'exécutif à des communistes heurte certains résistants conservateurs tels que Henri Frenay. Se référant explicitement au discours de de Gaulle du 18 mars sur la nécessité de rapprocher les traditions politiques, il pousse pour qu'un ministère soit donné à Pierre Dunoyer de Segonzac, son camarade de chambrée à Saint-Cyr. Militaires tous les deux, Frenay et Dunoyer de Segonzac avaient d'abord été séduits par les promesses pétainistes, et

Dunoyer de Segonzac avait voulu former une élite chevaleresque au service de Vichy à l'École des cadres d'Uriage, mais ses illusions s'étaient brisées et il était parti pour Alger. Frenay défend sa cause : « Cet homme, dans le cadre officiel, a lutté sans répit contre le Boche, la collaboration, le totalitarisme, les mesures d'exception de Vichy. Depuis quatorze mois, il lutte dans le combat clandestin auquel d'ailleurs il retourne. Il a renié officiellement le maréchal Pétain auquel il a eu la faiblesse de croire. Va-t-il être traité comme un Français de deuxième zone alors qu'il a risqué sa vie, demandé son ralliement à la Résistance et se prépare à retourner au combat[72] ? »

De Gaulle maintenait un fragile équilibre entre nommer ceux qui avaient un temps servi Vichy et rejeter ceux qui étaient trop proches de son idéologie. Dunoyer de Segonzac ne reçut pas de proposition et Frenay se plaignit de ce que le gaullisme n'irriguait pas la nation : « Nous le voyons se rétracter sur lui-même et s'isoler. » D'après lui, le Général n'était plus entouré que d'« une poignée d'hommes[73] ».

Les relations entre les Français libres et la Résistance métropolitaine avaient été rompues par les arrestations de Charles Delestraint et de Jean Moulin, et par l'échec de Londres à rétablir un contrôle efficace. Ceci permit aux chefs de la Résistance métropolitaine de reprendre l'initiative au moment où la Résistance devenait de plus en plus populaire, en réaction aux réquisitions allemandes de main-d'œuvre, et à la fuite de nombreux jeunes gens dans les forêts et les montagnes, où ils rejoignaient parfois les maquis. Les chefs communistes et certains non-communistes conçurent une rhétorique et une stratégie d'action immédiate et de libération nationale, afin de contester l'autorité de Londres et d'Alger, pour qui rien ne devait se faire avant le débarquement allié. De Gaulle était aussi confronté à la prééminence politique et militaire de

Giraud en Afrique du Nord, qui y commandait les vestiges du régime de Vichy. Lentement mais sûrement, par l'intermédiaire de ses fidèles, de Gaulle reprit le contrôle du Conseil national de la Résistance et prépara la nomination d'hommes fiables aux leviers de l'État. En Afrique du Nord, il expulsa Giraud du Comité français de libération nationale et se constitua une base politique au sein de l'Assemblée consultative provisoire. Il dut faire des concessions aux communistes qui s'étaient publiquement ralliés à sa cause, tout en les soupçonnant de préparer la révolution par l'intermédiaire, entre autres, du Comité parisien de la libération. Cela dit, la lutte pour le pouvoir ne se jouait pas seulement entre de Gaulle, les Français libres, la Résistance en métropole et les élites d'Afrique du Nord encore nostalgiques du maréchal Pétain. Les Alliés, britanniques et américains, allaient en fin de compte jouer un rôle crucial.

# 12

# Déluge de feu ou guérilla ?

*Ce qui nous semble souhaitable, c'est d'entraîner à la lutte de guérilla immédiate, telle que nous la pratiquons, des masses de plus en plus larges de jeunes réfractaires et de tous les hommes de France.*

Charles Tillon à de Gaulle, 1943

Les querelles et conflits entre résistants en métropole, et entre Français libres et vichystes en Afrique du Nord, intéressaient peu les Alliés, qui visaient la défaite de l'Allemagne. Pour eux, la libération de la France devenait secondaire ; cette libération viendrait du ciel, sous la forme de bombardements alliés et de parachutages d'agents du SOE (Special Operations Executive) en soutien à des groupes de résistants soigneusement choisis. Mais certains résistants en France, en particulier les communistes, avaient une autre vision de la Résistance, influencée par l'idée révolutionnaire de la levée en masse, le peuple en armes se libérant lui-même de l'oppression étrangère par la guérilla. La bataille entre ces deux options débuta bien avant le Débarquement et ne fit que s'intensifier après le jour J.

La stratégie alliée consistait en priorité à bombarder les installations militaro-industrielles françaises participant à l'effort de guerre allemand. Cela leur permettait de choisir les cibles militaires prioritaires, d'exclure les considérations politiques et de ne se mêler ni de la Résistance en France ni des Français libres. La population était très favorable aux bombardements, du moins au début de la guerre, car la Royal Air Force était auréolée de la gloire de la bataille d'Angleterre. Cela dit, malgré la précision des bombardements, les pertes civiles étaient inévitables, exploitées sans merci par la propagande de Vichy pour monter l'opinion contre les Alliés. L'approche alternative des Alliés consistait à saboter les installations militaro-industrielles par des agents parachutés en France en soutien à des groupes de résistants. Ces réseaux couvraient de vastes territoires mais n'impliquaient qu'une élite de résistants sur le terrain. Les parachutages d'armes et d'explosifs étaient guidés par les agents et leurs opérateurs radio, et le matériel n'était donné qu'à des groupes sélectionnés. Il fallait surtout éviter qu'il aille à des partisans communistes. Pour autant, la Résistance se renforçait d'elle-même sur le terrain. L'Armée secrète avait été conçue comme une armée virtuelle de citoyens vaquant à leurs occupations quotidiennes mais prêts à soutenir l'offensive alliée le jour J. Les corps francs ou groupes d'action attaquaient des prisons pour libérer leurs camarades, éliminaient des collaborateurs et même tuaient des Allemands. Plus important encore, l'instauration du Service du travail obligatoire (STO) fournissait des recrues aux maquis qui préparaient des actions de guérilla contre les forces d'occupation.

Le premier grand bombardement des Alliés toucha les usines Renault de Boulogne-Billancourt le 3 mars 1942. Une lycéenne parisienne « qui vous écoute tous les jours comme la plupart des filles de mon lycée » écrivit à la BBC : « J'ai visité les abords des usines Renault ; ça, c'est du beau travail ! Quel dommage qu'il y eût des morts dans la population civile. Nous les pleurons mais nous n'en voulons pas aux Anglais. Nous savons qu'ils ne l'ont pas fait exprès et que c'est pour notre délivrance[1]. »

Les habitants manifestèrent leur solidarité en organisant des funérailles dignes aux aviateurs abattus. En 1941, un ancien combattant de la Grande Guerre avait déjà raconté à la BBC les funérailles de quatre aviateurs britanniques à Nantes : « Ici, on a enterré quatre aviateurs morts cet hiver au champ d'honneur. Leurs tombes sont toujours richement fleuries [...] La première couronne déposée sur la tombe des Anglais portait comme inscription : "un groupe d'ouvriers métallurgistes". Au cimetière, tous les dimanches, une foule nombreuse et recueillie défile devant nos chers amis anglais [...] constituée pour les trois quarts de gens du peuple[2]. »

Les aviateurs alliés abattus par la DCA allemande ne mouraient pas tous. Certains sautaient en parachute au-dessus de la Belgique ou du Nord de la France, et s'ils avaient de la chance, ils étaient cachés par la population. Des filières étaient organisées par de courageux résistants locaux qui les faisaient passer dans des pays neutres afin qu'ils rejoignent les Alliés et reprennent le combat. Ces réseaux n'avaient qu'un but militaire, aider l'effort de guerre allié. Ils échappaient à la politique et ne faisaient pas de propagande. Au début, ils fonctionnèrent presque sans aide alliée, à part l'intervention des diplomates en Espagne ou en Suisse, mais au fil du temps, des agents alliés et des militaires prirent contact avec eux.

La filière Comète est créée par Andrée de Jongh, une jeune infirmière de la Croix-Rouge, et son père, Frédéric, instituteur dans une banlieue ouvrière de Bruxelles. Ils commencent par cacher et exfiltrer des soldats britanniques abandonnés dans des hôpitaux militaires belges après Dunkerque[3]. Puis ils se concentrent sur les aviateurs abattus qu'ils escortent pour leur faire quitter la zone interdite du Nord-Pas-de-Calais, rattachée par les Allemands à Bruxelles, en traversant la Somme, parfois à la nage, puis la France et les Pyrénées pour arriver en Espagne, pays neutre. Là, Andrée a négocié un accord avec le consulat britannique à Bilbao pour que les évadés échappent aux prisons espagnoles et soient conduits en Angleterre[4]. Avec l'intensification des raids britanniques et l'augmentation du nombre d'aviateurs abattus en France, une plaque tournante est créée à Paris au printemps 1942. Il s'agit d'un réseau issu de la bourgeoisie catholique, incluant le jésuite Michel Riquet, ancien combattant de la Grande Guerre et aumônier des médecins catholiques, en contact avec Henri Frenay, et Robert et Germaine Aylé, des entrepreneurs aisés et membres du tiers ordre dominicain. Ce groupe héberge les aviateurs en lieu sûr et leur trouve des faux papiers[5]. Stanislas Fumet, revenu à Paris après son séjour lyonnais, dîne chez les Aylé avec le père Riquet et passe une « soirée enjouée et toute fraternelle » un vendredi de juin 1943, quatre jours avant que les Aylé et Frédéric de Jongh ne soient arrêtés[6]. Frédéric de Jongh et Robert Aylé seront fusillés au mont Valérien le 28 mars 1944. Germaine Aylé, ainsi que Andrée de Jongh, arrêtée dans les Pyrénées en janvier 1943, seront déportées et survivront.

Après ces arrestations, l'opération Comète est reprise du côté belge par un industriel aristocrate, le baron Jean de Blommaert, et du côté français par Philippe d'Albert-Lake, publiciste chez P&O, de mère anglaise, et par sa femme Virginia, Américaine de l'Ohio, qui était venue en France pour ne pas devenir enseignante dans l'école privée de sa mère. Elle avait épousé Philippe en 1937. Ils avaient un appartement à Paris et une maison de campagne à Nesles-la-Vallée, à quarante kilomètres au nord-ouest de Paris. Elle a raconté comment, un soir d'automne 1943, le boulanger du village est venu leur demander d'aider trois aviateurs américains : « Willy, cheveux noirs, yeux en amande, était un opticien originaire d'Hawaii. Il y avait aussi Bob, un Californien, sérieux et mélancolique, et Harry, un métallo de Detroit, d'humeur joviale. Ils avaient l'air si heureux de pouvoir se détendre pendant quelques heures, et de discuter avec nous, qui parlions anglais[7]. »

À cet instant, elle décide de « travailler pour la clandestinité ». Elle cache des aviateurs dans son appartement parisien, se promène avec eux, bras dessus, bras dessous, dans les jardins du Trocadéro, au nez et à la barbe des Allemands qui font du tourisme, avant qu'il soit l'heure d'aller prendre le train. Lorsque vers la fin de mai 1944, les bombardements alliés désorganisent le trafic ferroviaire, Philippe et Virginia emmènent les aviateurs dans un maquis de la forêt de Fréteval, près de Châteaudun. Il s'agit du fameux plan Sherwood imaginé par Airey Neave, agent du MI9 évadé de Colditz. Au milieu d'août 1944, près de 150 aviateurs s'y cachent. Malheureusement, Virginia a été arrêtée non loin, le 12 juin 1944, en compagnie d'un aviateur, et déportée à Ravensbrück, d'où elle reviendra[8].

La filière Comète évacue d'abord les aviateurs alliés vers l'Espagne en traversant la zone libre, mais après que les Allemands ont occupé toute la France en novembre 1942, l'itinéraire vers le sud perd de son attrait et les filières d'évasion s'organisent via la Bretagne. Le réseau Shelburn, actif à partir de 1943, emmène les aviateurs jusqu'à la côte bretonne où ils sont récupérés de nuit par un bateau britannique. À Paris, le point de rendez-vous est Le Biarritz, un café du boulevard Saint-Michel tenu par

Georges Labarthe, ancien combattant des deux guerres, originaire du Sud-Ouest, et par sa femme. Ils ont des contacts avec Libération-Nord et l'Organisation de résistance de l'armée (ORA), sans toutefois se considérer eux-mêmes comme membres. Leur café est fréquenté par des élèves de l'École polytechnique toute proche, de Saint-Cyr, de l'École navale et de l'École de l'air, de sorte que les militaires alliés qui y passent risquent moins d'être repérés[9]. Au début, les Labarthe leur indiquent comment rejoindre la ligne de démarcation, puis ils font équipe avec la couturière de Mme Labarthe et organisent leur propre filière d'évasion. Une jeune Alsacienne professeur de sciences qui connaît Jean Cavaillès, de Libération-Nord, Marie-Rose Zerling, s'occupe de loger les aviateurs avant de les confier par petits groupes à un courrier qui leur fait prendre un train de nuit pour la Bretagne. Ils arrivent à la gare Montparnasse au dernier moment, pour éviter d'attirer l'attention, mais subissent souvent l'hostilité de voyageurs contraints de céder les places réservées pour eux dans des trains bondés. Comme les aviateurs se taisent sous peine de se trahir, un courrier trouve une astuce pour faire taire les récalcitrants : « Ces messieurs sont des ingénieurs de la Todt. Ils font semblant de ne pas comprendre [le français], mais je suis sûr qu'au moins l'un d'eux le comprend bien[10]. »

Arrivés à la gare de Saint-Brieuc, ils retrouvent Georges Jouanjean, leur contact principal sur la côte nord de la Bretagne. Prisonnier de guerre évadé, Georges Jouanjean a cherché le moyen de rejoindre les Français libres en Grande-Bretagne en discutant avec les pilotes abattus en combat aérien. Lorsqu'un Halifax s'écrase après avoir bombardé Lorient le 13 février 1943, il met à l'abri une dizaine d'aviateurs, aidé par un meunier, et leur fait rejoindre la côte. L'un de ces aviateurs, Gordon Carter, qui épousera plus tard la sœur de Jouanjean, est interrogé par les services secrets britanniques qui envoient un agent prendre contact avec le groupe breton et organiser une filière d'évasion. Cet agent est Vladimir Bourychkine, Américain d'origine russe, champion de basketball, qui se fait appeler Val B. Williams. Entraîneur de l'équipe de basketball de Monaco, il avait démarré dans la Résistance en convainquant le commandant italien local que d'après la convention de Genève, les prisonniers de guerre du fort de la Revère avaient droit à une après-midi de sport par semaine. C'est ainsi qu'il fit évader cinquante-trois hommes en bateau vers Gibraltar. Ayant rencontré Jouanjean, il se rend à Paris pour établir un contact, par l'intermédiaire de Marie-Hélène Lefaucheux, de l'Organisation civile et militaire [11].

Sur la côte nord de la Bretagne, les habitants de Plouha se retrouvent au bar-tabac de François Le Cornec et conduisent les aviateurs de la gare aux maisons des villageois. Puis, lorsqu'ils entendent à la BBC le message : « Tout va bien à la maison d'Alphonse », ils les rassemblent dans une petite maison au sommet de la falaise, la fameuse maison de l'oncle Alphonse, et de là, descendent dans une crique, l'anse Cochat, d'où on peut envoyer des signaux lumineux aux bateaux britanniques sans être vus par les vigies allemandes. Les aviateurs embarquent vers Dartmouth sur une vedette, le plus souvent commandée par le capitaine de corvette David Birkin [12]. Seize aviateurs partirent ainsi dans la nuit du 28 au 29 janvier 1943. Au total ce furent 128 aviateurs, dont 94 Américains et 32 Britanniques ou du Commonwealth, qui quittèrent ainsi la France jusqu'à ce que les Allemands abandonnent la zone au début d'août 1944 [13]. Malheureusement, à Paris, la Gestapo arrêta les Labarthe le 5 juin.

Georges parvint à s'enfuir mais sa femme et leur fille furent déportées et ne revinrent pas.

Le bombardement de cibles militaires par les Alliés fut généralement accepté par l'opinion française jusqu'en 1943, quand l'US Air Force entreprit des bombardements réguliers de jour et à haute altitude, beaucoup moins précis que ceux de la RAF. Les bombardements firent 60 000 victimes civiles en France, soit autant que les raids aériens allemands en Grande-Bretagne. Ceux qui travaillaient dans les chantiers navals et les usines pour l'effort de guerre allemand en étaient victimes, comme les populations civiles de ces ports et de ces villes[14]. Lorient fut bombardé en janvier et février 1943, Saint-Nazaire en février et mars 1943 et Nantes les 16 et 23 septembre 1943[15]. Il y eut plus de 800 morts et 1 800 blessés au cours du premier raid sur Nantes, et 1 300 morts lors du second[16]. Un lycéen qui avait assisté aux bombardements et avait rallié l'Angleterre fut interrogé en février 1944. Il expliqua que les raids avaient fait 3 000 victimes et de 3 000 à 4 000 disparus : « Lui-même ne se sentait pas particulièrement amer au sujet de ces raids dont l'un avait occasionné beaucoup de dégâts dans les docks. Mais il y avait cependant beaucoup d'aigreur parmi ses compatriotes. Les gens auraient sans doute été moins amers, pensait-il, si la BBC, ou plutôt les forces aériennes alliées via la BBC, avaient prononcé un mot d'excuse, au lieu de prétendre que le raid avait réussi à 100 %, alors que tout le monde à Nantes voyait que ce n'était pas le cas[17]. »

Après ces désastres, Vichy proclama être le seul à protéger la vie et les intérêts des Français. Pour les Alliés, une stratégie alternative consistait à saboter les installations militaro-industrielles, sans dommages collatéraux. Cela fut entrepris d'abord par quelques résistants français qui, lassés des querelles politiques entre résistants, voulaient se concentrer sur des actions militaires. Les sabotages furent aussi accomplis pas des agents du SOE parachutés en France pour prendre contact avec les résistants locaux. Ces agents, bilingues, étaient d'une loyauté parfaite aux Alliés et pouvaient passer pour des Français ou des Françaises.

Jean Cavaillès était l'exemple typique de ces résistants désireux de passer à l'action. Brillant mathématicien et ami de Lucie Aubrac, il avait fait partie des fondateurs de Libération à Clermont-Ferrand en 1941. Nommé à la Sorbonne, il retourne vite à Paris et s'engage dans Libération-Nord aux côtés de Christian Pineau. Quand Pineau se rend à Londres en mars-avril 1942, il persuade le général de Gaulle que les Français libres doivent être plus politiques, mais en retour, le colonel Passy demande à Pineau de former son propre réseau de renseignement, appelé Phalanx en zone libre et Cohors en zone occupée. Cohors est confié à Cavaillès, qui développe le réseau de la Belgique à la Bretagne autour de deux groupes très différents : d'un côté, de jeunes professeurs tels que son ancien élève Jean Gosset, qui avait enseigné aux lycées de Brest et de Vendôme ; et d'un autre, un cercle d'artistes composé d'anciens de l'École du Louvre, dont Suzanne Tony-Robert et son ancien professeur et conservateur du Louvre, Robert Rey[18]. Le neveu de Suzanne Tony-Robert, un garçon timide, longiligne, et portant des lunettes, honteux d'avoir été réformé, se rachète en devenant le courrier personnel de Cavaillès[19]. Gosset, comme Cavaillès, se cache à Paris dans les caves du Louvre, et retourne aussi en Bretagne pour monter un réseau avec une amie, Yvonne Queffurus, économe du collège de Quimperlé, qui renseigne les Alliés sur les mouvements des Allemands et l'avancée des travaux à la base sous-marine de Lorient[20].

Pineau et Cavaillès devaient aller à Londres pour discuter de leur réseau de renseignement et peut-être s'engager davantage dans les sabotages. Mais ils furent arrêtés dans la nuit du 5 au 6 septembre 1942, en tentant de quitter la côte près de Narbonne, devant laquelle attendait un sous-marin. Bien qu'acquittés à Montpellier par un tribunal militaire de Vichy, ils sont internés par le préfet en tant qu'indésirables au camp de Saint-Paul-d'Eyjeaux, près de Limoges. Pineau s'évade pendant le trajet en train et Cavaillès s'évade du camp, le 29 décembre 1942[21]. En janvier, Londres demande à Cavaillès de scinder Cohors en deux branches, le renseignement d'une part, et le sabotage de l'autre, confié à Gosset. Cavaillès finit par rejoindre Londres en quittant la Bretagne sur un bateau de pêche qui le conduit à une vedette britannique. Selon sa sœur, « il admirait la simplicité avec laquelle le peuple britannique acceptait le danger des bombardements aériens. Mais ce contact avec la France libre le déçut rapidement. La légèreté des bavardages – cette "mentalité d'émigrés" dont il parlait avec mépris –, "l'esprit de chapelle" de tout le clan gaulliste, ces "femmes qui portaient des croix de Lorraine jusque sur leurs chapeaux" – et, surtout, les calculs, les ambitions, la basse politique qui aboutit au Comité d'Alger – scandalisaient le soldat qu'il restait[22] ».

Yves Farge nota également ce changement chez Cavaillès lorsqu'il revint en France. Le jeune homme avait perdu ses illusions en constatant les tensions entre les Français libres de Londres (sur le point de partir pour Alger) et la Résistance en métropole, et l'énergie dépensée à faire de la politique plutôt qu'à vaincre l'ennemi. Il décida de se concentrer sur le sabotage avec l'aide des Alliés, et de rester à l'écart des intrigues politiques : « Cavaillès était revenu de Londres déçu. Lorsque je me remémore ses propos, je crois percevoir qu'il avait, avec une prescience étonnante, flairé le drame qui est en ce moment celui de la politique française et qui oppose la résistance intérieure et la résistance extérieure. Je revois Cavaillès nerveux. Il manquait d'explosifs. Ce logicien huguenot m'a toujours donné l'impression de porter dans sa poitrine une grande douleur[23]. »

Cavaillès démissionne de la direction de Libération-Nord pour se consacrer à l'action militaire. On lui a fixé deux objectifs en Bretagne : détruire sur la côte les balises radio allemandes qui détectent les bombardiers alliés et saboter les bases sous-marines[24]. Il confie les bases à Jean Gosset, qui aurait inspiré le personnage de Philippe Gerbier dans *L'Armée des ombres* de Joseph Kessel, la fiction imitant une extraordinaire réalité. Gosset étudie comment saboter la base sous-marine de Lorient avec le renfort d'un commando néo-zélandais. Cavaillès lui-même se rend à Lorient à Pâques 1943 et, vêtu d'un bleu de travail, pénètre dans la base avec l'aide d'un ouvrier qui possède un laissez-passer allemand. Il confirme que le sabotage est une meilleure option que le bombardement, à condition de trouver un terrain d'atterrissage pour les commandos néo-zélandais[25]. Cependant, il ne pourra accomplir cette mission, car il est arrêté le 28 avril 1943 à Paris. Il est interrogé par un officier de l'Abwehr qu'il pense responsable de la mort de son camarade René Parodi, retrouvé pendu dans sa cellule à Fresnes le 16 avril 1942. Lorsque cet officier lui demande pourquoi il s'est engagé dans une action aussi désespérée, Cavaillès réplique que c'est pour venger la mort de Parodi. Lui-même est fusillé à la forteresse d'Arras le 16 février 1944[26].

Jean Gosset reprend les sabotages et détruit des antennes près d'Hennebont dans la nuit du 21 au 22 septembre 1943, la voie ferrée entre Hennebont et Lorient et des transformateurs à la base sous-marine de Lorient le 14 octobre. Puis il part à Londres pour deux mois d'entraînement. L'instructeur le décrit comme « un homme nerveux et très intellectuel. Il a fort peu de capacités physiques, ce qui rend son entraînement aux armes difficile. Il s'intéresse tout particulièrement aux explosifs. » Gosset est parachuté en France le 30 décembre 1943 pour prendre la tête de Cohors, rebaptisé Asturies. Il réussit d'autres sabotages à Lorient ainsi qu'à l'usine Hotchkiss de Clichy et à l'usine de roulements à billes Timken à Asnières[27]. Arrêté à Rennes le 25 avril 1944, il est déporté à Neuengamme où il meurt le 21 décembre 1944[28].

Il était cependant plus courant que les sabotages soient effectués par des agents britanniques d'origine française entraînés par le SOE, en général des officiers qui s'étaient battus en 1940, mais souvent aussi des femmes. Elles étaient recrutées dans les services auxiliaires et commençaient comme courrier, mais certaines prirent le commandement des opérations lorsque leur officier fut arrêté. Les agents du SOE travaillaient avec de petits groupes de résistants français, car les sabotages nécessitant des parachutages d'armes et d'explosifs, il fallait s'assurer que ce matériel ne tombe pas dans de mauvaises mains.

Le britannique Maurice Southgate avait été élevé en France, avait épousé une Française et dirigeait une entreprise de tapisserie-décoration de luxe à Paris. Il s'était battu en France en 1940 et avait survécu au naufrage du *Lancastria*, coulé par les Allemands au large de Saint-Nazaire alors qu'il évacuait des soldats britanniques, un désastre que le gouvernement britannique avait tenté de dissimuler. Entraîné par le SOE, il est parachuté en Auvergne le 25 janvier 1943 avec son courrier, Jacqueline Nearne. Elle a raconté la confusion et la panique qui suivirent leur atterrissage : « J'aperçus trois ombres, dont la première braquait un revolver sur moi. Je croyais que mon aventure était déjà terminée. Quelques instants après je reconnus que l'une des ombres était mon chef qui avait été parachuté avec moi et que je n'avais pas reconnu. Quant aux deux autres, c'étaient des arbres. En chemin, nous avons croisé un brave paysan à bicyclette, mon compagnon n'hésite pas, par deux fois, à lui demander son chemin en anglais[29]. »

Les instructions reçues par Southgate étaient d'« ennuyer le Boche de toutes les façons, avec le minimum de contrariétés pour les Français. Se garder soigneusement d'entrer en contact avec des groupements politiques français (ceci était un dogme absolu pour ses instructeurs en Grande-Bretagne ; ils étaient atteints d'une véritable phobie sur ce point[30]). » Il monte un réseau de sabotage confié à deux chefs régionaux. Dans l'Indre près de Châteauroux, Southgate travaille avec Auguste Chantraine (Octave), ancien maire du village de Tendu, démis de ses fonctions parce qu'il est communiste. Chantraine commande un groupe de FTP, une organisation avec laquelle le SOE n'aurait normalement jamais travaillé, mais il fait ici une exception à cause de son efficacité. Dans les Pyrénées, près de Tarbes, Southgate travaille avec Charles Rechenmann (Julien), prisonnier de guerre lorrain relâché par les Allemands à la condition qu'il reste en Lorraine annexée ou en Allemagne. Mais Rechenmann s'était rapidement enfui[31]. Son groupe est constitué d'anciens prisonniers de guerre en qui il a confiance. Ils sabotent l'usine aéronautique Hispano-Suiza de Tarbes, une fonderie à Bergerac et une usine qui monte des ponts à Châteauroux. Maurice Buckmaster, chef du SOE, a décrit Southgate comme « le roi sans couronne de cinq grands départements français [32] ».

En septembre 1943, Pearl Witherington arrive pour être le courrier de Southgate. Elle essaie de persuader les dirigeants de Michelin à Clermont-Ferrand, entreprise qui travaille pour les Allemands, d'effectuer eux-mêmes des sabotages plutôt que de subir des bombardements alliés. Malheureusement, la direction refuse de croire qu'on pourrait les bombarder et Pearl envoie à Londres le message suivant : « Il m'est très pénible de suggérer le bombardement de Michelin mais [...] je pense que si Clermont-Ferrand était bombardé, cela donnerait une leçon à la direction et leur forcerait la main [33]. » Se saboter soi-même pour éviter les bombardements fut entrepris avec plus de succès aux usines Peugeot de Sochaux par Harry Rée. Né à Manchester d'un père juif danois qui avait fait carrière à Hambourg, Harry Rée avait étudié à la Shrewsbury School puis à Cambridge. Il enseigne les langues vivantes à la Beckenham County School quand la guerre éclate. Bien que de gauche et objecteur de conscience, il comprend que la guerre est « bien plus qu'une affaire de capitalistes, c'est aussi une affaire antijuive », et il se porte volontaire en tant qu'antinazi plutôt qu'antiallemand. Ses instructeurs du SOE le décrivent comme « très tendu et nerveux, peu conciliant », un homme qui « manque de tact et déteste l'autorité », parlant « un français scolaire [34] ». En avril 1943, il est parachuté près de Tarbes et récupéré par Southgate, qui s'alarme de son accent. Jacqueline Nearne le conduit à Clermont-Ferrand pour essayer à nouveau de saboter les usines Michelin. Ayant échoué, il s'intéresse à l'usine Peugeot de Sochaux, qui fabrique des chenilles et des moteurs pour les blindés allemands. Cette usine avait été bombardée par la RAF les 14 et 16 juillet 1943. Il y avait eu 110 morts et 154 blessés. Harry Rée contacte Rodolphe Peugeot, sportif accompli et anglophile, et le persuade que des sabotages à l'intérieur de l'usine seraient préférables à de nouveaux bombardements. Entre le 3 et le 5 novembre, des ouvriers occupant des postes clés et recrutés par le réseau utilisent des explosifs parachutés pour détruire les compresseurs à turbine et les transformateurs électriques. D'après Rée, « c'était une mission fantastique pour un ancien objecteur de conscience que d'arrêter des bombardements en faisant sauter des machines[35] ».

Encore plus spectaculaires sont les sabotages du SOE réalisés par Michael Trotobas dans le Nord de la France. Né d'un père français et d'une mère irlandaise, Trotobas a vécu une enfance difficile, ballotté entre Brighton, Dublin et Toulon. Il a travaillé tour à tour comme cuisinier, serveur, électricien et agent de recouvrement de créances. En 1933, il envisage de s'engager dans la marine française, avant de se porter volontaire dans l'armée britannique. Blessé à Dunkerque, il est nommé officier et rejoint le SOE, où il est décrit comme agile d'esprit mais colérique et enclin à la dépression. Il est parachuté en novembre 1943 pour organiser des sabotages dans la région industrielle de Lille, « l'enfer du Nord[36] ». Il prend contact avec des collègues français, dont Denise Gilman qui devient son agent de liaison, et un officier de police qui lui donne une carte de policier. Connu sous le nom de « capitaine Michel », il organise des sabotages, dont la destruction presque totale de la grande usine de locomotives Fives-Lille, dans la nuit du 26 au 27 juin 1943. En octobre, il fait dérailler plusieurs trains. Le 5 novembre, il fait exploser des wagons de carburant d'aviation à la gare de Roubaix et le 23 novembre, un train de munitions entre Lille et Valenciennes, ce qui détruit aussi la voie ferrée. Malheureusement, une équipe du SOE parachutée en renfort est capturée par la Gestapo et les renseignements obtenus mènent les Allemands à son domicile. Le 28 novembre à 7 heures du matin, « Michel était levé, prêt à partir en uniforme de policier. Se retrouvant nez à nez avec les Allemands, il abattit le lieutenant qui commandait le détachement. Les soldats répliquèrent par des rafales de mitrailleuse. Au cours de l'accrochage, le capitaine Michel et une jeune femme de l'organisation qui se trouvait là [Denise Gilman] furent tués, ainsi qu'un autre soldat allemand[37] ».

Bien que proposé pour la Victoria Cross, Trotobas ne la reçut pas, car aucun officier n'avait été témoin de sa mort. Buckmaster écrivit cependant que « sa mort héroïque est devenue légendaire[38] ».

Les sabotages en milieu urbain et industriel étaient spectaculaires mais ne réglaient en rien les conséquences du STO, qui poussait des jeunes en âge de faire leur service militaire à disparaître dans les forêts et les montagnes pour échapper aux usines allemandes[39]. Certains se contentèrent de se cacher, d'autres rejoignirent les camps de maquisards. Au début, préoccupés de trouver abri et nourriture, ils avaient souvent mauvaise réputation car ils dévalisaient les fermes pour se ravitailler, les mairies pour se procurer des faux papiers et les débits de tabac pour trouver des cigarettes. Cependant, les maquisards formaient une armée de réserve qui pourrait passer à l'action derrière les lignes allemandes quand les Alliés débarqueraient enfin. En attendant, ils devaient résoudre trois problèmes fondamentaux : le manque d'armes, le manque d'entraînement et le manque d'encadrement[40].

La Résistance n'ayant pas convaincu l'armée d'armistice démantelée de lui ouvrir ses caches d'armes, et les armes allemandes ne pouvant s'obtenir que par la force dans un combat très inégal, la seule source d'approvisionnement consistait en parachutages limités et réservés à certains. Limités, car les Alliés ne disposaient pas de ressources infinies, et réservés à certains, parce qu'ils ne voulaient pas que les armes tombent en de mauvaises mains, c'est-à-dire chez les communistes. Des liens privilégiés se formèrent entre agents du Special Operations Executive (SOE) et petits groupes de résistants non communistes souvent commandés par d'anciens officiers de l'armée d'armistice.

En novembre 1942, George Reginald Starr, du SOE, débarque d'une felouque sur la côte méditerranéenne. Il avait fait des études d'ingénieur des mines en Écosse avant d'apprendre le français en travaillant dans les charbonnages de Liège en Belgique. Il est censé aller à Lyon mais, ayant appris que la ville grouille de policiers, il se rend à Agen. Il installe son quartier général dans le village de Castelnau-sur-l'Auvignon et recrute une équipe de réfugiés alsaciens et lorrains pour réceptionner les parachutages. Ceci devient le réseau Wheelwright, qui s'étend des Pyrénées à Vierzon. Il est malheureusement sans contact radio régulier avec Londres, jusqu'à l'arrivée en août 1943 d'Yvonne Cormeau, dont le père était agent consulaire belge. Elle a décidé de continuer la guerre après la mort de son mari à Londres en 1940 dans un raid aérien. Sous le nom de code Annette, elle est le radio de Starr, toujours en mouvement pour éviter d'être repérée. Elle orchestre 127 parachutages d'armes pour le réseau[41]. Un autre agent du SOE, Harry Despaigne, alias Major Richardson, joue aussi un rôle important dans le Sud-Ouest où il est parachuté en septembre 1943. Né à Londres d'un père français et d'une mère belge réfugiée pendant l'occupation allemande de 1914-1918, il travaille dans une société de courtage de navires avant de s'engager en 1939 dans l'infanterie légère. Recruté par le SOE, il est décrit comme « une personnalité curieuse et énigmatique, qui cache bien son jeu[42] ». À Toulouse, il rencontre Roger Mompezat, ancien combattant de l'infanterie coloniale en 1918 et fonctionnaire à Madagascar entre les deux guerres. Ensemble, ils organisent des parachutages d'armes dans l'Ariège, l'Aude et le Tarn, et en avril 1943, ils créent le corps franc de la montagne Noire. Lourdement armés et très efficaces, ces combattants s'attirent l'envie et l'hostilité de maquis moins bien dotés qui les considèrent comme des mercenaires travaillant pour les Alliés[43].

Les contreforts du Jura et des Alpes sont des territoires de maquis encore plus importants que le Sud-Ouest. C'est là que se constituent, avec l'aide cruciale d'agents du SOE, les maquis les plus célèbres, sur le plateau des Glières et le plateau du Vercors. Richard Heslop est parachuté dans l'Ain en septembre 1943. Né en France mais élevé en Angleterre après le décès de son père, il a fait ses études à Shrewsbury, comme Rée, et à la London University, avant de travailler dans le transport maritime. Lieutenant au Devonshire Regiment en 1940, il intègre le SOE et est parachuté en France où il devient le second du commandant Henri Petit, ancien combattant de la Grande Guerre et de 1940, connu dans la Résistance sous le nom de Romans-Petit. En janvier 1944, Heslop rapporte que Romans-Petit « a sous ses ordres 3 500 hommes parfaitement entraînés et armés[44] ». L'impact symbolique est manifeste bien avant l'impact militaire. Le 11 novembre 1943, un groupe de maquisards en uniforme descend des monts du Jura pour déposer une gerbe au monument aux morts d'Oyonnax. Les héros de la Grande Guerre recevaient ainsi l'hommage de ceux qui aspiraient à devenir les héros de la Seconde Guerre mondiale. Plus important encore, il s'agissait de mettre en scène la libération d'une ville, destinée à contrer l'image négative du maquisard comme hors-la-loi, et à montrer l'aptitude des maquis à recevoir des armes. Romans-Petit a raconté « la magnifique allure de nos gars, la garde d'honneur avec ses gants blancs sont des détails qui attestent que nous étions bien des soldats et non des pillards. Toute la presse clandestine en a parlé et les félicitations reçues furent nombreuses. Les journaux américains, anglais, canadiens y ont consacré de très larges colonnes et ont reproduit les photographies du défilé[45] ».

Mettre en scène une libération symbolique n'était cependant pas la même chose qu'organiser une libération militaire. Sur le plateau du Vercors, la situation reste difficile jusqu'à la fin de 1943. En novembre 1942, les Italiens étendent leur zone d'occupation pour couvrir le Vercors et dans la nuit du 27 au 28 mai 1943, ils interceptent un camion apportant de l'essence au maquis. Ceci entraîne l'arrestation de vingt personnes, dont Aimé Pupin. « Les maquis sont désorganisés, les liaisons coupées, les fonds ne leur parviennent pas », a raconté Pierre Dalloz, qui plonge alors dans la clandestinité et quitte la France pour l'Algérie via Barcelone et Gibraltar[46]. Le maquis est réorganisé et un deuxième comité d'organisation est constitué en juin 1943, dirigé pour la partie militaire par Alain Le Ray, qui s'était évadé de Colditz, et pour la partie civile par Eugène Chavant, ancien poilu et ancien maire socialiste d'une banlieue de Grenoble.

Le 6 janvier 1944, une mission alliée, nom de code Union, atterrit sur le plateau pour entraîner et organiser le maquis qui se développe. Elle se compose d'Henry Thackthwaite, ancien instituteur britannique, de Peter Julien Ortiz, un US Marine dont le père français a servi dans la Légion étrangère, et d'un opérateur radio français.

Ils découvrent un maquis de 3 000 hommes dont seuls 500 sont correctement organisés par groupes de dix armés de pistolets mitrailleurs Sten. Quatre aviateurs de la RAF, hébergés par les maquisards pendant sept semaines après avoir dû évacuer leur Halifax le 7 février, sont impressionnés par le courage d'Ortiz, qui se déplace en uniforme de marine dans une voiture volée à la Gestapo et qui « tient à la benzédrine ». Pour autant ils s'inquiètent de la « mauvaise qualité » des maquisards, dont certains n'ont que quinze ou seize ans : « Ils sont prêts à se battre contre la Milice, mais la plupart ont peur des Allemands, qui emploient toutes sortes d'armes contre eux : véhicules blindés, chars et mortiers[47]. »

Pour utiliser les maquis avec efficacité tout en les contrôlant de l'extérieur, l'une des solutions envisagées était une insurrection locale coordonnée avec une opération aéroportée. Le plan Caïman, conçu par le général Billotte, des Français libres, prévoyait de mobiliser des maquisards dans le Massif central avec un soutien extérieur, pour fixer les Allemands dans le Sud pendant que les Alliés débarqueraient dans la Manche. Ce plan ne fut pas adopté par les Alliés, en partie parce qu'il était irréalisable, en partie par crainte de déclencher une insurrection nationale. Cependant, le 15 avril 1944, Maurice Southgate, du SOE, demande à Émile Coulaudon (Gaspard), chef résistant charismatique : « Pourriez-vous "tenir" quelques jours une position dans une région à définir du Massif central, et en contrôler les routes d'accès ? Dans ce cas, nous pourrions vous parachuter là des armes demi-lourdes et aussi des commandos susceptibles d'encadrer vos corps francs. » Coulaudon donne son accord pour les quatre départements qu'il commande. Le plan est approuvé par Londres et par le Comité régional de libération réuni dans une ferme de Haute-Loire par Henry Ingrand, commissaire de la République désigné pour la Libération. Malheureusement, Southgate est arrêté par la Gestapo à Montluçon le 1er mai 1944. Coulaudon poursuit néanmoins le plan et, le 20 mai, publie un appel à une levée en masse. Fin mai 1944, 2 700 hommes répartis en 15 compagnies sont rassemblés au mont Mouchet[48].

Jusqu'en 1944, les parachutages d'armes sont limités et réservés aux groupes non communistes. Les communistes, évidemment furieux, font pression sur les Français libres pour qu'ils interviennent en leur faveur auprès des Alliés. À Londres, Fernand Grenier voit le colonel Passy à plusieurs reprises pendant l'été 1943 et réclame des armes pour les FTP, mais sans succès. Il rédige aussi une brochure décrivant les faits d'armes glorieux des FTP. Soustelle, au ministère de l'Information, ayant refusé de financer sa publication, il demande de l'aide aux communistes britanniques[49]. Charles Tillon, chef des FTP en France, qui décrirait plus tard le BCRA comme « animé d'un esprit anticommuniste le plus étroit, et le plus contraire aux intérêts de la Résistance[50] », écrit directement à de Gaulle à Alger en août 1943. Il souligne qu'un nombre important de réfractaires afflue dans des zones isolées où, avec un peu d'aide, les communistes pourraient les former à une stratégie totalement nouvelle de guérilla : « Vous savez que ce sont les FTP qui, depuis deux ans, luttent à main armée sur le sol français contre l'envahisseur. Ils font partie de l'Armée secrète et sont, sans restrictions, à vos ordres et à ceux du CFLN [...] Ce qui nous semble souhaitable, c'est d'entraîner à la lutte de guérilla immédiate, telle que nous la pratiquons, des masses de plus en plus larges de jeunes réfractaires et de tous les hommes de France [...] Nous manquons d'armes, de titres d'alimentation et d'argent pour assurer la sécurité et l'existence matérielle de nos Francs-Tireurs et réfractaires qui se confient à nous[51]. »

Tillon renforce le message en envoyant un délégué à Londres au début de septembre 1943 pour discuter de parachutages d'armes à la fois avec le BCRA et avec les Alliés. Ce délégué est interrogé pendant une semaine par les services secrets britanniques qui lui demandent le nom de ses chefs, qu'il refuse de dévoiler au nom de leur sécurité. Il finit par rencontrer le colonel Passy, ce qui achève de le persuader que le BCRA est un « milieu corrompu ». Il rencontre également des officiers britanniques et américains qui se disent surpris d'apprendre que les Francs-Tireurs ne reçoivent pas d'armes. Les Français libres et les Alliés se rejettent la responsabilité : « Selon les Alliés, c'était le BCRA qui désirait nous priver d'armes et selon le BCRA, c'étaient les Alliés qui se refusaient à ce que du matériel nous soit accordé[52]. » En réalité, ni le BCRA ni les Alliés ne veulent armer les communistes, de peur que l'insurrection nationale que ceux-ci prônent ne devienne une révolution communiste. Les communistes ne sont cependant pas prêts à céder. Waldeck Rochet, un des vingt-six députés communistes détenus à Maison-Carrée à Alger entre 1941 et 1943, se rend à Londres pour faire pression. Il connaît bien Tom Bell et Harry Pollitt du parti communiste de Grande-Bretagne, et dans le vain espoir de convaincre l'establishment britannique, il assiste aux cérémonies du 11 novembre 1943 parmi les « Français de Grande-Bretagne » et parle tous les quinze jours à la BBC[53].

Si les difficultés des communistes étaient évidentes, d'autres résistants de l'intérieur étaient également frustrés par l'attitude de Londres. Arrivé à Alger en novembre 1943, Pierre Dalloz, le premier à avoir imaginé faire du Vercors la forteresse naturelle qui défierait les forces de l'Axe, rédige un rapport sur le projet Vercors qui, d'après lui, a été approuvé par Jean Moulin et par le général

Delestraint. Mais pas plus que les communistes, il ne suscite l'intérêt du colonel Passy. Dalloz trouve le BCRA « fortement noyauté par des éléments fascistes et cagoulards » persuadés que « les Français venant de France [sont] des esprits forts » et convaincus que la seule résistance qui vaille est celle qu'ils organisent eux-mêmes [54].

La nomination d'Emmanuel d'Astier au commissariat à l'Intérieur apporte quelques changements. Pour lui, l'intérieur signifiait que la France métropolitaine était destinée à devenir l'une des forces majeures de la Libération. Une « armée française de l'intérieur » permettrait aux Français de « se donner un gouvernement fort, patriote et social dirigé par celui qui n'a d'abord été qu'un symbole et qui est maintenant devenu le chef de la Patrie souffrante ». Il réalise que les parachutages d'armes ne bénéficient qu'aux réseaux contrôlés directement par des officiers britanniques, ce qui démoralise la plupart des maquisards. Il était légitime d'en conclure que « le gouvernement britannique ne veut pas armer la Résistance française [55] ».

D'Astier se donne pour mission de convaincre les Britanniques d'armer la Résistance. Lors d'une conférence de presse à Alger le 15 novembre 1943, il annonce que seuls 4 000 à 5 000 des 30 000 maquisards de l'ancienne zone libre ont des armes [56]. En décembre 1943, il est à Londres et rencontre Waldeck Rochet, qui lui arrache la promesse que s'il convainc les Britanniques d'augmenter les parachutages, une partie des armes reviendra aux FTP [57]. De retour en Afrique du Nord, d'Astier obtient de voir Churchill à Marrakech le 14 janvier 1944. Churchill est accompagné entre autres de Harold Macmillan, de Duff Cooper, diplomate et biographe du roué Talleyrand, et de la ravissante lady Diana Cooper, abritée sous « un chapeau de paille avec un voile comme en Égypte ». Churchill le reçoit dans sa chambre et lui semble moins ressembler à un bouledogue qu'à « un vieux nouveau-né ». Il se plaint d'abord des relations difficiles avec de Gaulle : « Comment peut-on s'entendre : il déteste l'Angleterre. » Puis il lui dit : « Il faut faire la guerre. On vous aidera », et il l'invite à une réunion du Cabinet de guerre à Londres[58], un privilège qui se concrétise le 27 janvier 1944. Contre lord Selborne, ministre de l'Économie de guerre, et sir Charles Portal, chef d'état-major de la RAF, qui affirment que les Britanniques n'ont pas assez d'avions pour parachuter des armes en France, et répondant à d'Astier qui affirme que « si un accroissement de la participation aérienne n'est pas assuré rapidement, il sera trop tard », Churchill impose sa décision : il fournit déjà des armes à Tito, il en fournira aussi à la Résistance pour que le Sud-Est de la France devienne une deuxième Yougoslavie[59].

Les parachutages augmentent bien, sans par eux-mêmes entraîner de plus grands succès militaires. Le 14 février 1944, un premier largage de 54 conteneurs a lieu sur le plateau des Glières. L'objectif est double : au plan militaire, fixer les Allemands loin des plages du Débarquement, et au plan symbolique, démontrer que l'armée française, humiliée en juin 1940 et en novembre 1942, renaît de ses cendres. Le 6 février 1944, à la BBC, Maurice Schumann donne l'ordre à l'Armée secrète de rejoindre le maquis, tandis que les ouvriers se mettent en grève et que les résistants sabotent les voies ferrées. Pour contrecarrer cette offensive, Philippe Henriot, la nouvelle voix de Radio Paris, accuse les « terroristes » de fomenter une guerre civile. Les forces de Vichy et les Allemands encerclent les Glières dans la nuit du 9 au 10 mars. Les jeunes recrues sont rapidement capturées. Jacques Beges, le réfractaire lyonnais, avoue à la police avoir pris part à l'attaque menée par 150 maquisards contre un hôtel d'Entremont où des vichystes s'étaient retranchés, attaque pendant laquelle le chef des maquisards, Tom Morel, a été tué. Une offensive finale germano-vichyste est lancée le 23 mars. Les maquisards réclament en vain de nouveaux parachutages et le bombardement des positions allemandes. Le 25 mars, ils reçoivent l'ordre de se disperser. Les prisonniers, tels Pierre Pelletier, le Vannetais, et Yves Jeudy, le Varois, nient avoir tiré et déclarent que dès le début de l'assaut leurs chefs se sont évaporés. Si ces histoires visaient à sauver leur peau, le véritable impact des Glières fit l'objet d'âpres débats. Vichy tourna en dérision le fiasco militaire. Cette propagande fut contrée début avril par la BBC, qui créa la légende des 500 hommes qui, « ramen[ant] Bir Hakeim en France », avaient tenu tête à 12 000 Allemands[60].

Ces événements alimentèrent d'intenses débats parmi les résistants de l'intérieur et les Français libres sur la stratégie à adopter. Pour les Français libres, qui collaboraient étroitement avec les Alliés, les parachutages constituaient des acomptes en attendant le jour J. Les armes devaient être cachées jusqu'au moment d'attaquer l'ennemi sur l'arrière. Agir trop tôt ne faisait qu'attiser la répression et de brutales représailles. D'autres, chez les résistants de l'intérieur, les communistes en particulier, jugeaient qu'une telle attitude était de l'attentisme, qu'elle ne ferait rien pour galvaniser ou mobiliser les Français qui subissaient l'occupation allemande depuis quatre ans et ne demandaient qu'à en découdre. Ils prônaient une stratégie d'action immédiate, même à petite échelle, mais qui s'amplifierait jusqu'à l'insurrection nationale et la guérilla après le Débarquement allié.

Les communistes poussent leur stratégie au sein du Conseil national de la Résistance (CNR), en particulier de son Comité d'action militaire, le COMIDAC (ou

COMAC à partir du 15 mai 1944). Le principal acteur au CNR est Pierre Villon, chef du Front national. Un résistant rapporte à Emmanuel d'Astier, le commissaire à l'Intérieur, que le fanatisme de Villon en faveur de l'insurrection populaire lui donne autorité et charisme : « [Il est] le véritable porte-parole du Parti et de la fraction unitaire de la CGT […] Partisan de l'action directe, il met l'accent sur l'insurrection nationale, ce qui lui amène beaucoup de gens et lui donne une position très forte [61]. » Contre le colonel Touny, de l'Organisation civile et militaire, qui affirme que les FFI doivent se contenter d'exécuter les ordres alliés, Villon propose un plan d'actions immédiates et obtient que le CNR condamne officiellement l'attentisme le 15 mars 1944 [62]. Villon joue aussi un rôle moteur au COMAC, dont les autres membres permanents sont Maurice Kriegel pour la zone sud et Jean de Vogüé pour la zone nord – soit deux communistes pour un non-communiste qui semble de plus en plus se rallier à eux. Revenu d'Alger à Paris en février 1944, Lecompte-Boinet est choqué d'entendre le général Revers, conseiller sans droit de vote au COMAC, dire que Jean de Vogüé, ancien membre de Ceux de la Résistance comme Lecompte-Boinet, « se défend mal contre les communistes qui gagnent la main [63] ». Quant à Villon, il considère que les non-communistes ne peuvent s'en prendre qu'à eux-mêmes. Revers, dit-il, « n'a jamais exprimé aucune opinion, apporté aucun conseil. Il lui arriva même plus d'une fois de dormir paisiblement dans son fauteuil [64] ».

La stratégie prônée par les communistes s'implante aussi au Comité parisien de la libération (CPL). Selon Marie-Hélène Lefaucheux, qui y représente l'OCM, les « représailles féroces » des Waffen SS, de la police de Vichy et de la Milice après des soulèvements ratés comme celui des Glières obligent à s'interroger sur la stratégie d'action immédiate. À l'inverse, le lobby communiste exige que la guérilla se poursuive et, s'il le faut, se déplace des Alpes à la région parisienne. Georges Marrane, pour le PCF, « demande que le CFLN [Comité français de libération nationale] aide effectivement le maquis, les réfractaires, afin que la guerre soit faite dès à présent contre les Boches, comme en Yougoslavie ». Pour le Front national, Pierre Villon « intervient pour dire la nécessité d'armer les patriotes de la région parisienne et pour envisager la mobilisation de masse dans cette région[65] ». Quelques semaines plus tard, André Tollet, président du CPL et de l'Union départementale CGT des syndicats de la Seine, affirme que « dans la lutte armée, il faut obligatoirement s'appuyer sur les masses : syndiqués, non-syndiqués, réfractaires, aussi bien pour l'action immédiate que pour le jour J[66] ».

Pour contrer cette offensive communiste dans les organisations résistantes, le gouvernement provisoire à Alger tente de renforcer l'efficacité de ses propres agents, militaires et civils. Il en est encore à essayer de réparer l'union entre la Résistance intérieure et les Français libres, brisée par l'arrestation de Jean Moulin un an auparavant. La Résistance intérieure est indispensable à de Gaulle pour prouver aux Alliés le soutien dont il bénéficie, mais il lui faut aussi étouffer dans l'œuf une insurrection nationale que les communistes pourraient exploiter à leurs propres fins.

La première pièce du dispositif est Alexandre Parodi, nouveau délégué général du gouvernement provisoire nommé en mars 1944. Parodi est un pilier du Comité général d'études, le groupe qui choisit les futurs hauts fonctionnaires. Après l'arrestation de Jean Moulin, le gouvernement provisoire a eu du mal à trouver un délégué général efficace et loyal : Parodi semble convenir. Sa nomination ne règle cependant pas tout. Le 6 mai 1944, Jacques Bingen, qui représente Parodi dans l'ancienne zone libre, écrit une longue lettre où il accuse Londres et Alger de ne pas soutenir les délégués sur le terrain. Depuis six mois, il n'a reçu ni lettre personnelle ni encouragement, officiel ou non. Il se plaint de cette « carence scandaleuse et inhumaine », et de la « castration sur place » qui provoque l'arrestation de trop d'agents. Sans critiquer Parodi, il regrette que Bouchinet-Serreulles ait été rappelé, et met en garde de Gaulle contre la médiocrité de « l'establishment » dont il s'entoure : « Gare aux fidèles dociles qui ne sont que des ambitieux roublards et sans valeur. Ils peuvent le faire vite culbuter[67]. » Moins d'une semaine plus tard, le 12 mai, Bingen est arrêté par la Gestapo à la gare de Clermont-Ferrand et il ingère sa pilule de cyanure pour ne pas parler sous la torture. Un autre intermédiaire clé entre résistants de l'intérieur et de l'extérieur disparaît.

Les autres pièces du dispositif sont les délégués militaires envoyés pour épauler et contrôler les chefs résistants locaux et régionaux. À leur arrivée en septembre 1943, ils ont manqué de soutien et d'armes à distribuer et ils ont subi de graves revers[68]. Cependant, entre mars et mai 1944, neuf nouveaux délégués militaires arrivent en France. Le rythme et le volume croissant des parachutages alliés, sur lesquels ils ont en partie la main, renforcent leur autorité sur les chefs résistants, qui ont un besoin désespéré de ces armes[69]. Un délégué militaire national est nommé pour coiffer l'édifice ; il s'agit de Jacques Chaban-Delmas, jeune inspecteur des finances, taupe au ministère de la Production industrielle de Vichy, dont le nom a été proposé par Jacques Bingen. Bien qu'âgé de vingt-neuf ans seulement et sous-lieutenant en 1940, il est nommé général afin d'avoir l'autorité nécessaire. Cette équipe de délégués militaires reçoit le soutien total du général Kœnig, héros de Bir Hakeim, nommé délégué du gouvernement provisoire auprès du commandement suprême allié à Londres le 4 avril 1944, et commandant en chef des forces de la Résistance intérieure, ce qui établit en théorie une ligne de commandement directe entre les Alliés et les maquis.

L'efficacité de cette hiérarchie dépendait du degré d'insertion des résistants en France dans une sorte d'Armée des ombres unifiée. Juste avant le jour J, la Résistance ne souffre pas seulement d'un manque d'armes, d'entraînement et d'encadrement, mais aussi de profondes divisions politiques qui génèrent des visions différentes de ce que doit être la résistance. À une extrémité se trouvent les FTP communistes, qui ont entamé la lutte armée depuis juin 1941 mais se sentent marginalisés, voire ostracisés, par les autres résistants et par les Alliés. À l'autre extrémité, on trouve l'Organisation de résistance de l'armée (ORA), giraudiste sinon pétainiste en tous points sauf son refus d'accepter la violation par les Allemands de l'armistice en novembre 1942. Entre les deux, les Mouvements unis de la Résistance (MUR), composés de Combat, de Libération et de Franc-Tireur. En février 1944, les MUR s'élargissent et deviennent le Mouvement de libération nationale (MLN) pour constituer un front non communiste incluant Défense de la France, qui a longtemps espéré que Pétain redeviendrait patriote, et Ceux de la Résistance, la branche de Combat en zone occupée[70].

La première tâche du MLN est de regrouper les forces militaires sous son contrôle – l'Armée secrète, les corps francs et les différentes unités des maquis – au sein des Corps francs de la libération (CFL), une unification plus facile à faire sur le papier que sur le terrain. Serge

Ravanel n'a que vingt-quatre ans et, bien que polytechnicien, il n'a pas combattu en 1940. Il est cependant envoyé à Toulouse le 7 avril 1944 par le train de nuit avec l'ordre d'Alfred Malleret, chef d'état-major des CFL, d'unifier des unités militaires résistantes rivales. Il y avait un blocage entre Aubier, commandant l'Armée secrète dans la région sans en être originaire, et un hobereau tarnais hautain, Albert Sarda de Caumont, chef d'un maquis local. Ni Aubier ni Sarda de Caumont n'arrivent à s'imposer et le MLN ne parvient pas à trancher. Pour sortir de l'impasse, Ravanel se propose comme chef par intérim et repart en train pour Paris, s'attendant à se faire tancer par Malleret. Au lieu de quoi, celui-ci lui dit avec « un regard polisson : "C'est très astucieux ce que tu as fait[71]." » Ce commandement provisoire est confirmé et Ravanel devient commandant des CFL de la région toulousaine.

La seconde étape était d'intégrer les Corps francs de la libération, les Francs-Tireurs et Partisans, et l'Organisation de résistance de l'armée dans les Forces françaises de l'intérieur ou FFI, créées en février 1944 pour unifier l'ensemble, de l'extrême gauche à l'extrême droite. Ceci impliquait de traiter à la fois avec des communistes et des anciens de l'armée d'armistice. Dans la région toulousaine, un corps franc avait été constitué après novembre 1942 par un ancien officier de l'armée d'armistice, le commandant André Pommiès[72]. Il n'avait pas pu rassembler tous les soldats de l'armée d'armistice, dont beaucoup avaient préféré rejoindre l'armée d'Afrique, plus conventionnelle et moins risquée, ou avaient voulu « ignorer tout ce qui se passe au-delà de l'horizon étroit de la vie familiale[73] ». En mai 1944, ce corps franc compte cependant 9 000 hommes bien équipés en armes et en véhicules provenant de l'ancienne armée d'armistice et de parachutages alliés. Pommiès s'en tient à ce qu'il appelle « la ligne stricte » de l'action purement militaire, de sabotages et de harcèlement des Allemands, et refuse de tremper dans ce qu'il appelle la politique, ignorant tout ordre qui ne vient pas d'un supérieur hiérarchique. Pommiès refuse ainsi d'obéir à Ravanel, qu'il considère comme un subalterne, et un animal politique par-dessus le marché ; il est surpris d'apprendre qu'on le traite de giraudiste, de vichyste, de royaliste ou même de fasciste[74]. Selon Ravanel, malgré son efficacité militaire, Pommiès « n'a jamais compris que la Résistance, ayant à lutter contre Vichy, a été amenée à user d'arguments politiques et à "faire de la politique"[75] ». Il lui était tout aussi difficile de gérer les FTP et leur « discipline de fer, bolchevique[76] ». Ravanel tente d'utiliser Jean-Pierre Vernant, commandant des CFL en Haute-Garonne, communiste mais membre du MLN, pour faire le lien avec les FTP. Ravanel et Vernant étaient tous deux anciens élèves de grandes écoles, et les opinions politiques de Ravanel évoluaient vers la gauche, mais il ne parvint pas à convaincre Vernant, issu d'un autre milieu social que lui. Ravanel a noté que Vernant souffrait d'« un affreux complexe d'infériorité » fondé sur le sentiment d'être rejeté par les Alliés et par les Français libres, avant d'ajouter avec suffisance : « J'ai une culture qu'il n'a pas. Il demeure un prolo. Devant moi, il ne se sent pas à l'aise, il pense qu'il se fera baiser[77]. »

Ce qui se passait dans la région toulousaine était une chose, mais ce qui comptait véritablement était de savoir quel serait le commandement national des FFI et dans quelle mesure ce commandement partagerait la vision de Londres et d'Alger et respecterait leurs ordres. Le premier commandant national des FFI, Pierre Dejussieu (Pontcarral), militaire de carrière, est arrêté en mai 1944 et déporté à Buchenwald. L'idéal pour le gouvernement provisoire aurait été que le poste soit à la disposition de Kœnig, mais en l'occurrence, c'était le Comité d'action militaire du CNR (COMAC) qui en disposait. Le Comité nomma Alfred Malleret (Joinville), communiste et chef d'état-major des Corps francs de la libération. Ceci permettrait aux communistes de nommer leurs hommes à la tête des FFI régionales, les considérations politiques primeraient sur les questions militaires, la jeunesse s'imposerait sur l'expérience et les communistes supplanteraient les non-communistes. Le chef des FFI pour la région parisienne, Pierre Lefaucheux, ingénieur et membre de l'OCM, n'était pas du goût des communistes. Le 17 mai, il fut interrogé par le COMAC sur des propos hostiles qu'il aurait tenus envers le Comité parisien de la libération. Sa femme tenta de le défendre en leur donnant une autre interprétation. Par malchance, en juin, Lefaucheux est arrêté par les Allemands, ce qui laisse le champ libre à la nomination d'un communiste, Henri Tanguy (connu sous le nom de Rol-Tanguy), qui va jouer un rôle crucial dans la libération de Paris deux mois plus tard.

À l'approche du jour J, la tension entre deux modèles de libération n'était toujours pas résolue. Le modèle préféré des Alliés et du gouvernement provisoire était de subordonner la Résistance intérieure aux débarquements alliés et à leurs priorités stratégiques afin d'éviter un brusque relâchement de la tension, qui favoriserait une insurrection nationale et la prise du pouvoir par les communistes. Le modèle privilégié des communistes était que ces mêmes débarquements provoquent une insurrection nationale, que le gouvernement provisoire et les Alliés seraient contraints de soutenir. Ce modèle prévoyait-il la prise du pouvoir par les communistes ? Ceci n'est pas clair, mais il envisageait certainement que le peuple prenne le pouvoir et se débarrasse des vieilles élites comme des vieilles institutions dans une sorte de meilleur des mondes. Le modèle qui s'imposerait serait façonné par l'affrontement des forces en présence, au cours des semaines suivant le jour J.

# 13

## Le jour J

*Freinez au maximum je répète freinez au maximum activité de guérilla.*

Général Kœnig, 14 juin 1944

À l'aube du lundi 5 juin 1944, Roger Lefèvre, vingt et un ans, instituteur à Viriat près de Bourg-en-Bresse, révise son cours d'histoire médiévale pour un examen qu'il doit passer à Lyon le samedi suivant. Avec sa femme enceinte, il est ce jour-là à Bourg-en-Bresse chez ses beaux-parents qui y tiennent un magasin de machines à coudre et de machines à écrire. Lefèvre, chef d'un corps franc de la région, avait pris la fameuse photographie du buste de Marianne posé sur le socle de la statue disparue d'Edgar Quinet le 11 novembre 1943[1]. On frappe au carreau; c'est son courrier, Roland Chanel, un ouvrier tourneur de dix-huit ans. L'ordre a été donné à tous les corps francs de prendre le maquis. Lefèvre charge Chanel de fixer rendez-vous aux autres dans le jardin maraîcher des parents de Roger Trontin, à l'extérieur de la ville. Puis il écrit à son professeur d'histoire pour lui demander de reporter l'examen, et téléphone au médecin, sympathisant de la Résistance, pour lui demander un certificat médical d'absence à l'école. La Milice avait établi des barrages sur les routes autour de la ville. Sa femme fait son sac à dos, cache des cartes, des jumelles, un pistolet-mitrailleur démonté et une trousse d'urgence dans la remorque de sa bicyclette sous des outils de jardinage, des bottes et un bleu de travail. Elle part à pied en poussant la bicyclette pour passer les barrages. Lefèvre est rejoint par son groupe : Chanel, Trontin, un mécanicien, un boulanger, deux charcutiers, tous entre dix-huit et vingt et un ans. Ils vont en voiture puis à pied au quartier général du maquis où André Lévrier (Lévêque) les attend. Là, ils sont quatre-vingts à recevoir des brassards marqués FFI dans l'espoir que s'ils sont capturés, ils seront traités comme prisonniers de guerre et non comme terroristes. Le 6 juin, ils apprennent que les Alliés ont débarqué en Normandie, et se préparent à passer à l'action[2].

La même scène se reproduit en des milliers d'endroits en France, au fur et à mesure que les messages codés diffusés par la BBC parviennent aux maquis. Le moment était venu pour l'armée virtuelle de sortir de l'ombre et de se joindre à la bataille pour libérer la France. La Résistance devait soutenir l'offensive alliée en coupant les voies ferrées (le plan Vert), les grandes routes (le plan Tortue), les réseaux de télécommunication (le plan Violet). Ces plans avaient reçu l'aval du général Kœnig, délégué d'Alger auprès du Commandement suprême allié, et du colonel Passy, désormais son chef d'état-major. De plus, les messages diffusés le 5 juin par la BBC ne donnaient pas seulement à la Résistance l'ordre d'activer les plans Vert, Tortue et Violet, mais aussi de commencer la guérilla[3].

Ceux qui se jetèrent alors dans la bataille avec beaucoup d'espoir et d'enthousiasme avaient toutes les raisons de penser qu'ils seraient puissamment soutenus par les Alliés et par les forces françaises du Comité français de libération nationale. Malheureusement, les choses n'étaient pas si simples. Le Commandement suprême allié voulait repousser l'armée allemande en Allemagne avec le moins de complications politiques et sans entraîner le chaos en France. Le gouvernement américain n'avait pas exclu d'établir un Gouvernement militaire allié des territoires occupés (ou AMGOT, pour Allied Military Government of Occupied Territories), comme il l'avait fait en Italie. De plus, l'avance des Alliés fut beaucoup plus lente que prévu. Caen, qui devait tomber en huit jours, résista vingt jours jusqu'au 26 juin. Cherbourg ne fut pris que le 30 juin. Il fallut attendre la fin de juillet pour que les Alliés parviennent à sortir du Cotentin pour se diriger vers la Loire et la Bretagne. Le premier contact entre la Résistance et les Alliés fut l'opération Jedburgh, le parachutage de maigres trios d'officiers (un Français, un Britannique et un Américain) avec du matériel, pour organiser et commander les maquis. Même les parachutages d'armes mirent du temps à arriver. Il n'y eut aucun largage d'importance dans le Sud avant l'opération Cadillac, qui débuta symboliquement le 14 juillet[4].

Les forces françaises ne semblèrent pas non plus soutenir les actions courageuses mais souvent téméraires des maquisards. Les relations entre de Gaulle et les Alliés, qui ont toujours été au mieux difficiles, atteignent un point critique à la veille du jour J. Churchill convoque de Gaulle pour lui annoncer que les Français ne participeront pas au débarquement en Normandie. Aux protestations du général, Churchill répond que c'est un ordre de Roosevelt. Il ajoute que s'il devait choisir entre Roosevelt et de Gaulle, il choisirait Roosevelt, et que s'il devait choisir entre l'Europe et le reste du monde, il choisirait le reste du monde[5]. La 2e division blindée du général Leclerc attend le 1er août pour débarquer sur la côte normande, et le plus gros débarquement français est celui de l'armée B, regroupant les Français libres et l'armée d'Afrique, en Provence, le 15 août, lors de l'opération Anvil. Écarté des opérations militaires, de Gaulle se consacre à la politique. Pour repousser la menace d'un gouvernement militaire allié, il doit convaincre les Alliés qu'il bénéficie d'un large soutien parmi la population française, qui allait se libérer seule avec l'aide des Alliés. Le Comité français de libération nationale (CFLN) a voté le 5 mai 1944 sa transformation en gouvernement provisoire de la République française à dater du 3 juin, ce que le gouvernement américain refuse toujours d'accepter. Roosevelt et Cordell Hull, son secrétaire d'État, estimaient que les Français décideraient de quel gouvernement et de quel chef ils voulaient lors d'élections libres organisées après la Libération[6]. Mais Henry Stimson, secrétaire à la Guerre, notant que Hull « déteste de Gaulle si violemment qu'il en devient presque incohérent quand nous parlons de lui », a cependant compris que les Américains ne pouvaient pas s'immiscer dans des élections en France, que les Britanniques n'accepteraient jamais un gouvernement militaire américain et que de Gaulle était devenu « le symbole de la libération du peuple français[7] ». Ceci devient flagrant le 14 juin, lors de la visite éclair du général à Bayeux libéré où il est accueilli par une foule entousiaste[8]. De Gaulle s'en sert pour convaincre les Alliés de sa légitimité populaire. Il se rend à Washington pour la première fois le 7 juillet et rencontre Roosevelt qui, pour la première fois aussi, le reçoit avec courtoisie[9]. Il lui restait cependant à démontrer que même si les Français étaient les artisans de leur propre libération et le soutenaient, une insurrection nationale, et plus encore une prise de pouvoir par les communistes, était hors de question.

Le jour J mit en lumière l'ambiguïté de la situation[10]. Même si de Gaulle avait déclaré en 1942 que la libération nationale était inséparable de l'insurrection nationale, il ne l'avait dit qu'au sens figuré. Il ne prévoyait pas que les Français sortent de l'ombre pour prendre les armes. S'ils le faisaient, ce devait être pour soutenir l'action des troupes régulières. À la BBC le 6 juin dans l'après-midi, à 5 heures et demie, de Gaulle demande « que l'action menée par nous sur les arrières de l'ennemi soit conjuguée aussi étroitement que possible avec celle que mènent de front les armées alliées et françaises ». D'autres chefs résistants, en particulier les communistes, avaient une vision très différente de l'insurrection nationale et de la Libération. Pour eux, les mots de *La Marseillaise*, « Aux armes, citoyens ! », devaient être pris au pied de la lettre, comme ils l'avaient été en 1792 et en 1871 contre les envahisseurs germaniques. À la BBC le 7 juin, Waldeck Rochet, délégué à Londres du Comité central du parti communiste, demande à « tous les Français de s'unir, de s'armer et de se battre pour chasser l'envahisseur du sol de la patrie et rendre à notre pays sa liberté, sa grandeur et son indépendance. Vivent les Alliés ! Mort aux Boches et aux traîtres [11] ! »

Deux questions étaient au cœur du conflit : qui commanderait la Résistance intérieure, désormais plus ou moins unie au sein des FFI ? Et quels seraient les ordres ? Le gouvernement provisoire français considérait que la chaîne de commandement allait du général Kœnig à Londres au délégué militaire national, Jacques Chaban-Delmas, qui transmettait au chef d'état-major des FFI, lequel transmettait aux délégués militaires régionaux qui donnaient les ordres aux commandants régionaux des FFI. Cependant, les communistes, qui contrôlaient le COMAC par l'intermédiaire de Pierre Villon, de Maurice Kriegel-Valrimont, avec Jean de Vogüé dans leur sillage, considéraient que c'était à eux de donner des ordres au chef d'état-major des FFI et aux commandants FFI régionaux. Que le chef d'état-major des FFI, Alfred Malleret (Joinville), soit communiste, ainsi que le commandant des FFI pour la région parisienne, Henri Rol-Tanguy, leur donnait beaucoup de pouvoir. De son poste au Comité parisien de la libération, Léo Hamon décrivit Henri Rol-Tanguy ainsi : « Brutal, dynamique, fanatique, franc et efficace – bien entendu dans la direction que son parti lui a tracée [12]. »

Que les premiers ordres transmis aux maquis aient concerné des actions de guérilla et de sabotages favorisait aussi ceux qui se sentaient libérés d'années de frustration et voulaient attaquer les Allemands, désormais présumés sur la défensive. Malheureusement, l'enthousiasme des maquisards ne fut soutenu ni par un entraînement adéquat ni par un encadrement efficace, que ce soit par des militaires français expérimentés ou par des agents et commandos alliés parachutés dans les zones de combat. Ils avaient contre eux l'armée allemande, déterminée à repousser l'invasion alliée et à éliminer la menace de ceux qu'elle considérait comme des terroristes opérant derrière ses lignes. Même si de nombreux FFI portaient des brassards en guise d'uniforme, pour indiquer qu'ils étaient des soldats et devaient être traités selon les lois de la guerre, ils restaient des terroristes aux yeux des Allemands et seraient punis comme tels. Le résultat fut que pendant dix longues semaines, entre le 6 juin et le 15 août, les maquis subirent des défaites désastreuses partout en France. Des représailles sauvages frappèrent des petits villages isolés ou des grandes villes soupçonnés d'abriter des résistants, ainsi que les réduits où les maquisards s'étaient retranchés pour attendre une aide alliée qui fut insuffisante, ou arriva trop tard.

Juste après le 6 juin, un maquis FTP de Corrèze prépare une attaque contre les bâtiments de la police de Vichy et de la Gestapo à Tulle, la préfecture du département. Parmi les maquisards figure Jean-Olivier Eleouet, l'ouvrier métallurgiste parisien arrivé en Corrèze au printemps 1943 pour fuir le STO et qui a rejoint le maquis FTP Guy-Môquet-II [13]. Il y a aussi Gerhard Leo, jeune réfugié juif allemand. Quelques jours plus tôt, il s'est évadé lors de l'attaque par les FTP, en gare d'Allassac, du train qui l'emmenait à Paris pour être jugé pour trahison au profit du Comité « Allemagne libre » pour l'Ouest (CALPO) à Toulouse[14]. Au cours de l'opération menée à Tulle dans la nuit du 7 au 8 juin, 40 Allemands sont tués (et Eleouet est blessé au visage). Les maquisards se réfugient rapidement dans les forêts, quand la division « Das Reich », qui remonte du Sud-Ouest, arrive à Tulle.

Considérant que les terroristes ont des complices en ville, les Allemands décident de les punir pour l'exemple. Au petit matin du 9 juin, les hommes de Tulle sont rassemblés sur une place. Beaucoup sont des ouvriers de l'usine de mécanique de précision, de la manufacture d'armes ou du gaz. Leurs papiers sont examinés en présence du maire. Ceux dont l'activité est indispensable, tels les cheminots, les électriciens, les médecins et les pharmaciens, sont relâchés. Le maire demande que d'autres catégories soient relâchées : le personnel de la préfecture et de la mairie, les employés des postes et du gaz, les artisans, les garagistes, les bouchers. Certains sont autorisés à partir, d'autres retenus. Environ 500 hommes, surtout des jeunes, sont scindés en trois colonnes. Antoine Soulier, instituteur, a décrit comment « le sinistre Walter [chef de la Gestapo à Tulle], nu-tête, longs cheveux ramenés en arrière, yeux mi-clos, sans entrailles, affublé d'une immense capote frangée, sans autre insigne que la marque SS sur la manche droite » passait de groupe en groupe, questionnant les gens dans un français impeccable, et « d'un geste de son index, il envoyait de temps en temps quelque malheureux dans la colonne du milieu[15] ».

Pendant ce temps, les Allemands récupèrent des cordes et des échelles dans les magasins et attachent les premières aux balcons de la rue principale qui longe la Corrèze.

À midi, une affiche annonce que puisque 40 Allemands ont été assassinés par des bandes communistes, 120 maquisards et leurs complices vont être exécutés. Les exécutions commencent l'après-midi vers 5 heures. La colonne du milieu, « un bloc compact, serré comme une mêlée de rugby, un bolide qui se déplace à vive allure », est poussée vers les échelles et les hommes, mains attachées dans le dos, sont forcés de grimper aux échelles. « Une échelle bascule, un coup de feu, un être vivant sombre dans le néant. Cette scène s'était déroulée comme une fête de quartier. Un air d'accordéon servait d'accompagnement. À l'ombre des tilleuls du café Tivoli, les officiers boches se rafraîchissaient en lutinant avec une femme bien connue de la ville de Tulle, l'interprète de la Manufacture [16]. »

Au final, 99 hommes sont pendus, dont le propre fils de Soulier, étudiant au lycée Louis-le-Grand à Paris. D'autres étaient des employés de l'usine de mécanique et de la manufacture d'armes, des artisans, des commerçants, des employés de bureau et des étudiants. Vingt-cinq avaient entre dix-huit et vingt-cinq ans, et sept moins de dix-huit ans [17]. Les hommes restés sur la place, « glacés d'horreur », furent enfermés à la manufacture d'armes et le lendemain, 300 d'entre eux furent emmenés à Limoges, d'où 149 furent déportés en Allemagne.

À plus de 700 kilomètres de là, dans les Ardennes françaises, près de la frontière belge, un autre maquis se constituait, avec des conséquences désastreuses. Le plan Paul, imaginé par d'anciens chefs de l'Armée secrète, prévoyait d'établir un réseau de maquis, de Nancy et de Charleville-Mézières jusqu'à Reims et au sud de Paris, afin de ralentir les forces allemandes venant de l'Est et se dirigeant vers la Normandie. Le maquis des Manises, sur les hauteurs de Revin dans la forêt des Ardennes, est renforcé par une mission Jedburgh, nom de code Citronelle. Le 12 avril 1944,

Jacques de Bollardière, qui a rejoint les Français libres en 1940 et a été blessé lors de la campagne de Libye, est parachuté avec un officier britannique et un officier américain. Le chef du maquis, Robert Charton, vingt-quatre ans, est un employé de la Société générale qui s'est brièvement battu en 1940. Emporté par l'enthousiasme suscité par le Débarquement, il arrive avec 200 jeunes sans expérience au cœur du maquis, dont les effectifs atteignent alors 300 : « C'était une folie, dirait plus tard l'un de ses supérieurs, car ces jeunes gens étaient sans habillement, sans armes. Le maquis n'était pas préparé à les recevoir tous à la fois. » Il fallait désormais les équiper, les nourrir et les entraîner au mieux [18]. Peu discipliné, un maquisard retourne chez lui pour dire à sa femme malade où il se trouve. Il est capturé et interrogé par les Allemands. La forêt se retrouve encerclée par 3 000 hommes d'une division blindée allemande, qui attaque le 12 juin. Quelques maquisards, conduits par Jacques de Bollardière, s'échappent cette nuit-là à travers les lignes ennemies. D'autres, moins chanceux, séparés de leurs officiers, se perdent et sont capturés, frappés à coups de matraque et de crosse de fusil, puis sont fusillés. 106 corps sont enterrés à la hâte dans des fosses peu profondes [19].

On ne sait pas bien ce que Londres apprend de ces désastres initiaux mais le 14 juin, le général Kœnig envoie un ordre aux délégués militaires en France : « Freinez au maximum je répète freinez au maximum activité de guérilla [20]. » Le COMAC écoute Jacques Chaban-Delmas, qui assiste à leurs réunions, lire le message et ajouter que pour calmer la situation, les parachutages d'armes seront interrompus jusqu'à la pleine lune du mois d'août. Les communistes protestent. Furieux que les ordres soient envoyés directement aux commandants des FFI, court-circuitant le COMAC, Kriegel-Valrimont s'oppose à cette tentative de casser l'insurrection nationale et rédige sur-le-champ un ordre du COMAC aux FFI leur enjoignant de saisir les dépôts d'armes ennemis et d'armer les patriotes, d'occuper des bâtiments publics, les gares, les bureaux de poste et les centrales électriques, de libérer les détenus politiques et de fusiller les traîtres. L'ordre affirme : « L'insurrection ne se fait pas sans les masses. Et les masses ne peuvent faire l'insurrection sans être appuyées par les forces armées des FFI [...] Le renforcement de l'action de guérilla contre l'ennemi est un des éléments préparant l'insurrection nationale, elle galvanise la volonté de lutte populaire[21]. »

Villon ajoute que « pour empêcher l'installation d'une administration militaire anglo-saxonne, il faut assurer au gouvernement d'Alger l'appui d'une Résistance puissante prouvant sa force par l'importance de son action, assurant la libération de la France[22] ». Le 15 juin, de Londres, Waldeck Rochet écrit à son camarade François Billoux à Alger que les patriotes français contribuent massivement à ralentir la progression des Allemands vers le front, et qu'il s'est opposé à tous ceux qui disent que la guérilla est prématurée : « Il ne s'agit pas de juger de Londres ceux qui se battent en France mais de les aider en leur envoyant des armes et des munitions[23]. »

Toutes ces réactions durent avoir un effet car à la réunion du 19 juin, les participants apprirent que Kœnig avait révisé son ordre ainsi : « Faire continuer au maximum la guérilla insaisissable avec unités armées contre lignes de communication[24]. » D'autres membres du CNR s'alarmaient cependant de la démagogie des communistes du COMAC et de l'absence de Jean de Vogüé qui, tel un nouveau Tito, était parti organiser un maquis dans le Centre. « Le drame, confie Georges Bidault, président du CNR, à Jacques Lecompte-Boinet le 20 juin, c'est que, d'une part, Vogüé s'occupe d'autres choses et que la zone sud a délégué au

COMAC un communiste [Kriegel-Valrimont] avec un chef d'état-major, Joinville, sectaire, primaire et pas intelligent, également d'extrême gauche[75]. » Quelques jours plus tard, Lecompte-Boinet en conclut que l'ambition de Villon est d'« éliminer Chaban et les DMR [délégués militaires régionaux], c'est-à-dire Kœnig, c'est-à-dire de Gaulle au profit de Thorez[26] ».

Pour éviter que des maquis impétueux et mal entraînés surgissent, se fassent massacrer, et provoquent des représailles contre des civils innocents, une solution consistait à concentrer les résistants dans des réduits où des parachutages leur fourniraient des armes et un encadrement. Ils fixeraient les forces allemandes loin des fronts tenus par les forces régulières. Mais même ce plan n'était pas exempt de danger, car les jeunes réfractaires fraîchement arrivés dans les maquis manquaient de formation, d'armes (notamment d'armes lourdes et antichars) et d'encadrement. À cela s'ajoutaient les conflits fréquents entre maquisards de bords politiques opposés, entre maquisards et soldats réguliers, et entre les unités françaises et les missions alliées.

Les deux régions où établir des réduits étaient les Alpes et le Massif central. Pour le Massif central, le colonel Billotte, chef d'état-major de de Gaulle, avait conçu le plan Caïman ou plan Alligator, refusé par les Alliés[27]. Émile Coulaudon (Gaspard), chef résistant charismatique de Clermont-Ferrand, l'adopte cependant avec enthousiasme et le met en œuvre avec l'aide de Maurice Southgate, du SOE, et d'Henry Ingrand, commissaire de la République désigné. Southgate est arrêté le 1er mai mais le contact est établi avec une autre mission du SOE, Freelance, qui inclut le capitaine John Hind Farmer (Hubert) et le lieutenant néozélandais Nancy Wake. Ils doivent attendre quelque temps l'arrivée de Denis Rake, leur radio, qui a fait un détour par Châteauroux pour aller voir un ami : « Même à cette période où l'homosexualité était illégale, il ne s'était jamais caché d'être homosexuel, a raconté Nancy Wake. Nous avions beaucoup d'amitié pour lui, mais nous savions qu'il pouvait se montrer totalement imprévisible[28]. » Le 20 mai, l'ordre est donné d'une levée en masse de maquisards devant se rassembler au mont Mouchet, à la limite entre la Haute-Loire, la Lozère et le Cantal. Comme l'a décrit Ingrand : « L'enthousiasme fut si grand qu'il fut impossible d'arrêter la mobilisation : la nouvelle se communiquait partout, les gens attendaient avec impatience de partir, il y avait une sorte de rivalité, d'amour-propre. Toute l'Auvergne fut bientôt au courant : on en parlait ouvertement, même à Clermont, dans les boutiques. Les hommes partaient pour le Cantal en quantité considérable : il y avait les "trains de départ" où les familles allaient conduire fils, frère, ami, comme lors d'une mobilisation officielle[29]. »

La première offensive des Allemands se déroula le 2 juin. Elle fut repoussée et un groupe de maquisards en liesse descendit au village le plus proche, Paulhac, pour attacher une banderole au-dessus de la route : « Ici commence la France libre[30]. » Entre-temps, le Débarquement amena de nouveaux patriotes au mont Mouchet, dont beaucoup de républicains espagnols. Parmi ces nouveaux venus se trouvait Jacques Monod, issu d'une grande famille protestante, officier d'infanterie en 1940, professeur de philosophie à Marseille où il avait rejoint Combat. En septembre 1943, il avait dû se réfugier avec sa femme et ses enfants en Lozère où son frère était médecin de campagne. Le 6 juin 1944, Monod, pour qui les résistants étaient les camisards des temps modernes, décide de partir au mont Mouchet pour reprendre le combat. Il s'y rend deux jours plus tard[31].

Les Allemands, venant de Saint-Flour, attaquent à nouveau le maquis le 10 juin. Ils dévastent les villages de

Ruines et de Clavières. À Clavières, soixante et un maqui-sards sont tués ainsi que le maire et neuf habitants soupçonnés de les avoir hébergés. À Ruines, vingt-six personnes sont fusillées, dont l'instituteur. Hélène Odoul, directrice d'école à la retraite, raconte qu'elle a recueilli « les garçonnets abandonnés dans l'école, la femme de l'instituteur étant folle de douleur […] Sur tous les points du village, des hommes étaient saisis et fusillés et une jeune femme également[32] », épouse d'un prisonnier de guerre. Henry Ingrand note que les Allemands exercent « d'atroces représailles sur les villages reconquis ; des fermes isolées, des villages entiers furent détruits, des pay-sans fusillés : à Ruines, une personne par maison fut exé-cutée et même un enfant de sept ans[33] ». Les maquisards se replient sur Chaudes-Aigues et fortifient le réduit de la Truyère, un sommet entouré de profondes gorges. Ils reçoivent des parachutages d'armes organisés par l'équipe Freelance. L'équipe du SOE s'inquiète de la concentration excessive des maquisards. Selon Nancy Wake, « Hubert (John Farmer) a essayé d'expliquer à Gaspard avec diplo-matie qu'il fallait répartir ses hommes en petits groupes, ce qu'il a refusé. Il était fier à bon droit d'avoir repoussé les Allemands avec ses hommes mais il était obstiné et têtu[34] ». Le 20 juin, 22 000 Allemands soutenus par des chars et des blindés attaquent massivement les quelque 2 000 maquisards. Le supérieur de Denis Rake écrira : « À chaque fois que nous avons été attaqués, par son compor-tement et son courage, il a grandement contribué à soute-nir le moral des maquisards peu entraînés[35]. » Jacques Monod, à la tête d'une section d'ouvriers de Michelin, est tué ainsi que trente-cinq républicains espagnols d'une compagnie de FTP qui ont couvert la retraite des Fran-çais[36]. Rake abandonne son poste radio et pour trans-mettre des messages urgents à Londres, Nancy Wake va en vélo à Châteauroux, où Rake sait que se trouve un autre opérateur radio du SOE. Elle couvre les 500 kilomètres en 72 heures[37]. Le 14 juillet, des Forteresses volantes larguent des armes en quantité, mais trop tard pour sauver ce maquis.

La deuxième région choisie pour établir un réduit est le plateau du Vercors, près de Grenoble. Dès 1941, Pierre Dalloz avait imaginé en faire une forteresse naturelle pour fixer les troupes allemandes loin des lieux de débarquement et servir de tremplin à la Libération de la France. N'ayant pas convaincu le colonel Passy et le BCRA à Alger en novembre 1943, il avait travaillé avec Emmanuel d'Astier au commissariat à l'Intérieur, à Londres. Le 5 juin 1944, il est convoqué par le BCRA et le 8 juin, par le général Béthouart, chef d'état-major, qui s'intéresse soudain à ses plans. Le 15 juin, le colonel Billotte lui annonce : « Votre Vercors est engagé[38]. »

Le Vercors est un chaudron prêt à exploser. Depuis l'automne 1942, les réfractaires au STO et autres enthousiastes ont rejoint le plateau où ils sont dispersés dans différents camps. Le jour J accroît le rythme des ralliements, ce qui fait craindre que les arrivées ne forcent la main des chefs militaires. Alban Vistel, chef des Mouvements unis de la Résistance en région lyonnaise, redoute que la mobilisation et les actions populaires ne deviennent incontrôlables, mais que tout ralentissement n'expose la population locale à des représailles. Le 12 juin, il envoie un message au COMAC pour l'informer que les habitants de la région lyonnaise et des Alpes « ont dépassé objectifs prévus par Plan – stop – tentons contenir action – stop – dans ces départements impossible de faire marche arrière – stop – pas de recul, sinon péril population sédentaire – stop – si recul, désastre – stop – vous supplions agir par parachutages massifs sur ces territoires[39] ».

Sur le plateau, la tension monte entre des jeunes maquisards enthousiastes et les officiers de l'ancienne armée d'armistice envoyés pour les encadrer, qui gardent une conception très conventionnelle de la discipline militaire et de la tactique. Gilbert Joseph, jeune maquisard savoyard, a décrit son entretien avec le colonel François Huet (Hervieux), ancien officier de spahis marocains, commandant de blindés en 1940, puis dans l'armée d'armistice jusqu'à sa dissolution, et maintenant chef militaire du maquis du Vercors : « Salut obligatoire, rendement des honneurs, garde-à-vous avec doigt sur la couture du pantalon, marche au pas cadencé, défilé en rangs convenablement espacés, l'officier était le supérieur, et le maquisard le subalterne[40]. »

Alors que Joseph était partisan de la guérilla, Huet restait attaché à des combats en règle sur le plateau, ce qui fut mis à l'épreuve le 13 juin lors de la première attaque des Allemands sur le village de Saint-Nizier, la porte nord du plateau. L'assaut fut tout d'abord arrêté par trois compagnies de maquisards, dont une commandée par l'écrivain Jean Prévost. Mais le 15 juin, un millier d'Allemands et de miliciens français attaquèrent Saint-Nizier à l'aube et finirent par établir une tête de pont sur le plateau, faisant vingt-quatre morts et cinquante blessés parmi les maquisards. Les Allemands, qui n'avaient eu que six morts et quinze blessés, incendièrent le village en représailles[41].

Le changement de tactique de Kœnig dans son message du 19 juin est peut-être une réaction à cet échec et à celui du mont Mouchet. Lorsque Kœnig parlait de « guérilla insaisissable », il critiquait les grosses concentrations de maquisards dans des réduits censés fixer des forces allemandes nombreuses loin de la côte. Sur le Vercors, Gilbert Joseph en était venu à sa propre conclusion que la défense statique était désormais discréditée : « En nous clouant sur place [...] la défensive constituait la négation même de notre mission, de notre raison d'être : la gué-rilla[42]. » À ce moment, deux missions alliées arrivent dans le Vercors afin de renforcer l'encadrement, les trans-missions et l'armement. La mission Eucalyptus, parachu-tée dans la nuit du 26 au 27 juin, est moins expérimentée que les précédentes équipes du SOE. Elle est menée par le commandant Desmond Longe, banquier à la Jamaïque avant la guerre et qui vient de servir en Afrique occiden-tale et en Inde. Il est décrit comme « manquant peut-être un peu de personnalité et de la faculté d'inspirer confiance à ses subordonnés ». Son français est « très faible[43] ». Son adjoint, le commandant John Houseman, géomètre-expert dans le Buckinghamshire, a servi au Moyen-Orient. Lui aussi a « une capacité limitée en français[44] ». La mission inclut un capitaine français qui arrive avec deux semaines de retard, un opérateur radio américain francophone fai-sant la liaison avec Londres, et des opérateurs français et britanniques reliant Londres et Alger. Longe s'entend tout de suite très bien avec le colonel Huet, qui invite la mis-sion à prendre ses repas à son quartier général, dans le village de Saint-Martin.

Dans la nuit du 28 au 29 juin arrive la mission des services secrets américains (OSS, Office of Strategic Ser-vices), nom de code Justine. Composée de treize hommes commandés par les lieutenants Vernon Hoppers et Chester Myers, elle fournit un encadrement moderne aux maqui-sards et les forme aux tactiques de guérilla, dont les embus-cades contre des convois allemands sur le plateau. La mission est plus dubitative au sujet du colonel Huet : « Sa formation d'officier de carrière se voyait clairement dans l'organisation des troupes sur le Vercors. » Il est cependant significatif que Huet leur ait demandé le 12 juillet d'entraî-ner des maquisards aux tactiques de guérilla[45].

Les missions alliées facilitèrent les parachutages d'armes. Un premier largage arriva le 25 juin, et l'opération Cadillac menée le 14 juillet par des Forteresses volantes américaines, qui larguèrent des armes dans tout le Sud de la France, bénéficia aussi au Vercors. Le problème récurrent était cependant que les armes lourdes, mortiers et armes antichars, ne pouvaient pas être parachutées. En conséquence, le 29 juin et dans la nuit du 7 au 8 juillet, Alger envoya un groupe de commandos pour préparer un terrain d'atterrissage près de Vassieux. Le 21 juillet, des avions apparurent dans le ciel du Vercors. Pendant un moment, les maquisards pensèrent que le soutien aérien était arrivé. Il s'agissait en fait d'une opération allemande où des planeurs déposèrent deux groupes de quatre-vingts parachutistes. Gilbert Joseph les a décrits qui « foncent en hurlant vers Vassieux et semblent tournoyer sur eux-mêmes pour mitrailler et exterminer tout ce qu'ils rencontrent de vivant[46] ». Dans le même moment, des troupes de montagne allemandes attaquent le plateau sur quatre côtés, y compris celui du sud-est, considéré comme imprenable, en hissant avec elles de l'artillerie lourde[47].

La forteresse du Vercors est sur le point d'être envahie. Eugène Chavant, chef civil du maquis aux côtés de Huet, chef militaire, est responsable du ravitaillement, des transports, des parachutages et de la sécurité. Le 21 juillet, il envoie un message désespéré à Alger : « Si aucune aide, population et nous jugerons Alger des criminels et des lâches. Je répète : des criminels et des lâches. » Le 23 juillet, le colonel Huet envoie à Londres par radio : « Tenons depuis cinquante-six heures contre trois divisions allemandes. Troupes se battent courageusement mais désespérément car elles sont épuisées physiquement et n'ont presque pas de munitions. Malgré nos demandes réitérées sommes seuls et n'avons reçu aucun secours ni aide depuis le début du combat. Situation peut d'un moment à l'autre devenir désespérée entraînant des malheurs effroyables sur le plateau du Vercors. Avons fait alors tout notre devoir mais serons pleins de tristesse sur l'ampleur des responsabilités prises par ceux qui délibérément et de lointain nous ont engagés dans une semblable aventure[48]. »

Les appels du Vercors sont renforcés par un appel direct du CNR à Paris adressé à Churchill, le suppliant de « faire parvenir aussi vite que possible aux Français de l'Intérieur qui se battent l'appui en matériel, en munitions et aussi en troupes parachutées, sans lesquels l'effort auquel ils ont été conviés est exposé à un sort douloureux et peut-être effroyable[49] ». Tous ces messages alimentèrent un conflit qui se jouait à Alger sur le soutien aérien. Le commissaire à l'Air, le communiste Fernand Grenier, demande qu'un soutien aérien soit fourni sous commandement français. Contre lui cependant se dresse Jacques Soustelle, secrétaire général du Comité de défense nationale (CDN), qui a l'oreille du général de Gaulle. Bien que le CDN ait approuvé le plan de soutien aérien le 28 juin, et que Grenier ait rédigé les deux décrets, mise en application du plan et nomination d'un commandant français, de Gaulle refuse de les signer. Peut-être voulait-il pousser les Alliés à intervenir, étant donné que les Français n'avaient en propre qu'un très faible potentiel aérien, ou peut-être préférait-il nommer Billotte à ce poste. Toujours est-il que le 27 juillet, Grenier lui adresse une lettre incendiaire : « Je n'entends pas, pour ma part, être associé à la politique criminelle qui consiste à disposer des moyens d'action et à ne pas les employer quand nos frères de France appellent à l'aide[50]. » Le lendemain, en Conseil des ministres, de Gaulle se met en colère et exige que Grenier retire sa lettre. Ce qu'il fait, tout en répétant « je considère toujours nécessaire de tout mettre en œuvre pour obtenir des Alliés notre participation la plus large possible à l'appui tactique des FFI[51] ».

La Résistance sur le Vercors s'effondra. Huet donna l'ordre aux maquisards de se disperser dans les forêts et les reliefs du plateau. Les Allemands contrôlaient les accès et organisèrent une chasse à l'homme, tuant tous ceux qu'ils pensaient impliqués dans les combats, incendiant les villages et massacrant les habitants. Un opérateur radio retrouva le corps d'une jeune femme de dix-neuf ans qui avait été secrétaire au quartier général, « les jambes démembrées, éventrée, les intestins enroulés autour du cou ». Il « revoyait aussi les corps suppliciés », dont celui de Jean Prévost, de ceux qui avaient tenté de s'échapper[52]. Au total, 639 maquisards et 201 civils furent tués, et 500 maisons détruites[53]. À la tête d'un petit groupe, Desmond Longe redescendit du plateau à la recherche d'eau et de nourriture. Le 31 juillet, ils entamèrent une retraite de 300 kilomètres vers la Suisse[54]. La section américaine resta cachée sur le plateau du 26 juillet au 6 août. « Pendant onze jours, nous n'avons mangé que des pommes de terre crues et parfois un peu de fromage » volé dans une ferme, a raconté leur chef. Après une marche forcée de 40 kilomètres, « la section a atteint le massif de Belledonne en très mauvaise condition physique. J'ai moi-même perdu seize kilos, trois des hommes n'ont pas pu marcher pendant près de deux semaines et certains ont souffert de dysenterie pendant un mois[55]. »

À l'autre bout de la France, en Bretagne, se déroulent d'autres événements dramatiques. Comme dans le Massif central et dans les Alpes, ce qui a été compris comme un appel aux armes à la BBC a entraîné une mobilisation spontanée mais prématurée. Le maquis de Saffré, à trente kilomètres dans l'arrière-pays nantais, constitue la réaction de la Bretagne aux drames de Tulle et de Revin. Depuis fin

1943, un maquis opère dans le village de Bouvron. Le samedi 17 juillet 1944, les maquisards se rassemblent dans la forêt voisine de Saffré pour y attendre des parachutages d'armes. L'abbé Henri Ploquin, curé de Bouvron, déplore l'amateurisme des maquisards et leur négligence de la sécurité. Des villageois se promenant le dimanche leur ont demandé : « Qu'est-ce que vous faites là ? […] Êtes-vous des groupes de résistance ? » Deux jeunes femmes soupçonnées d'être les maîtresses d'officiers allemands sont capturées et amenées aux chefs du maquis, qui débattent : faut-il les fusiller ? Ils les relâchent et démantèlent le camp, au cas où elles les trahiraient. Il se reconstitue deux jours plus tard, le 22 juillet, et comprend de 200 à 300 maquisards. Mais l'un des chefs échange des tirs avec deux Feldgendarmes qui donnent l'alerte, et les Allemands attaquent à l'aube du 28 juillet. Au cours des combats, vingt-trois maquisards sont tués et trente, dont l'abbé Ploquin, capturés. Emmenés dans un château près de Nantes, ils sont rapidement jugés par un tribunal militaire et vingt-sept, tous de moins de vingt-six ans (dont cinq de moins de vingt ans) sont condamnés à mort comme terroristes. L'abbé Ploquin, qui échappe à la condamnation à mort, les confesse et leur donne la communion, reçoit leurs dernières volontés et rassemble les objets qu'ils veulent transmettre à leur famille : « Je les ai tous embrassés et maintenant on nous sépare. Les vingt-sept victimes sont attachées deux par deux. C'est alors que Lucien Corgnet, âgé de vingt-six ans, fondateur et chef sous le nom de "Richelieu" du maquis de Fay-de-Bretagne, a cette parole magnifique : "Les gars, nous allons chanter *La Marseillaise* pour montrer que nous sommes Français." Et il entonne *La Marseillaise* dans la salle au moment où on leur donne l'ordre de sortir. Tous reprennent le chant en chœur et sortent dans le parc. Il fait nuit. Il pleut. Il est 22 heures 50.

Dix minutes après, nous entendons une salve. Ce sont les premiers qui tombent sous les balles allemandes, à cent mètres de nous, dans le parc. Nous tombons à genoux et nous récitons le chapelet. J'entends ainsi six, sept salves, de 23 heures à 23 heures 43 et quelques rares coups de grâce[56]. »

Sur les trois maquisards qui restent, deux sont exécutés en juillet et l'abbé Ploquin est déporté le 10 août en Allemagne. Seize autres maquisards en fuite sont pourchassés et abattus, et des fermes brûlées[57].

À cent kilomètres plus à l'ouest, dans le Morbihan, le maquis de Saint-Marcel résista plutôt mieux, grâce à la présence de forces régulières françaises et alliées. Après le jour J, le commandant local des FFI, l'ancien capitaine au long cours Paul Chenailler, avait rassemblé un maquis de 3 000 hommes. Il demanda des parachutages urgents d'armes et des renforts militaires. Une avant-garde du 4e régiment de chasseurs parachutistes arriva le 7 juin, sous les ordres du lieutenant Pierre Marienne, quatre survivants d'un groupe de neuf attaqué par les Allemands. Ils furent rejoints, le 10 juin, par cinquante parachutistes du régiment, aux ordres du lieutenant-colonel Pierre-Louis Bourgoin. Marienne et Bourgoin, tous deux Français d'Algérie, s'étaient ralliés aux Français libres, et Bourgoin avait perdu le bras droit pendant la campagne de Tunisie. Les parachutistes organisèrent le ravitaillement et l'entraînement des maquisards, que les Allemands attaquèrent le 18 juin. À la différence du Vercors, le soutien allié fut effectif : quatre chasseurs américains mitraillèrent les colonnes allemandes en route vers le maquis. Les combats violents firent trente tués et soixante blessés parmi les FFI, qui affirmèrent avoir fait cinq cents victimes parmi les Allemands, même si le bilan réel était plus proche de cinquante morts et cinquante blessés. Le maquis se proclama victorieux et se dispersa.

Marienne fut capturé et fusillé par les Allemands le 12 juillet. Bourgoin fut recherché et sa tête mise à prix[58].

Dans le Sud de la France, la situation était encore plus confuse. La présence alliée se manifesta plus tard, le 15 août, et de manière moins massive, avec le débarquement en Provence de forces françaises et américaines dont beaucoup avaient fait la campagne d'Italie. Les tensions entre les anciens officiers de l'armée d'armistice et les organisations résistantes de gauche, surtout communistes, dataient de l'invasion par les Allemands de la zone libre en novembre 1942, lorsque l'armée d'armistice avait refusé de donner ses armes à la Résistance et les avaient conservées pour sa propre Organisation de résistance de l'armée (ORA). De plus, les groupes de résistance apolitiques ou de droite avaient souvent été favorisés par les agents alliés pour les parachutages d'armes et gardaient leurs distances avec le commandement des FFI. Dans le Sud de la France, la Résistance était extrêmement diverse et fragmentée ; elle incluait des républicains espagnols, des antifascistes italiens et allemands, et des résistants juifs, communistes et sionistes, qui combattaient l'Holocauste autant que l'occupation allemande.

Cette Résistance éclatée aurait pu retrouver un peu d'ordre et de cohérence sous l'autorité du général Cochet, qui s'était enfui à Londres en novembre 1942 et avait été nommé le 8 juillet 1944 au commandement des FFI dans la zone sud, sous l'autorité du général Henry Maitland Wilson, commandant en chef allié sur le théâtre Méditerranée. La mission de Cochet était d'empêcher des forces allemandes venant du Sud-Ouest de pénétrer dans la vallée du Rhône, que les troupes alliées débarquées en Provence allaient emprunter pour remonter vers le nord. Mais Cochet, qui résistait plus contre la politique vichyste de collaboration que contre le régime vichyste lui-même, avait du mal à se faire accepter, tant par les Français libres du général de Gaulle que par la Résistance intérieure, qui voulait à la fois un changement politique et la Libération[59]. Cochet, rebuté par le mélange d'ambitions politiques et militaires qui agitait la Résistance intérieure, voulait l'encadrer par d'anciens officiers de l'armée d'armistice, qu'il appelait les ci-devant[60]. Il se disait horrifié qu'un mouvement résistant ait proclamé : « Les volontaires de la Résistance ressemblent comme des frères aux volontaires de [17]93 [...] Ils n'acceptent pas de se mettre aux ordres des "ci-devant" de l'Ancien Régime » et qu'ils ne désirent que « l'insurrection généralisée[61] ». Selon Cochet, la Résistance intérieure ne devait pas se mêler de politique : « Certains chefs de la Résistance auraient demandé la création de commissions politiques dans le maquis. » C'était pour lui inacceptable : « Les FFI sont militarisés et à ce titre, il doit leur être formellement interdit, comme aux formations régulières mobilisées, de se livrer à toute action politique[62]. »

Serge Ravanel, nommé chef des FFI de la région toulousaine par le général Kœnig le jour J avec le grade de colonel, est le type même de résistant de l'intérieur que Cochet déteste. Les deux hommes s'étaient rencontrés une fois en 1941 lors d'une conférence donnée par Cochet à Lyon ; tout en marchant le long de la Saône, ils avaient parlé de résistance. Depuis, Ravanel avait rejoint Libération et avait évolué vers la gauche jusqu'à épouser la doctrine de l'insurrection nationale. Son équipe comporte d'anciens sympathisants communistes tel Jean-Pierre Vernant, nommé chef des FFI de Toulouse et de Haute-Garonne, soit un millier de maquisards, et aussi responsable des affaires militaires du Comité départemental de la libération (CDL)[63]. Ravanel impose son autorité au détriment du délégué militaire régional, Bernard Schlumberger, qui ne parviendra jamais à le faire rentrer dans le rang. Il ne rencontre pas non plus beaucoup d'opposition de la part de Jean Cassou, vétéran du groupe du musée de l'Homme et désormais futur commissaire de la République à Toulouse. Cassou, sympathisant fervent de la cause républicaine espagnole, ne se souciait pas de contrôler les guérillas, espagnoles ou autres, extrêmement actives dans la région toulousaine.

En revanche, Ravanel a du mal à imposer son autorité aux ci-devant ouvertement soutenus par Cochet. Le colonel Pommiès, qui a constitué son propre corps franc de 9 000 hommes, surtout issus de l'armée d'armistice, refuse que Ravanel soit son supérieur hiérarchique. Lorsqu'il apprend le 21 juin l'existence de la lettre de Kœnig qui nomme Ravanel chef régional des FFI, il affirme que c'est un faux. Il ne peut accepter qu'un jeune homme, bien que polytechnicien et officier, soit le supérieur d'un vieux soldat qui a gagné ses galons au feu et non pour des raisons politiques. Il continue à appeler Ravanel par son nom de famille, Asher, qu'il orthographie Ascher pour en souligner l'origine juive, au grand dam de Ravanel. Pommiès se considère comme un vrai militaire, et n'a cure de ce qu'il appelle la politique, et encore moins du « fiasco » de la doctrine d'insurrection nationale[64]. Cassou aussi s'inquiète du comportement de Pommiès. Il écrit à Emmanuel d'Astier, commissaire à l'Intérieur, sur la nécessité d'éliminer « le particularisme prétorien. Ce sont les groupes dissidents relevant plus ou moins de l'IS [Intelligence Service], une sorte de féodalité de bandes armées qui tendent à prendre possession d'une partie du maquis et s'y tiennent en état de disponibilité, prêtes à s'adapter à n'importe quelle éventualité plus ou moins aventurière[65] ». Pommiès se fait rappeler à l'ordre par Malleret-Joinville, chef d'état-major des FFI, qui lui impose d'accepter la discipline des FFI, mais Pommiès refuse de céder. Le 4 août, un compromis accorde

une autonomie considérable à son corps franc, et le droit
d'en référer directement à Londres et Alger[66].

Ravanel rencontre aussi des difficultés avec les chefs
résistants travaillant avec les Britanniques et qui
n'obéissent qu'à eux-mêmes. La mission Wheelwright de
George Starr, du SOE, avait reçu une centaine de parachutages d'armes entre février et mai 1944, et Starr lui-même
se comportait comme un seigneur de guerre en Gascogne.
Ravanel le comparait à Lawrence d'Arabie[67]. Que ces seigneurs de guerre soient indépendants et mieux armés ne les
rendait pas plus efficaces contre les attaques allemandes.
Dans la nuit du 6 au 7 juin, les 150 hommes de Starr
récupèrent leurs armes, leurs munitions et leurs véhicules
cachés dans un château et prennent le maquis à Castelnau-
sur-l'Auvignon. Ils sont vite rejoints par 150 hommes de la
35e brigade de guérilleros espagnols, mais le 21 juin, ils
sont attaqués par 2 000 Allemands. Ils perdent 19 hommes,
affirment avoir tué 274 Allemands, et doivent se replier. Le
2 juillet, ils subissent une attaque aérienne et décident de
rejoindre à Maupas le maquis de Maurice Parisot, gérant
de domaines agricoles en Algérie avant la guerre et désormais en Gascogne. Les deux groupes fusionnent pour former le bataillon de l'Armagnac, fort de 3 500 hommes, et
attaquent les Allemands à Estang le 3 juillet et à Aire-sur-
l'Adour dans les Landes le 12 août[68]. Le courrier de Starr,
Anne-Marie Walters, envoyée à Londres le 1er août pour
rendre compte, a déclaré : « Hilaire [Starr] est strictement
un agent, ce n'est ni un politique ni un stratège […] Il a
mené une guérilla très médiocre jusqu'à sa jonction avec le
maquis Maupas et la coopération avec un groupe d'officiers français de l'armée régulière parmi lesquels je dois
mentionner le capitaine Parisot et le capitaine Monnet.
Hilaire a eu beaucoup de mal à gérer les dissensions politiques dans notre région. Il a été absolument impossible de

rester en dehors de la politique après le jour J. Nous devions nous coordonner avec des maquis locaux pour mener des actions communes[69]. »

Le corps franc de la montagne Noire, commandé par Harry Despaigne (alias le Major Richardson), du SOE, et par l'ancien administrateur colonial Roger Mompezat, refusa aussi de fusionner avec les FFI et rejeta les volontaires soupçonnés de sympathies communistes[70]. Gérald Suberville, chef des FFI de l'Hérault, qui enrôlait des cheminots et des mineurs languedociens d'Action ouvrière, ne mâcha pas ses mots. Armés jusqu'aux dents, les 700 hommes de Richardson aimaient défiler dans les rues mais « au point de vue de l'action militaire, ils n'avaient absolument rien fait sauf quelques escarmouches ». De plus, « par une campagne de calomnies, ils étaient parvenus à discréditer le maquis FFI des ouvriers de Cabardès [Aude] qui étaient taxés d'être une bande de déserteurs et de pillards ». Le séparatisme de ces corps francs ne les rendait pas plus efficaces. Le 20 juin 1944, une attaque aérienne allemande les mit en déroute et leur infligea de lourdes pertes. Ironiquement, soixante survivants rejoignirent le maquis ouvrier de Cabardès[71]. Selon Ravanel, le colonel Pommiès, lui au moins, maîtrisait les principes de la guérilla, alors que le camp retranché de la montagne Noire devint « notre Vercors[72] ».

Les républicains espagnols furent très actifs dans les maquis du Sud-Ouest, parfois au sein de groupes purement espagnols, parfois intégrés aux FTP-MOI ou à des unités telles que le bataillon de l'Armagnac. Le 14e corps de guerrilleros espagnols comportait un grand nombre de divisions, presque indépendantes. Depuis décembre 1943, Vicente López Tovar, par exemple, commandant la 15e division en Dordogne, Lozère et Corrèze, coopère avec les FTP-MOI et des groupes de l'Armée secrète. Il a affirmé avoir reçu peu d'ordres de l'état-major de Toulouse. En mai 1944, le 14ᵉ corps se réorganise en Agrupación de los Guerrilleros Españoles. Son état-major, en lien étroit avec le Parti communiste espagnol, se veut autonome par rapport à la Résistance et vise l'étape suivante de la lutte antifasciste, puisque après avoir libéré la France des Allemands, ils libéreront l'Espagne de Franco[73]. Telle est la base d'un accord conclu à Foix en juin entre l'Unión Nacional Española et le Mouvement de libération nationale (MLN) représenté par le commissaire de la République désigné Jean Cassou. Les deux parties déclarent que leur but commun est « la libération des peuples opprimés par le fascisme international » et que « le rétablissement de la liberté en France et en Espagne est un seul et même problème[74] ». Cela dit, López Tovar était gêné par le clientélisme communiste qui régnait parmi les cadres de l'Agrupación. Il se demandait par exemple comment Luis Fernández, ancien muletier qui ravitaillait en eau les bûcherons républicains cachés dans les Pyrénées et combattant peu expérimenté, était devenu chef d'état-major à Toulouse. De leur côté, Fernández et son état-major s'inquiétaient du fait que des leaders de la guérilla sur le terrain tels que López Tovar aient perdu leur innocence républicaine en coopérant avec des Français et des étrangers de toutes obédiences, communistes et non communistes[75].

Parmi les étrangers antifascistes de tous ordres qui se battaient contre les Allemands dans le Sud figuraient quelques Allemands antinazis. Près de Toulouse, un groupe clandestin d'antinazis allemands et autrichiens du Comité « Allemagne libre » pour l'Ouest (CALPO) se mobilise les 6 et 7 juin 1944. Trente-six d'entre eux rejoignent le bataillon de l'Armagnac plus tard. Le 3 juillet, ils participent aux combats à Estang où le plus âgé, Johann Haffner, socialiste de cinquante-trois ans originaire de Düsseldorf, est tué[76]. Auparavant, d'anciens brigadistes allemands, menés par l'ancien député du Reichstag Otto Kühne, s'étaient évadés de camps français et s'étaient réfugiés dans des camps de fondeurs ou de bûcherons des Cévennes. Ils prirent le maquis lors de l'invasion de la zone libre et contactèrent la direction du Parti communiste allemand à Lyon et le Comité « Allemagne libre » pour l'Ouest (CALPO). Ils coopérèrent avec les maquis français tel Bir Hakeim de Jean Capel (Barot), mais il y eut des rivalités entre chefs et ils furent massacrés à La Parade le 28 mai 1944. Kühne prit la tête des survivants et fut nommé chef des FTP-MOI pour les Cévennes, où il commanda un groupe exotique d'Allemands, de Polonais, d'Italiens et d'Arméniens [77].

Il y avait un contingent significatif de résistants juifs dans la région toulousaine, dont les sionistes de l'Armée juive de Polonski et les Éclaireurs israélites de France (EIF) de Robert Gamzon à Moissac (Tarn-et-Garonne). Un membre du groupe de Polonski, Pierre Loeb, né à Thionville, avait été mobilisé dans l'aviation en 1940 : « Pour les armes, nous n'avions guère que des sifflets, et nous n'avons rien pu faire au point de vue de l'action armée, à ce moment-là [78]. » Au printemps 1944, la situation devenant trop dangereuse à Toulouse, Loeb organise un maquis juif à L'Espinassier dans le Tarn. Juste avant le jour J, il reçoit l'ordre de rejoindre un maquis de la montagne Noire, composé de trois pelotons, un de Français, un de républicains espagnols et un de juifs, le peloton Trumpeldor (du nom d'un héros sioniste mort en Palestine en 1920), identifié par un insigne bleu et blanc. Même si le peloton juif avait un comportement militaire exemplaire, ses particularités contrariaient le commandant français, le capitaine de Kervenoaël, qui déclara : « Vous nous emmerdez avec votre problème juif. Changez de nom, épousez des chrétiennes, dans une génération il n'y aura pas de problème juif[79]. » Pendant ce temps, à Moissac, les éclaireurs de l'EIF doivent se disperser en mai 1944, après trois ans de régime vichyste et dix-huit mois d'occupation allemande. Robert Gamzon leur donne le choix entre partir en Espagne ou rejoindre un maquis à Vabre dans le Tarn, la compagnie Marc-Haguenau, du nom d'un militant de l'EIF arrêté par la Gestapo à Grenoble en février 1944 et abattu lors d'une tentative d'évasion. À la suite d'une attaque allemande les 7 et 8 août qui fait sept morts parmi les maquisards, dont trois juifs, la compagnie est placée sous les ordres du général Dunoyer de Segonzac, ancien directeur de l'École des cadres d'Uriage, qui a rompu avec Vichy, a contacté Pommiès à Toulouse et commande désormais ce maquis[80].

Tous ces groupes étaient de fait nombreux, divers et agissaient souvent sans contrôle opérationnel. Le réseau le plus efficace de juifs communistes à Toulouse était la 35e brigade des FTP-MOI, dite brigade Marcel-Langer. Serge Ravanel l'a dit plus tard : « Mon mouvement n'avait que peu de contacts avec eux. La clandestinité obligeait à des cloisonnements rigoureux. Mais nous connaissions leur présence et souvent leurs exploits. Nous reconnaissions leur signature à la façon dont ils effectuaient leurs actions[81]. » L'une d'elles fut l'assassinat en octobre 1943 de l'avocat général Pierre Lespinasse, qui avait requis la peine de mort contre Marcel Langer. Une autre, malheureusement dramatique, fut l'explosion d'une bombe au cinéma des Variétés à Toulouse le 1er mars 1944, qui entraîna la vague d'arrestations du 4 avril[82]. Les leaders des FTP-MOI réagirent sans délai et écartèrent Jan Gerhard, chef ambitieux de la 35e brigade, qui fut envoyé commander un maquis dans les Ardennes. Son remplaçant, Claude Urman, n'a que vingt-trois ans. Né à Varsovie, il avait voulu combattre en Espagne mais, trop jeune, il avait été refoulé.

Norbert Kugler, chef des FTP-MOI de Lyon, l'envoie à Toulouse où il arrive en plein désastre et se replie dans un maquis du Tarn, la guérilla rurale prenant le pas sur les actions urbaines, plus dangereuses[83]. Les militants arrêtés – Marc Brafman, Sewek Michalak et les frères Lévy – sont déportés dans le « train fantôme » qui ramasse des prisonniers à Toulouse, au Vernet et à Noé, et qui part pour Dachau le 2 juillet 1944. Sa progression est ralentie par les bombardements alliés et le 26 juillet, près de Lyon, Brafman et les frères Lévy s'évadent[84].

Dans les dix semaines qui suivirent le Débarquement, la région lyonnaise fut presque aussi désorganisée que la région toulousaine. Le contrôle exercé par Londres et Alger par l'intermédiaire du délégué général du Comité français de libération nationale fut déstabilisé par l'arrestation et le suicide de Jacques Bingen, son adjoint pour la zone sud. Le pilier de la Résistance à Lyon était Alban Vistel, à la fois chef des Mouvements unis de la Résistance (MUR) et président du Comité départemental de la libération. Il travaille avec Albert Chambonnet, nom de code Didier, fils d'un mineur d'Alès, ancien aviateur devenu chef des FFI de la région lyonnaise. Ils font face aux défis des seigneurs de guerre, d'une révolte populaire et de la diversité de la Résistance antifasciste.

Le commandant Romans-Petit, épaulé par Richard Heslop, agent du SOE, régnait sur l'Ain et défendait farouchement son autonomie[85]. C'est lui qui avait mis en scène la libération symbolique d'Oyonnax le 11 novembre 1943. Chambonnet, soutenu par Vistel, voulait se débarrasser de Romans-Petit et le remplacer par un général beaucoup moins controversé et qui avait contacté l'Armée secrète[86]. Malheureusement, Chambonnet fut arrêté à Lyon par la Gestapo en juin 1944 et Alban Vistel assuma les responsabilités militaires de Chambonnet. Ceci permit à Romans-

Petit de prendre des risques. Les 10 et 11 juillet 1944, les Allemands lancèrent une grande offensive contre son maquis. Des combats se déroulèrent pour le contrôle de Nantua et d'Oyonnax, mais au bout de trois jours, Romans-Petit ordonna la retraite dans les montagnes, livrant les habitants à la colère des Allemands. Pauline Mercier, dont le mari pharmacien avait été abattu par les Allemands en décembre 1943, se fit infirmière pour évacuer en camion de l'hôpital de Nantua vingt-deux maquisards blessés vers un village du Jura : « Les Allemands étaient à dix minutes de nous, a-t-elle raconté, et les habitants savaient qu'ils seraient impitoyablement fusillés et le village brûlé si les Allemands apprenaient qu'ils nous avaient donné asile. » Ils poursuivirent alors jusqu'au Crêt de Chalam[87]. Les Allemands reprirent Oyonnax et Nantua et infligèrent de sévères représailles aux villes et villages alentour. Marcelle Appleton, figure majeure de la Résistance dans la Bresse, a estimé que la différence entre les communautés du Vercors et celles de l'Ain était que « au Vercors, ceux-ci savent que là où ils ont souffert, le maquis a souffert plus qu'eux, qu'il s'est toujours sacrifié pour les défendre. Dans l'Ain, sentiment contraire. Le maquis nous a laissés seuls, livrés aux représailles[88] ». Convaincu que Romans-Petit devait partir, Vistel va le voir le 15 août, mais le commandant a reconstitué ses forces et renforcé sa position et Vistel n'a ni le pouvoir ni le soutien suffisant pour le destituer.

Pendant ce temps, la pression monte dans la classe ouvrière lyonnaise pour réclamer des armes et déclencher une forme d'insurrection nationale. Action ouvrière pousse dans ce sens, soutenue par les cheminots et les ouvriers des grandes usines de la banlieue lyonnaise. Leur leader, Jean Gay, a été arrêté en mars 1944, ce qui n'a pas entamé la combativité d'Action ouvrière. Les groupes des ateliers ferroviaires d'Oullins, du dépôt de Vénissieux et de l'usine de camions Berliet écrivent à Vistel le 17 juin 1944. Ils dénoncent ce qu'ils appellent l'attentisme des chefs résistants, demandent un front uni avec les organisations communistes et exigent d'armer les milices patriotiques de six ou sept hommes formées parmi les ouvriers pour quadriller les usines et les villes et aider les FFI. La réponse de Vistel est molle : le matériel de l'ancienne armée d'armistice n'a pas pu être récupéré, mais il continuera de presser les autorités alliées et françaises d'armer le peuple[89]. Le 10 juillet, la cellule Action ouvrière d'Oullins enfonce le clou : « Nous vous prions de faire connaître au maréchal [*sic*] Kœnig que nous ne comprenons pas le terme de son câble, où il donne l'ordre de ralentir au maximum les guérillas. L'exemple du maréchal Tito ne doit-il pas nous inspirer ? [...] Le mot d'ordre du jour J et de l'heure H a chloroformé la volonté d'action de la population en général et les ouvriers en particulier[90]. »

D'autres groupes de résistants lyonnais s'activent aussi. À l'université, la Jeunesse étudiante chrétienne (JEC) est partagée entre accepter ou refuser le STO. Jean-Marie Domenach et son ami Gilbert Dru mènent l'opposition, minoritaire, et sont soutenus par leurs aînés de *Témoignage Chrétien*, tels Pierre Chaillet et André Mandouze. Domenach était resté en lien avec Dunoyer de Segonzac, le directeur de l'École d'Uriage dissoute après l'occupation de la zone libre. En juillet 1943, Domenach rejoint un maquis fondé dans le Vercors par des anciens d'Uriage et travaille avec les « équipes volantes » qui parcourent le maquis de camp en camp pour former et divertir les maquisards. Après une attaque allemande en décembre 1943, le maquis se disperse et Domenach rejoint Dunoyer de Segonzac dans le Tarn en juin 1944 pour commander le corps franc Bayard, et méditer sur cette nouvelle incarnation de la chevalerie[91]. De son côté, en octobre 1943,

Gilbert Dru s'est rendu à Paris pour y rencontrer des chefs de la Résistance chrétienne. De retour à Lyon, il crée le Comité de coordination et d'action chrétienne (CCAC), qui relie les militants chrétiens dans les Comités départementaux ou locaux de la libération et qui coopère avec la CGT et les syndicalistes chrétiens. Malheureusement, Gilbert Dru est arrêté après une réunion du CCAC le 17 juillet 1944, ainsi qu'un ami savoyard, Francis Chirat, et emprisonné à Montluc[92].

Également clandestin à Lyon mais à l'opposé de ces résistants chrétiens de la classe moyenne se trouve le réseau Carmagnole-Liberté, des FTP-MOI. Il est composé non pas de Lyonnais mais de groupes disparates réfugiés à Lyon : des jeunes juifs polonais qui ont échappé aux rafles à Paris – « la génération de la rafle » –, des jeunes juifs roumains ou hongrois qui étudiaient en France à cause du *numerus clausus* dans leur pays, des immigrés italiens antifascistes et des républicains espagnols, commandés par des résistants plus âgés, anciens des Brigades internationales[93]. Un groupe de Carmagnole-Liberté commandé par Ignaz Krakus a quitté Lyon pour un maquis, mais des jeunes sont restés en ville pour poursuivre la guérilla urbaine contre les Allemands. Ils n'ont d'autres armes que celles qu'ils se procurent en attaquant des soldats allemands ou des garages pour véhicules allemands. Le 3 juillet, un garage de la rue Félix-Faure à Lyon est attaqué par cinq résistants, parmi lesquels un immigré italien, Léon Landini, dont le frère aîné est commissaire politique de Carmagnole, et Jeanine Sontag, juive polonaise ayant abandonné ses études pour rejoindre la résistance. Au moment où ils s'approchent arrivent plusieurs camions de policiers vichystes et d'Allemands. Les résistants s'enfuient en grimpant à une échelle vers une verrière au fond du garage, mais Jeanine Sontag se tord la cheville et ne peut suivre. « Apeurés, ne sachant que faire, a raconté Landini, le cœur douloureux de ne pas avoir accompli notre rôle de protecteurs, nous nous sommes éloignés très lentement des lieux du combat[94]. » Ils furent eux aussi capturés plus tard mais ne connurent pas le même sort que Jeanine.

Ceux qui étaient emprisonnés pour faits de résistance étaient traités comme otages et susceptibles d'être exécutés à tout moment. Dans la nuit du 26 au 27 juillet, une bombe explose au Moulin à vent, un café de la place Bellecour, au centre de Lyon, prisé des soldats allemands. Le lendemain, un camion s'arrête devant le café. Il vient de la prison de Montluc. Cinq hommes sont débarqués, abattus, l'un après l'autre, et abandonnés dans le caniveau. Il s'agissait de Léon Pfeffer, vingt et un ans, résistant juif allemand de Carmagnole-Liberté, dont les parents avaient été déportés depuis Paris en 1942 ; de René Bernard, chaudronnier et militant des Jeunesses communistes ; du commandant régional des FFI, Albert Chambonnet ; et des résistants chrétiens Gilbert Dru et Francis Chirat. Ils venaient des divers courants de la résistance lyonnaise et ils furent plus proches dans la mort qu'ils ne l'avaient été de leur vivant. De peur d'irriter les Allemands, le cardinal Gerlier refusa d'officier lors de leurs funérailles[95].

Plus inhumain encore fut le massacre de Saint-Genis-Laval au sud-est de Lyon. Alors que l'étau se resserrait autour d'eux, les Allemands se débarrassaient des prisonniers politiques en les déportant ou, tout simplement, en les éliminant. Au matin du 20 août, ils embarquèrent cent prisonniers de Montluc dans des camions pour les conduire au fort désaffecté de Côte-Lorette. Par groupe de six, les mains ligotées dans le dos, ils les firent monter au premier étage de la maison du garde, où ils furent abattus. Leur sang traversa le plancher. Quand la pièce fut remplie de cadavres, le massacre se poursuivit au rez-de-chaussée. Puis le bâtiment fut incendié. Yves Farge, nouvellement nommé commissaire de la République, a raconté la suite : « On voit se dresser à une fenêtre une victime sur laquelle ils dirigent un feu nourri de mitraillette. "À ce moment – déclara un témoin –, criblé de balles et sous l'action de la chaleur, son visage se fixa, se crispa… et la température augmentant, ce visage fond comme de la cire." Deux autres malheureux, qui n'avaient été que blessés, sautent par la fenêtre. Ils sont abattus, puis les corps sont jetés dans la fournaise. Les monstres sortent du fort, leurs vêtements souillés de sang et de cervelle[96]. »

Parmi les victimes figurait Jeanine Sontag.

À Paris, la bataille pour le commandement de la Résistance fut encore plus féroce. Le problème n'était pas de mettre au pas des seigneurs de guerre échappant au contrôle des FFI, mais de savoir qui commanderait aux FFI dans le débat sur l'insurrection nationale. La situation se compliquait du fait que Paris était à nouveau le siège du gouvernement, le point de relais des ordres venant du Commandement suprême allié, et le creuset d'une insurrection nationale éventuelle, si les Parisiens renouaient avec leur tradition révolutionnaire.

Au sein du Conseil national de la Résistance et de son Comité d'action militaire (COMAC), la lutte de pouvoir continue pour savoir qui commandera aux FFI. Alexandre Parodi, délégué du Comité français de libération nationale, et Jacques Chaban-Delmas, délégué militaire national, veulent convaincre le COMAC que les ordres viennent du général Kœnig, le seul à connaître la stratégie des Alliés, et que le COMAC est là pour transmettre ces ordres aux chefs des FFI. Mais le 21 juin, Pierre Villon, leader du mouvement Front national, expose au Conseil national de la Résistance (CNR) que seul le COMAC comprend les réalités de la résistance en France et que son autorité devrait primer celle de Kœnig. Le même jour, il dit au COMAC que les ordres de Kœnig ne tiennent compte que de la stratégie des Alliés et ne mentionnent pas la Résistance. Le CNR soutient Parodi mais la majorité du COMAC, contre Chaban-Delmas, affirme que « l'action intérieure a besoin d'être conduite par la Résistance intérieure[97] ».

L'opinion des délégués de Londres et l'influence des Alliés avaient beaucoup moins de poids auprès du Comité parisien de la libération, dominé par les communistes, qui se présentait comme porte-parole et instrument du Paris révolutionnaire. Le Comité était présidé par André Tollet, à la tête de la fédération parisienne des syndicats. Tollet avait le soutien du journaliste André Hoschiller (André Carrel) et, depuis peu, celui de Georges Marrane, maire d'Ivry-sur-Seine avant la guerre, qui avait passé trois ans à sillonner les routes de France sur son vélo pour le Front national. S'opposaient à lui Roger Deniau, syndicaliste socialiste représentant Libération-Nord, Marie-Hélène Lefaucheux (épouse de Pierre Lefaucheux, emprisonné) de l'Organisation civile et militaire, et surtout Léo Hamon, de Ceux de la Résistance, la branche nord de Combat. L'influence du Comité découlerait du pouvoir qu'il allait conquérir. Depuis la Révolution, Paris était sous le contrôle étroit de l'État : Paris n'avait pas de maire, et le pouvoir de l'État dans la capitale était exercé par le préfet de la Seine et le préfet de police. Les communistes du Comité parisien de la libération veulent rétablir une représentation populaire, inédite depuis la Commune de Paris en 1871. Pendant le mois de juin 1944, ils font campagne pour que le nouveau préfet de la Seine soit nommé par eux et non par le Comité français de libération nationale. Mi-juillet, lors d'une réunion du Comité parisien de la libération à laquelle assiste Parodi, Tollet lit une lettre du parti communiste clandestin proposant la candidature de Georges Marrane lui-même, et soulignant que sous le Front populaire, il a présidé le conseil général de la Seine, aboli depuis par Vichy. Tollet ajoute que l'on a besoin « [d']un administrateur qui soit en même temps un homme de masse, ayant l'oreille de la population dont il traduit les aspirations auprès du gouvernement. Dans le passé, la population [de Paris] a été brimée par la représentation imposée par les gouvernements. L'esprit démocratique veut que l'on tienne compte de la volonté populaire et des mouvements de masse[98] ».

Les membres non communistes du Comité lui répondent que le préfet doit être nommé par le gouvernement, comme c'est le cas depuis Napoléon. Marcel Flouret, issu de la Cour des comptes et ancien directeur de cabinet du ministre de l'Air de Vichy en juin-juillet 1940, est nommé préfet, à la fureur des communistes.

En l'absence de pouvoir exécutif, le Comité parisien de la libération renforce le pouvoir du peuple alors que l'emprise allemande s'affaiblit. De la même manière qu'en 1789 les Parisiens avaient manifesté pour exiger du pain, une manifestation se forme le 1er juillet 1944 dans le faubourg Saint-Denis et progresse vers la place de la République. Considérant qu'il s'agit d'une marche de la faim, les Allemands n'interviennent pas. Un témoin a raconté : « Ce sont les jeunes qui démarrent, formant la chaîne en tête et commençant la diffusion du matériel à la volée. Aussitôt, une foule énorme s'agglomère. Toutes les ménagères abandonnent la queue pour se joindre au cortège [...] Le faubourg était bientôt noir de monde et une puissante colonne le remontait en clamant les mots d'ordre [...] "Nous voulons du pain", "À bas les affameurs", "Du lait pour nos gosses", "À manger" furent les mots d'ordre essentiels du début ; puis bientôt, ce qui domina, ce fut "À mort la Milice", "À mort Darnand", "Pétain au poteau", "Laval au Poteau" [...] À la hauteur de la rue de Lancry, les forces allemandes armées de mitraillettes arrivèrent, tandis qu'apparaissaient les cars de police. Les cars ont suivi longtemps le cortège sans intervenir [...] Un camarade prit la parole au coin de la rue du Château-d'Eau disant entre autres : "Parisiens, malgré les Boches et les bandits de la Milice, le pavé de Paris vous appartient[99]." »

Une autre occasion importante pour le Comité parisien de la libération fut le 14 juillet 1944. Cette célébration, ainsi que l'usage du drapeau tricolore, avait été interdite par les Allemands et les tentatives sporadiques de célébrer la fête nationale avaient été réprimées par les autorités allemandes et par Vichy. Désormais, la BBC relaie les appels à commémorer le 14 juillet et les Parisiens veulent se montrer présents, même si la répression n'est jamais aussi féroce que lorsque les Allemands se sentent acculés. Les comités locaux du Comité parisien organisent des grèves dans les usines, des défilés dans les rues et le déploiement de drapeaux tricolores. Après une marche jusqu'au monument aux morts de l'hôpital de la Salpêtrière dans le XIIIᵉ arrondissement, des membres du personnel décident de hisser le drapeau sur le clocher de la chapelle. Un blindé allemand arrive, dont l'équipage les force à décrocher le drapeau, mais une infirmière a raconté : « Nous étions tous heureux car notre drapeau avait flotté plus d'une heure et avait été vu de partout aux alentours[100]. » Au Comité parisien, on rapporte que 100 000 personnes sont sorties dans les rues, « ce qui doit inciter toutes les organisations et mouvements de résistance à développer leur action en vue d'entraîner les masses à la résistance et à la lutte contre les envahisseurs et leurs valets[101] ». Les banlieues ouvrières de Paris, la ceinture rouge, où les communistes sont implantés, sont particulièrement actives. Pierre Georges, alias le colonel Fabien, qui commande les FTP de la rive gauche et des banlieues sud de Paris, protège d'une éventuelle attaque allemande un défilé au cimetière d'Ivry, où les Allemands ont enterré les résistants fusillés au mont Valérien ou à Vincennes[102]. La foule se joint alors aux cheminots grévistes de Vitry-sur-Seine et de Villeneuve-Saint-Georges convergeant vers Choisy-le-Roi, où s'élève une statue de Rouget de Lisle, auteur de *La Marseillaise* en 1792. Sur le chemin du retour, sept cheminots de Vitry et neuf de Villeneuve sont arrêtés par les Allemands. Les cheminots des lignes sud et est de la capitale se mettent en grève pour demander leur libération et entraver la retraite allemande. Les grévistes se réunissent dans les cantines des usines, où les orateurs sont protégés des arrestations par les milices patriotiques, équipes de sécurité qui forment le noyau de forces révolutionnaires locales contrôlées par les communistes[103].

En région parisienne, pendant la première quinzaine du mois d'août, les grèves gagnent les usines, le bâtiment, les banques, les compagnies d'assurances, les Galeries Lafayette et les services publics[104]. L'électricité et le gaz sont coupés. Les cinémas et les restaurants ferment[105]. La question brûlante est cependant de savoir si les manifestations et grèves évolueront vers l'insurrection, voire s'il faut la provoquer. Le 3 juillet, le colonel Rol-Tanguy, chef des FFI pour la région parisienne, a rapporté qu'il ne disposait que de 1 750 hommes armés mais qu'avec les mouvements de résistance, il pourrait en mobiliser 60 000, sauf qu'il manque d'armes. Les FFI étant peu nombreux, cet effectif ne pouvait être atteint que par la formation de milices patriotiques dont le COMAC ordonne la création dans les usines, les quartiers et les villages le 26 juillet, et qui pourraient devenir des instruments de l'insurrection nationale.

Une semaine plus tard cependant, un télégramme de Kœnig annonce que Eisenhower a déclaré que ce qu'il appelle « l'armée des FFI » sous les ordres de Kœnig est « considérée comme partie intégrante des forces expéditionnaires interalliées sous le commandement d'Eisenhower[106] ». Les non-communistes, pensant avoir repris l'initiative, lâchent leur fiel sur les prophètes de l'insurrection nationale. Léo Hamon ne mâche pas ses mots contre Maurice Kriegel-Valrimont, du COMAC : « Toujours ce pathos emphatique noyant ses insinuations que je reconnais parfaitement comme de la pontification solennelle. À partir du moment où le bougre ne trompe pas, il exaspère[107]. » Jacques Lecompte-Boinet a la même opinion de Pierre Villon, son collègue du CNR : « Son intelligence est très grande, mais il est primaire et violent. Lorsqu'il parle de l'intérêt français, je ne puis oublier, malgré tous mes efforts, que c'est un communiste d'obédience moscovite qui parle[108]. »

Le jour J fut le signal pour des milliers de jeunes Français qui sortirent de l'ombre et prirent le maquis, prêts à soutenir les Alliés et les forces françaises revenues se battre en métropole après quatre longues années. Mais l'aide des Alliés et des Français se fit attendre. Les Alliés avaient leurs propres priorités stratégiques et n'estimaient guère les forces régulières françaises capables d'une opération sérieuse, sans même parler de l'armée hétéroclite des FFI. Ils ne voulaient pas être entraînés dans des controverses politiques françaises, surtout celles qui impliquaient une menace communiste. L'insurrection nationale était le slogan de beaucoup de Français, mais il n'avait pas le même sens pour tous. Lorsque de Gaulle l'avait mentionné en 1942, c'était pour asseoir son autorité sur la Résistance intérieure et démontrer sa légitimité populaire aux Alliés. Deux ans plus tard, ayant passé des accords avec les vichystes et les giraudistes en Afrique du Nord, le terme ne faisait plus partie de son vocabulaire. À l'inverse, il était utilisé par les communistes et leurs alliés pour lutter contre les résistants non communistes et encourager les FFI à passer à l'action. C'était aussi le moyen de critiquer le général Kœnig à Londres, et ses ordres, modelés sur la volonté des Alliés plutôt que sur les aspirations des Français.

En fin de compte, la question de savoir qui commandait les FFI restait presque théorique. Les liens entre Résistance intérieure et Résistance extérieure établis par Jean Moulin n'avaient jamais été entièrement reconstitués depuis son arrestation, et un délégué général comme Alexandre Parodi n'avait pas l'autorité et la persuasion de Moulin. Au niveau régional, les commandants FFI avaient du mal à discipliner les composantes multiples de la Résistance, que ce soient les seigneurs de guerre tels Pommiès, Starr ou Romans-Petit, les insurgés populaires de Paris et de Lyon, ou les divers groupes de résistants antifascistes, de juifs polonais, de républicains espagnols, d'Italiens et d'Allemands. Ces groupes de résistants suivirent leur propre chemin, organisant leurs propres opérations au gré des opportunités. Durant les dix premières semaines, les résultats furent spectaculaires mais souvent catastrophiques. Les Allemands considéraient les gens des maquis et ceux qui menaient des guérillas urbaines comme des terroristes à fusiller sans jugement dès leur arrestation. Ceux qui les cachaient s'exposaient eux aussi à de féroces représailles. Le coût de ces actes de résistance fut très élevé. La situation ne se renversa qu'après le 15 août et la Libération s'annonça enfin.

# 14

## Libération

*Le charcutier, allongé dans le caniveau,
joue de son fusil-mitrailleur, comme en
1914.*

Témoignage d'un témoin oculaire,
Mme Lamontellerie, Paris XVIIe

Le 16 août 1944, le lendemain des premiers débarquements alliés en Provence, le général Diego Brosset débarque lui-même avec la 1re division de la France libre, après quatre années d'absence du sol français. Il note : « Ce débarquement a été une étonnante réussite. Pratiquement pas de résistance, bonne action FFI, tête de pont immédiatement assurée, exploitation rapide, abords de Hyères atteints à J+3, Draguignan pris à J+2, on pousse vers Aix, mais [1]... »

La réussite était incomplète. Les forces françaises étaient un partenaire mineur de la 7e armée américaine dont elles faisaient partie [2]. Les Français reçurent la mission de s'occuper de la résistance allemande sur la côte et de prendre un grand port, Toulon ou Marseille, avant J+25, tandis que les Américains eux-mêmes poussaient au nord vers Grenoble et Lyon. En fait, Brosset, « entouré de bras de femmes et de mains d'hommes », pénétra dans Toulon le 23 août, en une semaine seulement, et le 27 août, il y eut un défilé triomphal de l'armée B, auquel il participa. Ceci révéla un deuxième problème, la tension toujours vive entre les Français libres aguerris qui avaient combattu en Afrique depuis 1941 et ceux de l'armée d'armistice ou de l'armée d'Afrique qui les avaient rejoints beaucoup plus tard. Brosset considérait le général de Lattre, issu de l'armée d'armistice et commandant de l'armée B qui amalgamait ces différentes forces, plus comme un cabotin que comme un soldat endurci par des années de guerre en Afrique : « Il […] ne pense qu'à sa gloire, comme le Roi-Soleil, mais lui pour le faire a le cinéma, il en use et abuse. […] De Lattre triomphe seulement dans le cabotinage[3]. » De même, il regardait de haut certaines unités de l'armée d'Afrique, telle la 9e division d'infanterie coloniale : « Cette division encore trop jeune défile mieux qu'elle se bat, le contraire de la mienne. » Le défilé de Toulon démontra aussi que si les Français étaient heureux que leurs libérateurs aient enfin débarqué, certains restaient sous l'emprise de la mystique du maréchal Pétain et ne soutenaient pas unanimement de Gaulle : « Foule nombreuse assez enthousiaste, assez peu d'ovations à de Gaulle, quelques cris de "Vive l'armée" mais vraiment l'accent sur "Vive la France"[4]. »

À la domination des Américains et à l'héritage de Vichy s'ajoutait un troisième problème : les relations entre les FFI, qui résistaient aux Allemands depuis des mois, et les armées françaises de retour sur le sol de leur pays pour la première fois depuis 1940. Les débarquements en Provence provoquèrent aussi des grèves chez les ouvriers qui voulaient paralyser ce qui restait de la machine de guerre allemande, et l'émergence de Comités de la libération. Composés de représentants des organisations résistantes, des partis politiques et des syndicats, ces comités tentèrent d'arracher le pouvoir aux autorités de Vichy presque partout, dans les villes, villages et départements. Cela accentua le débat qui faisait rage entre ceux pour qui la libération nationale devait s'accompagner d'une insurrection nationale et ceux qui voulaient éviter à tout prix l'insurrection nationale mais faire disparaître Vichy, en faisant passer sans heurt le pouvoir au gouvernement républicain provisoire.

Le conflit s'exacerbe à Marseille, grand port industriel, au riche passé révolutionnaire. Le 6 août 1944, Raymond Aubrac, nommé commissaire de la République pour la région marseillaise, revient d'Alger via Naples, Ajaccio et Saint-Tropez où il atterrit le 18 août. Sa mission est de s'assurer que le gouvernement provisoire prenne le pouvoir et contrôle la situation. Cependant, le jour de son arrivée, les ouvriers marseillais déclenchent une grève générale et le lendemain, le Comité départemental de la libération des Bouches-du-Rhône proclame l'insurrection générale. La ville se couvre de barricades, forçant les Allemands à se retrancher dans quelques positions faciles à défendre. Le 24 août, Aubrac déjeune avec le général de Lattre à Aubagne, symbolisant ainsi l'unité des pouvoirs civil et militaire. Mais on vient le chercher dans une voiture des FFI qui va à la préfecture où le Comité de la libération dirige ce qui ressemble à une situation révolutionnaire[5]. Aubrac s'appuie sur le parti communiste et les syndicats pour restaurer l'ordre et il neutralise la police de Vichy et la Milice collaborationniste en créant des Forces républicaines de sécurité (FRS) recrutées parmi les FTP et les milices patriotiques. Pour soutenir l'effort de guerre, il réquisitionne quinze sociétés de transport et de manutention, soit plus de 15 000 employés, dont les dirigeants ont été arrêtés pour collaboration. Certains eurent le sentiment que le commissaire était passé de l'autre côté et légitimait un nouvel ordre révolutionnaire[6].

À 1 200 kilomètres de là, en Bretagne, l'équilibre des pouvoirs entre les Alliés, les forces françaises et la Résistance était très différent. Le 30 juillet, les Américains du général Bradley ont percé les lignes allemandes à Avranches, près du Mont-Saint-Michel. Les Américains veulent progresser vers l'est et repousser les Allemands vers la frontière. Avec une petite force américaine, le général Patton se dirige vers la Bretagne et le Val de Loire, assez satisfait de coopérer avec des officiers français de l'armée régulière et avec les FFI. Le commandement des FFI en Bretagne n'est pas aux mains d'un communiste mais d'un personnage atypique, le colonel Albert-Marie Eon, quarante-neuf ans, un artilleur de l'armée d'Afrique qui a fait la campagne de Tunisie avec Giraud avant de quitter Alger en bateau pour l'Angleterre pour être formé aux opérations secrètes en vue du Débarquement[7]. Il a défendu l'idée que la Résistance était beaucoup plus utile aux Alliés dans les régions proches de leur théâtre d'opérations que loin de la côte, dans le Massif central ou dans les Alpes, et le 25 juillet, Kœnig l'a nommé commandant des FFI en Bretagne, le préférant au colonel Passy qui voulait ce commandement et tenta de discréditer Eon par des rumeurs, « un excité, un fou ». Mais Passy doit servir sous ses ordres comme chef d'état-major[8]. Eon s'entoure d'officiers qui pour beaucoup ont fait la campagne de Tunisie. Il bénéficie aussi du renfort de onze équipes Jedburgh formées chacune de trois militaires, un Américain, un Britannique et un Français, qui supervisent les parachutages d'armes pour 30 000 hommes, les entraînent et coordonnent les actions des résistants avec la stratégie des Alliés. Eon a rencontré ces équipes pour leur expliquer les particularités du bocage breton, paysage rural de haies et de chemins creux qui avait permis aux chouans de se cacher pendant la Révolution[9].

Le colonel Eon est parachuté en France dans la nuit du 4 au 5 août et établit son quartier général près de Guingamp, dans les Côtes-du-Nord. Sa mission est de renseigner les Alliés sur les positions allemandes et sur le soutien opérationnel des FFI à l'offensive américaine en Bretagne. Le général Bradley est d'abord sceptique sur l'utilité des FFI et veut qu'ils se retirent ou qu'ils enterrent leurs armes dès que les soldats alliés auront pris le dessus. Mais Kœnig s'y oppose, et en l'occurrence, les événements se déroulent trop vite pour que ce plan soit réaliste[10]. Le 17 août, près de Paimpol, Eon a raconté que « pour la première fois, des unités constituées de forces françaises se montant à un effectif de 2 500 hommes environ, travaillant sous un commandement unique en coopération avec les chars, l'artillerie et le Technical Air Force américains, prenaient à leur compte et menaient à bien la réduction d'un important noyau de résistance ennemie dans des conditions particulièrement brillantes[11] ».

L'efficacité du soutien des FFI aux opérations américaines mène à la libération de Rennes le 4 août, d'Angers le 10 août et de Nantes le 12 août. Les Allemands sont repoussés dans des poches à Saint-Nazaire, Lorient et Brest, ports qu'ils avaient fortifiés. Les armées américaines se dirigent maintenant vers la Seine à l'est. Le 3 septembre, les avions américains qui attaquent les positions allemandes de la presqu'île de Crozon près de Brest frappent le quartier général d'Eon et le village de Telgruc, réduits à « un brasier et un amoncellement de ruines », anéantissant du même coup les relations franco-américaines en Bretagne[12]. Eon proteste auprès du général américain Middleton pour cette erreur et lui reproche de sous-estimer la contribution des FFI et de la population bretonne. Mais à cette date, il a aussi appris que de Gaulle a dissous les FFI, qui sont renvoyés chez eux ou incorporés dans l'armée régulière, et il part dûment à Paris.

Entre-temps, le transfert du pouvoir de Vichy au gouvernement provisoire républicain est compliqué par la présence des Américains, qui n'ont toujours pas reconnu le gouvernement provisoire français. Le risque subsiste, même faible, que les Américains écartent de Gaulle au profit d'un accord avec ce qui reste du régime de Vichy. Le 10 août, alors que les Américains approchent et que les Allemands se retirent, Michel Debré, nommé commissaire de la République pour la région d'Angers, entre dans la préfecture avec son laissez-passer du Conseil d'État et déclare prendre le pouvoir au nom du général de Gaulle. Il serre la main du préfet de région de Vichy, qui se retire sans protester, s'assied au bureau vide et déclare : « Je suis devenu l'État [13]. » Son autorité s'étend de Tours à Nantes, où le colonel américain chargé de la ville continue de traiter avec le préfet de Vichy. Le 15 août, Debré part en hâte à Nantes pour voir ce colonel, lui expliquer que le régime de Vichy est fini et que de Gaulle assume désormais le pouvoir. Il installe le préfet approuvé par le Comité général d'études, que les notables pétainistes emmenés par l'évêque ignorent, et que le Comité départemental de la libération contrôlé par les communistes tolère du bout des lèvres [14].

Ces événements illustrent les obstacles qui se dressaient sur la voie de la libération de la France par les Français eux-mêmes. Les relations entre les Français et les Alliés étaient encore très difficiles. Les forces françaises étaient placées sous le commandement du général Eisenhower, dont la stratégie faisait primer la défaite de l'Allemagne sur la libération de la France, ce qui explique par exemple que les Alliés aient bombardé impitoyablement la machine de guerre allemande en France, au prix de 60 000 morts. À l'été 1944, les forces françaises avaient le sentiment de jouer un petit rôle dans un grand drame, cantonnées aux tâches que les Américains n'avaient pas le temps d'accomplir. De plus, les Américains se méfiaient des FFI, peu entraînées et mal équipées, contrôlées selon eux par les communistes et partisans de l'insurrection nationale. Après la guerre, Eisenhower reconnut que la Résistance avait fait gagner du temps aux Alliés et leur avait évité des pertes, en facilitant leur avancée stratégique vers l'est, mais en 1944, il y avait eu moins de louanges [15]. Beaucoup de Français continuaient à soupçonner les Alliés de vouloir installer un gouvernement militaire en France plutôt que de les laisser se gouverner eux-mêmes démocratiquement.

L'administration Roosevelt était hostile au général de Gaulle et, même après la visite du Général à Washington en janvier 1944, il paraissait encore possible que les Américains concluent un accord de dernière minute avec Vichy. C'était sans aucun doute l'idée du Premier ministre Pierre Laval qui, le 30 juin, voulut convaincre Pétain de quitter Vichy pour Paris, de former un nouveau gouvernement et d'accueillir les Alliés. Pétain refusa, pressentant qu'à Vichy au moins, il conservait les vestiges d'un pouvoir symbolique. Laval partit donc seul pour Paris le 9 août, et pour Nancy le 12 août où Édouard Herriot, président de la Chambre des députés jusqu'en 1940, était assigné à résidence dans une clinique. Son plan était de le ramener à Paris, soit pour former un nouveau gouvernement, soit pour présider une session de l'Assemblée nationale reconvoquée, Chambre des députés et Sénat [16]. « Le bruit court qu'Herriot, ramené de Nancy par Laval, s'est installé à demeure dans les locaux de l'hôtel de ville et que Pétain lui-même reviendrait à Paris pour accueillir les Américains. Nous allons être couillonnés », écrivit Jacques Lecompte-Boinet dans son journal le 14 août [17].

Le 17 août, Laval déjeuna à l'hôtel Matignon avec sa fille Josée de Chambrun, Édouard Herriot et l'ambassadeur d'Allemagne, Otto Abetz. Herriot n'avait cependant aucune envie de tirer les marrons du feu pour Laval. Il était d'humeur nostalgique, se souvient Josée de Chambrun : « Herriot raconta qu'il avait été fait *docteur honoris causa* de l'université d'Oxford au même moment que le savant allemand Max Planck, célèbre pour sa réfutation de la théorie de la génération spontanée. Tout se déroule en latin au cours de ces cérémonies, et le président Herriot se demandait comment Planck parvenait à préparer un discours nécessairement plein de mots scientifiques [18]. »

En fin de compte, le projet d'un gouvernement Laval-Herriot soutenu par les États-Unis resta mort-né. Ayant reçu de nouveaux ordres, Abetz demanda à Laval de transférer le gouvernement à Belfort, près de la frontière suisse. Laval refusa, fut arrêté et emmené via Nancy à Belfort, où il fut rejoint le 20 août par Pétain [19]. Le régime de Vichy allait vivre ses dernières semaines non pas en France mais dans le château de Sigmaringen, où ses derniers dignitaires furent conduits [20].

Entre-temps, les débarquements alliés et français en Provence changèrent du tout au tout les relations entre les tenants de l'insurrection nationale et ceux d'un changement de régime ordonné. Pour Serge Ravanel, commandant des FFI en région toulousaine, le 15 août fut un « coup de tonnerre » qui força les Allemands à choisir entre être rejetés à la mer ou bloqués dans le Sud [21]. Après avoir tenté de contenir l'invasion, ils battirent en retraite vers le nord et l'est, vers la frontière allemande, laissant la Résistance s'emparer des villes et des villages qu'ils abandonnaient. Ce fut en particulier le cas dans le Sud-Ouest, où la présence des Alliés et des forces françaises régulières était très limitée, les FFI nombreux et sûrs d'eux, et où les officiels fidèles à de Gaulle devaient gérer une situation insurrectionnelle.

Alors que les garnisons allemandes quittaient Toulouse, la ville fut libérée le 19 août par une force FFI hétérogène dominée par les communistes et commandée par Jean-Pierre Vernant, aidé par des républicains espagnols, par le corps franc de Pommiès et le bataillon de l'Armagnac de George Starr. Le pouvoir fut assumé par le Comité départemental de la libération et par Jean Cassou, commissaire de la République. Malheureusement, la nuit même, Cassou, renversé dans les rues de Toulouse par un camion allemand qui reculait, tomba dans le coma. Il fut remplacé par Pierre Bertaux, qui l'avait accueilli à son arrivée à Toulouse pour créer un des premiers mouvements de résistance, désormais disparu. Mais sans nomination immédiate par le gouvernement provisoire, Bertaux eut du mal à affirmer son autorité sur le charismatique Ravanel. Dans l'intervalle, le délégué militaire régional, impuissant, rapporta que « les éléments extrémistes ont pris une place prépondérante depuis la libération de Toulouse. [...] La ville est actuellement contrôlée par les seuls éléments FTP. » L'armée française et les Alliés étaient loin, dans la vallée du Rhône et en Normandie, ce qui fit craindre aux cercles gaullistes que Toulouse ne devienne la capitale d'une République rouge[22].

Après Toulouse, le reste de la région fut libéré par des FFI de toutes origines, confirmant ainsi le caractère international de la Résistance dans le Sud-Ouest. Le 22 août à Colombières-sur-Orb, dans l'Hérault, une centaine de FFI commandés par Gérald Suberville résistèrent plusieurs heures à 1 500 soldats allemands qui tentaient de rallier le Rhône à l'est[23]. Les républicains espagnols furent actifs de la Dordogne aux Pyrénées. Avec López Tovar, ils libérèrent Périgueux le 19 août et Agen, cent kilomètres au sud, deux jours plus tard[24]. Foix en Ariège fut libéré le

18 août par des républicains espagnols commandés par le commandant Royo, assisté d'un officier français, Marcel Bigeard. Évadé d'un camp de prisonniers en 1941, Bigeard avait rejoint l'armée d'Afrique avant de se porter volontaire, comme Eon, pour le BCRA. Il avait été parachuté en Ariège comme délégué militaire le 8 août[25]. Les FFI français et les guérilleros espagnols attaquèrent ensuite la garnison allemande de Saint-Girons, d'où les Allemands se retirèrent. Une colonne allemande, renforcée par une légion du Turkestan, d'anciens prisonniers de guerre soviétiques recrutés en Asie centrale, tomba dans une embuscade tendue par quinze Espagnols à Rimont le 21 août. Les Allemands incendièrent le village et abattirent six habitants avant l'arrivée des renforts espagnols commandés par Royo. Quelque 1 200 prisonniers allemands se rendirent et furent emmenés au camp du Vernet, où de nombreux républicains espagnols avaient croupi les années précédentes[26].

Les maquis juifs jouèrent aussi leur rôle. Aux côtés du maquis de Vabre commandé par Dunoyer de Segonzac, la compagnie Marc-Haguenau tendit une embuscade à un train allemand entre Mazamet et Castres le 19 août. La bataille dura toute la nuit, les maquisards mitraillant le train « stoppé comme un poisson immobilisé par un harpon », écrivit un maquisard plus tard. « Le train nous a livré 100 hommes, des canons et auréolé d'un prestige guerrier digne de nos frères qui a contribuer [*sic*] à la poussée libératrice[27]. » Les maquisards assaillirent ensuite la garnison allemande de Castres, où 71 officiers et 4 200 hommes se rendirent, et où la compagnie juive défila fièrement le 21 août[28]. Pendant ce temps, les FTP-MOI des Cévennes, avec Otto Kühne, attaquèrent la ville minière d'Alès avec 70 hommes, dont des Allemands, des Espagnols, des Tchèques, des Slovaques, des Yougoslaves et des déserteurs de la Wehrmacht. Un bataillon de cinq compagnies, dont la 104ᵉ dite compagnie « allemande », se cacha dans des wagons de marchandises avec la complicité de cheminots et arriva à Nîmes dans la nuit du 23 au 24 août pour libérer la ville. La compagnie « allemande » antinazie prit fièrement la tête du défilé de la Libération[29].

Rien de tout cela n'était du goût du général Cochet, en théorie commandant en chef des FFI dans la zone sud. Le 19 août, jour de la libération de Toulouse, il diffusa un ordre qui trahissait une vision très différente des FFI que celle que les FFI avaient d'eux-mêmes. Les FFI de moins de dix-huit ans et de plus de quarante-cinq ans devaient être désarmés sans délai et les « volontaires » de dix-huit à quarante-cinq ans ne devaient porter leurs armes « que pour le service, et sur ordre de leurs chefs ». La France, disait-il, devait montrer aux Alliés qu'elle était « une Grande Nation, forte et disciplinée. Faire la guerre, c'est combattre par tous les moyens et ces moyens peuvent se résumer en un seul mot : SERVIR[30] ». Les craintes de Cochet se confirmèrent lors de son arrivée à Toulouse début septembre. Il trouva Ravanel « maître absolu », obligeant Bertaux à signer des ordres de dissolution de la gendarmerie et de la police et confiant le maintien de l'ordre aux « milices patriotiques, c'est-à-dire aux FTP ». Il affirma que Ravanel disait qu'ils n'avaient pas besoin des gens de Londres ou d'Alger, et qu'ils allaient « constituer la République de Toulouse ». En réponse, Cochet menaça de faire venir une division blindée pour rétablir l'ordre. Le calme revint quand Ravanel rencontra Cochet et lui rappela qu'il avait assisté à sa conférence à Lyon en 1941 et qu'ils avaient discuté sur les quais de la Saône. Ravanel accepta de déférer à Bertaux, le commissaire de la République[31].

Avec l'effondrement des Allemands et le renforcement de la Résistance, le pouvoir des nouvelles autorités de la République croît aussi. Au moment où les Allemands perpètrent le massacre de Saint-Genis-Laval, les FFI de Haute-Savoie font 752 prisonniers allemands et ceux de la Loire capturent un détachement de policiers allemands. Le 21 août, le commissaire de la République Farge, soutenu par un délégué du Comité français de libération nationale et par le délégué militaire en zone sud, envoie une lettre comminatoire au préfet vichyste de Lyon, à la Croix-Rouge et au consul de Suède à Lyon. Il prévient le colonel Knapp, chef de la police allemande à Lyon, que ces prisonniers allemands seront considérés comme otages et exécutés si les Allemands exécutent encore des patriotes français. Deux jours plus tard, le préfet vichyste de Lyon rend les clés de la prison de Montluc [32].

À Lyon, une grève avait été prévue pour le 10 août 1944, anniversaire de la chute de la royauté en 1792. Le leader local d'Action ouvrière écrit à Alban Vistel que les militants font en sorte que « ce mouvement réussisse, gagne en ampleur et se transforme en grève insurrectionnelle, prélude à l'insurrection nationale, inséparable de la libération nationale », et qu'il faut que les FFI créent « un climat de guerre » en abattant les pylônes électriques et en organisant « des actions visibles, des actions de harcèlement, de guérilla, des actions spectaculaires de manière à entraîner la masse dans l'action contre les Boches [33] ». La grève n'est pas déclenchée le 10 août, mais le 24 août à 10 heures du matin, en réaction au massacre de Saint-Genis-Laval et aux événements de Paris, une grève éclate aux ateliers ferroviaires d'Oullins où un comité d'organisation appelle à une grève insurrectionnelle. Les meneurs sont renvoyés sur-le-champ par leurs employeurs mais sont remplacés par un comité de résistance. Le lendemain, Action ouvrière organise les milices patriotiques en groupes de dix à trente hommes qui doivent rallier les FFI, et envoie deux hommes contacter le maquis de Chamelet, dans le Beaujolais, au nord-ouest de Lyon, pour lui demander d'occuper Oullins. Ce sera fait à l'aube du dimanche 27 août. La population d'Oullins érige des barricades et installe une nouvelle municipalité[34].

Entre-temps, les événements leur ayant forcé la main, le Comité départemental de la libération de Lyon et Alban Vistel ont ordonné une grève générale dans la nuit du 24 au 25 août[35]. Les résistants lyonnais ont tiré les leçons du massacre de Saint-Genis-Laval. Ils voulaient à tout prix sortir leurs camarades des autres prisons de la ville, dont Saint-Paul, avant qu'eux aussi ne soient massacrés. Ils attaquent alors les prisons à la faveur de la grève et de l'insurrection. Un prisonnier de Saint-Paul, Nathan Saks (Raymond), avait été blessé lors d'une opération le 9 mars 1944 et emmené dans une clinique par trois camarades juifs hongrois, plus tard capturés et fusillés au fort de la Duchère le 27 mars. Saks avait été remis à la police. Condamné à mort, il était à l'infirmerie de la prison. Carmagnole mena une attaque risquée et fit escalader les murs à Saks et neuf autres résistants. Pendant que Saks était soigné par le médecin juif polonais de Carmagnole, les autres évadés rejoignirent le maquis d'Ignaz Krakus à l'extérieur de la ville ou se replièrent avec d'autres membres de Carmagnole à Villeurbanne, banlieue ouvrière de Lyon où beaucoup avaient leurs racines[36].

Les combattants de Carmagnole, arborant des brassards de FFI, furent accueillis en libérateurs à Villeurbanne et décidèrent de se montrer à la hauteur. Le 23 août, menés par Henri Krischer, vingt-quatre ans, ils occupèrent la mairie, créèrent un Comité de libération et érigèrent des barricades. Léon Landini, arrêté le 25 juillet, s'évada le 24 août, à temps pour prendre part à l'insurrection. Max Weinstein, de l'Union de la jeunesse juive (UJJ), branche jeunesse de Carmagnole, menait un détachement qui n'avait qu'un revolver, et remercia Mafalda Motti (Simone), immigrée italienne de vingt-neuf ans et « authentique héroïne de la Résistance » qui, telle une grande sœur, lui obtint un pistolet-mitrailleur au détriment d'un autre résistant plus âgé, mais nouveau venu. « À elle seule, raconta Weinstein, armée d'une mitraillette, elle avait tenu en échec tout un détachement ennemi, au cours d'un accrochage à Villeurbanne[37]. » Le 29 septembre, trois jours après, les Allemands revinrent en force à Villeurbanne et délogèrent les résistants de Carmagnole, qui s'échappèrent vers l'est à Pont-de-Chéruy et rejoignirent des maquisards savoyards pour former le bataillon FFI Henri-Barbusse, qui se battit contre les Allemands à Pusignan.

Dans la nuit du 2 au 3 septembre, les Allemands quittèrent enfin Lyon, détruisant les ponts sur le Rhône et la Saône pour couvrir leur retraite. À l'aube du 3 septembre, les FFI entrèrent dans la ville : « Une armée sortait de la terre, écrivit Yves Farge. Cette armée était portée par la volonté populaire, elle allait accueillir avec ses pauvres uniformes et ses armes de bazar les forces blindées alliées qui remontaient le Rhône[38]. » Les forces françaises étaient commandées par le général Brosset, qui s'installa à l'hôtel de ville pour, dit-il, « remettre de l'ordre dans la maison ; on tiraillait en ville, un avis a suffi à faire cesser ces mascarades ; puis il a fallu préparer la revue inévitable, messe à Fourvière, cérémonie devant le mur du fort de la Duchère où l'on fusilla. Puis contact avec les pouvoirs civils[39]. »

Brosset n'est guère impressionné par les autorités civiles. Yves Farge, installé à la préfecture en tant que commissaire de la République, le rencontre à l'hôtel de ville. Le général note que le commissaire est « un homme que j'attendrai de mieux connaître pour l'analyser » mais ne retient pas son nom[40]. De son côté, Farge est frappé par cet homme puissant qui arbore la Croix de la Libération et qui « sent le désert, la sueur et la bravoure[41] ». Ce fut la rencontre typique d'un guerrier buriné de la France libre, ancien de l'Afrique et de l'Italie, avec un conspirateur, lunettes sur le nez, qui venait de sortir de l'ombre. Ils se disputèrent. Brosset exigea des pouvoirs de police pour rétablir l'ordre dans la ville. Farge déclara qu'il avait les pleins pouvoirs en tant que commissaire de la République, mais il n'avait pas de copie du décret pour le prouver. Finalement, la question fut résolue par le charisme de Brosset : « Quelques instants plus tard, je contemple Brosset au milieu de la rue, debout dans son command car, le képi en arrière, toujours la poitrine au vent, criant : "Bande de couillons, est-ce que ça va finir ?" Et comme par miracle, les fusils et les mitraillettes se taisent[42]. »

Pendant ce temps, un nouveau gouverneur militaire allemand a été nommé à Paris pour défendre la ville et se battre jusqu'au bout contre les Alliés et les insurgés. Le général Dietrich von Choltitz s'est battu sur le front de l'Est, a pris Sébastopol et été transféré en Normandie après le jour J. Le 7 août, il est convoqué par Hitler dans son bunker, en Prusse orientale, près de Rastenburg. Il trouve « un vieil homme, voûté, bouffi, avec des cheveux gris, clairsemés et hérissés en brosse, un être qui tremblait et qui paraissait à bout de forces ». Quand Hitler parle de l'exécution des généraux qui ont essayé de l'assassiner ici-même le 20 juin, « sa terminologie devenait sanguinaire, la salive lui coulait de la bouche, son corps était secoué de tremblements ». Von Choltitz est informé de la loi dite Sippenhaft stipulant que les familles des officiers qui faillissent seront arrêtées et si nécessaire exécutées. Il fait ses adieux à sa propre famille avant de repartir le 9 août à Paris, où il installe son quartier général à l'hôtel Meurice, rue de Rivoli[43].

À Paris, alors que les Alliés s'approchent et que le climat insurrectionnel s'étend, les Allemands accélèrent l'évacuation des prisons et des camps. On craint des massacres, mais en fait les détenus de Fresnes et de Drancy sont entassés dans un dernier convoi qui quitte Paris le 15 août pour des camps plus sûrs en Allemagne. Parmi eux figurent Pierre Lefaucheux, membre de l'Organisation civile et militaire et ancien commandant des FFI de la région parisienne, arrêté et emprisonné à Fresnes, et François Girard, dix-neuf ans, membre de Défense de la France. Marie-Hélène Lefaucheux, qui veut à tout prix suivre son mari, quitte son poste au Comité parisien de la libération. Elle se rend à Fresnes avec une amie dont la bicyclette a une remorque latérale et voit les prisonniers monter dans dix cars : « Quelques femmes parvinrent à suivre, très longtemps, à bicyclette, ce terrible parcours, et je pense qu'elles passèrent par les mêmes angoisses que moi, hantées par la terreur de voir le convoi prendre la route du mont Valérien ou celle de Vincennes[44]. »

Mais les cars se dirigent vers la gare de marchandises de Pantin, où les prisonniers sont entassés dans des wagons « hermétiquement fermés, à l'exception de deux minces ouvertures grillagées de barbelés ». Marie-Hélène persuade les gardes de faire passer un colis alimentaire à son mari. Au moment où le train démarre, le soir à 11 heures et demie, son amie de la Résistance Claire Girard arrive en voiture à la recherche de son frère François. Ensemble, elles suivent le train vers l'est. À Châlons-sur-Marne, Marie-Hélène aperçoit son mari quand les wagons sont ouverts pour donner de l'eau aux prisonniers. À Bar-le-Duc, elles apprennent par la Croix-Rouge qu'un accord négocié par Raoul Nordling, le consul de Suède, prévoit que le train reste sur le sol français. Elles réveillent le sous-préfet, puis vont à Nancy persuader le préfet de téléphoner au consulat de Suède pour faire stopper le train, sans succès. Par hasard, ce qui reste du gouvernement de Vichy est arrivé à Nancy et Marie-Hélène fait jouer les relations d'affaires de son mari pour faire intervenir Pierre Laval et Jean Bichelonne, ancien ministre de la Production industrielle, mais ils avouent leur impuissance.

Le 18 août à 2 heures de l'après-midi, le train franchit la frontière allemande. Marie-Hélène Lefaucheux retourne alors à Paris pour reprendre son poste au Comité parisien de la libération. Quant à Claire Girard, elle veut retrouver sa mère, malade. Arrivée à l'aube du 19 août, Marie-Hélène se rend à l'hôtel de ville « pour ne plus guère en bouger pendant la semaine qui allait suivre[45] ».

Les événements avaient évolué très vite pendant ses quelques jours d'absence. La grève, qui s'étendait dans Paris depuis le début d'août, avait pris un tour critique en touchant les policiers parisiens. Bien que la police ait été l'instrument naturel de la répression vichyste, la préfecture de police avait été infiltrée par des réseaux de résistance, notamment le Front national, le NAP-Police (NAP : Noyautage des administrations publiques), et deux groupes appelés l'un Honneur de la police, l'autre Police et Patrie, dont les chefs avaient été arrêtés en décembre 1943 et déportés à Mauthausen. La police sait très bien que la situation est en train de se retourner, que le pouvoir de Vichy et des Allemands s'effondre, et que le changement de régime est inévitable. Les policiers voient l'intérêt qu'ils ont à se poser en patriotes plutôt qu'à être cloués au pilori comme collaborateurs. Un personnage clé est Yves Bayet, secrétaire général de la préfecture de Nantes en 1942, très impliqué dans l'organisation de la Relève et dans la répression des communistes. Il a disparu de Nantes en 1943 pour réapparaître à Paris sous le pseudonyme de Jean-Marie Boucher, membre influent du NAP-Police[46]. Au cours d'une réunion le 15 août 1944, une grève de la police est décidée. Le lendemain, dans le XVIIe arrondissement, un témoin remarque que les postes de police sont fermés et que beaucoup d'Allemands s'en vont, « sous l'œil gogue-nard des Parisiens. Les Allemands empilent pêle-mêle dans toutes sortes de camions et d'autos : bagages, meubles, armes, archives, sans oublier les "souvenirs" pillés jusqu'à la dernière minute[47] ».

Le 17 août, tandis que Laval déjeune à Matignon avec Herriot pour tenter de le convaincre de revenir au gouvernement, un débat tendu se déroule au Comité parisien de la libération. Faut-il appeler à l'insurrection pour chasser les Allemands et s'emparer du pouvoir au nom de la Résistance avant l'arrivée des Américains ? Deux questions se posent. D'abord, les FFI ont-ils suffisamment d'hommes armés pour lancer l'insurrection ? Ensuite, le Comité parisien peut-il s'accorder sur une stratégie et convaincre le Conseil national de la Résistance, ou bien les communistes agiront-ils seuls ? En arrière-plan se cachaient les fantasmes et la peur d'une nouvelle Commune parisienne, ou d'une nouvelle insurrection de Varsovie, qui venait d'être abandonnée par les Soviétiques et allait être étranglée par la répression allemande. Quoique laconiques, les minutes de la réunion dramatisent le débat entre les enthousiastes – Tollet, président du Comité parisien de la libération, Rol-Tanguy pour les FFI, Carrel pour le Front national – et les sceptiques, Deniau pour Libération-Nord et Hamon pour Ceux de la Résistance :

« Rol : Allemands et Alliés veulent gagner du temps. Les FFI et le CPL, il faut prendre responsabilité. Milliers d'hommes armés, dont gardiens de la paix. Possibilité avoir véritable armée capable résistance. Certains bâtiments occupés par FFI, escarmouches. Ambiance de combat. Volonté d'action de la population qui ne sait que faire. Il faut pousser les hommes au combat. Propose un texte : moyens pour guérilla et possibilité de faire l'insurrection.

Libé : Qu'y a-t-il comme forces armées ?

Rol : 600 hommes armés et stocks d'armes dans certains points et forces de police.

Libé : Chiffres faibles au moment de l'action.

Rol : Tous sous direction FFI.

Libé : Forces faibles. On doit réfléchir.

Discussion sur le fond du texte de l'insurrection.

CDLR : Texte Rol d'accord. Mais pas texte de l'insurrection. Forces faibles. Liaison avec CNR absolument indispensable. Désignation d'une délégation pour CNR.

FN : Il faut avis du CPL. Il faut donner opinion du CPL au CNR. Plus optimiste sur les possibilités de l'insurrection. Les FFI ont pris bâtiments. Hommes ramassés. Vaut mieux se battre. Incidents, fusillades. Alors répondre. Il faut écraser les forces allemandes. Celles-ci ne peuvent réagir : grève police, grève générale. Blessés non évacués. Avec insurrection victoire. Américains peur du peuple parisien. S'ils voulaient ils entreraient à Paris. Il faut déclencher l'insurrection.

CDLR : Pas d'accord pour lancer aujourd'hui.

FN : Voudrait CPL solidarité. Si pas d'accord le FN lancer le mot d'ordre.

CDLR : Discipline. Pas cavalier seul. Pas de politique de fait accompli.

Président : Ne peut pas admettre entrée [américain] sans insurrection. Voudrait accord délai rapide demain […].

Libé : Il faut avis du CNR. Insurrection selon directives du CNR. Exemple de Varsovie. Pas inutilement sang parisien.

FN : Proposition : adoption du texte, qu'on assure unis devant CNR.

CDLR : Demain peut-être, mais pas aujourd'hui.

FN : Le PC a donné mandat pour notre position[48]. »

Le lendemain, donc, 18 août, au cours d'une réunion secrète du Comité parisien de la libération (CPL) à Vanves, le groupe communiste lance une offensive, disant que si le Comité ne ratifie pas l'appel à l'insurrection, le Front national, la CGT et le parti communiste agiront seuls. Le bureau du Conseil national de la Résistance (CNR), dominé par Villon, appuie l'appel à l'insurrection et le soumet à une réunion plénière du Conseil qui se tient rue de Naples, près du parc Monceau. En l'absence de Georges Bidault, le CNR approuve l'appel des syndicats à la grève générale et l'appel à l'insurrection, mais seulement en région parisienne[49].

L'après-midi même, le Comité parisien de la libération et le CNR, sans cesse en déplacement pour éviter de se faire repérer, se réunissent rue de Bellechasse, non loin du boulevard Saint-Germain, et signent formellement l'appel à l'insurrection. « Au ministère de l'Instruction publique voisin, note Hamon, les employés ont arboré des drapeaux tricolores et la foule chante *La Marseillaise*[50]. » Rol-Tanguy, qui a établi son quartier général dans les catacombes sous la place Denfert-Rochereau, rencontre le délégué général Parodi pour obtenir son accord. Les affiches appelant le peuple de Paris à l'insurrection sont apposées dans toute la ville à l'aube du samedi 19 août[51].

La première action a lieu à 7 heures du matin le 19 août, au moment même où Marie-Hélène Lefaucheux revient à Paris. 2 000 policiers grévistes en civil pénètrent dans la préfecture de police et s'en emparent au nom de la Résistance. Le drapeau tricolore est hissé dans la cour. Yves Bayet proclame que la préfecture de police ne dépend plus de Vichy. Le préfet de la Seine et le préfet de police de Vichy sont arrêtés[52]. Francis-Louis Closon, du ministère de l'Intérieur, arrive avec Charles Luizet, le nouveau préfet de police qu'il chaperonne depuis six semaines. « En bas, dans la vaste cour centrale, a raconté Closon, des cuisiniers improvisés au brassard tricolore rôtissaient des quartiers de bœuf sur d'énormes broches [...] Au dernier étage, on tirait sur les Allemands qui s'égaraient boulevard du Palais[53]. »

Plus loin du centre, la mairie du XVIIe arrondissement, rue des Batignolles, est occupée par les FFI, qui hissent le drapeau tricolore et des drapeaux alliés sous les applaudissements de la foule. Un bureau de recrutement s'installe dans la mairie et on réquisitionne les armes trouvées dans un garage allemand et au commissariat de l'arrondissement. Un adolescent de dix-sept ans, se prétendant le plus jeune FFI du XVIIe, a dit que le 19 août, le noyau combattant dans l'arrondissement ne comptait pas plus de 100 à 150 FFI[54]. « Tout autour de la mairie, des barricades s'établissent, raconte un témoin, M. Lassalle. Maintenant les FFI circulent dans des autos réquisitionnées ou même prises aux Boches et sur lesquelles on a peint la croix de Lorraine et inscrit en grosses lettres FFI. Ils attaquent tous les Allemands qu'ils rencontrent[55]. » Les FFI, recrutés parmi les « gars des Épinettes », des ouvriers du XVIIe, s'emparent ensuite de la mairie de l'élégant VIIIe arrondissement, près du parc Monceau, hissent aussi le drapeau tricolore, décrochent le portrait du Maréchal, et prennent le pouvoir au nom du Comité local de libération[56].

À Alger, le Comité français de libération nationale (CFLN), désormais gouvernement provisoire, n'apprécie guère cette anarchie. Craignant une nouvelle Commune de Paris ou un bain de sang comme à Varsovie, il s'adresse aux ouvriers parisiens le 20 août : « Les désordres, les pillages et les destructions inutiles ne servent qu'à appauvrir la Nation et à infliger au peuple tout entier de nouvelles souffrances. Le maintien de l'ordre est nécessaire dans l'intérêt de tous. » Ceci provoque un conflit immédiat avec les communistes sur le débat récurrent entre action immédiate ou attentisme, insurrection nationale ou pouvoir de l'État. Les députés communistes de la région parisienne, encore en Afrique du Nord, remarquent que « les pillages » sont en fait la saisie d'armes allemandes, que les « destructions » sont des attaques de positions allemandes, de dépôts de munitions et de prisons, et que « l'ordre » qu'ils combattent est « l'ordre hitlérien, le prétendu "ordre nouveau" contre lequel la France est en guerre ». Le Comité national CFLN, affirment-ils, ferait mieux de pousser les Parisiens à se battre, « en dépit des consignes attentistes trop souvent répétées par les postes de radio du gouvernement provisoire[57] ».

Pendant ce temps, le 19 août, Raoul Nordling, consul de Suède, qui tente de négocier un cessez-le-feu, rencontre le général von Choltitz. Von Choltitz était écartelé entre, d'un côté, l'ordre de se battre jusqu'au bout, et de l'autre, l'intensification de l'activité terroriste et l'arrivée imminente des Alliés. Son problème était de trouver chez les Français des partenaires capables d'imposer un cessez-le-feu. Edgard Pisani, vingt-cinq ans, chef de cabinet du nouveau préfet de police Charles Luizet, se révèle un intermédiaire clé. Il contacte Léo Hamon pour lui dire que Nordling le verra à 7 heures du matin le lendemain, 20 août, pour discuter des conditions d'une trêve. Hamon, chef de file des non-communistes du Comité parisien de la libération, s'inquiétait d'une éventuelle prise de pouvoir par les communistes, et aussi de représailles sanglantes auxquelles se livreraient les Allemands, en quittant Paris, comme à Varsovie[58]. Il voulait un cessez-le-feu, mais pas avant que la Résistance ne se soit emparée d'un autre bâtiment. À 5 heures du matin le 20 août, en compagnie d'Yves Bayet et du socialiste Henri Ribière, il mène un assaut sur l'hôtel de ville. Pénétrant dans les bureaux, il se dirige vers le fauteuil du préfet et déclare : « Au nom du Comité parisien de la libération, et pour le compte du gouvernement provisoire et du peuple de Paris, je prends possession de cet hôtel de ville. » Puis, apercevant un buste de Pétain, il ordonne : « Voulez-vous enlever ce buste qui n'a plus rien à faire dans cette maison[59]. »

L'hôtel de ville en bonnes mains, Hamon discute de la trêve avec Nordling. Ils conviennent d'un texte par lequel le commandement allemand reconnaît la possession par la Résistance des bâtiments officiels qu'elle occupe et traite les prisonniers français comme des prisonniers de guerre, et non comme des terroristes, en échange d'un cessez-le-feu jusqu'à ce que les Allemands aient quitté Paris. N'ayant pas d'uniforme, les FFI porteront des brassards pour indiquer qu'ils sont des soldats et doivent être traités comme tels en cas de capture[60]. Il reste désormais à convaincre le Conseil national de la Résistance, ce qui n'est pas acquis d'avance.

La réunion, à 9 heures du matin, est dominée par Parodi, Chaban-Delmas, Bidault et Ribière, tous en faveur de la trêve, et Pierre Villon, qui y est opposé, mais les participants sont trop peu nombreux pour que le quorum soit atteint. Une autre réunion est fixée dans l'après-midi mais entre-temps Parodi est arrêté par les Allemands et conduit chez von Choltitz. Le général allemand s'apprête à le faire fusiller car on a trouvé dans sa poche une copie de l'ordre d'insurrection ; Parodi déclare alors qu'il est ministre du général de Gaulle et seul autorisé à imposer un cessez-le-feu[61]. Relâché, il arrive épuisé à 5 heures à la réunion du CNR, où le délégué militaire national Chaban-Delmas, revenu de Londres avec des ordres actualisés, annonce que le général Kœnig est « absolument opposé à un combat de rues dans Paris. D'autre part, le général Patton n'avait aucune intention de changer ses plans pour hâter la prise de Paris[62] ». Il devient clair que les Alliés n'arriveront pas assez tôt pour éviter un bain de sang si la trêve n'est pas déclarée. Villon continue de s'y opposer au nom de l'honneur révolutionnaire du peuple de Paris. Lecompte-Boinet note que Villon «tantôt sourit de commisération lorsque ses adversaires parlent, tantôt prend une attitude de haine froide, chargée de menaces [...] Villon arrive à dire : "Il ne s'agit pas de la vie de 50 000 Parisiens, il s'agit que le peuple de Paris participe à la victoire." Je préfère, quant à moi, la vie de 50 000 Parisiens[63] ».

Quant à André Tollet, convié à la réunion en tant que président du Comité parisien de la libération, il considère la trêve comme un coup monté contre l'insurrection communiste par le Junker von Choltitz et le «capitaliste réactionnaire» Raoul Nordling, gros actionnaire de la société suédoise de roulements à billes SKF.

Au final, un compromis fut trouvé. La trêve resterait en vigueur vingt-quatre heures, le temps que les Alliés se rapprochent, et les appels à l'insurrection ne seraient pas placardés dans les rues. Le lendemain 21 août, devant le Comité parisien de la libération, Hamon essaya de défendre la trêve, disant que les Allemands l'avaient demandée et que le gouvernement l'avait approuvée. En réaction, Tollet demanda «[l']union dans la Résistance pour se battre. Les Allemands ont commis beaucoup de crimes. On ne peut pas avoir confiance[64] ». Le Comité parisien céda et annonça la poursuite des combats. Rol-Tanguy demanda à Parodi d'approuver l'ordre de continuer l'insurrection, ce que fit Parodi malgré l'opposition de Chaban-Delmas. Georges Marrane demanda qu'on érige des barricades pour bloquer la circulation des blindés, comme cela avait été fait avec succès en Corrèze, sa région d'origine, avec des arbres abattus. Il noterait plus tard que les barricades n'étaient apparues que dans les quartiers et les banlieues populaires, ce qui prouvait que «Paris a[vait] été libéré par le peuple[65] ». Tollet expliquait cela par l'héritage spirituel du peuple de Paris, pour qui les barricades faisaient partie d'une culture révolutionnaire remontant à la Commune de 1871 et aux révolutions de 1848 et de 1789 : « Les barricades se construisaient avec ardeur. La science des insurrections s'était transmise à travers les générations. On était à deux pas du faubourg Saint-Antoine. Je me suis souvenu d'un vieux tapissier qui fredonnait, en prenant ses semences dans la bouche, la vieille chanson de Pottier, *L'insurgé, son vrai nom, c'est l'Homme*[66]. »

Dans le XVIIe arrondissement, des patrouilles de FFI à vélo rapportent que la trêve a été rompue. Des soldats allemands tirent sur les fenêtres arborant des drapeaux tricolores. Les FFI qui occupent la mairie des Batignolles se déploient et capturent plusieurs camions allemands et deux blindés. « Ils ont édifié de tels barrages avec des camions renversés et des barricades de pavés et grilles d'arbres, qu'il est impossible aux Allemands de s'approcher de la mairie des Batignolles[67] », décrit M. Lassalle. Dans ce même arrondissement, l'attaque d'une caserne allemande, repoussée le 19 août, reprend le 22. Un témoin, Mme Lamontellerie, a raconté : « Vers 16 heures et quart, deux camions FFI, armés de mousquetons, fusils-mitrailleurs, mitraillettes, donnent l'assaut […] Contrairement à leur prévision, la défense est faible. Il reste une vingtaine d'hommes armés et décidés. La fusillade s'engage, très vive. Le charcutier, allongé dans le caniveau, joue de son fusil-mitrailleur, comme en 1914. Les FFI enlèvent la caserne. Cinq Allemands ont péri ; les autres sont blessés ou prisonniers[68]. »

Madeleine Riffaud, arrêtée et torturée après avoir abattu un sous-officier allemand le 23 juillet, avait été condamnée à mort et aurait dû être exécutée le 5 août. Elle est en fait mise dans un train de déportés qui quitte Paris le 15 août. Miraculeusement, on la fait descendre du train, ainsi qu'une femme agent britannique appelée Anne-Marie. Les deux femmes sont emmenées à Fresnes. À la suite de la trêve négociée par Raoul Nordling, elles sont relâchées et Madeleine retrouve les FFI. Le 23 août, jour de son vingtième anniversaire, Rol-Tanguy la désigne leader d'un groupe de trois pour attaquer un train allemand à la grenade sur le pont de Belleville-Villette, attaque qui forcera les Allemands à se réfugier dans le tunnel sous les Buttes-Chaumont puis à se rendre. Plus tard, après des combats près de la place de la République, elle est citée à l'ordre de l'armée : « Toujours à la tête de ses hommes, [elle] a donné pendant toute la lutte l'exemple d'un courage physique et d'une résistance morale remarquables[69]. »

Si Paris semblait aux prises avec une révolution populaire dans la tradition de 1789 ou de 1871, l'insurrection nationale n'alla pas plus loin. Elle avait été rendue possible par la percée des Alliés vers Paris, mais l'arrivée des forces alliées et françaises signifiait aussi que toute idée de prise de pouvoir par le peuple allait être éliminée rapidement et sans façons. En fin de compte, il n'y eut pas à choisir entre l'insurrection nationale et la libération alliée[70]. Rol-Tanguy avait beau vouloir faire des FFI le fer de lance de la libération de Paris avant l'arrivée des Américains, il savait bien que les FFI manquaient d'hommes et d'armes, et que l'insurrection parisienne risquait d'être écrasée par les Allemands, comme à Varsovie, faute de soutien des Alliés. Le 18 août, il fait sortir de Paris un officier de son état-major, le commandant Brécy, pour établir un contact avec les Américains de Bradley et de Patton, qui franchissent la Seine au nord et au sud de Paris le 21 août. Malheureusement, Brécy est tué lors de l'attaque de son véhicule par un avion américain à 50 kilomètres au sud de Paris, à Étampes. Une deuxième mission, menée par son chef d'état-major, le commandant Cocteau-Gallois, traverse les lignes allemandes et rejoint Bradley et Leclerc le 22 août[71]. Une mission parallèle menée par Rolf Nordling, frère de Raoul Nordling, le consul de Suède, quitte Paris dans une voiture diplomatique le 22 août et rejoint les généraux Bradley et Patton[72]. Le même jour, von Choltitz reçoit l'ordre personnel de Hitler de détruire Paris. Il hésite, préférant se rendre aux Américains et être traité en prisonnier de guerre plutôt que de devoir répondre de crimes de guerre devant un tribunal. Les Américains, et la 2ᵉ division blindée de Leclerc, obliquent vers Paris[73].

De Gaulle tenait à ce que les forces françaises soient les premières à entrer dans Paris pour sa libération : « N'importe quelle division américaine aurait été mieux à même de mener notre marche vers Paris, a écrit le général Bradley avec ironie, mais pour aider les Français à recouvrer leur fierté, je choisis une unité française dont les chars Sherman arboraient le drapeau tricolore[74]. » De plus, la division Leclerc s'était bien battue aux côtés de Patton à Argentan au début du mois. Elle atteint la banlieue le 23 août et arrive à la préfecture de police vers 9 heures du soir le 24 août, au son des cloches des églises. Lecompte-Boinet a raconté leur arrivée : « Les premiers éléments de la division Leclerc sont sur la place de l'hôtel de ville. Un brouhaha. Presque porté en triomphe, un capitaine français, un vrai, apparaît complètement éberlué sous les lustres du préfet. Il est basané et barbu et il a des larmes de joie dans les yeux. La liaison entre le Tchad et le CNR est accomplie[75]. »

Ce capitaine barbu était Raymond Dronne, du régiment de marche du Tchad, dont la 9ᵉ compagnie était appelée *La Nueve* car elle se composait surtout de républicains espagnols. Leurs blindés half-tracks portaient les noms des batailles de la guerre d'Espagne : Guadalajara, Teruel, Ebro et Madrid. Les communistes jouèrent aussi un rôle majeur dans la libération de Paris. Le colonel Fabien, qui avait pris part à l'insurrection dans le XIII<sup>e</sup> arrondissement, se joignit à trois chars de la division Leclerc pour s'emparer du palais du Luxembourg, siège du Sénat, le 24 août[76]. De tels détails furent vite oubliés lorsque la légende gaulliste d'un Paris libéré par les forces françaises régulières s'imposa. En revanche, on n'oublia pas les acclamations des Parisiens qui envahirent les rues pour exprimer leur joie et leur soulagement. M. Lassalle, le témoin du parc Monceau, confia à son journal : « Malgré la nuit, des Parisiens se rendent à l'hôtel de ville. On sort pour extérioriser sa joie. Dans la rue de Prony un immense feu de Bengale rouge est allumé tandis qu'une voix magnifique chante deux couplets de *La Marseillaise*. C'est Marthe Chenal qui trente ans après réinterprète le chant de l'hymne national comme elle l'avait fait en 1914 sur les marches de l'Opéra[77]. »

Ce fut aussi le moment où la Résistance intérieure et la Résistance extérieure se rencontrèrent pour la première fois.

Le conflit entre l'insurrection nationale et le pouvoir de l'État avait été long et âpre, le rituel de réconciliation fut tendu. Le Conseil national de la Résistance et le Comité parisien de la libération se réunirent à 10 heures et demie le soir même et il fut convenu que la Charte du Conseil serait remise à de Gaulle comme trame de l'ordre nouveau. Il allait presque de soi que de Gaulle proclamerait la République, abolie en 1940, du balcon de l'hôtel de ville, comme lors des révolutions précédentes. Mais lorsque de Gaulle arriva le lendemain vendredi 25 août, il évita l'hôtel de ville et se rendit d'abord à la préfecture de police pour rencontrer le nouveau préfet de police Luizet, le délégué général Parodi, des hauts fonctionnaires dont Georges Bidault, président du CNR. Lecompte-Boinet a raconté comment les grands serviteurs de l'État avaient fait main basse, en toute discrétion et sans apparente difficulté, sur la révolution : « Le contraste est frappant entre les FFI débraillés, pleins d'enthousiasme et d'héroïsme qui se trouvent dans la cour de la préfecture, et la prudence calculée, le calme et les bonnes manières qui, finalement, n'ont qu'à s'asseoir dans des fauteuils Louis XVI pour recueillir l'héritage[78]. »

Finalement, vers 5 heures du soir, de Gaulle se rend à l'hôtel de ville, où il est accueilli par Georges Bidault pour le Conseil national de la Résistance et Georges Marrane pour le Comité parisien de la libération. Marrane, encore dans le scénario révolutionnaire, proclame que « digne de ses nobles traditions, [Paris] a été libéré par les Forces françaises de l'intérieur, les milices patriotiques et sa population tout entière, hommes, enfants, vieillards[79] ». La réponse de de Gaulle fascine d'abord le groupe communiste, comme l'a raconté Lecompte-Boinet : « Il est très pâle et ses traits sont particulièrement tirés. [Auguste] Gillot et Villon au premier rang buvant les paroles du Général comme s'ils entendaient lire l'Évangile. C'est la première fois que je vois ces communistes émus et retrouvant leur humanité sous la carapace que le Parti leur a collé au visage[80]. »

Lecompte-Boinet se félicite de la « fusion des deux Résistances », mais il perd vite ses illusions quant il apprend que de Gaulle a descendu l'escalier sans proclamer la République. Une rumeur dit qu'il avait refusé de le faire car, à ses yeux, la République n'avait jamais été abolie, mais il ne voulait pas paraître comme un révolutionnaire démagogue. Le CNR se réunit à nouveau en hâte, « dans une atmosphère de déception. La politique reprend ses droits et je dois dire que moi-même je suis également choqué de ce fait que le geste n'a pas été fait[81]. »

Pendant ce temps, dans l'après-midi du 25 août, un officier allié a demandé à von Choltitz, qui assiste à l'effondrement du pouvoir allemand depuis l'hôtel Meurice, s'il était prêt à signer un cessez-le-feu. Emmené dans une voiture à la préfecture de police, il est menacé par la foule et protégé par une femme portant un brassard de la Croix-Rouge, à qui il dit : « Madame, comme Jeanne d'Arc ». Il est alors conduit par Leclerc dans un blindé jusqu'à la gare Montparnasse où, perdant courage, il signe un acte de reddition en présence du général Bradley[82]. Au nom des FFI, le colonel Rol-Tanguy insiste pour ajouter sa signature, près d'une heure plus tard[83].

Le lendemain, samedi 26 août, de Gaulle descend les Champs-Élysées à la tête du fameux « défilé de la victoire ». On a décrit la scène comme son « apothéose », son « couronnement » par des dizaines de milliers de Parisiens[84]. La lutte pour les premières places fait déjà rage entre la Résistance intérieure et la Résistance extérieure. André Tollet, du Comité parisien de la libération, n'y est pas, à la différence d'André Le Troquer, ministre socialiste de la Guerre à Alger, qui préside la municipalité provisoire à sa place[85]. Lecompte-Boinet, un des représentants du CNR, a une préoccupation : « […] rester près de de Gaulle et en tout cas […] défiler devant les gens de Londres. De Gaulle ayant à sa droite Le Troquer et Bidault à sa gauche ; je suis juste derrière à côté de Kœnig et de Leclerc[86]. » Léo Hamon a noté que seuls quatre membres du CNR ont accompagné de Gaulle, mais il ajoute : « Cet homme a avec lui le cœur du peuple de Paris. » Le CNR se réunit à nouveau à l'hôtel de ville, dans l'espoir que de Gaulle viendra. Mais le Général, pensant davantage à l'Église et à la nation, assiste à un service à Notre-Dame. Bidault fut critiqué pour n'avoir pas persuadé de Gaulle de proclamer la République, mais de Gaulle était quasiment devenu un

monarque et Louis Saillant ironisa, paraphrasant Henri IV :
« Le CNR vaut bien une messe[87]. »

La libération de Paris ne fut pas la libération de la France,
ni des Français dont beaucoup étaient encore dans des camps
et des prisons en Allemagne. Mais ce fut la fin du rêve
d'insurrection nationale, ce qui frappa de nombreux Français
comme un échec historique et affecta leur vie privée. Deux
odyssées en témoignent, celle de la colonne Schneider qui se
rua pour couper leur retraite aux Allemands, et celle de
Marie-Hélène Lefaucheux qui voulut retrouver son mari au
camp de concentration de Buchenwald.

Après la libération du Sud-Ouest, un plan fut élaboré
pour envoyer une force mobile du Sud-Ouest vers le Nord-
Est afin de couper la retraite d'une colonne allemande de
25 000 hommes commandée par le général prussien Botho
Elster. Cette colonne se dirigeait vers Dijon, la trouée de
Belfort et le sud de l'Allemagne. Si elle atteignait Dijon,
elle menacerait le flanc gauche des armées alliées et françaises qui remontaient de Lyon vers le nord. Une force
mobile fut rapidement organisée sous l'œil du général
Cochet. Elle représentait le triomphe des officiers de
l'armée d'Afrique et de l'armée d'armistice sur les cadres
révolutionnaires des FFI. Pour la constituer, une mission
spéciale arriva d'Alger par avion le 1er septembre, composée de Maurice Chevance, alias Bertin, officier de l'armée
d'Afrique jusqu'en 1940 puis bras droit de Frenay à
Marseille, et du colonel Jean Schneider, ancien de la
Grande Guerre et de l'armée d'Afrique[88]. Ils ne sélection-
nèrent pas les FFI proches des communistes mais ceux de
l'ancienne école, qui avaient rallié les FFI à contrecœur : le
corps franc de Pommiès et le régiment de Dunoyer de
Segonzac, venu de Castres et de Mazamet.

En quelques jours, 32 000 hommes furent rassemblés,
encadrés par des officiers fiables et embarqués dans des

trains le 3 septembre. Schneider lui-même arriva en avion à Clermont-Ferrand le 4 septembre. Les hommes de Pommiès et de Dunoyer de Segonzac se regroupèrent à Lapalisse les 6 et 7 septembre et à Autun les 7 et 8 septembre[89]. La colonne allemande avait été harcelée tout au long de sa progression par des FFI, notamment par la brigade Charles-Martel du colonel Raymond Chomel, ancien officier de l'armée d'armistice qui avait rejoint l'ORA (Organisation de résistance de l'armée) et commandait désormais des FFI dans l'Indre. Pearl Witherington, du SOE, commandait le maquis du réseau Wheelwright dans la forêt de Gâtines, sous ses ordres[90]. On se battit pour le contrôle d'Autun les 9 et 10 septembre. Les ponts sur la Loire et sur l'Allier furent détruits pour couper la retraite de la colonne allemande. Le général Elster et 18 000 soldats, encerclés, se rendirent. Bien qu'ayant été vaincu par les Français, Elster exigea de se rendre à un haut gradé allié, de préférence américain, et les commandants FFI ne furent pas invités par les Américains à signer l'acte de reddition à Issoudun le 11 septembre[91]. C'est ainsi que la contribution la plus tangible des FFI à la Libération ne fut même pas enregistrée dans les annales.

Dans le même temps, les civils devaient renouer seuls les multiples fils de leur vie. Après avoir suivi jusqu'en Allemagne le convoi qui déportait son mari, Marie-Hélène Lefaucheux avait repris son poste à Paris au Comité parisien de la libération. Elle repartit le 27 août dans une voiture prêtée par la Croix-Rouge et rattrapa l'avant-garde américaine à Troyes. Elle alla trouver un officier de la Gestapo à Metz, lui expliqua que son mari avait été arrêté comme officier de réserve et emmené à Buchenwald mais qu'il était totalement innocent. Comme les Allemands se retiraient et pensaient à l'avenir, un ordre fut signé pour le transférer à la police allemande (SD) de Metz. Marie-

Hélène paya un entrepreneur italien qui travaillait pour les Allemands afin qu'il la conduise à Sarrebruck, doublant des camions allemands qui se repliaient, remplis d'objets pillés. À Sarrebruck, l'officier de la Gestapo les rejoignit et monta dans la voiture quand il apprit qu'il y avait du cognac. Ils traversèrent Francfort, Fulda et Weimar avant d'arriver à Buchenwald le 3 septembre. L'Allemand entra dans le camp pour négocier et quatre heures plus tard, Marie-Hélène retrouva son mari : « Le grand vagabond maigre qui marchait à côté du Boche était bien mon mari. Il portait le manteau que ma belle-sœur avait réussi à lui passer à Fresnes et un chapeau qui lui tombait sur le nez parce que ses cheveux étaient rasés. Quand la portière de l'auto s'est ouverte, j'ai dit "Bonjour, comment vas-tu ?", et lui de son côté [il lui] parut tout naturel de s'asseoir à côté de sa femme. »

Ils laissèrent l'officier de la Gestapo à Neustadt, d'où il rejoignit son unité. Arrivée à Paris, Marie-Hélène téléphona à Claire Girard, qui l'avait accompagnée lors de son premier voyage à la frontière le 15 août. Ce fut sa mère, auprès de qui Claire était revenue le 19 août, qui répondit et lui apprit que Claire, « dont j'escomptais la tendre joie à notre retour », avait été abattue par les Allemands la semaine précédente dans l'Oise, alors qu'elle ravitaillait un maquis[92].

Quatre forces ont convergé dans l'histoire de la Libération de Paris : les armées alliées, les armées françaises, la Résistance intérieure et la population. Elles ne pouvaient toutes arriver en tête, mais il y eut des surprises et des déceptions. De Gaulle imposa aux Alliés que les forces françaises soient les premières à entrer dans Paris et fonda le mythe que les Français s'étaient libérés seuls. La Résistance intérieure fut brièvement conviée à la fête et remerciée, puis elle fut marginalisée quand les gaullistes qui attendaient en coulisses se glissèrent au sommet de l'État presque sans difficulté. Le peuple français fut présent au moment voulu pour acclamer les libérateurs et donner à de Gaulle la légitimité dont il avait besoin pour convaincre les Alliés en particulier qu'il devait diriger le nouvel État. La joie de la libération ne fut qu'une des émotions exprimées par les Français : elle fut accompagnée et souvent remplacée par la douleur, la souffrance et le deuil.

# 15

## La vie d'après

*Donc on n'a pas fini de payer.*

Génia Gemähling, 1985

Le dimanche 27 août 1944 à 6 heures du soir, de Gaulle invite une vingtaine de chefs de la Résistance parisienne au ministère de la Guerre, où il a installé son quartier général. Maurice Kriegel-Valrimont, un des leaders du Comité d'action militaire (COMAC), est abasourdi du mépris avec lequel le Général traite ceux qui ont mené les événements des semaines précédentes : « Il fait une entrée solennelle. Les présentations sont d'un laconisme militaire ; il congédie chacun des officiers par un : "C'est bien, au suivant !" […] aussitôt, il est question de tout faire rentrer dans l'ordre, et puis c'est l'évocation des récompenses, des décorations, qu'il veut attribuer dans les moindres délais […] Presque abruptement, il se lève, remercie et s'en va sur un : "Au revoir, madame, au revoir, messieurs."[1] »

Cette femme que le Général a appelée « madame » est Cécile Rol-Tanguy, épouse et officier de liaison du colonel Rol-Tanguy. Le Général a demandé à celui-ci ce qu'il faisait avant la guerre. Rol-Tanguy a répondu qu'il était dans les Brigades internationales. De Gaulle s'est contenté de dire « Bon ! » et de lui serrer la main. Cécile, qui s'est débrouillée pour trouver une robe bleue grâce à une amie, Dédée, vendeuse sur les Champs-Élysées, dit au Général qu'elle a travaillé dans la Résistance avec son mari. Elle aussi est choquée de son attitude : « Et puis moi aussi j'ai trouvé que ça n'avait pas été chaleureux. C'était une toute petite réception, sans même un verre pour terminer [2]. »

Pour beaucoup de Français, l'expulsion des Allemands et la restauration de la liberté suffisaient. Le tyran banni, les gens se rassemblèrent pour embrasser les soldats alliés qui défilaient dans les villes, danser dans les rues et participer à des fêtes improvisées. Les traîtres furent fusillés sommairement et les femmes qui avaient fréquenté des Allemands furent molestées par la foule et tondues en public. Selon de Gaulle, seule « une poignée de misérables » s'était mal comportée pendant l'Occupation. Les autres, patriotes, pouvaient se regarder dans les yeux avec assurance. Ceux qui s'étaient battus dans la Résistance voulaient cependant aller plus loin : se débarrasser des vestiges de Vichy et de la IIIᵉ République qui avait échoué, et faire advenir un monde meilleur, d'égalité et de fraternité plus grandes. Au cours des semaines et des mois qui suivirent la Libération, il y eut des conflits entre les acteurs de la Résistance intérieure, qui voulaient que la Libération mène à une révolution, et les ambitieux qui gravitaient autour du gouvernement provisoire d'Alger et de Londres et voulaient restaurer l'ordre et l'autorité.

Une dimension de ce conflit concernait l'armée française. Nombre de commandants FFI, aux convictions de gauche, considéraient l'armée régulière comme celle qui ne s'était pas battue en 1940 et qui n'avait pas résisté en 1942. Ils imaginaient une nouvelle armée de volontaires, démocratique et patriote, comme celle des sans-culottes en armes qui avait vaincu les Prussiens à la bataille de Valmy en 1792 puis constitué une partie des armées révolutionnaires de l'an II. Contre eux, des officiers plus conservateurs, dont beaucoup avaient appartenu à l'armée d'armistice ou à l'armée d'Afrique, voulaient un retour rapide à l'armée classique, professionnelle et hiérarchisée, qui repousserait les derniers éléments de la Wehrmacht en Allemagne et réaffirmerait l'ordre social et la grandeur de la France.

Dès le 29 août 1944, soit deux jours après que de Gaulle a reçu les chefs de l'insurrection parisienne, il est décidé que les FFI qui veulent continuer à se battre seront intégrés à la 1re armée et que les autres seront libres de rentrer chez eux. Le 5 septembre, les troupes défilent à Lyon devant le général de Lattre de Tassigny, « les hommes du maquis mêlés aux hommes d'Afrique », comme le décrit Yves Farge, le commissaire de la République[3]. Après le défilé, le général de Lattre répond aux questions de Madeleine Braun, qui a travaillé au Front national avec Georges Marrane, pour un journal lyonnais. Il connaît bien les ambitions rivales des différentes factions de la 1re armée alors en constitution : « Quelques-uns estimaient être qualifiés – et seuls qualifiés – pour doter la France de son armée nouvelle, faite à l'image du maquis […] Certains journaux contrôlés par des FFI exhalaient sans nuances un relent d'antimilitarisme avivé par la rancœur laissée par la défaite de 1940 et par la passivité de novembre 1942[4]. »

De Lattre est d'avis qu'à court terme au moins il faut faire des concessions aux FFI : « Il est indispensable de conserver leur nom, leur mystique et la fierté de leurs groupements. Ces garçons des FFI peuvent former des unités supplétives venant au combat avec notre armée régulière. » Ensuite, cependant, ces unités devraient être absorbées dans l'armée régulière, dont les officiers étaient déroutés par la diversité et l'indiscipline des FFI, et la rapidité avec laquelle ils promouvaient leurs chefs en pleine bataille :

« L'armée "régulière" était justement fière de sa tenue, de sa discipline et de sa force. En règle générale, les grades y avaient été acquis chèrement et les récompenses y avaient été rares. Le sens du devoir, sous toutes ses formes, y était exceptionnellement vif et une profonde fraternité d'armes s'y associait intimement au respect de la hiérarchie […] Pour nos régiments débarqués, l'extrême variété des organisations FFI, leur discipline au moins particulière, la pauvreté de leur équipement, la criante insuffisance de leur armement, la facilité avec laquelle avaient été souvent attribués les grades supérieurs et, dans certains cas, le caractère ouvertement politique de leurs aspirations heurtaient le sens militaire classique de beaucoup d'officiers[5]. »

De Gaulle était lui aussi déterminé à restaurer l'ordre et la hiérarchie dans l'armée aussi vite que possible et à faire rentrer dans le rang les chefs FFI promus sous la pression des événements, lorsque l'armée française et les Alliés avaient eu besoin de forces actives derrière les lignes allemandes, dans les semaines précédant et suivant le Débarquement. C'était le cas à Toulouse, qui avait acquis la réputation de capitale de « la République rouge ». Ayant atterri à Blagnac le 16 septembre, de Gaulle se voit présenter Serge Ravanel, qui n'a que vingt-quatre ans. Ravanel porte la Croix de la Libération qu'Emmanuel d'Astier de La Vigerie, ministre de l'Intérieur, lui a décernée lors de sa venue à Toulouse le 28 août. De Gaulle lui demande : « Qui vous a autorisé à porter la Croix de la Libération ? » Ravanel lui répond que c'est d'Astier, sur quoi le Général, cinglant, réplique : « Ce n'est pas vrai », et lui ordonne de la retirer. Ravanel présente ensuite à de Gaulle ses officiers FFI, dont les espoirs de reconnaissance sont instantanément anéantis : « L'humiliation s'abat sur ces officiers : ils ne sont pas des officiers de la "vraie" armée ; les galons, ils les ont usurpés. D'une phrase, le ton est donné. "Comment !

s'étonne le chef de l'État auprès de Berthet-Deleule, vous étiez deuxième classe en 1939 et vous voilà lieutenant-colonel ?" […] Dans l'escalier, le capitaine Viltard, pur héros de la Résistance, pleure à chaudes larmes [6]. »

L'autre préoccupation du général de Gaulle est de récupérer l'histoire de la Résistance au profit des Français, et d'eux seuls. Les Français s'étaient libérés seuls : cela devait être affirmé à la fois contre les Alliés et contre les antifascistes étrangers qui avaient contribué à la Résistance. Invité au déjeuner officiel avec de Gaulle, le colonel George Starr, commandant du bataillon de l'Armagnac, apprend du commissaire Bertaux qu'il n'est pas le bienvenu. Convoqué par de Gaulle l'après-midi même, Starr s'entend demander ce qu'il fait à Toulouse. Il répond qu'il a mis sur pied des bataillons FFI dans la région. De Gaulle s'emporte : « Vous n'avez pas le droit de former des bataillons, vous, un étranger. Vous n'avez rien fait ! » Starr reçoit l'ordre de quitter Toulouse sans délai mais réplique qu'il est responsable des équipes Jedburgh et des missions alliées qui incluent des officiers français. « Prenez-les avec vous ; ce sont des vendus, des mercenaires. Qu'ils partent avec vous [7] ! » poursuit de Gaulle. Le lendemain matin a lieu un défilé des FFI, parmi lesquels figurent des républicains espagnols, fiers de défiler devant de Gaulle bien qu'ils n'aient pas d'uniformes et portent des casques allemands repeints en bleu. Ignorant de la dimension internationale de la Résistance, de Gaulle demande à Ravanel : « Qu'est-ce que c'est que ces Espagnols qui viennent nous emmerder et qui défilent avec les FFI [8] ? »

L'équilibre des pouvoirs avait changé. Le temps de l'insurrection était terminé, la hiérarchie militaire et le professionnalisme étaient de retour. L'armée devait être une armée française, débarrassée des étrangers peu fiables. Ravanel analysa plus tard ce changement de fortune : « Je suis un subordonné, et toutes les questions que je pose, ça ne me regarde pas. Moi, petit mec du coin, ça ne me regarde pas. Il y a de grands chefs du coin pour décider. Je vous envoie un général qui commandera. Vous rentrez dans le rang[9]. »

Le général qui prenait le commandement de la 17e région militaire à Toulouse était Philibert Collet. Né en Algérie, il avait bâti sa réputation en réprimant les Druzes en Syrie, et s'était rallié aux Français libres en Syrie en 1941. Ravanel partit pour Paris et fut gravement blessé dans un accident de voiture le 20 septembre. Il reçut officiellement sa Croix de la Libération le 14 juillet 1945, mais en conclut qu'à Toulouse, de Gaulle « avait voulu faire un exemple. Sans doute parce que la Résistance y était bien organisée, active et dynamique. En fait, c'est l'ensemble de la Résistance qu'il voulait émasculer[10]. »

Les militaires réagirent de manière variée au passage d'une armée révolutionnaire à une armée traditionnelle. Quand l'armée du général de Lattre arrive en France, les anciens de l'armée d'armistice renvoyés en novembre 1942 mais qui n'ont pas rejoint les maquis réapparaissent pour rallier ce qu'ils considèrent comme l'armée régulière. L'un d'eux, Jean Le Châtelier, a conservé un poste de bureau dans l'armée à Grenoble et il a eu trois enfants pendant la guerre. Au printemps 1944, il monte au Vercors à bicyclette pour proposer du renseignement mais se querelle avec le chef du maquis qui exige qu'il quitte sa famille et refuse de reconnaître son grade officiel. Il est soulagé par l'arrivée de l'armée du général de Lattre à Grenoble, « organisée traditionnellement, avec des régiments, des bataillons, des compagnies et des officiers qu'il connaissait en partie ». En 1946, à l'École de guerre, il se retrouve dans la même promotion que trois anciens maquisards dont « le fameux colonel [Ravanel] de Toulouse ». Un jour où Ravanel lui a demandé d'aller chercher sa pipe dans sa chambre, Le Châtelier est scandalisé d'y trouver « un livre subversif, *Le Capital* de Karl Marx[11] ». Le Châtelier poursuivra une brillante carrière dans l'armée régulière, cherchant à réimposer la grandeur de la France dans les colonies, en Indochine puis en Algérie.

Certains s'engagèrent parce que cela leur semblait le meilleur moyen de cacher les traces de comportements douteux pendant l'Occupation. Roland Farjon, figure clé de l'Organisation civile et militaire (OCM), avait été arrêté par la Gestapo en 1943 et soupçonné d'avoir trahi de nombreux camarades. Il s'évade juste avant le jour J, avec l'aide probable d'un complice allemand, se réinvente en résistant et combat comme capitaine FFI sous les ordres de Maurice Clavel, le libérateur de Chartres[12]. Il entre dans Paris et, le 11 novembre 1944, participe au défilé de la victoire devant de Gaulle et Churchill, et se porte volontaire au 1er régiment de fusiliers marins qui combat en Alsace puis dans les Alpes. Il est blessé le 1er avril 1945 et recommandé pour la Croix de guerre, mais un ou deux mois après son passé trouble est dévoilé[13].

L'expérience de Claude Monod, chirurgien parisien de vingt-huit ans qui a travaillé avec Défense de la France, est très différente. Il devient chef FFI en Bourgogne et participe à la libération de Châtillon-sur-Seine, au nord de Dijon. Il s'engage dans la 1re armée et passe deux mois dans une école d'officiers dans la Nièvre. Il garde néanmoins une forte nostalgie des FFI qui, dans la tradition révolutionnaire, avaient racheté le désastre de 1940 : « Les FFI représentent vraiment la levée en masse du peuple français contre l'envahisseur. Pour qui a vécu ne serait-ce quelques jours au maquis, il est impossible de n'avoir pas été frappé par l'élan, l'enthousiasme, l'ardeur combattive de ces hommes [...] Ils ont eu vraiment en eux ce qui a manqué en 1940 à l'armée française ; la volonté de se battre, la foi en la victoire, la pleine conscience des buts pour lesquels ils se battaient, le dévouement total au pays [14]. »

À l'école d'officiers, Monod s'inquiète de ce que le commandement de la 1re armée veut disperser les unités FFI et promouvoir à l'ancienneté plutôt qu'au mérite ou au charisme. Dans une lettre à un officier, ancien maquisard FFI dans le Jura, il décrit les différences flagrantes entre les FFI et l'armée d'Afrique : « Nous sommes en 1944, et paradoxalement, nous nous trouvons ramenés au siècle de Louis XIV : L'armée du Roy, l'armée des mercenaires se bat aux marches du royaume et le pays s'en fout [15] ! » Monod poursuivit le combat patriotique au-delà des marches du royaume jusqu'à ce qu'il soit tué à Graben dans le Sud de l'Allemagne le 2 avril 1945.

Beaucoup de FFI acceptèrent l'offre de démobilisation et rentrèrent chez eux. Ils avaient appartenu à des mouvements de résistance dont le profil, surtout communiste et immigré, différait de celui de la nouvelle armée. Ils étaient souvent épuisés par des années de clandestinité passées à éviter l'arrestation et la déportation, et n'aspiraient qu'à reprendre une vie normale. Max Weinstein, insurgé de Villeurbanne et membre de l'Union de la jeunesse juive (UJJ), rejoint d'abord le 1er régiment du Rhône, composé « essentiellement de résistants ». Ce régiment comprend une compagnie juive dont il est le secrétaire, car beaucoup de juifs plus âgés d'origine étrangère ne parlent que yiddish, et il suit une formation de sous-officier. Cependant, le régiment est bientôt réorganisé, intégré à l'armée régulière, et commandé par des officiers « pétainistes ou planqués ». Rebaptisé 127e régiment des forces terrestres alpines, il est envoyé sur le front des Alpes. Max décide de ne pas le suivre. Il retourne à son ancienne usine d'ascenseurs, touche quatre mois d'arriérés de salaire qu'il dépense avec des amis dans un restaurant du marché noir. Il apprend alors qu'ayant moins de dix-huit ans, il peut recevoir une prime de 3 000 francs s'il quitte l'armée, ce qu'il fait. Il se forme pour travailler dans l'industrie de la radio et adhère au parti communiste[16].

D'autres FFI, à l'inverse, voulaient rester dans l'armée régulière et finir le travail en repoussant les Allemands hors de France. Malgré les bonnes intentions qu'avaient de Gaulle et de Lattre, la reprofessionnalisation de l'armée française fut lente. Le colonel Fabien regroupe ses FFI en « bataillon de Paris », aussi appelé « régiment de Paris », et part pour la frontière, avec un drapeau donné par le Comité parisien de la libération mais très peu de véhicules, d'équipements, d'uniformes ni même de casques. La 1$^{re}$ armée française, qui ne veut rien avoir à faire avec la canaille bolchevique, leur bat froid, mais ils sont placés sous le commandement du 5$^e$ corps américain, qui les emploie à sécuriser l'arrière pendant qu'il avance vers l'Allemagne[17]. Ils sont accompagnés de deux unités d'infanterie polonaise, soit 3 000 hommes, qui portent des uniformes américains, sont dotés d'armes alliées et portent un brassard « Forces expéditionnaires alliées ». Cela dit, beaucoup de ces Polonais ont fait allégeance non pas au gouvernement polonais en exil à Londres mais au Comité de Lublin, loyal à Moscou, qui administre les territoires polonais libérés par les Soviétiques. Parmi eux figurent Jan Gerhard, ancien commandant de la brigade Marcel-Langer de Toulouse puis d'un maquis de la Meuse, et Ignaz (Roman) Krakus, l'un des chefs de Carmagnole à Lyon[18].

Ces forces, bien que disparates, jouèrent un rôle crucial dans les opérations militaires françaises. À l'automne 1944, alors que les armées s'approchaient de la frontière allemande dans les Vosges et en Alsace, il devint évident que les soldats noirs de l'armée d'Afrique auraient du mal à supporter l'hiver continental. De plus, le commandement américain, qui avait des troupes noires mais appliquait une politique de ségrégation, était hostile à l'emploi de soldats africains dans les armées alliées. Il en résulta ce qu'on a appelé le blanchiment de l'armée française, dont l'effet secondaire fut de compléter l'équipement des hommes de Fabien, entre autres, et de les intégrer dans la structure de commandement de l'armée française. Le processus se déroula ordinairement derrière les lignes, mais parfois sur le front même : « L'on assiste alors à ce spectacle extraordinaire, a raconté de Lattre, jusque dans les trous, à quelques centaines de mètres de l'ennemi, des gamins vont prendre la place des Sénégalais en recevant, séance tenante, capotes, casques, armes et consignes [19]. »

Parallèlement à cette évolution s'en déroule une autre : retirer les femmes qui étaient sur le front dans les unités combattantes. Pendant la Libération de Paris, Madeleine Riffaud avait commandé la compagnie FFI Saint-Just mais elle n'eut pas le droit de rejoindre l'armée régulière : « Non seulement tu n'es pas majeure, lui avait dit un officier, [mais] tu n'as pas la permission de ton père et tu craches rouge dans ton mouchoir. » En effet, elle n'était pas entièrement guérie de la tuberculose [20]. Le cas d'une des rares femmes à avoir combattu dans l'armée française n'a été connu qu'en 1984. Colette Nirouet, alias Évelyne, s'était battue avec des maquisards en Auvergne et avait rejoint le 152ᵉ régiment d'infanterie comme infirmière. Voulant absolument aller sur le front, elle persuade son commandant le 29 octobre 1944 de lui donner un uniforme kaki et un pistolet-mitrailleur. Le 10 novembre, les personnels féminins reçoivent l'ordre de se retirer à l'arrière mais elle refuse d'obéir. Le 26 novembre, dans l'Oberwald, elle tente de convaincre une unité allemande de se rendre, leur disant en allemand qu'ils seront traités en prisonniers de guerre : « Elle s'avance, debout, vers le poste de l'ennemi. Alors la réponse vint, inattendue et foudroyante : une courte rafale crépita dans le silence. Sans un cri, Évelyne s'affaissa parmi les feuilles mortes et les branches brisées[21]. »

Peu après, ce fut la fin de l'épopée du colonel Fabien et de ses hommes. En décembre 1944, le général Béthouart, qui en 1940 avait préféré rejoindre l'armée d'Afrique plutôt que de rester avec de Gaulle, reçut le commandement du « régiment de Paris » du colonel Fabien. À sa surprise, il découvre en Fabien « un homme intelligent, énergique, doué de réelles qualités de commandement. Les hommes sont magnifiques d'enthousiasme. » Cela dit, quand il leur rend visite le 15 décembre, il note « un manque d'expérience, naturellement, mais aussi un manque d'organisation. Je découvre avec stupeur des jeunes femmes tapant à la machine dans des trous d'obus. » Il note aussi que « Fabien avait gardé de son passé un goût immodéré des explosifs[22] ». Le 27 décembre, Fabien et plusieurs de ses adjoints testent une mine antichar pour l'utiliser contre les Allemands. L'engin explose, tuant Fabien, quatre autres officiers et une secrétaire. La rumeur court dans le régiment que la mine était piégée et qu'il s'agit d'un assassinat. On a débattu avec rage pour savoir s'il s'agissait vraiment d'un accident ou si certains, dans l'armée traditionnelle, voulaient la fin de cet autre modèle d'armée française. Quoi qu'il en soit, le régiment de Fabien fut rebaptisé 151e régiment d'infanterie, du nom de celui que de Lattre avait commandé à Metz de 1935 à 1937. C'était un hommage, mais également la fin d'une époque. Les funérailles du colonel Fabien et de deux autres officiers tués avec lui furent célébrées à Paris le 3 janvier 1945 sous une pluie battante[23].

L'armée était le premier terrain de lutte entre ceux qui voulaient revenir à l'ordre et à la normalité, et ceux qui souhaitaient des solutions plus révolutionnaires. L'autre arène était le monde politique. De nombreux résistants avaient imaginé qu'après des années de lutte et sous l'inspiration de manifestes tels que le programme du Conseil national de la Résistance, la France deviendrait plus juste et plus égalitaire. Ils espéraient que les mouvements de résistance se transformeraient assez facilement en partis politiques et qu'ils seraient les acteurs de ces changements. Ils négligèrent cependant deux facteurs : d'abord, de Gaulle avait comme seule ambition de renforcer l'État et d'assurer sa propre prééminence au sein de celui-ci ; ensuite, les partis politiques, qui avaient lamentablement échoué en 1940, avaient repris pied au sein du CNR et plus encore à l'Assemblée consultative provisoire revenue d'Alger à Paris après la Libération. Les partis entendaient reprendre leurs activités et déjouer l'offensive des mouvements de résistance.

Jacques Lecompte-Boinet eut un premier aperçu de cette évolution lorsque, en tant que membre du Conseil national de la Résistance, il assista à la fameuse réunion du 27 août 1944 au ministère de la Guerre, où étaient aussi présents Maurice Kriegel-Valrimont et les Rol-Tanguy. Il a décrit comment de Gaulle avait coupé les ponts entre la Résistance intérieure, dont il considérait le travail terminé, et la Résistance extérieure, qui tenait maintenant les rênes du gouvernement. Le Général, découvrit-il, imposait une nouvelle source de légitimité, la Nation, qu'il utilisait contre la minorité des résistants actifs : « Nous sommes dans une forteresse, la forteresse du gaullisme de l'extérieur. C'est une Troie dans laquelle il n'est pas question que nous fassions entrer notre cheval. [De Gaulle] nous remercie moins qu'il nous donne des conseils de modération et de calme, conseils qui sont plus des ordres que des conseils. Bidault, notre porte-parole, [est] très intimidé[24]. »

Le seul délégué qui se sentit de taille à prendre la parole fut le communiste Pierre Villon, qui demanda à de Gaulle s'il avait approuvé la trêve du 20 août et quand il autoriserait leur dirigeant Maurice Thorez, encore à Moscou, à revenir en France : « Alors le Général, manifestement exaspéré, se lève. "J'espère vous revoir bientôt, au revoir." » La coupure entre les deux France, les deux nouvelles France était complète[25]. Lors de la réunion du CNR le 29 août, Georges Bidault déclara que de Gaulle n'était pas intéressé par leur programme : « Je lui parle de "Résistance". Il me répond "Nation". Il croit incarner la Nation[26]. »

Le schisme apparut aussi dans la façon dont de Gaulle traita le Comité parisien de la libération, dominé par les communistes et présidé par André Tollet, communiste lui-même et chef du mouvement syndical à Paris. De Gaulle ne pouvait se résoudre à accorder la Croix de la Libération à Paris tant que Tollet le présidait. Le Comité fut donc élargi des deux cinquièmes et transformé en conseil municipal provisoire, incluant des personnalités telles que le père de Michel Debré, Robert Debré, professeur de médecine, et un chanoine de Saint-Germain-des-Prés. Léo Hamon, cheville ouvrière de la trêve du 20 août, manœuvra pour que la présidence revienne à André Le Troquer, ancien député socialiste et commissaire à la Guerre à Alger. Alors seulement Paris reçut la Croix de la Libération[27]. Gaston Palewski, chef de cabinet du général de Gaulle, retourna le couteau dans la plaie lors d'un discours où il laissa entendre que les Parisiens avaient profité de l'insurrection d'août 1944 pour se livrer à des pillages. Tollet répondit avec véhémence que l'honneur des Parisiens avait été bafoué et il compara la situation à la répression de la Commune en 1871 : « L'indignation ne suffit pas en face de tant de grossièretés d'esprit antipeuple et antifrançais. Le peuple de Paris doit exiger des comptes. Le peuple de Paris, s'il pouvait se prononcer, vomirait sans aucun doute le personnage émule de Thiers, autre insulteur des Parisiens[28]. »

De Gaulle abattit ses cartes lors de la formation de son gouvernement provisoire le 10 septembre. La Résistance intérieure ne reçut pas de poste, même si Henri Frenay, ministre des Prisonniers, Déportés et Réfugiés, affirma que cinq membres du comité d'organisation de Combat étaient au gouvernement[29]. Cela dit, les anciens membres de Combat avaient depuis longtemps suivi des chemins différents, notamment en conséquence du conflit provoqué par les démarches de Frenay auprès de Pierre Pucheu en 1942. En mission à Toulouse, son rival Emmanuel d'Astier, commissaire à l'Intérieur, apprit par la radio qu'il était révoqué. De Gaulle lui offrit l'ambassade à Washington, lui faisant miroiter le ministère des Affaires étrangères dans quelques mois, mais il refusa[30]. Les Affaires étrangères revinrent à Georges Bidault, ancien président du CNR, ce qui créait un contact avec la Résistance, mais sans risque, car même si Bidault était un habile politique, de Gaulle ne le considérait pas comme une menace. Lecompte-Boinet se dit que les gens seraient déçus de découvrir que « ce fameux chef de la Résistance, ce n'était au fond que le bedeau de service[31] ». Philippe Viannay, chef de Défense de la France, qui avait rencontré de Gaulle à Rambouillet en juillet 1944, croyait sincèrement être sur les rangs pour devenir ministre : « La France est mûre pour tous les changements. La France dispose d'une élite du courage qui s'est spontanément révélée et qui est prête à s'engager à nouveau. » De Gaulle répondit avec ironie : « La France n'est pas un pays qui commence. C'est un pays qui continue[32]. »

Étant donné leur rôle dans la Résistance et le soutien qu'ils lui avaient apporté depuis 1943, de Gaulle fut obligé de faire entrer deux communistes dans son gouvernement. Pour autant, il refusa Pierre Villon, qui avait vociféré son opposition à la trêve. Maurice Thorez ne fut autorisé à rentrer en France que le 27 novembre, après qu'il eut approuvé la dissolution des milices patriotiques, considérées comme une dangereuse manifestation du peuple en armes. Commissaire à l'Air, Fernand Grenier s'était opposé à de Gaulle sur le manque de soutien au Vercors ; il fut remplacé par le leader FTP Charles Tillon, que son activité de résistant avait coupé de Thorez et de Duclos, les dirigeants du Parti. François Billoux, ancien ministre d'État à Alger, devint le second ministre communiste, à la Santé publique. Les deux ministres communistes furent largement mis en minorité lors de la dissolution des milices patriotiques et maintenus sous contrôle par les poids lourds de la SFIO et du mouvement syndical, Robert Lacoste à la Production industrielle, et, après son retour de camp, Christian Pineau au Ravitaillement.

La colonne vertébrale du gouvernement de Gaulle se compose de Français libres qui l'ont déjà servi à Londres et à Alger. Parmi eux, René Pleven, organisateur de la conférence de Brazzaville, devient secrétaire d'État aux Colonies, puis ministre des Finances. Il obtient le départ de Pierre Mendès France, ministre de l'Économie nationale, qui, impressionné par Keynes à Bretton Woods, prône davantage de contrôle monétaire, de nationalisations et de planification économique, mesures considérées comme trop radicales. Le noyau des Français libres comprend aussi Jacques Soustelle, ministre de l'Information (comme à Alger), René Capitant, chef de Combat en Afrique du Nord, ministre de l'Éducation, et le fidèle général Catroux, ministre pour l'Afrique du Nord. De Gaulle recrute également des ministres parmi le Comité général d'études (CGE) qui a présidé à la transition pacifique du pouvoir entre Vichy et la République, évitant à la fois une administration militaire des Alliés (AMGOT) et une insurrection, en contrôlant les nominations aux postes clés de l'Administration et de la Justice. Il s'agit de Robert Lacoste, mais surtout des juristes Alexandre Parodi, ancien chef de la Délégation générale qui devient ministre du Travail et de la Sécurité sociale, et François de Menthon, ministre de la Justice, chargé d'assurer que l'épuration des traîtres se fera selon la loi. En juin 1945, lorsqu'il devient procureur au procès de Nuremberg, Menthon est remplacé par son collègue de Liberté, Pierre-Henri Teitgen[33].

Une des fonctions majeures du Comité général d'études fut la nomination de commissaires de la République, qui remplacèrent les préfets de région de Vichy afin d'assurer une transition de pouvoir sans heurt dans les provinces. Proconsuls dotés de nombreux pouvoirs, les commissaires devaient régler les problèmes urgents du ravitaillement, punir les collaborateurs et restaurer l'ordre. Parmi eux figuraient Raymond Aubrac à Marseille, Yves Farge à Lyon, Henry Ingrand à Clermont-Ferrand, Francis-Louis Closon à Lille et Michel Debré, membre du Conseil d'État et du CGE, à Angers. D'une part, ils devaient mettre en place des cours de justice pour juger selon la loi les collaborateurs, souvent victimes de vengeances expéditives de la part des FFI ou d'autres justiciers autoproclamés. D'autre part, ils devaient traiter avec les Comités de la libération qui étaient apparus dans les villes et les départements et s'opposaient à l'autorité des maires et des préfets. Composés de représentants d'organisations résistantes, de partis politiques, de syndicats et d'associations féminines, ces comités reprenaient le rôle des conseils généraux que Vichy avait remplacé par des conseils départementaux désignés. En général, les relations entre les Comités départementaux de la libération et les préfets étaient bonnes, mais il y eut quelques cas de tension, voire de conflit[34]. Pour affirmer la continuité de leur rôle, les Comités de la libération organisèrent des congrès à l'automne 1944 et demandèrent de profondes réformes fondées sur les principes de la Charte du CNR. Le 5 septembre 1944, un premier congrès s'ouvrit symboliquement au château de Vizille où, en juin 1788, s'étaient réunis les délégués des trois ordres, clergé, noblesse et tiers état, marquant ainsi le début mythique de la Révolution française. Ce congrès fut suivi par d'autres réunions, à Valence le 22 septembre, et par les États généraux de la Renaissance française à Avignon les 7 et 8 octobre. Invité à y assister, de Gaulle refusa de s'y rendre puisqu'il ne pouvait accepter que la Résistance soit « un corps constitué[35] ».

Originaires de milieux différents, les commissaires de la République ne voyaient pas tous leurs responsabilités de la même manière. Ceux qui avaient appartenu au Comité général d'études considéraient que leur mission principale était de restaurer l'ordre et d'écarter toute menace de révolution. À Lille, Francis-Louis Closon se rapproche du cardinal-archevêque et croise le fer avec les communistes et les socialistes qui dominent les Comités de la libération du Nord et du Pas-de-Calais, et considèrent les États généraux comme le moyen d'abattre de nouvelles Bastilles telles que le patronat[36]. À Angers, Michel Debré recycle des fonctionnaires de Vichy prêts à se rallier au nouveau régime, et fait la paix avec les évêques. À Nantes, il contrebalance l'influence des communistes en soutenant les socialistes, les chrétiens-démocrates et bien sûr les conservateurs[37]. Dans d'autres régions, les commissaires sont plus enclins à négocier avec les radicaux. À Lyon, Yves Farge est favorable aux cahiers rédigés par le Comité départemental de la libération pour préparer les États généraux, comme en 1789, et qui prouvaient selon lui que « tout un peuple avait, dans le silence de l'oppression, médité sur le destin du pays […] J'y trouve des perspectives noblement tracées, une volonté de travail nettement affirmée, un sens profond de nos réalités[38]. » À Marseille, qui avait plongé dans le chaos à la Libération, Raymond Aubrac s'allie au parti communiste et à la CGT pour maintenir l'ordre, juger les collaborateurs et nationaliser une grande partie de l'économie locale. Mais il se heurte à l'opposition vigoureuse des socialistes, dirigés par Gaston Defferre, qui contrôlent la mairie et considèrent Marseille comme leur fief. Ils en appellent à de Gaulle et Aubrac est rappelé en janvier 1945[39].

La vie reprenant son cours normal dans les provinces françaises, l'expérience des commissaires de la République prit fin. Dans chaque région, les quatre ou cinq préfets qu'ils supervisaient et les différentes assemblées demandèrent leur autonomie. Les élections de 1945 remirent en place conseils municipaux, conseils généraux et députés, chacun voulant contrôler son fief, les communistes dans le Nord et le Pas-de-Calais, les catholiques dans l'Ouest. Préfets et députés recommencent à travailler main dans la main comme sous la IIIe République, se répartissant patronages, emplois, contrats et subventions[40]. Frustré par l'érosion de son pouvoir, Yves Farge démissionne en août 1945 afin de se présenter aux élections à l'Assemblée constituante. Le mois suivant, Henry Ingrand proteste vigoureusement et ne tarde pas à démissionner. Quant à Michel Debré, il avait déjà accepté en avril 1945 l'offre du général de Gaulle de superviser une réforme de l'Administration. Elle inclut la création de l'École nationale d'administration, lieu de formation des futurs serviteurs de l'État, qu'il voit dirigé par « un monarque républicain » tel de Gaulle[41].

Le conflit majeur entre l'État, qui demeure solidement en place à la Libération, et les forces de la démocratie et du changement a été décrit avec précision dès 1945 par le communiste Pierre Hervé dans son livre *La Libération trahie* : « On a dit qu'il y a eu en France deux pouvoirs. Il y avait la Résistance intérieure et ses Comités de la libération en face de l'appareil civil et militaire importé de Londres et d'Alger sur le territoire métropolitain [...] Le conflit était inévitable entre les aspirations démocratiques et révolutionnaires qui s'exprimaient dans la Charte du Conseil national de la Résistance et les conceptions autoritaires, à tendance cléricale et conservatrice, qui avaient la faveur des cabinets [42]. »

Le conflit entre ces deux visions se déplace désormais de la réforme de l'Administration aux élections locales et nationales. Un des buts des Comités de la libération était d'établir des listes communes de candidats de la Résistance pour les élections. Après que les Comités ont disparu de la scène, leur campagne est reprise par les mouvements de résistance désireux de se transformer en forces politiques. Les plus importants à cet égard sont le Mouvement de libération nationale (MLN), qui regroupe les mouvements de résistance non communistes et revendique 2 millions de membres, et le Front national, d'obédience communiste, qui en revendique 500 000 [43]. Denise Domenach, choisie pour représenter la jeunesse au Comité départemental de la libération de Lyon, est envoyée à Paris par le MLN pour des rencontres sur la jeunesse. Elle a raconté l'essor puis la chute d'un mouvement de grand espoir, tant au plan politique qu'au plan personnel : « Nous avions de l'amour plein le cœur et plein les yeux. Nous parlions dans les congrès, nous écrivions dans les journaux. Nous avions l'impression d'être investis de grands pouvoirs et j'avais avec mes camarades l'espoir fou de transformer la vie. Nous allions changer le monde. Mais cela n'a pas duré très longtemps non plus : fin décembre 1944, le MLN n'avait plus d'argent pour nous payer et mes parents sonnaient le tocsin pour que je revienne à Lyon reprendre mes études et ma vie de jeune fille convenable[44]. »

Certains résistants de gauche espéraient une fusion entre le MLN et le Front national pour former une union progressiste, un grand parti de la Résistance. Parmi eux se trouvaient des membres de Libération qui avaient toujours été proches des communistes, tels Pierre Hervé ou Maurice Kriegel-Valrimont, ou d'autres qui avaient été attirés par eux plus tard, tel Emmanuel d'Astier. Pierre Hervé par exemple croyait qu'« un puissant mouvement [qui] soulevait le peuple tout entier » pourrait se traduire en un « socialisme humaniste ou libéral, travailliste ou occidental » tout en s'inspirant de l'exemple du « peuple soviétique [qui] lutte aujourd'hui avec héroïsme pour faire du socialisme autre chose qu'une théorie abstraite[45] ». D'autres résistants, à l'inverse, craignaient que les communistes et ceux qu'ils appelaient les « cryptos » ne veuillent infiltrer et contrôler un tel parti. C'était le cas des chefs de Franc-Tireur, Antoine Avinin et Jean-Pierre Levy, des intellectuels de Défense de la France comme Robert Salmon, ou encore d'Henri Frenay, vétéran de Combat[46]. À l'issue de débats passionnés organisés à la Mutualité à Paris en janvier 1945, les opposants à la fusion l'emportèrent. La voie était en théorie ouverte à la création d'un parti travailliste à la française, mais il était déjà trop tard. Les élections municipales étaient prévues pour avril et mai et les partis politiques, anciens et nouveaux, sautèrent sur l'occasion pour imposer les termes du débat politique.

Au centre droit, un nouveau parti fut créé par des résistants d'obédience chrétienne-démocrate, le Mouvement républicain populaire (MRP) conçu par Georges Bidault, Maurice Schumann, François de Menthon et Pierre-Henri Teitgen. Étant donné le discrédit qui frappait les conservateurs associés à Vichy, ce parti attira des électeurs de droite fortement anticommunistes et antisocialistes. Comme le reconnut Georges Bidault : « Nous faisons le MRP avec les femmes et les curés[47]. » Le MRP attira également de Gaulle avant qu'il ne quitte le pouvoir en janvier 1946. En 1947, il fonda son propre parti, le Rassemblement du peuple français (RPF), formidable machine à produire des ministres.

Pendant l'Occupation, les socialistes avaient essayé de se réformer sous l'impulsion d'Henri Ribière de Libération-Nord et de Daniel Mayer du Comité d'action socialiste. Mais l'idée d'un socialisme humaniste incarné par Léon Blum à son retour de déportation fut contestée par Guy Mollet, qui avait un peu participé à l'Organisation civile et militaire, mais qui était surtout un homme d'appareil. Il pensait que la SFIO devait concurrencer le parti communiste comme parti marxiste de la classe ouvrière. En août 1946, il s'impose contre Mayer et devient secrétaire général de la SFIO[48]. Cette combinaison d'opportunisme et d'idéologie révolta les résistants, qui attendaient bien plus de la politique. Robert Salmon, ancien de Défense de la France, critiqua « quelque chose d'imbuvable, d'intolérable. Cette atmosphère des congrès, des sections… sur le plan de la mesquinerie, de la jalousie, des crocs-en-jambe, des veuleries des uns des autres […] Il faut absolument pour faire une carrière là-dedans une âme de démagogue, d'hypocrite, que je ne peux pas atteindre[49] ».

Ceci n'empêcha pas Robert Salmon de poursuivre une brillante carrière après la Libération. Il fut brièvement député à l'Assemblée constituante et conseiller municipal de Paris. Il devint journaliste et transforma *Défense de la France* en *France-Soir,* quotidien populaire qui, en 1953, tirait à un million d'exemplaires. Ayant réussi, il portait un regard positif sur la période et déclara : « Jamais nous n'avons autant ri que pendant la Résistance[50]. »

Plus favorable à la Résistance par certains côtés, mais s'en méfiant aussi, le parti communiste se révéla lors des élections le premier parti politique à la Libération. Il se prétendait le principal parti de la Résistance, avec 75 000 membres exécutés par Vichy ou par les Allemands. Mais les liens du parti communiste avec la Résistance avaient toujours été indirects, par l'intermédiaire d'organisations comme le Front national ou les FTP, alors que Thorez était à Moscou et que Duclos se cachait en France. De plus, le Parti devait répondre des deux années du Pacte germano-soviétique où il avait été l'allié officiel d'Hitler. Cela dit, son prestige de parti des héros de la Résistance, renforcé par l'aura des victoires soviétiques sur les nazis, lui permit d'attirer des résistants et des intellectuels. Emmanuel d'Astier se laissa convaincre de se présenter comme candidat communiste aux élections à l'Assemblée constituante dans une circonscription conservatrice d'Ille-et-Vilaine, ingagnable à première vue. Accompagné de Pierre Hervé, il s'adresse à des cheminots à la gare de Rennes. S'élèvent alors des murmures de mécontentement suscités par ses origines aristocratiques. Un membre de son équipe riposte : « N'oubliez pas que Lénine était noble et que Mirabeau était noble[51]. » Mais comme le nota Claude Bourdet, les dirigeants du parti communiste contrôlaient toujours un programme qui avait peu à voir avec la Résistance : « Le PCF a mené ses résistants au Rubicon, pour pêcher à la ligne[52]. »

Il faut aussi considérer la libération de la France dans une perspective transnationale et internationale. Les résistants étrangers s'étaient battus pour la libération de la France et pour beaucoup, cette expérience renforça leur identité française. Dans le même temps cependant, la libération de la France n'était que le prélude à la libération de leur propre patrie. Ainsi les républicains espagnols voulaient rentrer en Espagne pour chasser Franco, les antifascistes allemands voulaient construire une Allemagne libre et les juifs sionistes voulaient créer un État juif indépendant en Palestine. Malheureusement, la politique internationale et la diplomatie des Alliés n'offriraient pas toujours à ces résistants la Libération qu'ils souhaitaient.

Certains juifs d'origine étrangère étaient parfaitement assimilés et étaient devenus encore plus français à la suite de leur parcours dans la Résistance. Léo Hamon, né à Paris de parents juifs polonais, avait joué un rôle clé dans la libération de Paris. En négociant la trêve du 20 août, il avait empêché que la capitale ne tombe aux mains des communistes. Il décida de garder le patronyme français qu'il avait adopté plutôt que de redevenir Goldenberg : « Je ne suis pas un juif "substantif" dont la nationalité française est un adjectif désignant l'accessoire. Je suis un Français auquel s'applique, parmi d'autres adjectifs, celui de "juif"[53]. » Il fut nommé membre de l'Assemblée consultative provisoire et fut élu au conseil municipal de Paris en mai 1945 sur une liste de résistants, puis au Conseil de la République, la chambre haute du Parlement, pour le MRP. Il poursuivit sa carrière de juriste, à la fois comme avocat et comme professeur, et fit un parcours politique prestigieux au long de la IVe et de la Ve République.

Beaucoup de jeunes juifs de « la génération de la rafle » avaient grandi en France mais les persécutions et la déportation de leurs familles avaient ravivé leur sentiment de judéité. Pour eux la Résistance avait été « une guerre dans la guerre ». Une fois le pays libéré cependant, ils voulurent retourner à Paris, reprendre leurs études ou leur carrière et s'intégrer pleinement à la société française. Oscar Rosowsky, le jeune faussaire du Chambon-sur-Lignon, vint à Paris pour faire les études de médecine que Vichy lui avait interdit de commencer. Son père ne revint pas des camps mais sa mère rouvrit sa boutique de mode. Il épousa une étudiante en médecine juive et, une fois diplômé, soigna des familles ouvrières qui avaient accès à de meilleurs soins grâce au nouveau système de Sécurité sociale[54]. Pour de nombreux juifs d'origine étrangère, le parti communiste fut un puissant vecteur d'intégration dans la société française. Après la Libération, la MOI et les associations affiliées furent abolies et leurs membres intégrés dans des organisations qui ne faisaient pas de différence entre Français et étrangers, telles que l'Union des femmes françaises et l'Union de la jeunesse républicaine de France. Max Weinstein devint secrétaire de la section du parti communiste du Ier arrondissement de Paris et fut longtemps satisfait de laisser son identité française éclipser son identité juive[55].

Pour d'autres résistants d'origine étrangère, ni la libération de Paris ni même l'entrée des forces françaises en territoire allemand ne constitua un heureux dénouement. Après la libération de Toulouse, les républicains espagnols de tous partis et syndicats se rassemblèrent en masse, organisèrent des réunions, publièrent des journaux et parlèrent ouvertement d'envahir l'Espagne pour venger leur défaite de 1939. Ils fomenteraient une insurrection nationale et pratiqueraient la guérilla perfectionnée en France pour renverser Franco. Des républicains espagnols qui avaient combattu dans les FFI furent envoyés à la frontière pyrénéenne et des missions exploratoires furent organisées en Espagne pour prendre le pouls de la population. Malheureusement pour eux, le régime de Franco eut vent de ce qui se tramait, renseigné en particulier par les autorités françaises et alliées, opposées à cette tentative de rouvrir la guerre d'Espagne et hostiles au communisme. Les Américains et les Britanniques firent pression sur les Français pour que la situation ne dégénère pas, et le gouvernement français confia le contrôle de la situation à un commandement militaire régional[56]. En Espagne, malgré une vague de grèves fin septembre 1944, l'atmosphère n'était pas à l'insurrection. Dans les rangs des républicains espagnols régnaient aussi des tensions entre les chefs militaires de l'invasion, notamment le colonel López Tovar, et la tête politique de l'Agrupación de los Guerrilleros Españoles, contrôlée par le Parti communiste espagnol. Le 19 octobre 1944, à la tête de 2 500 hommes, López Tovar lança une attaque dans le val d'Aran. Le drapeau républicain espagnol fut hissé dans plusieurs villes et villages, mais le régime franquiste attendait les envahisseurs, qui furent capturés ou repoussés dès le 29 octobre. Des dizaines furent exécutés ou emprisonnés de longues années[57]. Ceux qui réussirent à rentrer en France furent persécutés après 1950, quand le régime de Franco intégra pleinement le camp occidental comme acteur de la guerre froide. L'activité des républicains espagnols en France fut alors déclarée illégale et 150 militants furent arrêtés. López Tovar, qui avait reçu la Légion d'honneur en 1946, fut assigné à résidence et empêché de travailler. Il se plaignit de ne recevoir aucun secours du Parti communiste français, et de n'avoir été aidé que par des personnes extérieures au Parti[58].

Les antifascistes allemands avaient pris part à la Résistance française dans des groupes affiliés à la MOI ou dans divers maquis. Le Comité « Allemagne libre » pour l'Ouest (CALPO) avait aussi joué un rôle significatif. C'était l'antenne française de Freies Deutschland, créé à Moscou en 1943 pour pousser des soldats de la Wehrmacht à déserter et à rejoindre la Résistance antinazie. Les Russes incorporés dans la Wehrmacht et faits prisonniers étaient de bonnes cibles, et le 5 septembre 1944 des Ukrainiens aidèrent des résistants français à libérer Pontarlier, dans le

Jura[59]. Le CALPO encouragea aussi des désertions dans les poches de la côte atlantique, à Saint-Nazaire, Lorient et Royan, où les troupes allemandes isolées par la retraite s'étaient retranchées[60]. Ils pénétrèrent dans les camps de prisonniers autour de Toulouse et de Limoges pour négocier la libération d'antifascistes allemands et indiquer aux Français les criminels de guerre nazis. Le 13 novembre 1944, la première réunion publique du CALPO se tint à Paris, avec son président, Otto Niebergall, et en présence de Pierre Villon pour le Front national, de Pascal Copeau pour le MLN et du père Chaillet pour *Témoignage Chrétien*[61]. Niebergall écrivit au ministre de la Guerre, suggérant d'envoyer d'anciens FFI en Allemagne pour recruter des partisans dans les camps de prisonniers de guerre, parmi les travailleurs étrangers et la population civile, afin d'établir de « véritables maquis » capables de lancer des « actions directes contre la machine de guerre nazie » et de mener à l'établissement d'une Allemagne libre et indépendante[62]. Les Alliés cependant ne voulaient pas que les armées régulières en Allemagne soient entravées par des guérillas, et ils imposaient des zones d'occupation qui préfiguraient la division du pays. Les rapports avec le CALPO s'interrompirent rapidement.

Les résistants antifascistes, juifs et non juifs, réfugiés en France lors des persécutions en Europe centrale et orientale dans les années 1930 repartirent dans leurs pays, désormais libérés du nazisme, afin d'aider à l'édification de mondes meilleurs socialistes. Niebergall retourne dans la Sarre, désormais occupée par les Français, et retrouve le Parti communiste allemand (KPD). Dans la nouvelle République démocratique d'Allemagne, les antifascistes sont promus à la tête du parti communiste et des institutions contrôlées par le Parti : l'armée, la police, l'administration et les universités. Franz Dahlem, qui avait dirigé le KPD clandestin en France, puis Travail allemand depuis sa cellule, avant d'être déporté à Mauthausen, devient membre du bureau politique du Parti socialiste unifié d'Allemagne, qui rassemble des communistes et des socialistes[63]. Des antifascistes occupent aussi des postes clés dans d'autres Républiques populaires. Artur London retourne en Tchécoslovaquie où il est nommé vice-ministre des Affaires étrangères en 1948. Louis Gronowski, l'un des chefs juifs polonais des FTP-MOI, retourne en Pologne en 1948 pour une cérémonie à la mémoire du ghetto de Varsovie, puis définitivement en 1949[64]. Boris Holban, prédécesseur de Manouchian à la tête des FTP-MOI de Paris, et Mihail Florescu, qui a combattu dans le Sud-Ouest aux côtés de López Tovar, rentrent en Roumanie poursuivre leur carrière militaire[65].

L'intégration de ces anciens résistants dans les nouveaux paradis communistes ne se déroula pas toujours comme prévu. Au début de la guerre froide, des conflits éclatent dans de nombreux partis communistes entre les moscovites, qui ont fait le dos rond à Moscou pendant la guerre et sont considérés comme des fidèles de l'ordre stalinien, et ceux qui ont combattu dans le mouvement antifasciste international en Espagne, en France, en Italie ou en Yougoslavie, et en viennent à être vus comme des partisans de Tito, des sionistes ou des espions américains. Un camarade de Gronowski est jugé en Hongrie en même temps que László Rajk, pendu en 1949. Artur London est jugé avec Rudolf Slánský en novembre 1952. Slánský sera pendu, London condamné à la prison à perpétuité mais relâché en 1955[66]. En Allemagne de l'Est, les anciens des Brigades internationales deviennent suspects. Franz Dahlem est exclu du bureau politique du Parti socialiste unifié. Il aurait été jugé si la RDA avait organisé un procès pour l'exemple[67]. En Pologne, Ignaz Krakus est chassé de l'armée et ne retrouve d'emploi que dans un atelier de mécanique. Les difficultés s'amplifient lors de la vague officielle d'antisémitisme qui balaie le bloc de l'Est pendant la guerre des Six Jours entre Israël et les pays arabes, en 1967. Elle est très forte en Pologne, où Gronowski la qualifie de « pogrom sec[68] ». Il quitte définitivement la Pologne pour la France en août 1968. Krakus part en 1969 et travaille dans une usine textile proche de la frontière belge jusqu'à son décès l'année suivante[69]. Quant à Jan Gerhard, il est assassiné chez lui à Varsovie, dans des circonstances mystérieuses, le 20 août 1971, peut-être parce qu'il s'apprêtait à faire des révélations sur le massacre des grévistes des chantiers navals de Gdansk et de Gdynia par la milice en décembre de l'année précédente[70].

Pour les juifs sionistes, dont certains avaient appartenu à l'Armée juive, le but n'était pas de libérer la France mais de mettre les juifs en sûreté et de leur offrir une nouvelle vie en Palestine. Après la défaite des nazis, l'obstacle principal était les Britanniques, opposés à l'exode massif de juifs vers la Palestine. Abraham Polonski rebaptisa l'Armée juive en Organisation juive de combat, pour la rendre plus acceptable aux yeux des Britanniques. Il l'emploie pour escorter des juifs à Marseille où ils embarquent pour la Palestine, qui deviendra bientôt Israël[71]. Parmi eux se trouve Anne-Marie Lambert, dont le mari Ernest avait été tiré de la prison de Montluc par les Allemands et fusillé le 8 juillet 1944. Veuve à vingt-quatre ans, enceinte, elle rêve d'une vie nouvelle. Jacques Lazarus a décrit son départ : « Ils sont partis un beau matin, de la vieille Europe. Ils mènent, dans une ferme collective, la rude existence des pionniers palestiniens […] Elle veut oublier, dans ce pays de l'Espoir, des souvenirs terribles accablant son esprit.

Elle élèvera sa fille dans le culte de son père, le héros fusillé un matin de juillet[72]. »

Pour les très nombreux résistants, juifs et non juifs, déportés dans les camps de concentration en Allemagne, le retour chez eux ne fut pas immédiat. La guerre se poursuivait, les Alliés avançaient vers l'Allemagne mais en décembre et janvier, les Allemands lancèrent une contre-offensive dans les Ardennes[73]. Il fallut attendre l'arrivée des Alliés en Allemagne au printemps 1945 pour que les camps soient libérés. Avant cela, le dernier hiver de la guerre fut extrêmement difficile. Noël, loin de rassembler les familles, fit ressentir encore plus douloureusement la division entre ceux qui étaient en théorie libérés en France et ceux qui combattaient encore ou croupissaient dans les camps. Tereska Szwarc, désormais sous-lieutenant dans le Corps des volontaires françaises, apprit que Georges Torrès, qu'elle avait épousé à Kensington le 15 juin 1944 avant qu'il ne rejoigne le général Leclerc, avait été tué lors d'une patrouille de nuit le 8 octobre. Un aumônier militaire avait récupéré son alliance et sa plaque d'identité. Enceinte d'un enfant qui allait naître en février, Tereska décrit ce qu'elle ressent : « Noël sans Georges. Tout ce qui reste, c'est toi, Dominique, et nos alliances réunies à mon doigt et sa plaque d'identité à mon bras. Dehors, c'est la nuit et la guerre. Ma souffrance rejoint cette nuit les innombrables êtres qui souffrent sur la terre, les prisonniers, les déportés, les martyrs dans les camps et les prisons, sur les champs de bataille, tous ceux qui souffrent cette nuit du froid, de la faim, de la solitude. Il n'est pas juste d'être heureux cette nuit de Noël 1944[74]. »

La douleur de cette nuit frappe aussi Jean Bertin, membre de la Confrérie Notre-Dame du colonel Rémy et d'un mouvement de résistance de prisonniers de guerre. Arrêté le 1er juin 1944, il est envoyé à Buchenwald. Le soir de Noël 1944, il écrit un petit texte, qu'il enverra plus tard à Rémy, où il oppose de manière poignante le martyre des déportés, sans nouvelles de leur famille et de leurs amis, et sa vision de la France libérée : « Noël ! Les cloches de France ! Les messes de minuit sous la neige. Demain, ce seront pour nous, l'usine, la matraque, la faim, le froid, les hurlements de nos bourreaux, les sales gueules de cette race maudite contre laquelle je me suis dressé. Oh, rien qu'un jour, un seul jour, nous permettra de vivre dans notre France, sans Boches, sans croix gammée, sans Gestapo, et puis revenir ici… pour mourir[75]. »

Les derniers mois des camps furent les plus meurtriers. Fin juin 1944, Maurice Southgate, du SOE, est déporté à Buchenwald avec trente-cinq autres agents, britanniques, français et belges accusés d'espionnage. Quatorze d'entre eux sont pendus en septembre, quatorze autres en octobre, dont Charles Rechenmann, qui avait dirigé un groupe de saboteurs dans la région de Tarbes sous les ordres de Southgate[76]. Sur le reste, trois Français sont fusillés, deux envoyés travailler en usine, synonyme de mort en quelques semaines, et deux Anglais s'évadent. Southgate sera l'unique survivant de ces trente-six déportés[77]. Devant l'avancée de l'Armée rouge, les prisonniers des camps de l'Est sont évacués vers l'ouest à marche forcée et abattus au bord du chemin s'ils ne peuvent plus suivre. Les plus âgés sont éliminés. La mère de Germaine Tillion, âgée de soixante-neuf ans, est gazée à Ravensbrück le 2 mars 1945. L'avancée des Anglo-Américains provoque aussi des réactions. Le général Delestraint, ancien commandant de l'Armée secrète, qui s'était comporté à Dachau en véritable officier, est exécuté par les Allemands d'une balle dans la nuque le 19 avril 1945[78].

La nouvelle des atrocités commises dans les camps se répandit très vite. Marie-Hélène Lefaucheux retourna en

Allemagne dans différents camps, dans l'espoir d'en faire sortir d'autres camarades comme elle l'avait fait pour son mari. Elle fit un rapport à la commission des déportés de l'Assemblée consultative le 27 avril. Lecompte-Boinet, qui était dans l'assistance, a raconté ce qui l'avait frappée en découvrant Bergen-Belsen : « Au milieu d'une vaste forêt, dans une clairière et là, derrière les barbelés, abrités sous des hangars en plein vent, 60 000 déportés raciaux dans le camp d'extermination. Les seuls êtres qui tenaient encore debout étaient ceux qui avaient pu se résoudre à manger les cadavres. Et Mme Lefaucheux notait que les juifs mangeaient plutôt les foies, tandis que les autres mangeaient ce qui pouvait rester de la chair[79]. »

La libération des camps en avril 1945 n'apporta pas toujours le bonheur. Petit à petit, les anciens déportés furent rapatriés et passèrent par l'hôtel Lutetia, à Paris, où les familles venaient voir si leurs proches étaient revenus. Paulette Sliwka, déportée à Auschwitz, arrive enfin à Paris le 29 mai, mais sa famille n'est pas au point de rendez-vous. Elle rentre chez elle à pied à Belleville, où elle trouve son père qui se rase et sa mère qui lui prépare sa gamelle de travail. Elle est « choyée, dorlotée » par sa famille et ses amis qui se précipitent pour la revoir[80].

Roger Trugnan n'a pas cette chance. Il se rappelle avoir chanté *La Marseillaise* le 19 avril 1945, jour de la libération de Buchenwald, mais seuls cinq membres de son groupe de trente-cinq ou trente-six résistants ont survécu. Arrivé à l'hôtel Lutetia, « j'ai attendu jusqu'à 2 heures du matin. Personne n'est venu me chercher. J'avais un peu le pressentiment de ce qui était arrivé. » C'est finalement sa tante qui lui apprend le sort de ses parents et de sa petite sœur[81]. Inversement, Maurice Lubczanski attend en vain le retour de sa famille déportée et sombre dans la dépression : « Après l'insurrection, après tous ces événements, j'ai eu ma première déprime. Une très forte dépression, parce que je n'attendais pas la Libération comme ça[82]. »

La libération des camps déclencha des règlements de comptes. Les survivants, comme les Furies, revinrent demander justice à ceux qui les avaient trahis. Les scélérats qui s'étaient fait oublier furent dénoncés et reçurent leur châtiment. En mai 1946, Germaine Tillion dépose devant un juge d'instruction contre Robert Alesch, le prêtre luxembourgeois déloyal qui avait dénoncé aux Allemands des dizaines de résistants, dont la propre mère de Germaine et Anise Girard. Il s'était enfui en Belgique où il avait été arrêté par les Américains en juillet 1945 et renvoyé en France. Condamné à mort par la cour de justice de la Seine le 26 mai 1948, il est fusillé le 25 janvier 1949[83].

La Justice frappa aussi un autre traître qui avait essayé de se réinventer en résistant et en soldat, Roland Farjon. En janvier 1945, l'Organisation civile et militaire est atterrée par la découverte du corps du colonel Alfred Touny dans une tombe anonyme de la citadelle d'Arras, où des résistants avaient été fusillés par les Allemands[84]. Les 13 et 14 juillet 1945, des déportés survivants de l'OCM témoignent devant le commissaire de police Georges Descroisettes. Ils racontent tous la même histoire. Arrêtés, ils ont tous été prévenus par leur compagnon de cellule, Roland Farjon, que les Allemands savaient tout et qu'il était inutile de se taire : « Nous avons joué et nous avons perdu » était son leitmotiv. En échangeant des regards et quelques mots, ils comprennent que Farjon est un « mouton », un « vendu[85] ». Farjon tente de se justifier, en appelle au chef de l'OCM Maxime Blocq-Mascart, mais sans succès. Il essaie aussi de voir de Gaulle, qui refuse de le recevoir. Le 21 juillet 1945, il se jette dans la Seine. Dans sa serviette, on retrouve une lettre adressée à Blocq-Mascart : « Plaise à Dieu que la mort que volontairement je me donne soit à vos yeux et à ceux de tous mes camarades de la Résistance un geste de courage, car ce n'est que dans cet esprit que j'agis[86]. »

Les résistants britanniques soupçonnés de crimes furent bien moins sévèrement punis. On peut même dire que les sombres épisodes de la Résistance furent couverts par les autorités afin de préserver le mythe de l'héroïsme britannique. Quand Maurice Southgate fut arrêté et conduit au siège de la Gestapo avenue Foch à Paris, il fut surpris d'y voir Bob Starr, agent du SOE et frère cadet de George Starr, fumant et bavardant avec les Allemands. Il lui vint l'idée, comme à d'autres qui virent aussi Bob Starr avenue Foch, qu'il travaillait pour les Allemands. Bob Starr fut plus tard déporté à Sachsenhausen non comme espion, mais comme prisonnier de guerre. Interrogé à son retour, il affirma qu'il avait décodé des messages de la BBC que les Allemands avaient déjà et qu'étant artiste, il avait dessiné des cartes à partir d'informations déjà en leur possession. Il ne fut pas poursuivi, ni au titre du Treachery Act de 1940, ni de l'Army Act de 1901[87]. Quant à George Starr, il fut critiqué par son agent de liaison, Anne-Marie Walters, qu'il avait renvoyée à Londres. Elle affirma qu'avec son garde du corps, un ancien légionnaire russe nommé Buresie, « un personnage dangereux et sanguinaire, un peu fou », Starr prenait plaisir à torturer les miliciens capturés : « Ils ont maintenu les pieds de l'un d'eux dans le feu pendant vingt minutes, jusqu'à ce qu'il ait les jambes brûlées jusqu'aux genoux ; d'autres sévices sont trop effroyables pour être décrits. Beaucoup ont aussi été fusillés[88]. » Le SOE serra les rangs. Quand Anne-Marie Walters demanda à repartir en France, Maurice Buckmaster refusa de la voir et raconta plus tard à son père qu'elle s'était comportée « avec fort peu de courtoisie. En fait, un homme un peu vieux jeu comme moi aurait pu considérer cela comme de la grossièreté[89]. » Anne-Marie Walters trouva un dérivatif à son ambition en donnant des interviews et en écrivant un récit à peine romancé de ses aventures[90]. Une commission d'enquête de pure forme se réunit en février 1945 pour examiner les accusations portées contre Starr. Aucune poursuite ne fut engagée et il reçut même le Distinguished Service Order (DSO).

La Libération signifia d'abord la fin de la tyrannie nazie et la réunion des familles. Mais une fois les cérémonies passées, il ne fut pas facile de reprendre une vie normale. Les gens revinrent du front ou des combats derrière les lignes allemandes, des camps ou des prisons, en ayant vécu des moments d'exaltation mais aussi des souffrances terribles. Les familles qu'ils retrouvaient étaient souvent brisées par l'exil, les déportations ou la mort – époux sans conjoint, mères sans enfants, enfants sans parents ou frères et sœurs. La société aussi était défigurée par les déplacements de populations, les pénuries alimentaires, les bombardements alliés, les représailles allemandes et un conflit qui avait frôlé, dans certaines régions, la guerre civile.

La défaite, l'Occupation, la Résistance et la Libération imposèrent un lourd tribut aux destins personnels. Les expériences intenses de la résistance avaient créé de nouvelles relations mais en avaient vidé d'autres de leur sens. Des gens de milieux très différents, qui ne se seraient jamais croisés en temps de paix, s'étaient rencontrés. La résistance créa une fraternité d'héroïsme et de souffrances que seuls partageaient ceux qui l'avaient vécue. Ces nouvelles relations cependant, forgées dans des conditions dramatiques et artificielles, furent souvent fragiles et éphémères.

Pendant l'Occupation, Maurice Lubczanski et Adrienne Régal avaient fait équipe au sein de Carmagnole. Ils étaient issus de milieux très différents. Il était juif polonais, elle était d'une famille juive française intégrée. Son père était mort pendant la guerre et elle n'avait pas assisté à ses funérailles pour des raisons de sécurité. Quand Maurice et Adrienne décidèrent de se marier, la mère de celle-ci s'opposa à ce mariage avec un étranger et affirma que sa fille avait été kidnappée par les communistes. Entre-temps, Maurice avait suivi une formation en art dramatique à Lyon et monté une troupe de théâtre. Le couple partit à Paris pour commencer une nouvelle vie professionnelle et familiale[91].

En 1940, Hélène Mordkovitch avait mis au défi Philippe Viannay de s'engager dans la résistance et le regard qu'ils avaient échangé avait marqué le début d'un amour qui fut au cœur de Défense de la France[92]. Après la guerre cependant, Philippe ne se servit pas de son passé de résistant pour faire carrière. Refusant d'être payé, il se consacra à des engagements caritatifs, ce qui eut de profondes conséquences pour sa famille. Hélène Viannay reconnut plus tard que leur situation avait été « abominable, indescriptible. Comment avons-nous pu survivre ? Moi, j'étais profondément déprimée, j'étais devenue incapable de juger, […] sous-alimentée pendant des années, les enfants aussi[93] ».

Les retrouvailles familiales apportèrent parfois autant de chagrin que de joie. Damira Titonel, de la 35e brigade Marcel-Langer, avait été déportée à Ravensbrück. Quand elle revint, sa famille italienne si unie était dévastée. Elle fut accueillie par sa mère, en larmes, et son père, resté boiteux après avoir été blessé dans le train qui l'emmenait en déportation. De ses frères, Titan revint lui aussi de déportation, Armand sortit de prison, et Mathieu avait participé à la bataille de Castelnau sous les ordres de Robert Wachspress. Damira rompit avec son fiancé, pour qui elle n'éprouvait plus rien après les camps, et épousa un jeune homme de la région, Gilles. Mais elle appela son fils Robert en mémoire de l'homme de sa vie, « le commandant que j'avais tant admiré et pour qu'il fût un jour comme lui ». Espérant un monde meilleur, elle adhéra au parti communiste, ce qui lui compliqua encore davantage la vie. Lors des grèves de 1947, le boucher la traita de « fainéante » et refusa de lui faire crédit. Le curé ne voulut pas confirmer ses enfants et les autorités rejetèrent sa demande de gérance d'un tabac-presse car elle était communiste. Ce n'est qu'en 1983 qu'elle retrouva ses camarades de la brigade Marcel-Langer pour fonder une association qui les réunisse[94].

Revenir de Ravensbrück fut un peu plus facile pour trois femmes qui s'étaient soutenues dans leurs épreuves et s'étaient encouragées à survivre. Leurs liens les plus forts étaient désormais ceux qu'elles avaient tissés avec d'autres déportées. Germaine Tillion revint chez elle sans sa mère, qui avait été gazée. Ses archives ethnographiques étaient perdues ou détruites, et de toute façon, le sujet qui l'obsédait désormais n'était plus les tribus d'Afrique du Nord. Elle fit des recherches et écrivit sur Ravensbrück et sur le dernier convoi de déportation du 15 août 1944. Peu après la publication de son livre, au nom d'anciens déportés de Ravensbrück, elle assista à Hambourg au procès des Allemands responsables des atrocités commises dans le camp.

La deuxième femme était Geneviève de Gaulle, membre de Défense de la France, arrêtée en juillet 1943 et déportée en février 1944. À son retour, elle découvrit que « personne ne s'occupa de nous. La vie continuait ». Elle épousa un autre ancien résistant, Bernard Anthonioz, qui avait publié en Suisse pendant la guerre des œuvres censurées par Vichy. Il fut un membre fondateur du RPF du général de Gaulle, et directeur de la création artistique au ministère des Affaires culturelles sous André Malraux en 1958. Geneviève, cependant, terriblement marquée par

Ravensbrück, ne voulut pas s'impliquer dans la politique après la guerre. Pour le Comité des œuvres sociales des organisations de la Résistance (COSOR), elle se consacra aux familles plongées dans le deuil ou la misère à cause de leur engagement dans la Résistance. Avec ATD Quart Monde, fondé en 1957, elle aida aussi les immigrés des bidonvilles autour de Paris, dont les visages lui rappelaient ceux des déportés[95]. Pendant cinquante ans, elle médita sur les horreurs de Ravensbrück[96].

La troisième femme de ce trio était Anise Girard. À son retour, elle avait découvert que sa sœur Claire avait été tuée par les Allemands en août 1944. Lorsque Mlle Merlat, du futur Comité d'histoire de la Seconde Guerre mondiale, interviewa la famille Girard en février 1946, elle trouva le docteur Girard « assez âgé et sans doute diminué par sa longue déportation », et sa femme, qui avait appartenu à la filière d'évasion Comète, « assez maigre, sans maquillage », brisés par les drames qui avaient frappé leur famille. Leur fille Anise et son frère François, « un grand garçon blond d'une certaine mollesse », étaient aussi présents. François, âgé d'à peine dix-neuf ans, avait appartenu à Défense de la France, et avait été arrêté en mai 1944. Il était dans le train que Claire avait suivi avec Marie-Hélène Lefaucheux sans rien pouvoir faire. Jointe aux notes de l'entretien se trouve une carte bordée de noir annonçant les funérailles de Claire le 4 septembre 1944 en l'église de Courdimanche, non loin du lieu où elle avait été tuée par les Allemands[97]. Anise épousa plus tard André Postel-Vinay, le « fou » qui s'était évadé de l'asile de Sainte-Anne avec l'aide de sa sœur, Marie-Hélène Lefaucheux. Il avait rejoint à Londres les Français libres, où, étant inspecteur des finances, il s'était occupé des finances de la France libre puis des colonies. Anise se repencha sur la question des camps de concentration, et en particulier des chambres à gaz, dans le livre sur Ravensbrück publié par Germaine Tillion en 1973 et dans des travaux historiques qu'elles publièrent ensemble dans les années 1990[98].

Des anciens du SOE qui avaient combattu avec la Résistance française, ou leurs familles, connurent aussi leur lot de déceptions. L'expérience de la guerre avait été si forte que certains furent incapables de reprendre une vie ordinaire. Richard Heslop revint de France fin août 1944 et entama une liaison avec une femme appelée Violet. Un an plus tard, le ministère de l'Air reçut une lettre d'une certaine Susan Heslop, habitant Keighley, qui avait eu une fille avec Heslop en 1941 et voulait savoir où il était afin d'obtenir une pension alimentaire. Heslop avait dit à Susan qu'il était déjà marié et elle espérait qu'il allait divorcer de sa première femme Beryl pour l'épouser : « Je ne savais pas qu'Heslop était marié. Il m'avait donné toutes les raisons de croire qu'il était célibataire, et très amoureux de moi, [mais] quand je lui ai demandé pourquoi nous ne nous mariions pas, il m'a écrit pour me dire qu'il était déjà marié. » Maintenant, Susan découvrait, à son grand désespoir, qu'il existait une troisième femme, Violet, avec qui il avait eu deux enfants, et qu'il allait épouser[99].

À l'inverse, Pearl Witherington avait rejoint le SOE en partie pour revoir son fiancé français, Henri Cornioley, qu'elle retrouve lors d'une mission et recrute dans son réseau. En juillet 1944, elle rejoint la Women's Auxiliary Air Force mais démissionne en mai 1945. En octobre 1944, elle a épousé Cornioley et ils se sont installés à Paris. Fière de ses missions pendant la guerre, elle est indignée de recevoir en septembre 1945 la médaille de l'Ordre de l'Empire britannique, à titre civil puisqu'on n'accorde évidemment pas de décoration militaire aux femmes. Elle refuse cette distinction, qu'elle qualifie de « ridicule », en

expliquant : « Les missions que j'ai remplies étaient purement militaires, en territoire occupé par l'ennemi. J'ai
passé un an sur le terrain. Si j'avais été capturée, j'aurais
été fusillée ou pire encore, envoyée en camp de concentration. Notre entraînement, le même que celui des hommes,
était purement militaire et nous, les femmes, étions censées
les remplacer sur le terrain. Les femmes étaient parachutées
comme opérateurs radio et j'ai personnellement été responsable de l'entraînement et de l'organisation de près de
3 000 hommes pour mener des sabotages et des opérations
de guérilla. Les hommes ont reçu des décorations militaires. Pourquoi une telle discrimination contre les femmes
qui ont donné le meilleur d'elles-mêmes dans l'accomplis-
sement de leur devoir[100] ? »

Beaucoup d'anciens résistants souffrirent de dépression,
ce qui signifie que les liens entre eux se forgèrent souvent
dans les sanatoriums où ils se rétablissaient physiquement
et mentalement après la guerre. Ceux qui avaient participé
à la Résistance y rencontrèrent souvent des rescapés des
camps. Denise Domenach, souffrant d'épuisement physique et mental après son expérience exaltante à Paris avec
le MLN, avait dû rentrer chez elle. Ses frères n'étaient
plus là : Jean-Marie s'était marié, René s'était engagé dans
l'armée. Les études ne l'intéressaient plus. Son médecin
l'envoya dans un sanatorium à Combloux, dans les Alpes,
où elle rencontra Bernard Lallich, un jeune Yougoslave
qui avait appartenu à un réseau de renseignement français,
avait été torturé par la Gestapo et s'était évadé du convoi
du 15 août 1944. Elle a qualifié de « zombies » les jeunes
gens qui rentraient des camps de concentration. Elle ne
comprenait pas et pendant longtemps, elle refusa de
savoir. Elle préférait participer à la chorale organisée par
Lallich. « Nous avons décidé d'affronter ensemble notre

avenir et nous sommes rentrés reprendre nos études, écrivit-elle. Nous avons choisi, ensemble, de vivre [101]. »

Le parcours de Madeleine Riffaud fut plus tragique. Elle n'avait pas eu le droit de s'engager après la Libération de Paris, puis elle apprit que ses camarades communistes de la brigade du colonel Fabien avaient été envoyés traverser le Rhin en canots pneumatiques pour que le commandement repère d'où provenaient les tirs ennemis. Ils n'étaient pas revenus. Elle s'était évadée du convoi du 15 août et passait souvent à l'hôtel Lutetia s'enquérir du retour éventuel des femmes qui avaient été déportées avec elle, mais aucune ne revint. Son fiancé, résistant lui aussi, était mourant et elle avait rompu avec ses parents : « J'avais envie de me suicider parce que je me suis trouvée isolée. Je n'avais plus d'amis. » Souffrant d'une rechute de tuberculose, elle partit au sanatorium de Combloux où elle rencontra Pierre Daix, jeune militant communiste survivant de Mauthausen. Il la voyait comme *La Liberté guidant le peuple* de Delacroix, elle le voyait comme un héros de la Résistance mais « il était en miettes à l'intérieur et moi, j'étais en miettes aussi ». Ils eurent un enfant, qui lui fut enlevé et fut placé dans une pouponnière pendant deux ans car il avait été contaminé par sa tuberculose.

Il y avait eu cependant une lueur d'espoir. Le 11 novembre 1944, après une nuit d'insomnie et accablée par « une dépression terrible », elle assiste au défilé de la victoire puis va se réchauffer dans un café avec un groupe de poètes qu'elle a connu au parti communiste. « Le seul qui m'a sauvée, c'est Paul Éluard », a-t-elle raconté. De fait, il la prend sous son aile et lance sa carrière. Il écrit la préface de son recueil de poèmes, *Le Poing fermé*, dont le thème obsessionnel est la mort. Picasso fait son portrait pour le frontispice. Elle rencontre Vercors, qui est fasciné par sa personnalité, et elle déclare qu'elle aurait préféré écrire *Le Silence de la mer* plutôt que se servir d'un pistolet-mitrailleur. Le journalisme lui permet de reprendre le combat, lors de la grève des mineurs en 1947. Dans le bassin minier, elle découvre les exploits de Charles Debarge dont elle publie le journal intime en 1951. Le sommet de sa carrière viendra plus tard, lorsqu'elle sera correspondante de guerre au Vietnam[102].

Alors que certains anciens résistants utilisèrent leur parcours pour faire carrière dans la politique, le journalisme ou l'art, d'autres se consacrèrent à des organisations telles que le Centre d'orientation sociale des étrangers (COSE), fondé par l'abbé Glasberg pour aider les familles et les individus brisés par la guerre. Par moments, ceci suscita du ressentiment entre les « perdants » de l'histoire de la Résistance, qui restèrent abandonnés parmi les débris du naufrage, et les « gagnants », qui formulèrent ce récit à leur avantage. Le cas de Génia Deschamps illustre les contradictions des temps difficiles après la Libération. Fille d'immigrés juifs russes, elle s'était mariée juste avant la guerre. Son mari fut tué en Champagne le 12 septembre 1944. En réalité, ils s'étaient déjà éloignés l'un de l'autre, car ils n'avaient pas partagé l'expérience de la Résistance. Ce fut par la Résistance et notamment le Mouvement de libération nationale (MLN) qu'elle rencontra Jean Gemähling, de Combat, qu'elle épousa. La Résistance l'avait sortie de son « petit milieu d'immigrés russes » et l'avait intégrée à la société française. Sans cela, dit-elle à son mari, « je ne t'aurais pas connu ». Pour autant, elle continua à s'identifier aux réfugiés et aux déportés dont la vie avait été dévastée par la guerre et la résistance à l'oppression. Elle aida d'anciens déportés à trouver du travail et à obtenir les aides sociales auxquelles ils avaient droit. Avec le COSE, elle aida des réfugiés et des immigrés. Comme elle parlait russe, polonais et espagnol, elle travailla huit mois en Allemagne en 1946 pour le service de santé de la Commission de contrôle alliée. La Résistance, analysait-elle, avait permis à une minorité de faire carrière, mais beaucoup plus nombreux étaient ceux qui avaient pâti, matériellement et moralement, de leur engagement, et ce handicap se transmettait à la génération suivante, dont l'éducation devenait une autre priorité : « [Robert] Salmon s'est fait un tremplin, ne s'est pas gêné de marcher sur les cadavres des déportés pour se faire une situation. Évidemment, ça lui a rapporté, comme un Debré par exemple. [Mais] pour la plupart, ils ont perdu trois ou quatre ans de carrière. Ils ont été démolis nerveusement ou physiquement ou psychiquement, et ça s'est souvent réfléchi sur la génération d'après, ce qu'on a négligé. Parce que si on a des parents qui psychiquement ne sont pas solides, les enfants ne le sont pas non plus, neuf fois sur dix [...] Donc on n'a pas fini de payer[103]. »

Ce jugement de Génia Gemähling exprime un sentiment général de déception. Dans la France d'après la Libération, la tension était très forte entre les images de femmes embrassant des soldats américains sur leur char, ou acclamant de Gaulle descendant triomphalement les Champs-Élysées, et les réalités auxquelles se heurtaient les gens ordinaires, et qui figurent dans leurs témoignages. Les volontaires qui avaient rejoint les FFI pour combattre après le jour J furent renvoyés chez eux ou enrôlés dans la nouvelle armée française, qui ne tolérait pas leurs manières révolutionnaires et en envoya beaucoup à la mort. Les résistants qui espéraient former un vaste mouvement réformiste furent déçus quand les politiciens de partis et les bureaucrates restaurèrent l'ordre politique antérieur. Beaucoup de résistants d'origine étrangère repartirent vers les régions de l'Europe libérées du nazisme mais rapidement asservies par le stalinisme, ou bien partirent pour la

Palestine, malgré l'opposition énergique des Britanniques. Ceux qui revinrent des camps, enfin, découvrirent trop souvent que leurs familles avaient été détruites, que les traîtres étaient en liberté, et que des opportunistes s'étaient partagé le pouvoir et l'influence.

# La bataille pour l'âme de la Résistance

> *On donne l'impression au pays que la Résistance est divisée, que les anciens résistants s'opposent, alors qu'il y a trente-quatre ans, nous étions unis.*
>
> Christian Pineau, 1977

L'histoire de la Résistance est au centre de l'identité française. Ce n'est cependant pas un récit statique et immuable, et il a fait l'objet de nombreuses contestations et révisions. Des groupes rivaux de résistants ont développé leur propre mémoire collective et se sont battus pour l'imposer comme le récit dominant de la Résistance. Au fil du temps, ce récit dominant a été réécrit sous l'influence d'événements extérieurs tels que la guerre froide, la guerre d'Algérie et Mai 1968, ou de changements de perspective sur la Seconde Guerre mondiale, notamment la tendance à considérer la guerre sous l'angle de l'Holocauste. Les récits des témoins nous permettent d'analyser la construction de mémoires de groupes et les défis qu'elles posent aux récits dominants. Enfin, cela nous permet de comprendre ce que signifient ces mémoires pour des petits groupes de camarades, en particulier le souvenir de ceux qui ont péri pour ceux qui ont survécu.

À la Libération, de Gaulle repoussa sans ménagement les FFI et les Comités de la libération et il affirma la suprématie de l'armée régulière et de l'État[1]. Ceci s'accompagna de cérémonies qui mettaient en relief le rôle d'une élite, les Compagnons de la Libération, de l'armée régulière et, bien sûr, du Général lui-même[2]. La contribution de ceux qui avaient été proches de Vichy, en particulier de l'armée d'Afrique, fut expurgée. Le récit gaulliste allait en ligne droite de juin 1940 à août 1944, excluant le détour par l'Afrique du Nord et le rôle joué par le général Giraud, rival du général de Gaulle entre novembre 1942 et avril 1944 : « Il fallait que le général de Gaulle fût le seul libérateur, écrivit Giraud avec amertume en 1949. Orgueil immense… doublé de violence ou de ruse, suivant le cas[3]. »

Le parti communiste, qui émergea en 1945-1946 comme premier parti avec 5 000 000 d'électeurs (soit 26 %) et plus de 800 000 membres, tenta de contester la version gaulliste. Il écrivit un contre-récit où la Résistance appartenait à la tradition révolutionnaire issue de 1789 et où la Libération était une insurrection nationale, le triomphe du peuple en armes[4]. Pour le premier anniversaire de la libération de Paris, le 24 août 1945, les communistes donnèrent son nom actuel à la place Stalingrad, en présence de l'ambassadeur d'Union soviétique, et ils dévoilèrent une plaque à l'entrée des catacombes où le colonel Rol-Tanguy avait installé son quartier général durant l'insurrection. Le lendemain cependant, lors d'une cérémonie officielle à l'hôtel de ville, le contingent gaulliste affirma sa suprématie. Les discours furent prononcés par le général de Lattre de Tassigny, commandant de la 1re armée, qui avait reçu la reddition des Allemands à Berlin, par l'ancien délégué général Alexandre Parodi, et par André Le Troquer, désormais président du conseil municipal de Paris. Se voyant refuser une place au premier rang de la tribune officielle, le colonel Rol-Tanguy quitta ostensiblement les lieux avec son entourage[5].

Le conflit entre gaullistes et communistes reste d'abord feutré car les deux factions se partagent le pouvoir. Il s'accentue quand de Gaulle démissionne en janvier 1946, en grande partie à cause d'un conflit avec le parti communiste, et après que les ministres communistes ont été évincés en mai 1947 sous la pression des États-Unis, la guerre froide commençant à se faire sentir et les communistes étant vus comme une menace contre la sécurité de l'Occident[6]. Cela rouvre la controverse sur l'engagement de la Résistance intérieure opposé à l'attentisme de Londres et d'Alger, et ravive le conflit entre les deux visions de la Libération : insurrection nationale pour créer une nouvelle société ou libération nationale pour restaurer l'État. En octobre 1947, Gilbert Renault, alias le colonel Rémy, ancien chef de la Confrérie Notre-Dame, reproche dans la presse au communiste Fernand Grenier, ancien commissaire à l'Air, de ne pas avoir armé le Vercors. Le colonel Rémy suggérait qu'à l'instar de Staline s'abstenant d'intervenir et regardant les Allemands écraser l'insurrection de Varsovie parce qu'elle n'était pas menée par des communistes, Grenier avait abandonné le Vercors pour des raisons partisanes. Or, Grenier s'était opposé à de Gaulle en juillet 1944 sur l'absence de soutien aérien français et allié au Vercors mais, tenu par la solidarité ministérielle, il avait dû se taire. Désormais hors du gouvernement, il appelle à un grand rassemblement de protestation à Paris le 13 novembre 1947 pour dénoncer « la tragédie du Vercors ». Il affirma : « Ce qui s'est passé au Vercors illustre tragiquement toute la politique suivie à Londres et à Alger : le but a été de se servir de la Résistance du peuple de la France pour donner de l'autorité à de Gaulle en face des Alliés. Mais, en même temps, tout a été fait pour que cette résistance ne signifie pas *libération sociale en même temps que libération nationale*[7]. »

Chacun à leur manière, le récit gaulliste et le récit communiste étaient positifs. À la Libération, les partisans de Vichy avaient été réduits au silence par les purges et les condamnations, mais le début de la guerre froide leur donna l'occasion de formuler une légende noire de la Résistance qui accuse les communistes et enfonce un coin entre eux et les gaullistes. En 1948, l'abbé Jean-Marie Desgranges, ancien député d'une circonscription bretonne dans les années 1930, dénonce ce qu'il appelle « les crimes masqués du *résistantialisme* ». Son récit se concentre sur le banditisme des maquisards, poussés par les brigands républicains espagnols, sur l'épuration sauvage qui a tué 80 000 Français après la Libération et sur la privation de leurs droits civiques pour 600 000 honnêtes citoyens[8]. À ses yeux, le *résistantialisme* n'était pas différent des atrocités infligées aux catholiques et aux royalistes sous la Terreur en 1793. La puissance de sa charge mena à une réhabilitation du maréchal Pétain, condamné à perpétuité en 1945 et interné à l'île d'Yeu jusqu'à son décès en 1951. On développa l'argument que les Français avaient été fidèles à la fois au maréchal Pétain, qui les avait protégés en attendant les secours, et à de Gaulle, qui avait organisé ces secours. Il fut même dit que, malgré les apparences, Pétain et de Gaulle avaient eu un accord secret. En 1950, le colonel Rémy cita de Gaulle disant : « Souvenez-vous qu'il faut que la France ait toujours deux cordes à son arc. En 1940 il lui fallait la "corde" Pétain aussi bien que la "corde" de Gaulle[9]. »

Cette relecture de la guerre permet pour la première fois depuis 1944 le retour au pouvoir d'hommes politiques qui ont été associés à Vichy, et l'adoption en 1951 et 1953 de lois d'amnistie qui gracient les condamnés pour collaboration, leur rendent leurs droits civiques et politiques, réduisent les peines de prison, et en remettent certains en liberté. Ce sont désormais les vrais résistants qui se sentent marginalisés, tel Jean Cassou, qui avait soutenu la République espagnole, avait appartenu au réseau du musée de l'Homme et avait failli être tué lorsqu'il était commissaire de la République à Toulouse. Désormais directeur du musée national d'Art moderne au Jeu de paume, il se plaint, comme Pétain en 1941, que les Français ont « la mémoire courte » et qu'en 1953, « rien ne subsiste plus de l'esprit de la Résistance[10] ».

Entre-temps, sous l'impact de la guerre froide, les communistes s'entredéchirent en réexaminant la Résistance sous l'angle de deux diktats, l'unité du Parti et la loyauté à Moscou. Le climat est tendu entre le Comité central dirigé par Maurice Thorez, qui avait accepté le Pacte germano-soviétique, avait déserté et s'était réfugié à Moscou, et les militants qui avaient été à l'avant-garde de la lutte anti-fasciste depuis la guerre civile espagnole, s'étaient opposés au Pacte germano-soviétique, avaient combattu dans l'armée en 1940 avant de devenir le fer de lance de la résistance dans les FTP. En décembre 1947, la direction du Parti veut prouver ses états de service dans la Résistance en republiant le soi-disant *Appel du 10 juillet 1940*, censé être l'appel à la résistance de Maurice Thorez mais qui en réalité n'appelait à rien. Puis elle s'attaque aux internationalistes, critiqués pour être allés trop loin dans la lutte internationale antifasciste et pour avoir désobéi aux ordres du Parti. Ce qui se déroulait en France n'était qu'une version locale des simulacres de procès staliniens qui purgèrent les partis communistes d'Europe de l'Est entre 1948 et 1952. Des résistants communistes comme Jean-Pierre Vernant et Pierre Hervé, qui avaient appartenu à des organisations non communistes comme Libération, furent exclus du Parti ou rompirent avec lui. En 1952, Charles Tillon, ancien des Brigades internationales et des FTP, fut accusé d'avoir dit que les FTP avaient été presque indépendants du Parti pendant l'Occupation, en particulier pendant l'insurrection parisienne. Au lieu de défendre la ligne officielle selon laquelle la désertion de Thorez en 1939 avait été l'élément déclencheur de la Résistance communiste, désertion confirmée par son appel du 10 juillet 1940, Tillon aurait dit à Jeannette Vermeersch, la femme de Thorez : « La lutte contre la guerre, je l'ai commencée quand tu n'étais pas là ! » Son arrogance et son indiscipline lui ayant valu d'être exclu du Comité central, Tillon quitta son fief d'Aubervilliers et se retira en Provence[11]. Il fut réhabilité par le Parti en 1957, mais lors d'une nouvelle controverse, il l'attaqua en 1971 dans le livre *Un « procès de Moscou » à Paris*[12].

À son tour, le mythe gaulliste de la Résistance se déchira pendant la guerre d'Algérie, de 1954 à 1962. En 1944, la France avait été libérée à partir de son empire africain et de l'Afrique du Nord en particulier, creuset où les Français libres et l'armée d'Afrique avaient fusionné en une armée destinée à libérer la France puis à reconquérir l'Empire. En janvier 1944, devant les gouverneurs coloniaux rassemblés à Brazzaville, au Congo, de Gaulle affirmait : « C'est dans ces terres d'outre-mer que [la France] a trouvé son recours et la base de départ pour sa libération et qu'il y a, désormais, de ce fait, entre la Métropole et l'Empire, un lien définitif[13]. » La guerre d'Algérie fut menée pour empêcher l'Algérie de se séparer de la France, mais pour beaucoup, les méthodes utilisées par l'armée française avec l'aval des responsables politiques pour interroger les rebelles capturés étaient les mêmes que celles utilisées par les nazis contre les résistants, à savoir la torture[14].

Le conflit divisa l'armée elle-même, où tous n'avaient pas vécu des expériences de résistance et de libération similaires. Camarades de promotion à Saint-Cyr, Jacques de Bollardière et Jacques Massu avaient tous deux combattu en Afrique du Nord avec les Français libres. Mais alors que Massu avait débarqué en France avec la 2e DB de Leclerc, Bollardière s'était battu dans un maquis et savait que ses camarades capturés par les Allemands avaient été torturés et abattus[15]. Il avait réagi de manière encore plus forte le jour où, deux Allemands ayant été capturés, il avait réalisé qu'il avait pouvoir de vie ou de mort sur eux : « Nous n'étions pas des nazis !… J'avais chanté moi-même au maquis, avec une flamme dans le cœur, le chant grand et puissant des partisans : *Ami, si tu tombes, un ami sort de l'ombre à ta place*[16]. » En janvier 1957, Massu et ses régiments de parachutistes reçoivent les pleins pouvoirs pour combattre les terroristes dans ce qui sera appelé la bataille d'Alger. Bollardière déclare à Massu : « Je méprise ton action », et demande à être renvoyé en France où il est placé dans une prison militaire[17]. Il participera plus tard à divers mouvements pacifistes, contre les essais nucléaires français dans le Pacifique ou contre l'extension du camp militaire du Larzac[18].

Des conflits semblables éclatent entre civils. Jacques Soustelle, ancien chef des services secrets en Algérie en 1943-1944, y revient comme gouverneur général en 1955, avec Germaine Tillion, ethnologue comme lui, ancienne du réseau du musée de l'Homme et déportée à Ravensbrück. Au début, tous deux pensent que le développement économique et l'éducation permettront d'intégrer l'Algérie à la France. Cependant, face à la violence du Front de libération nationale (FLN), Soustelle autorise la répression et la torture. À l'inverse, Germaine Tillion retourne en Algérie en 1957 comme membre de la Commission internationale contre le régime concentrationnaire (CIRC) afin d'enquêter sur des accusations de torture : « Parmi ces témoins des souffrances du peuple étranger se trouvent certains

Français qui ont connu directement, il y a moins de vingt ans, ces mêmes épreuves écrasantes[19]. »

De Gaulle revient au pouvoir en 1958 pour mettre fin à la guerre d'Algérie. Sa décision d'accorder l'indépendance lui aliène non seulement d'anciens généraux de l'armée d'Afrique, qui fomentent un putsch contre lui en 1961, mais aussi d'anciens proches de la Résistance, dont Jacques Soustelle et Georges Bidault. Ils déclarent que de Gaulle a trahi l'héritage de la Résistance et s'engagent dans l'Organisation armée secrète (OAS), d'extrême droite, pour conserver l'Algérie par la terreur. Soustelle affirme que ceux qui ont soutenu de Gaulle en 1958 pour sauver l'Algérie ne pouvaient imaginer que « le rassembleur des territoires allait s'acharner à les disperser, que le libérateur s'attacherait à devenir le liquidateur[20] ». En 1962, Bidault fonde un nouveau Conseil national de la Résistance, pour sauver l'Algérie française, sur le modèle du CNR original qu'il avait présidé en 1943. Dans un journal belge, il déclare que de Gaulle n'a pas le monopole des appels à continuer la lutte face à la défaite : « Il y a vingt ans le général de Gaulle appelait la nation et l'Empire à refuser l'armistice et la défaite. [Il] reprochait au gouvernement de Vichy de ne pas avoir poursuivi la lutte en Afrique du Nord, dans "notre Algérie", "notre Tunisie", "notre Maroc". Il faisait valoir l'importance de l'Empire pour la défense de la patrie. Maintenant, on veut nous faire faire le contraire de ce pourquoi beaucoup d'hommes ont sacrifié leur vie. La Résistance n'est pas la propriété personnelle de "l'homme du 18 juin" qui manque de qualification pour exiger des autres une obéissance passive dont il n'a pas donné l'exemple[21]. »

On voit désormais combien le mythe de la Résistance a été capital pour restaurer la paix et l'unité en France après la fin de la guerre d'Algérie en 1962. Il fallait une histoire de résistance qui unisse le pays au lieu de le diviser, et qui réaffirme que Charles de Gaulle en avait été l'initiateur et la force unificatrice.

En décembre 1964, avant l'élection présidentielle de 1965, la dépouille de Jean Moulin est solennellement transférée au Panthéon. Le grand homme de lettres et résistant de la dernière heure André Malraux prononça un discours vibrant devant le Général, à qui il rendit hommage sous prétexte d'exalter Jean Moulin : « Le général de Gaulle seul pouvait appeler les mouvements de Résistance à l'union entre eux et avec tous les autres combats, car c'était à travers lui seul que la France livrait un seul combat[22]. » La cérémonie, retransmise à la nation, où le chef de l'État et son délégué en France baignaient dans l'aura d'une gloire partagée, marqua l'apothéose du récit gaulliste. Son message fut perpétué par la création en 1964 d'un Concours national de la Résistance et de la Déportation, organisé par des associations de résistants et le ministère de l'Éducation pour transmettre aux jeunes l'histoire de la Résistance, son héroïsme et ses souffrances. Chaque année, des lycéens dissertent sur un aspect de la Résistance, et les meilleurs reçoivent un prix. La cérémonie au Panthéon et ce concours marquèrent le sommet de ce qu'Henry Rousso a appelé « le mythe résistancialiste », la célébration d'un peuple de résistants unis derrière de Gaulle[23].

La démission du Général en 1969 et son décès l'année suivante ouvrirent une nouvelle phase de la bataille pour l'âme de la Résistance. Le mythe gaulliste perdit de son emprise sur l'imaginaire collectif. Le président Pompidou, qui n'avait pas appartenu à la Résistance, déclara au *New York Times Magazine* : « Je déteste toutes ces histoires, je déteste les médailles, je déteste les déclarations de toutes sortes. » Plus tard, lors d'un débat télévisé, le journaliste Maurice Clavel, censé avoir « libéré » la cathédrale de

Chartres, commenta ces déclarations en disant que la Résistance inspirait à Pompidou « de la révulsion et de l'irritation[24] ». Pompidou, qui voulait guérir les divisions laissées par la Résistance dans la société, fit un geste envers la majorité silencieuse qui l'avait élu après la tourmente de 1968 en graciant discrètement Paul Touvier, chef de la Milice à Lyon pendant l'Occupation. Mais *Le Chagrin et la Pitié*, film qui sortit dans les salles en 1971, ébranla l'un des piliers du mythe gaulliste, l'affirmation que les Français se seraient comportés avec honneur sous l'Occupation. Le film suggérait à l'inverse que, courbant l'échine, ils avaient été craintifs et, bien souvent, enclins à coopérer[25].

La disparition de de Gaulle laissa de fait les leaders des organisations résistantes orphelins. Sans leur chef, ils se querellèrent. Incapables ou peu désireux d'attaquer le Général lui-même, ils s'en prirent à Jean Moulin, son alter ego dans la Résistance. Henri Frenay, ancien chef de Combat et ministre des Prisonniers, Déportés et Réfugiés à la Libération, pensait depuis longtemps que Jean Moulin, son rival en 1943, n'était pas en réalité un fidèle du général de Gaulle mais un agent communiste. C'est ce qu'il affirma en 1973 dans ses Mémoires, *La nuit finira.* En 1977, il réitère l'accusation dans un pamphlet encore plus explicite, *L'Énigme Jean Moulin*[26]. Son argument était que Jean Moulin avait été chef de cabinet de Pierre Cot, ministre de l'Air du Front populaire, que Pierre Cot était devenu un compagnon de route du parti communiste après la guerre, et que donc Jean Moulin devait avoir été communiste. Ces accusations le brouillèrent avec d'anciens camarades tels Francis-Louis Closon et Christian Pineau[27]. La controverse culmina en 1977, lors de l'émission télévisée *Les Dossiers de l'écran*, qui rassembla sur ce thème une galaxie d'anciens résistants : le colonel Passy, Christian

Pineau, Francis-Louis Closon, Raymond Aubrac, Pierre Villon et le radio de Jean Moulin, Daniel Cordier. Tous critiquèrent Frenay dont l'initiative, selon eux, salissait la mémoire de Jean Moulin et, au-delà, celle de la Résistance en général. Christian Pineau affirma pieusement, mais pas tout à fait sincèrement, que s'ils étaient en désaccord aujourd'hui, cela n'avait pas été le cas autrefois : « C'est une énorme erreur historique de replacer nos divisions actuelles trente ans en arrière. Puisque Jean Moulin est mort en héros, qu'il n'est pas là pour répondre, laissons ses cendres en paix, laissons-le dormir tranquillement. On donne l'impression au pays que la Résistance est divisée, que les anciens résistants s'opposent, alors qu'il y a trente-quatre ans, nous étions unis [28]. »

Daniel Cordier devint de plus en plus tendu au fil de l'émission, alors que l'honneur de son patron était mis en cause. Il finit par accuser Frenay de détourner les faits : « Vous n'avez pas fait votre travail. *La nuit finira* était un témoignage et non une œuvre d'historien. » Quittant le studio, il se lança dans dix ans de recherches dans les archives pour laver l'honneur de Jean Moulin [29].

L'autre conséquence de la disparition de de Gaulle fut de laisser le champ libre à des protagonistes qui voulaient promouvoir leur mémoire collective comme récit dominant. Parmi eux, le parti communiste, qui essayait de revenir après les revers du début de la guerre froide, et la nouvelle génération des gauchistes de Mai 68 qui s'étaient sentis impuissants à attaquer de front l'homme du 18 juin 1940 de son vivant, mais qui contactèrent d'anciens résistants et revivifièrent la mémoire de la Résistance au service de leurs propres objectifs radicaux. Il y eut aussi des résistants étrangers dont l'histoire avait été marginalisée par la nationalisation du mythe de la Résistance après la Libération, et des résistants juifs, surtout étrangers, qui, à la différence des juifs assimilés, n'avaient pas appartenu aux principaux mouvements, gaullistes ou communistes.

L'histoire de la Résistance comme mouvement populaire et celle de la Libération comme insurrection nationale du peuple en armes venaient d'être reprises en 1966 dans *Paris brûle-t-il ?*, le film de René Clément. De plus, le vingt-cinquième anniversaire de la Libération en 1969 permit aux communistes de dénoncer la partialité des célébrations organisées par le gouvernement. Georges Marrane, apôtre du mouvement Front national dans la zone libre et candidat des communistes au poste de préfet de la Seine en 1944, déplore que le gouvernement ait « honoré la mémoire du général Leclerc et de sa 2e DB » sans dire que les Parisiens s'étaient libérés seuls avant leur arrivée. Il critique aussi la télévision, alors service public, où « il n'a pas été question une seule fois de l'action du peuple de Paris et des barricades [30] ». Le 18 mai 1969 à Ivry, fief de Marrane, Jacques Duclos, candidat à l'élection présidentielle, pose la première pierre d'un musée de la Résistance où serait raconté un récit communiste et populaire des événements. Duclos transforma en avantage l'épineuse question de l'attitude des communistes au moment du Pacte germano-soviétique : « Nous avons été traqués, calomniés, persécutés, menacés de la peine de mort et nos persécuteurs avaient conduit la France à l'abîme, aussi y avait-il dans notre élan une fougue, un esprit de sacrifice et une confiance en l'avenir que d'autres résistants ne connaissaient peut-être pas [31]. »

Le principal inspirateur du projet était André Tollet, l'ancien président du Comité parisien de la libération en 1944, qui se voyait dans la tradition des sans-culottes parisiens et venait de publier un livre sur le rôle de la classe ouvrière dans la Résistance [32]. La municipalité d'Ivry manquant d'argent, il trouva une grande maison à Champigny-sur-Marne, dans l'est de Paris, qui abrite toujours ce musée[33].

Dans le sillage de 1968, le parti communiste fut cependant incapable d'imposer une autre vision de la Résistance que celle des gaullistes. Les gauchistes de 1968 critiquaient le parti communiste, qui ne les avait pas soutenus lors des événements de Mai. Leurs leaders étaient souvent des trotskistes ou des maoïstes qui, avant 1968, avaient rompu avec les organisations de jeunesse communistes, trop stalinistes à leur goût. Dans les années 1960, après la victoire du FLN en Algérie, plutôt que de la Résistance, ils s'inspiraient de la révolution culturelle de Mao en Chine et des guerres de libération dans le tiers monde contre le colonialisme occidental ou les impérialismes américain et soviétique, de Cuba à l'Amérique du Sud en passant par l'Afrique et le Vietnam[34]. Certains gauchistes, il est vrai, rendaient un culte aux résistants des FTP-MOI, notamment au groupe Manouchian, dont les Allemands s'étaient servis dans la célèbre « Affiche rouge » pour discréditer la Résistance. Le groupe Manouchian avait été exécuté le 21 février 1944[35]. Pierre Goldman, dont le père avait appartenu à l'Union des juifs pour la résistance et l'entraide (UJRE) à Lyon, a raconté : « J'avais grandi dans la mémoire de la Résistance, d'une certaine résistance (celle des communistes juifs) et, avant même de connaître le sens des mots Alésia, saint Louis, Napoléon, Verdun, je savais [*sic*] Marcel Rayman et ses camarades[36]. »

Après l'échec de Mai 68, certains militants rentrent chez eux, d'autres poursuivent des expériences de libération personnelle. Un noyau dur cependant se retrouve dans des organisations clandestines telles que la Gauche prolétarienne (GP) pour relancer la révolution. Le gouvernement de Pompidou les réprime sévèrement et en 1970, bon nombre de jeunes révolutionnaires languissent en prison.

Cela crée de nouveaux liens entre les anciens résistants et la génération de 1968. D'anciens résistants, tel Charles Tillon, et des intellectuels dont Jean-Paul Sartre, choqués par la brutalité de la répression, fondent le réseau Secours rouge sur le modèle du Secours rouge international qui avait soutenu les exilés communistes et antifascistes arrivés en France dans les années 1930. Une nouvelle controverse éclate entre Tillon et le parti communiste qui l'a réintégré en 1957. N'hésitant pas à se déclarer en public, Tillon critique Duclos pour n'avoir pas résisté pendant l'Occupation, et le parti communiste en général pour s'être rallié à la répression soviétique en Tchécoslovaquie en 1968[37]. En juillet 1970, il est exclu du Parti par sa cellule d'Aix-en-Provence, ce qui ne semble pas l'affecter[38]. Il est désormais acclamé par les gauchistes qui, à leur tour, adoptent sa vision de la Résistance, selon laquelle les FTP étaient plus ou moins indépendants du leadership clandestin de Duclos, et encore plus de Thorez qui était à Moscou. En 1970, Tillon est contacté par Denis Le Dantec, un ancien camarade des FTP, dont le fils, Jean-Pierre Le Dantec, rédacteur en chef de *La Cause du peuple*, journal de la Gauche prolétarienne, est en prison. Tillon lui répond : « Mon émotion s'avoue en pensant à votre fils qui a repris mon combat dans un monde où tout est plus difficile après tant de démissions de conscience, de trahisons, de faux pas. Mais c'est à sa génération que les grandes choses appartiennent[39]. »

Poussé par sa liberté nouvelle, Tillon abandonne tout reste de fidélité au parti communiste. Il réécrit l'histoire de son expérience dans la Résistance, sur un ton plus autobiographique, expliquant aux frères Krivine, trotskistes : « Je ne voulais pas mélanger l'histoire des FTP avec celle du PC stalinien. » Son livre de 1977, *On chantait rouge,* insiste sur l'appel à la résistance qu'il avait lancé à Bordeaux le 17 juin 1940, alors qu'à Paris, le Parti négociait avec les

Allemands la reparution de *L'Humanité* aux termes du Pacte germano-soviétique – un épisode, prétendait Tillon, que Duclos et ses comparses tentaient d'étouffer depuis. La ligne de Tillon était désormais qu'en 1940, il y avait eu « virtuellement deux partis communistes », l'un qui collaborait avec les nazis au nom du Pacte germano-soviétique et l'autre « qui pensait déjà qu'il fallait continuer le combat contre l'envahisseur[40] ».

À sa sortie de prison, Jean-Pierre Le Dantec revint aussi sur les histoires héroïques de la Résistance. Cependant il ne s'attacha pas à Tillon mais au journaliste Maurice Clavel, dont on disait qu'il avait libéré la cathédrale de Chartres : « Clavel [...] avait de nous une vision presque christique, l'idée qu'on était des gens porteurs de valeurs de partage et en même temps de générosité qui lui semblaient être celles de la Résistance. Ça rencontrait un peu notre thème à nous aussi, qui était à l'époque de dire qu'on faisait une nouvelle résistance, que le processus de la Résistance n'avait jamais été achevé en France[41]. »

Le Dantec n'était pas le seul de cette génération de jeunes révolutionnaires à chercher l'inspiration auprès de résistants plus âgés et non compromis par une association avec le parti communiste. Alain Raybaud, autre membre de la Gauche prolétarienne, avait participé à des actions destinées à rallumer la révolution chez les mineurs du Nord. Là, il rencontre Roger Pannequin, de vingt-six ans son aîné, qui avait résisté lorsqu'il était jeune instituteur aux côtés des mineurs, dont Charles Debarge. En 1976, Raybaud préface les Mémoires de Pannequin, *Ami si tu tombes*, expliquant qu'il avait appris deux choses de lui : « L'héroïsme des gens ordinaires [et] la solidarité. C'est l'idée simple – et qui change tout – qu'en cas de coups durs, d'arrestations, d'exécutions même, il y a des copains, les amis, les camarades et même les bourgeois pour te défendre, aider ta famille [...] prendre ta place parfois[42]. »

De leur côté, les résistants d'origine étrangère se heurtaient à la difficulté d'insérer leur histoire dans le récit dominant. Il était essentiel pour le mythe gaulliste que les Français, pour recouvrer leur honneur perdu lors de la défaite de 1940, se soient libérés seuls. On évoquait aussi peu que possible la contribution des Alliés et on ignorait délibérément le rôle des étrangers qui avaient mené une lutte antifasciste paneuropéenne. Le parti communiste était tout aussi coupable d'avoir nationalisé l'histoire de la Résistance. Le 30 juin 1946, lors de l'enterrement au cimetière du Père-Lachaise d'une urne contenant des cendres rapportées d'Auschwitz, le parti communiste rendit hommage aux 180 000 Français « victimes de la barbarie nazie », donnant l'impression qu'ils étaient tous des déportés communistes, comme Danielle Casanova, parce qu'il ne fut pas dit que la plupart des victimes étaient juives[43]. Lentement cependant les étrangers qui avaient appartenu à la Résistance firent entendre leur voix et gagnèrent en reconnaissance.

À Moscou, le 3 septembre 1964, un ancien chef FTP venu participer au vingt-cinquième anniversaire des mouvements de libération en Europe mourut d'une crise cardiaque. Boris Matline, de parents juifs russes, était arrivé à Paris en 1904, à deux ans, sa famille fuyant les pogroms. Mécanicien à la Compagnie générale des omnibus de Paris, il participa pendant l'Occupation au mouvement syndicaliste clandestin et à la MOI, dissimulant son état d'étranger sous le pseudonyme de Gaston Laroche. Heureusement, il laissa le manuscrit d'un livre, *On les nommait des étrangers*, sur le rôle des immigrés dans la Résistance, où il déclarait que « la participation de l'immigration à la lutte contre l'hitlérisme et à la libération de la France ne pouvait être vouée à l'oubli[44] ».

Les syndicats et groupes politiques espagnols, y compris les associations d'anciens combattants, avaient été interdits en France en 1950, en échange des bons offices du régime franquiste pendant la guerre froide. Toulouse était cependant la capitale de l'immigration républicaine espagnole et, après la mort de Franco en 1975, la France autorisa une association d'anciens guerrilleros espagnols. Malheureusement, cela déclencha un conflit entre les chefs militaires, tel López Tovar, qui s'étaient battus avec les FTP-MOI, et les chefs politiques tel Luis Bermejo, plus proche du Parti communiste espagnol et de l'Agrupación de los Guerrilleros Españoles. López Tovar alla jusqu'à accuser Bermejo d'être un déserteur qui avait échappé au peloton d'exécution et un imposteur qui s'était donné un grade[45]. Ce qui n'empêcha pas l'association de lancer une souscription pour un monument national à la mémoire des guerrilleros espagnols morts pour la France. Sculpté par le républicain espagnol Manolo Valiente, il a été inauguré à Prayols près de Foix en juin 1982 par le président François Mitterrand et le Premier ministre espagnol Felipe González, et il est devenu le lieu de commémorations annuelles[46]. Les Espagnols de *La Nueve*, la 9ᵉ compagnie entrée la première dans Paris libéré, ont été fêtés bien plus tard, sans doute parce que cette reconnaissance portait un coup spectaculaire au mythe gaulliste de libération nationale. Pour marquer le soixantième anniversaire de la Libération en 2004, Bertrand Delanoë, maire socialiste de Paris, a dévoilé une série de plaques le long du trajet emprunté par les républicains espagnols de l'armée française à partir de la porte d'Italie. Leur contribution a été honorée dans une ambiance plus cosmopolite[47].

Dès les années 1960, les communistes français avaient renoué avec les antifascistes allemands qui avaient combattu Hitler dans la Résistance en France puis étaient retournés chez eux en 1945 pour construire la République démocratique d'Allemagne. En 1954, Albert Ouzoulias, chef FTP français, participe aux commémorations en l'honneur des victimes du régime nazi à Berlin-Est et cite les derniers mots de l'ouvrier métallurgiste Jean-Pierre Timbaud, fusillé par les Allemands à Châteaubriant : « Vive le Parti communiste allemand[48] ! » Gerhard Leo, juif allemand exilé en France, avait été militant dans l'organisation Travail allemand qui encourageait les désertions dans la Wehrmacht, puis maquisard en Corrèze. En 1969, il traduit en allemand le discours d'un ancien camarade maquisard qui participe à un rassemblement international de résistants à Berlin-Est. Entre 1973 et 1985, il est correspondant à Paris du journal est-allemand *Neues Deutschland* et il écrit sa propre histoire pour *L'Humanité* en 1984. En 1986, il termine sa mission en convainquant la municipalité d'Uzerche d'ériger un monument en hommage à celui qu'il appelait « mon libérateur et mon ami », son commandant FTP en Corrèze, pendu par les SS après les événements de Tulle[49].

Le rôle des immigrants juifs dans la Résistance a été mis en relief après la guerre dans les nombreux livres d'anciens résistants juifs, dont David Knout et Jacques Lazarus. Ils se sont plus focalisés sur le rôle des juifs étrangers proches du sionisme que sur les communistes[50]. L'histoire des héros juifs a vite été éclipsée par celle des victimes juives de l'Holocauste, qui a fini par occuper une place centrale dans la représentation de la Seconde Guerre mondiale[51]. Même les anciens résistants juifs qui cherchaient ce qui était arrivé à leur famille ont été emportés par ce courant. En 1967, Claude Lévy, ancien de la brigade Marcel-Langer, qui avait perdu son père dans la Shoah et s'était lui-même évadé du train qui l'emmenait en déportation en 1944, publie un premier livre sur la rafle du Vél' d'Hiv. Il établit que le 16 juillet 1942, 27 000 juifs étrangers ont été arrêtés à Paris et dans la banlieue, mais il se plaint que ses recherches ont été entravées « pas seulement [par] un voile d'oubli, mais bien [par] un tissu de contre-vérités soigneusement tramé qu'on jetait sur ces événements[52] ». Après ce livre cependant, une nouvelle vague de publications revient sur le rôle des juifs dans la Résistance. Anny Latour mène une série d'entretiens avec des résistants juifs, ainsi que des sauveteurs juifs et non juifs, qu'elle utilise dans *La Résistance juive en France, 1940-1944*, publié en 1970. Elle y étudie l'élite de « ceux qui, subissant les affres de la honte et de l'humiliation, ont pris conscience de leur judaïté et se sont dressés contre l'ennemi nazi en tant que juifs[53] ». En 1971, David Diamant publie *Les Juifs dans la Résistance française, 1940-1944*, dans lequel il démontre que les détachements de FTP-MOI, dont le groupe Manouchian, comportaient une forte proportion de juifs. Il explique aussi l'importance de groupes tels que l'Union des juifs pour la résistance et l'entraide (UJRE) dans la Résistance et le sauvetage des juifs[54]. En novembre 1974, pour le trentième anniversaire de la Libération, il organise avec Jacques Lazarus et Claude Lévy une conférence sur la Résistance juive, ainsi qu'une exposition[55].

La montée du Front national de Jean-Marie Le Pen (qui n'a rien à voir avec l'organisation résistante du même nom, d'obédience communiste) après 1974 et surtout après la défaite du centre droit en 1981 a introduit un discours violent, raciste et antisémite dans la vie politique et déclenché un large débat sur la place des immigrés dans la société. Ceci a suscité, entre autres, une prise de conscience de la part d'anciens résistants à la fois juifs et immigrés et, le plus souvent aussi, communistes. Attaqués, ils se sont mis à témoigner de leur passé de patriotes. En janvier 1982, l'historienne Annette Wieviorka reçoit une lettre d'un groupe d'anciens résistants juifs étrangers, parmi lesquels Henri Krischer, « l'Amiral » de Carmagnole, lui demandant de les rencontrer et de raconter leur histoire. Elle répond positivement, et quatre ans plus tard elle publie *Ils étaient juifs, résistants, communistes*, dans lequel elle décrit ces jeunes résistants comme « la génération de la rafle ». Leurs parents immigrés avaient souvent été arrêtés en 1942 et ils avaient rejoint en zone libre la Résistance juive – la guerre dans la guerre[56].

Entre-temps, ces groupes de résistants étrangers ont créé des associations et interviennent aux niveaux national et local pour que l'on commémore leur contribution à la Résistance. Le rôle de Carmagnole-Liberté émerge avec force grâce à l'antifasciste italien Léon Landini, et celui de la 35e brigade Marcel-Langer grâce au résistant juif polonais Claude Urman. Quand Charles Hernu, député-maire socialiste de Villeurbanne, devient ministre de la Défense sous Mitterrand en 1981, il contacte Landini et rend hommage à ceux qui ont libéré Villeurbanne en 1944. Quatre-vingt-dix anciens membres de Carmagnole-Liberté sont décorés en 1982 et leur histoire est gravée sur les pierres de la capitale de la Résistance. À Saint-Genis-Laval, une plaque est dévoilée pour rappeler le massacre dont a notamment été victime Jeanine Sontag. Une rue de Villeurbanne reçoit le nom de Norbert Kugler, une autre à Lyon celui de Simon Fryd, guillotiné[57]. À Toulouse, les anciens de la 35e brigade Marcel-Langer reçoivent la même reconnaissance. Lors d'une cérémonie en septembre 1983, l'ancien commandant des FTP Serge Ravanel admet qu'il n'avait pas su grand-chose de ce groupe à l'époque, sinon qu'il avait entendu parler de ses exploits. Mais il reconnaît désormais que « Marcel Langer avait été un pionnier. Son sang que la guillotine française avait répandu fut le levain qui fit germer dans la région de Toulouse des générations de résistants[58]. » Claude Urman souligne le rôle particulier joué dans la brigade par les immigrés italiens, dont les familles Titonel et Bet. Rosine Bet est considérée comme une martyre très spéciale[59]. En juillet 1985, les anciens de la 35e brigade se réunissent pour voir enfin la veuve de Marcel Langer, Cecilia, recevoir la Médaille de la Résistance devant la tombe de son mari à Toulouse[60].

La reconnaissance officielle du rôle des étrangers dans la Résistance influença la recherche historique entre le milieu des années 1980 et celui des années 1990. En 1986, Rolande Trempé, historienne à l'université de Toulouse, met en relief le rôle des guerilleros espagnols dans les maquis du Sud-Ouest[61]. Denis Peschanski, chercheur au CNRS, organise une conférence sur le rôle des immigrés et réfugiés d'Europe centrale dans la Résistance et en 1989, il publie avec Stéphane Courtois et Adam Rayski, ancien résistant juif polonais, un ouvrage majeur, *Le Sang de l'étranger*[62]. En 1992, François Marcot et Philippe Joutard, historien de la mémoire des camisards, organisent une conférence sur les étrangers dans la Résistance française, tandis qu'en 1995 Jean-Marie Guillon et Pierre Laborie incluent des chapitres sur la Résistance juive et la Résistance immigrée dans un ouvrage collectif sur l'histoire et la mémoire[63]. Finalement, en 1996, une conférence franco-allemande traite du rôle des antinazis allemands dans la Résistance française[64].

L'émergence de l'histoire de la Résistance juive et immigrée a nui à l'image du Parti communiste français, qui n'avait jamais reconnu le rôle de ces résistants dans les FTP et FTP-MOI. Vers 1985, le Parti lutte de toute façon pour sa survie. François Mitterrand ne l'a inclus dans le Programme commun de la gauche que pour mieux l'étouffer. Les communistes partagent le pouvoir avec lui en

1981 mais sont à nouveau exclus du gouvernement en 1983, lorsque Mitterrand effectue son virage vers le centre. La réputation du Parti a souffert lorsque son secrétaire général, Georges Marchais, est accusé d'avoir travaillé dans une usine allemande pendant la guerre, non pas comme travailleur forcé, mais comme volontaire. Elle souffre aussi de l'hommage rendu par Mosco Boucault à la résistance des juifs étrangers dans son film, *Des terroristes à la retraite*. Se fondant sur des entretiens avec des survivants du groupe Manouchian, Mosco Boucault montre qu'en 1943, la direction clandestine du Parti communiste français et les chefs des FTP confiaient aux étrangers des FTP-MOI les missions les plus dangereuses, telles que les attaques de colonnes allemandes ou les attentats contre les officiers allemands, puis les trahissaient. Ces résistants furent presque tous arrêtés et fusillés au mont Valérien. Le parti communiste tente d'interdire la diffusion du film à la télévision, en vain. Au cours du débat qui suit sa projection aux *Dossiers de l'écran*, Arsène Tchakarian, ancien du groupe Manouchian, détaille leurs opérations tandis qu'Annette Kamieniecki démontre que nombre de ces actions ont ensuite été attribuées aux FTP[65]. Le parti communiste essaie d'imputer la responsabilité de la trahison de Manouchian à Boris Holban, reparti en Roumanie après la guerre. Adam Rayski, chef FTP-MOI, accuse un autre agent, Joseph Davidovitch, alors qu'Holban s'attelle à la rédaction de ses Mémoires pour se disculper[66]. La controverse a montré que les leaders communistes, comme Jacques Duclos, s'étaient cachés pendant la guerre tandis que les immigrés, qui ne pouvaient se réfugier nulle part, s'étaient sacrifiés pour la France et que leurs actions avaient été récupérées pour redorer le blason du Parti.

Entre-temps, l'essor du nouveau récit, dans lequel les juifs étaient considérés comme victimes de l'Holocauste plutôt que comme héros de la Résistance, eut un impact négatif sur la réputation de la Résistance non communiste. Le moment clé fut le procès de Klaus Barbie en 1987, et le personnage central Serge Klarsfeld, président de l'association Fils et filles des déportés juifs de France qui, à huit ans, s'était caché dans un placard pour échapper à l'arrestation tandis que son père était déporté à Auschwitz. Klarsfeld recensa chacun des 75 000 juifs – 24 000 français et 51 000 étrangers – déportés dans les camps de la mort et dont seuls 2 500 étaient revenus[67]. Dans un livre de 1983 au titre choc, *Vichy-Auschwitz*[68], il dénonça aussi le rôle de Vichy dans les rafles. Avocat, il représente les parties civiles au procès Barbie, déclarant que « "le boucher de Lyon" s'est déchaîné contre ses victimes par le sadisme des tortures physiques et morales qu'il leur infligeait ainsi que par son fanatisme qui l'amenait à prendre l'initiative et la responsabilité personnelle et totale d'opérations homicides d'envergure, telles les rafles d'Izieu […][69] ». Défiant le mythe de la Résistance qui accordait la préséance à ceux qui avaient porté les armes contre Hitler, il affirme : « Le fait d'être un enfant juif vous condamnait plus sûrement à la mort que toute action de résistance[70]. »

Contre Klarsfeld, maître Jacques Vergès, l'avocat de la défense, personnage haut en couleur mais énigmatique qui avait bâti sa réputation en défendant des Algériens accusés de terrorisme pendant la guerre d'Algérie, relève le défi de défendre un nazi. Il laisse entendre que juger Barbie est une façon pour les Français de surmonter la honte de la défaite de 1940 et de l'occupation allemande : « Les Français, nous le savons, gardent une immense honte du désastre de 1940 et de ses suites. Ce procès s'efforce à sa façon d'en apaiser les troubles par transfert de responsabilité et de châtiment sur Barbie, promu au rôle de victime expiatoire[71]. » Il cite Raymond Aubrac comme témoin de la défense, espérant, s'il ne peut sauver Barbie, discréditer la Résistance entière en dénonçant Aubrac comme l'homme qui a trahi Jean Moulin. Face à cette accusation, Aubrac ne raconte pas sa propre histoire mais le sort de ses parents. Aubrac, dit-il, n'était qu'un nom de guerre, son vrai nom était Samuel et ses parents, Albert et Hélène Samuel, avaient été arrêtés en novembre 1943 et « livrés à la Gestapo, alors qu'elle était dirigée par Klaus Barbie. Le 4 janvier 1944 ils ont été transportés à Drancy, ils ont fait partie, tous les deux, du convoi n° 66 vers Auschwitz et ont été assassinés à l'arrivée[72]… »

Ceux qui prirent la parole pour la mémoire de la Résistance comprirent alors que le meilleur moyen de défendre son honneur n'était pas de mettre en lumière son héroïsme mais ses souffrances. C'est ainsi que l'incarnation du vrai résistant au procès de Barbie ne fut pas Raymond Aubrac, mais une femme de quatre-vingt-six ans, fragile mais belle encore, appelée Lise Lesèvre. Épouse d'un professeur de sciences, elle avait rejoint Combat et organisait le recrutement des élèves des grandes écoles dans la Résistance. Elle est arrêtée en mars 1944 et livrée à Barbie et à ses hommes de main. Ils commencent par la battre, puis lui mettent des menottes garnies de pointes à l'intérieur, qui sont resserrées à chaque fois qu'elle refuse de parler : « À midi, j'ai eu la pendaison […] J'ai été pendue par les poignets et là, je ne sais pas combien de temps a duré la séance, parce qu'on avait les bras écartés, j'ai eu la respiration coupée… et comme je n'ai pas parlé, Barbie a lancé la menace : "Nous allons chercher ton mari et ton fils, et devant eux tu parleras." […] Nous avons pu dire "courage" mutuellement, mais cette situation était terrible pour moi, quand je les ai vus arriver. »

Elle est interrogée dix-neuf jours d'affilée, subissant le supplice de la baignoire et un simulacre de procès : « On m'a relu la sentence en allemand, j'ai entendu trois fois le mot "terroriste". J'ai donc été condamnée à mort.» En fait, elle est déportée à Ravensbrück tandis que son mari meurt du typhus à Dachau. Son fils de seize ans survit à Neuengamme mais meurt lors du naufrage du bateau qui le ramène en France, torpillé accidentellement par les Alliés : «J'ai su par les camarades de Jean-Pierre la tenue héroïque de mon fils, son courage. Il n'a jamais flanché une seconde.» Pourtant, le message de Lise Lesèvre était moins un récit d'héroïsme qu'un récit de souffrance qui rappelait au tribunal que, comme les juifs, les résistants avaient été torturés, déportés, qu'ils étaient morts[73].

À la suite du procès Barbie s'est produite une réécriture majeure du récit de la Résistance. L'accent a été mis sur la résistance à l'idéologie et aux actions des nazis plutôt que sur la résistance patriotique contre le pouvoir allemand. Ce nouveau récit a mis en lumière l'engagement des résistants pour l'humanité et les droits de l'homme, leurs souffrances plutôt que leur héroïsme. Ce récit révisé a donné la parole à des groupes dont l'histoire n'avait jusque-là jamais été bien entendue, les femmes et les Français qui s'étaient dévoués pour sauver les victimes des persécutions nazies, en particulier les enfants juifs. L'attention s'est portée sur la transmission aux jeunes générations. Les anciens résistants interrogés après le procès Barbie ont souvent dit qu'ils n'avaient jamais vraiment parlé de leur passé à leurs propres enfants, comme d'un commun accord, mais que leurs petits-enfants s'intéressaient beaucoup plus à ce qu'ils avaient fait pendant la guerre. «Ce sont nos petits-enfants qui nous interrogent sur la Résistance», a déclaré Robert Salmon en 1985[74]. En 1986, Hélène Viannay lui fait écho : «Je n'ai commencé à en parler qu'il y a pas plus de deux ou trois ans, et seulement aux petits-enfants[75].»

Les organisations datant de la guerre et chargées de défendre les intérêts des anciens résistants ont dû s'adapter à la disparition de leurs membres et à leur nouvelle mission, celle de transmettre une mémoire positive de la Résistance. En 1992, les statuts d'une nouvelle Fondation de la Résistance sont approuvés lors d'une réunion présidée par Jean-Pierre Levy, fondateur de Franc-Tireur et désormais âgé de quatre-vingt-un ans. La Fondation se donne pour mission de « combattre les falsificateurs » de l'histoire de la Résistance et de transmettre « le patrimoine moral défendu en commun par tous les résistants ». Cette mission est soutenue par une organisation jumelle, Mémoire et Espoirs de la Résistance, fondée en 1993 et présidée par Jacques Vistel, fils de l'ancien chef du Comité lyonnais de la libération Alban Vistel. Elle se charge notamment de réunir des enfants et petits-enfants de résistants pour prêcher la bonne parole aux jeunes, et d'aider par exemple les lycéens qui participent au Concours national de la Résistance et de la Déportation à rédiger leurs essais. À Lyon, un Centre d'histoire de la Résistance et de la Déportation a ouvert ses portes en 1992. Son premier directeur n'a pas été un ancien combattant mais une jeune professeure d'université, Sabine Zeitoun, qui avait étudié le sauvetage des enfants juifs sous l'Occupation[76]. Elle a souligné l'importance rédemptrice d'avoir installé ce centre dans les locaux autrefois occupés par la Gestapo, quartier général de Klaus Barbie, « le lieu […] où Jean Moulin avait connu le martyre[77] ». Dès son ouverture, ce centre a organisé une exposition dédiée à Jean Moulin et inauguré un ambitieux programme d'histoire orale, enregistrant en vidéo d'anciens résistants liés à Lyon, parmi lesquels des résistants juifs d'origine étrangère qui avaient jusque-là été oubliés.

La quête d'une image plus humanitaire de la Résistance a ouvert aux résistantes un espace qui leur avait longtemps été virtuellement interdit. Dès le départ, la Résistance avait été présentée comme un engagement masculin, la continuation de la guerre à l'extérieur et dans la clandestinité en France, la lutte armée ayant la prééminence. La conception militaire de la Résistance était gravée dans les règles d'attribution des récompenses telles que la dignité de Combattant volontaire de la Résistance, qui entraînait l'appartenance à une élite et l'octroi de privilèges matériels. Très peu de femmes étaient éligibles et beaucoup furent rejetées. Andrée Ponty, militante des comités populaires d'inspiration communiste et participante à la manifestation de la rue Daguerre, s'entendit répondre en 1975 qu'il n'y avait pas de preuves suffisantes dans son dossier « d'une présence en unité combattante et d'une activité résistante suffisante au regard des dispositions des articles R224, A119 et A13 du Code des pensions militaires d'invalidité et des victimes de la guerre[78] ». Julia Pirotte, résistante d'origine juive polonaise, avait fait du renseignement et de la propagande à Marseille, s'était servie de ses connaissances en photographie pour fabriquer de faux papiers et, « drapeau à la main », avait pris d'assaut la préfecture de police de Marseille le 21 août 1944. Elle aussi vit sa candidature rejetée en 1973 et en 1978 : « J'en suis fatiguée. J'ai quand même la satisfaction d'avoir fait quelque chose pour la France. Si elle ne veut pas le reconnaître, c'est son affaire[79]. »

Certaines résistantes ont bien évidemment été mises à l'honneur, dont Berty Albrecht, l'une des six femmes Compagnons de la Libération, enterrée au mont Valérien, ou Danielle Casanova. Saintes laïques et martyres, elles furent célébrées pour leur sacrifice ultime. Quand Berty Albrecht fut faite Compagnon de la Libération, la citation originale disait qu'elle avait été fusillée par les Allemands. On ne sut que plus tard qu'elle s'était pendue dans sa cellule pour ne pas trahir ses camarades sous la torture. Danielle Casanova, déportée de Romainville près de Paris et morte à

Auschwitz, fut canonisée par les communistes et considérée comme une Jeanne d'Arc moderne. Lors de l'inaugura-
tion de sa statue au fort de Romainville en mai 1956,
l'analogie religieuse fut soulignée par une procession qui
partit de la rue Danielle-Casanova, près de l'Opéra, et passa
par la place Jeanne-d'Arc[80]. D'autres femmes obtinrent
une notoriété symbolique, bien que moins spectaculaire.
Rosine Bet, tuée dans un cinéma à Toulouse en 1943 par
l'explosion de la bombe qui visait des Allemands, a été
officiellement reconnue par la communauté des résistants
en 1987, lors d'une cérémonie organisée dans le cimetière
où elle repose[81]. Le cas de Colette Nirouet, tuée au combat
le 26 novembre 1944 en Allemagne, fut ignoré jusqu'à
l'enquête de *L'Humanité* « Les Inconnus de la Résistance »
en 1984. Antonin Cubizolles écrivit au journal : « Il m'a
fallu des années pour apprendre que la "Jeanne d'Arc" du
152ᵉ s'appelait en réalité Ginette Colette Nirouet, née le
25 mai 1926 à Paris, et retrouver sa famille. Qui m'aidera à
retrouver sa tombe ? Qui m'aidera à lui faire rendre les
honneurs qui lui sont dus[82] ? » Colette Nirouet reçut la
mention « Morte pour la France » en 1985 et la Croix de
guerre en 1987[83].

   Bien sûr, toutes les résistantes ne pouvaient mourir dans
l'action. Le mouvement féministe des années 1970 a
reconnu la contribution spécifique des femmes à la Résistance et déploré leur marginalisation. En 1977, Christian
Pineau évoquait encore « la résistance née de l'initiative de
certains hommes[84] ». La même année cependant, l'Union
des femmes françaises, proche du parti communiste, organise une conférence sur « Les Femmes dans la Résistance ».
Lucie Aubrac y déclare que les femmes ont été « des char-
nières importantes » dans la Résistance, même si elles ont
été évincées du pouvoir quand les réseaux se sont structurés, ou de la politique à la Libération, à cause de « l'ata-

visme masculin[85] ». En 1984, elle publie ses Mémoires, *Ils partiront dans l'ivresse*, qui connaît un grand succès. Le titre reprenait un message de la BBC du 21 février 1944 qui indiquait qu'après avoir organisé l'évasion de son mari Raymond, Lucie, enceinte, et son mari seraient évacués en Angleterre par avion[86]. En 1986, Geneviève de Gaulle déclare qu'elle n'a rien fait d'héroïque au sens masculin du terme mais qu'elle revendique quand même le titre de résistante : « Je n'ai jamais fait sauter un pont, je n'ai jamais déraillé un train, je n'ai jamais tiré sur un Allemand. J'ai apporté une petite part qui était celle d'une jeune fille étudiante, un certain nombre d'actions […] Donc je me considère à juste titre comme une résistante[87]. »

De plus en plus, les résistantes parlent et sont écoutées. En 1989, certaines sont interviewées pour *Femmes dans la guerre*. Micheline Eude-Altman raconte qu'elles ont surtout dactylographié des messages et parcouru des kilomètres à bicyclette comme agents de liaison avant d'être arrêtées. D'autres, comme Jeanne Bohec, spécialiste des explosifs, ou Madeleine Riffaud, qui avait abattu un Allemand, ont témoigné de leur implication dans la violence[88]. En 1997, le film de Claude Berri s'intitule *Lucie Aubrac* et non *Raymond Aubrac*, et se fonde sur les Mémoires de Lucie. Interrogée à l'époque, Lucie Aubrac déclare que « les femmes furent les maillons essentiels de la Résistance » et ajoute que lorsqu'on évoque le couple Aubrac, « c'est souvent de moi qu'on parle[89] ». Dans une émission de 2002 rassemblant trois femmes qui ont survécu à Ravensbrück – Germaine Tillion, Anise Postel-Vinay et Geneviève de Gaulle, Germaine Tillion déclare catégoriquement qu'en 1940, « il n'y avait plus d'hommes. C'était des femmes qui ont démarré la Résistance[90] ». L'élection à Paris d'un maire socialiste, Bertrand Delanoë, fait également évoluer la commémoration des résistantes. En 2004,

Anne Hidalgo et Odette Christienne, adjointes au maire chargées de la parité et de la mémoire, ont organisé une conférence consacrée aux six femmes Compagnons de la Libération. L'une d'entre elles, Simone Michel-Lévy, membre du réseau Action PTT, pendue à Flossenbürg dix jours avant la libération du camp en avril 1945, a donné son nom à une place de Paris en 2007[91]. La reconnaissance suprême pour les résistantes a lieu le 27 mai 2015 lors de l'entrée au Panthéon de Germaine Tillion et Geneviève de Gaulle, en même temps que Pierre Brossolette et Jean Zay.

La féminisation de l'histoire de la Résistance ne la rendit pas moins vulnérable aux critiques apparues pendant le procès Barbie, en particulier parce que les attaques contre Raymond Aubrac visaient désormais aussi sa femme Lucie, accusée d'avoir romancé les événements dans ses *Mémoires*. Quand Klaus Barbie mourut en 1992, le bruit courut qu'il avait laissé à Jacques Vergès un testament qui prouverait que lors de sa première arrestation en mars 1943, Raymond Aubrac, interrogé par la Gestapo, avait été recruté et relâché afin de trahir Jean Moulin. Le journaliste Gérard Chauvy reprit ces allégations dans *Aubrac. Lyon 1943*, un livre qui provoqua une vive controverse[92]. Plutôt que de tout rejeter en bloc, certains historiens et journalistes estimèrent qu'il fallait interroger les Aubrac. Le 17 mai 1997, le journal *Libération* organise une table ronde sur le sujet. Les Aubrac font face à un panel d'historiens. Une grande partie du débat porte sur l'exactitude historique des *Mémoires* de Lucie. François Bédarida la met en garde contre le danger d'embellir le passé et d'en faire un roman. Quant à Daniel Cordier, il critique « un roman stimulant d'aventures que vous avez eu l'imprudence de présenter comme vos souvenirs[93] ». Les historiens Maurice Agulhon, Jean-Pierre Vernant et Laurent Douzou, plus favorables aux Aubrac, sont sur la défensive.

En fin de compte, les Aubrac en sortent lavés de tout soupçon mais Lucie est furieuse d'avoir subi une telle inquisition et Laurent Douzou décide de travailler avec elle à une autobiographie rigoureuse qui sera publiée après sa mort[94].

L'histoire des femmes dans la Résistance, mettant l'accent sur leur dévouement aux autres plutôt que sur leur propre gloire, a été l'une des réécritures du récit de la Résistance. L'autre est l'émergence de l'histoire des Justes qui cherchèrent surtout à sauver les juifs menacés de déportation et d'extermination. Ce récit s'oppose au discours originel sur la Résistance, militaire et patriotique, et le remplaça par un récit plus humanitaire et œcuménique.

La reconnaissance des Justes a été promue de deux manières. D'abord, par des anciens scouts juifs, les Éclaireurs israélites de France (EIF), qui avaient monté un réseau clandestin connu comme la Sixième, pour sauver des juifs. Parmi eux figuraient Jacques Pulver, né à Bruxelles de parents polonais, et le Strasbourgeois Lucien Lazare. Ils découvrent que les dossiers de nombreux Français recommandés pour le titre de Juste parmi les nations auprès de Yad Vashem, l'organisation chargée à Jérusalem de la mémoire de l'Holocauste, dorment dans les tiroirs de l'ambassade d'Israël à Paris[95]. Germaine Ribière, qui avait tenté d'accompagner un convoi de juifs de Limoges vers la déportation, avait été reconnue Juste en 1967. Pierre Chaillet et Gilbert Lesage, qui avaient sauvé des juifs à Vénissieux, avaient été distingués en 1981 et 1985. Marie-Rose Gineste, qui avait diffusé l'appel de l'évêque de Montauban contre les déportations dans tout le diocèse, avait aussi été reconnue en 1985. Cependant, la campagne de Pulver et de Lazare conduit à l'augmentation du nombre de Justes français, qui passe de 33 en 1987 à 153 en 1989[96]. Parmi ceux distingués en 1988 on compte Madeleine Barot, de la Cimade, et le pasteur

Boegner. Mgr Rémond, l'évêque de Nice, reçoit le titre en 1991, André Dumas, de la Cimade, et Jean-Marie Soutou, de l'Amitié chrétienne, en 1994, Alexandre Glasberg, de l'Amitié chrétienne, plus tardivement, en 2003.

Le second facteur de reconnaissance est venu du plateau du Chambon-sur-Lignon qui, s'appuyant sur la tradition de résistance des protestants cévenols, avait joué un rôle crucial dans l'accueil des juifs pendant l'Occupation[97]. Leur souvenir avait été exhumé par Anny Latour, qui avait interviewé le pasteur Trocmé et Oscar Rosowsky, juif russe, expert en faux papiers, devenu médecin en région parisienne. En 1979, une plaque en hommage à la communauté protestante est dévoilée au Chambon. L'histoire du Chambon se popularise avec la parution la même année du livre à grand succès de Philip Hallie, *Le Sang des innocents*, fondé sur les Mémoires de Trocmé. La notoriété augmente encore lorsque Pierre Sauvage, né sur le plateau pendant la guerre, y réalise un film, *Les Armes de l'esprit,* qui triomphe à Cannes en 1987. Son interprétation, qui inclut un « bon » officier allemand opposé aux persécutions antisémites, a été critiquée par Rosowsky et d'autres habitants du Chambon, mais elle a donné une notoriété internationale à l'histoire[98]. Daniel Trocmé, déporté et gazé en Pologne, avait été déclaré Juste parmi les nations en 1976. André et Magda Trocmé furent reconnus Justes en 1984, et en 1988 c'est l'ensemble des habitants du Chambon-sur-Lignon qui le sont. En juillet 2004, lors d'une visite sur le plateau, Jacques Chirac leur rend hommage : « Ils ont fait le choix de la tolérance, de la solidarité et de la fraternité. Ils ont fait le choix des principes humanistes qui rassemblent notre communauté nationale et fondent notre communauté de destin. Des principes qui font la France[99]. »

Moins de trois ans plus tard, le 18 janvier 2007, Chirac rend hommage à tous les Justes de France lors d'une superbe cérémonie au Panthéon. Ceux que les médias ont interrogés ont dit qu'ils étaient des gens ordinaires, qu'ils ne se considéraient pas comme des héros ou des héroïnes mais comme des êtres humains, élevés dans les valeurs françaises et universelles à faire le bien. L'ancienne actrice Hélène Duc-Catroux, reconnue Juste en 2005 à quatre-vingt-neuf ans, a déclaré : « Je ne suis pas une héroïne, je suis une personne qui a été obligée par sa nature propre, par son éducation aussi, d'être quelqu'un de net, de droit. » Édouard (Bouli) Simon, ancien scout juif, a affirmé que ces sauvetages avaient constitué des actes de résistance au même titre, voire plus, que de faire sauter un train : « On a tellement tendance à dire que tous les Français se sont conduits d'une façon scandaleuse. Il faut qu'on sache que des quantités de Français, connus et inconnus, ont eu au contraire une attitude extrêmement courageuse, et que c'était un genre de résistance comme un autre, d'empêcher que des enfants, des vieillards soient déportés simplement parce qu'ils étaient juifs [100]. »

Ce nouveau regard sur la Résistance a permis de reconsidérer le comportement général des Français sous l'Occupation. Leur honneur avait souffert trente-cinq ans plus tôt lors de la sortie du film *Le Chagrin et la Pitié*, mais assimiler le sauvetage des juifs à de la résistance le restaurait.

À la demande de Simone Veil, l'historien Jacques Semelin a examiné pourquoi les trois quarts des 330 000 juifs en France pendant la guerre, soit 250 000, avaient survécu à l'Holocauste. Il a calculé que seule une fraction avait quitté le pays ou avait été sauvée par des réseaux organisés. 200 000 personnes avaient ainsi « trouvé suffisamment de ressources et de complicités au sein de la société française ». Se fondant surtout sur le témoignage de juifs non déportés, Semelin affirme que la différence était due à des « petits gestes » de la population, comme fournir de la nourriture, des cachettes et des moyens de s'échapper. De façon plus nouvelle, il déclare que les juifs avaient bénéficié de la présence de Vichy qui avait parfois atténué les exigences allemandes [101]. La thèse de Semelin est originale car elle relativise l'antisémitisme des Français et de Vichy ; elle répond aussi au besoin de réhabilitation des Français quant à leur conduite sous l'Occupation, et par conséquent elle renforce le mythe rédempteur du « bon Français [102] ».

Ce récit humaniste de la résistance comme sauvetage, célébrant les actions courageuses des Justes et les petits gestes de la population, est devenu le récit ou mythe dominant de la Résistance. Un mythe à nouveau, non pas au sens d'un récit fictif, mais au sens d'une histoire qui donne du sens et une identité à une société. Réponse à la culpabilité ressentie en France au sujet du rôle joué par le pays dans l'Holocauste, il s'agit aussi d'une manière nouvelle et forte de présenter le comportement des Français pendant la Seconde Guerre mondiale. Ce récit a rejeté dans l'ombre d'autres mythes centraux de la Résistance, à la fois le mythe gaulliste de libération nationale et le mythe communiste de l'insurrection populaire. Ces deux cultes ont leurs sanctuaires, leurs cérémonies et leurs fidèles. Le récit gaulliste s'incarne désormais dans un musée inauguré en 1994 pour le cinquantième anniversaire de la Libération. Dédié conjointement à la mémoire du maréchal Leclerc et de Jean Moulin, il est situé à la gare Montparnasse, où Leclerc reçut la reddition du général von Choltitz. Plus loin du centre de Paris, le récit communiste est honoré au musée de la Résistance nationale, inauguré en 1985 à Champigny-sur-Marne (n'ayant pas réussi à s'implanter à Ivry), ainsi que dans plusieurs sites en province, parmi lesquels le musée de la

Résistance de Châteaubriant, où vingt-sept otages communistes furent fusillés en octobre 1941. Aucun de ces lieux n'est cependant aussi émouvant que le Mémorial de la Shoah, près de l'hôtel de ville de Paris, où sont inscrits les noms des 3 400 Justes de France et des 76 000 juifs déportés de France.

Ces récits sont centraux dans le sens où ils sont sortis vainqueurs de la bataille des mémoires que la Seconde Guerre mondiale a léguée à la France, comme à d'autres pays. Ils ont marginalisé, voire réduit au silence, d'autres souvenirs portés par des groupes particuliers de résistants. Ces groupes luttent de leur mieux pour l'âme de la Résistance mais leurs récits n'ont pas l'influence ou la résonance de ces histoires plus puissantes dans la société. Ils sont cependant les seuls vestiges d'une multitude de réseaux, dont beaucoup furent décimés par les arrestations, l'emprisonnement et les déportations, et qui, pour la plupart, racontent une histoire qui attire moins le public contemporain.

Sans surprise, le Mémorial de la Shoah s'intéresse plus à l'Holocauste qu'à la résistance juive. C'est ce qu'a découvert Max Weinstein qui, à dix-sept ans, avait participé à la libération de Villeurbanne. Trop jeune pour appartenir à Carmagnole-Liberté, il avait rejoint l'Union de la jeunesse juive (UJJ). Après la guerre, il devient communiste mais critique plus tard le Parti qui passe sous silence la contribution des résistants juifs. Il collecte des preuves de la contribution de l'UJJ à la Résistance pour la faire connaître. Le Mémorial de la Shoah étant peu intéressé, il parvient, grâce à un ami qui se rend à Washington en 1997, à convaincre le United States Holocaust Memorial Museum d'archiver des copies de ces documents[103]. Cette année-là, il publie aussi ses Mémoires[104]. En 2008, il crée l'association Mémoire des résistants juifs de la MOI, qui représente tous les groupes de résistants d'origine juive étrangère[105]. Alors que le Vercors a son site et son musée sur place, disait-il, ces groupes étaient dispersés dans la France entière. Il avait des vues sur le quartier général du mouvement juif progressiste à Paris, 14 rue de Paradis, dans le Xe arrondissement, pour y installer ce musée. En l'occurrence, les locaux ne furent pas disponibles et le musée est demeuré à l'état de projet[106].

Le parti communiste a lui aussi marginalisé les histoires qui lui déplaisaient, souvent celles des résistants communistes actifs en France mais rétifs au contrôle des dirigeants du Parti réfugiés à Moscou comme Thorez, cachés en France comme Duclos, réfugiés à Londres comme Grenier ou encore relâchés des prisons de Vichy à Alger. Charles Tillon, qui affirme avoir lancé son propre appel à la résistance le 17 juin 1940 alors que le Parti suivait la ligne du Pacte germano-soviétique, et qui était le commandant des FTP en France, est expulsé du Comité central en 1952 et finit par rompre avec le Parti en 1977. Georges Marchais, alors secrétaire général, qui, loin de rejoindre la Résistance, avait été travailleur volontaire en Allemagne pendant la guerre, essaie de bâillonner Tillon en 1984, mais Tillon réplique : « Vous oubliez que vous fûtes complice des procès staliniens [...] Je vous conseille de ne pas diviser les résistants à propos de leur victoire commune remportée quand vous n'étiez que du côté des vaincus[107]. » Tillon a donc déposé ses archives personnelles non avec celles du parti communiste à Saint-Denis mais, curieusement, au Centre d'histoire de Sciences Po. Les chefs français des FTP n'ont cependant pas hésité à marginaliser les combattants communistes d'origine étrangère et juive qui menaçaient la réputation de résistance du Parti communiste français. Henri Rol-Tanguy, commandant des FTP puis des FFI en région parisienne au cœur de l'insurrection d'août 1944, était le camarade et le rival de Joseph Epstein, brillant commandant national des FTP, juif polonais fusillé au mont Valérien en avril 1944. Léon Landini, chef de Carmagnole-Liberté, a affirmé que Rol-Tanguy n'aimait pas reconnaître qu'il avait été sous les ordres d'Epstein, qui aurait reçu la reddition de von Choltitz s'il avait survécu. De même, Landini a accusé Rol-Tanguy de ne pas vouloir donner le nom d'Epstein à une rue de Paris, même si depuis 2004, deux ans après la mort de Rol-Tanguy, un square du XX<sup>e</sup> arrondissement porte enfin son nom.

La mémoire des résistants communistes a aussi dû lutter contre le récit gaulliste dominant d'une résistance nationale. Ceci s'est vu dans le conflit entre Rol-Tanguy et Leclerc, le général fait plus tard maréchal, symbole de l'opposition entre la libération par l'insurrection nationale et la libération nationale par des blindés de la 2<sup>e</sup> DB. Même si Rol-Tanguy, joué par Bruno Cremer en 1966 dans *Paris brûle-t-il ?,* a un rôle majeur dans ce film, Cécile Rol-Tanguy a raconté que lors des cérémonies organisées par Jacques Chirac, maire de Paris de 1977 à 1995, « la Maréchale », veuve du général Leclerc, et ses fils les regardaient de haut[108]. Quand le musée dédié à Leclerc et à Jean Moulin a été inauguré à Paris en 2004, Rol-Tanguy a assisté à une conférence sur la Résistance et la Libération à Paris en compagnie d'André Tollet, ancien président du Comité parisien de la libération, pour défendre l'idée d'une libération par le peuple : « Le succès de l'insurrection a été que toute la population se lève à l'appel de la Résistance, que toutes les forces de la Résistance soient réunies sous un commandement unique », le sien[109]. Après son décès, le souvenir de l'insurrection parisienne a été défendu par sa veuve Cécile et par le musée de la Résistance nationale fondé par Tollet, un homme qui mérite une place plus importante dans les annales de la Résistance.

Le récit gaulliste qui s'est imposé après 1944 est moins influent qu'auparavant. Il a été récemment dépassé par celui de l'Holocauste et des Justes parmi les nations. Mais il se maintient et présente une histoire de la libération nationale enracinée dans « la seule France, la vraie France, la France éternelle ». C'est aussi le récit des Français libres dont l'épopée commença avec l'arrachement à Vichy de l'Afrique Équatoriale française (AEF) au cours des trois jours glorieux des 26, 27 et 28 août 1940, dont la prise de Douala au Cameroun par Leclerc. Bien que l'Ordre de la Libération ait été créé à Brazzaville en novembre 1940 et que 140 des 1 038 Compagnons viennent d'Afrique Équatoriale française, seuls 8 d'entre eux sont noirs [110]. Depuis l'indépendance du Cameroun en 1961, l'histoire des Français libres, symbolisée par la statue du général Leclerc à Douala, en est venue à représenter l'étouffement de la mémoire nationale camerounaise par la mémoire coloniale française. Un ancien combattant camerounais, Womondje Barnabé, interrogé par un chercheur en 1998, a dit que « Leclerc était mauvais pour les Camerounais [...] il fit la déclaration selon laquelle quel que soit le mérite du Noir, il ne peut dépasser le grade d'adjudant-chef [111] ». La statue de Leclerc a été vandalisée en 2009 par un nationaliste camerounais, Mboua Massock, qui y a inscrit : « Nos héros et martyrs d'abord » et « 50 ans d'indépendance après, c'en est trop ». En 2013, cette même statue a été renversée par un autre activiste, André Blaise Essama, qui a expliqué : « J'ai cassé ce monument afin que le général Leclerc rejoigne la terre de ses ancêtres en Hexagone. Car je pense bien que sa place est certainement de ce côté-là. Cette place où trônait ce monument de la honte est désormais pour nous, la place de [nos] héros nationaux [112]. »

En pleine bataille pour imposer un récit dominant de la Résistance, les diverses composantes de la Résistance cultivent toujours leur propre mémoire de groupe. Une mémoire autrefois dominante peut subsister comme mémoire collective donnant à un groupe particulier son identité et sa solidarité. Max Weinstein s'est intéressé à la mémoire collective de l'Union de la jeunesse juive (UJJ), la branche jeunesse de Carmagnole-Liberté, mais le réseau Carmagnole-Liberté lui-même possédait une forte mémoire du groupe grâce au travail d'anciens membres tels qu'Henri Krischer et Léon Landini. Landini a légué au musée de la Résistance nationale ses archives, riches de biographies et de photographies de dizaines d'anciens membres, parfois prises par les gens de Vichy après des séances de torture. Landini s'est exprimé au nom du groupe lors de nombreuses cérémonies, décrivant par exemple, en mai 2010, lors de la commémoration annuelle sur le plateau des Glières, comment des maquisards s'étaient échappés et avaient rejoint Carmagnole-Liberté[113]. Les mémoires de groupes ont une face visible et une face cachée. Elles nourrissent chez les survivants le souvenir des espoirs et des peurs du groupe, de ses triomphes et de ses tragédies. C'est le souvenir centré sur lui-même de ceux qui furent méprisés par Vichy, par les Allemands et par la société française en général, car ils étaient étrangers, juifs et communistes, voire criminels et terroristes. Ils luttent désormais pour faire reconnaître leur héroïsme et leur légitimité dans la tradition révolutionnaire française, face à un discours humanitaire très éloigné de la violence de leur cause. Le ciment de son groupe, a dit Landini lors d'un entretien en 2012, était « l'amour, la fraternité, cette solidarité, le respect les uns des autres ». Par-dessus tout, il regrettait la mort de Jeanine Sontag, la ravissante jeune femme juive que son groupe avait dû abandonner lors d'une opération ratée et qui était morte dans le massacre de Saint-Genis-Laval. Une fois le magnétophone éteint, il a confié : « Je ne crois pas vraiment au Ciel, mais si j'y croyais, je pourrais regarder mes anciens camarades dans les yeux et leur dire : "J'ai continué, jusqu'à la fin de mes jours, de lutter pour la cause pour laquelle vous êtes morts."[114] »

Que deviendront ces mémoires de groupes une fois que le dernier membre aura disparu ? Le souvenir peut passer par les familles des résistants. Claire Rol-Tanguy, fille d'Henri et Cécile Rol-Tanguy, est secrétaire générale des Amis des combattants en Espagne républicaine (ACER). Elle défend le souvenir des volontaires qui, comme son père, rejoignirent les Brigades internationales en Espagne, et des républicains espagnols qui combattirent dans la Résistance française. Cette « résistance héréditaire » ne va cependant pas de soi. Les résistants qui avaient été arrêtés, torturés et déportés s'étaient souvent tus devant leur conjoint et leurs enfants, de peur de raviver la douleur ou de ne pas être compris. Vers la fin de leur vie, ils ont souvent préféré parler à leurs petits-enfants, qu'ils considéraient plus à même de partager leur passé que leurs propres enfants. Julien Blanc, l'historien du réseau du musée de l'Homme, a passé de longues heures avec Germaine Tillion, gardienne des archives et de la mémoire du groupe. Mais il est aussi le petit-fils de Jean-Pierre Vernant, chef de Libération et des FFI de la région de Toulouse. Vernant, brillant spécialiste d'histoire ancienne, devint professeur au Collège de France. Il ne participa pas aux nombreuses commémorations de la Résistance, il ne parlait de ses expériences qu'avec quelques camarades qui avaient vécu les mêmes épreuves. Ce n'est que peu avant sa mort qu'il a raconté son passé de résistant à son petit-fils, une histoire marquante et douloureuse que Julien Blanc a évoquée pour la première fois lors d'une conférence pour le soixante-dixième anniversaire de la Libération à Londres en juin 2014[115].

Maintenir des mémoires de groupes et des mémoires individuelles menacées par le silence ne peut cependant pas être laissé à la seule initiative des familles. C'est aux historiens de collecter ces témoignages, publiés ou non, filmés, enregistrés ou retranscrits. Des archives d'entretiens sur la Résistance française et d'autres mouvements de résistance dans le monde se constituent à l'université du Sussex. Ce n'est qu'en écoutant ces voix et en retrouvant les groupes qui les ont fait naître que l'historien offrira une image authentique de l'ampleur et de la diversité de la résistance qui s'est développée dans les coins reculés de la France, dans les communautés d'immigrés qui s'y étaient réfugiées, dans les régions plus lointaines de l'Empire, parmi les peuples colonisés comme parmi les Français libres. L'histoire de la Résistance est au cœur de l'identité française. Si cette histoire évolue, nous sommes invités à réexaminer cette identité.

# Remerciements

Mes remerciements vont en premier lieu à Lucy-Jean et à ma famille, qui m'ont accordé un an à Paris pour les recherches nécessaires à ce livre, accompagné de ma fille Georgia, qui y poursuivait ses études. Pour ce séjour, j'ai bénéficié de l'aide généreuse du Arts and Humanities Research Council, qui m'a octroyé une bourse pour terminer la rédaction de ce livre.

Bien que mon travail aille parfois à rebours de l'historiographie française, je dois remercier trois historiens français qui m'ont prodigué leurs conseils, leurs encouragements et leur lecture critique, Laurent Douzou, Guillaume Piketty et Olivier Wieviorka ; ils ont tracé la voie et m'ont accompagné sur les chemins tortueux de la recherche et de l'écriture. Au Royaume-Uni, je garde une reconnaissance éternelle à Rod Kedward qui, depuis les années 1970, promeut à la fois l'histoire de la Résistance et l'histoire orale. Je suis aussi très reconnaissant à Samantha Blake pour son aide au BBC Written Archives' Centre de Caversham. Les recherches dans les archives en France ne sont pas aisées, mais toujours fructueuses. Pour leur patience et leur aide, j'exprime ma gratitude à Patricia Gillet, Olivier Valat et Pascal Raimbault des Archives nationales, à Dominique Parcollet du Centre d'histoire de Sciences Po, à Anne-Marie Pathé et Nicholas Schmidt de l'Institut d'histoire du temps présent, à Cécile Lauvergeon du Mémorial de la

Shoah, à André Rakoto du Service historique de la Défense à Vincennes, à Pierre Boichu des archives départementales de la Seine-Saint-Denis, à Chantal Pages des archives départementales de la Haute-Garonne, à Isabelle Doré-Rivé et Régis Le Mer du Centre d'histoire de la Résistance et de la Déportation à Lyon. L'accueil que j'ai reçu au musée de la Résistance nationale de Champigny-sur-Marne a été particulièrement chaleureux et je suis très reconnaissant envers l'équipe de Guy Krivopissko, Xavier Aumage, Céline Heytens et Charles Riondet.

Je souhaite remercier également plusieurs de mes collègues pour leur soutien et leur aide : Hanna Diamond, Matthew Cobb, Julian Jackson, Nick Stargardt, Lyndal Roper, Daniel Lee et Ludivine Broch. Ruth Harris a lu et commenté le manuscrit et l'a accompagné de conseils pertinents et avisés. Neil Belton, chez Faber, et Joyce Seltzer, chez Harvard University Press, ont été plus que des éditeurs : ils ont cru à mon projet et m'ont poussé à rendre le texte plus précis, plus lisible et plus convaincant. Mon agent, Catherine Clarke, a manifesté un enthousiasme et une générosité indéfectibles, doublés d'un grand sens critique. Gabi Maas a compilé la bibliographie avec sa compétence et sa bonne humeur coutumières, tandis que Christopher Summerville révisait le manuscrit avec acuité. La fabrication et la promotion du livre ont été supervisées par Julian Loose, Kate Murray-Browne, Anne Owen et Anna Pallai chez Faber, et par Silvia Crompton chez Whitefox. Je suis également reconnaissant à Rachael Sharples, chez Andrew Nurnberg Associates, d'avoir intégré Les Arènes à l'aventure. Aux Arènes, je veux remercier tous ceux dont l'enthousiasme, l'implication et l'attention aux détails ont rendu possible cette édition en français : Patrice Ladrange, Jean-Baptiste Bourrat, Marie-Anne de Béru, Isabelle Mazzaschi, Jérôme Lambert,

Adèle Hybre, Maude Sapin, Aleth Stroebel, Jean-Baptiste Noailhat, Pierre Bottura, Sara Deux et tous les autres.

J'ai commencé mes recherches peu après que ma mère avait appris qu'elle souffrait d'un cancer, et elle est décédée pendant que je rédigeais le premier jet. Je dois tout à son intelligence, à son esprit, son amour et sa compréhension de l'humanité. C'est à elle que je dédie ce livre.

# Liste des abréviations

| | |
|---|---|
| AEF | Afrique Équatoriale française |
| AMGOT | Allied Military Government of Occupied Territories |
| ATS | Auxiliary Territorial Service |
| BCRA | Bureau central de renseignements et d'action |
| CAD | Comité d'action contre la déportation |
| CALPO | Comité « Allemagne libre » pour l'Ouest |
| CAS | Comité d'action socialiste |
| CCZN | Comité de coordination de zone nord |
| CDL | Comité départemental de la libération |
| CFL | Corps francs de la libération |
| CFLN | Comité français de libération nationale |
| CFTC | Confédération française des travailleurs chrétiens |
| CGE | Comité général d'études |
| CGT | Confédération générale du travail |
| CHDGM | Comité d'histoire de la Seconde Guerre mondiale |
| CHG | Comité d'histoire de la guerre |
| CHOLF | Commission d'histoire de l'Occupation et de la Libération de la France |
| CHRD | Centre d'histoire de la Résistance et de la Déportation |
| CIMADE | Comité inter-mouvements auprès des évacués |
| CNR | Conseil national de la Résistance |

| | |
|---|---|
| COMAC | Comité d'action militaire |
| COSE | Centre d'orientation sociale des étrangers |
| COSOR | Comité des œuvres sociales des organisations de la Résistance |
| CPL | Comité parisien de la libération |
| CVF | Corps des volontaires françaises |
| DB | Division blindéc |
| DGSS | Direction générale des services spéciaux |
| EIF | Éclaireurs israélites de France |
| FFI | Forces françaises de l'intérieur |
| FN | Front national |
| FTP | Francs-Tireurs et Partisans |
| IHTP | Institut d'histoire du temps présent |
| JEC | Jeunesse étudiante chrétienne |
| KPD | Kommunistische Partei Deutschlands / Parti communiste allemand |
| MLN | Mouvement de libération nationale |
| MOI | Main-d'œuvre immigrée |
| MUR | Mouvements unis de la Résistance |
| NAP | Noyautage des administrations publiques |
| OCM | Organisation civile et militaire |
| ORA | Organisation de résistance de l'armée |
| OSE | Œuvre de secours aux enfants |
| PCF | Parti communiste français |
| RHICOJ | Association pour la recherche sur l'histoire contemporaine des juifs (bulletin) |
| RMVE | Régiment de marche de volontaires étrangers |
| SD | Sicherheitdienst / la police allemande |
| SOL | Service d'ordre légionnaire |
| STO | Service du travail obligatoire |
| UGIF | Union générale des israélites de France |
| UJJ | Union de la jeunesse juive |
| UJRE | Union des juifs pour la résistance et l'entraide |

WAAC     Women's Army Auxiliary Corps / Corps des auxiliaires féminines

WAAF     Women's Auxiliary Air Force / Auxiliaires féminines de l'Air

YASK     Yiddisher Arbeter Sport Klub / Club sportif ouvrier juif

# Notes

## Introduction

1. www.lemonde.fr/politique/article/2008/04/30/allocution-de-nicolas-sarkozylors-de-la-ceremonie-d-hommage-aux-martyrs-du-bois-de-boulogne-le-16mai-2007_1040045_823448.html

2. Charles de Gaulle, *Discours et messages*, t. I : *Pendant la guerre, 1940-1946*, Paris, Plon, 1970, p. 439-440.

3. Gérard Namer, *La Commémoration en France, 1944-1982*, Paris, SPAG/Papyrus, 1983, p. 84.

4. Vladimir Trouplin, *Dictionnaire des Compagnons de la Libération*, Bordeaux, Elytis, 2010, p. 12-17 ; Guillaume Piketty et Vladimir Trouplin, *Les Compagnons de l'Aube. Archives inédites des Compagnons de la Libération*, Paris, Textuel, 2014.

5. Olivier Wieviorka, *La Mémoire désunie. Le Souvenir politique des années sombres, de la Libération à nos jours,* Paris, Seuil, 2010, p. 42-49.

6. Serge Barcellini et Annette Wieviorka, *Passant, souviens-toi ! Les lieux du souvenir de la Seconde Guerre mondiale en France*, Paris, Plon, 1995, p. 332, p. 383 ; Robert Gildea, *Marianne in Chains : In Search of the German Occupation, 1940-1945*, Londres, Macmillan, 2002, p. 386-387.

7. Pierre Laborie, *Le Chagrin et le Venin. La France sous l'Occupation, mémoire et idées reçues*, Montrouge, Bayard, 2011, p. 26, p. 60-68.

8. Marcel Ophüls, *Le Chagrin et la Pitié : Chronique d'une ville française sous l'Occupation*, Paris, L'Avant-scène, 1972.

9. René Rémond, *Paul Touvier et l'Église*, Paris, Fayard, 1992, p. 381 ; Henry Rousso, *Le Syndrome de Vichy, de 1944 à nos jours*, Paris, Seuil, 1987.

10. AN BB 30/1891 *Procès Klaus Barbie, 13e audience, 27 mai 1987*, p. 13-14. Voir aussi Sabine Zlatin, *Mémoires de la « Dame d'Izieu »*, Paris, Gallimard, 1992.

11. *Procès Klaus Barbie, 21ᵉ audience, 11 juin 1987, loc. cit.*, p. 6-11.

12. Sarah Gensburger, *Les Justes de France. Politiques publiques de la mémoire,* Paris, Les Presses de Sciences Po, 2010, p. 80 ; Rebecca Clifford, *Commemorating the Holocaust. The Dilemmas of Remembrance in France and Italy,* Oxford, Oxford University Press, 2013, p. 194-200.

13. Inathèque, Hommage de la nation aux Justes de France, France 2, 18 janvier 2007.

14. Voir, par exemple, Eric Hobsbawm et Terence Ranger (éd.), *The Invention of Tradition,* Cambridge, Cambridge University Press, 1983, et Raphael Samuel et Paul Thompson (éd.), *The Myths We Live By,* Londres, Routledge, 1990.

15. Laurent Douzou, *La Résistance française : Une histoire périlleuse,* Paris, Seuil, 2005, p. 53-62 ; Laurent Douzou (éd.), *Faire l'histoire de la Résistance,* Rennes, Presses universitaires de Rennes, 2010, p. 15-78.

16. AN 72 AJ 675 Comité d'histoire de la guerre, 1ᵉʳ juillet 1946, Rapport d'Édouard Perroy, p. 49-50. Les entretiens se trouvent aux Archives nationales, séries 72 AJ.

17. Henri Michel, *Histoire de la Résistance,* Paris, PUF, coll. « Que sais-je ? », 1950 ; *Les Idées politiques et sociales de la Résistance : documents clandestins, 1940-1944,* Paris, PUF, 1954 ; *Les Courants de pensée de la Résistance,* Paris, PUF, 1962 ; Henri Michel et Marie Granet, *Combat. Histoire d'un mouvement de Résistance, de juillet 1940 à juillet 1943,* Paris, PUF, 1957.

18. Marie Granet, *Défense de la France. Histoire d'un mouvement de Résistance, 1940-1944,* Paris, PUF, 1960 ; *Ceux de la Résistance, 1940-1944,* Paris, Éditions de Minuit, 1964 ; *Cohors-Asturies : histoire d'un réseau de Résistance, 1942-1944,* Bordeaux, Éditions des Cahiers de la Résistance, 1974.

19. Henri Noguères, en collaboration avec Marcel Degliame-Fouché et Jean-Louis Vigier, *Histoire de la Résistance en France,* t. I, Paris, Robert Laffont, 1967, p. 15 ; Bruno Leroux, « Des historiographies parallèles et concurrentes du Comité d'histoire de la Seconde Guerre mondiale : *Histoire de la Résistance en France* d'Henri Noguères et *La Résistance* d'Alain Guérin », dans Laurent Douzou (éd.), *Faire l'histoire de la Résistance, op. cit.,* p. 95-115.

20. Jean-Louis Crémieux-Brilhac, *Les Voix de la liberté : Ici Londres, 1940-1944,* 5 vol., Paris, la Documentation française, 1975-1976.

21. Agnès Humbert, *Notre guerre, Souvenirs de Résistance*, Paris, Émile-Paul Frères, 1946.

22. Yves Farge, *Rebelles, soldats et citoyens : Carnet d'un commissaire de la République*, Paris, Grasset, 1946 ; Emmanuel d'Astier de La Vigerie, *Sept fois sept jours*, Paris, Éditions de Minuit, 1947 ; Colonel Passy, *Souvenirs. Le BCRA*, t. I, *2ᵉ bureau, Londres ;* t. II, *10, Duke Street, Londres*, Monte-Carlo, Raoul Solar, 1947-1948 ; Colonel Rémy, *Mémoires d'un agent secret de la France libre,* t. I : *juin 1940-juin 1942*, Monaco, Raoul Solar, 1947 ; *Le Livre du courage et de la peur, juin 1942-novembre 1943,* 2 vol., Monaco, Raoul Solar, 1946 ; *Comment meurt un réseau, novembre 1943-août 1944,* Monaco, Raoul Solar, 1947 ; *Une affaire de trahison, novembre 1943-février 1944*, Monaco, Raoul Solar, 1947 ; *Les Mains jointes, 1944*, Monaco, Raoul Solar, 1948 ; *Mais le temple est bâti, 1944-1945*, Monaco, Raoul Solar, 1950.

23. Dwight D. Eisenhower, *Crusade in Europe*, New York, Doubleday, 1948 ; Winston Churchill, *The Second World War*, 6 vol., Londres, Cassell, 1948-1954 ; Charles de Gaulle, *Mémoires de guerre*, 3 vol., Paris, Plon, 1954-1959.

24. Voir, par exemple, Antoine Béthouart, *Cinq années d'espérance. Mémoires de guerre, 1939-1945*, Paris, Plon, 1968 ; Jacques de Bollardière, *Bataille d'Alger, bataille de l'homme*, Paris et Bruges, Desclée De Brouwer, 1972 ; Roger Pannequin, *Ami si tu tombes*, Paris, Sagittaire, 1976 et Arles, Actes Sud, coll. « Babel », 2000 ; Charles Tillon, *On chantait rouge*, Paris, Robert Laffont, 1977 ; Simone Martin-Chauffier, *À bientôt quand même...*, Paris, Calmann-Lévy, 1976.

25. Henri Frenay, *La Nuit finira*, *Mémoires de Résistance, 1940-1945*, Paris, Robert Laffont, 1973.

26. Henri Frenay, *L'Énigme Jean Moulin*, Paris, Robert Laffont, 1977.

27. Daniel Cordier, *Jean Moulin, L'inconnu du Panthéon*, t. I : *Une ambition pour la République, juin 1899-juin 1936*, Paris, Lattès, 1989 ; t. II : *Le choix d'un destin, juin 1936-novembre 1940*, Paris, Lattès, 1989 ; t. III : *De Gaulle capitale de la Résistance, novembre 1940-décembre 1941*, Paris, Lattès, 1993 ; *Jean Moulin. La République des catacombes*, Paris, Gallimard, 1999.

28. François Marcot, *La Résistance dans le Jura*, Besançon, Cêtre, 1985 ; Jean-Marie Guillon, *La Libération du Var, Résistance et nouveaux pouvoirs*, Paris, Centre national de la recherche scientifique/

IHTP, 1990 ; Jacqueline Sainclivier, *La Résistance en Ille-et-Vilaine, 1940-1944*, Rennes, Presses universitaires de Rennes, 1993.

29. Laurent Douzou, *La Désobéissance : histoire du mouvement Libération-Sud*, Paris, Odile Jacob, 1995 ; Olivier Wieviorka, *Une certaine idée de la Résistance : Défense de la France, 1940-1949*, Paris, Seuil, 1995 ; Alya Aglan, *La Résistance sacrifiée : Le mouvement Libération-Nord*, Paris, Flammarion, 1999.

30. Guillaume Piketty, *Pierre Brossolette. Un héros de la Résistance*, Paris, Odile Jacob, 1998.

31. Daniel Virieux, *Le Front national de lutte pour la liberté et l'indépendance de la France : Un mouvement de résistance. Période clandestine (mai 1941-août 1944)*, thèse de doctorat, Paris-VIII, 1996.

32. Jean-Marie Guillon et Pierre Laborie (dir.), *Mémoire et Histoire : la Résistance*, Toulouse, Privat, 1995 ; Christian Bougeard et Jacqueline Sainclivier (dir.), *La Résistance et les Français. Enjeux stratégiques et environnement social*, Rennes, Presses universitaires de Rennes, 1995 ; François Marcot (dir.), *La Résistance et les Français : lutte armée et maquis*, Besançon, Presses de l'université de Franche-Comté, 1996 ; Laurent Douzou, Robert Frank, Denis Peschanski, Dominique Veillon (dir.), *La Résistance et les Français : villes, centres et logiques de décision*, Paris, IHTP, 1995.

33. François Marcot (dir.), avec la collaboration de Christine Levisse-Touzé et Bruno Leroux, *Dictionnaire historique de la Résistance*, Paris, Robert Laffont, 2006.

34. AN 72 AJ 2217 Fonds Brossolette, Entretiens avec Gilberte Brossolette ; Gilberte Brossolette, *Il s'appelait Pierre Brossolette*, Paris, Albin Michel, 1976.

35. *Les Cahiers de l'IHTP*, n° 4, juin 1987, « Questions à l'histoire orale, table ronde du 20 juin 1986 ». Une autre table ronde IHTP en 1992 – *Les Cahiers de l'IHTP*, n° 21, (nov. 1992), « La Bouche de la Vérité ? La recherche historique et les sources orales » – présentait la même méfiance envers l'histoire orale.

36. Mémorial de la Shoah, DVXI-77 Fonds Anny Latour ; Anny Latour, *La Résistance juive en France, 1940-1944*, Paris, Stock, 1970.

37. H. R. Kedward, *Naissance de la Résistance dans la France de Vichy : idées et motivations, 1940-1942*, traduit de l'anglais par Christiane Travers, Seyssel, Champ Vallon, 1989.

38. Musée de la Résistance nationale « Les Inconnus de la Résistance ». Des extraits furent publiés dans Floriane Benoît et Charles

Silvestre, *Les Inconnus de la Résistance*, Paris, L'Humanité/Messidor, 1984.

39. Irène Némirovsky, *Suite française*, Paris, Denoël, 2004.

40. Agnès Humbert, *Notre guerre. Souvenirs de Résistance : Paris 1940-1941, le bagne, occupation en Allemagne*, Paris, Tallandier, 2004.

41. Judy Barrett Litoff (éd.), *An American Heroine in the French Resistance. The Diary and Memoir of Virginia d'Albert-Lake*, New York, Fordham University Press, 2006.

42. Laurent Douzou, *La Résistance française : Une histoire périlleuse*, *op. cit.*, p. 275-276.

43. Georges Waysand, *Estoucha*, Paris, Denoël, 1997.

44. Claude Lévy, *Les Parias de la Résistance*, Paris, Calmann-Lévy, 1970.

45. Marc Lévy, *Les Enfants de la liberté*, Paris, Robert Laffont, 2007.

46. Guillaume Piketty (éd.), *Français en Résistance. Carnets de guerre, correspondances, journaux personnels*, Paris, Robert Laffont, coll. « Bouquins », 2009.

47. Bruno Curatolo et François Marcot (dir.), *Écrire sous l'Occupation. Du non-consentement à la Résistance. France-Belgique-Pologne 1940-1945*, Rennes, Presses universitaires de Rennes, 2011.

48. Daniel Cordier, *Alias Caracalla*, Paris, Gallimard, 2009, p. 4 de couverture.

**Chapitre 1**

1. Sur l'exode, voir Hanna Diamond, *Fleeing Hitler. France 1940*, Oxford, Oxford University Press, 2007 ; Nicole Dombrowski Risser, *France under Fire : German Invasion, Civilian Flight, and Family Survival during World War II*, Cambridge, Cambridge University Press, 2012.

2. Entretien avec Madeleine Riffaud par l'auteur, Paris, 15 avril 2012.

3. Sur la défaite, voir Andrew Shennan, *The Fall of France, 1940*, Harlow, Longman, 2000 ; Julian Jackson, *The Fall of France. The Nazi Invasion of 1940*, Oxford, Oxford University Press, 2003 ; Jean-Louis Crémieux-Brilhac, *Les Français de l'an 40*, Paris, Gallimard, 1990 ; et Ernest May, *Strange Victory. Hitler's Conquest of France*, Londres, Tauris, 2000.

4. Julian Jackson, *The Popular Front in France. Defending Democracy, 1934-1938*, Cambridge, Cambridge University Press, 1988 ; Julian Jackson, *France. The Dark Years, 1940-1944*, Oxford, Oxford University Press, 2001, p. 97-111 ; Robert Soucy, *French Fascism : The Second Wave, 1933-1939*, New Haven et Londres, Yale University Press, 1995.

5. Philippe Pétain, *Actes et Écrits*, Paris, Flammarion, 1974, p. 448-449.

6. Charles de Gaulle, lettre à sa mère de Wülzburg près de Weissenburg, Bavière, 1er nov. 1918, dans *Lettres, notes et carnets, 1905-1918*, Paris, Plon, 1981, p. 525.

7. Edward Spears, *Assignment to Catastrophe,* t. II : *The Fall of France, June 1940*, Londres, Heinemann, 1954, p. 145.

8. Charles de Gaulle, *Discours et messages*, t. I : *Pendant la guerre, 1940-1946*, *op. cit.*, p. 4.

9. Jean-Louis Crémieux-Brilhac, *La France libre : De l'appel du 18 juin à la Libération*, Paris, Gallimard, 1996, p. 59-60, p. 83-84.

10. AN 72 AJ 220 Témoignage de Denis Saurat, sept. 1951 ; Denis Saurat, *Watch over Africa,* Londres, Dent, 1941, p. 3.

11. Lionel Gossman, *André Maurois (1885-1967). Fortunes and Misfortunes of a Moderate*, New York, Palgrave Macmillan, 2014, p. 44-45.

12. Jean Monnet, *Mémoires*, Paris, Fayard, 1976, p. 168-179.

13. Mireille Sacotte, *Saint-John Perse*, Paris, Pierre Belfond, 1991, p. 157-174.

14. Martin Gilbert, *Winston S. Churchill, VI. Finest Hour, 1939-1941*, Londres, Heinemann, 1983, p. 590-591 ; Nicholas Atkin, *The Forgotten French. Exiles in the British Isles, 1940-1944*, Manchester, Manchester University Press, 2003, p. 143-144.

15. Jean-Louis Crémieux-Brilhac, *Georges Boris. Trente ans d'influence. Blum, de Gaulle, Mendès France*, Paris, Gallimard, 2010, p. 20-21, p. 27-85.

16. AN 72 AJ 220/II Témoignage de Georges Boris, 27 mai et 3 juin 1947. Voir aussi le récit de Geoffroy de Courcel dans Georges Boris, *Servir la République. Textes et témoignages*, Paris, René Julliard, 1963, p. 286.

17. Antoine Béthouart, *Cinq années d'espérance. Mémoires de guerre, 1939-1945*, *op. cit.*, p. 92.

18. *Ibid.*, p. 92.

19. Jean-Louis Crémieux-Brilhac, *La France libre : De l'appel du 18 juin à la Libération*, *op. cit.*, p. 62-63.

20. Capitaine Pierre-Olivier Lapie, *La Légion étrangère à Narvik*, Londres, John Murray, 1941, p. 30 ; Douglas Porch, *The French Foreign Legion*, Londres, Macmillan, 1991, p. 448-454 ; André-Paul Comor, *L'Épopée de la 13ᵉ demi-brigade de la Légion étrangère, 1940-1945*, Paris, Nouvelles Éditions latines, 1988.

21. Jean-Louis Crémieux-Brilhac, *La France libre : De l'appel du 18 juin à la Libération, op. cit.*, p. 86-89.

22. André-Paul Comor, *L'Épopée de la 13ᵉ demi-brigade de la Légion étrangère, 1940-1945, op. cit.*, p. 86-96.

23. Jean-François Muracciole, *Les Français libres. L'autre résistance*, Paris, Tallandier, 2009, p. 145-147.

24. Nicholas Atkin, « France in Exile : the French Community in Britain, 1940-1944 », in Martin Conway et José Gotovitch (éd.), *Europe in Exile. European Exiles in Britain, 1940-1945*, Oxford, Berghahn, 2001, p. 219-220.

25. Jean Toulat, *Combattants de la non-violence. De Lanza del Vasto au général de Bollardière*, Paris, Cerf, 1983, p. 175. Voir aussi Guy Bourbault, Benoît Gauchard et Jean-Marie Muller, *Jacques de Bollardière, Compagnon de toutes les libérations*, Montargis, Non-Violence-Actualité, 1986.

26. Jacques de Bollardière, *Bataille d'Alger, bataille de l'homme, op. cit.*, p. 22.

27. Gabriel Brunet de Sairigné, « Carnets et lettres, 1940-1945 » dans Guillaume Piketty (éd.), *Français en Résistance. Carnets de guerre, correspondances, journaux personnels, op. cit.*, p. 466-467.

28. Colonel Passy, *Souvenirs. Le BCRA*, t. I, *2ᵉ bureau, Londres, op. cit.*, p. 26 ; Sébastien Albertelli, *Les Services secrets du général de Gaulle. Le BCRA, 1940-1944*, Paris, Perrin, 2009, p. 24-25.

29. Claude Bouchinet-Serreulles, *Nous étions faits pour être libres. La Résistance avec de Gaulle et Jean Moulin*, Paris, Grasset, 2000, p. 38.

30. AN 72 AJ 421 Note de Bingen, 6 juil. 1940.

31. AN 72 AJ 220/III Témoignage de Claude Bouchinet-Serreulles, 12 déc. 1948, 20 mars et 7 nov. 1949, 12 fév. 1950. Voir aussi AN 72 AJ 234/1 Témoignage de Claude Bouchinet-Serreulles, 21 avr. 1948.

32. AN 72 AJ 4231 Papiers Bingen, rapports sur la réorganisation de la flotte marchande française, 12 et 27 août 1940.

33. AN 72 AJ 238/III Hélène Terré, *Nous entrerons dans la carrière. Une histoire de l'AFAT*, manuscrit dactylographié, p. 5.

34. Tereska Torrès, *Une Française libre. Journal, 1939-1945*, Paris, France Loisirs, 2000, p. 34, entrée du 25 janv. 1940.

35. *Ibid.*, p. 53, entrée du 19 juin 1940.

36. Anthony Clayton, *France, Soldiers and Africa*, Londres, Brassey's Defence Publishers, 1988, p. 209-269.

37. Général Catroux, *Deux actes du drame indochinois. Hanoi : juin 1940. Diên Biên Phu : mars-mai 1954*, Paris, Plon, 1959, p. 47-91.

38. Christiane Rimbaud, *L'Affaire du Massilia, été 1940*, Paris, Seuil, 1984.

39. Charles de Gaulle, *Mémoires de guerre, op. cit.*, t. I, p. 229 ; Jean Lacouture, *De Gaulle*, 3 vol., t. I : *Le rebelle, 1890-1944*, Paris, Seuil, 1990 ; Jean-Louis Crémieux-Brilhac, *La France libre : De l'appel du 18 juin à la Libération, op. cit.*, p. 52.

40. Charles de Gaulle, *Mémoires de guerre, op. cit.*, t. I, p. 72 ; Charles de Gaulle, *Lettres, notes et carnets, juin 1940-juillet 1941*, Paris, Plon, 1981, p. 15.

41. AN 72 AJ 210/A1 Entretien avec le général François d'Astier de La Vigerie, 22 fév. 1948.

42. AN 13 AV 61 Entretien avec José Aboulker, 16 mars 1990.

43. François Garbit, *Dernières lettres d'Afrique et du Levant (1940-1941)*, Saint-Maur-des-Fossés, Éditions Sépia, 1999, p. 33-34. Repris dans Guillaume Piketty (éd.), *Français en Résistance. Carnets de guerre, correspondances, journaux personnels, op. cit.*, p. 531.

44. AN 72 AJ 225/1 Blanche Ackermann-Athanassiades, *À l'ombre de la Croix de Lorraine*, MS, 1961, p. 35.

45. Raoul Salan, *Mémoires*, Paris, Presses de la Cité, 1970, p. 11.

46. Jean-François Muracciole, *Les Français Libres. L'autre résistance, op. cit.*

47. Éric Jennings, *La France libre fut africaine*, Paris, Perrin, 2014, p. 28-31.

48. François Garbit, lettres à sa mère, 15 sept. 1940, dans Guillaume Piketty (éd.), *Français en Résistance. Carnets de guerre, correspondances, journaux personnels, op. cit.*, p. 547.

49. AN AJ 225/I AEF Témoignage du gouverneur Henri Laurentie, 19 oct. 1948.

50. François Garbit, *Dernières lettres*, p. 51, dans Guillaume Piketty (éd.), *Français en Résistance. Carnets de guerre, correspondances, journaux personnels, op. cit.*, p. 547.

51. Guillaume Piketty (éd.), *Français en Résistance. Carnets de guerre, correspondances, journaux personnels, op. cit.*, p. 675.

52. Éric Jennings, *La France libre fut africaine*, op. cit., p. 45-50.

53. AN 72 AJ 217/A IV 1 AOF, Maurice Maillat, « Dakar sous la flamme de la guerre, 1939-1945 », MS, 1975.

54. Charles de Gaulle, *Lettres, notes et carnets, juin 1940-juillet 1941*, op. cit., de Gaulle à sa femme, 28 sept. 1940, p. 127.

55. Martin Gilbert, *Winston S. Churchill, VI. Finest Hour, 1939-1941*, op. cit., p. 812 ; Julian Jackson, *France. The Dark Years, 1940-1944*, op. cit., p. 391 ; Jean-Louis Crémieux-Brilhac, *La France libre : De l'appel du 18 juin à la Libération*, op. cit., p. 120-126.

56. Henri Frenay, *La Nuit finira, Mémoires de Résistance, 1940-1945*, op. cit., p. 42.

57. AN 72 AJ 46/I Témoignage d'Henri Frenay, fév.-mars 1948.

58. Henri Frenay, *La Nuit finira, Mémoires de Résistance, 1940-1945*, op. cit., p. 38. Voir aussi Michèle Cointet, *Pétain et les Français, 1940-1951*, Paris, Perrin, 2002, p. 151, et Jean-Paul Cointet, *La Légion française des combattants. La tentation du fascisme*, Paris, Albin Michel, 1995.

59. AN 72 AJ 46/I Témoignage d'Henri Frenay, fév.-avr. 1948, p. 5, p. 48-49.

60. Philippe Viannay, *Du bon usage de la France*, Paris, Ramsay, 1988, p. 18-20 ; voir aussi AN 6 AV 639 Entretien d'Hélène Viannay avec Olivier Wieviorka, 6 mai 1987.

61. AN 450 AP1 Journal Lecompte-Boinet, 9 (2 sept. 1939), p. 46.

62. *Ibid.*, p. 46 (lettre à sa femme du 28 juin 1940), p. 123 (10 avr. 1942).

63. Francis Crémieux, *Entretien avec Emmanuel d'Astier*, Paris, Belfond, 1966, p. 16, 20.

64. *Ibid.*, p. 79 ; Emmanuel d'Astier de La Vigerie, *Sept fois sept jours*, op. cit., p. 9-24.

65. Agnès Humbert, *Resistance. Memoirs of Occupied France,* Londres, Bloomsbury, 2009, p. 5-7. Éd. or. fr. *Notre guerre. Souvenirs de Résistance : Paris 1940-1941, le bagne, occupation en Allemagne*, 1946, réédition : Paris, Tallandier, 2004.

66. Gabrielle Ferrières, *Jean Cavaillès. Un philosophe dans la guerre, 1903-1944*, Paris, Seuil, 1982, p. 133.

67. *Ibid.*, p. 17-18.

68. Guillaume Piketty, *Pierre Brossolette. Un héros de la Résistance*, op. cit.

69. AN 72 AJ 2217 Entretien de Louis Joxe avec Gilberte Brossolette, 1973.

70. AN 72 AJ 2217 Entretien de Pierre Bertaux avec Gilberte Brossolette, 1973.

71. AN 72 AJ 2215 Récit du sous-lieutenant Rozzi, 16 mars 1945.

72. Eugen Weber, *Action française : Royalism and Reaction in Twentieth Century France*, Stanford, Stanford University Press, 1962 ; William Irvine, "Fascism and the strange case of the Croix-de-Feu", *Journal of Modern History* LXIII, 1991 ; Robert Soucy, *French Fascism : The First Wave, 1924-1933,* New Haven et Londres, Yale University Press, 1986 ; *French Fascism : The Second Wave, 1933-1939, op. cit.* ; Sean Kennedy, *Reconciling France Against Democracy : The Croix-de-Feu and the Parti Social Français, 1927-1945*, Montréal, McGill-Queen's University Press, 2007.

73. AN 72 AJ 58 V Témoignage du colonel Alfred Heurtaux, 7 janv. 1946.

74. Gilles Perrault, *La Longue Traque*, Paris, Lattès, 1975, p. 48-55.

75. Allen Middlebro', *Choices and Actions of Members and Former Members of the French Communist Party, 1939-1941*, Oxford D.Phil thesis, 2011.

76. Sur le Parti communiste français, voir Stéphane Courtois et Marc Lazar, *Histoire du Parti communiste français,* 2ᵉ éd., Paris, PUF, 2000 ; Annie Kriegel, *The French Communists. Profile of a People*, Chicago et Londres, University of Chicago Press, 1972 ; Daniel Brower, *The New Jacobins. The French Communist Party and the Popular Front*, Ithaca, New York, Cornell University Press, 1968 ; Nicole Racine et Louis Bodin, *Le Parti communiste français pendant l'entre-deux-guerres*, Paris, FNSP, 1972.

77. Léo Hamon, *Vivre ses choix*, Paris, Robert Laffont, 1991, p. 13, p. 28-37, p. 51-57, p. 76, p. 79, p. 91.

78. Pierre Villon, *Résistant de la première heure*, Paris, Éditions sociales, 1983, p. 44-45.

79. Fonds Douzou Entretien avec Jean-Pierre Vernant, 10 janv. 1985.

80. CHRD Lyon Entretien avec Lucie Aubrac, 26 sept. 1996.

81. Raymond Aubrac, *Où la mémoire s'attarde*, Paris, Odile Jacob, 1996, p. 31, p. 33, p. 358.

82. Entretien avec Vernant, *loc. cit.*

83. Raymond Aubrac, *Où la mémoire s'attarde, op. cit.*, p. 55-58.

84. Lise London, *La Ménagère de la rue Daguerre. Souvenirs de Résistance*, Paris, Seuil, 1995, p. 7-8 ; Artur London, *On Trial*, Londres, Macdonald, 1970, p. 23-25 ; voir aussi Artur London, *L'Espagne*, Bruxelles, Tribord, 2003.

85. Lise London, *La Ménagère de la rue Daguerre. Souvenirs de Résistance*, *op. cit.*, p. 27-58.

86. André Tollet, *Ma traversée du siècle. Mémoires d'un syndicaliste révolutionnaire*, Paris, VO Éditions, 2002, p. 10-11.

87. *Ibid.*, p. 28-39.

88. Roger Bourderon, *Rol-Tanguy*, Paris, Tallandier, 2004, p. 35-93 ; Entretien avec Cécile Rol-Tanguy, conduit par Robert Gildea, Paris, 20 juin 2012.

89. *Ibid.*, p. 143.

90. Entretien avec Cécile Rol-Tanguy.

91. Musée de la Résistance nationale Champigny-sur-Marne, Fonds Monique Georges, Biographie de la famille Georges de 1887 à 1945 (9 p.) ; Monique Georges, *Le Colonel Fabien était mon père*, Paris, Mille et Une Nuits, 2009, p. 19-61.

92. Pierre à Andrée Georges, 20 fév. 1940, cité dans Monique Georges, *Le Colonel Fabien était mon père*, *op. cit.*, p. 92.

93. Fonds Monique Georges, Biographie de la famille Georges de 1887 à 1945, *loc. cit.*

94. Charles Tillon, *On chantait rouge, op. cit.*, p. 301.

95. *Ibid.*, p. 301.

96. Madeleine Riffaud, *On l'appelait Rainer*, Paris, Julliard, 1994, p. 20.

97. AN 6 AV 520 Entretien de Geneviève de Gaulle Anthonioz avec Olivier Wieviorka, 11 fév. 1985.

98. AN 6 AV 637 Entretien d'Hélène Viannay avec Olivier Wieviorka, 15 sept. 1986.

**Chapitre 2**

1. Entretien avec Christian de Mondragon, conduit par Robert Gildea, Nantes, 29 avr. 1997 ; Robert Gildea, *Marianne in Chains : In Search of the German Occupation, 1940-1945*, *op. cit.*, p. 146-147.

2. Rita Thalmann, *La Mise au pas : Idéologie et stratégie sécuritaire dans la France occupée*, Paris, Fayard, 1991 ; Éric Alary, *La Ligne de démarcation, 1940-1944*, Paris, Perrin, 2003, 2010.

3. Philippe Burrin, *Living with Defeat. France under the German Occupation, 1940-1944*, Londres, Arnold, 1996. Éd. or. fr. *La France à l'heure allemande : 1940-1944*, Paris, Seuil, 1995 ; Julian Jackson, *France. The*

*Dark Years, 1940-1944, op. cit.*, p. 142-165 ; Robert Gildea, *Marianne in Chains : In Search of the German Occupation, 1940-1945, op. cit.*, p. 65-88 ; Richard Vinen, *The Unfree French. Life Under the Occupation*, Londres, Allen Lane, 2006, p. 99-132, p. 155-180.

4. Jean-Paul Cointet, *La Légion française des combattants. La tentation du fascisme, op. cit.*

5. Michael Marrus et Robert Paxton, *Vichy France and the Jews*, New York, Basic Books, 1981 ; Renée Poznanski, *Jews in France During World War II*, Hanover, N.H., et Londres, University Press of New England, 2001. Éd. or. fr. : *Les Juifs en France pendant la Seconde Guerre mondiale,* Paris, Hachette, 1997 ; Julian Jackson, *France. The Dark Years, 1940-1944, op. cit.*, p. 354-381 ; Robert Gildea, *Marianne in Chains : In Search of the German Occupation, 1940-1945, op. cit.*, p. 223-242, p. 65-88 ; Richard Vinen, *The Unfree French. Life Under the Occupation, op. cit.*, p. 133-154.

6. Robert Gildea, *Marianne in Chains : In Search of the German Occupation, 1940-1945, op. cit.*, p. 109-133 ; Richard Vinen, *The Unfree French. Life Under the Occupation, op. cit.*, p. 213-245.

7. Philippe Burrin, *Living with Defeat. France under the German Occupation, 1940-1944, op. cit.*, p. 228-261 ; Robert Gildea, *Marianne in Chains : In Search of the German Occupation, 1940-1945, op. cit.*, p. 285-304 ; Richard Vinen, *The Unfree French. Life Under the Occupation, op. cit.*, p. 247-293.

8. Voir François Bédarida, « L'histoire de la Résistance : lectures d'hier, chantiers de demain », dans *Vingtième Siècle* n° 11 (juil.-sept. 1986), p. 75-89 ; Olivier Wieviorka, « À la recherche de l'engagement », dans *Vingtième Siècle* n° 60 (oct.-déc. 1998), p. 58-70 ; Jacques Semelin, « Qu'est-ce résister ? », dans *Esprit* (janv. 1994), p. 50-63 ; Pierre Laborie, « L'idée de Résistance. Entre définition et sens. Retour sur un questionnement », dans *Les Français des années troubles*, Paris, Seuil, coll. « Points », 2003 ; Pierre Laborie, « Qu'est-ce que la Résistance ? » dans François Marcot (dir.), *Dictionnaire historique de la Résistance, op. cit.*, p. 29-38 ; Olivier Wieviorka, *Histoire de la Résistance, 1940-1945*, Paris, Perrin, 2013, p. 15-18.

9. François Marcot, *La Résistance dans le Jura*, Besançon, Cêtre, 1985, p. 72, cité par Olivier Wieviorka, *Histoire de la Résistance, 1940-1945, op. cit.*, p. 106 ; Robert Gildea, « Lettres de correspondants français à la BBC (1940-1943) : une pénombre de la Résistance », dans *Vingtième Siècle* n° 125 (janv.-mars 2015), p. 61-76.

10. Robert Gildea, *Marianne in Chains : In Search of the German Occupation, 1940-1945*, *op. cit.*, p. 146.

11. Benoîte et Flora Groult, *Journal à quatre mains*, Paris, Denoël, 1962, p. 558-559. Entrée du 18 nov. 1940.

12. Aurélie Luneau, *Je vous écris de France : Lettres inédites à la BBC, 1940-1944*, Paris, L'Iconoclaste, 2014.

13. Renée Poznanski, *Propagandes et persécutions : La Résistance et le « problème juif »*, *1940-1944*, Paris, Fayard, 2008, p. 103 ; Olivier Wieviorka, *Histoire de la Résistance, 1940-1945*, *op. cit.*, p. 23-24.

14. BBC Written Archives Caversham (WAC), French Service, Lettres anonymes de France, n° 7, 2 août 1940.

15. BBC Written Archives Caversham (WAC), French Service, Lettres anonymes de France, n° 61, 7 sept. 1940.

16. Jean-Louis Crémieux-Brilhac, *Les Voix de la liberté : Ici Londres, 1940-1944*, *op. cit.*, t. I, p. 205 ; Aurélie Luneau, *Radio Londres, 1940-1944. Les voix de la Liberté*, Paris, Perrin, 2005, p. 101-102.

17. BBC Written Archives Caversham (WAC), French Service, Lettres anonymes de France, n° 554, 28 mars 1941.

18. BBC Written Archives Caversham (WAC), French Service, Lettres anonymes de France, n° 208, 7 janv. 1941.

19. Paula Schwarz, "The politics of food and gender in occupied Paris", *in Modern and Contemporary France* 7/1 (1999), p. 35-45 ; Jean-Marie Guillon, « Les manifestations ménagères. Protestation populaire et résistance féminine spécifique », dans Mechtild Gilzmer, Christine Levisse-Touzé et Stefan Martens, *Les Femmes dans la Résistance en France*, Paris, Tallandier, 2003, p. 107-133.

20. Musée de la Résistance nationale Fonds Roussel, Résistance, Attestations zones nord et sud, Certificat d'activité de Claudine Chomat, 18 déc. 1958.

21. Albert Ouzoulias, *Les Bataillons de la jeunesse*, Paris, Éditions sociales, 1967, p. 47.

22. Roger Bourderon, *Rol-Tanguy*, *op. cit.*, p. 151-175.

23. Lise London, *La Ménagère de la rue Daguerre. Souvenirs de Résistance*, *op. cit.*, p. 107.

24. AN 72 AJ 69/III Parti communiste, Témoignage de Nicole Barry, 16 nov. 1946 ; Lise London, *La Ménagère de la rue Daguerre. Souvenirs de Résistance*, *op. cit.*, p. 158-163.

25. Germaine Tillion, « Première résistance en zone occupée. Du côté du réseau musée de l'Homme-Hauet-Vildé », dans *Esprit* n° 261 (fév. 2000), p. 112. Julien Blanc, historien du réseau, préfère une

analogie avec l'astronomie, qualifiant le réseau de nébuleuse ou de nuage de poussière interstellaire, le mieux qu'il puisse trouver étant un agglomérat encore fragmenté, voire anarchique. Julien Blanc, *Au commencement de la Résistance. Du côté du musée de l'Homme, 1940-1941*, Paris, Seuil, 2010, p. 125.

26. AN 72 AJ 66/I Germaine Tillion, Rapport d'activité sur le secteur Hauet (réseau Hauet-Vildé), n.d., musée de l'Homme. Généralités sur l'UNCC, n.d.

27. Julien Blanc, *Au commencement de la Résistance. Du côté du musée de l'Homme, 1940-1941, op. cit.*, p. 78-100 ; « Boris Vildé, *Journal et lettres de prison, 1941-1942* », *Les Cahiers de l'IHTP*, n° 7, 1988, introduction.

28. AN 72 AJ 66/I Yvonne Oddon, réseau Hauet-Vildé, Rapport sur mon activité de Résistance, 1940-1941, n.d.

29. Jean Cassou, *Une vie pour la liberté*, Paris, Robert Laffont, 1981, p. 114. Voir aussi Jean Cassou, *La Mémoire courte*, 1953, Paris, Mille et Une Nuits, 2001, p. 10.

30. Agnès Humbert, *Resistance. Memoirs of Occupied France, op. cit.*, p. 11-12, entrée du 6 août 1940. Éd. or. fr. *Notre guerre. Souvenirs de Résistance : Paris 1940-1941, le bagne, occupation en Allemagne, op. cit.* Les carbonari étaient une société secrète opposée à l'occupation autrichienne et au gouvernement réactionnaire dans l'Italie du début du XIXᵉ siècle.

31. AN 72 AJ 66/I Témoignage de Claude Aveline, 19 janv. 1957 ; Témoignage de Jean Cassou, 8 fév. 1946.

32. Simone Martin-Chauffier, *À bientôt quand même...*, *op. cit.*, p. 79.

33. Germaine Tillion, « Première résistance en zone occupée. Du côté du réseau musée de l'Homme-Hauet-Vildé », *op. cit.*, p. 117.

34. AN 72 AJ 66 Résumé de la déposition faite par Gaveau, agent de la Gestapo, le 5 nov. 1945, avec les commentaires de Mlle Tillion, 2 mars 1946 ; AN 13 AV 60 Entretien avec Germaine Tillion, 13 mars 1990.

35. AN 72 AJ 2215 Notes de cours de Brossolette, 1941.

36. Jacques Lusseyran, *Et la lumière fut*, Paris, Éditions du Félin, 2005, p. 115, p. 150, p. 169.

37. Olivier Wieviorka, *Une certaine idée de la Résistance : Défense de la France, 1940-1949, op. cit.*

38. AN 6 AV 622 Entretien avec Robert Salmon par Olivier Wieviorka, 7 fév. 1986.

39. AN 72 AJ 50/II Témoignage de Robert Salmon, 22 mai 1957.

40. AN 6 AV 622 Entretien avec Robert Salmon par Olivier Wieviorka, 7 fév. 1986 ; voir aussi AN 72 AJ 50/IV Témoignage de Philippe Viannay, 24 nov. 1947, 16 mars 1957, 4 mai 1959.

41. AN 6 AV 637 Entretien avec Hélène Viannay par Olivier Wieviorka, 15 sept. 1986.

42. Philippe Viannay, *Du bon usage de la France, op. cit.*, p. 27.

43. AN 72 AJ 50/IV Témoignage de Robert Salmon, 13 fév. 1947.

44. AN 6 AV 526 Entretien avec Génia Gemähling par Olivier Wieviorka, nov. 1985.

45. AN 6 AV 622 Entretien avec Robert Salmon par Olivier Wieviorka, 23 mai 1986 ; Robert Salmon, « Défense de la France », dans *Il y a 45 ans. L'année 1941. Témoignages pour l'histoire*, Paris, Sénat, 1986, p. 95 ; AN 72 AJ 50/II Témoignage de Robert Salmon, 22 mai 1957.

46. AN 72 AJ 50/III Témoignage de Geneviève de Gaulle Anthonioz, 11 janv. 1957.

47. La Confédération générale du travail (CGT) et la Confédération française des travailleurs chrétiens (CFTC).

48. Jean-Pierre Le Crom, *Syndicats nous voilà. Vichy et le corporatisme*, Paris, Les Éditions de l'Atelier/Éditions ouvrières, 1995.

49. Dont Louis Saillant, secrétaire des sections syndicales de la Drôme et de l'Ardèche, Albert Gazier de l'Union des syndicats des employés de la région parisienne, Christian Pineau de la Fédération des employés de banque, Robert Lacoste de la Fédération des fonctionnaires et Gaston Tessier, secrétaire général de la CFTC.

50. AN 580 AP 25/1 Fonds Christian Pineau, Article dans *Syndicats,* 3 août 1938.

51. AN 580 AP 25/1 Fonds Christian Pineau, Allocutions prononcées au restaurant du Sénat lors du dîner commémoratif donné en l'honneur du centenaire de la naissance de Christian Pineau, le 14 octobre 2004, 3, Discours d'Alya Aglan.

52. AN 72 AJ 59/V Témoignage de Christian Pineau, 25 mai 1950.

53. Voir ci-dessus, notes 72 et 73 du chapitre 1.

54. Maxime Blocq-Mascart, *Chronique de la Résistance*, Paris, Corrêa, 1945, p. 32 ; voir aussi AN 72 AJ 67/III Témoignage de Maxime Blocq-Mascart, n.d.

55. Témoignage d'André Postel-Vinay, 20 janv. 1951 ; Témoignage de Pierre Lefaucheux, 20 janv. 1951, *loc. cit.* ; André Postel-Vinay, *Un fou s'évade. Souvenirs de 1941-1942*, Paris, Éditions du Félin, 1997.

56. AN 72 AJ 67/II Témoignage de Marcel Berthelot, n.d.

57. Maurice Rajsfus, *La police de Vichy : Les forces de l'ordre françaises au service de la Gestapo, 1940-1944*, Paris, Le Cherche-Midi, 1995.

58. Laurent Douzou, « La Résistance à Lyon (1940-1944) », colloque *Lyon dans la Seconde Guerre mondiale. Métropolis à l'épreuve du conflit*, Lyon, 6-7 nov. 2013.

59. Simone Martin-Chauffier, *À bientôt quand même...*, *op. cit.*, p. 119-120.

60. AN 72 AJ 55/II Témoignage d'Yves Farge, 17 mai 1946.

61. *Ibid.*

62. AN 72 AJ 181BII Auguste Pinton, « Contribution à l'histoire de la Résistance à Lyon et principalement du mouvement Franc-Tireur », n.d., p. 8.

63. AN 72 AJ 55/I Témoignage d'Antoine Avinin, 14 janv. 1947.

64. AN 72 AJ 55/I Témoignage de Joseph Hours, 14 janv. 1947.

65. BBC Written Archives Caversham (WAC), French Service, Lettres anonymes de France, nº 268, 26 fév. 1941 ; Laurent Douzou et Dominique Veillon, « La résistance des mouvements : ses débuts dans la région lyonnaise (1940-1942) », dans Jean-Marie Guillon et Pierre Laborie (dir.), *Mémoire et Histoire : la Résistance*, *op. cit.*, p. 154-155.

66. CHRD Lyon Entretien avec Micheline Altman, 16 juil. 1997.

67. AN 72 AJ 55/I Témoignage de Jean-Pierre Levy, 1er nov. 1946 ; Jean-Pierre Levy, *Mémoires d'un franc-tireur. Itinéraire d'un résistant, 1940-1944*, Paris, Éditions Complexe/IHTP, 1998, p. 36-57.

68. De manière générale voir Dominique Veillon, *Le Franc-Tireur. Un journal clandestin, un mouvement de Résistance*, Paris, Flammarion, 1977 ; H. R. Kedward, *Resistance in Vichy France. A Study of Ideas and Motivation in the Southern Zone, 1940-1942*, Oxford, Oxford University Press, 1978, p. 146-149.

69. Laurent Douzou (éd.), « Souvenirs inédits d'Yvon Morandat », *Les Cahiers de l'IHTP*, nº 29 (sept. 1994), p. 63.

70. Stanislas Fumet, *Histoire de Dieu dans ma vie. Souvenirs choisis*, Paris, Fayard/Mame, 1978, p. 453 ; Charles d'Aragon, *La Résistance sans héroïsme*, Paris, Seuil, 1977, p. 23.

71. Marie-Odile Germain (éd.), *Stanislas Fumet ou la Présence au temps*, Paris, Cerf/BNE, 1999.

72. CHRD Lyon Entretien avec Jean-Marie Domenach, 16 avr. 1997 ; Jean-Marie Domenach et Denise Rendu, « Une vie », dans Bernard

Comte, Jean-Marie Domenach, Christian Rendu et Denise Rendu (éd.), *Gilbert Dru. Un chrétien résistant*, Paris, Beauchesne, 1998, p. 59-127.

73. AN 72 AJ 73/VI Témoignage du père Chaillet, 5 fév. 1962 ; le récit de Chaillet sur les origines des papiers dans *Témoignage Chrétien*, 21 (21 oct. 1944) ; Renée Bédarida, *Les Armes de l'Esprit. Témoignage Chrétien*, Paris, Éditions ouvrières, 1977, p. 38-53 ; Renée Bédarida, *Pierre Chaillet. Témoin de la Résistance spirituelle*, Paris, Fayard, 1988 ; H. R. Kedward, *Resistance in Vichy France. A Study of Ideas and Motivation in the Southern Zone, 1940-1942, op. cit.*, p. 28-29, p. 175-180.

74. Laurent Ducerf, *François de Menthon. Un catholique au service de la République, 1900-1984*, Paris, Cerf, 2006, p. 16-69 ; H. R. Kedward, *Resistance in Vichy France. A Study of Ideas and Motivation in the Southern Zone, 1940-1942, op. cit.*, p. 29-32.

75. AN 72 AJ 46 III Témoignage de François de Menthon, 28 nov. 1945.

76. AN 72 AJ 48 Témoignage de Pierre-Henri Teitgen, 13 janv. 1947.

77. AN 72 AJ 126BI Témoignage de Léo Hamon, 7 mars 1946.

78. Emmanuel d'Astier de La Vigerie, *Sept fois sept jours, op. cit.*, p. 31-32 ; Fonds Douzou Entretien avec Charles d'Aragon, 5 mars 1986.

79. AN 72 AJ 60/I Témoignage de Mme Samuel, née Lucie Bernard, dans la clandestinité Catherine, maintenant Lucie Aubrac, 26 sept. 1945. Voir aussi AN 13 AV 89 Entretien avec Lucie Aubrac, 14 mars 1984 ; Laurent Douzou, *La Désobéissance : histoire du mouvement Libération-Sud, op. cit.*, p. 38-41.

80. *Gringoire* était un journal qui prônait la Collaboration.

81. Laurent Douzou (éd.), « Notes de prison de Bertrande d'Astier de La Vigerie (15 mars-4 avril 1941) », *Les Cahiers de l'IHTP*, n° 25 (oct. 1993).

82. Gabrielle Ferrières, *Jean Cavaillès. Un philosophe dans la guerre, 1903-1944, op. cit.*, p. 154. Voir aussi Alya Aglan, « La Résistance », dans Alya Aglan et Jean-Pierre Azéma, *Jean Cavaillès, résistant, ou la pensée en actes*, Paris, Flammarion, 2002, p. 85.

83. Raymond Aubrac, *Où la mémoire s'attarde, op. cit.*, p. 60.

84. Fonds Douzou et AN 13 AV 96 Entretien avec Georges Canguilhem par Laurent Douzou, 6 fév. 1985.

85. Fonds Douzou et AN 13 AV 105 Entretien avec Jean-Pierre Vernant par Laurent Douzou, 10 janv. 1985.

86. AN 13 AV 106 Entretien avec Jean-Pierre Vernant par Laurent Douzou, 10 janv. 1985.

87. AN 72 AJ 59/V Témoignage d'Henri Ribière, 26 juin 1946.

88. Daniel Mayer, *Les Socialistes dans la Résistance*, Paris, PUF, 1968, p. 14 ; Olivier Wieviorka, *Histoire de la Résistance, 1940-1945, op. cit.*, p. 56-61.

89. AN 72 AJ 170/BI Témoignage d'Albert Van Wolput, 21 fév. 1947.

**Chapitre 3**

1. Musée de la Résistance nationale Carton 126A, Témoignages III, témoignage de Paul Dubois sur la grève des mineurs, 1941, n.d., p. 5.

2. Maurice Dommanget, *Histoire du premier mai*, Paris, Société universitaire d'édition et de librairie, 1953.

3. Auguste Lecœur, « Les grèves des mineurs du Nord-Pas-de-Calais », dans Institut d'histoire des conflits contemporains, *Séance solennelle des témoignages 1941*, Paris, Sénat, 1986, p. 139-148.

4. Musée de la Résistance nationale Carton 124, Témoignages I, témoignage de Joseph Bricourt, n.d., p. 2.

5. Roger Pannequin, *Ami si tu tombes, op. cit.*, p. 127.

6. Musée de la Résistance nationale Carton 126, Témoignages III, Journal de Charles Debarge, 1942, 172 p., p. 14-18.

7. *Ibid.*, p. 22-23.

8. Auguste Lecœur, « Les grèves des mineurs du Nord-Pas-de-Calais », dans Institut d'histoire des conflits contemporains, *Séance solennelle des témoignages 1941, op. cit.*, p. 146. Musée de la Résistance nationale Carton 126A, Témoignages I, entretien avec Joseph Bricourt, n.d. ; carton 126A, Témoignages III, Paul Dubois, texte sur la grève des mineurs, n.d.

9. Musée de la Résistance nationale Carton 126, Témoignages III, Journal de Charles Debarge, 28 août 1941, p. 50.

10. Musée de la Résistance nationale Fonds Guy Môquet, Juliette Môquet à Guy, 25 avr. 1941 ; Guy Môquet à sa mère, 16 mai 1941.

11. Musée de la Résistance nationale Carton 129, Témoignages III, Entretien avec Léon Mauvais, 1964.

12. Voir ci-dessus, notes 95 et 96 du chapitre 1.

13. Stéphane Courtois, *Le PCF dans la guerre. De Gaulle, la Résistance, Staline*, Paris, Ramsay, 1980, p. 125-140.

14. Roger Bourderon, *Rol-Tanguy, op. cit.*, p. 151-175.

15. Albert Ouzoulias, *Les Fils de la nuit*, Paris, Grasset, 1975, p. 53 ; voir aussi Albert Ouzoulias, *Les Bataillons de la jeunesse, op. cit.*, p. 86-88.

16. Albert Ouzoulias, *Les Bataillons de la jeunesse, op. cit.*, p. 120.

17. Musée de la Résistance nationale Carton 124, Témoignages I, Gilbert Brustlein, Souvenirs, n.d., p. 18.

18. Albert Ouzoulias, *Les Bataillons de la jeunesse, op. cit.*, p. 118.

19. Musée de la Résistance nationale Carton 124, Témoignages I, Gilbert Brustlein, Souvenirs, n.d., p. 19.

20. Louis Oury, *Rue du Roi-Albert. Les Otages de Nantes, Château-briant et Bordeaux*, Pantin, Le Temps des Cerises, 1997, p. 107-119 ; Robert Gildea, *Marianne in Chains : In Search of the German Occupation, 1940-1945, op. cit.*, p. 243-250.

21. Charles de Gaulle, *Discours et messages*, t. I : *Pendant la guerre, 1940-1946, op. cit.*, p. 122-125.

22. AM Nantes Décret du 11 nov. 1941.

23. AD Loire-Atlantique 132 W 54 Rapport du préfet, 1er déc. 1941.

24. Centre d'histoire de Sciences Po Fonds Tillon, CT100, interview, 28 nov. 1979, p. 7. Voir aussi Charles Tillon, *On chantait rouge, op. cit.*, p. 345, p. 348.

25. Musée de la Résistance nationale Carton 126, Témoignages III, Journal de Charles Debarge, entrée du 23-25 déc. 1941, p. 82.

26. Musée de la Résistance nationale Carton 126, Témoignages III, Journal de Charles Debarge, p. 112-116 ; Roger Pannequin, *Ami si tu tombes, op. cit.,* p. 143-150.

27. Musée de la Résistance nationale Carton 126, Témoignages III, Journal de Charles Debarge, p. 152.

28. AM Ivry 15W16 Déclaration du Front national, 15 mai 1941.

29. AM Ivry Fonds Marrane, Guerre, Compte rendu non daté de Marrane sur la réunion à Lyon.

30. Yves Farge, *Rebelles, soldats et citoyens : Carnet d'un commissaire de la République, op. cit.*, p. 58.

31. AM Ivry Fonds Marrane, Guerre, Mémoires de Madeleine Braun concernant Georges Marrane, p. 16.

32. Simone Martin-Chauffier, *À bientôt quand même…, op. cit.*, p. 151.

33. Charles d'Aragon, *La Résistance sans héroïsme, op. cit.*, p. 62.

34. Voir ci-dessus, note 73 du chapitre 2.

35. AN 72 AJ 73 Louis Cruvillier, *Quelques notes sur la formation de Témoignage Chrétien*, 1957 ; Témoignage d'André Mandouze, sept. 1946 ; « Déclaration d'activité de Marie-Rose Gineste », 13 p., n.d.

36. Voir ci-dessus, note 67 du chapitre 2.

37. CHRD Entretien avec Micheline Altman, 16 juil. 1997.

38. AN 72 AJ 181 BII, Auguste Pinton, « Contribution à l'histoire de la Résistance à Lyon et principalement du mouvement Franc-Tireur », n.d., p. 19-20.

39. AN 72 AJ 435/I.3 Le premier appel du général Cochet, 6 sept. 1940.

40. Jean-Pierre Levy, « France-Liberté. Franc-Tireur », dans *Il y a 45 ans. L'année 1941. Témoignages pour l'histoire, op. cit.*, p. 104.

41. AN 72 AJ 435/I.3 Conférence faite aux étudiants catholiques à Lyon en mai 1941.

42. AN 13 AV 46 Entretien avec Serge Ravanel, 26 fév. et 4 mars 1991.

43. Antoine Delestre, *Uriage, une communauté et une école dans la tourmente, 1940-1945*, Nancy, Presses universitaires de Nancy, 1989 ; Bernard Comte, *Une utopie combattante : L'école des cadres d'Uriage, 1940-1942*, Paris, Fayard, 1991 ; John Hellman, *The Knight-Monks of Vichy. Uriage, 1940-1945*, Montréal et Kingston, McGill-Queens University Press, 1993.

44. Dominique Missika, *Berty Albrecht*, Paris, Perrin, 2005.

45. Jacques Baumel, *Résister. Histoire secrète des années d'Occupation*, Paris, Albin Michel, 1999, Le Livre de poche, 2003, p. 109 ; Alban Vistel, *La Nuit sans ombre. Histoire des Mouvements unis de la Résistance, leur rôle dans la libération du Sud-Est*, Paris, Fayard, 1970, p. 56.

46. Claude Bourdet, *L'Aventure incertaine*, Paris, Stock, 1975, p. 27-28.

47. AN 72 AJ 46/I Témoignage de Claude Bourdet, 6 juin 1946 ; Claude Bourdet, *L'Aventure incertaine, op. cit.*, p. 28-33 ; Renée Bédarida, *Pierre Chaillet. Témoin de la Résistance spirituelle, op. cit.*, p. 120.

48. Henri Frenay, *La Nuit finira*, *Mémoires de Résistance, 1940-1945, op. cit.*, p. 73-74.

49. Claude Bourdet, *L'Aventure incertaine, op. cit.*, p. 33.

50. Henri Frenay, *La Nuit finira*, *Mémoires de Résistance, 1940-1945, op. cit.*, p. 103, p. 118-119.

51. AN 72 AJ 47III Entretien avec le général Cochet, propos recueillis par Henri Michel, 31 janv. 1956.

52. AN 72 AJ 46/I Témoignage de Claude Bourdet, 6 juin 1946 ; témoignage d'Henri Frenay, fév.-mars-avr. 1948.

53. AN 72 AJ 80/I Témoignage de Jeanne Sivadon, 14 fév. 1946 ; Témoignage d'Elisabeth Dussauze, 21 fév. 1946 ; AN 72 AJ 46 Témoignage d'Henry Ingrand, 25 et 31 mars 1949.

54. AN 450 AP 1 Journal Lecompte-Boinet, 1939-1942 (1946), p. 86-91, 4 fév. 1941.

55. AN 72 AJ 2026 Résumé de la conversation entre M. Rollin, directeur général adjoint de la Sûreté nationale et le capitaine Frenay, le 28 janvier 1942.

56. AN 72 AJ 2026 Résumé de la conversation entre le capitaine Frenay et M. Pucheu, ministre de l'Intérieur, le 29 janvier 1942.

57. Henri Frenay, *La Nuit finira*, *Mémoires de Résistance, 1940-1945*, *op. cit.*, p. 161.

58. AN 72 AJ 60/I Témoignage d'Emmanuel d'Astier de La Vigerie, 8 janv. 1947 ; Olivier Wieviorka, *Histoire de la Résistance, 1940-1945*, *op. cit.*, p. 175-177.

## Chapitre 4

1. Philippe de Vomécourt, *Who Lived to See the Day*, Londres, Hutchinson, 1961, p. 24-25.

2. AN 72 AJ 39/I Note de Pierre de Vomécourt sur la constitution par les Anglais des réseaux d'action en France, dits plus tard « réseaux Buckmaster » (sept. 1945) ; AN 72 AJ 40/VII Témoignage de Pierre de Vomécourt, 31 oct., 2, 6 et 9 nov. 1946.

3. AN 72 AJ 40/VII Témoignage de Pierre de Vomécourt, 31 oct., 2, 6 et 9 nov. 1946.

4. M. R. D. Foot, *SOE in France. An Account of the Work of the Special Operations Executive in France, 1940-1944*, Londres, HMSO, 1966, 2e édition, Frank Cass, 2004 ; Maurice Buckmaster, *They Fought Alone. The Story of British Agents in France,* Londres, Odhams Press, 1958.

5. Nicholas Atkin, *The Forgotten French. Exiles in the British Isles, 1940-1944*, *op. cit.*, p. 148.

6. Jean Lacouture, *De Gaulle*, t. I : *Le rebelle, 1890-1944, op. cit.*

7. Martin S. Alexander, "Dunkirk in military operations, myths and memories" in Robert Tombs et Emile Chabal (éd.), *Britain and France in Two World Wars*, Londres, Bloomsbury, 2013, p. 93-118.

8. Robert Gildea, *Children of the Revolution. The French, 1799-1914*, Londres, Penguin, 2008, planche 41.

9. Martin Gilbert, *Winston S. Churchill VI. Finest Hour, 1939-1941*, *op. cit.*, p. 668.

10. Voir ci-dessus, notes 53, 54, 55 du chapitre 1.

11. Audrey Bonnery, « La France de la BBC, 1938-1944 », thèse de doctorat, université de Bourgogne, 2005, p. 239-240. Transcription de *The Week in France* par Thomas Cadett.

12. Jean-Louis Crémieux-Brilhac, *La France libre : De l'appel du 18 juin à la Libération, op. cit.*, p. 88 ; en général, voir Jean-François Muracciole, *Les Français Libres. L'autre résistance, op. cit.*

13. James Barr, *A Line in the Sand. Britain, France and the Struggle that Shaped the Middle East,* Londres, Simon & Schuster, 2011, p. 207-217.

14. AN 72 AJ 428 Télégrammes de Catroux à de Gaulle, 10 et 14 mai 1941 ; de Gaulle, brouillon de proclamation, 28 mai 1941.

15. Jean-Louis Crémieux-Brilhac, *La France libre : De l'appel du 18 juin à la Libération, op. cit.*, p. 156-161.

16. Martin Gilbert, *Winston S. Churchill, VI. Finest Hour, 1939-1941*, *op. cit.*, p. 1157.

17. Henri de Wailly, *Syrie 1941. La guerre occultée. Vichystes contre gaullistes*, Paris, Perrin, 2006, p. 433.

18. *Ibid.*, p. 441-447.

19. Audrey Bonnery, « La France de la BBC, 1938-1944 », thèse de doctorat, université de Bourgogne, 2005, p. 283-292 ; Martin Conway et José Gotovitch (éd.), *Europe in Exile. European Exiles in Britain, 1940-1945, op. cit.*

20. Sébastien Albertelli, *Les Services secrets du général de Gaulle. Le BCRA, 1940-1944, op. cit.*, p. 51-52.

21. *Ibid.*, p. 52-53.

22. *Ibid.*, p. 90-99.

23. AN 13 AV 75 Entretien avec André Dewavrin par Olivier Wieviorka, 7 avr. 1991.

24. Claude Bourdet, *L'Aventure incertaine, op. cit.*, p. 95-97.

25. NA HS9/647/4 Lettre de Virginia Hall, 25 nov. 1941.

26. Denis Rake, *Rake's Progress. The Gay – and Dramatic – Adventures of Major Denis Rake, MC, the Reluctant British War-Time Agent*, préface de Douglas Fairbanks, Londres, Leslie Frewin, 1968, p. 104.

27. Geoffrey Elliott, *The Shooting Star. Denis Rake, MC, a Clandestine Hero of the Second World War*, Londres, Methuen, 2009, p. 151-162.

28. Colonel Passy, *Souvenirs. Le BCRA*, t. I : *2ᵉ bureau, Londres*, *op. cit.*, p. 88. La rue en question était Old Barrack Yard.

29. AN 72 AJ 51/VII Abbé Georges Bernard, vicaire à Saint-Martin, conférence donnée à la Société archéologique de Nantes, 7 mai 1951.

30. AN 72 AJ 51/VII Témoignages de M. et Mme Lacasse, 26 juin 1946.

31. AN 72 AJ 51/VII Témoignage de Max André, oct. 1945.

32. Colonel Rémy, *Mémoires d'un agent secret de la France libre,* t. I : *18 juin 1940-18 juin 1942*, Paris, France-Empire, 1959, p. 48.

33. *Ibid.*, p. 51.

34. Colonel Passy, *Souvenirs. Le BCRA*, t. I : *2ᵉ bureau, Londres*, *op. cit.*, p. 71.

35. Colonel Rémy, *Mémoires d'un agent secret de la France libre,* t. I : *18 juin 1940-18 juin 1942*, *op. cit.*, p. 103.

36. AN 72 AJ 49 Témoignage de M. de la Débuterie, Rochetrejoux (Vendée), n.d.

37. Voir ci-dessus, note 35 du chapitre 4.

38. AN 72 AJ 2217 Entretien avec le colonel Passy par Gilberte Brossolette, 19 et 26 juin 1973.

39. Colonel Rémy, *Mémoires d'un agent secret de la France libre,* t. I : *18 juin 1940-18 juin 1942*, *op. cit.*, p. 365.

40. *Ibid.*, p. 366. Voir aussi AN 72 AJ 59/IV Témoignage de Louis Vallon, 25 mars 1947 ; Guillaume Piketty, *Pierre Brossolette. Un héros de la Résistance*, *op. cit.*, p. 165-174.

41. Colonel Passy, *Souvenirs. Le BCRA*, t. I : *2ᵉ bureau, Londres*, *op. cit.*, p. 49-52.

42. Christian Pineau, *La Simple Vérité, 1940-1945*, 1ʳᵉ édition : 1960, Genève, Éditions de Crémille, 1972, t. I, p. 103-104, p. 128-130. Voir aussi AN 72 AJ 2217 Entretien avec Christian Pineau par Gilberte Brossolette, 1973.

43. Christian Pineau, *La Simple Vérité, 1940-1945*, *op. cit.*, t. I, p. 153.

44. *Ibid.*, p. 156-157. Voir aussi AN 72 AJ 59/V Témoignage de Christian Pineau, 25 mai 1950.

45. Christian Pineau, *La Simple Vérité, 1940-1945*, *op. cit.*, t. I, p. 190. Voir les différents brouillons du texte dans AN 580 AP 25/ 3 Fonds Christian Pineau.

46. Charles de Gaulle, *Discours et messages*, t. I : *Pendant la guerre, 1940-1946*, *op. cit.*, p. 182.

47. Colonel Rémy, *Mémoires d'un agent secret de la France libre,* t. I : *18 juin 1940-18 juin 1942*, *op. cit.*, p. 491 ; Guillaume Piketty, *Pierre Brossolette. Un héros de la Résistance*, *op. cit.*, p. 175.

48. AN 72 AJ 49 Confrérie Notre-Dame, précis, p. 23-25.

49. Yves Farge, *Rebelles, soldats et citoyens : Carnet d'un commissaire de la République*, Neuilly, Éditions Saint-Clair, 1975, p. 29-30 ; Alya Aglan, « La Résistance », dans Alya Aglan et Jean-Pierre Azéma, *Jean Cavaillès, résistant, ou la pensée en actes, op. cit.*, p. 92-94.

50. AN 72 AJ 59/V Témoignage de Louis Vallon, 25 mai 1947.

51. Colonel Passy, *Souvenirs. Le BCRA*, t. II : *10, Duke Street, Londres, op. cit.*, p. 66.

52. AN 72 AJ 2215 Original du rapport confié à Siriex, Londres, 28 avr. 1942 ; Guillaume Piketty, *Pierre Brossolette. Un héros de la Résistance, op. cit.*, p. 179.

53. AN 72 AJ 2215 Original du rapport confié à Siriex, Londres, 28 avr. 1942 ; Guillaume Piketty, *Pierre Brossolette. Un héros de la Résistance, op. cit.*, p. 187.

54. AN 72 AJ 58/XII Témoignage de Gilberte Brossolette, 27 janv., 7 et 14 fév. 1947. Environ 250 euros actuels.

55. AN 72 AJ 49 Échanges de lettres entre Brossolette-Passy-Rémy (déc. 1942). Communiquées par Bouchinet-Serreulles.

56. Jean-Pierre Azéma, *Jean Moulin : Le politique, le rebelle, le résistant*, Paris, Perrin, 2003, p. 102-104.

57. Daniel Cordier, *Jean Moulin, L'inconnu du Panthéon*, t. I : *Une ambition pour la République, juin 1899-juin 1936, op. cit.*, p. 36 ; Jean-Pierre Azéma, *Jean Moulin : Le politique, le rebelle, le résistant, op. cit.*, p. 167-75 ; Julian Jackson, *France. The Dark Years, 1940-1944, op. cit.*, p. 429.

58. Colonel Passy, *Souvenirs. Le BCRA*, t. II : *10, Duke Street, Londres, op. cit.*, p. 104.

59. Emmanuel d'Astier de La Vigerie, *Sept fois sept jours, op. cit.*, p. 76.

60. Colonel Passy, *Souvenirs. Le BCRA*, t. II : *10, Duke Street, Londres, op. cit.*, p. 81.

61. Emmanuel d'Astier de La Vigerie, *Sept fois sept jours, op. cit.*, p. 76-77, p. 80.

62. Henri Frenay, *La Nuit finira, Mémoires de Résistance, 1940-1945, op. cit.*, p. 146.

63. Voir aussi notes 57 et 58 du chapitre 3.

64. AN 72 AJ 55/I Témoignage de Jean-Paul Lévy, 1er nov. 1946.

65. Henri Frenay, *La Nuit finira, Mémoires de Résistance, 1940-1945, op. cit.*, p. 201-202 ; Charles d'Aragon, *La Résistance sans héroïsme, op. cit.*, p. 91-94.

66. Henri Frenay, *La Nuit finira, Mémoires de Résistance, 1940-1945, op. cit.*, p. 347.

67. Claude Bourdet, *L'Aventure incertaine, op. cit.*, p. 140.

68. *Ibid.*, p. 141-142.

69. Colonel Passy, *Souvenirs. Le BCRA*, t. II : *10, Duke Street, Londres, op. cit.*, p. 350 ; Arthur Calmette, *L'OCM. Organisation civile et militaire. Histoire d'un mouvement de résistance de 1940 à 1946*, Paris, PUF, 1961, p. 38 ; Guillaume Piketty, *Pierre Brossolette. Un héros de la Résistance, op. cit.*, p. 243.

70. AN 72 AJ 2026 Frenay à Giraud, 14 août 1942 ; Henri Frenay, *La Nuit finira, Mémoires de Résistance, 1940-1945, op. cit.*, p. 219.

71. Colonel Passy, *Souvenirs. Le BCRA*, t. II : *10, Duke Street, Londres, op. cit.*, p. 247.

72. *Ibid.*, p. 261-281 ; Henri Frenay, *La Nuit finira, Mémoires de Résistance, 1940-1945, op. cit.*, p. 230-235.

**Chapitre 5**

1. Jeanne Bohec, *La Plastiqueuse à bicyclette*, Paris, Mercure de France, 1975, p. 14-29.

2. Voir ci-dessus, notes 29 et 30 du chapitre 2.

3. Agnès Humbert, *Resistance. Memoirs of Occupied France, op. cit.*, p. 25. Éd. or. fr. *Notre guerre. Souvenirs de Résistance, op. cit.*

4. Laurent Douzou, « La Résistance, une affaire d'hommes ? », *Les Cahiers de l'IHTP*, n° 31 (oct. 1995) ; Claire Andrieu, « Women in the French Resistance. Revisiting the historical record », in *French Politics, Culture and Society* 18/1 (printemps 2000), p. 13-27 ; Dominique Veillon, « Les Femmes anonymes dans la Résistance », dans Mechtild Gilzmer, Christine Levisse-Touzé et Stefan Martens, *Les Femmes dans la Résistance en France, op. cit.*, p. 101.

5. AN 72 AJ 238/III Hélène Terré, *Nous entrerons dans la carrière. Une histoire de l'AFAT*, manuscrit dactylographié, 229 p., p. 4-6. Voir ci-dessus, notes 33 du chapitre 1.

6. *Ibid.*, p. 35, p. 45-55, p. 127.

7. Tereska Torrès, *Une Française libre. Journal, 1939-1945, op. cit.*, p. 135, entrée du 20 juil. 1941.

8. *Ibid.*, p. 171-172, entrée du 2 janv. 1942.

9. *Ibid.*, p. 189-192, entrées des 18 juin et 14 juil. 1942.

10. Mémorial Leclerc/Musée Jean-Moulin Archives Tereska Torrès, extrait d'un journal non identifié, sept. 1942.

11. Tereska Torrès, *Une Française libre. Journal, 1939-1945*, *op. cit.*, p. 249, entrée du 11 déc. 1943.

12. CHRD Entretien avec Micheline Altman, 16 juil. 1997.

13. Denise Domenach-Lallich, *Demain il fera beau. Journal d'une adolescente (1939-1944)*, Lyon, BGA Permazel, 2001, p. 24.

14. *Ibid.*, p. 24, p. 115-116.

15. *Ibid.*, p. 24, p. 32-35 ; CHRD Lyon Entretien avec Denise Domenach, 6 fév. 1996.

16. CHRD Entretien avec Jeannette et Maurice Lubczanski, 12 fév. 1999.

17. AN 72AJ60/II Témoignage d'Anne Hervé, 7 janv. 1947 ; AN 72 AJ 69/IV Témoignage de Pierre Hervé, 29 mars 1950.

18. AN 72AJ188A III Haute-Savoie, Témoignage de Mme Lamouille de Vougy, 2 janv. 1946 ; sur le maquis des Glières, voir ci-dessous, les chapitres 11 et 12.

19. AN 72 AJ 92C1 Ain, Témoignage de Marcelle Appleton, 14 nov. 1945 ; AN 72 AJ 1899 Témoignage de Jean Villaucher, vice-président du CDL, Ain, 16 déc. 1944.

20. AN 72 AJ 45/IV Témoignage de Germaine Aylé, 26 déc. 1946 ; Odile de Vasselot, *Tombés du ciel. Histoire d'une ligne d'évasion*, Paris, Éditions du Félin, 2005, p. 15-27.

21. Olwen Hufton, "Women in Revolution", *Past and Present*, vol. 53 (1) (1971), p. 90-108 ; Dominique Godineau, *The Women of Paris and their French Revolution*, Berkeley, University of California Press, 1998. Éd. or. fr. *Citoyennes tricoteuses : les femmes du peuple à Paris pendant la Révolution française*, Aix-en-Provence, Alinéa, 1988.

22. Musée de la Résistance nationale Fonds Roussel, Attestation pour Claudine Chomat par le liquidateur national pour le FN, 18 déc. 1958.

23. Musée de la Résistance nationale Carton 126 A, Témoignages III, Yvonne Dumont, secrétaire générale de l'UFF, ancien sénateur, 1968 ; musée de la Résistance nationale Carton 129, Témoignages VIII, Léon Mauvais, 1964, p. 18.

24. BBC Written Archives Caversham (WAC), French Service. Lettres anonymes de France, n° 796, 23 août 1941.

25. AN 72 AJ 87/I Vercors, Rapport de Pupin, 15 oct. 1947, p. 5. (La femme était sans doute Geneviève Gayet.)

26. Musée de la Résistance nationale «Les Inconnus de la Résistance» (1984), récit de Claude Pascal, Béziers.

27. Musée de la Résistance nationale Carton 125, Témoignages II, Marie-José Chombart de Lauwe, 4 mai 1967.

28. AN 72 AJ 49 Témoignage de Marguerite Blot, 3 fév. 1947. Dumont lui-même, cependant, fut arrêté par les Allemands et fusillé au mont Valérien le 13 mai 1943.

29. Laurent Douzou (éd.), *Notes de prison de Bertrande d'Astier de La Vigerie (15 mars-4 avril 1941), op. cit.*, p. 46.

30. Robert Gildea, « Lettres de correspondants français à la BBC (1940-1943) : une pénombre de la Résistance », dans *Vingtième Siècle* n° 125 (janv.-mars 2015), p. 63.

31. BBC Written Archives Caversham (WAC), French Service, Lettres anonymes de France, n° 472, 17 avril 1941. Voir ci-dessus, note 17 du chapitre 2.

32. BBC Written Archives Caversham (WAC), French Service, Lettres anonymes de France, n° 186, 26 mai 1941.

33. AN 6 AV 622 Entretien avec Robert Salmon par Olivier Wieviorka, 7 fév. 1986. Voir ci-dessus, notes 39 à 42 du chapitre 2.

34. AN 6 A 591 Entretien avec Jacqueline Pardon par Olivier Wieviorka, 21 janv. 1987.

35. CHRD Lyon Entretien avec Charlotte Nadel, 17 avr. 1998.

36. AN 6 A 527 Entretien avec Génia Gemähling par Olivier Wieviorka, nov. 1985.

37. AN 6 A 527 Entretien avec Génia Gemähling par Olivier Wieviorka, nov. 1985.

38. CHRD Entretien avec Micheline Altman, 16 juil. 1997.

39. AN 72 AJ 68/V Témoignage de Marie-Hélène Lefaucheux, n.d. ; Renée Bédarida, *Pierre Chaillet. Témoin de la Résistance spirituelle*, *op. cit.*, p. 217-221.

40. AN 72 AJ 170 B1 Témoignage de Mme Alloy, directrice de l'école maternelle, Hellemmes, 30 janv. 1947.

41. Charles Monier, *Les Chemins de la Résistance à Bollène et dans le canton, 1939-1944*, Bollène, 2002, p. 112, cité dans Christiane Guldenstadt, *Les Femmes dans la Résistance*, Herbolzheim, Centaurus Verlag, 2006, p. 94.

42. Musée de la Résistance nationale « Les Inconnus de la Résistance » (1984), récit de Joseph Rossi, Vif (Isère), 13 août 1984.

43. Entretien avec Cécile Rol-Tanguy par Robert Gildea, 20 juin 2012 ; Roger Bourderon, *Rol-Tanguy, op. cit.*, p. 182-183, p. 223, p. 233.

44. *L'Humanité*, 31 août 1944, extrait au musée de la Résistance nationale. Fonds David Diamant, UJRE, Carton 12/24.

45. Musée de la Résistance nationale Carton 127bis, Témoignages V, Nicole Lambert-Philippot, 1975, p. 2.

46. *Ibid.*, p. 3-9.

47. « Les Inconnus de la Résistance », *loc. cit.*, 1984, p. 34.

48. Tereska Torrès, *Une Française libre. Journal, 1939-1945*, *op. cit.*, entrées des 11 déc. 1943 : p. 249, avr. 1944 : p. 262, 15 juin 1944 : p. 264.

49. NA HS9/1089/4 Rapport final de Jacqueline Nearne, 25 août 1942.

50. Voir ci-dessous, notes 30 à 33 du chapitre 12.

51. NA HS9/982/4 Rapport sur Anne-Marie Comert née Walters, 26 oct. 1943.

52. *Ibid.*, 4 nov. 1944.

53. Pearl Witherington Cornioley, *Code Name Pauline. Memoirs of a World War II Special Agent*, Chicago, Chicago Review Press, 2013, p. 32, p. 36. Éd. fr. : *Pauline : parachutée en 1943, la vie d'un agent du SOE*, Éditions Par exemple, 1996.

54. *Ibid.*, p. 81-93.

55. SHD 16 P 67268 Jeanne Bohec épouse Couty, STS rapports des 5 et 19 oct. 1943.

56. AN 72 AJ 220/1 Témoignage de Jeanne Couty-Bohec, 29 oct. et 4 nov. 1949, p. 13-14.

57. *Ibid.*, p. 15.

58. Voir ci-dessous, note 58 du chapitre 13.

59. Jeanne Bohec, *La Plastiqueuse à bicyclette*, *op. cit.*, p. 226.

60. AN 72 AJ 50/II Défense de la France, Témoignage de la famille Girard, 1er fév. 1946.

61. Claire Girard à son frère Augustin, oct. 1942, « Lettres (1939-1944) », dans Guillaume Piketty (éd.), *Français en Résistance. Carnets de guerre, correspondances, journaux personnels*, *op. cit.*, p. 653.

62. *Ibid.*, p. 660, printemps 1944.

63. *Ibid.*, p. 662, juin 1944.

64. *Ibid.*, p. 664, juin 1944.

65. Madeleine Riffaud, *On l'appelait Rainer*, *op. cit.*, p. 56.

66. AN 72 AJ 56/III FTPF Témoignage de Madeleine Riffaud, 4 juil. 1946.

67. Madeleine Riffaud, *On l'appelait Rainer*, *op. cit.*, p. 96.

68. Entretien avec Madeleine Riffaud, par Robert Gildea, Paris, 15 avr. 2012.

69. Madeleine Riffaud, *On l'appelait Rainer*, *op. cit.*, p. 93-98.

70. Voir ci-dessous, note 69 du chapitre 14.

**Chapitre 6**

1. Simone Martin-Chauffier, *À bientôt quand même...*, *op. cit.*, p. 105-106.

2. Voir ci-dessus, notes 27 à 32 du chapitre 2.

3. Simone Martin-Chauffier, *À bientôt quand même...*, *op. cit.*, p. 52.

4. Madeleine Riffaud, *On l'appelait Rainer*, *op. cit.*, p. 26-27.

5. Denise Domenach-Lallich, *Demain il fera beau. Journal d'une adolescente (1939-1944)*, *op. cit.*, p. 26.

6. *Ibid.*

7. Voir ci-dessus, notes 40 à 43 du chapitre 3.

8. AN 13 AV 135 Entretien avec Serge Ravanel, 26 fév. 1991.

9. Voir ci-dessus, notes 61 et 62 du chapitre 1.

10. AN 450 AP 1 Journal Lecompte-Boinet, 1939-1942 (1946), 6 oct. 1941, p. 69.

11. Voir ci-dessus, note 53 du chapitre 3.

12. AN 450 AP 1 Journal Lecompte-Boinet, 1939-1942 (1946), 5 mars 1943, p. 62.

13. AN 450 AP 1 Journal Lecompte-Boinet, 1939-1942 (1946), 6 oct. 1941, p. 71. Cette section fut ajoutée par la suite.

14. Voir ci-dessous, notes 43 à 48 du chapitre 8.

15. Voir ci-dessus, notes 14 à 16 du chapitre 3.

16. Albert Ouzoulias, *Les Fils de la nuit*, *op. cit.*, p. 55.

17. Nina Gourfinkel, *Aux prises avec mon temps.* t. II : *L'Autre Patrie*, Paris, Seuil, 1953, p. 284-285 ; Nina Gourfinkel, *Théâtre russe contemporain*, Paris, La Renaissance du livre, 1931.

18. CDJC CMXCIV-9 (I) Fonds Abadi, Moussa Abadi, allocution, colloque des Enfants cachés, Palais du Luxembourg, 21 mai 1995.

19. Voir ci-dessous, notes 76 à 80 du chapitre 7.

20. Voir ci-dessous, chapitre 12.

21. Gerhard Leo, *Un Allemand dans la Résistance. Le train pour Toulouse*, Paris, Éditions Tirésias, 1997, p. 260-261.

22. Christian Pineau, *La Simple Vérité, 1940-1945*, *op. cit.*, t. I, p. 103-104, p. 128-130. Voir aussi AN 72 AJ 2217 Entretien avec Christian Pineau par Gilberte Brossolette, 1973.

23. Charles d'Aragon, *La Résistance sans héroïsme*, *op. cit.*, p. 57-58.

24. Voir ci-dessus, notes 70-71 du chapitre 4.

25. NA HS9/1539/6 Brouillon de rapport, 7 mars 1942, Selborne à Churchill, 21 mars 1942. Voir ci-dessus, notes 1 à 6 du chapitre 4.

26. AN 72 AJ 41/1 Témoignage d'André Girard, août 1950.

27. André Gillois, *Ce siècle avait deux ans. Mémoires*, Paris, Mémoire du Livre, 2002, p. 398.

28. AN 72 AJ 41/1 Témoignage de Maurice Diamant-Berger, 10 oct. 1946. La citation est confirmée dans : André Gillois, *Ce siècle avait deux ans. Mémoires, op. cit.*, p. 414.

29. NA H56/327 Rapport de Boddington au SOE, 11 août 1942.

30. André Gillois, *Ce siècle avait deux ans. Mémoires, op. cit.*, p. 413-414.

31. Germaine Tillion, « Première résistance en zone occupée. Du côté du réseau musée de l'Homme-Hauet-Vildé », *op. cit.*, p. 117.

32. AN 72 AJ 39 Témoignage de Philippe de Vomécourt, déc. 1946 ; janv. et fév. 1947.

33. Mathilde Carré, *I was "the Cat"*, Londres, Souvenir Press, 1960, p. 107. Éd. or. fr. *J'ai été « La Chatte »*, Paris, Morgan, 1959.

34. AN 72 AJ 40/VII Témoignage de Pierre de Vomécourt, 31 oct., 2, 6 et 9 nov. 1946 ; AN 72 AJ 627 Rapports à Londres de Pierre de Vomécourt, 15 juil., 8 août 1942.

35. Gilles Perrault, *La Longue Traque, op. cit.*, p. 16-45.

36. NA HS9/1539/6 Interrogatoire préliminaire de Pierre de Vomécourt, 21 avr. 1945.

37. Monique Georges, *Le Colonel Fabien était mon père, op. cit.*, p. 183.

38. André Postel-Vinay, *Un fou s'évade. Souvenirs de 1941-1942, op. cit.*, p. 168.

39. Dominique Missika, *Berty Albrecht, op. cit.*, p. 208-266.

40. Raymond Aubrac, *Où la mémoire s'attarde, op. cit.*, p. 92.

41. *Ibid.*, p. 107-110 ; Lucie Aubrac, *Ils partiront dans l'ivresse*, Paris, Seuil, 1984, p. 120-121 ; Laurent Douzou, *Lucie Aubrac*, Paris, Perrin, 2009, p. 136.

42. AN 450 AP 1 Journal Lecompte-Boinet, 1939-1942, p. 118, entrée d'avril 1942.

43. Monique Georges, *Le Colonel Fabien était mon père, op. cit.*, p. 196.

44. AN 6 AV 527 Entretien avec Génia Gemähling par Olivier Wieviorka, nov. 1985.

45. Laurent Douzou, *Lucie Aubrac, op. cit.*, p. 110-114, p. 139-146.

46. NA HS9/1539/5 Interrogatoire de Philippe de Vomécourt, 25 janv. 1945, p. 12.

47. NA HS9/1240/3 Rapport final de Harry Rée, 1er janv. 1943.

48. NA HS9/1240/3 Interrogatoire de Harry Rée, 24-27 juil. 1944.

49. NA HS9/701/1 Richard Heslop, "False Identities", script pour une émission de la BBC, 28 oct. 1945.

50. Pearl Witherington Cornioley, *Code Name Pauline. Memoirs of a World War II Special Agent, op. cit.*, p. 57 ; éd. fr. : *Pauline : parachutée en 1943, la vie d'un agent du SOE, op. cit.*

51. NA HS9/982/4 Entretien avec Anne-Marie Walters, 16 janv. 1945, autorisé par la censure, 8 mars 1945 ; entretien dans le *Daily Telegraph*, autorisé par la censure, 18 mars 1945.

52. NA HS9/1407/1 Interrogatoire de George Reginald Starr, 20-21 nov. 1944.

53. NA HS9/987/I Histoire de couverture et liste des affaires de « Riquet », 10 sept. 1943.

54. Voir ci-dessous, notes 54 à 56 du chapitre 11.

55. Musée de la Résistance nationale Carton 130, Témoignages III, témoignage de Renée Quatremaire, n.d.

56. AN 72 AJ 181 BII Auguste Pinton, « Contribution à l'histoire de la Résistance à Lyon et principalement du mouvement Franc-Tireur », n.d., p. 22-23.

57. Philippe Viannay, *Du bon usage de la France, op. cit.*, p. 67.

58. Roger Lefèvre, *Souvenir de maquisards de l'Ain,* Saint-Cyr-sur-Loire, Alan Sutton, 2004, p. 8-9 ; Musée de la Résistance nationale Champigny-sur-Marne, NE 3832 Témoignage de Roger Lefèvre, proviseur honoraire de lycée, ancien chef de corps franc des maquis de l'Ain, au président de la fondation de la Résistance, 9 oct. 2009.

59. Joseph Kessel, *L'Armée des ombres*, Paris, Plon, 1963, préface, p. 5, p. 8.

60. Laurent Douzou, *Lucie Aubrac, op. cit.*, p. 145.

61. Joseph Kessel, *L'Armée des ombres, op. cit.*, p. 132. Voir Anne Simonin, « La Résistance sans fiction ? *L'Armée des ombres* (1943) », dans Bruno Curatolo et François Marcot (éd.), *Écrire sous l'Occupation. Du non-consentement à la Résistance, France-Belgique-Pologne, op. cit.*, p. 233-253.

**Chapitre 7**

1. André Jacques, *Madeleine Barot. Une indomptable énergie*, Paris, Cerf/Labor et Fides, 1989, p. 12-46 ; *Les Clandestins de Dieu. Cimade,*

*1939-1945.* Textes rassemblés par Jeanne Merle d'Aubigné et Violette Mouchon, Paris, Fayard, 1968, p. 62-64.

2. Nicole Dombrowski Risser, *France under Fire : German Invasion, Civilian Flight, and Family Survival during World War II, op. cit.*, p. 34-53.

3. Hanna Diamond, *Fleeing Hitler. France 1940, op. cit.* ; Nicole Dombrowski Risser, *France under Fire : German Invasion, Civilian Flight, and Family Survival during World War II, op. cit.*, p. 86-137.

4. Philippe Burrin, *Hitler and the Jews,* Londres, Edward Arnold, 1994, p. 53-64 ; éd. fr. : *Hitler et les Juifs : genèse d'un génocide*, Paris, Seuil, 1995.

5. *Ibid.*, p. 84-92, p. 115-131.

6. Jean-Louis Clément, *Les Évêques au temps de Vichy. Loyalisme sans inféodation. Les relations entre l'Église et l'État de 1940 à 1944*, Paris, Beauchesne, 1999, p. 37-38.

7. Maurice Rajsfus, *Des Juifs dans la Collaboration : l'UGIF 1941-1944*, Paris, EDI, 1980.

8. Jan Sigurd Kulok, "Trait d'union : the History of the French Relief Organisation Secours national/Entraide française under the Third Republic, the Vichy Regime and the Early Fourth Republic, 1939-1949", Oxford D.Phil thesis, 2003 ; Jean-Pierre Le Crom, *Au secours, Maréchal ! L'instrumentalisation de l'humanitaire, 1940-1944*, Paris, PUF, 2013.

9. CDJC DLXI-94 Entretien avec Andrée Salomon par Anny Latour, n.d. ; Georges Weill, « Andrée Salomon et le sauvetage des enfants juifs (1933-1947) », dans *French Politics, Culture and Society*, 30/2 (été 2012), p. 89-96.

10. CDJC DLXI-55 Entretien avec Shimon Hammel, n.d.

11. Daniel Lee, *Pétain's Jewish Children. French Jewish Children and the Vichy Regime,* Oxford, Oxford University Press, 2014 ; Denise R. Gamzon, *Mémoires*, Jerusalem, 1997, p. 32-35, p. 55-75.

12. Compagnies de travailleurs étrangers.

13. Sabine Zlatin, *Mémoires de la « Dame d'Izieu », op. cit.*, p. 14-38.

14. Le Comité inter-mouvements auprès des évacués. Voir Patrick Cabanel, *Histoire des Justes en France*, Paris, Armand Colin, 2012, p. 124-125.

15. BDIC FΔ 2149/1081 « Notes sur la Cimade », juil. 1952, 16 p.

16. BDIC FΔ 2149/1081 Lettre de Suzanne de Dietrich aux « chers amis », 25 mai 1940.

17. BDIC FΔ 2149/1081 Violette Mouchon, « Parlons de la Cimade », *Lien*, nov.-déc. 1944, p. 256-261 ; *Les Clandestins de Dieu. Cimade, 1939-1945.* Textes rassemblés par Jeanne Merle d'Aubigné et Violette Mouchon, *op. cit.* ; Patrick Cabanel, *Histoire des Justes en France*, *op. cit.*, p. 126-130.

18. Philippe Boegner (éd.), *Carnets du pasteur Boegner, 1940-1945*, Paris, Fayard, 1992, p. 96.

19. BDIC FΔ 2149/5001 Conférence de Mlle M. Barot, 4 déc. 1941.

20. BSHPF DT TRO Journal André Trocmé (1960), p. 367-372.

21. *Ibid.*, p. 383-385 ; Patrick Cabanel, *Histoire des Justes en France*, *op. cit.*, p. 172-187.

22. BDIC FΔ 2149/5005 André Dumas à Madeleine Barot, 18 mars 1942.

23. BDIC FΔ 2149/5005 André Dumas à Madeleine Barot, 26 mars 1942.

24. Lucien Lazare, *L'Abbé Glasberg*, Paris, Cerf, 1990, p. 19-34 ; Christian Sorrel (éd.), *Alexandre Glasberg, 1902-1981. Prêtre, résistant, militant*, coll. « Chrétiens et Sociétés », Documents et Mémoires n° 19, Lyon, 2013, p. 15-35.

25. Nina Gourfinkel, *Aux prises avec mon temps,* t. II : *L'Autre Patrie*, *op. cit.*, p. 231-232.

26. *Ibid.*, p. 233, p. 240.

27. *Ibid.*, CIX ; Patrick Cabanel, *Histoire des Justes en France, op. cit.*, p. 137-140.

28. Anne Grynberg, *Les Camps de la honte. Les internés juifs dans des camps français*, Paris, La Découverte, 1991, p. 184-185.

29. Lucien Lazare, *L'Abbé Glasberg, op. cit.*, p. 41.

30. BDIC FΔ 2149/5001 Rapport de M. Toureille de l'Aumônerie protestante pour les réfugiés étrangers en France, ECCO, Genève, 27 janv. 1942.

31. AN 72 AJ 71/XI Témoignage de l'abbé Glasberg, 16 août 1946.

32. Jean-Marie Soutou, « Souvenirs des années noires », *Les Cahiers de l'Alliance israélite universelle,* 201 (oct.-nov. 1979), p. 10 ; Jean-Marie Soutou, *Un diplomate engagé. Mémoires, 1939-1979*, Paris, Éditions de Fallois, 2011, p. 25-29 ; Patrick Cabanel, *Histoire des Justes en France, op. cit.*, p. 153-155.

33. Voir ci-dessus, notes 74 à 77 du chapitre 2.

34. *Témoignage Chrétien*, n° 23, 4 nov. 1944.

35. *Témoignage Chrétien*, n° 24, 11 nov. 1944.

36. CDJC DLXI-85 Entretien avec Germaine Ribière par Anny Latour, n.d.

37. Donald Lowrie, *The Hunted Children*, New York, Norton, 1963, p. 83-87, p. 128-131.

38. Joseph Weill, *Contribution à l'histoire des camps d'internement dans l'anti-France*, Paris, Éditions du Centre, 1946, p. 109.

39. CDJC DLXI-94 Entretien avec Andrée Salomon par Anny Latour, n.d.

40. Renée Poznanski, *Les Juifs en France pendant la Seconde Guerre mondiale, op. cit.*, p. 307-346 ; Asher Cohen, *Persécutions et sauvetages. Juifs et français sous l'Occupation et sous Vichy*, Paris, Cerf, 1993.

41. CDJC DLXI-28 Entretien avec Georges Garel par Anny Latour, n.d. ; voir aussi Jean-Louis Clément, *Monseigneur Saliège, archevêque de Toulouse*, Paris, Beauchesne, 1994 ; François Drouin et Philippe Joutard (éd.), *Monseigneur Théas, évêque de Montauban, les Juifs, les Justes*, Toulouse, Privat, 2003 ; et Sylvie Bernay, *L'Église de France face à la persécution des Juifs, 1940-1944*, Paris, CNRS, 2012.

42. AN 72 AJ 73 Témoignage de Marie-Rose Gineste, n.d. Depuis 1790, les diocèses de France correspondent aux départements.

43. Philippe Boegner (éd.), *Carnets du pasteur Boegner, 1940-1945, op. cit.*, 12, 14, 18 et 19 août 1942, p. 191-193.

44. CDJC DLXI-85 Entretien avec Germaine Ribière par Anny Latour.

45. CDJC DCLXXXIII-17 Fonds Gilbert Lesage, « Ella Barlow ».

46. CDJC DCLXXXIII-7 Fonds Gilbert Lesage, Témoignage ; DCLXXXIII-4 Certificat de l'abbé Glasberg, 2 fév. 1970 ; Lucien Lazare, *L'Abbé Glasberg, op. cit.*, p. 15.

47. Jean-Marie Soutou, « Souvenirs des années noires », *op. cit.*, p. 12.

48. Patrick Cabanel, *Histoire des Justes en France, op. cit.*, p. 157-160 ; Madeleine Comte, « L'abbé Glasberg au secours des Juifs », dans Christian Sorrel (éd.), *Alexandre Glasberg, 1902-1981. Prêtre, résistant, militant, op. cit.*, p. 52-54.

49. Valérie Perthuis, *Le Sauvetage des enfants juifs du camp de Vénissieux, août 1942*, Lyon, Éditions lyonnaises d'art et d'histoire, 1997, p. 17-39.

50. Lucien Lazare, *L'Abbé Glasberg, op. cit.*, p. 15.

51. CDJC DLXI-28 Entretien avec Georges Garel par Anny Latour.

52. CDJC DLXI-104 Entretien avec le Dr Joseph Weill par Anny Latour, n.d.

53. Lucien Lazare, *L'Abbé Glasberg*, *op. cit.*, p. 11-17 ; Entretien avec Georges Garel, n.d., CDJC, *loc. cit.*

54. Joseph Weill, *Le Combat d'un Juste*, Saumur, Cheminements, 2002, p. 180.

55. Philippe Boegner (éd.), *Carnets du pasteur Boegner, 1940-1945*, *op. cit.*, 9 sept. 1942, p. 199 ; 15 sept. 1942, p. 206.

56. *Ibid.*, 8 sept. 1942, p. 199 ; BSHPF DT BAR/4 « Rapport de M. le pasteur Boegner à l'Assemblée générale du protestantisme », p. 14-16.

57. CDJC RG 67.007 Carton 61/86, Minutes de réunion des American Friends Service Committee, Marseille, 7, 14 et 21 oct. 1942.

58. Jean-Marie Soutou, *Un diplomate engagé. Mémoires, 1939-1979*, *op. cit.*, p. 39.

59. AN 72 AJ 73/VI Témoignage du père Chaillet, 5 fév. 1962 ; AN 72 AJ 71/XI Témoignage de l'abbé Glasberg, 16 août 1946 ; Jean-Marie Soutou, « Souvenirs des années noires », *op. cit.*, p. 14 ; Jean-Marie Soutou, *Un diplomate engagé. Mémoires, 1939-1979*, *op. cit.*, p. 37-40 ; Lucien Lazare, *L'Abbé Glasberg*, *op. cit.*, p. 17-18, p. 58-59.

60. Norbert Sabatié, « L'abbé Glasberg et la Résistance dans le Tarn-et-Garonne, 1943-1944 », dans Christian Sorrel (éd.), *Alexandre Glasberg, 1902-1981. Prêtre, résistant, militant, op. cit.*, p. 59-69.

61. Entretien avec Andrée Salomon, *loc. cit.*

62. Entretien avec Georges Garel, *loc. cit.*

63. Sabine Zlatin, *Mémoires de la « Dame d'Izieu »*, *op. cit.*, p. 40-42.

64. Entretien avec Andrée Salomon, *loc. cit.*

65. CDJC DXLI-103 Entretien avec Joseph Weill, 1974.

66. CDJC DXLI-55 Entretien avec Jeanne Latchiver, « La Reine Mère », par Anny Latour, n.d., p. 8.

67. CDJC DXLI-55 Entretien par Anny Latour de Jean Deffaugt, maire d'Annemasse, n.d., p. 6.

68. CDJC DXLI-55 Entretien par Anny Latour de Jean Deffaugt, maire d'Annemasse, n.d., p. 13-14.

69. BSHPF DT TRO Journal André Trocmé, p. 387-396.

70. *Ibid.*, p. 431. Sur Barot, voir BDIC FΔ2149/15002, Passages en Suisse, 1939-1945, note manuscrite.

71. BSHPF DT TRO Journal André Trocmé, p. 418-419 bis.

72. Mémorial de la Shoah/Ina, Entretien avec Oscar Rosowsky, 5 juin 2006 ; documents personnels de Rosowky.

73. CDJC DXLI-55 Entretien avec Oscar Rosowsky, par Anny Latour n.d. ; BN Inathèque, Mémorial de la Shoah, entretien avec Oscar Rosowsky, 5 juin 2006.

74. CDJC DXLI-25 Entretien avec Ignace Fink, par Anny Latour n.d.

75. Voir ci-dessus, notes 18 à 19 du chapitre 6.

76. Moussa Abadi, Allocution, *loc. cit.*, p. 2.

77. Miranda Pollard, "A Question of Silence ? Odette Rosenstock, Moussa Abadi et le Réseau Marcel", dans *French Politics, Culture and Society*, 30/2 (2012), p. 126.

78. CDJC Fonds Abadi CMXCIV-11, Mgr Rémond, *Pourquoi* (1948), p. 2-3 ; Ralph Schor, *Un évêque dans le siècle, Monseigneur Paul Rémond, 1873-1963*, Nice, Serre, 1984.

79. Moussa Abadi, Allocution, *loc. cit.*, p. 4-5.

80. CDJC Fonds Abadi CMXCIV-9(1), Odette Rosenstock, « Pourquoi j'ai été arrêtée », n.d.

81. AN 72AJ71/XI Témoignage de Sabine Zlatin, 4 fév. 1947 ; Sabine Zlatin, *Mémoires de la « Dame d'Izieu »*, *op. cit.*, p. 57.

**Chapitre 8**

1. Franz Dahlem, *Am Vorabend des zweiten Weltkrieges*, Berlin, Dietz Verlag, 1977, t. I, p. 19-24.

2. Musée de la Résistance nationale Champigny-sur-Marne, Fonds Ouzoulias, Carton 2, Dossier 2, Résistance allemande, Dahlem, Mémoires manuscrits (1974), p. 2 ; Florimond Bonte, *Les Antifascistes allemands dans la Résistance*, Paris, Éditions sociales, 1969, p. 96-98.

3. Dahlem, Mémoires manuscrits (1974), *loc. cit.*, p. 4.

4. Musée de la Résistance nationale Champigny-sur-Marne, Fonds Ouzoulias, Carton 2, Dossier 5, note sur Franz Dahlem par le Service liquidateur du Front national, 12 mai 1972.

5. AD Haute-Garonne 16 J222 Vicente López Tovar, « Autobiographie » (manuscrit dactylographié, 1991), p. 1.

6. *Ibid.*, p. 12.

7. *Ibid.*, p. 20.

8. *Ibid.*, p. 47.

9. Entretien avec Léon Landini, par Robert Gildea, Bagneux, 20 avr. 2012.

10. CHRD Lyon Entretien avec Henri Krischer, 6 juil. 2000.

11. RHICOJ, *Les Juifs dans la Résistance et la Libération*, Paris, Scribe, 1985, p. 174-184.

12. E. H. Carr, *The Comintern and the Spanish Civil War*, New York, Pantheon Books, 1984, p. 20-23.

13. P. Dan Richardson, *Comintern Army. The International Brigades and the Spanish Civil War*, Lexington, University Press of Kentucky, 1982 ; Michael Jackson, *Fallen Sparrows : the International Brigades in the Spanish Civil War*, Philadelphia, American Philosophical Society, 1994, p. 69, p. 75, p. 84 ; Rémi Skoutelsky, *L'espoir guidait leurs pas. Les volontaires français dans les Brigades internationales, 1936-1939*, Paris, Grasset, 1998 ; David Diamant, *Combattants juifs dans l'Armée républicaine espagnole*, Paris, Le Pavillon, 1971, p. 127-128.

14. Gérard Noiriel, *Le Creuset français. Histoire de l'immigration, XIX<sup>e</sup>-XX<sup>e</sup> siècles*, Paris, Seuil, 1988, annexe statistique ; Janine Ponty, *Polonais méconnus. Histoire des travailleurs immigrés en France dans l'entre-deux-guerres*, Paris, Publications de la Sorbonne, 2005, p. 7-176 ; Denis Peschanski, « La Résistance immigrée » et Geneviève Dreyfus-Armand, « Les Espagnols dans la Résistance : incertitudes et spécificités », tous deux dans Jean-Marie Guillon et Pierre Laborie (dir.), *Mémoire et Histoire : la Résistance, op. cit.*, p. 202, p. 218.

15. Damira Titonel Asperti, *Écrire pour les autres. Mémoires d'une résistante. Les antifascistes italiens en Lot-et-Garonne sous l'Occupation*, Bordeaux, Presses universitaires de Bordeaux, 1999, p. 21-22, p. 31.

16. Max Weinstein, *Souvenirs, souvenirs*, Nice, Éditions du Losange, 1997, p. 19-20, p. 42-43, p. 51 ; entretien avec Max Weinstein, par Robert Gildea, Paris, 24 avr. 2012 ; entretien avec Félicie Weinstein, veuve de Georges, par Robert Gildea, Sevran, 16 mai 2012.

17. David H. Weinberg, *Les Juifs de Paris de 1933 à 1939*, Paris, Calmann-Lévy, 1974, p. 20.

18. *Ibid.*, p. 48-53.

19. *Ibid.*, p. 20-36.

20. Nicholas Tandler, *Un inconnu nommé Krasucki*, Paris, La Table Ronde, 1985, p. 15-27.

21. David H. Weinberg, *Les Juifs de Paris de 1933 à 1939, op. cit.*, p. 58-59 ; Nicholas Tandler, *Un inconnu nommé Krasucki, op. cit.*, p. 30-39.

22. Louis Gronowski, *Le Dernier Grand Soir. Un Juif de Pologne*, Paris, Seuil, 1980, p. 59.

23. David Diamant, *Combattants juifs dans l'Armée républicaine espagnole, op. cit.*, p. 146-149 ; David H. Weinberg, *Les Juifs de Paris de 1933 à 1939, op. cit.*, p. 171-174.

24. Claude Lévy, *Les Parias de la Résistance*, *op. cit.*, p. 61.

25. Greg Lamazères, *Marcel Langer. Une vie de combats. Juif, communiste, résistant et guillotiné*, Toulouse, Privat, 2003.

26. Musée de la Résistance nationale Champigny-sur-Marne, Fonds Ouzoulias, Carton 5, Biographie de Joseph Epstein par Paula Duffau (22 p.), p. 1-12.

27. Geneviève Dreyfus-Armand, *L'Exil des républicains espagnols en France. De la guerre civile à la mort de Franco*, Paris, Albin Michel, 1999, p. 35-37 ; Geneviève Dreyfus-Armand et Émile Temine, *Les Camps sur la plage. Un exil espagnol*, Paris, Autrement, 1995.

28. Denis Peschanski, *La France des camps. L'internement, 1938-1946*, Paris, Gallimard, 2002, p. 58-59.

29. AD Haute-Garonne 16 J 199 Général Ilic, « Interbrigadistes dans les camps français » (1986), p. 8-11.

30. Voir ci-dessus, notes 17 à 24 du chapitre 1.

31. José Borras, *Histoire de Mauthausen. Les cinq années de déportation des républicains espagnols*, Choisy-en-Brie, La Bochetière, 1989.

32. Geneviève Dreyfus-Armand et Émile Temine, *Les Camps sur la plage. Un exil espagnol, op. cit.*, p. 38-44 ; Evelyn Mesquida, *La Nueve. 24 août 1944. Ces républicains espagnols qui ont libéré Paris*, Paris, Le Cherche-Midi, 2011, p. 48-49.

33. Arthur Koestler, *La Lie de la terre,* dans *Œuvres autobiographiques*, Paris, Robert Laffont, 1994, p. 1033 et p. 1051.

34. *Ibid.*

35. Dahlem, Mémoires manuscrits (1974), p. 5. Voir aussi Sybille Hinze, *Antifascisten im Camp Le Vernet*, Berlin, Militärverlag des Deutschen Demokratischen Republik, 1988, p. 30-32, p. 44.

36. Voir ci-dessus, notes 15 à 17, 76 à 78 du chapitre 1.

37. Jean-Louis Crémieux-Brilhac, *Les Français de l'an 40,* t. I. : *La guerre oui ou non ?*, *op. cit.*, p. 492-494.

38. Janine Ponty, « La résistance polonaise : le POWN. Contribution à l'histoire de la résistance non communiste », dans Karel Bartosek, René Gallissot, Denis Peschanski (éd.), *De l'exil à la Résistance : réfugiés et immigrés d'Europe centrale en France, 1933-1945*, Saint-Denis, Presses universitaires de Vincennes/Arcantère, 1989, p. 173-183.

39. AN 72 AJ 543-4 « Le Réseau F2 », publié par la *Revue historique de l'Armée* (1952), p. 81-86 ; traduction de l'entretien par Roman Czerniawski dans *Syrena-Ozelbialy,* 127 (mars 1975), p. 1-2. Voir ci-dessus, notes 32 à 34 du chapitre 6.

40. AN 72 AJ 73 Renseignements donnés par Jan Gerhard, fév. 1963 ; Gérard de Verbizier, *Ni travail, ni famille, ni patrie. Journal d'une brigade FTP-MOI. Toulouse, 1942-44*, Paris, Calmann-Lévy, 1994, p. 89-90.

41. Biographie de Joseph Epstein par Paula Duffau, MRN, *loc. cit.*, p. 14.

42. Voir ci-dessus, notes 19 à 24 du chapitre 1.

43. Connus comme Régiments de marche de volontaires étrangers (RMVE).

44. Boris Holban, *Testament. Après quarante-cinq ans de silence le chef des FTP-MOI de Paris parle*, Paris, Calmann-Lévy, 1989, p. 15-78.

45. Renée Poznanski, *Les Juifs en France pendant la Seconde Guerre mondiale, op. cit.*, p. 97-117, p. 138-159 ; Michael Marrus et Robert Paxton, *Vichy France and the Jews*, *op. cit.* ; Paul Webster, *Pétain's Crime. The Full Story of French Collaboration in the Holocaust*, Londres, Macmillan, 1990.

46. Renée Poznanski, *Les Juifs en France pendant la Seconde Guerre mondiale, op. cit.*, p. 55-96, p. 257-259 ; Renée Poznanski et Denis Peschanski, *Drancy. Un camp en France*, Paris, Fayard/Ministère de la Défense, 2015, p. 52-56.

47. Renée Poznanski, *Les Juifs en France pendant la Seconde Guerre mondiale, op. cit.*, p. 290-339 ; Renée Poznanski et Denis Peschanski, *Drancy. Un camp en France, op. cit.*, p. 122-136.

48. David Diamant, *Les Juifs dans la Résistance française, 1940-1944*, Paris, Le Pavillon, 1971, p. 55.

49. CDJC MDXVIII/9 Fonds Bulawko, Henry Bulawko, « Du Courage. Réflexions et témoignage », n.d., p. 2-6, p. 9.

50. CDJC DLXI-12 Entretien avec Henry Bulawko par Anny Latour, n.d. ; CDJC MDXVIII/6 Fonds Bulawko, Henry Bulawko, « Le Centre Amelot tel que je l'ai vécu » (juin 1994), p. 2-4.

51. CHRD Lyon Entretien avec Roger Trugnan, 23 fév. 2000.

52. CDJC MDXVIII/6 Fonds Bulawko, Henry Bulawko, « Le Centre Amelot tel que je l'ai vécu » (juin 1994), p. 5.

53. David Diamant, *Les Juifs dans la Résistance française, 1940-1944, op. cit.*, p. 54 ; Jacques Ravine, *La Résistance organisée des Juifs en France,* Paris, Julliard, 1973, p. 55 ; Simon Cukier, Dominique Decèze, David Diamant et Michel Grojnowski, *Juifs révolutionnaires*, Paris, Messidor, 1987, p. 150.

54. AD Seine-Saint-Denis 335 J5 Fonds Diamant, « Les Juifs de France dans la guerre contre le nazisme », MS, n.d. mais années 1960, p. 18.

55. DLXI-84 Entretien avec Adam Rayski par Anny Latour, n.d., *loc. cit.*

56. Adam Rayski, « Diversité et unité de la Résistance juive », dans RHICOJ, *Les Juifs dans la Résistance et la Libération, op. cit.*, p. 166.

57. Musée de la Résistance nationale Fonds Roussel, Résistance, Attestations diverses, Jacques Ravine, 28 juin 1950.

58. AD Seine-Saint-Denis 335 J7 Fonds Diamant, David Diamant, « Les Juifs dans la Résistance et la Résistance juive en France », Symposium du 23 nov. 1974, p. 7.

59. CDJC DLXI-84 Entretien avec Adam Rayski par Anny Latour, n.d.

60. Nicholas Tandler, *Un inconnu nommé Krasucki, op. cit.*, p. 81.

61. CHRD Entretien avec Paulette Sarcey, 22 fév. 2000.

62. CHRD Entretien avec Roger Trugnan, 23 fév. 2000.

63. AD Seine-Saint-Denis 335 J7 Fonds Diamant, David Diamant, « Les Juifs dans la Résistance et la Résistance juive en France », Symposium du 23 nov. 1974, p. 8.

64. Louis Gronowski, *Le Dernier Grand Soir. Un Juif de Pologne*, *op. cit.*, p. 79, p. 122, p. 137.

65. Voir ci-dessus, notes 17 à 30 du chapitre 3.

66. Musée de la Résistance nationale Champigny-sur-Marne. Fonds Ouzoulias, Carton 5, Biographie de Joseph Epstein par Paula Duffau, p. 22.

67. CDJC DLXI-84 Entretien avec Adam Rayski par Anny Latour, n.d., p. 10.

68. Musée de la Résistance nationale Champigny-sur-Marne, Fonds de l'Amicale des anciens FTP-MOI du bataillon Carmagnole-Liberté/2, Ljubomir Ilic.

69. Boris Holban, *Testament. Après quarante-cinq ans de silence le chef des FTP-MOI de Paris parle, op. cit.*, p. 86-115.

70. CDJC DLXI-84 Entretien avec Adam Rayski par Anny Latour, n.d., p. 13.

71. AD Haute-Garonne 16J 182 Sixto Agudo, « Participation des Espagnols à la Résistance dans la 4e région », n.d., p. 68-70.

72. AN 72 AJ 126CII7 Historique du 14e corps de Guerrilleros espagnols (sept. 1976) ; Claude Delpla, « Les origines des guerrilleros espagnols dans les Pyrénées (1940-1943) », dans Jean Ortiz (éd.), *Rouges Maquis de France et d'Espagne*, Biarritz, Atlantica, 2006, p. 163-173 ; Geneviève Dreyfus-Armand, *L'Exil des républicains espagnols en France. De la guerre civile à la mort de Franco, op. cit.*, p. 163-169.

73. Vicente López Tovar, « Autobiographie », *loc. cit.*, p. 55-56.

74. Musée de la Résistance Fonds des anciens FTP-MOI du bataillon Carmagnole-Liberté, Carton 2, Biographie de Norbert Kugler.

75. Vicente López Tovar, « Autobiographie », *loc. cit.*, p. 73-75.

76. Florimond Bonte, *Les Antifascistes allemands dans la Résistance*, *op. cit.*, p. 137-139 ; Otto Niebergall, "Der antifasciste deutsche Widerstandkampf in Frankreich – seine Leitung und Entwicklung", in Dora Schaul, *Resistance. Erinnerungen deutscher Antifascisten*, Berlin, Dietz Verlag, 1973, p. 25-34 ; Musée de la Résistance Fonds thématique 111B. Résistance allemande, Maurice Kriegel au COMAC, 23 janv. 1946, sur Niebergall ; Musée de la Résistance Fonds Ouzoulias, Carton 2, dossier 5, sur Käthe Weber, 12 mai 1972 ; Musée de la Résistance Liquidation OS-FN-FTP. 281. Allemagne, sur Beling, 3 avr. 1971.

77. Gerhard Leo, *Un Allemand dans la Résistance. Le train pour Toulouse*, *op. cit.*, p. 36-44.

78. *Ibid.*, p. 117.

79. *Ibid.*, p. 133.

80. CDJC DLXI-77 Entretien avec Abraham Polonski par Anny Latour, Tel Aviv, 1968.

81. CDJC-DCCCXCV Hélène Menegaldo, « Ariane Scriabine, héroïne de la Résistance française à Toulouse », *Slavica occitania* 7 (1998), p. 173-176.

82. CDJC DLXI-67 Entretien avec Lucien Lublin par Anny Latour, sept. 1968, p. 2.

83. CDJC DLXI-17 Entretien avec Albert Cohen par Anny Latour, 1973.

84. CDJC DLXI-67 Entretien avec Lucien Lublin par Anny Latour, sept. 1968, p. 7.

85. CDJC DLXI-77 Entretien avec Abraham Polonski par Anny Latour, Tel Aviv, 1968, p. 11.

86. CDJC DLXI-67 Entretien avec Lucien Lublin par Anny Latour, sept. 1968, p. 10.

87. Jacques Lazarus, « Sous le drapeau bleu-blanc », dans RHICOJ, *Les Juifs dans la Résistance et la Libération*, *op. cit.*, p. 132.

88. Voir ci-dessus, notes 50 à 59 du chapitre 8.

89. Adam Rayski, « Diversité et unité de la Résistance juive », dans RHICOJ, *Les Juifs dans la Résistance et la Libération*, *op. cit.*, p. 167.

90. Annette Wieviorka, *Ils étaient juifs, résistants, communistes*, Paris, Denoël, 1986, p. 140-159.

91. CDJC MDXVIII/6 Fonds Bulawko, Henry Bulawko, « Le Centre Amelot tel que je l'ai vécu » (juin 1994), p. 6.

92. Nicholas Tandler, *Un inconnu nommé Krasucki, op. cit.*, p. 96, p. 113, p. 204 ; CHRD Entretien avec Paulette Sarcey, 22 fév. 2000, et Roger Trugnan, 23 fév. 2000.

93. CDJC DLXI-84 Entretien avec Adam Rayski par Anny Latour, n.d., p. 11.

94. Musée de la Résistance nationale Fonds Ouzoulias, Ouzoulias, « Le Dombrowski de la Résistance française » (MS, 31 p.), p. 18-19.

95. CDJC DLXI-84 Entretien avec Adam Rayski par Anny Latour, n.d., p. 13-15.

96. Musée de la Résistance nationale Fonds des anciens FTP-MOI du bataillon Carmagnole-Liberté, Carton 1, Témoignage de Francis Chapochnik, 20 mai 1985.

97. CHRD Lyon Entretien avec Francis Chapochnik, 11 juin 1997. Sur la nuit de Vénissieux, voir ci-dessus, notes 45 à 58 du chapitre 7.

98. Max Weinstein, *Souvenirs, souvenirs, op. cit.*, p. 95-96.

99. Musée de la Résistance nationale Fonds des anciens FTP-MOI du bataillon Carmagnole-Liberté, Carton 1, Témoignage de Francis Chapochnik, 20 mai 1985.

100. CHRD Lyon Entretien avec Francis Chapochnik, 11 juin 1997.

101. Musée de la Résistance nationale Fonds des anciens FTP-MOI du bataillon Carmagnole-Liberté, Carton 2, entretien avec Jeannine Krakus, Paris, 2 oct. 1986 ; témoignage de Jacquot Szmulewicz dans Annette Wieviorka, *Ils étaient Juifs, résistants, communistes, op. cit.*, p. 203-204.

102. Claude Collin, *Carmagnole et Liberté. Les étrangers dans la Résistance en Rhône-Alpes*, Grenoble, Presses universitaires de Grenoble, 2000, p. 24-25.

103. Musée de la Résistance nationale Fonds des anciens FTP-MOI du bataillon Carmagnole-Liberté, Carton 2, Biographie de Léon Landini ; entretien avec Léon Landini, par Robert Gildea, Bagneux, 20 avr. 2012.

104. Musée de la Résistance nationale Fonds des anciens FTP-MOI du bataillon Carmagnole-Liberté, Carton 1, Lettre de Francis Chapochnik, 3 déc. 1968.

105. Ezer Najman, « Capitaine Gilles du groupe Carmagnole », dans RHICOJ, *Les Juifs dans la Résistance et la Libération, op. cit.*, p. 170-172 ; Musée de la Résistance nationale Fonds des anciens FTP-MOI du bataillon Carmagnole-Liberté, Carton 1, Témoignage de Gilles Najman, n.d., p. 12 ; CHRD Lyon, entretien avec Maurice Najman, 13 avr. 1999.

106. Voir ci-dessus, notes 24 à 26 du chapitre 8 ; Jean-Yves Boursier, *La Guerre des partisans dans le Sud-Est de la France, 1942-1944. La 35ᵉ brigade FTP-MOI*, Paris, L'Harmattan, 1992.

107. Gérard de Verbizier, *Ni travail, ni famille, ni patrie. Journal d'une brigade FTP-MOI. Toulouse, 1942-44, op. cit.*, p. 27, p. 114-116.

108. Claude Lévy, *Les Parias de la Résistance, op. cit.*, p. 157.

109. Gérard de Verbizier, *Ni travail, ni famille, ni patrie. Journal d'une brigade FTP-MOI. Toulouse, 1942-44, op. cit.*, p. 91-92, 119-120.

110. AD Haute-Garonne 5795 W574 Commissaire de police de la Sûreté, Toulouse, entretien avec Mme Lespinasse, 10 oct. 1943, et rapport, 18 nov. 1943 ; Claude Lévy, *Les Parias de la Résistance, op. cit.*, p. 157, p. 168, p. 184-188.

111. Gérard de Verbizier, *Ni travail, ni famille, ni patrie. Journal d'une brigade FTP-MOI. Toulouse, 1942-44, op. cit.*, p. 65.

112. *Ibid.*, p. 117.

113. Damira Titonel Asperti, *Écrire pour les autres. Mémoires d'une résistante. Les antifascistes italiens en Lot-et-Garonne sous l'Occupation, op. cit.*, p. 31, p. 40-41.

114. AD Haute-Garonne 5795 W574 Commissaire de police de la Sûreté, Toulouse, interrogatoires, 3, 4 avr. 1944.

115. Gérard de Verbizier, *Ni travail, ni famille, ni patrie. Journal d'une brigade FTP-MOI. Toulouse, 1942-44, op. cit.*, p. 219.

116. AN 72 AJ 73 Renseignements donnés par Jean Gerhardt à Mme Kahn, fév. 1963.

117. Témoignage de Claude Urman, 3 nov. 1988, dans David Diamant, *250 combattants de la Résistance racontent*, Paris, L'Harmattan, 1991, p. 222-224.

118. Gérard de Verbizier, *Ni travail, ni famille, ni patrie. Journal d'une brigade FTP-MOI. Toulouse, 1942-44, op. cit.*, p. 236-239 ; Damira Titonel Asperti, *Écrire pour les autres. Mémoires d'une résistante. Les antifascistes italiens en Lot-et-Garonne sous l'Occupation, op. cit.*, p. 46-53 ; Marc Lévy, *Les Enfants de la liberté, op. cit.*, p. 275-361.

**Chapitre 9**

1. BBC Written Archives Caversham (WAC), French Service, Lettres anonymes de France, nᵒ 1428, signée « Nany 1902 », Lyon, 8 nov. 1942.

2. BBC Written Archives Caversham (WAC), French Service, Lettres anonymes de France, nº 1439, signée « 22 Deux Cocottes », Marseille, 3 déc. 1942.

3. AN 72 AJ 220/1 Témoignage du général Pierre Billotte, 4 et 11 juil. 1950, p. 15.

4. William D. Leahy, *I Was There*, Londres, Gollancz, 1950, p. 161 ; Jacques Raphaël-Leygues et François Flohic, *Darlan*, Paris, Plon, 1986, p. 154.

5. William D. Leahy, *I Was There*, *op. cit.*, p. 56.

6. Jean-Louis Crémieux-Brilhac, *La France libre : De l'appel du 18 juin à la Libération*, *op. cit.*, p. 278-286.

7. Mireille Sacotte, *Saint-John Perse*, *op. cit.*, p. 164-166 ; Colin Nettelbeck, *Forever French. Exile in the United States, 1939-1945*, New York et Oxford, Berg, 1991, p. 132-133.

8. Arthur Layton Funk, *The Politics of Torch. The Allied landings and the Algiers Putsch, 1942*, Lawrence, University Press of Kansas, 1974, p. 100-103.

9. Robert Murphy, *Diplomat among Warriors*, Londres, Collins, 1964, p. 100.

10. Mark Clark, *Calculated Risk*, New York, Harper & Brothers, 1950, p. 68-89 ; Arthur Layton Funk, *The Politics of Torch. The Allied landings and the Algiers Putsch, 1942*, *op. cit.*, p. 149-164.

11. Jacques Cantier, *L'Algérie sous le régime de Vichy*, Paris, Odile Jacob, 2002, p. 59-61, p. 197-218.

12. Jacques Soustelle, *Envers et contre tout,* t. II : *De Londres à Alger, juillet 1940- février 1943*, Genève, Éditions de Crémille, 1970, p. 96. La Légion française des combattants utilisait un insigne de boutonnière surnommé le « fer à repasser ».

13. Benjamin Stora, *Les Trois Exils. Juifs d'Algérie*, Paris, Stock, 2006, p. 78-80.

14. *Ibid.*, p. 76.

15. Michel Ansky, *Les Juifs d'Algérie. Du décret Crémieux à la Libération*, Paris, Éditions du Centre, 1950 ; Michel Abitbol, *The Jews of North Africa during the Second World War*, Detroit, Wayne State University Press, 1989, p. 59-74. Éd. or. fr. *Les Juifs d'Afrique du Nord sous Vichy*, Paris, CNRS 2012 ; Benjamin Stora, *Les Trois Exils. Juifs d'Algérie*, *op. cit.*, p. 81-87.

16. Michel Ansky, *Les Juifs d'Algérie. Du décret Crémieux à la Libération*, *op. cit.*, p. 261-9 ; Jacques Cantier, *L'Algérie sous le régime de Vichy*, *op. cit.*, p. 315-320.

17. Christine Levisse-Touzé, *L'Afrique du Nord dans la guerre, 1939-1945*, Paris, Albin Michel, 1998, p. 208-218.

18. AN 13 AV 61 Entretien avec José Aboulker, 16 mars 1990.

19. José Aboulker, *La Victoire du 8 novembre 1942. La Résistance et le débarquement des Alliés à Alger*, Paris, Éditions du Félin, 2012, p. 433-441.

20. AN 72 AJ 210 Témoignage de Raphaël Aboulker, 27 juin 1947, p. 6.

21. Yves-Claude Aouate, « Des patriotes oubliés », dans RHICOJ, *Les Juifs dans la Résistance et la Libération, op. cit.*, p. 32 ; José Aboulker, *La Victoire du 8 novembre 1942. La Résistance et le débarquement des Alliés à Alger, op. cit.*, p. 433.

22. AN 72 AJ 211/AIV Témoignage de José Aboulker, 14 fév. 1947, p. 5 ; José Aboulker, *La Victoire du 8 novembre 1942. La Résistance et le débarquement des Alliés à Alger, op. cit.*, p. 443-444, p. 452.

23. AN 72 AJ 47II Témoignage de René Capitant, 21 mars 1957, p. 2.

24. AN 72 AJ 46III Témoignage d'André Fradin, 26 mars 1957, p. 2.

25. Louis Joxe, *Victoires sur la Nuit, 1940-1946. Mémoires*, Paris, Flammarion, 1981, p. 10-48 ; José Aboulker, *La Victoire du 8 novembre 1942. La Résistance et le débarquement des Alliés à Alger, op. cit.*, p. 566.

26. AN 72 AJ 47II Témoignage de René Capitant, 21 mars 1957, p. 6.

27. *Ibid.*, p. 6-7.

28. AN 72 AJ 210/AI Témoignage de Henri d'Astier de La Vigerie, 27 janv. 1947, p. 1.

29. José Aboulker, *La Victoire du 8 novembre 1942. La Résistance et le débarquement des Alliés à Alger, op. cit.*, p. 478-479.

30. William A. Huntingdon, *The Assassination of Jacques Lemaigre Dubreuil. A Frenchman between France and North Africa*, Londres et New York, Routledge Curzon, 2005.

31. AN 72 AJ 211/AIV Témoignage de José Aboulker, 14 fév. 1947, p. 2 ; José Aboulker, *La Victoire du 8 novembre 1942. La Résistance et le débarquement des Alliés à Alger, op. cit.*, p. 503.

32. Robert Murphy, *Diplomat among Warriors, op. cit.*, p. 149-153 ; Claude Bourdet, *L'Aventure incertaine, op. cit.*, p. 141.

33. AN 72 AJ 213 Antoine Béthouart, « Les Événements du 8 novembre 1942 », n.d. mais sans doute 1944, p. 2.

34. Antoine Béthouart, *Cinq années d'espérance. Mémoires de guerre, 1939-1945*, *op. cit.*, p. 129.

35. Mark Clark, *Calculated Risk*, *op. cit.*, p. 96.

36. Arthur Layton Funk, *The Politics of Torch. The Allied landings and the Algiers Putsch, 1942*, *op. cit.*, p. 178-180.

37. Jacques Raphaël-Leygues et François Flohic, *Darlan*, *op. cit.*, p. 160.

38. AN 72 AJ 213 Antoine Béthouart, « Les Événements du 8 novembre 1942 », p. 10-12 ; voir aussi Antoine Béthouart, *Cinq années d'espérance. Mémoires de guerre, 1939-1945*, *op. cit.*, p. 155-170.

39. José Aboulker, *La Victoire du 8 novembre 1942. La Résistance et le débarquement des Alliés à Alger*, *op. cit.*, p. 522-527.

40. Musée de la Résistance nationale Champigny-sur-Marne, Carton 124, Témoignages I, José Aboulker, « Nous qui avons arrêté le général Juin », *La Nef*, Paris, n° 25 (avr. 1959), p. 15 ; José Aboulker, *La Victoire du 8 novembre 1942. La Résistance et le débarquement des Alliés à Alger*, *op. cit.*, p. 573-584.

41. AN 72 AJ 211/AIV Témoignage de José Aboulker, 14 fév. 1947, p. 9.

42. AN 72 AJ 47II Témoignage de René Capitant, 21 mars 1957, p. 3.

43. José Aboulker, *La Victoire du 8 novembre 1942. La Résistance et le débarquement des Alliés à Alger*, *op. cit.*, p. 585-594.

44. José Aboulker, *La Nef* (avr. 1959), p. 16.

45. Mark Clark, *Calculated Risk*, *op. cit.*, p. 106.

46. Mark Clark, *Calculated Risk*, *op. cit.*, p. 109-116 ; Alphonse Juin, *Mémoires*, t. I, Paris, Fayard, 1959, p. 80-104 ; Arthur Layton Funk, *The Politics of Torch. The Allied landings and the Algiers Putsch, 1942*, *op. cit.*, p. 235-248 ; Jacques Raphaël-Leygues et François Flohic, *Darlan*, *op. cit.*, p. 167-203.

47. AN 72 AJ 210 Témoignage de Raphaël Aboulker, 27 juin 1947, p. 12-13.

48. Jacques Soustelle, *Envers et contre tout*, t. II, *op. cit.*, p. 137.

49. Churchill à Roosevelt, 22 nov. 1942, in *Churchill and Roosevelt. The Complete Correspondence*, t. II, éd. Warren F. Kimball, Princeton, Princeton University Press, p. 29-30.

50. AN 72 AJ 210/A1 Témoignage du général François d'Astier de La Vigerie, 22 fév. 1948.

51. *Ibid.*, p. 10.

52. AN 72 AJ 47II Témoignage de René Capitant, 21 mars 1957, p. 9.

53. Jacques Soustelle, *Envers et contre tout*, t. II, *op. cit.*, p. 202.

54. AN 72 AJ 210/AI Témoignage de Henri d'Astier de La Vigerie, 27 janv. 1947, p. 8, p. 10.

55. Témoignage du général François d'Astier de La Vigerie, 22 fév. 1948, *loc. cit.*, p. 13, p. 16.

56. Mario Faivre, *Nous avons tué Darlan. Alger 1942*, Paris, La Table Ronde, 1975, p. 26, p. 66-68, p. 141-152.

57. AN 72 AJ 211/AIV Témoignage additionnel de José Aboulker, 21 fév. 1947, p. 2.

58. AN 72 AJ 217/AIII AOF, Journal de M. You, inspecteur primaire à Dakar, 1942-1944, p. 23, p. 39.

59. AN 13 AV 41 Entretien avec Serge Ravanel, 2 avr. 1991.

60. Fernand Grenier, *C'était ainsi. Souvenirs*, Paris, Éditions sociales, 1959, p. 120.

61. Colonel Rémy, *Mémoires d'un agent secret de la France libre,* t. II : *juin 1942-nov. 1943*, Paris, France-Empire, 1960, p. 172-173.

62. Fernand Grenier, *C'était ainsi. Souvenirs, op. cit.*, p. 133.

63. AD Seine-Saint-Denis Archives Grenier 299J, Londres 1943, Fernand Grenier, « Appel à l'union », 15 janv. 1943.

64. AN 72 AJ 1923 De Gaulle à Giraud, 25 déc. 1943.

65. Robert Murphy, *Diplomat among Warriors, op. cit.*, p. 215-216 ; Arthur Layton Funk, *Charles de Gaulle. The Crucial Years, 1943-1944*, Norman, University of Oklahoma Press, 1959, p. 54-100 ; Jean-Louis Crémieux-Brilhac, *La France libre : De l'appel du 18 juin à la Libération, op. cit.*, p. 454-459.

66. Robert Murphy, *Diplomat among Warriors, op. cit.*, p. 219.

67. AN 72 AJ 429II Rapport de Catroux 29 janv. 1943, p. 1-2.

68. *Ibid.*, p. 6.

69. *Ibid.*, p. 3.

70. Robert Murphy, *Diplomat among Warriors, op. cit.*, p. 219.

71. AN 72 AJ 1923 « Top secret », Note de Soustelle à de Gaulle, 17 fév. 1943.

72. Robert Murphy, *Diplomat among Warriors, op. cit.*, p. 222.

73. Churchill à Roosevelt, 16 déc. 1941, in *Churchill and Roosevelt. The Complete Correspondence, op. cit.*, p. 297-298.

**Chapitre 10**

1. Marc Ferro, *Pétain*, Paris, Hachette, 1993, p. 441-442.

2. Voir ci-dessus, notes 26-27 du chapitre 9.

3. Jean de Lattre, *Ne pas subir. Écrits, 1914-1952*, Paris, Plon, 1984, p. 245.

4. *Ibid.*, p. 256.

5. AN 72 AJ 60/I Témoignage de Raymond Aubrac, 9 et 16 janv. 1947, p. 6 ; Raymond Aubrac, *Où la mémoire s'attarde, op. cit.*, p. 85.

6. AN 72 AJ 60/I Témoignage de Raymond Aubrac, 9 et 16 janv. 1947, p. 7.

7. SHD 16 P 507141 Dossier Revers, rapport pour la « médaille de la Résistance », n.d.

8. Pierre Dalloz, *Vérités sur le drame du Vercors*, Paris, Fernand Lanore, 1979, p. 11.

9. AN 72 AJ 87/I Dr Martin, « Naissance du Vercors », n.d., p. 7.

10. Pierre Dalloz, *Vérités sur le drame du Vercors, op. cit.*, p. 24.

11. AN 72 AJ 87/I Rapport de Pupin, 15 oct. 1947.

12. AN 72 AJ 87/II Témoignage de Pierre Dalloz, 12 avr. 1946, p. 2-4 ; Pierre Dalloz, *Vérités sur le drame du Vercors, op. cit.*, p. 26 ; AN 72AJ87/I Rapport de Pupin, 15 oct. 1947, p. 11-14.

13. Pierre Dalloz, *Vérités sur le drame du Vercors, op. cit.*, p. 58.

14. AN 72 AJ 87/II Témoignage de Pierre Dalloz, 12 avr. 1946, p. 4-6 ; AN 72 AJ 625 Alain Le Ray, « Chronique sommaire de développement du Vercors », p. 4.

15. Fonds Douzou Entretien avec Jean-Pierre Vernant, 10 janv. 1985.

16. AN 72 AJ 60/III Témoignage de Maurice Kriegel-Valrimont, 17 janv. 1947.

17. AN 13 AV 41 Entretien avec Serge Ravanel, 2 avr. 1991.

18. AN 13 AV 46 Entretien avec Serge Ravanel, 16 avr. 1991 ; voir ci-dessus, notes 7-8 du chapitre 6.

19. AV 13 AV 93 Entretien avec Raymond Aubrac par Laurent Douzou, 21 mars 1984 ; AN 13AV46, entretien avec Serge Ravanel, 11 avr. 1991 ; Annie Kriegel avec Olivier Biffaud, *Mémoires rebelles*, Paris, Odile Jacob, 1999, p. 50.

20. John F. Sweets, *The Politics of Resistance in France, 1940-1944. A History of the Mouvements unis de la Résistance*, DeKalb, Northern Illinois University Press, 1976, p. 62-63.

21. Daniel Cordier, *Jean Moulin, L'inconnu du Panthéon, op. cit.*, p. 126-141.

22. Simone Martin-Chauffier, *À bientôt quand même…, op. cit.*, p. 247.

23. AN 72 AJ 2026 Frenay (Gervais) à Moulin (Max), 8 avr. 1943.

24. AN 72 AJ 2026 Frenay au général Delestraint (Valentin), 8 avr. 1943.

25. Daniel Cordier, *Jean Moulin. La République des catacombes*, *op. cit.*, p. 334 ; Sébastien Albertelli, *Les Services secrets du général de Gaulle. Le BCRA, 1940-1944*, *op. cit.*, p. 284.

26. Daniel Cordier, *Jean Moulin. La République des catacombes*, *op. cit.*, p. 335.

27. Henri Frenay, *La Nuit finira*, *Mémoires de Résistance, 1940-1945*, *op. cit.*, p. 307 ; AN 72 AJ 46/I Témoignage de Claude Bourdet, 6 juin 1946 ; AN 72 AJ 48 Témoignage de Philippe Monod, 18 juin 1955.

28. Robert Belot et Gilbert Karpman, *L'Affaire suisse. La Résistance a-t-elle trahi de Gaulle ?*, Paris, Armand Colin, 2009, p. 125-126.

29. Daniel Cordier, *Jean Moulin, L'inconnu du Panthéon*, t. I, *op. cit.*, p. 112-114 ; Guillaume Piketty, *Pierre Brossolette. Un héros de la Résistance*, *op. cit.*, p. 250-296.

30. AN 13 AV 75 Entretien avec André Dewavrin/colonel Passy par Olivier Wieviorka, 7 juin 1990.

31. AN 72 AJ 220/I Témoignage de F. Yeo-Thomas, 4 juil. 1947.

32. Pierre Villon, *Résistant de la première heure*, *op. cit.*, p. 71.

33. AN 450 AP 1 Lecompte-Boinet, Journal, janv.-oct. 1943, p. 84-89 ; pour un récit très similaire voir AN 72AJ2217, entretien avec Lecompte-Boinet par Gilberte Brossolette, 4 juil. 1943.

34. Guillaume Piketty, *Pierre Brossolette. Un héros de la Résistance*, *op. cit.*, p. 281-284.

35. AN 13 AV 75 Entretien avec André Dewavrin/colonel Passy par Olivier Wieviorka, 7 juin 1990.

36. Colonel Passy, *Souvenirs. Le BCRA*, t. III, *op. cit.*, p. 180 ; Guillaume Piketty, *Pierre Brossolette. Un héros de la Résistance*, *op. cit.*, p. 289 ; Julian Jackson, *France. The Dark Years, 1940-1944*, *op. cit.*, p. 452.

37. AN 72 AJ 46/I Témoignage d'Henri Frenay, fév.-mars-avr. 1948, p. 10-12.

38. Pascal Copeau et Eugène Claudius-Petit. Les deux grands syndicats étaient représentés par Louis Saillant pour la CGT et par Gaston Tessier pour la CFTC.

39. AN 450 AP 1 Lecompte-Boinet, Journal, janv.-oct. 1943, p. 169.

40. AN 450 AP 1 Lecompte-Boinet, Journal, janv.-oct. 1943, p. 165-167. Il trouva pour le premier Joseph Laniel, industriel normand qui avait en fait voté les pleins pouvoirs à Pétain en 1940, et pour le second

Jacques Debû-Bridel, écrivain et homme politique, impliqué dans l'Action française.

41. AN 6 AV 625 Entretien avec Robert Salmon par Olivier Wieviorka, 23 mai 1986.

42. René Hostache, *Le Conseil national de la Résistance*, Paris, PUF, 1958, p. 142-143 ; Georges Bidault, *D'une Résistance à l'autre*, Paris, Les Presses du siècle, 1965, p. 40.

43. Pierre Villon, *Résistant de la première heure*, op. cit., p. 72-74.

44. Fred Kupferman, *Le Procès de Vichy. Pucheu, Pétain, Laval*, Bruxelles, Complexe, 1980, p. 29-33.

45. Cordell Hull, *Memoirs II*, New York, Macmillan, 1948, p. 1163-1164.

46. *Ibid.*, p. 1217 ; Gabriel Kolko, *The Politics of War. Allied Diplomacy and the World Crisis of 1943-1945*, Londres, Weidenfeld & Nicolson, 1969, p. 70.

47. Harold Macmillan, *War Diaries. Politics and War in the Mediterranean, January 1943-May 1945*, Londres, Macmillan, 1984, p. 73.

48. *Ibid.*, p. 69-71. Note d'une conversation du 26 avr. 1943.

49. Charles de Gaulle, *Discours et messages*, t. I : *Pendant la guerre, 1940-1946*, op. cit., p. 289.

50. AN 72 AJ 429 II Négociations d'Alger, Catroux à de Gaulle, 11 mai 1943.

51. Éric Jennings, *La France libre fut africaine*, op. cit., p. 129-140.

52. Christian Girard, *Journal de guerre, 1939-1945*, Paris, L'Harmattan, 2000, p. 69, entrée du 21 mai 1943.

53. AN 72 AJ 220/I Témoignage du général Billotte, 4 et 11 juil. 1950, p. 9.

54. AN 450 AP 1 Lecompte-Boinet, Journal de guerre, Mission à Londres et à Alger, oct. 1943-fév. 1944, 1er déc. 1943, p. 104.

55. Témoignage du général Billotte, 4 et 11 juil. 1950, *loc. cit.*, p. 20 ; Winston Churchill, *The Second World War*, t. V : *Closing the Ring*, op. cit., p. 154.

56. Jean Monnet, *Mémoires*, op. cit., p. 220-221 ; Colin Nettelbeck, *Forever French. Exile in the United States, 1939-1945*, op. cit., p. 161-162.

57. Charles de Gaulle, *Mémoires de guerre*, op. cit., t. II : *L'Unité, 1942-1944*, p. 104.

58. Témoignage du général Billotte, 4 et 11 juil. 1950, *loc. cit.*, p. 20.

59. *Ibid.*, p. 21.

60. AN 72 AJ 243/I André Philip, Note du Comité de libération nationale (sept. 1943), p. 3 ; Arthur Layton Funk, *Charles de Gaulle. The Crucial Years, 1943-1944*, *op. cit.*, p. 101-49 ; Jean-Louis Crémieux-Brilhac, *La France libre : De l'appel du 18 juin à la Libération*, *op. cit.*, p. 553-558.

61. Christian Girard, *Journal de guerre, 1939-1945*, *op. cit.*, p. 78.

62. Benjamin Stora, *Les Trois Exils. Juifs d'Algérie*, *op. cit.*, p. 100.

63. AN 72 AJ 1923 Lettre du syndicat de l'atelier de l'Air d'Alger au cabinet particulier de de Gaulle, 8 juin 1943.

64. AN 72 AJ 243/II « Texte complet de la Déclaration des 26 députés communistes français faite à Alger le 12 juin 1943 », p. 2-3.

65. AN 72 AJ 243/I Résumé de l'entretien du 19 juin 1943 chez le général Eisenhower ; Cordell Hull, *Memoirs II, op. cit.*, p. 1221.

66. AN 450 AP 2 J. Lecompte-Boinet, Journal de guerre, Mission à Londres et à Alger, oct. 1943-fév. 1944, p. 100-101, entrée du 29 nov. 1943.

67. Charles de Gaulle, *Discours et messages*, t. I : *Pendant la guerre, 1940-1946*, *op. cit.*, p. 306-309.

68. André-Paul Comor (éd.), *Les Carnets du lieutenant-colonel Brunet de Sairigné*, Paris, Nouvelles Éditions latines, 1990, p. 152, entrée du 3 juin 1943.

**Chapitre 11**

1. Daniel Cordier, *Jean Moulin. La République des catacombes*, *op. cit.*, p. 456-466 ; Jean-Pierre Azéma, *Jean Moulin : Le politique, le rebelle, le résistant*, *op. cit.*, p. 400-430.

2. Julian Jackson, *France. The Dark Years, 1940-1944*, *op. cit.*, p. 462-464 ; Olivier Wieviorka, *Histoire de la Résistance, 1940-1945*, *op. cit.*, p. 289-307.

3. Claude Bouchinet-Serreulles, *Nous étions faits pour être libres. La Résistance avec de Gaulle et Jean Moulin*, *op. cit.*, p. 291-314.

4. Francis-Louis Closon, *Le Temps des passions. De Jean Moulin à la Libération, 1943-1944*, Paris, Presses de la Cité, 1974, p. 211-238.

5. AN 72 AJ 234/IV Jacques Bingen à sa mère, Paris XVIᵉ, 15 août 1943.

6. Pierre Brossolette, «Lettres à son épouse (1939-1943)», dans Guillaume Piketty (éd.), *Français en Résistance. Carnets de guerre, correspondances, journaux personnels, op. cit.*, p. 449, p. 451.

7. AN 72 AJ 2217 Entretien avec Jacques Lecompte-Boinet par Gilberte Brossolette, 4 juil. 1973, p. 6.

8. AN 72 AJ 2217 Entretien avec le colonel Passy par Gilberte Brossolette, 19 et 26 juin 1973, p. 14.

9. AN 72 AJ 2217 Entretien avec Jacques Lecompte-Boinet par Gilberte Brossolette, 4 juil. 1973, p. 7.

10. AN 72 AJ 234/I Notes sur Jacques Bingen recueillies par Mme Granet d'après les indications de Claude Bouchinet-Serreulles, 21 avr. 1948, p. 3.

11. AN 72 AJ 220/I Témoignage d'Émile Bollaert, 4 juin 1946 ; AN 72 AJ 2217 Entretien avec Émile Bollaert par Gilberte Brossolette, 1973, p. 6 ; Guillaume Piketty, *Pierre Brossolette. Un héros de la Résistance, op. cit.*, p. 335-339.

12. AN 450 AP 1 Lecompte-Boinet, Journal, janv.-oct. 1943, p. 197, p. 202, entrée de juin 1943.

13. AN 72 AJ 42 Témoignage de Jean de Vogüé, 17 nov. 1947 ; AN 450 AP 1 Lecompte-Boinet, Journal, janv.-oct. 1943, p. 93, entrée pour avr. 1943.

14. AN 450 AP 1 Lecompte-Boinet, Journal, janv.-oct. 1943, p. 269, entrée pour août 1943.

15. AN 72 AJ 65/II Témoignage de Georges Bidault, n.d.

16. Parmi eux Jacques Debû-Bridel pour la Fédération républicaine, le syndicaliste Louis Saillant, et Pascal Copeau de Libération pour le MUR.

17. Pierre Villon, *Résistant de la première heure, op. cit.*, p. 77-79.

18. Yves Farge, *Rebelles, soldats et citoyens : Carnet d'un commissaire de la République, op. cit.*, p. 43-44.

19. Pierre Laborie, *L'Opinion française sous Vichy*, Paris, Seuil, 1990, p. 282-292.

20. Robert Gildea, *Marianne in Chains : In Search of the German Occupation, 1940-1945, op. cit.*, p. 271-273.

21. Musée de la Résistance nationale Champigny-sur-Marne, Carton 126A, Témoignages III, J. Enjoly, 18 nov. 1964.

22. Raphaël Spina, «La France et les Français devant le Service du travail obligatoire (1942-1945)», thèse, ENS Cachan, 2012, p. 262-268.

23. Jean-Pierre Le Crom, *Syndicats nous voilà. Vichy et le corporatisme, op. cit.*

24. André Tollet, *La Classe ouvrière dans la Résistance*, Paris, Éditions sociales, 1969, p. 135.

25. *Ibid.*, p. 150-152, p. 166 ; AN 72 AJ 43/III Témoignage de Robert Bothereau, 14 juin 1948.

26. Henri Noguères, en collaboration avec Marcel Degliame-Fouché et Jean-Louis Vigier, *Histoire de la Résistance en France*, t. II : *juillet 1941-octobre 1942*, Paris, Robert Laffont, 1969, p. 546-547.

27. Claude Bourdet, *L'Aventure incertaine, op. cit.*, p. 83-84.

28. AN 72 AJ 626 Alban Vistel, « Action ouvrière », n.d., p. 281. Voir aussi Alban Vistel, *La Nuit sans ombre. Histoire des Mouvements unis de la Résistance, leur rôle dans la libération du Sud-Est, op. cit.*, p. 271.

29. Gérald Suberville, « L'action ouvrière du Languedoc », dans Jules Maurin (éd.), *Les Lendemains de la Libération dans le Midi. Actes du colloque de Montpellier, 1986*, Montpellier, université Paul-Valéry-Montpellier-III, 1997, p. 167.

30. Musée de la Résistance nationale Champigny-sur-Marne, Fonds Suberville, Carton 12, Fiche concernant l'activité de Suberville, n.d.

31. Gérald Suberville, *L'Autre Résistance*, Saint-Étienne-Vallée-Française, AIOU, 1998, p. 25-31. Ce livre fut écrit en 1963 ; H. R. Kedward, *In Search of the Maquis. Rural Resistance in Southern France, 1942-1944*, Oxford, Clarendon Press, 1993, p. 218, p. 282.

32. AN 72 AJ 126B1 Témoignage de Léo Hamon, 7 mars 1946 ; AN 72 AJ 73 Témoignage de Marie-Rose Gineste, n.d. ; voir ci-dessus, note 42 du chapitre 7.

33. Jean Quellien, « Les Travailleurs forcés en Allemagne. Essai d'approche statistique », dans Bernard Garnier et Jean Quellien (éd.), *La Main-d'œuvre française exploitée par le III*$^e$ *Reich*, Caen, Centre d'histoire quantitative, 2003, p. 67-84 ; Raphaël Spina, « La France et les Français devant le Service du travail obligatoire (1942-1945) », thèse, ENS Cachan, 2012, p. 775.

34. H. R. Kedward, "The Maquis and the Culture of the Outlaw", in H. R. Kedward et Roger Austin (éd.), *Vichy France and the Resistance. Culture and Ideology*, Londres et Sydney, Croom Helm, 1985, p. 232-251.

35. Raphaël Spina, « La France et les Français devant le Service du travail obligatoire (1942-1945) », thèse, ENS Cachan, 2012, p. 937-938 ; H. R. Kedward, *In Search of the Maquis. Rural Resistance in Southern France, 1942-1944, op. cit.*

36. AN 72 AJ 119CI Procès-verbaux d'interrogatoires de maquisards des Glières : Jacques Beges (16 avr. 1944), Pierre Pelletier et Yves Jeudy (17 avr. 1944).

37. Musée de la Résistance nationale Champigny-sur-Marne, Carton 126A, Témoignages III, Jean-Olivier Eleouet, alias lieutenant Yvon, « Mémoires d'un Franc-Tireur et partisan français pour servir à l'histoire de la Résistance en Corrèze » (1981), p. 2-7, p. 10-12.

38. AN 72 AJ 55/II Témoignage d'Yves Farge, 17 mai 1946 ; AN 72 AJ 42 et 72 AJ 126BI Témoignage de Léo Hamon, 7 mars 1946 ; Léo Hamon, *Vivre ses choix, op. cit.*, p. 163-165 ; André Tollet, *La Classe ouvrière dans la Résistance, op. cit.*, p. 142.

39. André Tollet, *La Classe ouvrière dans la Résistance, op. cit.*, p. 172.

40. André Tollet, « Intervention » au Comité d'histoire de la Seconde Guerre mondiale, *La Libération de la France. Actes du colloque international tenu à Paris du 28 au 31 octobre 1974*, Paris, CNRS, 1976, p. 545-549.

41. Musée de la Résistance nationale CPL, Fonds Legendre, Procès-verbaux du CPL et son bureau, 3 nov. 1943.

42. Henri Denis, *Le Comité parisien de la libération*, Paris, PUF, 1963, p. 34-35 ; André Carrel, *Mes humanités. Itinéraire d'un homme engagé*, Paris, L'Œil d'Or, 2009.

43. Henri Denis, *Le Comité parisien de la libération, op. cit.*, p. 35-36.

44. André Tollet, *La Classe ouvrière dans la Résistance, op. cit.*, p. 173-174 ; AN 72 AJ, p. 42, Témoignage de Jean de Vogüé, 17 nov. 1947, p. 8 ; Léo Hamon, *Vivre ses choix, op. cit.*, p. 170.

45. AN 72 AJ 68/V Témoignage de Marie-Hélène Lefaucheux, n.d.

46. André Carrel, *Mes humanités. Itinéraire d'un homme engagé, op. cit.*, p. 12-84.

47. Léo Hamon, *Vivre ses choix, op. cit.*, p. 158.

48. Procès-verbaux du CPL et son bureau, 26 nov. et 10 déc. 1943, *loc. cit.*

49. Musée de la Résistance nationale Champigny-sur-Marne, Fonds Legendre, Procès-verbaux du CPL et bureaux, 3 déc. 1943.

50. *Ibid.*, 10 déc. 1943.

51. AN 72 AJ 45/VI Témoignage de René Courtin, 27 mai 1946.

52. Francis-Louis Closon, *Le Temps des passions. De Jean Moulin à la Libération, 1943-1944, op. cit.*, p. 60-62. Voir ci-dessus, note 3 du chapitre 11.

53. AN 72 AJ 42 Témoignage de Michel Debré, 13 mai 1946 ; Centre d'histoire de Sciences Po, Témoignages sur la guerre d'Algérie, entretien avec Michel Debré par Odile Rudelle, 1981, p. 65-69.

54. Philippe André, *La Résistance confisquée ? Les délégués militaires du général de Gaulle à la Libération*, Paris, Perrin, 2013.

55. AN 72 AT 45/I Bouchinet-Serreulles, « Affaire de la rue de la Pompe », Londres, 14 mars 1944 ; NA HS9/982/4, interrogatoire de Bouchinet-Serreulles, 15 mars 1944.

56. Rapport de Mangin, 31 janv. 1944, cité par Philippe André, *La Résistance confisquée ? Les délégués militaires du général de Gaulle à la Libération, op. cit.*, p. 75.

57. AN 450 AP 2 J. Lecompte-Boinet, Journal de guerre, Mission à Londres et à Alger, oct. 1943-fév. 1944, p. 60, p. 64, entrée du 10 nov. 1943.

58. Musée de la Résistance nationale Champigny-sur-Marne, Carton 126A, Témoignages III, Albert Gazier, « Les Syndicalistes à l'Assemblée consultative d'Alger et de Paris » (nov. 1972), p. 3-5.

59. Michel Ansky, *Les Juifs d'Algérie. Du décret Crémieux à la Libération, op. cit.*, p. 317-320.

60. AN 450 AP 2 J. Lecompte-Boinet, Journal de guerre, Mission à Londres et à Alger, oct. 1943-fév. 1944, p. 38, entrée du 9 nov. 1943.

61. AD Seine-Saint-Denis 307 J 154 Dossiers conservés dans les archives de Gaston Plissonnier, Relations de la délégation du Comité central à Alger avec le général de Gaulle, Sommaire 25 nov. 1943 ; Archives Grenier 299 J, Alger 1944, Entretien avec Grenier et Paul Barette, 16 fév. 1944.

62. AN 72 AJ 410 Boris à de Gaulle, 12 avr. 1944 ; Boris à d'Astier, 12 avr. 1944 ; Raymond Aubrac, *Où la mémoire s'attarde, op. cit.*, p. 119-131.

63. AN 72 AJ 220/II Témoignage de Georges Boris, 27 mai et 3 juin 1947.

64. AN 72 AJ 220/III Témoignage de Jacques Soustelle, n.d., p. 21.

65. Éric Jennings, *La France libre fut africaine, op. cit.*, p. 169-170.

66. Raymond Dronne, *Carnets de route d'un croisé de la France libre*, Paris, France-Empire, 1984, p. 249-254 ; Evelyn Mesquida, *La Nueve. 24 août 1944. Ces républicains espagnols qui ont libéré Paris, op. cit.*

67. Christian Girard, *Journal de guerre, 1939-1945, op. cit.*, p. 108, p. 110, entrées des 24 oct. et 15 nov. 1943. Voir aussi Paul de Lagarde, *En suivant Leclerc*, Paris, Au fil d'Ariane, 1964, p. 19-20, p. 40-43.

68. Christian Girard, *Journal de guerre, 1939-1945*, *op. cit.*, p. 115, entrée du 2 janv. 1944 ; Jean de Lattre, *Histoire de la première armée française. Rhin et Danube*, Paris, Plon, 1949, p. 3-12.

69. Charles de Gaulle, *Discours et messages*, t. I : *Pendant la guerre, 1940-1946*, *op. cit.*, p. 390.

70. Fred Kupferman, *Le Procès de Vichy. Pucheu, Pétain, Laval*, *op. cit.*, p. 34-40.

71. François Billoux, *Quand nous étions ministres*, Paris, Éditions sociales, 1972, p. 55.

72. AN72 AJ243/II et AN 72AJ2006, Frenay à de Gaulle, 27 mars 1944.

73. *Ibid.*

## Chapitre 12

1. BBC Written Archives Caversham (WAC), French Service, Lettres anonymes de France, n° 938, avr. 1942.

2. *Ibid.*, n° 207, 10 fév. 1941.

3. Voir ci-dessus, note 20 du chapitre 5.

4. Cécile Jouan, *Comète, histoire d'une ligne d'évasion*, Furnes, Éditions du Beffroi, 1948 ; Colonel Rémy, *Le Réseau Comète*, 3 vol., Paris, Perrin, 1966-1971 ; Odile de Vasselot, *Tombés du ciel. Histoire d'une ligne d'évasion*, *op. cit.*

5. AN 72 AJ 45/IV Témoignage du R. P. Riquet, 30 mars 1946 ; AN 72 AJ 45/IV Témoignage de Germaine Aylé, 24 nov. et 26 déc. 1946.

6. Stanislas Fumet, *Histoire de Dieu dans ma vie. Souvenirs choisis*, *op. cit.*, p. 477.

7. Judy Barrett Litoff (éd.), *An American Heroine in the French Resistance. The Diary and Memoir of Virginia d'Albert-Lake*, *op. cit.*, p. 96.

8. *Ibid.*, p. XVIII-XIX, 102 ; Airey Neave, *Saturday at MI9. A History of Underground Escape Lines in Northwest Europe in 1940-1945 by a Leading Organiser of MI9*, Londres, Hodder & Stoughton, 1969, p. 250-260.

9. AN 72 AJ 80/VIII Témoignage de Georges Labarthe, 24 juin 1946.

10. AN 72 AJ 80/VIII Témoignage de Jean Pivert, 21 juin 1946.

11. AN 72 AJ 80/VIII Témoignage de Georges Jouanjean, 16 avr. 1962 ; AN 72 AJ 115A1 Témoignage de Val B. Williams

(Vladimir Bourychkine), 18 sept. 1961. Voir aussi Airey Neave, *Saturday at MI9. A History of Underground Escape Lines in Northwest Europe in 1940-1945 by a Leading Organiser of MI9*, *op. cit.*, p. 217-218.

12. AN 72 AJ115 AIII Témoignage de Marie-Thérèse Le Calvez, n.d. ; *Ouest-France*, 19 mars 1967.

13. AN 72 AJ 115AI J. Manguy, « Le Réseau d'évasion "Shelburn. Pat O'Leary" à l'anse Cochat en Plouha » (1965).

14. Simon Kitson, "Criminals or Liberators ? French Public Opinion and the Allied Bombing of France, 1940-1945", in Claudia Baldoni, Andrew Knapp et Richard Overy (éd.), *Bombing, States and peoples in Western Europe, 1940-1945*, Londres et New York, Continuum, 2011, p. 279-290 ; Andrew Knapp, *Les Français sous les bombes alliées, 1940-1945*, Paris, Tallandier, 2014, p. 33-152.

15. Eddy Florentin, *Quand les Alliés bombardaient la France, 1940-1945*, Paris, Perrin, 1997, p. 88-98, p. 178-184.

16. Robert Gildea, *Marianne in Chains : In Search of the German Occupation, 1940-1945*, *op. cit.*, p. 308.

17. BBC Written Archives Caversham (WAC), French Service, Interview with Civilian Escapers : "D", 19 fév. 1944.

18. AN 72 AJ 44 Témoignage de Mme Tony-Robert, 15 janv. 1946, Daniel Appert, 19 fév. 1946 et Robert Rey, 6 avr. 1946.

19. Gabrielle Ferrières, *Jean Cavaillès. Un philosophe dans la guerre, 1903-1944*, *op. cit.*, p. 186.

20. AN 72 AJ 166 Morbihan AIII, « Le Réseau Cohors-Asturies à Quimperlé et dans le Morbihan, communiqué par M. Leroux le 15 sept. 1969 », à partir d'entretiens avec Mlle Queffurus, p. 1.

21. Gabrielle Ferrières, *Jean Cavaillès. Un philosophe dans la guerre, 1903-1944*, *op. cit.*, p. 170.

22. *Ibid.*, p. 194.

23. Yves Farge, *Rebelles, soldats et citoyens : Carnet d'un commissaire de la République*, *op. cit.*, p. 29.

24. Gabrielle Ferrières, *Jean Cavaillès. Un philosophe dans la guerre, 1903-1944*, *op. cit.*, p. 182-186 ; Alya Aglan, « La Résistance », dans Alya Aglan et Jean-Pierre Azéma, *Jean Cavaillès, résistant, ou la pensée en actes*, *op. cit.*, p. 123-133.

25. AN 72 AJ 166 Morbihan AIII, « Le Réseau Cohors-Asturies à Quimperlé et dans le Morbihan, communiqué par M. Leroux le 15 sept. 1969 », à partir d'entretiens avec Mlle Queffurus, p. 3.

26. Gabrielle Ferrières, *Jean Cavaillès. Un philosophe dans la guerre, 1903-1944*, *op. cit.*, p. 191-204 ; Alya Aglan, « La Résistance »,

dans Alya Aglan et Jean-Pierre Azéma, *Jean Cavaillès, résistant, ou la pensée en actes*, *op. cit.*, p. 132-134.

27. NA HS9/603/1 Rapport de son commandant sur Gosset, 17 déc. 1943 ; proposition du major-general Gubbins pour la Military Cross, 23 août 1945.

28. AN 72 AJ 166 Morbihan AIII, « Le Réseau Cohors-Asturies à Quimperlé et dans le Morbihan, communiqué par M. Leroux le 15 sept. 1969 », à partir d'entretiens avec Mlle Queffurus, p. 5-8.

29. NA HS9/1089/4 Rapport de Jacqueline Nearne, n.d. mais 1945.

30. AN 72 AJ 39 Témoignage de Maurice Southgate, 18 juin 1946.

31. NA HS9/1238/1 Dossier Charles Rechenmann.

32. NA HS9/1395/3 Rapport de Buckmaster, 8 avr. 1944. Voir aussi M. R. D. Foot, *SOE in France. An Account of the Work of the Special Operations Executive in France, 1940-1944*, *op. cit.*, p. 253-254.

33. NA HS9/355/2 Rapport de Pearl Witherington, 11 mars 1944.

34. NA HS9/1240/3 Rapport final de Harry Rée, 1er janv. 1943.

35. Imperial War Museum 8720, entretien avec Harry Rée, 18 janv. 1985 ; François Marcot, « La Direction de Peugeot sous l'Occupation : Pétainisme, réticence, opposition et résistance », dans *Le Mouvement social* n° 189 (oct.-déc. 1999), p. 27-46.

36. NA HS9/1487/1 Rapport du 30 avr. 1941 ; Pierre Séailles, « Bref historique du réseau Sylvestre », n.d.

37. NA HS9/1487/1 "The Death of Captain Michel", non signé, 16 fév. 1944.

38. NA HS9/1487/1 Rapport de Buckmaster, 28 juin 1945.

39. Voir ci-dessus, notes 33 à 38 du chapitre 11.

40. H. R. Kedward, *In Search of the the Maquis. Rural Resistance in Southern France, 1942-1944*, *op. cit.*

41. AD Haute-Garonne 16 J58 Philippe de Gunzbourg, « Le Réseau Wheelwright. De Vierzon aux Pyrénées » (1977), p. 1-4.

42. NA HS9/427/9 Rapport de Harry Despaigne, 10 mars 1942.

43. NA HS9/427/9 Rapport du capitaine Despaigne, 27 sept. 1944.

44. NA HS9/701/1 Dossier Heslop.

45. AN 72AJ92 CIV Ain, Rapport d'activité de H. Petit, alias colonel Romans, sur son rôle dans la Résistance, communiqué à Mme Appleton en août 1946, p. 3. Voir aussi Henri Romans-Petit, *Les Obstinés*, Ceignes, ETD, 1995, p. 41-47, et H. R. Kedward, *In Search of the Maquis. Rural Resistance in Southern France, 1942-1944*, *op. cit.*, p. 65-66.

46. AN 72AJ87/II Témoignage de Pierre Dalloz, 12 avr. 1946, p. 6.

47. NA HS9/1126/3 Rapport sur un entretien avec quatre officiers de la RAF, 14 avr. 1944. Voir aussi M. R. D. Foot, *SOE in France. An Account of the Work of the Special Operations Executive in France, 1940-1944*, op. cit., p. 357-358, p. 391.

48. AN 72 AJ 106 AI E. Coulaudon, « Le mont Mouchet » ; Robert Gildea, "Resistance, Reprisals and Community in Occupied France", *TRHS* 13 (2003), p. 170-171.

49. Fernand Grenier, *C'était ainsi. Souvenirs*, op. cit., p. 138-144, p. 152-158.

50. CHSP Fonds Tillon, CT100/I Entretien avec Charles Tillon par Pierre Boutang, 28 nov. 1979.

51. CHSP Fonds Tillon CT3 Dossier 1, Tillon à de Gaulle, 6 août 1943.

52. CHSP Fonds Tillon CT3 Dossier 1, R. Houzé à Tillon, 15 sept. 1943.

53. AD Seine-Saint-Denis 314J7 Waldeck Rochet, Emploi du temps à Londres, 1943-1944, 11 nov. et 7 déc. 1943.

54. AN 72 AJ 87/II Témoignage de Pierre Dalloz, 12 avr. 1946, p. 8-9, p. 13 ; Pierre Dalloz, *Vérités sur le drame du Vercors*, op. cit., p. 151-155. Voir aussi Pierre Bolle (éd.), *Grenoble et le Vercors. De la Résistance à la Libération*, Grenoble, Presses universitaires de Grenoble, 2003.

55. AN 72 AJ 409 « Note spéciale sur les parachutages d'armes à la Résistance française », 31 oct. 1943.

56. Sébastien Albertelli, *Les Services secrets du général de Gaulle. Le BCRA, 1940-1944*, op. cit., p. 440-441.

57. AD Seine-Saint-Denis 314 J7 Waldeck Rochet, Emploi du temps à Londres, 1943-1944, 8 déc. 1943 ; Waldeck Rochet à Grenier, 13 déc. 1943.

58. Emmanuel d'Astier de La Vigerie, *Sept fois sept jours*, op. cit., p. 162-165.

59. Emmanuel d'Astier de La Vigerie, *Les Dieux et les Hommes, 1943-1944*, Paris, Julliard, 1952, p. 43-48.

60. Jean-Louis Crémieux-Brilhac, « La Bataille des Glières et la Guerre psychologique », *RHDGM*, 99 (1975), p. 45-72 ; Claude Barbier, *Le Maquis des Glières. Mythe et réalité*, Paris, Perrin, 2014.

61. AN 72 AJ 234/V Rapport d'Yvon Morandat à Emmanuel d'Astier, 29 fév. 1944.

62. Pierre Villon, *Résistant de la première heure*, op. cit., p. 82-83.

63. AN 450 AP 2 Lecompte-Boinet, Journal, fév.-juil. 1944, p. 53, entrée du 11 mars 1944.

64. Musée de la Résistance nationale Fonds Pierre Villon, Carton 3, Article pour *France d'abord,* 15 déc. 1947.

65. Musée de la Résistance nationale Fonds André Tollet IIII, CPL Bureau, procès-verbaux des séances, 19e séance, 31 mars 1944.

66. *Ibid.*, 22e séance, avr. 1944.

67. Musée de l'Ordre de la Libération Dossier Bingen, Lettres et volontés de Bingen, 14 avr. 1944. L'Auteur remercie Guillaume Piketty pour cette référence.

68. Voir ci-dessus, note 54 du chapitre 11.

69. Philippe André, *La Résistance confisquée ? Les délégués militaires du général de Gaulle à la Libération, op. cit.*, p. 137-150.

70. John F. Sweets, *The Politics of Resistance in France, 1940-1944. op. cit.*, p. 122-129 ; Olivier Wieviorka, *Histoire de la Résistance, 1940-1945, op. cit.*, p. 342-345.

71. AN 13 AV 50 Entretien avec Serge Ravanel, 26 juin 1991.

72. Dominique Lormier, *L'Épopée du corps franc Pommiès, des Pyrénées à Berlin*, Paris, Jacques Grancher, 1990.

73. AD Haute-Garonne 16 J271 Général André Pommiès, « Le Corps franc Pommiès et l'ORA de Toulouse dans la Résistance » (1964), p. 3.

74. *Ibid.*, p. 10.

75. AD Haute-Garonne 16 J263 Ravanel à Daniel Latapie, 6 déc. 1992.

76. AN 13 AV 52 Entretien avec Serge Ravanel, 26 juin 1991.

77. AN 13 AV 53 Entretien avec Serge Ravanel, 17 déc. 1991.

**Chapitre 13**

1. Voir ci-dessus, note 58 du chapitre 6.

2. Roger Lefèvre, *Souvenir de maquisards de l'Ain, op. cit.*, p. 13-21.

3. Jean-Louis Crémieux-Brilhac, *Les Voix de la liberté : Ici Londres, 1940-1944, op. cit.*, t. V, p. 41-42.

4. Voir ci-dessous, note 46 du chapitre 13.

5. Jean-Louis Crémieux-Brilhac, *La France libre : De l'appel du 18 juin à la Libération, op. cit.*, p. 836 ; Robert Gildea, "Myth, Memory and Policy in France since 1945", in Jan-Werner Müller, *Memory and*

*Power in Postwar Europe*, Cambridge, Cambridge University Press, 2002, p. 61.

6. Jean-Louis Crémieux-Brilhac, *La France libre : De l'appel du 18 juin à la Libération*, *op. cit.*, p. 819-824.

7. Vere Harmsworth Library, Oxford, Stimson Papers, reel 127, "Re : de Gaulle. From the Record of the Day, juin 14, 1944".

8. Jean-Louis Crémieux-Brilhac, *La France libre : De l'appel du 18 juin à la Libération*, *op. cit.*, p. 843-848 ; Julian Jackson, *France. The Dark Years, 1940-1944*, *op. cit.*, p. 551-552 ; Philippe Buton, *La Joie douloureuse. La Libération de la France*, Paris, Complexe, 2004, p. 69-71.

9. Arthur Layton Funk, *Charles de Gaulle. The Crucial Years, 1943-1944*, *op. cit.*, p. 279-82 ; Jean-Louis Crémieux-Brilhac, *La France libre : De l'appel du 18 juin à la Libération*, *op. cit.*, p. 850-854.

10. Le meilleur récit est celui d'Olivier Wieviorka, *Normandy : The Landings to the Liberation of Paris*, Cambridge, Mass., Belknap Press, 2008.

11. Jean-Louis Crémieux-Brilhac, *Les Voix de la liberté : Ici Londres, 1940-1944*, *op. cit.*, t. V, p. 48, p. 52.

12. AN 72 AJ 42 Journal de Léo Hamon, 23 juin 1944, p. 145 ; 30 juin 1944, p. 139.

13. Musée de la Résistance nationale Champigny-sur-Marne, Carton 126A, Témoignages III, Jean-Olivier Eleouet, alias lieutenant Yvon, « Mémoires d'un Franc-Tireur et partisan français pour servir à l'histoire de la Résistance en Corrèze » (1981), voir ci-dessus, note 37 du chapitre 11.

14. Musée de la Résistance nationale Champigny-sur-Marne, Liquidation OS-FN-FTP, Allemagne, Lettre de Gerhard Leo, 25 mai 1984, Gerhard Leo, *Un Allemand dans la Résistance. Le train pour Toulouse*, *op. cit.*, p. 245-259.

15. AN 72 AJ 112 A1 Corrèze, Antoine Soulier, « Le Drame de Tulle », p. 4.

16. Antoine Soulier, « Le Drame de Tulle », *loc. cit.*, p. 6-7.

17. AN 72 AJ 112 A111 Corrèze, Liste des 99 martyrs du 9 juin 1944 à Tulle.

18. AN 72 AJ 99 Ardennes, Témoignage du général Nérot, 10 fév. 1951.

19. Philippe Leclerc, *L'Affaire des Manises*, Langres, Dominique Guéniot, 2004.

20. Maurice Kriegel-Valrimont, *La Libération. Les archives du COMAC (mai-août 1944)*, Paris, Éditions de Minuit, 1964, p. 40.

21. *Ibid.*, p. 45-46.

22. Pierre Villon, *Résistant de la première heure*, op. cit., p. 93.

23. AD Seine-Saint-Denis 307 J 154 Dossiers conservés dans les archives de Gaston Plissonnier, Waldeck Rochet à la délégation du Comité central du PCF, 15 juin 1944.

24. Maurice Kriegel-Valrimont, *La Libération. Les archives du COMAC (mai-août 1944)*, op. cit., p. 52.

25. AN 450 AP 2 Lecompte-Boinet, Journal, fév.-juil. 1944, p. 212-213, entrée du 20 juin 1944.

26. *Ibid.*, p. 219, entrée du 24 juin 1944.

27. Voir ci-dessus, notes 48 à 59 du chapitre 12.

28. Nancy Wake, *The White Mouse*, Londres, Macmillan, 1985, p. 117 ; Denis Rake, *Rake's Progress. The Gay – and Dramatic – Adventures of Major Denis Rake, MC, the Reluctant British War-Time Agent*, préface de Douglas Fairbanks, op. cit.

29. AN 72 AJ 63/IV Témoignage d'Henry Ingrand sur le maquis du mont Mouchet, n.d.

30. H. R. Kedward, "Ici commence la France libre", in H. R. Kedward et Nancy Wood, (éd.), *The Liberation of France. Image and Event*, Oxford, Berg, 1995, p. 1-11.

31. AN 72 AJ 106 A1 Cantal, Récit fait par Jean Rothé, professeur à l'université de Strasbourg, des combats du mont Mouchet et de Chaudes-Aigues en juin 1944, p. 8-10.

32. AD Puy-de Dôme 908W150 Rapport d'Hélène Odoul, maire de Ruines, 8 août 1945.

33. AN 72 AJ 63/IV Témoignage d'Henry Ingrand, p. 4.

34. Nancy Wake, *The White Mouse*, op. cit., p. 124.

35. NA HS9/1648 Proposition de Denis Rake pour la Military Cross, n.d. mais avant juin 1945.

36. AN 72 AJ 142 A1 Haute-Loire, Capitaine Volle, « Les Combattants de la Libération de la Haute-Loire » (1963), p. 13.

37. Nancy Wake, *The White Mouse*, op. cit., p. 135.

38. Pierre Dalloz, *Vérités sur le drame du Vercors, op. cit.*, p. 155, p. 174-175, p. 187-194.

39. AN 72 AJ 624 Câble d'Alban Vistel au COMAC, 12 juin 1944.

40. Gilbert Joseph, *Combattant du Vercors*, Paris, Fayard, 1972, p. 163.

41. Peter Lieb, *Vercors 1944. Resistance in the French Alps*, Oxford, Osprey, 2012, p. 36 ; Paddy Ashdown, *The Cruel Victory. The French Resistance, D Day and the Battle for the Vercors, 1944*, Londres, HarperCollins, 2014, p. 192-216.

42. Gilbert Joseph, *Combattant du Vercors*, *op. cit.*, p. 147.

43. NA HS9/937/8 Rapport final de Desmond Longe (né le 8 août 1914), 11 août 1942.

44. NA HS9/749/1 Tableau des services au SOE de John Vincent Houseman (né le 22 sept. 1914), 19 août 1943.

45. AN 72 AJ 84/1 OSS Aid to the French Resistance in World War II, Operations in Southern France, p. 29-32.

46. Gilbert Joseph, *Combattant du Vercors*, *op. cit.*, p. 226.

47. Peter Lieb, *Vercors 1944. Resistance in the French Alps*, *op. cit.*, p. 46-59 ; Paddy Ashdown, *The Cruel Victory. The French Resistance, D-Day and the Battle for the Vercors, 1944*, *op. cit.*, p. 296-335.

48. NA HS9/937/8 Rapport sur "Interallied Mission Eucalyptus to the Vercors", par le lieutenant André E. Paray, 17 oct. 1944, p. 4.

49. AN 72 AJ 624 CNR au Premier ministre Churchill, 21 juil. 1944.

50. Pierre Dalloz, *Vérités sur le drame du Vercors*, *op. cit.*, p. 255, p. 263-264. Pour un autre point de vue, voir Jacques Soustelle, *Envers et contre tout*, t. III, *op. cit.*, p. 239-242.

51. Pierre Dalloz, *Vérités sur le drame du Vercors*, *op. cit.*, p. 264-266 ; AD Seine-Saint-Denis Archives Grenier 2995, Grenier à de Gaulle, 28 juil. 1944. La lettre du 27 juil. ne figure pas dans le dossier.

52. "Interallied Mission Eucalyptus to the Vercors", par le lieutenant André E. Paray, *loc. cit.*, p. 8.

53. Peter Lieb, *Vercors 1944. Resistance in the French Alps*, *op. cit.*, p. 71. Ces nombres sont acceptés par Paddy Ashdown, *The Cruel Victory. The French Resistance, D-Day and the Battle for the Vercors, 1944*, *op. cit.*, p. 355.

54. NA HS9/937/8 Houseman au général Gubbins, 19 sept. 1944.

55. OSS Aid to the French Resistance in World War II. Operations in Southern France, *loc. cit.*, p. 32.

56. AN 72 AJ 146 BIV Loire-Atlantique, Abbé Henri Ploquin, « Souvenirs » (1970), p. 17.

57. Voir aussi Robert Gildea, *Marianne in Chains : In Search of the German Occupation, 1940-1945*, *op. cit.*, p. 325-326.

58. AN 72 AJ 166 Morbihan AII, Général Eon, « Histoire des FFI du Morbihan », n.d., 15 p., p. 5-8 ; Gérard Le Marec, *La Bretagne dans*

*la Résistance*, Rennes, Ouest-France, 1983, p. 245-253 ; Jean Paulin, *La Rage au cœur*, Paris, Gérard & Co., 1958.

59. Sébastien Albertelli et Johanna Barasz, « Un résistant atypique : le général Cochet, entre vichysme et gaullisme », *Histoire et Politique*, 5 (mai-juin 2008), www.histoire-politique.fr

60. Le terme « ci-devant » s'appliquait pendant la Révolution aux nobles dont les titres héréditaires avaient été abolis.

61. AN 72 AJ 438 Cochet à de Gaulle, 20 juil. 1943.

62. AN 72 AJ 446 Cochet au Comité d'action en France, Alger, 11 juil. 1944.

63. AN 72 AJ 60/III Rapport d'activité de J.-P. Vernant, n.d., p. 2-5.

64. AN 72 AJ 125/II Pommiès au professeur Ressignac, Montauban, 26 août 1963 ; AD Haute-Garonne 16 J271 Général Pommiès, « Le Corps Franc Pommiès », p. 12-13 ; AD Haute-Garonne 16 J263 Ravanel à Daniel Latapie, 6 déc. 1992.

65. AN 72 AJ 126 CVI Rapport de Cassou à Emmanuel d'Astier de La Vigerie, mi-juillet 1944, p. 6.

66. Général Pommiès, « Le Corps Franc Pommiès », p. 15-16.

67. AN 13 AV 53 Entretien avec Serge Ravanel, 17 janv. 1992.

68. AN 72 AJ 129 BII Gers, Journal de route du bataillon de guérilla Armagnac, tenu par le colonel Monnet (oct. 1965) ; AD Haute-Garonne 16 J58 « De Vierzon aux Pyrénées. Le réseau Wheelwright », p. 6-8.

69. NA HS9/982/4 Anne-Marie Comert née Walters, rapport de mission en France, 18 sept. 1944.

70. Roger Mompezat, *Le Corps franc de la montagne Noire, journal de marche, avril-septembre 1944*, 4ᵉ éd., Castres, les Anciens du corps franc de la Montagne noire, 1994 ; H. R. Kedward, *In Search of the Maquis. Rural Resistance in Southern France, 1942-1944, op. cit.*, p. 183-185.

71. Musée de la Résistance nationale Champigny-sur-Marne, Fonds Suberville, 11, Rapport sur le maquis des corps francs de la montagne Noire, 30 juil. 1944.

72. AD Haute-Garonne 16 J36 Serge Ravanel, Intervention au colloque de la Résistance, 28-31 oct. 1974, p. 3.

73. AN 72 AJ 126 C II 7 Haute-Garonne, Historique du 14ᵉ corps de Guerrilleros espagnols (1976) ; Claude Delpla, « Les origines des guerrilleros espagnols dans les Pyrénées (1940-1943) » et Fabien Garrado, « Les "Mémoires" du général Luis Fernández, chef de la Agrupación de los Guerrilleros Españoles », dans Jean Ortiz (éd.), *Rouges Maquis de France et d'Espagne*, Biarritz, Atlantica, 2006, p. 172-179, p. 193-209.

74. AN 72 AJ 100 Ariège, Robert Fareng, « La Libération de l'Ariège (1940-1944) », DES d'Histoire moderne, 1946, p. 298-299.

75. AD Haute-Garonne 16 J222 Vicente López Tovar, « Autobiographie » (1991), p. 2-3, p. 81-85.

76. AD Haute-Garonne 16 J14 CALPO, « Union dans la lutte. La condamnation à mort de l'Allemagne nazie », n.d., p. 36-38.

77. Éveline et Yvan Brès, « Des Allemands maquisards dans les Cévennes des camisards », dans Philippe Joutard, Jacques Poujol, Patrick Cabanel (éd.), *Cévennes, terre de refuge, 1940-1944*, Montpellier, Les Presses du Languedoc, 1987, p. 91-97.

78. CDJC DLXI-65 Entretien avec Pierre Loeb, n.d.

79. CDJC DLXI-66 Entretien avec Pierre Loeb, par Anny Latour, 1973, p. 13.

80. Denise R. Gamzon, *Mémoires*, *op. cit.*, p. 90.

81. AD Haute-Garonne 16 J300 35e brigade Marcel-Langer, cérémonies en hommage à la 35e brigade FTP-MOI, Toulouse, sept. 1983, introduction.

82. Voir ci-dessus, notes 114 à 118 du chapitre 8.

83. Témoignage de Claude Urman, 3 nov. 1988, dans David Diamant, *250 combattants de la Résistance racontent*, *op. cit.*, p. 222-224.

84. Gérard de Verbizier, *Ni travail, ni famille, ni patrie. Journal d'une brigade FTP-MOI. Toulouse, 1942-44*, *op. cit.*, p. 236-239 ; Marc Lévy, *Les Enfants de la liberté*, *op. cit.*, p. 319-361.

85. Voir ci-dessus, note 45 du chapitre 12.

86. AN 72 AJ 92CI Ain, Témoignage du général Bousquet, Bourg, 15 juil. 1946.

87. AN 72 AJ 92CI Ain, Témoignage de Mme Émile Mercier, née Pauline Perrotet, 16 juil. 1946.

88. AN 72 AJ 90 AI Ain, Mme Appleton, « Note sur les différends entre le directoire et le colonel Romans », n.d. mais 1946.

89. AN 72 AJ 626 Action ouvrière, lettres du 17 juin 1944 ; réponse d'Alban Vistel du 21 juin 1944.

90. AN 72 AJ 626 Action ouvrière, Oullins, à Alban Vistel, 10 juil. 1944.

91. CHRD Lyon Entretien avec Jean-Marie Domenach, 16 avr. 1997.

92. Bernard Comte, Jean-Marie Domenach, Christian Rendu et Denise Rendu (éd.), *Gilbert Dru. Un chrétien résistant*, *op. cit.*, p. 76-124.

93. Voir ci-dessus, notes 100 à 104 du chapitre 8.

94. Musée de la Résistance nationale Fonds de l'Amicale des anciens FTP-MOI du bataillon Carmagnole-Liberté, I, Témoignage de Léon Landini, Bagneux, fév. 1991 ; entretien avec Léon Landini, par Robert Gildea, Bagneux, 20 avr. 2012 ; Claude Collin, *Carmagnole et Liberté. Les étrangers dans la Résistance en Rhône-Alpes*, op. cit., p. 103-115, p. 146-148.

95. Bernard Comte, Jean-Marie Domenach, Christian Rendu et Denise Rendu (éd.), *Gilbert Dru. Un chrétien résistant, op. cit.*, p. 124-125.

96. Yves Farge, *Rebelles, soldats et citoyens : Carnet d'un commissaire de la République*, Paris, Grasset, 1946, p. 147-148.

97. Maurice Kriegel-Valrimont, *La Libération. Les archives du COMAC (mai- août 1944)*, op. cit., p. 56-65.

98. Musée de la Résistance nationale Fonds André Tollet, 1.1.1.1. CPL Bureau, procès-verbaux des séances, 31ᵉ session (14 juil. 1944).

99. Musée de la Résistance nationale Fonds André Tollet, 2, Note sur la manifestation du 1ᵉʳ juillet 1944 sur le ravitaillement, signée « Villa ».

100. Musée de la Résistance nationale « Les Inconnus de la Résistance », Témoignage de Suzanne Neige, Montrouge, 16 juil. 1984.

101. Musée de la Résistance nationale Fonds André Tollet, 1.1.1.1. CPL Bureau, procès-verbaux des séances, 31ᵉ session (14 juil. 1944).

102. Monique Georges, *Le Colonel Fabien était mon père*, op. cit., p. 217-219.

103. Musée de la Résistance nationale Fonds André Tollet, 2, Union des syndicats ouvriers de la région parisienne. « Comment doit-on conduire une grève ? À la lumière des mouvements des cheminots », n.d. ; André Tollet, *La Classe ouvrière dans la Résistance, op. cit.*, p. 221-227.

104. André Tollet, *La Classe ouvrière dans la Résistance, op. cit.*, p. 231-234.

105. AN 7261/I M. Lassalle, « La Libération de Paris, vue de la plaine Monceau », p. 2.

106. Maurice Kriegel-Valrimont, *La Libération. Les archives du COMAC (mai-août 1944)*, op. cit., p. 140.

107. AN 72 AJ 42 Journal de Léo Hamon, 7 août 1944, p. 197.

108. AN 450 AP 2 Lecompte-Boinet, Journal, août 1944, 1ᵉʳ août 1944, p. 2.

## Chapitre 14

1. Diego Brosset, *Carnets de guerre, correspondance et notes (1939-1944)*, dans Guillaume Piketty (éd.), *Français en Résistance. Carnets de guerre, correspondances, journaux personnels*, *op. cit.*, p. 383, entrée du 20 août 1944.

2. Arthur Layton Funk, *Hidden Ally. The French Resistance, Special Operations and the Landings in Southern France, 1944*, New York, Greenwood Press, 1992, p. 95-136.

3. Diego Brosset, *Carnets de guerre, correspondance et notes (1939-1944)*, *op. cit.*, p. 385, entrée du 21 août 1944.

4. *Ibid.*, p. 389, entrée du 27 août 1944.

5. Raymond Aubrac, *Où la mémoire s'attarde*, *op. cit.*, p. 124-129.

6. *Ibid.*, p. 124-141 ; David Scott Bell, "Politics in Marseille since World War II with special reference to the political role of Gaston Defferre", Oxford D.Phil thèse, 1978, p. 11-16.

7. AN 72 AJ 220/I Résistance extérieure. Témoignage du général Eon, 27 déc. 1948.

8. SHD Vincennes 16 P 209959 Dossier personnel d'Albert-Marie Eon, référence d'André Rous, fév. 1946.

9. CHSP Fonds Charles Tillon, CT3, dossier 2, Colonel Eon, Journal de marche et opérations du commandement des FFI en Bretagne, n.d., 18 p., p. 2.

10. NA H57/127 Participation des FFI à la libération de la France, p. 611-612.

11. CHSP Fonds Charles Tillon, CT3, dossier 2, Colonel Eon, Journal de marche et opérations du commandement des FFI en Bretagne, *op. cit.*, p. 8.

12. CHSP Fonds Charles Tillon, CT3, dossier 2, Eon au général Middleton, 7 sept. 1944.

13. Michel Debré, *Trois Républiques pour une France. Mémoires I. Combattre*, Paris, Albin Michel, 1984, p. 295.

14. Robert Gildea, *Marianne in Chains : In Search of the German Occupation, 1940-1945*, *op. cit.*, p. 330-334.

15. Dwight D. Eisenhower, *Crusade in Europe*, Londres, Heinemann, 1948, p. 324-325.

16. René de Chambrun (éd.), *France during the German Occupation, 1940-1944*, Stanford, Hoover Institution, 1957, II, p. 1052-1081 ; Walter Stucki, *La Fin du régime de Vichy*, Neuchâtel, Éditions de la Baconnière, 1947, p. 72-74.

17. AN 450 AP 2 Lecompte-Boinet, Journal, août 1944, 14 et 17 août 1944, p. 43-53.

18. René de Chambrun (éd.), *France during the German Occupation, 1940-1944, II, op. cit.*, p. 1023.

19. Walter Stucki, *La Fin du régime de Vichy, op. cit.*, p. 106-128.

20. Henry Rousso, *Un château en Allemagne : La France de Pétain en exil, Sigmaringen 1944-1945*, Paris, Ramsay, 1980.

21. AN 13 AV 56 Entretien avec Serge Ravanel, 17 janv. 1992.

22. AD Haute-Garonne 16 J275 Le délégué militaire régional Brice (Schlumberger) à « Constant », 27 août 1944 ; AN 13 AV 56 Entretien avec Serge Ravanel, 17 janv. 1992 ; Julian Jackson, *France. The Dark Years, 1940-1944, op. cit.*, p. 574.

23. Gérald Suberville, *L'Autre Résistance, op. cit.*, p. 68-69 ; Gilbert de Chambrun, *Journal d'un militaire d'occasion*, Avignon, Aubanel, 1982, p. 172.

24. AD Haute-Garonne 16 J222 Vicente López Tovar, « Autobiographie », p. 87-88.

25. SHD Vincennes 16 P 59351 Dossier Marcel Bigeard.

26. AN 72 AJ 100/A1 Témoignage d'Albert Fernandez, 10 nov. 1950 ; AN 72 AJ 100 Ariège, Robert Fareng, « La Libération de l'Ariège (1940-1944) », *op. cit.*, p. 353-371.

27. AD Haute-Garonne 16 J66 René Soucasse, « Souvenir encore. Le train de Mazamet », manuscrit, 2 p., 6 nov. 1979.

28. *Organisation juive de combat. France 1940-1945*, Paris, Autrement, 2006, p. 269.

29. Dora Schaul, *Resistance. Erinnerungen deutscher Antifascisten, op. cit.*, p. 446.

30. AN 72 AJ 446/IV.2 Note de l'état-major de Cochet en copie aux généraux Patton et de Lattre de Tassigny, 19 août 1944.

31. AN 72 AJ 446/IV.6 « Le général Cochet à Toulouse. Témoignage », n.d.

32. Yves Farge, *Rebelles, soldats et citoyens : Carnet d'un commissaire de la République, op. cit.*, p. 143-144.

33. AN 72 AJ 626 Action ouvrière, Ladoumègue à Alban Vistel, n.d. mais avant le 10 août 1944.

34. AN 72 AJ 180 BI Rhône, Extraits de René Laplace, « Le Combat d'Oullins », *Dauphiné libéré,* 24 août-5 sept. 1965.

35. Fernand Rude, *La Libération de Lyon et de sa région*, Paris, Hachette, 1974, p. 85.

36. Musée de la Résistance nationale Fonds de l'Amicale des anciens FTP-MOI du bataillon Carmagnole-Liberté, 2, Fiche sur Josel Koenigsberg, 3, Témoignages de « Paul » et « Jacquot » (Jacques Szmulewicz) sur Nathan Saks, n.d. (1985).

37. Max Weinstein, *Souvenirs, souvenirs*, Nice, Éditions du Losange, 1997.

38. Yves Farge, *Rebelles, soldats et citoyens : Carnet d'un commissaire de la République, op. cit.*, p. 174.

39. Diego Brosset, *Carnets de guerre, correspondance et notes (1939-1944)*, dans Guillaume Piketty (éd.), *Français en Résistance. Carnets de guerre, correspondances, journaux personnels, op. cit.*, p. 392, entrée du 6 sept. 1944.

40. *Ibid.*, p. 392, entrée du 6 sept. 1944.

41. Yves Farge, *Rebelles, soldats et citoyens : Carnet d'un commissaire de la République, op. cit.*, p. 202.

42. *Ibid.*

43. CHSP Fonds A. Parodi PA 10 Mémoires de Dietrich von Choltitz (1949), p. 6-7, p. 14-21. Il s'agit d'une copie de von Choltitz, *Un soldat parmi des soldats*, Avignon, Aubanel, 1965, traduction française de son *Soldat unter Soldaten*, Konstanz, 1951.

44. AN 72 AJ 67/4 Marie-Hélène Lefaucheux, « L'évasion de M. Lefaucheux », p. 1.

45. *Ibid.*, p. 1-5.

46. Luc Rudolph (éd.), *Au cœur de la préfecture de Police de la Résistance à la Libération, III. La Libération de Paris*, Paris, LBM, 2011, p. 16-19 ; Robert Gildea, *Marianne in Chains : In Search of the German Occupation, 1940-1945, op. cit.*, p. 289, p. 317-318.

47. AN 72 61/I M. Lassalle, « La Libération de Paris, vue de la plaine Monceau », p. 1-2.

48. Musée de la Résistance nationale Fonds André Tollet, 1.1.1.1. CPL Bureau, procès-verbaux des séances, 37e session (17 août 1944).

49. AN 450 AP 2 Lecompte-Boinet, Journal, août 1944, 19 août 1944, p. 67.

50. AN 72 AJ 42 L'insurrection parisienne, Extrait des souvenirs inédits de Léo Hamon, 18 et 19 août, p. 5-6.

51. CHSP Fonds A. Parodi PA11 Brouillon sur la libération de Paris, p. 4-6 ; *Le Monde*, 24-25 août 1969, récit de Rol-Tanguy.

52. Luc Rudolph (éd.), *Au cœur de la préfecture de police de la Résistance à la Libération, III. La Libération de Paris, op. cit.*, p. 26-28.

53. Francis-Louis Closon, *Le Temps des passions. De Jean Moulin à la Libération, 1943-1944, op. cit.*, p. 228.

54. AN 72 AJ 61/I Libération de Paris. Témoignage de M. Heinemann, 19 avenue de l'Espérance, Bobigny (Seine), n.d (1958), p. 3.

55. AN 7261/I M. Lassalle, « La Libération de Paris, vue de la plaine Monceau », p. 3.

56. AN 72 AJ 62/III « L'insurrection dans le XVIIᵉ », Reportage de Mme Lamontellerie, rue du Capitaine-Lagache, p. 6-11.

57. AN 72 AJ 409/7 Protestation des députés communistes, 20 août 1944, dans le dossier d'Astier de La Vigerie.

58. AN 72 AJ 42 L'insurrection parisienne, Extrait des souvenirs inédits de Léo Hamon, p. 11.

59. *Ibid.*, p. 15.

60. *Ibid.*, p. 17.

61. Centre d'histoire de Sciences Po, Fonds A. Parodi PA 10, Mémoires de Dietrich von Choltitz (1949), *op. cit.*, p. 67-70 ; Fonds A. Parodi PA 11, brouillon sur la libération de Paris, 7, IIb.

62. AN 450 AP 2 Lecompte-Boinet, Journal, août 1944, 20 août 1944, p. 81.

63. *Ibid.*, août 1944, 20 août 1944, p. 74.

64. Musée de la Résistance nationale Fonds André Tollet, 1.1.1.1. CPL Bureau, procès-verbaux des séances, 38ᵉ session (21 août 1944) ; André Tollet, *La Classe ouvrière dans la Résistance, op. cit.*, p. 250-256.

65. Musée de la Résistance nationale Carton 129, Témoignages VII, Georges Marrane, le Comité parisien de la libération (1969), p. 1-3.

66. André Tollet, *La Classe ouvrière dans la Résistance, op. cit.*, p. 245. Eugène Pottier (1816-1887) composa des chants révolutionnaires dont *L'Internationale*.

67. AN 72 61/I M. Lassalle, « La Libération de Paris, vue de la plaine Monceau », p. 4.

68. AN 72 AJ 62/III « L'insurrection dans le XVIIᵉ », Reportage de Mme Lamontellerie, rue du Capitaine-Lagache, p. 11.

69. Musée de la Résistance nationale Fonds André Tollet, 2, Résistance – Après guerre, Rol à Tollet, 21 août 1969 ; Madeleine Riffaud, *On l'appelait Rainer, op. cit.*, p. 146.

70. Philippe Buton, *La Joie douloureuse. La Libération de la France, op. cit.*, p. 87-91.

71. Musée de la Résistance nationale Carton 130, Témoignages VIII, Colonel Rol-Tanguy n.d., p. 2-3 ; Roger Bourderon, *Rol-Tanguy*, *op. cit.*, p. 378.

72. CHSP Fonds A. Parodi, Alexandre de Saint-Phalle, « Rapport concernant la mission plénipotentiaire envoyée auprès du haut commandement allié le mardi 22 août 1944 ».

73. Musée de la Résistance nationale Carton 130, Témoignages VIII, Colonel Rol-Tanguy n.d., p. 2-3 ; Roger Bourderon, *Rol-Tanguy*, *op. cit.*, p. 378.

74. Omar N. Bradley, *A Soldier's Story*, New York, Henry Holt, 1951, p. 392.

75. AN 450 AP 2 Lecompte-Boinet, Journal, août 1944, 24 août 1944, p. 113.

76. Monique Georges, *Le Colonel Fabien était mon père*, *op. cit.*, p. 229-232.

77. AN 72 61/I M. Lassalle, « La Libération de Paris, vue de la plaine Monceau », p. 6.

78. AN 450 AP 2 Lecompte-Boinet, Journal, août 1944, 25 août 1944, p. 109.

79. AM Ivry Fonds Marrane, Guerre, « Allocutions prononcées à l'hôtel de ville le 25 août, lors de la réception du général de Gaulle. »

80. AN 450 AP 2 Lecompte-Boinet, Journal, août 1944, 25 août 1944, p. 128.

81. *Ibid.*, p. 129.

82. CHSP Fonds A. Parodi PA 10 Mémoires de Dietrich von Choltitz (1949), *op. cit.*, p. 99-105.

83. Philippe Buton, *La Joie douloureuse. La Libération de la France*, *op. cit.*, p. 91.

84. Jean-Louis Crémieux-Brilhac, *La France libre : De l'appel du 18 juin à la Libération*, *op. cit.*, p. 903-906.

85. André Tollet, *Ma traversée du siècle. Mémoires d'un syndicaliste révolutionnaire*, *op. cit.*, p. 61.

86. AN 450 AP 2 Lecompte-Boinet, Journal, août 1944, 26 août 1944, p. 137.

87. AN 72 AJ 42 L'insurrection parisienne, Extrait des souvenirs inédits de Léo Hamon, p. 32-34. Henri IV aurait déclaré que « Paris vaut bien une messe ».

88. AD Haute-Garonne 16 J465 Colonel Schneider, « La Colonne légère de Toulouse », n.d., p. 8-18.

89. AN 72 AJ 226 IV/4 Colonel Schneider, « Rapport d'opération du groupement Schneider. 1er sept.-10 nov. 1944 », 29 p., p. 3-17 ; Notes sur le colonel Schneider par le général Bertin-Chevance, 1er fév. 1945.

90. Pearl Witherington Cornioley, *Code Name Pauline. Memoirs of a World War II Special Agent*, op. cit., p. 95-101. Éd. fr. *Pauline : parachutée en 1943, la vie d'un agent du SOE*, op. cit.

91. NA H57/127 Participation des FFI à la libération de la France, 1944. Partie II, p. 523-525 ; Michel Jouhanneau, *L'Organisation de la Résistance dans l'Indre*, Franconville, 1975.

92. AN 72 AJ 67/4 Marie-Hélène Lefaucheux, « L'évasion de M. Lefaucheux », p. 6-16 ; *Lettres de Claire Girard, fusillée par les Allemands le 27 août 1944*, Paris, Roger Lescaret, 1954, p. 13-14.

**Chapitre 15**

1. Maurice Kriegel-Valrimont, *La Libération. Les archives du COMAC (mai-août 1944)*, op. cit., p. 227-228.

2. Cité dans Roger Bourderon, *Rol-Tanguy*, op. cit., p. 460-461 ; entretien avec Cécile Rol-Tanguy par Robert Gildea, Paris, 20 juin 2012.

3. Yves Farge, *Rebelles, soldats et citoyens : Carnet d'un commissaire de la République*, op. cit., p. 213.

4. Entretien dans *Patriote* de Lyon, 9 sept. 1944, cité dans Jean de Lattre, *Histoire de la première armée française. Rhin et Danube*, op. cit., p. 182.

5. Jean de Lattre, *Histoire de la première armée française. Rhin et Danube*, op. cit., p. 181.

6. « Le récit du colonel Ravanel », *L'Express,* 29 mars 1959, extrait de AN 72 AJ 125/II. Voir aussi AN 72 AJ 125/IV, entretien avec Ravanel, 10 sept. 1969 ; Pierre Bertaux, *La Libération de Toulouse et de sa région*, Paris, Hachette, 1973, p. 88-93.

7. AD Haute-Garonne 16 J58 « De Vierzon aux Pyrénées. Le réseau Wheelwright »,10. Starr rentra comme prévu en Grande-Bretagne en avion le 26 sept. 1944.

8. AN 13 AV 58 Entretien avec Serge Ravanel, 26 fév. 1992.

9. AN 13 AV 58 Entretien avec Serge Ravanel, 17 janv. 1992.

10. Serge Ravanel, *L'Esprit de Résistance*, Paris, Seuil, 1995, p. 16.

11. CHSP Témoignages sur la guerre d'Algérie, Entretien avec le général Le Châtelier, fév. 1981, p. 3, p. 10-11.

12. Voir ci-dessus, note 35 du chapitre 6.

13. SHD 16 P 216468 Dossier de Roland Farjon.

14. Claude Monod, *La Région D. Rapport d'activité des maquis de Bourgogne-Franche-Comté*, Saint-Étienne-Vallée-Française, AIOU, 1993, p. 80-81.

15. Monod au lieutenant-colonel Lagarde, 12 déc. 1944, dans Claude Monod, *La Région D. Rapport d'activité des maquis de Bourgogne-Franche-Comté, op. cit.*, p. 107.

16. Entretien avec Max Weinstein, par Robert Gildea, Paris, 24 mai 2012.

17. Monique Georges, *Le Colonel Fabien était mon père, op. cit.*, p. 252-254.

18. AN 72 AJ 73 Résistance étrangère, Renseignements donnés par Jan Gerhard à Mme Kahn, fév. 1963 ; Musée de la Résistance nationale Fonds de l'Amicale des anciens FTP-MOI du bataillon Carmagnole-Liberté, 2, Notes sur l'entretien avec Jeannine Krakus, Paris, 2 oct. 1986 ; Claude Collin, « L'attitude des résistants face aux "libérateurs" américains : un mélange d'admiration et de méfiance », *Annales de l'Est* 44 (1992, n° 2), p. 126-127.

19. Jean de Lattre, *Histoire de la première armée française. Rhin et Danube, op. cit.*, p. 180-182. Voir aussi Claire Miot, « Le retrait des tirailleurs sénégalais de la 1<sup>re</sup> armée française en 1944. Hérésie stratégique, bricolage politique ou conservatisme colonial ? », *Vingtième Siècle* n° 25 (jan.-mars 2015), p. 77-89.

20. Entretien avec Madeleine Riffaud, par Robert Gildea, Paris, 15 avr. 2012.

21. Lettre d'Antonin Cubizolles, Paris, 1984, dans Floriane Benoît et Charles Silvestre (éd.), *Les Inconnus de la Résistance, op. cit.*, p. 19-20.

22. Antoine Béthouart, *Cinq années d'espérance. Mémoires de guerre, 1939-1945, op. cit.*, p. 303-305.

23. Monique Georges, *Le Colonel Fabien était mon père, op. cit.*, p. 268-277, p. 289-290.

24. AN 450 AP 2 Lecompte-Boinet, Journal, août 1944, 27 août 1944, p. 147-148.

25. *Ibid.*, août 1944, 27 août 1944, p. 149-151.

26. *Ibid.*, août 1944, 29 août 1944, p. 168.

27. Léo Hamon, *Vivre ses choix, op. cit.*, p. 227-228 ; AN 6 AV 624 Entretien avec Robert Salmon par Olivier Wieviorka, 7 fév. 1986.

28. *La Marseillaise*, 21 sept. 1945.

29. Henri Frenay, *La Nuit finira*, *Mémoires de Résistance, 1940-1945*, *op. cit.*, p. 460.

30. Emmanuel d'Astier de La Vigerie, *Sept fois sept jours*, *op. cit.*, p. 206-207.

31. AN 450 AP 2 Lecompte-Boinet, Journal, fin 1944, 25 sept. 1944, p. 123.

32. Philippe Viannay, *Du bon usage de la France*, *op. cit.*, p. 152.

33. Pierre-Henri Teitgen, *Faites entrer le témoin suivant, 1940-1958. De la Résistance à la Vᵉ République*, Rennes, Ouest-France, 1988, p. 145, p. 208-238.

34. Jacqueline Sainclivier, « Le pouvoir résistant (été 1944) », dans Philippe Buton et Jean-Marie Guillon, *Les Pouvoirs en France à la Libération*, Paris, Belin, 1994, p. 20-37 ; Philippe Buton, *La Joie douloureuse. La Libération de la France*, *op. cit.*, p. 139-142, p. 145-146.

35. AN 6 AV 624 Entretien avec Robert Salmon, par Olivier Wieviorka, 11 avr. 1986.

36. Francis-Louis Closon, *Commissaire de la République du général de Gaulle*, Paris, Julliard, 1980, p. 19-21, p. 156-163.

37. Robert Gildea, *Marianne in Chains : In Search of the German Occupation, 1940-1945*, *op. cit.*, p. 330-335.

38. Yves Farge, *Rebelles, soldats et citoyens : Carnet d'un commissaire de la République*, *op. cit.*, p. 268.

39. Charles-Louis Foulon, *Le Pouvoir en province à la Libération. Les commissaires de la République*, Paris, FNSP/Armand Colin, 1975, p. 233-234.

40. *Ibid.*, p. 247-257.

41. CHSP Témoignages sur la guerre d'Algérie, Michel Debré, 1981, p. 102 ; Michel Debré, *Refaire la France*, Paris, Plon, 1945, p. 122.

42. Pierre Hervé, *La Libération trahie*, Paris, Grasset, 1945, p. 104-105.

43. Philippe Buton, *La Joie douloureuse. La Libération de la France*, *op. cit.*, p. 175-176.

44. Denise Domenach-Lallich, *Demain il fera beau. Journal d'une adolescente (1939-1944)*, *op. cit.*, p. 39.

45. Pierre Hervé, *La Libération trahie*, *op. cit.*, p. 78 ; AN 13 AV 78 Entretien avec Pierre Hervé par Olivier Wieviorka, 20 déc. 1990.

46. Henri Frenay, *La Nuit finira*, *Mémoires de Résistance, 1940-1945*, *op. cit.*, p. 478 ; Jean-Pierre Levy, *Mémoires d'un franc-tireur. Itinéraire d'un résistant, 1940-1944*, *op. cit.*, p. 136-137.

47. AN 13 AV 68 Entretien avec Claude Bourdet par Olivier Wieviorka, 9 janv. 1987.

48. Martine Pradoux, *Daniel Mayer, un socialiste dans la Résistance*, Paris, Les Éditions ouvrières, 2002, p. 238, p. 244-245.

49. AN 6 AV 624 Entretien avec Robert Salmon par Olivier Wieviorka, mai 1986.

50. AN 6 AV 629 Entretien avec Robert Salmon par Olivier Wieviorka, 20 juin 1986.

51. Francis Crémieux, *Entretien avec Emmanuel d'Astier*, *op. cit.*, p. 132.

52. AN 13 AV 68 Entretien avec Claude Bourdet par Olivier Wieviorka, 9 janv. 1987.

53. Léo Hamon, *Vivre ses choix*, *op. cit.*, p. 220.

54. Mémorial de la Shoah/INA Entretien avec Oscar Rosowsky, 5 juin 2006.

55. Entretien avec Max Weinstein par Robert Gildea, Paris, 24 mai 2012.

56. NA FO 1049/9 Télégramme de Madrid au British Foreign Office, 7 oct. 1944 ; le colonel Pedron au Allied Supreme Headquarters, 17 oct. 1944 ; AD Haute-Garonne 16 J180 Daniel Latapie, Guerrilleros espagnols, Documents vol. 1 (1990), enregistrement d'une conversation entre le général Kœnig et le général Harold Redman du SHAEF, 19 sept. 1944 ; rapport de la DGSS, 10 oct. 1944, état-major des FFI, 16 oct. 1944, US telegram 24 oct. 1944.

57. AN 72 AJ 126/II Haute-Garonne, Témoignage de Daniel Latapie pour Henri Michel, 2 janv. 1976 ; AD Haute-Garonne 16 J139 Sixto Agudo, « Les Résistants espagnols après la Libération », 1976 ; AD Haute-Garonne 16J222, López Tovar, « Autobiographie », p. 106-117.

58. AD Haute-Garonne 16 J222 López Tovar, « Autobiographie », p. 146-149.

59. Mémorial de Caen TE 693 Jacques Filardier, « Peur ne connais pas », manuscrit dactylographié, 1983, p. 10-26.

60. Musée de la Résistance nationale Fonds thématique 111B, Rapport de Niebergall sur une visite des camps de prisonniers, 28 oct. 1944.

61. *Ibid.*, Conférence de presse de la CALPO, 13 nov. 1943.

62. *Ibid.*, Niebergall au général Joinville, 24 nov. 1944.

63. Josie McLellan, *Antifascism and Memory in East Germany : Remembering the International Brigades, 1945-1989*, Oxford, Clarendon Press, 2004, p. 46-48.

64. Louis Gronowski, *Le Dernier Grand Soir. Un Juif de Pologne*, *op. cit.*, p. 200-206.

65. Gavin Bowd, "Romanians in the French Resistance", *French History,* 28/4, (2014), p. 541-559.

66. Artur London, *The Confession*, New York, Morrow, 1970. Éd. fr. *L'Aveu*, Paris, Gallimard, 1972.

67. Josie McLellan, *Antifascism and Memory in East Germany : Remembering the International Brigades, 1945-1989, op. cit.*, p. 57-64.

68. Louis Gronowski, *Le Dernier Grand Soir. Un Juif de Pologne*, *op. cit.*, p. 263-275, p. 289.

69. Musée de la Résistance nationale Fonds de l'Amicale des anciens FTP-MOI du bataillon Carmagnole-Liberté, 2, Notes sur l'entretien avec Jeannine Krakus, Paris, 2 oct. 1986.

70. Jean-Yves Boursier, *La Guerre des partisans dans le Sud-Est de la France, 1942-1944. La 35e brigade FTP-MOI, op. cit.*, p. 146.

71. Mémorial de la Shoah Fonds Anny Latour DLXI-77, Entretien avec Abraham Polonski, n.d., p. 10-13.

72. Jacques Lazarus, *Juifs au combat : Témoignage sur l'activité d'un mouvement de résistance*, Paris, Éditions du Centre, 1947, p. 112-113, p. 149.

73. Guillaume Piketty, *La Bataille des Ardennes. 16 décembre 1944-31 janvier 1945*, Paris, Tallandier, 2013.

74. Tereska Torrès, *Une Française libre. Journal, 1939-1945*, *op. cit.*, p. 311.

75. Mémorial de Caen Fonds Colonel Rémy, 106. Jean Bertin, « Noël 1944 ».

76. NA HS9/1238/1 Dossier Rechenmann.

77. NA HS9/1395/3 Extrait de presse n.d. mais après avril-mai 1945.

78. AN 580 25/3 Fonds Christian Pineau, Robert Shepard, « Le Général Charles Delestraint. La dernière étape », n.d., p. 8-9.

79. AN 450 AP 2 Lecompte-Boinet, Journal, 1945. 27 avr. 1945, p. 133.

80. CHRD Lyon Entretien avec Paulette Sarcey, 22 fév. 2000.

81. CHRD Entretien avec Roger Trugnan, 23 fév. 2000.

82. CHRD Entretien avec Maurice Lubczanski, 12 fév. 1999.

83. AN Z/6/597/5014 Germaine Tillion, Déposition du 31 mai 1946 ; Julien Blanc, *Au commencement de la Résistance. Du côté du musée de l'Homme, 1940-1941*, *op. cit.*, p. 394-398.

84. AN 72 AJ 67/I OCM, Maxime Blocq-Mascart au ministre de l'Intérieur, 30 janv. 1945.

85. AN Z6 NL 475 Roland Farjon, Témoignage d'André Velut, 14 juil. 1945 ; Fernand Lhermitte, 13 juil. 1945 ; Georges Foudrinoy, 14 juil. 1945 ; Madeleine Baumel, n.d. ; rapport du commissaire Descroisettes, 5 nov. 1945.

86. AN 72 AJ 67II OCM, Affaire Farjon, Lettre manuscrite tamponnée du 22 juil. 1945 par le commissaire de police, transmise au ministère de la Justice à Blocq-Mascart, 10 oct. 1945.

87. NA HS9/1406/8 Note sur l'interrogatoire du capitaine Starr, 13 juin 1945.

88. NA HS9/1407/1 Rapport de Miss A.-M. Walters, 18 sept. 1944, p. 3.

89. NA H9/982/4 Buckmaster à M. Walters, 27 janv. 1945.

90. Anne-Marie Walters, *Moondrop to Gascony*, Londres, Macmillan, 1946. Éd. fr. *Parachutée au clair de lune*, traduit de l'anglais par Annie Boulineau, Marseille, Gaussen, 2012.

91. CHRD Entretien avec Jeannette Lubczanski, 12 fév. 1999.

92. Voir ci-dessus, notes 39 à 42 du chapitre 2.

93. AN 6 AV 639 Entretien avec Hélène Viannay par Olivier Wieviorka, 6 mai 1987.

94. Damira Titonel Asperti, *Écrire pour les autres. Mémoires d'une résistante. Les antifascistes italiens en Lot-et-Garonne sous l'Occupation, op. cit.*, p. 64-71.

95. AN 72 AJ 50/III Témoignage de Geneviève de Gaulle, 11 janv. 1957 ; AN 6 AV 521, Entretien avec Geneviève de Gaulle par Olivier Wieviorka, 12 déc. 1986.

96. Geneviève de Gaulle Anthonioz, *La Traversée de la nuit*, Paris, Seuil, 1998.

97. AN 72 AJ 50/II Témoignage de la famille Girard collecté par Mlle Merlat, fév. 1946. Voir ci-dessus, note 38 du chapitre 6 et notes 91-82 du chapitre 14.

98. Anise Postel-Vinay, « Les Exterminations par gaz à Ravensbrück », dans Germaine Tillion, *Ravensbrück*, Paris, Seuil, 1973, annexe 1, p. 305-330 ; Eugen Kogon, Hermann Langbein, Adalbert Rückerl, *Nazi Mass Murder. A Documentary History of the Use of Poison Gas*, New Haven et Londres, Yale University Press, 1993, p. 50-51, p. 186-190 ; Anise Postel-Vinay et Jacques Prévotat, « La Déportation », dans Jean-Pierre Azéma et François Bédarida (éd.), *La France des années noires*, Paris, Seuil, 1993, t. II, p. 429-461.

99. NA HS9 701/1 Susan Heslop au Air Ministry, 14 sept. 1946.

100. NA HS9 356 Pearl Cornioley à Vera Atkins, Air Ministry, 20 oct. 1945.

101. CHRD Lyon Entretien avec Denise Domenach-Lallich, 6 fév. 1996 ; Denise Domenach-Lallich, *Demain il fera beau. Journal d'une adolescente (1939-1944)*, *op. cit.*, p. 39-42.

102. Madeleine Riffaud, *On l'appelait Rainer*, *op. cit.*, p. 153-158, p. 193-197 ; *Les Carnets de Charles Debarge*, éd. Madeleine Riffaud, préface de Charles Tillon, Paris, Éditions sociales, 1951.

103. AN 6 AV 527 Entretien avec Génia Gemähling par Olivier Wieviorka, nov. 1985.

## Conclusion

1. Voir ci-dessus, notes 1 à 10 et notes 24 à 35 du chapitre 15.

2. Voir ci-dessus, notes 1 à 6 de l'introduction.

3. Henri Giraud, *Un seul but, la victoire. Alger, 1942-1944*, Paris, Julliard, 1949, p. 282.

4. Sur les statistiques, voir Stéphane Courtois et Marc Lazar, *Histoire du Parti communiste français, op. cit.*, p. 230, p. 248.

5. Gérard Namer, *La Commémoration en France, 1944-1982*, *op. cit.*, p. 121 ; Entretien avec Cécile Rol-Tanguy par Robert Gildea, Paris, 20 juin 2012.

6. Olivier Wieviorka, *La Mémoire désunie. Le Souvenir politique des années sombres, de la Libération à nos jours, op. cit.*, p. 99-102.

7. AN 72 AJ 87/I Vercors, Fernand Grenier, « Le Vercors les accable », *Les Lettres françaises*, 13 nov. 1947 ; Philippe Barrière, *Histoire et Mémoires de la Seconde Guerre mondiale. Grenoble et ses après-guerre, 1944-1964*, Grenoble, Presses universitaires de Grenoble, 2004, p. 430-431.

8. Abbé Desgranges, *Les Crimes masqués du Résistantialisme*, Paris, L'Élan, 1948, p. 9-16, p. 69-74.

9. Colonel Rémy, « La Justice et l'Opprobre », *Carrefour*, 11 avr. 1950.

10. Jean Cassou, *La Mémoire courte*, *op. cit.*, p. 51.

11. AD Seine-Saint-Denis 261 J 6/5 Affaire Tillon, Rapport du bureau politique présenté au Comité central, 3-4 sept. 1952, par le camarade Léon Mauvais ; CHSP Fonds Tillon CT35, Déclaration de Tillon

au bureau politique, 3 sept. et 14 oct. 1952 ; *L'Humanité*, 4 oct. 1952 ; *Candide*, 24 mai 1962.

12. Charles Tillon, *Un « procès de Moscou » à Paris*, Paris, Seuil, 1971.

13. *La Conférence africaine française, Brazzaville* (30 janvier 1944-8 février 1944), Alger, Commissariat aux Colonies, 1944, p. 27.

14. Raphaëlle Branche, *La Torture et l'armée pendant la guerre d'Algérie, 1954-1962*, Paris, Gallimard, 2001.

15. Voir ci-dessus, note 19 du chapitre 13.

16. Jacques de Bollardière, *Bataille d'Alger, bataille de l'homme*, *op. cit.*, p. 84, p. 98.

17. Jacques Massu, *La Vraie Bataille d'Alger*, Paris, Plon, 1971, p. 225.

18. Jean Toulat, *Combattants de la non-violence. De Lanza del Vasto au général de Bollardière*, *op. cit.*, p. 201-212.

19. Germaine Tillion, *Les Ennemis complémentaires*, Paris, Éditions de Minuit, 1960, p. 151-152.

20. Jacques Soustelle, *L'Espérance trahie*, Paris, Éditions de l'Alma, 1962, p. 8, p. 218.

21. *OAS parle*, Paris, Julliard, 1964, p. 275. Voir aussi Georges Bidault, *D'une Résistance à l'autre*, *op. cit.*, p. 248, p. 283.

22. André Malraux, « Transfert des cendres de Jean Moulin au Panthéon. Discours prononcé à Paris le 19 décembre 1964 », dans *La Politique, la Culture. Discours, articles, entretiens*, Paris, Gallimard, 1996, p. 297.

23. Henry Rousso, *The Vichy Syndrome. History and Memory in France since 1944*, Cambridge, Cambridge University Press, 1991, p. 16-18, p. 303. Éd. or. fr. *Le Syndrome de Vichy : De 1944 à nos jours*, Paris, Seuil, 1987.

24. *Ibid.*, p. 114-115.

25. Voir ci-dessus, notes 7 à 9 de l'introduction.

26. Henri Frenay, *La Nuit finira, Mémoires de Résistance, 1940-1945*, *op. cit.*, ; *L'Énigme Jean Moulin*, *op. cit.*

27. AN 72 AJ 233/II Francis-Louis Closon à Henri Frenay, 13 oct. 1974 ; AN 72 AJ 2217 Entretien avec Christian Pineau par Gilberte Brossolette, 1973.

28. BN Inathèque, *Les Dossiers de l'écran*, 11 oct. 1977, « Jean Moulin, 17 juin 1940-21 juin 1943 ».

29. Daniel Cordier, *Jean Moulin, L'inconnu du Panthéon*, t. I, *op. cit.*, p. 279.

30. Musée de la Résistance nationale Carton 129, Témoignages VIII, Georges Marrane, « Le Comité parisien de la libération », 1969, p. 4.

31. AN 72 AJ 693 *Notre Musée,* 34 (avr.-mai 1969), p. 1-2.

32. André Tollet, *La Classe ouvrière dans la Résistance*, *op. cit.*

33. André Tollet, *Ma traversée du siècle. Mémoires d'un syndicaliste révolutionnaire*, *op. cit.*, p. 97-99.

34. Robert Gildea, James Mark et Niek Pas, "European Radicals and the'Third World' : Imagined Solidarities and Radical Networks, 1958-1973", *Cultural and Social History,* 8/4 (2011), p. 449-472 ; Robert Gildea, James Mark et Anette Warring (éd.), *Europe's 1968. Voices of Revolt*, Oxford, Oxford University Press, 2013, p. 88-103.

35. Entretien avec Tiennot Grumbach par Robert Gildea, Paris, 18 avr. 2008.

36. Pierre Goldman, *Souvenirs obscurs d'un Juif polonais né en France*, Paris, Seuil, 1975, p. 33.

37. *Le Nouvel Observateur*, 29 juin 1970 ; *Le Monde*, 21 et 24 juil. 1970.

38. AD Seine-Saint-Denis 261 J6/5, Boîte I, Dossier 6, PCF bureau fédéral, Aix-en-Provence, au Comité central, 18 juil. 1970 ; *L'Humanité*, 18 juil. 1970.

39. CHSP Fonds Tillon CT 31, Denis Le Dantec à Tillon, 28 sept. 1970, et brouillon de la réponse, n.d.

40. CHSP Fonds Tillon CT 100, Entretien avec Jean-Michel et Alain Krivine pour *Rouge*, oct. 1977 ; Charles Tillon, *On chantait rouge*, *op. cit.*, p. 40 ; CHSP Fonds Tillon CT 100/2, Entretien avec *Histoire Magazine*, 9 oct. 1980.

41. Entretien avec Jean-Pierre Le Dantec par Robert Gildea, Paris, 24 mai 2007.

42. Roger Pannequin, *Ami si tu tombes, op. cit.,* p. 11-13.

43. Annette Wieviorka, *Déportation et Génocide : Entre la mémoire et l'oubli*, Paris, Plon, 1992, p. 136-139.

44. Gaston Laroche-Boris Matline, *On les nommait des étrangers. Les immigrés dans la Résistance*, Paris, Les Éditeurs français réunis, 1965, p. 16.

45. AD Haute-Garonne 16 J47 Note de López Tovar sur l'Amicale des anciens guerrilleros espagnols et Bermejo, 5 mai 1975.

46. Serge Barcellini et Annette Wieviorka, *Passant, souviens-toi ! Les lieux du souvenir de la Seconde Guerre mondiale en France, op. cit.*, p. 279.

47. *La Colonne du capitaine Dronne. Les hommes de* La Nueve *entrent dans Paris le 24 août 1944*, Paris, IME, 2005.

48. Musée de la Résistance nationale Fonds Ouzoulias, Carton 21, Dossier 5, Résistance allemande. Discours d'Ouzoulias, Berlin, 7 sept. 1964.

49. Musée de la Résistance nationale Liquidation OS-FN-FTP, Allemagne, Michel Lissansky à Rouquet, 14 et 15 août 1984 ; Musée de la Résistance nationale « Les Inconnus de la Résistance », p. 170, Michel Lissansky, 15 août 1984 ; Gerhard Leo, *Un Allemand dans la Résistance. Le train pour Toulouse, op. cit.*, p. 260, p. 287.

50. David Knout, *Contribution à l'histoire de la Résistance juive en France, 1940-1944*, Paris, Éditions du Centre, 1947 ; Jacques Lazarus, *Juifs au combat : témoignage sur l'activité d'un mouvement de résistance, op. cit.*

51. Éric Conan et Henry Rousso, *Vichy, un passé qui ne passe pas*, Paris, Fayard, 1994, p. 13, p. 269-273.

52. Claude Lévy et Paul Tillard, *La Grande Rafle du Vél' d'Hiv (16 juillet 1942)*, Paris, Robert Laffont, 1967, préface de Joseph Kessel.

53. Anny Latour, *La Résistance juive en France, 1940-1944*, Paris, Stock, 1970, p. 11

54. David Diamant, *Les Juifs dans la Résistance française, 1940-1944, op. cit.*

55. AD Seine-Saint-Denis 335 J 7 Symposium du 23 novembre 1974.

56. Annette Wieviorka, *Ils étaient juifs, résistants, communistes, op. cit.*

57. SHD Vincennes IKS 60 Urman *35ᵉ brigade, Carmagnole-Liberté, Francs-Tireurs et partisans de la Main-d'œuvre immigrée* (1982) ; entretien avec Léon Landini par Robert Gildea, Bagneux, 20 avr. 2012.

58. SHD Vincennes 19P 31/24 *35ᵉ brigade Marcel-Langer et 3402ᵉ compagnie FTPF*, Toulouse, 1983, n.p.

59. Mémorial de la Shoah Fonds Claude Urman, Commémorations 4.3, *La Dépêche du Midi*, 18 août 1984 ; voir ci-dessous, note 81 de la conclusion.

60. AD Haute-Garonne 16 J272 Extraits de *La Dépêche de Toulouse*, 18 juil. 1985, et *Le Journal de Toulouse,* 22 juil. 1985.

61. Rolande Trempé, « Le Rôle des étrangers MOI et guerrilleros », dans Rolande Trempé (éd.), *La Libération dans le Midi de la France*, Toulouse, Éché, 1986, p. 63-78.

62. Karel Bartosek, René Gallissot, Denis Peschanski (éd.), *De l'exil à la Résistance : réfugiés et immigrés d'Europe centrale en France,*

*1933-1945, op. cit.* ; Stéphane Courtois, Denis Peschanski et Adam Rayski, *Le Sang de l'étranger. Les immigrés de la MOI dans la Résistance*, Paris, Fayard, 1989.

63. Philippe Joutard et François Marcot (éd.), *Les Étrangers dans la Résistance en France*, Besançon, Université de Franche-Comté, 1992 ; Jean-Marie Guillon et Pierre Laborie (dir.), *Mémoire et Histoire : la Résistance, op. cit.*

64. Christine Levisse-Touzé et Stefan Martens (éd.), *Des Allemands contre le nazisme : Oppositions et résistances, 1933-1945*, Paris, Albin Michel, 1997.

65. *Des terroristes à la retraite, Les Dossiers de l'écran*, 2 juil. 1985.

66. *L'Histoire*, 81 (sept. 1985), entretien avec Adam Rayski, p. 98 ; Boris Holban, *Testament. Après quarante-cinq ans de silence le chef des FTP-MOI de Paris parle, op. cit.*

67. Serge Klarsfeld, *Le Mémorial de la déportation des juifs de France*, Paris, chez l'auteur, 1978.

68. Serge Klarsfeld, *Vichy-Auschwitz. Le rôle de Vichy dans la solution finale de la question juive en France, 1943-1944*, 2 vol., Paris, Fayard, 1983-1985.

69. AN BB 30/1892 *Procès Klaus Barbie, 25e audience, 17 juin 1987*, p. 5-6.

70. AN BB 30/1892 *Procès Klaus Barbie, 25e audience, 17 juin 1987*, p. 19.

71. AN BB 30/1893 *Procès Klaus Barbie, 37e audience, 3 juil. 1987*, A 50.

72. AN BB 30/1892 *Procès Klaus Barbie, 23e audience, 15 juin 1987*, p. 36-38.

73. AN BB 30/1891 *Procès Klaus Barbie, 10e audience, 22 mai 1987*, p. 12-24.

74. AN 6 AV 619/1 Entretien avec Robert Salmon par Olivier Wieviorka, 23 déc. 1985.

75. AN 6 AV 521 Entretien avec Hélène Viannay par Olivier Wieviorka, 12 déc. 1986.

76. Sabine Zeitoun, *Ces enfants qu'il fallait sauver*, Paris, France Loisirs, 1990 ; et *L'Œuvre de secours aux enfants*, Paris, L'Harmattan, 1990.

77. Sabine Zeitoun, « Mémoire. Des outils pour la transmission au CHRD de Lyon », *Cahiers d'histoire* 39 (1994), p. 318.

78. AD Seine-Saint-Denis 274 J3 Fonds Andrée Ponty, Décision du secrétaire d'État aux Anciens Combattants, 21 avr. 1975.

79. Musée de la Résistance nationale Liquidation OS-FN-FTP, Pologne, Julia Pirotte, demande du 12 sept. 1971 ; lettre à Gaston Beau, 5 mai 1978.

80. Sandra Fayolle, « Danielle Casanova et les enjeux de mémoire », dans Mechtild Gilzmer, Christine Levisse-Touzé et Stefan Martens, *Les Femmes dans la Résistance en France*, *op. cit.*, p. 357-359.

81. Mémorial de la Shoah Fonds Urman 4.8, *Sud-Ouest. Lot-et-Garonne*, 27 fév. et 2 mars 1987.

82. Lettre d'Antonin Cubizolles, Paris (1984), dans Floriane Benoît et Charles Silvestre (éd.), *Les Inconnus de la Résistance*, *op. cit.*, p. 10, p. 19-20.

83. SHD Vincennes 16 P 445423 Dossier de Colette/Ginette Nirouet.

84. *Les Dossiers de l'écran*, 11 oct. 1977.

85. Lucie Aubrac, « Présence des femmes dans toutes les activités de la Résistance », dans *Actes du colloque « Les Femmes dans la Résistance », tenu à l'initiative de l'Union des femmes françaises*, Paris, Éditions du Rocher, 1977, p. 19-21.

86. Lucie Aubrac, *Ils partiront dans l'ivresse*, *op. cit.*

87. AN 6 AV 520 Entretien de Geneviève de Gaulle Anthonioz avec Olivier Wieviorka, 12 déc. 1986.

88. Guylaine Guidez, *Femmes dans la guerre 4. Femmes résistantes ou le temps du courage*, 18 août 1989, Lavauzelle-Graphic, 2006.

89. Lucie Aubrac, *Cette exigeante liberté. Entretiens avec Corinne Bouchoux*, Paris, L'Archipel, 1997, p. 115, p. 127.

90. BN Inathèque, *Sœurs en résistance*, France 2, 25 oct. 2002.

91. Guy Krivopissko, Christine Levisse-Touzé et Vladimir Trouplin, *Dans l'honneur et par la victoire : Les femmes Compagnons de la Libération*, Paris, Tallandier, 2008, p. 77.

92. Gérard Chauvy, *Aubrac. Lyon 1943*, Paris, Albin Michel, 1997.

93. Un compte rendu fut publié dans *Libération*, 9 juil. 1997. Voir aussi Pierre Péan, *Vie et morts de Jean Moulin*, Paris, Fayard, 1998, p. 659-660 ; Laurent Douzou, *La Résistance française : Une histoire périlleuse*, *op. cit.*, p. 262-272 ; Olivier Wieviorka, *La Mémoire désunie. Le Souvenir politique des années sombres, de la Libération à nos jours*, *op. cit.*, p. 248-251.

94. Laurent Douzou, *Lucie Aubrac*, *op. cit.*

95. Sarah Gensburger, *Les Justes de France. Politiques publiques de la mémoire*, *op. cit.*, p. 53-57.

96. *Ibid.*, p. 66.

97. François Boulet, « Mémoires et histoire de la montagne-refuge du Chambon-sur-Lignon, 1940-1944-1994 », *Cahiers d'Histoire,* 39 (1994), p. 299-316 ; Marianne Ruel Robins, "A Grey Site of Memory : Le Chambon-sur-Lignon and Protestant Exceptionalism on the Plateau Vivarais-Lignon", *Church History,* 82 (2013), p. 317-352 ; Caroline Moorehead, *Village of Secrets*, Londres, *The Spectator*, 2014.

98. Magda Trocmé, Madeleine Barot, Pierre Fayol et Oscar Rosowsky, « Le Mythe du commandant SS protecteur des juifs », *Le Monde juif* n° 130 (avr.-juin 1988), p. 61-66.

99. http ://www.crif.org/fr/lecrifenaction/Allocution-de-Jacques-Chirac-au-Chambon-sur-Lignon-le-8-juillet-20043301

100. Inathèque, *Hommage de la nation aux Justes de France*, France 2, 18 janv. 2007.

101. Jacques Semelin, *Persécutions et entraides dans la France occupée. Comment 75 % des juifs en France ont échappé à la mort*, Paris, Les Arènes-Seuil, 2013, p. 797.

102. Sur les critiques, voir Robert Paxton, "Vichy made it worse", *New York Review of Books*, 6 mars 2004 ; intervention de Renée Poznanski, à l'atelier sur le sauvetage des juifs en Europe occidentale pendant l'Holocauste, Queen Mary University of London, 7 juil. 2014.

103. http://collections.ushmm.org/search/catalog/irn501789

104. Max Weinstein, *Souvenirs, souvenirs*, Nice, Éditions du Losange, 1997.

105. Site Internet : http://www.mrj-moi.com/missions-et-objectifs/statuts/

106. http://www.mrj-moi.com ; entretien avec Max Weinstein par Robert Gildea, Paris, 24 avr. 2012.

107. CHSP Fonds Charles Tillon CT101, Communiqué, 12 janv. 1984.

108. Entretien avec Cécile Rol-Tanguy par Robert Gildea, Paris, 20 juin 2012.

109. *Résistance et Libération. Actes du colloque des 25 mai 1994 et 17 mai 1995*, Paris, Académie de Paris, 1995, p. 23.

110. Éric Jennings, *La France libre fut africaine, op. cit.*, p. 274.

111. Léonard Sah, « Le Cameroun sous mandat français dans la deuxième guerre mondiale », thèse, Université de Provence, 1998, p. 304, citée par Éric Jennings, *La France libre fut africaine, op. cit.*, p. 131.

112. http://rue89.nouvelobs.com/2014/02/21/cameroun-tete-general-leclerc-rouvre-les-plaies-decolonisation-250151

113. https://www.youtube.com/watch ?v=FCfLWaJt_ek

114. Entretien avec Léon Landini par Robert Gildea, Bagneux, 20 avr. 2012.

115. Présentation par Julien Blanc (non publiée), « La Libération : une affaire de famille », au colloque « The Liberation of France : History and Memory », Institut Francais, Londres, le 13 juin 2014.

# Bibliographie

*Sources primaires*

**a) Archives**

(I) Archives départementales de la Haute-Garonne, Toulouse
16J Fonds Daniel Latapie
    29, 179-84 Guerrilleros espagnols
    36, 263 Serge Ravanel
    58 Wheelwright, réseau
    139 Val d'Aran, invasion
    14, 145 Comité « Allemagne libre »
    190-210, 272, 275, 300 Archives de la 35e brigade Marcel-Langer
    222 Vicente López Tovar, « Autobiographie »
    271 Corps franc Pommiès
    465 Colonel Schneider, « La colonne légère de Toulouse »
    5795W574 Police, dossier sur l'assassinat de l'avocat général Lespinasse, 1943

(II) Archives départementales de Seine-Saint-Denis
Archives du Parti communiste français
    229 J Fonds Fernand Grenier
    261 J6 Affaire Tillon, 1952
    274 J3 Fonds Andrée Ponty
    307 J154 Archives de Gaston Plissonnier : délégations du PCF à Londres et Alger, 1943-1944
    314 J7 Fonds Waldeck Rochet
    335 J Fonds David Diamant

(III) Archives municipales, Ivry
Fonds Georges Marrane

(IV) Archives Nationales, Paris
72 AJ Comité d'histoire de la Seconde Guerre mondiale
35-89 Résistance en métropole : mouvements, réseaux,
partis politiques, syndicats
90-209 Résistance en métropole par départements
210-19 Résistance et événements dans l'Empire
220-48 Résistance hors de France et organisation centrale
de la Résistance
Archives privées collectées par le Comité, dont :
408-10 Emmanuel d'Astier de La Vigerie
428-30 Général Catroux
435-60 Général Cochet
518-19 Jean Gemähling
521-4 Henry Ingrand
543-44 Paule Letty-Mouroux (réseau franco-polonais F2)
586-7 Georges Szekeres (Comité d'action et de défense
des immigrés)
588 Comité « Allemagne libre » pour l'Ouest (CALPO)
624-6 Alban Vistel
627 Philippe de Vomécourt
1899-1900 Marcelle Appleton
1923 Jacques Soustelle
2026-7 Henri Frenay
2215-18 Pierre et Gilberte Brossolette
450 AP 1-3 Fonds Lecompte-Boinet
580 AP 25-6, Fonds Christian Pineau
BB30 1891-3 Procès de Klaus Barbie devant la cour d'assises
de Lyon, 11 mai-3 juillet 1987
Z6 Cour de justice du département de la Seine
597/5024 Robert Alesch
NL 475 Roland Farjon

(V) BBC Written Archives, Caversham, French Service
Lettres anonymes de France 1940-1943
Entretien avec des fugitifs civils, 1941-1944

(VI) Bibliothèque de documentation internationale contemporaine (BDIC), Nanterre
BDIC FΔ 2149, Archives de la Cimade

(VII) Bibliothèque nationale, Paris, Inathèque
*Les Dossiers de l'écran*, 11 oct. 1977, « Jean Moulin »
*Les Dossiers de l'écran*, 2 juil. 1985, « Des terroristes à la retraite »
*Sœurs en résistance*, France 2, 25 oct. 2002
*Hommage de la nation aux Justes de France*, France 2, 18 janv. 2007

(VIII) Bibliothèque de la Société de l'histoire du protestantisme français, Paris
DT BAR Archives de Madeleine Barot
DT TRO André Trocmé, Journal [1960]

(IX) Centre de documentation juive contemporaine, Mémorial de la Shoah, Paris
CMXCIV Fonds Abadi
DCLXXXIII Fonds Gilbert Lesage
DLXI Fonds Anny Latour
MDXVIII Fonds Bulawko
Fonds Claude Urman

(X) Centre d'histoire de Sciences Po, Paris
PA 7, 10-11 Fonds Alexandre Parodi
CT3, 31, 100 Fonds Charles Tillon
Témoignages sur la guerre d'Algérie, collectés par Odile Rudelle

(XI) Mémorial de Caen
Fonds colonel Rémy
TE 693 Jacques Filardier, « Peur ne connais pas »

(XII) Musée de l'Ordre de la Libération, Paris
Fichier Bingen

(XIII) Musée de la Résistance nationale, Champigny-sur-Marne
Cartons 124-131 Témoignages

Fonds du bataillon FTP-MOI Carmagnole-Liberté
Fonds David Diamant
Fonds Monique Georges
Fonds Legendre
Fonds Guy Môquet
Fonds Ouzoulias
Fonds Suberville
Fonds Roussel
Fonds André Tollet
Fonds Pierre Villon
Fonds thématique 111B
Liquidation OS-FN-FTP

(XIV) Musée du général Leclerc de Hauteclocque et de la Libération de Paris – Musée Jean Moulin
Fonds Tereska Torrès

(XV) National Archives, Kew
HS9 Dossiers des agents SOE
H57/129 Participation des FFI à la Libération de la France
FO 1049/9 Affaire du val d'Aran

(XVI) Service historique de la Défense, Vincennes
IK 560 Papiers Urman, 35$^e$ brigade Marcel-Langer
16P Dossiers personnels de soldats
19P 31/24 35$^e$ brigade Marcel-Langer

(XVII) Vere Harmsworth Library, Oxford
Stimson Papers

**b) Entretiens enregistrés**

(I) Archives nationales, Paris
a) *Entretiens conduits par Olivier Wieviorka*
6 AV 520-1 Geneviève de Gaulle, 12 déc. 1986, 11 fév. 1995
6 AV 526-7 Génia Gemähling, nov. 1985
6 AV 591 Jacqueline Pardon, 21 janv. 1987
6 AV 619-30 Robert Salmon, 23 déc. 1985-20 juin 1986
6 AV 637-9 Hélène Viannay, 15 sept. 1986, 6 mai 1987

13 AV 67-8 Claude Bourdet, 9 janv. 1987

13 AV 75 André Dewavrin, colonel Passy, 7 juin 1990, 7 avr. 1991

13 AV 78 Pierre Hervé, 20 déc. 1990

b) *Entretiens conduits par Laurent Douzou*

13 AV 89 Lucie Aubrac, 14 mars 1984

13 AV 93 Raymond Aubrac, 21 mars 1984

13 AV 96 Georges Canguilhem, 6 fév. 1985

13 AV 105 Jean-Pierre Vernant, 10 janv. 1985

13 AV 135 Serge Ravanel, 26 fév. 1991

Les archives de Laurent Douzou contiennent la transcription de ces entretiens et d'autres.

c) *Autres entretiens*

13 AV 41-59 Serge Ravanel, 2 avr. 1991-26 fév. 1992

13 AV 60 Germaine Tillion, 13 mars 1990

13 AV 61-3 José Aboulker, 16 mars 1990

16 AV 66 Roger Pannequin, n.d.

(II) Imperial War Museum, Londres
    8270 Entretien avec Harry Rée, 18 janv. 1995

(III) Centre d'histoire de la Résistance et de la Déportation, Lyon
    239 Denise Domenach-Lallich, 6 fév. 1996
    309 Lucie Aubrac, 26 sept. 1996
    318 Jean-Marie Domenach, 16 avr. 1997
    327 Francis Chapochnik, 11 juin 1997
    342 Micheline Altman, 16 juil. 1997
    421 Jeannette Lubczanski, 12 fév. 1999
    422 Maurice Lubczanski, 12 fév. 1999
    438-9 Maurice Najman, 13 avr. 1999
    520 Berthe Weinstein, née Zarnowieck, 21 fév. 2000
    524 Paulette Sarcey, 22 fév. 2000
    527 Roger Trugnan, 23 fév. 2000
    577 Henri Krischer, 6 juil. 2000

(IV) Bibliothèque nationale, Paris, Inathèque
    Oscar Rosowsky, 5 juin 2006

(v) Entretiens réalisés par l'auteur
   Christian de Mondragon, Nantes, 29 avr. 1997
   Jean-Pierre Le Dantec, Paris, 24 mai 2007
   Tiennot Grumbach, Paris, 18 avr. 2008
   Denise Guillaume, Suberville, 14 avr. 2012
   Madeleine Riffaud, Paris, 15 avr. 2012
   Léon Landini, Bagneux, 20 avr. 2012
   Max Weinstein, Paris, 24 avr. 2012
   Bernard Zouckerman, Paris, 26 avr. 2012
   Félicie Weinstein, Sevran, 16 mai 2012
   Cécile Rol-Tanguy, Paris, 20 juin 2012

### Sources secondaires

Abitbol, Michel, *The Jews of North Africa during the Second World War*, Detroit, Wayne State University Press, 1989, p. 59-74. Éd. or. fr. *Les Juifs d'Afrique du Nord sous Vichy*, Paris, CNRS, 2012.

Aboulker, José, *La Victoire du 8 novembre 1942. La Résistance et le débarquement des Alliés à Alger*, Paris, Éditions du Félin, 2012.

Aglan, Alya, « La Résistance », dans Alya Aglan et Jean-Pierre Azéma, *Jean Cavaillès, résistant, ou la pensée en actes*, Paris, Flammarion, 2002.

—, *La Résistance sacrifiée. Le mouvement Libération-Nord*, Paris, Flammarion, 1999.

Alary, Éric, *La Ligne de démarcation, 1940-1944*, Paris, Perrin, 2003, 2010.

Albertelli, Sébastien, *Les Services secrets du général de Gaulle. Le BCRA, 1940-1944*, Paris, Perrin, 2009.

— et Johanna Barasz, « Un résistant atypique : le général Cochet, entre vichysme et gaullisme », *Histoire et Politique*, 5 (mai-juin 2008), www.histoire-politique.fr

Alexander, Martin S., "Dunkirk in military operations, myths and memories" in Robert Tombs, Emile Chabal (éd.), *Britain and France in Two World Wars*, Londres, Bloomsbury, 2013, p. 93-118.

André, Philippe, *La Résistance confisquée ? Les délégués militaires du général de Gaulle à la Libération*, Paris, Perrin, 2013.

Andrieu, Claire, "Women in the French Resistance : Revisiting the Historical Record", *French Politics, Culture and Society*, 18/1 (printemps 2000), p. 13-27.

Ansky, Michel, *Les Juifs d'Algérie. Du décret Crémieux à la Libération,* Paris, Éditions du Centre, 1950.

Aouate, Yves-Claude, « Des patriotes oubliés », dans RHICOJ, *Les Juifs dans la Résistance et la Libération*, Paris, Scribe, 1985.

Aragon, Charles d', *La Résistance sans héroïsme,* Paris, Seuil, 1977.

Ashdown, Paddy, *The Cruel Victory. The French Resistance, D-Day and the Battle for the Vercors, 1944*, Londres, HarperCollins, 2014. Éd. fr. *La Bataille du Vercors : Une amère victoire*, Paris, Gallimard, 2016.

Astier de La Vigerie, Emmanuel d', *Les Dieux et les Hommes, 1943-1944*, Paris, Julliard, 1952.

Astier de La Vigerie, Emmanuel d', *Sept fois sept jours*, Paris, Éditions de Minuit, 1947.

Atkin, Nicholas, *The Forgotten French. Exiles in the British Isles, 1940-1944*, Manchester, Manchester University Press, 2003.

— , « France in Exile : the French Community in Britain, 1940- 1944 », in Martin Conway et José Gotovitch (éd.), *Europe in Exile. European Exiles in Britain, 1940-1945*, Oxford, Berghahn, 2001.

Aubrac, Lucie, *Cette exigeante liberté. Entretiens avec Corinne Bouchoux*, Paris, L'Archipel, 1997.

— , *Ils partiront dans l'ivresse*, Paris, Seuil, 1984.

— , « Présence des femmes dans toutes les activités de la Résistance », dans *Actes du colloque « Les Femmes dans la Résistance », tenu à l'initative de l'Union des femmes françaises*, Paris, Éditions du Rocher, 1977, p. 19-21.

Aubrac, Raymond, *Où la mémoire s'attarde,* Paris, Odile Jacob, 1996.

Azéma, Jean-Pierre, *Jean Moulin : Le politique, le rebelle, le résistant*, Paris, Perrin, 2003.

Barbier, Claude, *Le Maquis des Glières. Mythe et réalité*, Paris, Perrin, 2014.

Barcellini, Serge et Annette Wieviorka, *Passant, souviens-toi ! Les lieux du souvenir de la Seconde Guerre mondiale en France*, Paris, Plon, 1995.

Barr, James, *A Line in the Sand. Britain, France and the Struggle that Shaped the Middle East,* Londres, Simon & Schuster, 2011.

Barrett Litoff, Judy (éd.), *An American Heroine in the French Resistance : The Diary and Memoir of Virginia d'Albert-Lake*, New York, Fordham University Press, 2006.

Barrière, Philippe, *Histoire et Mémoires de la Seconde Guerre mondiale. Grenoble et ses après-guerre, 1944-1964*, Grenoble, Presses universitaires de Grenoble, 2004.

Bartosek, Karel, René Gallissot et Denis Peschanski (éd.), *De l'exil à la Résistance : réfugiés et immigrés d'Europe centrale en France, 1933-1945*, Saint-Denis, Presses universitaires de Vincennes/Arcantère, 1989.

Baumel, Jacques, *Résister. Histoire secrète des années d'Occupation*, Paris, Albin Michel, 1999, Le Livre de poche, 2003.

Bédarida, François, « L'Histoire de la Résistance. Lectures d'hier, chantiers de demain », *Vingtième Siècle*, 11 (juil.-sept. 1986), p. 75-89.

Bédarida, Renée, *Les Armes de l'Esprit. Témoignage Chrétien*, Paris, Éditions ouvrières, 1977.

— , *Pierre Chaillet. Témoin de la Résistance spirituelle*, Paris, Fayard, 1988.

Bell, David Scott, "Politics in Marseille since World War II with Special Reference to the Political Role of Gaston Defferre", D.Phil thesis, University of Oxford, 1978.

Belot, Robert et Gilbert Karpman, *L'Affaire suisse. La Résistance a-t-elle trahi de Gaulle ?*, Paris, Armand Colin, 2009.

Benoît, Floriane et Charles Silvestre (éd.), *Les Inconnus de la Résistance*, Paris, L'Humanité/Messidor, 1984.

Bernay, Sylvie, *L'Église de France face à la persécution des Juifs, 1940-1944*, Paris, CNRS, 2012.

Bertaux, Pierre, *La Libération de Toulouse et de sa région*, Paris, Hachette, 1973.

Béthouart, Antoine, *Cinq années d'espérance. Mémoires de guerre, 1939-1945*, Paris, Plon, 1968.

Bidault, Georges, *D'une Résistance à l'autre*, Paris, Les Presses du siècle, 1965.

Billoux, François, *Quand nous étions ministres*, Paris, Éditions sociales, 1972.

Blanc, Julien, *Au commencement de la Résistance. Du côté du musée de l'Homme, 1940-1941*, Paris, Seuil, 2010.

Blocq-Mascart, Maxime, *Chronique de la Résistance*, Paris, Corrêa, 1945.

Boegner, Philippe (éd.), *Carnets du pasteur Boegner, 1940-1945*, Paris, Fayard, 1992.

Bohec, Jeanne, *La Plastiqueuse à bicyclette*, Paris, Mercure de France, 1975.

Bollardière, Jacques de, *Bataille d'Alger, bataille de l'homme*, Paris et Bruges, Desclée De Brouwer, 1972.

Bolle, Pierre (éd.), *Grenoble et le Vercors. De la Résistance à la Libération*, Grenoble, Presses universitaires de Grenoble, 2003.

Bonnery, Audrey, « La France de la BBC, 1938-1944 », thèse de doctorat, Université de Bourgogne, 2005.

Bonte, Florimond, *Les Antifascistes allemands dans la Résistance*, Paris, Éditions sociales, 1969.

Boris, Georges, *Servir la France. Textes et témoignages*, Paris, Julliard, 1963.

Borras, José, *Histoire de Mauthausen. Les cinq années de déportation des républicains espagnols*, Choisy-en-Brie, La Bochetière, 1989.

« La Bouche de la Vérité ? La recherche historique et les sources orales », *Les Cahiers de l'IHTP*, nº 21 (nov. 1992).

Bouchinet-Serreulles, Claude, *Nous étions faits pour être libres. La Résistance avec de Gaulle et Jean Moulin*, Paris, Grasset, 2000.

Bougeard, Christian et Jacqueline Sainclivier (éd.), *La Résistance et les Français. Enjeux stratégiques et environnement social*, Rennes, Presses universitaires de Rennes, 1995.

Boulet, François, « Mémoires et histoire de la montagne-refuge du Chambon-sur-Lignon, 1940-1944-1994 », *Cahiers d'Histoire*, 39 (1994), p. 299-316.

Bourbault, Guy, Benoît Gauchard et Jean-Marie Muller, *Jacques de Bollardière, Compagnon de toutes les libérations*, Montargis, Non-Violence-Actualité, 1986.

Bourderon, Roger, *Rol-Tanguy*, Paris, Tallandier, 2004.

Bourdet, Claude, *L'Aventure incertaine*, Paris, Stock, 1975.

Boursier, Jean-Yves, *La Guerre des partisans dans le Sud-Est de la France, 1942-1944. La 35e brigade FTP-MOI*, Paris, L'Harmattan, 1992.

Bowd, Gavin, "Romanians in the French Resistance", *French History* (2014), 28/4, p. 541-559.

Bradley, Omar N., *A Soldier's Story*, New York, Henry Holt, 1951. Éd. fr. *Histoire d'un soldat,* traduit de l'américain par Boris Vian, Paris, Gallimard, 1951.

Branche, Raphaëlle, *La Torture et l'armée pendant la guerre d'Algérie, 1954-1962*, Paris, Gallimard, 2001.

Brès, Éveline et Yvan, « Des Allemands maquisards dans les Cévennes des camisards », dans Philippe Joutard, Jacques Poujol, Patrick Cabanel (éd.), *Cévennes, terre de refuge, 1940-1944*, Montpellier, Les Presses du Languedoc, 1987, p. 91-97.

Broche, François et Jean-François Muracciole (éd.), *Dictionnaire de la France libre*, Paris, Robert Laffont, 2010.

Brosset, Diego, *Carnets de guerre, correspondance et notes (1939-1944)*, dans Guillaume Piketty (éd.), *Français en Résistance. Carnets de guerre, correspondances, journaux personnels*, Paris, Robert Laffont, 2009, p. 103-416.

Brossolette, Pierre, « Lettres à son épouse (1939-1943) », dans Guillaume Piketty (éd.), *Français en Résistance. Carnets de guerre, correspondances, journaux personnels*, Paris, Robert Laffont, 2009.

Brower, Daniel, *The New Jacobins : The French Communist Party and the Popular Front*, Ithaca, New York, Cornell University Press, 1968.

Brunet de Sairigné, Gabriel, « Carnets et lettres, 1940-1945 », dans Guillaume Piketty (éd.), *Français en Résistance. Carnets de guerre, correspondances, journaux personnels*, Paris, Robert Laffont, 2009.

Buckmaster, Maurice, *They Fought Alone. The Story of British Agents in France*, Londres, Odhams Press, 1958.

Burrin, Philippe, *Hitler and the Jews*, Londres, Edward Arnold, 1994. Éd. fr. *Hitler et les Juifs : genèse d'un génocide*, Paris, Seuil, 1995.

— , *Living with Defeat. France under the German Occupation, 1940-1944*, Londres, Arnold, 1996. Éd. or. fr. *La France à l'heure allemande : 1940-1944*, Paris, Seuil, 1995.

Buton, Philippe, *La Joie douloureuse. La Libération de la France*, Paris, Complexe, 2004.

Cabanel, Patrick, *Histoire des Justes en France*, Paris, Armand Colin, 2012.

Calmette, Arthur, *L'OCM. Organisation civile et militaire. Histoire d'un mouvement de résistance de 1940 à 1946*, Paris, PUF, 1961.

Cantier, Jacques, *L'Algérie sous le régime de Vichy*, Paris, Odile Jacob, 2002.

Carr, E. H., *The Comintern and the Spanish Civil War*, New York, Pantheon Books, 1984.

Carré, Mathilde, *I was "the Cat"*, Londres, Souvenir Press, 1960. Éd. or. fr. *J'ai été « La Chatte »*, Paris, Morgan, 1959.

Carrel, André, *Mes humanités. Itinéraire d'un homme engagé*, Paris, L'Œil d'Or, 2009.

Cassou, Jean, *La Mémoire courte*, 1953, Paris, Mille et Une Nuits, 2001.

— , *Une vie pour la liberté*, Paris, Robert Laffont, 1981.

Catroux, Georges, *Deux actes du drame indochinois. Hanoi : juin 1940. Diên Biên Phu : mars-mai 1954*, Paris, Plon, 1959.

Chambrun, Gilbert de, *Journal d'un militaire d'occasion*, Avignon, Aubanel, 1982.

Chambrun, René de (éd.), *France during the German Occupation, 1940-1944*, 3 vol., Stanford, Hoover Institution, 1958.

Chauvy, Gérard, *Aubrac. Lyon 1943*, Paris, Albin Michel, 1997.

Choltitz, Dietrich von, *Un soldat parmi des soldats*, Avignon, Aubanel, 1965, traduction de *Soldat unter Soldaten*, Konstanz, 1951.

Churchill, Winston, *The Second World War*, 6 vol., Londres, Cassell, 1948-1954. Éd. fr. *Mémoires de guerre*, Paris, Tallandier, 2013.

Clark, Mark, *Calculated Risk*, New York, Harper & Brothers, 1950.

Clayton, Anthony, *France, Soldiers and Africa*, Londres, Brassey's Defence Publishers, 1988. Éd. fr. *Histoire de l'armée française en Afrique, 1830-1962*, Paris, Albin Michel, 1994.

Clément, Jean-Louis, *Les Évêques au temps de Vichy. Loyalisme sans inféodation. Les relations entre l'Église et l'État de 1940 à 1944*, Paris, Beauchesne, 1999.

— , *Monseigneur Saliège, archevêque de Toulouse*, Paris, Beauchesne, 1994.

Clifford, Rebecca, *Commemorating the Holocaust : Dilemmas of Remembrance in France and Italy*, Oxford, Oxford University Press, 2013.

Closon, Francis-Louis, *Commissaire de la République du général de Gaulle*, Paris, Julliard, 1980.

— , *Le Temps des passions. De Jean Moulin à la Libération, 1943-1944*, Paris, Presses de la Cité, 1974.

Cohen, Asher, *Persécutions et sauvetages. Juifs et français sous l'Occupation et sous Vichy*, Paris, Cerf, 1993.

Cointet, Jean-Paul, *La Légion française des combattants. La tentation du fascisme*, Paris, Albin Michel, 1995.

Cointet, Michèle, *Pétain et les Français, 1940-1951*, Paris, Perrin, 2002.

Collin, Claude, *Carmagnole et Liberté. Les étrangers dans la Résistance en Rhône-Alpes*, Grenoble, Presses universitaires de Grenoble, 2000.

— , « L'Attitude des résistants face aux "libérateurs" américains : Un mélange d'admiration et de méfiance », *Annales de l'Est*, 44/2 (1992), p. 119-128.

*La Colonne du capitaine Dronne. Les hommes de* La Nueve *entrent dans Paris le 24 août 1944*, Paris, IME, 2005.

Comor, André-Paul (éd.), *Les Carnets du lieutenant-colonel Brunet de Sairigné*, Paris, Nouvelles Éditions latines, 1990.

— , *L'Épopée de la 13ᵉ demi-brigade de la Légion étrangère, 1940-1945*, Paris, Nouvelles Éditions latines, 1988.

Comte, Bernard, *Une utopie combattante : L'École des cadres d'Uriage, 1940-1942*, Paris, Fayard, 1991.

— , Jean-Marie Domenach, Christian Rendu et Denise Rendu (éd.), *Gilbert Dru. Un chrétien résistant*, Paris, Beauchesne, 1998.

Comte, Madeleine, « L'abbé Glasberg au secours des Juifs », dans Christian Sorrel (éd.), *Alexandre Glasberg, 1902-1981. Prêtre, résistant, militant*, coll. « Chrétiens et Sociétés », Documents et Mémoires nᵒ 19, Lyon, 2013.

Conan, Éric et Henry Rousso, *Vichy, un passé qui ne passe pas*, Paris, Fayard, 1994.

*La Conférence africaine française, Brazzaville* (30 janvier 1944- 8 février 1944), Alger, Commissariat aux Colonies, 1944.

Conway, Martin et José Gotovitch (éd.), *Europe in Exile. European Exiles in Britain, 1940-1945*, Oxford, Berghahn, 2001.

Cordier, Daniel, *Alias Caracalla. Mémoires, 1940-1943*, Paris, Gallimard, 2009.

— , *Jean Moulin, L'inconnu du Panthéon*, 3 vol., Paris, Lattès, 1989-1993.

— , *Jean Moulin. La République des catacombes*, Paris, Gallimard, 1999.

Courtois, Stéphane, *Le PCF dans la guerre. De Gaulle, la Résistance, Staline*, Paris, Ramsay, 1980.

— et Marc Lazar, *Histoire du Parti communiste français*, 2ᵉ éd., Paris, PUF, 2000.

— , Denis Peschanski et Adam Rayski, *Le Sang de l'étranger. Les immigrés de la MOI dans la Résistance*, Paris, Fayard, 1989.

Crémieux, Francis, *Entretien avec Emmanuel d'Astier*, Paris, Belfond, 1966.

Crémieux-Brilhac, Jean-Louis, *Georges Boris. Trente ans d'influence. Blum, de Gaulle, Mendès France*, Paris, Gallimard, 2010.

— , *Les Français de l'an 40*, t. I. : *La guerre oui ou non ?*, Paris, Gallimard, 1990.

— , *La France libre. De l'appel du 18 juin à la Libération*, Paris, Gallimard, 1996.

— , « La Bataille des Glières et la Guerre psychologique », *RHDGM*, 99 (1975), p. 45-72.

— (éd.), *Les Voix de la liberté : Ici Londres, 1940-1944*, 5 vol., Paris, La Documentation française, 1975-1976.

Cukier, Simon, Dominique Decèze, David Diamant et Michel Grojnowski, *Juifs révolutionnaires*, Paris, Messidor, 1987.

Curatolo, Bruno et François Marcot, *Écrire sous l'Occupation. Du non-consentement à la Résistance. France-Belgique-Pologne,* Rennes, Presses universitaires de Rennes, 2011.

Dahlem, Franz, *Am Vorabend des zweiten Weltkrieges*, Berlin, Dietz Verlag, 1977.

Dalloz, Pierre, *Vérités sur le drame du Vercors*, Paris, Fernand Lanore, 1979.

Debré, Michel, *Refaire la France*, Paris, Plon, 1945.

— , *Trois Républiques pour une France. Mémoires I. Combattre*, Paris, Albin Michel, 1984.

Delestre, Antoine, *Uriage, une communauté et une école dans la tourmente, 1940-1945*, Nancy, Presses universitaires de Nancy, 1989.

Delpla, Claude, « Les origines des guerrilleros espagnols dans les Pyrénées (1940-1943) », dans Jean Ortiz (éd.), *Rouges*

*Maquis de France et d'Espagne*, Biarritz, Atlantica, 2006, p. 163-173.

Denis, Henri, *Le Comité parisien de la libération*, Paris, PUF, 1963.

Desgranges, Abbé, *Les Crimes masqués du Résistantialisme*, Paris, L'Élan, 1948.

Diamant, David, *250 combattants de la Résistance racontent*, Paris, L'Harmattan, 1991.

— , *Combattants juifs dans l'Armée républicaine espagnole*, Paris, Le Pavillon, 1971.

— , *Les Juifs dans la Résistance française, 1940-1944. Avec armes et sans armes*, Paris, Le Pavillon, 1971.

Diamond, Hanna, *Fleeing Hitler : France 1940*, Oxford, Oxford University Press, 2007.

Dombrowski Risser, Nicole, *France under Fire : German Invasion, Civilian Flight, and Family Survival during World War II*, Cambridge, Cambridge University Press, 2012.

Domenach, Jean-Marie et Denise Rendu, « Une vie », dans Bernard Comte, Jean-Marie Domenach, Christian Rendu et Denise Rendu (éd.), *Gilbert Dru. Un chrétien résistant*, Paris, Beauchesne, 1998, p. 59-127.

Domenach-Lallich, Denise, *Demain il fera beau. Journal d'une adolescente (1939-1944)*, Lyon, BGA Permazel, 2001.

Dommanget, Maurice, *Histoire du premier mai*, Paris, Société universitaire d'édition et de librairie, 1953.

Douzou, Laurent, « La Résistance à Lyon (1940-1944) », colloque *Lyon dans la Seconde Guerre mondiale : Villes et métropoles à l'épreuve du conflit*, Lyon, 6-7 novembre 2013.

— , *La Désobéissance : histoire du mouvement Libération-Sud*, Paris, Odile Jacob, 1995.

— , *Lucie Aubrac*, Paris, Perrin, 2009.

— , *La Résistance française : Une histoire périlleuse*, Paris, Seuil, 2005.

— , « La Résistance, une affaire d'hommes ? », *Les Cahiers de l'IHTP*, n° 31 (oct. 1995).

— (éd.), « Notes de prison de Bertrande d'Astier de La Vigerie (15 mars-4 avril 1941) », *Les Cahiers de l'IHTP*, n° 25 (oct. 1993).

— (éd.), *Faire l'histoire de la Résistance*, Rennes, Presses universitaires de Rennes, 2010.

— (éd.), « Souvenirs inédits d'Yvon Morandat », *Les Cahiers de l'IHTP*, n° 29 (sept. 1994).

— , Robert Frank, Denis Peschanski et Dominique Veillon (éd.), *La Résistance et les Français : Villes, centres et logiques de décision*, Paris, IHTP, 1995.

— et Dominique Veillon, « La résistance des mouvements : ses débuts dans la région lyonnaise (1940-1942) », dans Jean-Marie Guillon et Pierre Laborie (dir.), *Mémoire et Histoire : la Résistance*, Toulouse, Privat, 1995.

Dreyfus-Armand, Geneviève, « Les Espagnols dans la Résistance : incertitudes et spécificités », dans Jean-Marie Guillon et Pierre Laborie (dir.), *Mémoire et Histoire : la Résistance*, Toulouse, Privat, 1995.

— , *L'Exil des républicains espagnols en France. De la guerre civile à la mort de Franco*, Paris, Albin Michel, 1999.

— et Émile Temine, *Les Camps sur la plage. Un exil espagnol*, Paris, Autrement, 1995.

Dronne, Raymond, *Carnets de route d'un croisé de la France libre*, Paris, France-Empire, 1984.

Drouin, François et Philippe Joutard (éd.), *Monseigneur Théas, évêque de Montauban, les Juifs, les Justes*, Toulouse, Privat, 2003.

Ducerf, Laurent, *François de Menthon. Un catholique au service de la République, 1900-1984*, Paris, Cerf, 2006.

Eisenhower, Dwight D., *Crusade in Europe*, Londres, Heinemann, 1948. Éd. fr. *Croisade en Europe*, Paris, Nouveau monde Éditions, 2013.

Elliott, Geoffrey, *The Shooting Star. Denis Rake, MC, a Clandestine Hero of the Second World War*, Londres, Methuen, 2009.

Faivre, Mario, *Nous avons tué Darlan. Alger 1942*, Paris, La Table Ronde, 1975.

Farge, Yves, *Rebelles, soldats et citoyens : Carnet d'un commissaire de la République*, Paris, Grasset, 1946.

Fayolle, Sandra, « Danielle Casanova et les enjeux de mémoire », dans Mechtild Gilzmer, Christine Levisse Touzé et Stefan Martens, *Les Femmes dans la Résistance en France*, Paris, Tallandier, 2003.

Ferrières, Gabrielle, *Jean Cavaillès. Un philosophe dans la guerre, 1903-1944*, Paris, Seuil, 1982.

Ferro, Marc, *Pétain*, Paris, Hachette, 1993.

Florentin, Eddy, *Quand les Alliés bombardaient la France, 1940-1945*, Paris, Perrin, 1997.

Foot, M. R. D., *SOE in France. An Account of the Work of the Special Operations Executive in France, 1940-1944*, Londres, HMSO, 1966, 2ᵉ édition, Frank Cass, 2004.

Foulon, Charles-Louis, *Le Pouvoir en province à la Libération. Les commissaires de la République*, Paris, FNSP/Armand Colin, 1975.

Frenay, Henri, *L'Énigme Jean Moulin*, Paris, Robert Laffont, 1977.

— , *La nuit finira*, Mémoires de Résistance, 1940-1945, Paris, Robert Laffont, 1973.

Fumet, Stanislas, *Histoire de Dieu dans ma vie. Souvenirs choisis*, Paris, Fayard/Mame, 1978.

Funk, Arthur Layton, *Charles de Gaulle. The Crucial Years, 1943-1944*, Norman, University of Oklahoma Press, 1959.

— , *Hidden Ally. The French Resistance, Special Operations and the Landings in Southern France, 1944*, New York, Greenwood Press, 1992.

— , *The Politics of Torch. The Allied landings and the Algiers Putsch, 1942*, Lawrence, University Press of Kansas, 1974.

Gamzon, Denise R., *Mémoires,* Jerusalem, 1997.

Garbit, François, *Dernières lettres d'Afrique et du Levant (1940-1941)*, Saint-Maur-des-Fossés, Éditions Sépia, 1999.

Garrado, Fabien, « Les "Mémoires" du général Luis Fernández, chef de la Agrupación de los Guerrilleros Españoles », dans Jean Ortiz (éd.), *Rouges. Maquis de France et d'Espagne*, Biarritz, Atlantica, 2006, p. 193-209.

Gaulle Anthonioz, Geneviève de, *La Traversée de la nuit*, Paris, Seuil, 1998.

Gaulle, Charles de, *Discours et messages*, t. I : *Pendant la guerre, 1940-1946*, Paris, Plon, 1970.

— , *Lettres, notes et carnets, 1905-1918*, éd. Philippe de Gaulle, Paris, Plon, 1981.

— , *Mémoires de guerre*, 3 vol., Paris, Plon, 1954-1959.

Gensburger, Sarah, *Les Justes de France. Politiques publiques de la mémoire*, Paris, Les Presses de Sciences Po, 2010.

Georges, Monique, *Le colonel Fabien était mon père*, Paris, Mille et Une Nuits, 2009.

Germain, Marie-Odile (éd.), *Stanislas Fumet ou la Présence au temps,* Paris, Cerf/BNE, 1999.

Gilbert, Martin, *Winston S. Churchill, VI. Finest Hour, 1939-1941*, Londres, Heinemann, 1983.

Gildea, Robert, *Children of the Revolution. The French, 1799-1914*, Londres, Penguin, 2008.

— , *Marianne in Chains : In Search of the German Occupation, 1940-1945*, Londres, Macmillan, 2002.

— , « Lettres de correspondants français à la BBC (1940-1943). Une pénombre de la Résistance », *Vingtième Siècle*, 125 (janv.-mars 2015), p. 61-76.

— , "Myth, Memory and Policy in France since 1945", in Jan-Werner Müller, *Memory and Power in Postwar Europe*, Cambridge, Cambridge University Press, 2002.

— , "Resistance, Reprisals and Community in Occupied France", *TRHS*, 13 (2003).

— , James Mark et Niek Pas, "European Radicals and the'Third World' : Imagined Solidarities and Radical Networks, 1958-1973", *Cultural and Social History*, 8/4 (2011), p. 449-472.

— , James Mark et Anette Warring (éd.), *Europe's 1968. Voices of Revolt*, Oxford, Oxford University Press, 2013.

Gillois, André, *Ce siècle avait deux ans. Mémoires*, Paris, Mémoire du Livre, 2002.

Girard, Christian, *Journal de guerre, 1939-1945*, Paris, L'Harmattan, 2000.

Girard, Claire, « Lettres (1939-1944) », dans Guillaume Piketty (éd.), *Français en Résistance. Carnets de guerre, correspondances, journaux personnels*, Paris, Robert Laffont, 2009.

— , *Lettres de Claire Girard, fusillée par les Allemands le 27 août 1944*, Paris, Roger Lescaret, 1954.

Giraud, Henri, *Un seul but, la victoire. Alger, 1942-1944*, Paris, Julliard, 1949.

Godineau, Dominique, *The Women of Paris and their French Revolution*, Berkeley, University of California Press, 1998. Éd. or. fr. *Citoyennes tricoteuses : les femmes du peuple à Paris pendant la Révolution française*, Aix-en-Provence, Alinéa, 1988.

Goldman, Pierre, *Souvenirs obscurs d'un Juif polonais né en France*, Paris, Seuil, 1975.

Gossman, Lionel, *André Maurois (1885-1967) : Fortunes and Misfortunes of a Moderate*, New York, Palgrave Macmillan, 2014.

Gourfinkel, Nina, *Aux prises avec mon temps*. t. II : *L'Autre Patrie*, Paris, Seuil, 1953.

— , *Théâtre russe contemporain*, Paris, La Renaissance du livre, 1931.

Granet, Marie, *Ceux de la Résistance, 1940-1944*, Paris, Éditions de Minuit, 1964.

— , *Cohors-Asturies : Histoire d'un réseau de résistance, 1942-1944*, Bordeaux, Édition des Cahiers de la Résistance, 1974.

— , *Défense de la France : Histoire d'un mouvement de résistance, 1940-1944*, Paris, PUF, 1960.

Grenier, Fernand, *C'était ainsi. Souvenirs*, Paris, Éditions sociales, 1959.

Gronowski, Louis, *Le Dernier Grand Soir. Un Juif de Pologne*, Paris, Seuil, 1980.

Groult, Benoîte et Flora, *Journal à quatre mains*, Paris, Denoël, 1962.

Grynberg, Anne, *Les Camps de la honte. Les internés juifs dans des camps français*, Paris, La Découverte, 1991.

Guidez, Guylaine, *Femmes dans la guerre, 4. Femmes résistantes ou le temps du courage*, Lavauzelle-Graphic, 2006.

Guillon, Jean-Marie, *La Libération du Var. Résistance et nouveaux pouvoirs*, Paris, Centre national de la recherche scientifique/IHTP, 1990.

— , «Les Manifestations ménagères. Protestation populaire et résistance feminine spécifique», dans Mechtild Gilzmer, Christine Levisse-Touzé et Stefan Martens, *Les Femmes dans la Résistance en France*, Paris, Tallandier, 2003, p. 107-133.

— et Pierre Laborie (éd.), *Mémoire et Histoire : la Résistance*, Toulouse, Privat, 1995.

Guldenstadt, Christiane, *Les Femmes dans la Résistance*, Herbolzheim, Centaurus Verlag, 2006.

Hamon, Léo, *Vivre ses choix*, Paris, Robert Laffont, 1991.

Hellman, John, *The Knight-Monks of Vichy. Uriage, 1940-1945*, Montréal et Kingston, McGill-Queens University Press, 1993.

Hervé, Pierre, *La Libération trahie*, Paris, Grasset, 1945.

Hinze, Sybille, *Antifascisten im Camp Le Vernet*, Berlin, Militärverlag des Deutschen Demokratischen Republik, 1988.

Hobsbawm, Eric et T. O. Ranger (éd.), *The Invention of Tradition*, Cambridge, Cambridge University Press, 1983.

Holban, Boris, *Testament. Après quarante-cinq ans de silence le chef des FTP-MOI de Paris parle*, Paris, Calmann-Lévy, 1989.

Hostache, René, *Le Conseil national de la Résistance*, Paris, PUF, 1958.

Hufton, Olwen, "Women in Revolution", *Past and Present*, vol. 53 (1971).

Hull, Cordell, *Memoirs II*, New York, Macmillan, 1948.

Humbert, Agnès, *Resistance. Memoirs of Occupied France*, 1946, Londres, Bloomsbury, 2009. Éd. or. fr. *Notre guerre. Souvenirs de Résistance : Paris 1940-1941, le bagne, occupation en Allemagne*, Paris, Tallandier, 2004.

Huntingdon, William A., *The Assassination of Jacques Lemaigre Dubreuil. A Frenchman between France and North Africa*, Londres et New York, Routledge Curzon, 2005.

Irvine, William, "Fascism and the Strange Case of the Croix-de-Feu", *Journal of Modern History*, 63 (1991).

Jackson, Julian, *The Fall of France : The Nazi Invasion of 1940*, Oxford, Oxford University Press, 2003.

— , *France. The Dark Years, 1940-1944*, Oxford, Oxford University Press, 2001. Éd. fr. *La France sous l'Occupation (1940-1944)*, Paris, Flammarion, 2013.

— , *The Popular Front in France : Defending Democracy, 1934-1938*, Cambridge, Cambridge University Press, 1988.

Jackson, Michael, *Fallen Sparrows : the International Brigades in the Spanish Civil War*, Philadelphia, American Philosophical Society, 1994.

Jacques, André, *Madeleine Barot. Une indomptable énergie*, Paris, Cerf/Labor et Fides, 1989.

Jennings, Éric, *La France libre fut africaine*, Paris, Perrin, 2014.

Joseph, Gilbert, *Combattant du Vercors*, Paris, Fayard, 1972.

Jouan, Cécile, *Comète, histoire d'une ligne d'évasion*, Furnes, Éditions du Beffroi, 1948.

Jouhanneau, Michel, *L'Organisation de la Résistance dans l'Indre*, Franconville, 1975.

Joutard, Philippe et François Marcot (éd.), *Les Étrangers dans la Résistance en France*, Besançon, Université de Franche-Comté, 1992.

Joxe, Louis, *Victoires sur la Nuit, 1940-1946. Mémoires*, Paris, Flammarion, 1981.

Juin, Alphonse, *Mémoires*, t. I, Paris, Fayard, 1959.

Kedward, H. R., *In Search of the Maquis. Rural Resistance in Southern France, 1942-1944*, Oxford, Clarendon Press, 1993. Éd. fr. *À la recherche du maquis : la Résistance dans le Sud de la France*, Paris, Cerf, 1999.

— , *Resistance in Vichy France : A Study of Ideas and Motivation in the Southern Zone, 1940-1942*, Oxford, Oxford University Press, 1978.

— , "Ici commence la France libre", in H. R. Kedward et Nancy Wood, (éd.), *The Liberation of France. Image and Event*, Oxford, Berg, 1995, p. 1-11.

— , "The Maquis and the Culture of the Outlaw", in H. R. Kedward et Roger Austin (éd.), *Vichy France and the Resistance. Culture and Ideology*, Londres et Sydney, Croom Helm, 1985, p. 232-251.

Kennedy, Sean, *Reconciling France against Democracy : the Croix-de-Feu and the Parti social francais, 1927-1945*, Montreal, McGill-Queen's University Press, 2007.

Kessel, Joseph, *L'Armée des ombres*, Paris, Plon, 1963.

Kimball, Warren F. (éd.), *Churchill and Roosevelt : The Complete Correspondence*, Princeton, Princeton University Press, 1984.

Kitson, Simon, "Criminals or Liberators ? French Public Opinion and the Allied Bombing of France, 1940-1945", in Claudia Baldoni, Andrew Knapp et Richard Overy (éd.), *Bombing, States and peoples in Western Europe, 1940-1945*, Londres et New York, Continuum, 2011, p. 279-290.

Klarsfeld, Serge, *Le Mémorial de la déportation des juifs de France*, Paris, chez l'auteur, 1978.

— , *Vichy-Auschwitz. Le rôle de Vichy dans la solution finale de la question juive en France, 1943-1944*, 2 vol., Paris, Fayard, 1983-1985.

Knapp, Andrew, *Les Français sous les bombes alliées, 1940-1945*, Paris, Tallandier, 2014.

Knout, David, *Contribution à l'histoire de la Résistance juive en France, 1940-1944*, Paris, Éditions du Centre, 1947.

Koestler, Arthur, *Scum of the Earth*, Londres, Jonathan Cape, 1941. Éd. fr. *La lie de la terre*, Paris, Charlot, 1946, Calmann-Lévy, 2013.

Kogon, Eugen, Hermann Langbein et Adalbert Rückerl, *Nazi Mass Murder. A Documentary History of the Use of Poison Gas*, New Haven et Londres, Yale University Press, 1993. Éd. fr. *Les Chambres à gaz. Secret d'État*, Paris, Seuil, 1987.

Kolko, Gabriel, *The Politics of War. Allied Diplomacy and the World Crisis of 1943-1945*, Londres, Weidenfeld & Nicolson, 1969.

Kriegel, Annie, *The French Communists : Profile of a People*, Chicago et Londres, University of Chicago Press, 1972. Éd. or. fr. *Les Communistes français, 1920-1970*, Paris, Seuil, 1968.

— avec Olivier Biffaud, *Mémoires rebelles*, Paris, Odile Jacob, 1999.

Kriegel-Valrimont, Maurice, *La Libération. Les archives du COMAC (mai-août 1944)*, Paris, Éditions de Minuit, 1964.

Krivopissko, Guy, Christine Levisse-Touzé et Vladimir Trouplin, *Dans l'honneur et par la victoire : Les femmes Compagnons de la Libération*, Paris, Tallandier, 2008.

Kupferman, Fred, *Le Procès de Vichy. Pucheu, Pétain, Laval*, Bruxelles, Complexe, 1980.

Laborie, Pierre, *Le Chagrin et le Venin. La France sous l'Occupation, mémoires et idées reçues*, Montrouge, Bayard, 2011.

— , *L'Opinion française sous Vichy*, Paris, Seuil, 1990.

— , « L'Idée de Résistance. Entre définition et sens. Retour sur un questionnement », dans *Les Français des années troubles*, Paris, Seuil, coll. « Points », 2003.

— , « Qu'est-ce que la Résistance ? », dans François Marcot, Bruno Leroux et Christine Levisse-Touzé (éd.), *Dictionnaire historique de la Résistance*, Paris, Robert Laffont, 2006, p. 29-38.

Lacouture, Jean, *De Gaulle*, t. I : *Le rebelle, 1890-1944*, Paris, Seuil, 1990.

Lagarde, Paul de, *En suivant Leclerc*, Paris, Au fil d'Ariane, 1964.

Lamazères, Greg, *Marcel Langer. Une vie de combats. Juif, communiste, résistant et guillotiné*, Toulouse, Privat, 2003.

Lapie, Pierre-Olivier, *La Légion étrangère à Narvik*, Londres, John Murray, 1941.

Laroche, Gaston [Boris Matline], *On les nommait des étrangers. Les immigrés dans la Résistance*, Paris, Les Éditeurs français réunis, 1965.

Latour, Anny, *La Résistance juive en France, 1940-1944*, Paris, Stock, 1970.

Lattre, Jean de, *Histoire de la première armée française. Rhin et Danube*, Paris, Plon, 1949.

— , *Ne pas subir. Écrits 1914-1952*, Paris, Plon, 1984.

Lazare, Lucien, *L'Abbé Glasberg*, Paris, Cerf, 1990.

Lazarus, Jacques, « Sous le drapeau bleu-blanc », dans RHICOJ, *Les Juifs dans la Résistance et la Libération*, Paris, Scribe, 1985.

Le Crom, Jean-Pierre, *Au secours, Maréchal ! L'instrumentalisation de l'humanitaire, 1940-1944*, Paris, PUF, 2013.

— , *Syndicats nous voilà. Vichy et le corporatisme*, Paris, Éditions de l'Atelier/ Éditions ouvrières, 1995.

Le Marec, Gérard, *La Bretagne dans la Résistance*, Rennes, Ouest-France, 1983.

Leahy, William D., *I Was There*, Londres, Gollancz, 1950.

Leclerc, Philippe, *L'Affaire des Manises*, Langres, Dominique Guéniot, 2004.

Lecœur, Auguste, « Les Grèves des mineurs du Nord-Pas-de-Calais », dans Institut d'histoire des conflits contemporains, *Séance solennelle des témoignages 1941*, Paris, Sénat, 1986, p. 139-148.

Lee, Daniel, *Pétain's Jewish Children. French Jewish Children and the Vichy Regime*, Oxford, Oxford University Press, 2014.

Lefèvre, Roger, *Souvenir de maquisards de l'Ain,* Saint-Cyr-sur-Loire, Alan Sutton, 2004.

Leo, Gerhard, *Un Allemand dans la Résistance. Le train pour Toulouse*, Paris, Éditions Tirésias, 1997.

Leroux, Bruno, « Des historiographies parallèles et concurrentes du Comité d'histoire de la Seconde Guerre mondiale : *L'Histoire de la Résistance en France* d'Henri Noguères et *La Résistance* d'Alain Guérin », dans Laurent Douzou (éd.), *Faire l'histoire de la Résistance*, Rennes, Presses universitaires de Rennes, 2010, p. 95-115.

Levisse-Touzé, Christine, *L'Afrique du Nord dans la guerre, 1939-1945*, Paris, Albin Michel, 1998.

— et Stefan Martens (éd.), *Des Allemands contre le nazisme : Oppositions et résistances, 1933-1945*, Paris, Albin Michel, 1997.

Lévy, Claude, *Les Parias de la Résistance*, Paris, Calmann-Lévy, 1970.

— et Paul Tillard, *La Grande Rafle du Vél' d'Hiv (16 juillet 1942)*, Paris, Robert Laffont, 1967, préface de Joseph Kessel.

Levy, Jean-Pierre, *Mémoires d'un franc-tireur. Itinéraire d'un résistant, 1940-1944*, Paris, Éditions Complexe/IHTP, 1998.

— , « France-Liberté. Franc-Tireur » dans *Il y a 45 ans. L'année 1941. Témoignages pour l'histoire. Colloque organisé au Sénat le 7 avril 1986,* Paris, Sénat, 1986.

Lévy, Marc, *Les Enfants de la liberté*, Paris, Robert Laffont, 2007.

Lieb, Peter, *Vercors 1944. Resistance in the French Alps*, Oxford, Osprey, 2012.

London, Artur, *L'Espagne*, Bruxelles, Tribord, 2003.

— , *The Confession*, New York, Morrow, 1970. Éd. fr. *L'Aveu*, Paris, Gallimard, 1972.

— , *On Trial*, Londres, Macdonald, 1970.

London, Lise, *La Ménagère de la rue Daguerre. Souvenirs de Résistance*, Paris, Seuil, 1995.

Lormier, Dominique, *L'Épopée du corps franc Pommiès, des Pyrénées à Berlin*, Paris, Jacques Grancher, 1990.

Lowrie, Donald, *The Hunted Children*, New York, Norton, 1963.

Luneau, Aurélie, *Je vous écris de France : Lettres inédites à la BBC, 1940-1944*, Paris, L'Iconoclaste, 2014.

— , *Radio Londres, 1940-1944. Les voix de la Liberté*, Paris, Perrin, 2005.

Lusseyran, Jacques, *Et la lumière fut*, Paris, Éditions du Félin, 2005.

McLellan, Josie, *Antifascism and Memory in East Germany : Remembering the International Brigades, 1945-1989*, Oxford, Clarendon Press, 2004.

Macmillan, Harold, *War Diaries. Politics and War in the Mediterranean, January 1943-May 1945*, Londres, Macmillan, 1984.

Malraux, André, « Transfert des cendres de Jean Moulin au Panthéon. Discours prononcé à Paris le 19 décembre 1964 », dans *La Politique, la Culture. Discours, articles, entretiens*, Paris, Gallimard, 1996.

Marcot, François, *La Résistance dans le Jura*, Besançon, Cêtre, 1985.

— (éd.), *La Résistance et les Français : Lutte armée et maquis*, Paris, Les Belles Lettres, 1996.

— , Bruno Leroux et Christine Levisse-Touzé (éd.), *Dictionnaire historique de la Résistance*, Paris, Robert Laffont, 2006.

Marrus, Michael et Robert Paxton, *Vichy France and the Jews*, New York, Basic Books, 1981. Éd. fr. *Vichy et les juifs*, Paris, Calmann-Lévy, 1981.

Martin-Chauffier, Simone, *À bientôt quand même...*, Paris, Calmann-Lévy, 1976.

Massu, Jacques, *La Vraie Bataille d'Alger*, Paris, Plon, 1971.

May, Ernest, *Strange Victory : Hitler's Conquest of France*, Londres, Tauris, 2000.

Mayer, Daniel, *Les Socialistes dans la Résistance*, Paris, PUF, 1968.

Merle d'Aubigné, Jeanne et Violette Mouchon (éd.), *Les Clandestins de Dieu. Cimade, 1939-1945*, Paris, Fayard, 1968.

Mesquida, Evelyn, *La Nueve. 24 août 1944. Ces républicains espagnols qui ont libéré Paris*, Paris, Le Cherche-Midi, 2011.

Michel, Henri, *Les Courants de pensée de la Résistance*, Paris, PUF, 1962.

— , *Histoire de la Résistance*, Paris, PUF, coll. « Que sais-je ? », 1950.

— , *Les Idées politiques et sociales de la Résistance : Documents clandestins, 1940-1944*, Paris, PUF, 1954.

— et Marie Granet, *Combat. Histoire d'un mouvement de résistance*, Paris, PUF, 1957.

Middlebro', Allen, "Choices and Actions of Members and Former Members of the French Communist Party, 1939-1941", D.Phil thesis, University of Oxford, 2011.

Miot, Claire, « Le retrait des tirailleurs sénégalais de la 1re armée française en 1944. Hérésie stratégique, bricolage politique ou conservatisme colonial ? », *Vingtième Siècle* n° 25 (jan.-mars 2015), p. 77-89.

Missika, Dominique, *Berty Albrecht*, Paris, Perrin, 2005.

Mompezat, Roger, *Le Corps franc de la montagne Noire, journal de marche, avril-septembre 1944*, 4e éd., Castres, Les Anciens du corps franc de la montagne Noire, 1994.

Monier, Charles, *Les Chemins de la Résistance à Bollène et dans le canton, 1939-1944*, Bollène, 2002.

Monnet, Jean, *Mémoires*, Paris, Fayard, 1976.

Monod, Claude, *La Région D. Rapport d'activité des maquis de Bourgogne-Franche-Comté*, Saint-Étienne-Vallée-Française, AIOU, 1993.

Moorehead, Caroline, *Village of Secrets*, Londres, The Spectator, 2014.

Muracciole, Jean-François, *Les Français libres. L'autre résistance*, Paris, Tallandier, 2009.

Murphy, Robert, *Diplomat among Warriors*, Londres, Collins, 1964.

Najman, Ezer, « Capitaine Gilles du groupe Carmagnole », dans RHICOJ, *Les Juifs dans la Résistance et la Libération*, Paris, Scribe, 1985, p. 170-172.

Namer, Gérard, *La Commémoration en France, 1944-1982*, Paris, SPAG/Papyrus, 1983.

Neave, Airey, *Saturday at MI9. A History of Underground Escape Lines in Northwest Europe in 1940-1945 by a Leading Organiser of MI9*, Londres, Hodder & Stoughton, 1969.

Némirovsky, Irène, *Suite française*, Paris, Denoël, 2004 ; trad. Sandra Smith, Londres, Chatto & Windus, 2006.

Nettelbeck, Colin, *Forever French. Exile in the United States, 1939-1945*, New York and Oxford, Berg, 1991.

Niebergall, Otto, "Der antifasciste deutsche Widerstandkampf in Frankreich – seine Leitung und Entwicklung", in Dora Schaul, *Resistance. Erinnerungen deutscher Antifascisten*, Berlin, Dietz Verlag, 1973, p. 25-34.

Noguères, Henri, avec la collaboration de Marcel Degliame-Fouché et Jean-Louis Vigier, *Histoire de la Résistance en France*, 5 vol., Paris, Robert Laffont, 1967-1981.

Noiriel, Gérard, *Le Creuset français. Histoire de l'immigration, XIXᵉ-XXᵉ siècles*, Paris, Seuil, 1988.

*OAS parle*, Paris, Julliard, 1964.

Ophüls, Marcel, *The Sorrow and the Pity : Chronicle of a French City under the German Occupation*, trad. Mireille Johnston, Saint Albans, Paladin, 1975. Éd. or. fr. *Le Chagrin et la Pitié : Chronique d'une ville française sous l'Occupation*, Paris, L'Avant-scène, 1972.

Oury, Louis, *Rue du Roi-Albert. Les Otages de Nantes, Châteaubriant et Bordeaux*, Pantin, Le Temps des Cerises, 1997.

Ouzoulias, Albert, *Les Bataillons de la jeunesse*, Paris, Éditions sociales, 1967.

— , *Les Fils de la nuit*, Paris, Grasset, 1975.

Pannequin, Roger, *Ami si tu tombes*, Paris, Sagittaire, 1976, et Arles, Actes Sud, coll. « Babel », 2000.

Passy, Colonel, *Souvenirs. Le BCRA*, t. I, *2ᵉ bureau, Londres* ; t. II, *10, Duke Street, Londres*, Monte-Carlo, Raoul Solar, 1947-1948.

Paulin, Jean, *La Rage au cœur*, Paris, Gérard & Co., 1958.

Paxton, Robert, "Vichy made it worse", *New York Review of Books*, 6 mars 2004.

Péan, Pierre, *Vie et morts de Jean Moulin*, Paris, Fayard, 1998.

Perrault, Gilles, *La Longue Traque*, Paris, Lattès, 1975.

Perthuis, Valérie, *Le Sauvetage des enfants juifs du camp de Vénissieux, août 1942*, Lyon, Éditions lyonnaises d'art et d'histoire, 1997.

Peschanski, Denis, *La France des camps. L'internement, 1938-1946*, Paris, Gallimard, 2002.

— , « La Résistance immigrée », dans Jean-Marie Guillon et Pierre Laborie (dir.), *Mémoire et Histoire : la Résistance*, Toulouse, Privat, 1995.

Pétain, Philippe, *Actes et écrits*, Paris, Flammarion, 1974.

Piketty, Guillaume, *La Bataille des Ardennes. 16 décembre 1944-31 janvier 1945*, Paris, Tallandier, 2013.

— , *Pierre Brossolette. Un héros de la Résistance*, Paris, Odile Jacob, 1998.

— (éd.), *Français en Résistance. Carnets de guerre, correspondances, journaux personnels*, Paris, Robert Laffont, coll. « Bouquins », 2009.

— et Vladimir Trouplin, *Les Compagnons de l'aube. Archives inédites des Compagnons de la Libération*, Paris, Textuel, 2014.

Pineau, Christian, *La Simple Vérité, 1940-1945*, 1$^{re}$ édition : 1960, Genève, Éditions de Crémille, 1972.

Pollard, Miranda, "A Question of Silence ? Odette Rosenstock, Moussa Abadi and the Réseau Marcel", *French Politics, Culture and Society*, 30/2 (2012), p. 113-133.

Ponty, Janine, *Polonais méconnus. Histoire des travailleurs immigrés en France dans l'entre-deux-guerres*, Paris, Publications de la Sorbonne, 2005.

— , « La Résistance polonaise : le POWN. Contribution à l'histoire de la résistance non communiste », dans Karel Bartosek, René Gallissot et Denis Peschanski (éd.), *De l'exil à la Résistance. Réfugiés et immigrés d'Europe centrale en France : 1933-1945*, Saint-Denis, Presses universitaires de Vincennes/ Arcantère, 1989, p. 173-183.

Porch, Douglas, *The French Foreign Legion*, Londres, Macmillan, 1991. Éd. fr. *La Légion étrangère, 1831-1962*, Paris, Fayard, 1994.

Postel-Vinay, André, *Un fou s'évade. Souvenirs de 1941-1942*, Paris, Éditions du Félin, 1997.

Postel-Vinay, Anise, « Les Exterminations par gaz à Ravensbrück », dans Germaine Tillion, *Ravensbrück*, Paris, Seuil, 1973.

— et Jacques Prévotat, « La Déportation », dans Jean-Pierre Azéma et François Bédarida (éd.), *La France des années noires*, Paris, Seuil, 1993.

Poznanski, Renée, *Jews in France During World War II*, Hanover, N.H., et Londres, University Press of New England, 2001. Éd. or. fr. *Les Juifs en France pendant la Seconde Guerre mondiale,* Paris, Hachette, 1997.

— , *Propagandes et persécutions : La Résistance et le « problème juif »*, *1940-1944*, Paris, Fayard, 2008.

— et Denis Peschanski, *Drancy. Un camp en France*, Paris, Fayard/Ministère de la Défense, 2015.

Pradoux, Martine, *Daniel Mayer, un socialiste dans la Résistance*, Paris, Les Éditions ouvrières, 2002.

Quellien, Jean, « Les Travailleurs forcés en Allemagne. Essai d'approche statistique », dans Bernard Garnier et Jean Quellien (éd.), *La Main-d'œuvre française exploitée par le III$^e$ Reich*, Caen, Centre d'histoire quantitative, 2003, p. 67-84.

*Questions à l'histoire orale. Table ronde du 20 juin 1986*, Les Cahiers de l'IHTP, n$^o$ 4 (juin 1986).

Racine, Nicole et Louis Bodin, *Le Parti communiste français pendant l'entre-deux-guerres*, Paris, FNSP, 1972.

Rajsfus, Maurice, *Des Juifs dans la Collaboration : l'UGIF 1941-1944*, Paris, EDI, 1980.

— , *La police de Vichy : Les forces de l'ordre françaises au service de la Gestapo, 1940-1944*, Paris, Le Cherche-Midi, 1995.

Rake, Denis, *Rake's Progress. The Gay – and Dramatic – Adventures of Major Denis Rake, MC, the Reluctant British War-Time Agent*, préface de Douglas Fairbanks, Londres, Leslie Frewin, 1968.

Raphaël-Leygues, Jacques et François Flohic, *Darlan*, Paris, Plon, 1986.

Ravanel, Serge, *L'Esprit de Résistance*, Paris, Seuil, 1995.

Ravine, Jacques, *La Résistance organisée des Juifs en France,* Paris, Julliard, 1973.

Rayski, Adam, « Diversité et unité de la Résistance juive », dans RHICOJ, *Les Juifs dans la Résistance et la Libération*, Paris, Scribe, 1985.

Rémond, René, *Paul Touvier et l'Église*, Paris, Fayard, 1992.

Rémy, Colonel [Gilbert Renault], *Mémoires d'un agent secret de la France libre*, 3 vol., Paris, France-Empire, 1959.

— , *Le Réseau Comète*, 3 vol., Paris, Perrin, 1966-1971.

— , « La Justice et l'Opprobre », *Carrefour*, 11 avril 1950.

*Résistance et Libération. Actes du colloque des 25 mai 1994 et 17 mai 1995*, Paris, Académie de Paris, 1995.

RHICOJ, *Les Juifs dans la Résistance et la Libération*, Paris, Scribe, 1985.

Richardson, P. Dan, *Comintern Army. The International Brigades and the Spanish Civil War*, Lexington, University Press of Kentucky, 1982.

Riffaud, Madeleine, *On l'appelait Rainer*, Paris, Julliard, 1994.

— (éd.), *Les Carnets de Charles Debarge*, Paris, Éditions sociales, 1951.

Rimbaud, Christiane, *L'Affaire du Massilia, été 1940*, Paris, Seuil, 1984.

Romans-Petit, Henri, *Les Obstinés*, Ceignes, ETD, 1995.

Rousso, Henry, *Un château en Allemagne : La France de Pétain en exil, Sigmaringen 1944-1945*, Paris, Ramsay, 1980.

— , *The Vichy Syndrome. History and Memory in France since 1944*, Cambridge, Mass., Cambridge University Press, 1991. Éd. or. fr. *Le Syndrome de Vichy : De 1944 à nos jours*, Paris, Seuil, 1987.

Rude, Fernand, *La Libération de Lyon et de sa région*, Paris, Hachette, 1974.

Rudolph, Luc (éd.), *Au cœur de la préfecture de Police de la Résistance à la Libération, III. La Libération de Paris*, Paris, LBM, 2011.

Ruel Robins, Marianne, "A Grey Site of Memory : Le Chambon-sur-Lignon and Protestant Exceptionalism on the Plateau Vivarais-Lignon", *Church History*, 82 (2013), p. 317-352.

Sabatié, Norbert, « L'abbé Glasberg et la Résistance dans le Tarn-et-Garonne, 1943-1944 », dans Christian Sorrel (éd.), *Alexandre Glasberg, 1902-1981. Prêtre, résistant, militant*, coll. « Chrétiens et Sociétés », Documents et Mémoires n° 19, Lyon, 2013, p. 59-69.

Sacotte, Mireille, *Saint-John Perse*, Paris, Pierre Belfond, 1991.

Sah, Léonard, « Le Cameroun sous mandat français dans la Seconde Guerre mondiale », thèse de doctorat, Université d'Aix-en-Provence, 1998.

Sainclivier, Jacqueline, *La Résistance en Ille-et-Vilaine, 1940-1944*, Rennes, Presses universitaires de Rennes, 1993.

— , « Le pouvoir résistant (été 1944) », dans Philippe Buton et Jean-Marie Guillon, *Les Pouvoirs en France à la Libération*, Paris, Belin, 1994.

Salan, Raoul, *Mémoires*, Paris, Presses de la Cité, 1970.

Salmon, Robert, « Défense de la France », dans *Il y a 45 ans. L'année 1941. Témoignages pour l'histoire. Colloque organisé au Sénat le 7 avril 1986*, Paris, Sénat, 1986.

Samuel, Raphael et Paul Thompson (éd.), *The Myths We Live By*, Londres, Routledge, 1990.

Schaul, Dora, *Resistance. Erinnerungen deutscher Antifaschisten*, Berlin, Dietz Verlag, 1973.

Schor, Ralph, *Un évêque dans le siècle, Monseigneur Paul Rémond, 1873-1963*, Nice, Serre, 1984.

Schwarz, Paula, "The Politics of Food and Gender in Occupied Paris", *Modern and Contemporary France*, 7/1 (1999), p. 35-45.

Semelin, Jacques, « Qu'est-ce que "résister" ? », *Esprit* (janv. 1994), p. 50-63.

— , *Persécutions et entraides dans la France occupée. Comment 75 % des juifs en France ont échappé à la mort*, Paris, Les Arènes-Seuil, 2013.

Shennan, Andrew, *The Fall of France, 1940*, Harlow, Longman, 2000.

Sigurd Kulok, Jan, "Trait d'union : the History of the French Relief Organisation Secours national/Entraide française under the Third Republic, the Vichy Regime and the Early Fourth Republic, 1939-1949", Oxford D.Phil thesis, 2003.

Simonin, Anne, « La Résistance sans fiction ? *L'Armée des ombres* (1943) », dans Bruno Curatolo et François Marcot (éd.), *Écrire sous l'Occupation. Du non-consentement à la Résistance, France-Belgique-Pologne,* Rennes, Presses universitaires de Rennes, 2011, p. 233-253.

Skoutelsky, Rémi, *L'espoir guidait leurs pas. Les Volontaires français dans les Brigades internationales, 1936-1939*, Paris, Grasset, 1998.

Sorrel, Christian (éd.), *Alexandre Glasberg, 1902-1981. Prêtre, résistant, militant*, coll. « Chrétiens et Sociétés », Documents et Mémoires nº 19, Lyon, 2013.

Soucy, Robert, *French Fascism. The Second Wave, 1933-1939*, New Haven et Londres, Yale University Press, 1995. Éd. fr. *Fascismes français ? 1933-1939, Mouvements antidémocratiques*, Paris, Autrement, 2004.

Soustelle, Jacques, *Envers et contre tout,* t. II : *De Londres à Alger, juillet 19-février 1943*, Genève, Éditions de Crémille, 1970.

— , *L'Espérance trahie*, Paris, Éditions de l'Alma, 1962.

Soutou, Jean-Marie, *Un diplomate engagé. Mémoires, 1939-1979*, Paris, Éditions de Fallois, 2011.

— , « Souvenirs des années noires », *Les Cahiers de l'Alliance israélite universelle,* 201 (oct.-nov. 1979), p. 10.

Spears, Edward, *Assignment to Catastrophe, II. The Fall of France, June 1940*, Londres, Heinemann, 1954. Éd. fr. *Témoignage sur une catastrophe : Prélude à Dunkerque*, Paris, Presses de la Cité, 1964.

Spina, Raphaël, « La France et les Français devant le Service du travail obligatoire (1942-1945) », thèse, ENS Cachan, 2012.

Stora, Benjamin, *Les Trois Exils. Juifs d'Algérie*, Paris, Stock, 2006.

Stucki, Walter, *La Fin du régime de Vichy*, Neuchâtel, Éditions de la Baconnière, 1947.

Suberville, Gérald, *L'Autre Résistance*, Saint-Étienne-Vallée-Française, AIOU, 1998.

— , « L'action ouvrière du Languedoc », dans Jules Maurin (éd.), *Les Lendemains de la Libération dans le Midi. Actes du colloque de Montpellier, 1986*, Montpellier, Université Paul-Valéry-Montpellier-III, 1997.

Sweets, John F., *The Politics of Resistance in France, 1940-1944. A History of the Mouvements unis de la Résistance*, DeKalb, Northern Illinois University Press, 1976.

Tandler, Nicholas, *Un inconnu nommé Krasucki*, Paris, La Table Ronde, 1985.

Teitgen, Pierre-Henri, *Faites entrer le témoin suivant, 1940-1958. De la Résistance à la V^e République*, Rennes, Ouest-France, 1988.

Thalmann, Rita, *La Mise au pas : Idéologie et stratégie sécuritaire dans la France occupée*, Paris, Fayard, 1991.

Tillion, Germaine, *Les Ennemis complémentaires*, Paris, Éditions de Minuit, 1960.

— , « Première résistance en zone occupée. Du côté du réseau musée de l'Homme-Hauet-Vildé », dans *Esprit* n° 261 (fév. 2000).

Tillon, Charles, *On chantait rouge*, Paris, Robert Laffont, 1977.

— , *Un « procès de Moscou » à Paris*, Paris, Seuil, 1971.

Titonel Asperti, Damira, *Écrire pour les autres. Mémoires d'une résistante. Les antifascistes italiens en Lot-et-Garonne sous l'Occupation*, Bordeaux, Presses universitaires de Bordeaux, 1999.

Tollet, André, *La Classe ouvrière dans la Résistance*, Paris, Éditions sociales, 1969.

— , *Ma traversée du siècle. Mémoires d'un syndicaliste révolutionnaire*, Paris, VO Éditions, 2002.

— , intervention. CHDGM, *La Libération de la France.* Colloque, 28-31 oct. 1974, p. 545-549.

Torrès, Tereska, *Une Française libre. Journal, 1939-1945*, Paris, France Loisirs, 2000.

Toulat, Jean, *Combattants de la non-violence. De Lanza del Vasto au général de Bollardière*, Paris, Cerf, 1983.

Trempé, Rolande, « Le Rôle des étrangers MOI et guerrilleros », dans Rolande Trempé (éd.), *La Libération dans le Midi de la France*, Toulouse, Éché, 1986, p. 63-78.

Trocmé, Magda, Madeleine Barot, Pierre Fayol et Oscar Rosowsky, « Le Mythe du commandant SS protecteur des juifs », *Le Monde juif* n° 130 (avr.-juin 1988), p. 61-66.

Trouplin, Vladimir, *Dictionnaire des Compagnons de la Libération*, Bordeaux, Elytis, 2010.

Vasselot, Odile de, *Tombés du ciel. Histoire d'une ligne d'évasion*, Paris, Éditions du Félin, 2005.

Veillon, Dominique, *Le Franc-Tireur. Un journal clandestin, un mouvement de Résistance*, Paris, Flammarion, 1977.

— , « Les Femmes anonymes dans la Résistance », dans Mechtild Gilzmer, Christine Levisse-Touzé et Stefan Martens, *Les Femmes dans la Résistance en France*, Paris, Tallandier, 2003.

Verbizier, Gérard de, *Ni travail, ni famille, ni patrie. Journal d'une brigade FTP-MOI. Toulouse, 1942-44*, Paris, Calmann-Lévy, 1994.

Viannay, Philippe, *Du bon usage de la France*, Paris, Ramsay, 1988.

Vildé, Boris, *Journal et lettres de prison, 1941-1942*, Les Cahiers de l'IHTP, n° 7, 1988.

Villon, Pierre, *Résistant de la première heure*, Paris, Éditions Sociales, 1983.

Vinen, Richard, *The Unfree French. Life under the Occupation*, Londres, Allen Lane, 2006.

Virieux, Daniel, « Le Front national de lutte pour la liberté et l'indépendance de la France. Un mouvement de résistance, période clandestine (mai 1941-août 1944) », thèse de doctorat, Université de Paris-VIII, 1996.

Vistel, Alban, *La Nuit sans ombre. Histoire des Mouvements unis de la Résistance, leur rôle dans la libération du Sud-Est*, Paris, Fayard, 1970.

Vomécourt, Philippe de, *Who Lived to See the Day*, Londres, Hutchinson, 1961.

Wailly, Henri de, *Syrie 1941. La guerre occultée. Vichystes contre gaullistes*, Paris, Perrin, 2006.

Wake, Nancy, *The White Mouse*, Londres, Macmillan, 1985. Éd. fr. *La Gestapo m'appelait La Souris blanche : Une Australienne au secours de la France*, Paris, Éditions du Félin, 2001.

Walters, Anne-Marie, *Moondrop to Gascony*, Londres, Macmillan, 1946. Éd. fr. *Parachutée au clair de lune*, Marseille, Gaussen, 2012.

Waysand, Georges, *Estoucha*, Paris, Denoël, 1997.

Weber, Eugen, *Action française : Royalism and Reaction in Twentieth-Century France*, Stanford, Stanford University Press, 1962. Éd. fr. *L'Action française*, Paris, Fayard, 1985.

Webster, Paul, *Pétain's Crime. The Full Story of French Collaboration in the Holocaust*, Londres, Macmillan, 1990. Éd. fr. *Le Crime de Pétain*, Paris, Éditions du Félin, 2001.

Weill, Georges, « Andrée Salomon et le sauvetage des enfants juifs (1933-1947) », dans *French Politics, Culture and Society*, 30/2 (été 2012), p. 89-96.

Weill, Joseph, *Contribution à l'histoire des camps d'internement dans l'anti-France*, Paris, Éditions du Centre, 1946.

— , *Le Combat d'un Juste*, Saumur, Cheminements, 2002.

Weinberg, David H., *Les Juifs de Paris de 1933 à 1939*, Paris, Calmann-Lévy, 1974.

Weinstein, Max, *Souvenirs, souvenirs*, Nice, Éditions du Losange, 1997.

Wieviorka, Annette, *Déportation et Génocide : Entre la mémoire et l'oubli*, Paris, Plon, 1992.

— , *Ils étaient juifs, résistants, communistes*, Paris, Denoël, 1986.

Wieviorka, Olivier, « À la recherche de l'engagement », *Vingtième Siècle*, 60 (oct.-déc. 1998), p. 58-70.

— , *Une certaine idée de la Résistance : Défense de la France, 1940-1949*, Paris, Seuil, 1995.

— , *Histoire de la Résistance, 1940-1945*, Paris, Perrin, 2013.

— , *La Mémoire désunie. Le souvenir politique des années sombres, de la Libération à nos jours*, Paris, Seuil, 2010.

— , *Normandy : The Landings to the Liberation of Paris*, Cambridge, Mass., Belknap Press, 2008. Éd. fr. *Histoire du débarquement en Normandie : Des origines à la libération de Paris (1941-1944)*, Paris, Seuil, 2007.

Witherington Cornioley, Pearl, *Code Name Pauline. Memoirs of a World War II Special Agent*, Chicago, Chicago Review Press, 2013.

Zeitoun, Sabine, « Mémoire. Des outils pour la transmission au CHRD de Lyon », *Cahiers d'histoire*, 39 (1994), p. 317-325.

— , *Ces enfants qu'il fallait sauver*, Paris, France Loisirs, 1990.

— , *L'Œuvre de secours aux enfants*, Paris, L'Harmattan, 1990.

Zlatin, Sabine, *Mémoires de la « Dame d'Izieu »*, Paris, Gallimard, 1992.

# Index

**T**

# Table

RÉALISATION : IGS-CP À L'ISLE-D'ESPAGNAC
IMPRESSION : NORMANDIE ROTO IMPRESSION S.A.S. À LONRAI
DÉPÔT LÉGAL : JANVIER 2019. N° 138164 (1805029)
*Imprimé en France*